# 한국고대인문학발달사연구 (1)

## 어문학 · 고문서학 · 역사학 권

# 韓國古代人文學發達史研究 (1)

## 語文學·古文書學·歷史學 卷

盧 鏞 弼 著

韓國史學

# Studies on the development of the sciences and Humanities in Ancient Korea

## Vol.1
Linguistic & Literature, Paleography, History

*by*

Noh Yong-pil

HANKUKSAHAK
Seoul, 2017

# 서론 : 통섭인문학의 지향과 비교사적 연구 방법의 준용

한국학을 더욱 진흥시키려면 가장 근본인 인문학 모든 분야의 수준 높은 성과를 시대적인 발전 추이를 반영하여 역사학의 폭넓은 시야에서 제대로 '통섭'해내려는 연구의 지향이 우선 되어야 한다고 믿는다.[1] 인문학 전반에 대한 이러한 통섭을 한마디로 정의定義해서 '통섭인문학通攝人文學'이라 규정할 수 있다고 생각하는데, 역사적으로 검토해보면 이 '통섭'이라는 용어가 오늘날에 이르러 비로소 창출된 게 결코 아니라 일찍이 불학佛學에서 신라新羅의 원효元曉에 의해 이미 정립定立된 개념이었으니, 이를 되살려 인문학 전반에 대한 통섭으로 승화昇華시키자는 것이다. 그리고 역사학을 중심으로 이 통섭인문학을 온전히 정립하고 또한 제대로 구현하기 위해서는 무엇보다

---

1 용어 '통섭'에 관하여 Edward O. Wilson, *Consilience : The Unity of Knowledge*, Alfred A. Knopf, Inc., New York, 1998의 번역서 최재천 · 장대익 옮김, 『통섭 : 지식의 대통합』, 사이언스북스, 2005 가운데 최재천, 「옮긴이 서문」, p.13에 보면, 다음과 같은 설명이 있다. "사실 윌슨은 '사물에 널리 통하는 원리로 학문의 큰 줄기를 잡고자' 이 책을 저술한 것이니 그의 consilience에는 전자(通涉)와 후자(統攝)의 개념이 모두 들어 있는 것처럼 보인다. 그래서 우리말로 '통섭'이라고 할 때에는 구태여 이 둘을 구별할 필요가 없을지도 모르지만 혼동을 줄이기 위해 나는 후자를 택하기로 한다."
후술하는 바대로 나는 인문학과 관련된 학술 용어로서는 唐의 法藏이 『華嚴經探玄記』에서 취하기도 한 '統攝'이 가장 이상적이라고 믿어 窮極的으로는 이를 指向하지만, 新羅의 元曉가 『金剛三昧經論』에서 취한 '通攝'이 실현이 가능하여 합리적이라 여겨 현실적으로는 이를 志向하고 있음을 먼저 밝혀 두고자 한다.

도 역사적 사실 관계의 실증實證을 바탕으로 삼고[2], 기왕의 비교사적比較史的 연구 방법을 충실히 표준으로 삼아 이를 따르고 적용하는 준용準用이야말로 필수적임을 더욱 강조하고자 한다.

## 1. 통섭인문학의 지향

통섭인문학을 운위云謂함에 있어서 어느 무엇보다도 용어 '인문人文'의 개념 정립을 분명히 해야 하겠다. 그러기 위해서 중국 양梁나라 유협劉勰(465?-522?)의 저술『문심조룡文心雕龍』중 특히 제1「원도原道」편의 한 대목을 주목해야 한다고 여긴다. 이『문심조룡』을 흔히 문학이론서라고 하기도 하지만 그 내용은 거기에만 한정되지 않고 여러 분야에 걸쳐 종횡무진으로 통시대적인 정리를 꾀하고 있으므로 괄목할 만하다. 그런 가운데 각별히 '인문'을 직접 거론한 부분은 바로 다음이다.

> 인문人文의 근원은 태극으로부터 비롯한다. ··· 천문天文을 관찰하여 변화를 추궁하고 인문人文을 통찰하여 교화를 완성한다.[3]

이렇듯이 "인문을 통찰하여 교화를 완성한다"고 함으로써 '인문'을 곧 인성人性 교화의 완성을 지향하는 것으로 설정하여 '천문'과 대비시켜 언급하고

---

2 역사학 특히 비교사적 연구에 있어서 실증적 연구의 중요성과 관련해서 차하순,「비교사의 방법」,『서양사론』31, 1989; 개제「비교사는 왜 필요한가」,『한국사 시민강좌』4, 1989;『현대의 역사사상』, 탐구당, 1994, p. 292의 다음과 같은 지적은 항상 유념해야 할 것이다.
  "비교사적 분석에서 주의해야 할 점은 설명가설의 설정과 검증에 지나치게 집착한 나머지 자료의 수집이나 대조를 소홀히 하거나 또는 가설 검증에 '편리한' 사실들만은 나열하는 경향이 있다는 것이다. 비교사는 다른 역사분야와 마찬가지로 상세하고도 적절한 실증적 조사 연구의 뒷받침을 받아야 하며 비교사적 방법 자체의 성패는 사실적 뒷받침이 철저한가 아닌가에 따라 좌우된다."

3 원문은 "人文之元 肇自太極 ··· 觀天文以極變 察人文以成化." [梁]劉勰,『文心雕龍』;「元至正刊本≪文心雕龍≫」및「元至正刊本『文心雕龍』集校」, 林其錟 · 陳鳳金 撰,『增訂文心雕龍集校合編』, 上海: 華東師範大學出版社, 2010, pp. 352-353 및 pp. 571-572.

있음을 주목해야 한다. 이로써 인문의 근원을 파악하고 그것의 시대별 전개 양상을 통찰하려는 게 유협이 『문심조룡』에서 구극적究極的으로 추구한 것임이 확연하다고 하겠다. 그러므로 문학은 물론 그와 불가분의 관련이 있는 문자학, 언어학을 비롯해서 철학 및 역사학 등을 망라한 '인문저술논집' 또는 '인문창작이론서'로서 이해함이 온당하리라 보여[4], 『문심조룡』이 곧 '통섭인문학'의 효시嚆矢와 같은 성격을 지닌다고 할 수 있으리라 믿어진다.

그리고 '통섭'의 개념 설정은 일찍이 법장(643-712)에 의해서 이미 이루어졌음을 반드시 상기해야 할 것이다. 특히 다음의 대목에서 그러하였다.

> 법계의 성은 융하여 나눌 수 없기 때문에 곧 법계의 과는 법계를 통섭統攝하여 모두 다하지 않음이 없다. … 하나하나의 법, 하나하나의 행, 하나하나의 덕, 하나하나의 위가 모두 각각 무진무진無盡無盡한 모든 법문해를 총섭總攝하는 것은 진실로 그 법계를 섭하지 아니함이 없어 원융圓融하는 까닭이다. 이것을 화엄華嚴의 무진한 종취宗趣라고 말한다.[5]

법장은 이 『화엄경탐현기華嚴經探玄記』에서 한마디로 법계의 궁극적인 '통섭'을 "화엄의 무진한 종취"로 파악하고 있었던 것이라 할 수 있다.[6] 이러한 법장과 더불어 중국 화엄종의 2조二祖 지엄智儼(602-668)의 지도를 받으며 수학한 바가 있던 의상(625-702) 역시 『화엄일승법계도華嚴一乘法界圖』에서 법계의 통섭을 이루기 위한 '진섭盡攝'을 설법하였다. 즉 '회회중진섭일체會

---

4 이러한 ≪문심조룡≫의 성격 파악과 관련한 상세한 언급은 이 책 제2부 제5장 「최치원의 ≪문심조룡≫ 수용과 전·비 중심의 역사 인식 및 서술」 중 특히 '3. ≪문심조룡≫의 내용 구성과 그 특징' 부분을 참조하시라.

5 원문은 이렇다. "由法界性融不可分故, 卽法界之果統攝法界無不皆盡 … 一一法一一行一一德一一位 皆各總攝無盡無盡諸法門海者, 良由無不該攝法界圓融故也. 是謂華嚴無盡宗趣." 원문은 中華電子佛典協會(CBETA) 漢文大藏經 T35n1733-001 華嚴經探玄記 卷第一 참조. 그리고 국역은 法藏, 노혜남 번역, 『화엄경탐현기』 한글대장경 143 경소부 3 화엄경탐현기 1, 동국대학교 역경원, 2013, p.71을 참작하여 저자가 재정리한 것이다.

6 법장의 생애와 『華嚴經探玄記』의 저술 등에 관해서는 이 책의 제2부 제6장 「최치원 ≪법장화상전≫의 역사이론」 '2. 최치원 ≪법상화상전≫ 서사의 구조·구성·특징과 내용의 요점' 부분을 참조하시라.

會中盡攝一切’, ‘품품진섭일체品品盡攝一切’, ‘문문구구진섭일체文文句句盡攝一切’를 거론하며 거듭하여 ‘진섭일체’를 제시함으로써[7], 더욱 진전시켜 궁극적으로는 ‘통섭統攝’을 지향하고자 하였던 것이라 하겠다.[8]

한편 원효(617-686)는 『십문화쟁론十門和諍論』을 위시한 여러 저술에서 ‘일심一心’에 의한 ‘일리一理’의 추구를 역설하면서[9] 때때로 『금강삼매경론金剛三昧經論』에서 ‘통섭육행通攝六行’ · ‘통섭만행通攝萬行’이라 하여서 ‘通攝’을 거론한 바가 있다.[10] 그는 한 점의 잡티도 없는 한결 같은 오롯한 마음결 그 자체를 곧 ‘일심’이라 지칭한 것으로 요해了解되며, 그렇게 해서 분명히 깨달아 아는 것을 또한 ‘일리’를 지니게 되는 것이라 여겼다고 짐작된다. 그래서 원효는 이러한 ‘일심’에 의한 ‘일리’가 있는 ‘通攝’을 불경의 수많은 논론論論과 소疏에서 직접 제시하였던 것임에 틀림이 없다.

통섭인문학의 이 ‘통섭’을 한자로 ‘通攝’이라 하지 않고, 종래에 ‘通涉’ 혹은 ‘統攝’이라 표기하기도 했었다. ‘通涉’은 일반적으로 ‘사물에 널리 통한다.[11]’는

---

7 이 대목의 원문은 “一卽一切 一念卽多念等 反前卽是 以比理故 陀羅尼法 主伴相成 隨擧一法 盡攝一切 若約會說 會會中盡攝一切. 若約品說 品品盡攝一切 乃至若約文說 文文句句盡攝一切.” 義湘,「華嚴一乘法界圖」;『韓國佛敎全書』 2 新羅時代篇, 東國大學校出版部, 1989; 동국대학교 불교학술원 불교기록문화유산아카이브(ABC), 2014 참조.

8 이와 관련하여서는 이기영,「화엄일승법계도의 근본정신」,『신라가야문화』 4, 1972; 『한국불교연구』, 한국불교연구원, 1982를 참조하여 의상의 『화엄일승법계도』에 담긴 그의 화엄사상에 대해 정리한 이기백,「통일신라와 발해의 문화」,『한국사강좌』 1 고대편, 일조각, 1982, p.375에서 “이것은 곧 일심에 의하여 우주의 만상을 統攝하려고 하는 것으로 이해된다.”고 하였음이 참조된다.

9 김운학,「원효의 화쟁사상」,『불교학보』 15, 1975 및 박태원,「원효 화쟁사상의 보편 원리」,『철학논총』 38, 2004 등 참조.

10 元曉,「眞性空品 第六」,『金剛三昧經論』;『韓國佛敎全書』 1 新羅時代篇, 1979; 동국대학교 불교기록문화유산아카이브(ABC), 2014 및 『高麗大藏經』, 海印寺:高麗大藏經刊社, 1963; 고려대장경 전산화본 CD, 고려대장경연구소, 2000 · 2004 참조.

11 한글학회,『우리말 큰사전』 3, 어문각, 1992, p.4337에서는 ‘通涉’은 “①서로 통하여 다님. ②사물에 두루 통함.”으로 ‘統攝’에 대해서는 “도맡아 다스림.”으로 각각 풀이한 반면, 국립국어연구원,『표준국어대사전』 하, 두산동아, 1999, p.6428에서는 ‘通涉’은 “①사물에 널리 통함. ②서로 사귀어 오감.”으로, ‘統攝’에 대해서는 “전체를 도맡아 다스림.”으로 풀이하였다. 이에 비해 『국어대사전』 제4판, 두산동아, 2003, p.2436에서는 표제어로 단지 ‘通涉’만을 설정하고 풀이하기를 “①사물에 널리 통함. ②사귀어 서로 오고감.”이라 하였을 뿐이다.

등의 의미이나, '通攝'은 원효의 저술에서 접할 수 있는 것과 같이 '通'에 '지식을 얻는 것[12]'이라는, '攝'에 '하나의 입장 또는 주장을 취하는 것[13]'이라는 의미가 각각 있어 '通攝' 자체가 곧 '지식을 섭취한다.' 혹은 '주장을 취한다.'는 의미를 담고 있다고 하겠다. 이에 비해 '統攝'은 앞서 본 바와 같이 의상이 지적한 '총섭', '진섭' 등을 포괄할 수 있어 보다 이상적이라고 가늠된다.[14] 진전의 단계를 설정하면 '通涉'의 첫발을 딛고 그것을 통해 '通攝'으로 진일보시킨 후 궁극적으로는 '統攝'에 도달함으로써, 인문학은 더욱 발달하여 그 대세大勢를 완연히 드러내게 될 것이다.

　하지만 법장『화엄경탐현기』의 '統攝'이 가장 이상적이기는 하나 너무 포괄적이고 추상적인 측면이 있고 또한 '統攝人文學' 자체가 과연 실현이 가능할지에 대해서는 어느 누구도 결단코 자신할 수 없다고 본다. 이와 비교해서 원효『금강삼매경론』의 '通攝'은 방금 풀이한 바와 같이 인문학 전반을 문자 그대로 '通攝'하자는 것이니까 차라리 '通攝人文學'이라 설정하는 게 현실적으로 타당할뿐더러 합리적이기도 하다고 여겨진다. '통섭인문학'은 이렇듯이 인문학의 모든 분야를 넘나들며 함께 탐구한다는 점에서는 학제적學際的 interdisciplinary이기도 하지만, 그것을 아울러 섭취하여 그 원리原理를 찾아내려 통섭을 추구한다는 점에서는 범학문적凡學問的transdisciplinary이라 할 수가 있다고 생각한다.

---

12  中村 元,『佛敎語大辭典』縮刷版, 東京:東京書籍出版社, 1981, p.971.

13  中村 元,『佛敎語大辭典』縮刷版, 1981, p.831.

14  앞에서 살폈듯이 한글학회,『우리말 큰사전』3, 1992, p.4337에서 '統攝'에 대해서 "도맡아 다스림."으로 각각 풀이한 반면, 국립국어연구원,『표준국어대사전』하, 1999, p.6428에서는 '統攝'에 대해서 "전체를 도맡아 다스림."으로 풀이하였다. 그리고 漢字 字典에서도 이 '統攝'을 '도맡아 다스림'으로 뜻풀이를 해서 마치 '統治'와 같은 것으로 설명한 바가 있다.『漢韓大字典』〈全面改正·增補版〉, 民衆書林, 再版, 2002, p.1594 및『大漢和辭典』縮刷版 卷8, 東京:大修館書店, 1966, p.1058. 그렇지만 이 '統攝'의 '統'은 '統治'의 '통'이 아니라 '統括'의 '통'과 같은 것으로, 이런 의미에서 佛經에서는 '統攝'을 앞서 인용한 바 法藏『華嚴經探玄記』에서와 같이 '總攝'으로도 쓴 것으로 여겨진다.

## 2. 비교사적 연구 방법의 준용

인문학 전반에 대한 보다 정밀한 연구를 시도하노라면, 종종 겉으로 보기에 따라서는 유사한 것들 속에 서로 반대되는 것들이 숨어 있음을 발견하게 되기도 하는데, 이렇듯이 공통점 혹은 유사점을 발견하면서도 차이점을 정확히 인식해내는 것이 비교사적 연구 방법의 주요한 목적이다.[15] 따라서 현재까지 이루어진 역사학 전반의 발전 추세에 비춰볼 때, 한국사학의 진보를 꾀하는 데에는 어느 무엇보다도 비교사적 연구 방법을 표준으로 삼아 이를 따르고 적용하는 준용準用과 그것의 충실한 실행이 가장 절실하다고 믿는다.[16]

특히 현대 역사학에 있어서 비교사적 연구의 이러한 효용성에 대해서는 프랑스의 블로크Marc Bloch(1886-1944)가 강조한 바가 있다. 그런 가운데서도 특히 다음과 같이 지적하고 있음을 마땅히 주목해야 하겠다.

비교사를 쉽게 배우고 잘 이용할 수만 있다면 그 정신으로서 지역 연구를 활발하게 만들 수 있습니다. 지역적 연구 없이는 비교사도 아무 것도 할 수 없으며, 비교사가 없다면 지역적인 연구도 무의미합니다. 한 마디로, 서로에 대한 이해는 하지 않고 민족사에 대해 영원히 떠들어대기만 하는 것을 그만둡시다. 각자 편향된 답변만을 하는 청각 장애인의 대화는 즐거움을 바라는 관중의 웃음을 자아내기 위해 고안된 고대의 희극이지, 권고할 만한 진지한 지적 연습은 아닙니다.[17]

---

15 양병우, 「종합」, 『역사의 방법』, 민음사, 1988, p.148 및 차하순, 「비교사의 방법」, 1989; 개제 「비교사는 왜 필요한가」, 1989; 『현대의 역사사상』, 1994, pp.267-268 참조. 특히 양병우의 글에서 "그러니 문화권을 달리하는 경우의 비교는 그러한 차이를 대조적으로 드러냄으로써 양자—이를테면 고대와 근대의 유언—의 특징을 명확히 하는 것을 목적으로 한다. 그 점에서 그것은 한 문화권 안에서의 비교가 바탕으로 하는 〈類比〉와는 달리 〈對比〉라고 해야 할 것이다."라 하였음이 주목된다.

16 한국사학에 있어서의 이러한 비교사적 연구와 관련하여서는 이 책 제2부 제5장 「최치원의 《문심조룡》 수용과 비ㆍ전 중심의 역사 인식 및 서술」의 [부기] 부분에서도 잠시 언급하였으니 이 또한 참조하시라.

17 마르크 블로흐, 「유럽사회의 비교사를 위하여」, 김택현ㆍ이진일 외, 『역사의 비교, 차이의 역사』, 선인, 2008, p.153.

블로크의 이 말은 마치 동아시아의 한국 · 중국 · 일본의 역사학자들을 대면하고 던진 고언苦言이 아닐까 하는 착각이 들곤 하는데, 그야말로 "서로에 대한 이해는 하지 않고 민족사에 대해 영원히 떠들어대기만 하는 것을 그만둘" 때도 되었다고 본다. 아무리 극단적인 민족 중심의 국수주의國粹主義에 경도傾度되어 여전히 자의적恣意的인 해석을 일삼는다고 할지라도 굳이 중국과 일본의 학자들까지 거론할 필요조차 없이, 그것도 남한 · 북한 가릴 것 없이 한국의 모든 역사학자들이 이를 귀담아 듣고 각성함으로써 지금까지의 구각舊殼을 하루 빨리 벗어버리고 참된 진리에 입각한 한국사학, 심층적으로는 한국학 발전의 대세에 한 걸음이라도 진전이 되게끔 한껏 힘 기울임이 마땅하다.

그러기 위해서라도 비교사적 연구에 매진해야 하겠는데, 역사학자에게 있어서는 비교사학 자체가 다만 목적이 되어서는 안 되고 연구의 방법으로써 필요하다는 점을 항시 염두에 두어야 할 것이다. 이와 관련해서는 진즉부터 '동아문화의 비교사적 연구'를 통해[18] 동아시아 교류사의 비교사적 연구에 천착하여 새로운 지평地平을 제시한 전해종全海宗(1919- )의 아래와 같은 지적을 깊이 유념해야 하리라 본다.

'comparative history'나 '비교사학'이라는 용어 자체에는 확실히 목적과 방법의 두 가지 뜻이 내포된다고 생각된다. 그러나 목적으로서의 비교사학은 역사의 범위를 넘어서 비교문화론자들에게 있을 수 있는 것이며, 사학자로서는 방법으로서의 비교사학이 필요한 것이다. 그리하여 방법으로서의 비교사학이라는 뜻으로서 '비교사적 연구', '비교사적 접근' 혹은 '역사의 비교적인 연구'라는 표현이 적절한 것이라고 믿어진다.[19]

---

18 전해종,『동아문화의 비교사적 연구』, 일조각, 1976.
19 전해종,「역사연구 · 비교 · 비교사학」,『동아사의 비교연구』, 일조각, 1987;『한국사 시민강좌』 4, 1989;『동아시아사의 비교와 교류』, 지식산업사, 2000, p.13.

이에 따라 목적이 아닌 방법으로써 한국사학에서 '비교사적 연구'에 매진하려는 노력이 지속적으로 경주되어야 마땅할 것이다. 그래서 이러한 비교사적 연구 방법을 표준으로 삼아 이를 따르고 적용하는 준용準用에 만전을 기하여 그것을 충실히 실행에 옮김과 아울러 인문학 전반을 섭취하는 '통섭인문학通攝人文學'을 지향하고 승화시켜 풍성한 연구 성과를 창출해내야 하겠다. 그리고 그럼으로써 장차 한국의 역사학은 물론 인문학 나아가 궁극적으로는 한국학 전체가 역사적 전통을 계승하며 더욱 힘차게 진보해나가는 데에 올곧은 선도적 역할을 하게 될 것으로 믿어 의심치 않는다.

# 차례

## 제1부 어문학 · 고문서학 편

### 제1장   한국 고대 문자학과 훈고학의 발달

### 제2장   신라 · 발해의『이아』수용과 훈고학의 발달

# 제2부 역사학 편

# 논문기록

## 제1부 어문학 · 고문서학 편

제1장 한국 고대 문자학과 훈고학의 발달

『진단학보』 110, 2010년 12월.

제2장 신라 · 발해의 『이아』 수용과 훈고학의 발달 〈미발표〉

제3장 고구려 · 신라의 『문선』 수용과 한문학의 발달

원제原題 「한국 고대 『문선』 수용과 그 역사적 의의」, 『역사학연구』

58, 2015년 5월.

제4장 신라 중대 『문관사림』 수용과 한문학 · 고문서학의 발달 〈미발표〉

## 제2부 역사학 편

제1장 고구려의 손성 『진춘추』 수용과 춘추필법의 역사학 정립

원제 「고구려의 손성 『진춘추』 수용과 그 역사적 의의」, 『한국사학

사학보』 27, 2013년 6월.

제2장 신라 이주 고구려인의 역사 편찬

『한국사학사학보』 25, 2012년 6월.

제3장 신라의 『사기』 · 『예기』 「악본」편 수용과 김대문의 『악본』 저술

〈미발표〉

제4장 김대문 사학사상의 저서별 추이와 그 특징 〈미발표〉

제5장 최치원의 『문심조룡』 수용과 전 · 비 중심의 역사 인식 및 서술

〈미발표〉

제6장 최치원 『법장화상전』의 역사이론 〈미발표〉

## 일러두기

1. 본문에서는 한글 · 한문 병기倂記를 했으나 각주에서는 하지 않았다.
2. 인용문의 경우 맞춤법 등은 출판 당시의 표기 방식 그대로에 따랐다.
3. 이미 발표한 논문들은 이 책의 체재에 맞춰 약간 손질하기도 하였다.
4. 인용해 원문을 대조하면서 효율을 기하려고 더러는 국역하지 않았다.
5. 각주에서는 국내 발간 논문 · 서적의 경우 모두 한글 표기만 하였다.
6. 각주의 서지에서 거듭 인용된 경우 출판사명 · 학보명을 제외하였다.
7. 부록모음에는 개별 논문의 부록들을 통합하여 편집해서 제시하였다.
8. 부록에서 원전 분석과 관련한 세부 내용은 주석註釋으로 정리하였다.
9. 찾아보기 중 인명 부분은 서양, 중국, 일본, 한국 순으로 배열하였다.

이 저서는 2014년 정부(교육부)의 재원으로 한국연구재단의 지원을 받아 수행된 연구임
(NRF-2014S1A6A4024936)

# 제1부
## 어문학 · 고문서학 편

# 제1장
# 한국 고대 문자학과 훈고학의 발달

## 1. 머리말

한국 고대의 문자학이 어느 정도의 수준이었는지를 직접적으로 알려주는 기록은 찾기 어렵다. 다만 고구려의 문자학 발달과 관련하여 어떠한 책들이 활용되고 있었는지 하는 사실을 전해주는 다음과 같은 기록이 거의 유일할 뿐이다.

> 습속은 서적을 매우 좋아하여 … 그 책으로는 5경 및 『사기』 · 『한서』 · 범엽 『후한서』 · 『삼국지』 · 손성 『진춘추』 · 『옥편』 · 『자통』 · 『자림』이 있다. 또한 『문선』이 있는데, 이를 가장 좋아하고 소중히 하였다.[1]

이 기록에서 거명된 『옥편玉篇』 · 『자통字統』 · 『자림字林』에 대해, 이 연구에서는 우선 과연 어떤 내용을 담고 있는 책이었으며 그것이 고구려에 수

---

[1] 원문은 다음과 같다. "俗愛書籍 … 其書有五經及史記 · 漢書 · 范曄後漢書 · 三國志 · 孫盛晉春秋 · 玉篇 · 字統 · 字林 又有文選 尤愛重之"(『舊唐書』 199 高麗傳). 한글 번역은 『중국정사 조선전』, 국사편찬위원회, 1988, p.244를 참조하여 저자가 재정리한 것이다. 姜維東 (외), 『正史高句麗傳校注』, 長春: 吉林人民出版社, 2006, pp.240-243도 『玉篇』 등에 대한 注釋이 달려 있어 참고가 되었다.

용된 역사적 의의가 무엇인지를 구체적으로 밝혀보려고 한다. 이 가운데 『옥편』은 이름이 일반적으로 널리 알려진 서적이라 할 수 있지만, 『자통』·『자림』은 거의 알려지지 않은 서적이며, 그렇기 때문에 한국사 분야에서는 말할 것도 없고, 국내에서 축적된 중국 문자학 혹은 자전학字典學 분야의 연구 성과에서조차도 이들에 대한 심층적인 연구 성과가 많지 않은 실정에 있다고 할 수 있다.[2] 따라서 중국의 연구 성과들을 활용하여 이들에 대한 파악의 실마리를 찾고자 한다.

한편 한국 고대 훈고학의 수준이 과연 어느 정도였는지를 고스란히 알려주는 기록 역시 찾기 어렵다. 다만 신라의 훈고학 발달과 관련해서 어떤 서적들이 활용되고 있었는가 하는 사실과 관련하여 다음의 기록에 찾아지는 『이아爾雅』가 고작이다.

나이가 들자 스스로 책을 읽을 줄 알아 그 뜻을 환하게 알았다. … (중략) … 드디어 스승에게 나아가 『효경』·『곡례』·『이아』·『문선』을 읽었는데, 들은 바는 비록 낮고 얕아도 얻는 바는 높고 깊어서 우뚝 솟은 당시의 뛰어난 인물이 되었다. 드디어 벼슬자리에 나아가 여러 관직을 거쳐 당시 이름이 널리 알려진 사람이 되었다.[3]

이를 통해 신라인인 강수强首가 스승에게 나아가 『이아』 등을 읽었다고 하

---

2 국내에서 발표된 기왕의 연구 성과 가운데 김애영 , 「원본《옥편》잔권 고문 연구」, 『어문중문학』 27, 한국중어중문학회, 2000. 서원남, 「중국 자서 편찬사에 대한 고찰」, 『동양학』 34, 2003. 김시연, 「《옥편》잔권 난자 고석」, 『중국어문학지』 12, 중국어문학회, 2002. 김시연, 『원본《옥편》잔권 이자체 연구』, 연세대학교 박사학위논문, 2002. 김시연, 「《옥편》잔권 고문 자형의 유래 고찰」, 『중국어문학지』 13, 중국어문학회, 2003. 이경달, 「원본·송본《옥편》언부 이자체의 래원 및 등급 속성의 변화에 대한 비교 연구—《옥편》두 판본의 특징·가치·교감의 득실을 겸하여 논함—」, 『중국언어연구』 16, 한국중국언어학회, 2003 등이 참고가 된다.

3 원문은 다음과 같다. "及壯自知讀書 通曉義理 … 遂就師讀孝經·曲禮·爾雅·文選 所開雖淺近 而所得愈高遠 魁然爲一時之傑 遂入仕 歷官爲時聞人"(『삼국사기』 46 강수전). 한글 번역은 정구복 (외), 『역주 삼국사기』 2 번역편, 한국정신문화연구원, 초판, 1997; 수정 3판, 2002, p.779를 참조하여 저자가 재정리한 것이다.

는데, 이『이아』가 과연 무슨 책이었으며 그것이 신라에 수용된 사회적 의미가 무엇인지를 규명하는 게 중요한 관건이 되지 않나 싶다. 더욱이 이『이아』는, 그 서명書名부터가 대단히 훈고학적이라고 하지 않을 수 없는데, '이'는 가깝다는 뜻이고, '아'는 바르다는 뜻으로 새겨지므로[4], 편찬 당시에 이미 훈고를 강조하고 있음이 드러나고 있는 것이다. 그러므로 이러한『이아』에 대해 면밀히 살핌과 아울러 설총薛聰의 9경九經 해독과 관련을 지워 그가 활용했다고 여겨지는 훈고서『방언方言』에 대해 천착함으로써 신라의 훈고학 발달상에 대해 검토할 수 있을 것으로 판단된다. 다만『방언』에 대한 것은 차치하고『이아』에 대한 연구 성과조차도 국내에는 많지 않음은 물론 정밀한 게 거의 없어서[5], 중국의 연구 성과들을 섭렵하여 토대를 삼아 연구를 진행할 수밖에 도리가 없겠다.

## 2. 고구려의 『자림』·『자통』·『옥편』 수용과 문자학의 발달

앞서 제시한 바와 같이 고구려의 문자학 발달과 관련한『구당서舊唐書』199 고려전高麗傳의 기록에는 고구려인들이 활용했던 자전류字典類를 거론하면서 '『옥편』·『자통』·『자림』'이라고 하였음을 간과해서는 안 된다고 생각한다. 다름이 아니라 그 기재 순서가『옥편』·『자통』·『자림』이라고 되어 있는데, 이 기재 순서가 결코 편찬 연대순이 아니기 때문이다.『옥편』은 양梁나라(502~557) 시절 고야왕顧野王(519-581)이 대통大通 9년(543)에 편찬한 것임이 입증되므로 정확한 편찬 시기를 알 수 있는 데 반해,『자통』은

---

4  原文은 "爾 近也 雅 正也"로, 이에 대한 해석은 [淸]朱彛尊《經義考·爾雅》; 朱祖延 主編,『爾雅詁林敍錄』, 武漢:湖北敎育出版社, 1998, p.542에 따르면 [魏]張晏의 말이라 한다. 管錫華,『爾雅硏究』, 合肥:安徽大學出版社, 1996, p.1. 이외에 이충구 (외)역주,『이아주소』1, 소명출판, 2004 및 최형주·이준녕 편저,『이아주소』, 자유문고, 2001 참조.

5  기왕에 국내에서 발표된『이아』관련 논문으로는 양광석,「《이아》고」,『동양철학연구』4, 동양철학연구회, 1983. 손민정,「목록을 통해 본《이아》의 다중성 연구―십삼경과 소학서의 사이에서―」,『중국어문학』36, 영남중국어문학회, 2000가 참고가 되었다.

북위北魏(386~534) 때의 양승경楊承慶이 지은 것이며, 『자림』은 서진西晉 (265~316) 때의 여침呂忱의 저작이라는 점이 알려져 있을 뿐 정확한 편찬 연도는 알 수가 없다.

그렇더라도 이들이 모두 통칭 위진남북조魏晉南北朝시대의 저술이기는 하지만 연대순으로는 분명 『옥편』·『자통』·『자림』순이 아니라, 『자림』· 『자통』·『옥편』순임이 틀림이 없다. 그런데 왜 『구당서』199 고려전의 기록에 거명되고 있는 순서가 편찬 연대순이 아니라 그 역순逆順으로 되어 있는 것일까. 아마도 그 등재의 기준이 고구려 당시의 실질적인 활용의 정도에 따른 게 아닐까 여겨진다. 각 책의 수록 글자의 숫자數字 측면에서도 후대의 것들이 더욱 확장되었으므로 그랬을 것일뿐더러 수록 글자의 내용 측면에서도 그랬을 것으로 여겨지기 때문이다. 그 양상을 구체적으로 살핌에 있어 여기에서는, 다만 논지의 전개 편의상 편찬 연대순으로 하도록 하겠다.

그러면 『자림』·『자통』·『옥편』이 위진남북조 시대에 편찬된 이유는 무엇이며, 또한 각각이 지니는 역사성은 과연 어떠하였을까? 이러한 점에 대하여 구체적인 논의의 실마리를 찾을 수 있게끔 해주는 것은 다음의 설명이다.

총괄해서 설명하자면, 위진남북조는 자서字書의 계승과 변화 발전의 시기로 선진先秦·양한兩漢의 자서 전통을 이어서 발전시켰다. 『자림』같이 『설문해자說文解字』를 증보한 자전, 『광아廣雅』같이 『이아』를 확장한 사전詞典이 모두 이 시기에 생겨났다. 전서篆書를 뒤따라 예서隸書와 해서楷書가 사용되는 문자의 추세가 직접 영향을 끼쳐 자서가 편찬되었는데, 육서六書 강설講說을 거치면서 실용으로 향하였고 이 시기에 마감되어 이때 고야왕 『옥편』이 나타나 뚜렷이 드러내게 되었다. 앞의 것을 이었고 뒤의 것을 이끌었으며 변혁을 열기 시작하여 고대 자서가 전환하는 하나의 단계였다. 전해지지 않는 『자통』·『요용자원要用字苑』·『찬문纂文』 등과 같은 자서의 얼마간의 잔문殘文이 또한 이러한 점을 설명해준다. 이 하나의 변화 발전이 후에 나타나는 자서의 발전에 대하여 일정하게 촉진하는 작용을

하였다.[6]

　요컨대 역사적으로 비춰 볼 때, 위진남북조는 자서의 계승과 변화 발전의 시기로 선진·양한의 자서 전통을 이어서 발전시켰다는 것인데,『설문해자』를 증보한 자전『자림』과 같은 사전이 이 시기에 생겨났으며, 또한 서체書體에 있어서 전서를 뒤따라 예서와 해서가 사용되는 문자의 추세가 직접 영향을 끼쳐 자서가 편찬되었는데, 이때에 고야왕의『옥편』이 나타났다는 것이다. 그리고 고대 자서가 전환하는 하나의 단계였던 이 시기에 지금은 전해지지 않는『자통』과 같은 자서도 편찬되어 그 잔문 일부가 전해지고 있다고 했다. 이러한 설명 속에『자림』·『자통』·『옥편』편찬의 역사성과 그 특징이 잘 드러나고 있으므로, 이를 기반으로 보다 구체적인 면모들을 살펴봄으로써 고구려인들이 이 자서들을 애용했던 이유도 자연히 드러나게 되리라 본다.

## 1)『자림』의 내용과 그 특징

　『자림』의 저자가 진쯥의 여침呂忱이라는 점에는『수서隋書』경적지經籍志와『위서魏書』강식전江式傳 등에서 일치하고 있으므로 이견이 없다.[7] 다만 그 권수에 있어서는『수서』경적지를 위시해서『신당서』예문지藝文志·『통지通志』예문략藝文略 등에서는 7권이라 하였는데 비하여,『위서』강식전의 표表에서는 6권이라 하였고, 장회관張懷瓘의『서단書斷』하下를 비롯한『직재서록해제直齋書錄解題』·『송사宋史』예문지·『문헌통고文獻通考』경적고經籍考 등에서는 5권이라 하였을 뿐만 아니라『구당서』경적지에

---

6　劉叶秋,「第一部値得重視的《爾雅》式詞典―《廣雅》」,『中國字典史略』, 北京 : 中華書局, 2003, p.91.

7　다만『隋書』經籍志에서는 '쯥 弦令 呂忱 撰'이라 했음에 반해『魏書』91 術藝 79 江式傳에서는 '延昌三年三月 式上表曰 …(중략)… 쯥世 義陽王 典祠令 任城 呂忱 表上字林六卷'이라고 하였는데,『위서』강식전의 이 '任城'은 그 출신지인 山東省의 지명을 가리키는 것으로 시기상의 차이에 따라 관직이 차이가 날 뿐이지 여침이 찬한 것이라는 점에서는 차이가 전혀 없다. 王力,「六朝에서 明代까지의 文字學과 訓詁學」,『中國語言學史』, 山西人民出版社, 1981, p.78; 이종진 (외) 공역,『중국언어학사』, 계명대학교 출판부, 1983, p.151 참조.

서는 10권이라고 기술하기까지 하였다.[8] 따라서 권수에 있어서는 기록에 따라 이렇게 차이가 나므로 단정을 지을 수가 없겠다. 그렇다고 하더라도 『자림』의 자전으로서의 특징과 관련하여서 다음과 같은 『위서』 강식전의 기록이 주목된다.

허신許愼『설문해자』에 의지해서 장章을 나누고 구句를 가를 때 은연중에 고古 · 주籀 · 기奇 · 혹자惑字를 구별하였으며 문자로 정예正隸를 적었는데 전자篆字의 뜻과 다르지 않게 하였다.[9]

여기에서 허신『설문해자』에 의지하였다고 함은 체재에 있어서 허신『설문해자』[10]의 것을 따랐다는 의미이므로 별로 새삼스러울 게 없으나[11], 고자古

---

8  興膳 宏 · 川合康三,『隋書經籍志詳攷』, 東京:汲古書院, 1995, pp.220-221.

9  『魏書』91 術藝 79 江式傳의 원문은 다음과 같다. "附託許愼說文 而按偶章句 隱別古籀奇惑之字 文得正隸 不差篆意也"한편 같은 江式傳의 구절 가운데 "頗改定古文.時有六書:一曰古文, 孔子壁中書 也;二曰奇字, 卽古文而異者;三曰篆書, 云小篆也;四曰佐書, 秦隸書也;五曰繆篆, 所以摹印也;六曰鳥 蟲, 所以幡信也"라고 있음이 크게 참조되었다.

10 『說文解字』의 體裁에 대한 구체적인 설명으로서 압축적으로 요령껏 제시해줌으로써 가장 유익하다고 여겨지는 것은 羅君惕, 「漢朝的字書」,『漢文字學要籍概述』, 北京:中華書局, 1984, pp.17-18에 보이는 다음과 같은 대목이다. "『說文解字』는 許愼이 和帝 永元 12년(100)에 편찬을 마치고, 安帝 建光 元年(121)에 그의 아들 許沖이 대신 獻上하였는데, 原著는 모두 15篇으로 나뉘고 편마다 또 상 · 하 양편으로 나뉘었다. 제1편부터 제14편까지는 모두 文字 해석이고 제15편은 許愼 자신이 撰한 序文과 許沖이 올린 바의 獻書表로, 14편 합계 540部 9,353개 正字로 모두 小篆이며, 또 1,160개 異體字(正字 하단에 붙어 있음)가 古文 · 籀文이거나 奇字이거나 異體(이는 혹 體라고 칭하기도 하였음)이어서 모두 133,441字를 해설한 것이다. 이러한 正字와 異體字는 각 部로 나누어 넣었으며 部 마다 1개의 部首가 있으며, 1개 正字 마다 모두 먼저 그것의 意義를 설명하고 재차 그것의 形體와 聲言을 해석하였다. 이뿐만 아니라 몇몇 字는 經典의 文句와 그 밖의 先學 및 여러 전문가들의 분석과 해석을 가져다가 예를 들어 증명하거나 설명을 붙였다. 이런 종류의 部에 따라 類로 속하게 한 것과 전면적으로 분석하는 방법은 모두 許愼 자신이 창조한 것이라서 그 이전 사람들은 사용한 적이 없는 것이었다"

11 이와 유사한 내용을 지적하고 있는 바는 [唐]封演 撰,『封氏見聞記』卷2「文字」조에서 찾아진다. 羅 君惕, 「晉朝的字書」,『漢文字學要籍概述』, 北京:中華書局, 1984, pp.24-25 참조. 원문은 다음이다. "後漢和帝時 始獲七千三百八十四字 安帝時 許愼特加搜采九千之文 始備著爲說文 凡五百四十部 皆 從古爲證備論字體 詳擧音訓其副俗所傳 涉于妄者 皆許氏之所不取 故說文至今爲字學之宗 魏時 有 李登者 撰聲類十卷 凡一萬七千五百二十字 以五聲命字 不立諸部 晉有呂忱 更按群典 搜求異字 復撰 字林七卷 亦五百四十部 凡一萬二千八百二十四字 諸部皆依說文 說文所無者 是忱所益"封演 撰,『封

字는 물론이고 주자籒字 즉 대전大篆을 위시해서 기자奇字 · 혹자惑字를 수록하였으며 문자를 예서로 적었다고 하는 사실만은 특기해 마땅하다. 따라서 이러한 『위서』 강식전의 기록으로 말미암아 『자림』은 예서로 정리한 자전임을 알 수 있는데, 내용에 있어서는 청淸 나라 때에 임대춘任大椿이 이미 『자림고일字林考逸』「서序」에서 지적한 바와 같이 예전 사람들이 일컫기를 『자림』이 『설문해자』에 빠진 것을 보충하였지만 실제로는 『설문해자』를 많이 답습했다는 평가를 진작부터 해왔고 특히 봉연封演의 『봉씨견문기封氏見聞記』에서 언급한 바대로 여침이 많은 책들을 조사해서 이자異字를 찾아내 『자림』을 편찬하였다고 하였지만, 여침이 보충한 게 비단 서체에 관한 것만이 아니었다. 그러므로 여침의 『자림』은 한자의 자형에 관한 책으로 그 내용에는 그 이전 시대부터 전해지던 문자와 그 뜻을 보전한 것 외에도 당시에 새로이 만들어진 문자와 그 의미를 수록하였을 뿐만 아니라 그 주음注音에는 직음直音과 반절半切을 기록해두었는데, 이러한 방법은 모두 사회발전에 따라 발전한 것이며 후대에 이러한 종류의 자서에 통례通例가 되었다는 점을 높이 평가할 수 있겠다.[12]

물론 『자림』이 기본적으로 『설문해자』의 문자에 대한 구조 분석을 채택했으며, 여기에다가 자신의 의견을 약간 보탰었다는 점을 가늠할 수 있더라도 『자림』이 이렇듯이 비록 『설문해자』에 근거한 것일지언정 『설문해자』에 못지않게 그 이름을 나란히 할 수 있는 명성을 얻었을 뿐더러 학자들의 중시를 받았던 것은 대체로 다음과 같은 3가지 이유 때문이었던 것이라 여겨진다. 즉 첫째 『설문해자』에서 누락된 부분을 보충함으로써 참고자료를 제공하였다는 점, 둘째 『설문해자』에 없던 이체자異體字와 『설문해자』 이후에 새로 생긴 글자들을 수록함으로써 문자 연구에 필수불가결한 새로운 자료를 제공

---

氏見聞記』卷2「文字」; 王雲五 主編, 『叢書集成』初編, 商務印書館, 1936, pp.8-9; 『(景印)文淵閣四庫全書』867, 臺灣商務印書館, 2002, p.423下.

12 羅君惕,「晉朝的字書」, 『漢文字學要籍槪述』, 中華書局, 1984, pp.24-25.

하고 있다는 점, 그리고 셋째 뜻풀이를 덧보탬으로써 『설문해자』와 비교가 가능하도록 해주고 있으며, 이에 따라 『자림』에서 뜻풀이를 보충하고 개진 開陳한 부분 자체가 『설문해자』를 보충하고 그것의 부족한 부분을 보완하고 있다는 점이다.[13]

이러한 『자림』이 역사적인 견지에서 그 어떤 분야에서 어느 정도로 활용되었던 자서였는가? 하는 점을 밝히면 앞서 인용한 바대로 『구당서』 고려전의 기록처럼 고구려에서 좋아했던 책 가운데 하나로 적어둔 이유를 이를 통해 알 수 있게 된다고 하겠는데, 중국 특히 당唐에서의 『자림』의 활용 사실과 관련해서 염두에 두어야 할 사실은 다음과 같은 3가지 점이라 헤아려진다.

첫째는 당의 과거제도 운용에 있어서 『당육전唐六典』 이부吏部 고공원외 랑考功員外郎 조의 기록에 비추어볼 때, 『자림』이 여러 필수과목 중의 하나였다는 점이다. 물론 과거의 모든 분야에서 그런 것은 아니었고, 명서과明書 科에서만 그러하였을 뿐이며 또한 『자림』만이 오롯이 그런 게 아니라 『설문해자』와 함께 그런 것이었지만, 『자림』 4첩帖을 『설문해자』 6첩과 함께 시험해야만 했던 것으로 미루어, 『자림』의 가치를 『설문해자』와 어깨를 견줄 수 있을 정도로 중시했음을 알 수 있다고 하겠다.[14]

둘째, 당의 교육제도 운용에 있어서도 『신당서』 48 지 38 백관지 3 국자감 國子監 조에서 찾아보면 국자감에 서학박사書學博士가 설치되었고 그 가운데 '자림박사字林博士'가 설치되었다는 기록이 있음이 주목된다. 이 역시 말할 것도 없이 그것만이 국자감에 유일하게 설치된 게 아니라 '설문박사說文

---

13 黃德寬·陳秉新, 『漢語文字學史』, 合肥:安徽敎育出版社, 1990; 增訂本, 2006; 하영삼 옮김, 『漢語文字學史』, 동문선, 2000, pp.95-97. 이와 더불어 『字林』의 특징에 대한 언급은 王力, 『中國語言學史』, 上海:復旦大學出版社, 2006, p.78; 이종진 (외) 공역, 『중국언어학사』, 1983, p.152의 "(1) 『자림』에 수록된 글자는 비교적 많다. (2) 『자림』에는 약간의 異體字가 수록되었다. (3) 『자림』의 小篆은 아주 잘 쓴 거이다. (4)주석에도 당연히 (『설문해자』와) 같지 않은 점이 있으므로 참고가 된다"라고 있음도 참고가 된다. 朱大璞 主編, 『訓詁學初稿』, 武昌:武漢大學出版社, 1987; 정명수·장동우 옮김, 『훈고학의 이해』, 동과서, 1997, p.188 참조.

14 濮之珍, 『中國語言學史』, 臺灣:書林出版有限公司, 1990; 上海:上海古籍出版社, 2002, p.175; 김현철 (외) 공역, 『중국언어학사』, 신아사, 1997, p.217.

博士'와 '석경박사石經博士' 등과 더불어 설치된 것이었으므로 적어도 『설문해자』에 버금갈 정도로 『자림』이 당시 교육면에서도 중시되었음을 전해줌에 지장이 없다고 생각한다.

셋째, 당에서는 말할 것도 없고 그 이전과 그 이후에도 유서類書와 자서字書를 가릴 것 없이 늘상 『자림』이 인용되고 있다는 점이다. 그 이전에는 북위 때의 『수경주水經注』에 인용되었으며 당의 『후한서주後漢書注』·『문선주文選注』·『경전석문經傳釋文』 등에 인용되었고[15], 이밖에도 원말元末·명초明初의 도종의陶宗儀(?-1398)의 『설부說郛』 속에도 분명 그 내용을 전하고 있기에 그렇다. 정리하자면 『자림』은 시대에 상관 없이 이현李賢 『후한서주後漢書注』의 예에서 드러나듯이 『후한서』와 같은 역사서를 해독함에도 요긴하였으며, 역도원酈道元 『수경주』 및 육덕명陸德明 『경전석명經傳釋明』의 경우에서 엿볼 수 있는 바처럼 『수경水經』을 위시한 수많은 종류의 경전을 해독함에 있어서도 꼭 참고가 되어야 하는 책이었음을 기억해 마땅하겠다. 게다가 이선李善 『문선주』에서도 그랬다는 점에서 『자림』은 중국 고대의 문학을 제대로 파악하고 이해하는 데에도 반드시 활용되어야 했던 자서였음은 그냥 지나칠 일이 아니라고 생각한다.

## 2) 『자통』의 내용과 그 특징

『자통』에 대해서는 『수서』 「경적지」의 기록에 21권으로 양승경楊承慶이 찬했다는 사실만이 간략이 전해진다.[16] 하지만 당 나라 때의 봉연封演이 지은

---

15 이상의 설명과 관련하여 黃德寬·陳秉新, 『漢語文字學史』, 增訂本, 2006; 하영삼 옮김, 『한어문자학사』, 동문선, 2000, p.93에 "당나라 때는 과거에 근거해 관리를 선발했는데, 「명서」과에서는 『설문』과 『자림』이 필수과목이었다. 국자감에는 書學博士가 설치되었는데, 『說文』博士·『石經』博士·『字林』博士 등이 있었던 것으로 보아, 당나라 때에는 『字林』의 지위가 매우 높았음을 알 수 있다. 북위 때의 酈道元 『水經注』와 당나라 때의 李賢의 『後漢書注』, 李善의 『文選注』, 陸德明의 『經傳釋明』 등에서 모두 『字林』을 인용하고 있으며, 또한 당송 때 편찬된 자서나 類書 등에서도 늘상 이 책을 인용했다"라 서술되어 있음이 참조된다.

16 『隋書』 32 志 27 「經籍一經」의 原文에는 "字統二十一卷 陽承慶撰"로 姓이 '陽'으로 되어 있으나, 『魏書』 72와 『北史』 47에도 그의 관한 기록이 있는데 이에 따라 '楊'으로 바로 잡은 점에 대해서는 興膳

『봉씨견문기封氏見聞記』에는 다음과 같은 구체적인 사실이 약간 적혀 있으므로 참조가 된다.

후위後魏의 양승경이라는 자가 『자통』 20권을 찬하였으니 무릇 13,734자였는데, 역시 『설문(해자)』에 의거함을 본으로 삼았으며 자체를 논함에 반복하여 다름이 있었다.[17]

여기에서 후위 곧 북위北魏의 양승경이 찬한 『자통』 21권 13,734자도 또한 『설문해자』를 증거로 삼는 것을 본으로 하여 글자의 서체를 논하면서 이체자를 실었다고 하였기 때문에, 분명 『설문해자』의 내용에는 없는 이체자를 추가함으로써 증자增字가 이루어졌음을 알 수 있다. 그러면 북위 때에 이와 같이 양승경이 『설문해자』를 본으로 삼으면서도 이체자를 추가하여 『자통』을 편찬한 것은 어떤 배경에서였을까? 이 점을 제대로 파악하기 위해서는 당시의 상황을 조망해볼 필요가 있다.

서진西晉 말엽에 이른바 '16국의 난'이 일어난 후 선비족鮮卑族이 북위를 건립하여 북방을 통일하고 나서는. 문자의 정리 작업에 대한 관심이 높아져서 도제황제道武皇帝가 천흥天興 4년(401)에 경전經典의 문자를 비교하여 글자의 뜻에 따라 편찬하게 하여 4만여 자로 구성된 『중문경衆文經』이라는 책을 만들었고, 태무제太武帝는 시광始光 2년(425)에 새로운 글자 1천여 개를 만들어 반포하여 이것을 모범으로 삼게 하였는데, 이것은 분명 황하黃河 유역에 여러 민족이 잡거雜居하여 여러 언어가 접촉한 뒤에 나타난 새로운 현상으로서, 문자 규범화規範化의 선구적인 것이었다. 그 뒤 효문제孝文帝에 이르러서는 선비족과 한족漢族의 융합을 가속화시키기 위하여 낙양洛陽

---

宏 · 川合康三, 『隋書經籍志詳攷』, 東京: 汲古書院, 1995, p221.

17 封演 撰, 『封氏見聞記』卷2「文字」; 王雲五 主編, 『叢書集成』初編, 商務印書館, 1936, p.9; 『(景印)文淵閣四庫全書』867, 臺灣商務印書館, 2002, p.423下. 원문은 다음이다. "後魏楊承慶者 復撰字統二十卷 凡一萬三千七百三十四字 亦憑說文爲本 其論字體 時復有異"

으로 천도遷都하고 '북어北語' 즉 선비어鮮卑語의 사용을 금지하고 한어漢語의 사용을 권장하였으며 낙양음洛陽音을 '정음正音'으로 삼았다. 더욱이 태화太和 19년(495)에는 '북어'를 조정朝廷에서 사용하지 못하게 하고 이를 위반하는 사람은 파면시킨다고 하는 강경한 조서詔書를 내릴 정도였다. 이러한 정치적인 배경 속에서 바야흐로 양승경의 『자통』 20권이 찬술되었던 것이다.[18]

　다만 이 『자통』은 현재는 전해지지 않고 일반적으로 알려지기는 실전失傳되었다고 한다. 앞서 인용한 바대로 봉연의 『봉씨견문기』에 『자통』의 글자 수를 13,734자라고까지 구체적으로 밝혀놓고 있는 것으로 보아, 적어도 그가 이 책을 찬할 때까지는 전해져서 봉연이 이를 직접 활용하였음을 알 수 있으므로 그 이후 언젠가에 없어졌다고 여겨진다.[19] 봉연의 이러한 『봉씨견문기』 문자편의 내용을 보고 나서 이후 『자통』의 내용 일부를 담아 전하는 [청淸]황석黃奭 집집輯, 『황씨일서고黃氏逸書考』를 접하게 되었고 그 가운데 「양승경자통楊承慶字統」이라는 항목이 독립적으로 서술되어 있음도 알게 되었다.[20] 흔히 쓰이지 않는 소위 벽자僻字들이 대부분이라 옮겨 적을 수가 없어서 이를 원문 그 자체대로 제시하면 뒤에 첨부한 〈자료 1〉로, 보다시피 여기에 수습된 게 단지 41字에 불과하지만 한 글자마다 전거典據를 달아놓은 부분이 있기 때문에, 이를 근거로 원문을 찾아 확인을 할 수 있었는데, 전거로 제시된 이 서적들과 관련된 사항을 정리하여 서명과 인용횟수를 표로 작성해 제시하면 다음의 〈표 1〉이다.

---

18 胡奇光, 「小學的發展」, 『中國小學史』, 上海 : 上海人民出版社, 2005, p.114; 이재석 역, 『중국소학사』, 동문선, 1997, pp.181-183.

19 濮之珍, 『中國語言學史』, 2002, p.203; 김현철 (외) 공역, 『중국언어학사』, 1997, p. 253.

20 [魏]楊承慶 撰, 『字統』; [淸]黃奭 輯, 「楊承慶字統」, 『黃氏逸書考』3; 『續修四庫全書』1208 子部 雜家類, 上海古籍出版社, 1998, pp. 17-18. 이는 [魏]楊承慶 撰, 『字統』; [淸]黃奭 輯, 『黃氏逸書考』4; 『百部叢書集成三編』16-9, 臺北 : 藝文印書館, 1972에도 편집되어 있어 앞의 것과 일일이 대조해보았다.

漢學堂經解

楊承慶字統
瞑目不明也 王篇
閡塞也 上同 廣韻
楩丈庚反槄橺也 分經一月藏
樀人才能自起 華嚴經抄
堂飾也 嚴品之五
衿怡也 十無靈
苙公艾翻苦也覆也 字樣
　楊承慶字統

微畫也 九經

廿泉黃恩掄

逸書考

一七

續修四庫全書　子部　雜家類

褻至也
爇野火也
事有不善曰就薄
　楊承慶字統

□埃也
□頯府在北州
秦謂陵阪爲阺 亞廣
徐涎谷中大空兒 亞集
挼挻俗謂之挬頭
便人有不善更之則安
鼢鼠也
瘤腫滿悶
薪香草 王篇
箭者竹之別形大身大葉曰竹小身大葉曰

楊承慶字統

二一

箭箭竹主爲矢因謂矢爲箭 御覽三百
鴟鴣鳥舞則天大雨 廣韻 四十九
鴛怪鳥 玉篇
鴨鸚小鳥 亞廣
鸝鸝防也 亞集
莞音關 列文 釋文
衍水朝宗於海故從行水 廣韻
鹿性警防分背而食以備人之害 埤雅
補遺

己國甲戌揚承慶字統

三江都朱氏

補刊

二一八

| 일련번호 | 서명書名 | 인용회수 | 편찬 시대 및 찬자撰者 |
|---|---|---|---|
| 1 | 옥편玉篇 | 4 | |
| 2 | 광운廣韻 | 7 | |
| 3 | 대집월장분경大集月藏分經 | 1 | |
| 4 | 사분률四分律 | 1 | |
| 5 | 화엄경華嚴經 묘엄품妙嚴品 | 1 | |
| 6 | 십무진장품十無盡藏品 | 1 | |
| 7 | 구경자양九經字樣 | 1 | [당]현도玄度[21] |
| 8 | 집운集韻 | 1 | |
| 9 | 용감수경龍龕手鏡 | 1 | [요]행균行均[22] |
| 10 | 태평어람太平御覽 | 1 | [송]이방李昉 (등)[23] |
| 11 | 열자列子 | 1 | |
| 12 | 비아坤雅 | 1 | [송]육전陸佃[24] |

(기준 :『황씨일서고』인용 순서)

이를 분석하면, 첫째『옥편』·『광운』등 자서 위주로『자통』이 인용되었음을 알 수 있는데 이는 자서로서 같은 부류이므로, 도리어 자연스러운 일로 크게 관심을 둘 바가 되지 못한다고 할 수도 있을 것이다. 둘째로 이와는 달리『대집월장분경』·『사분률』·『화엄경』등 불교 경전에서도『자통』이 인용되고 있음은 크게 주목된다고 하겠는데, 이는 그럴 만치 그 내용 자체에 불교 관련 글자들이 포함되어 있음을 알려주는 것이라 여겨지기 때문이다.

이같이 자서에 불교 관련 글자들이 포함된 게 다만『자통』에만 국한된 게 아니고, 그 전후의 것인『자림』과『옥편』도 역시 그러한 것이었지만, 이를 통해서『자통』도 역시 그랬다는 점을 확인할 수 있는 것이어서 큰 의미가 있다고 하겠다. 즉 중국에 불교가 수용된 이후 불경이 점차 대량으로 번역됨에 따라서 북방의 소수민족 언어가 한어漢語와 융합되어 새로운 언어를 표현하는

---

21 [唐]玄度 撰,『九經字樣』;中華漢語工具書書庫編輯委員會 李學勤 主編,『中華漢語工具書書庫』12, 合肥:安徽教育出版社, 2002, p.100.

22 [遼]行均 撰,『龍龕手鑒』; 李學勤 主編,『中華漢語工具書書庫』1, 2002, p.542.

23 [宋]李昉 (等) 纂,『太平御覽』卷349;『太平御覽』4, 上海:上海古籍出版社, 1994, p.224.

24 [宋]陸佃 撰,『坤雅』; 李學勤 主編,『中華漢語工具書書庫』47, 2002, p.364.

새 글자가 대규모로 출현하는 추세에 있었고, 이러한 가운데 편찬된 자서 가운데의 하나가 바로 『자통』이었음을 분명히 알 수 있게 되었기 때문이다.[25]

또한 『자통』에는 시대의 흐름에 따라 전쟁 등으로 문화의 양상이 이전에 비해 달라짐에 짝하여 같은 글자에 있어서도 의미가 추가되고 용례가 다양해지는 추세가 반영되었던 게 아닐까 여겨지며, 이러한 측면은 『자림』과의 비교를 통해 엿볼 수 있다고 생각한다. 구체적인 하나의 예를 제시하면 [송]이방(등)이 찬한 『태평어람』 속에서 찾아지는 다음이다.

字林曰 箭 天竹也
字統曰 箭者 竹之別形 大身小葉曰竹 小身大葉曰箭 箭竹主爲矢 因謂矢爲箭[26]

'전箭'의 뜻풀이에 있어 『자림』은 간단히 '천죽天竹'이라 하고 말았지만, 『자통』에서는 그것이 형태에 따라 '죽竹'과 '전箭'으로 분화되었으며 나아가 전과 죽으로 주로 시놋 곧 화살을 만듦으로 말미암아 화살을 '전'이라 일컫는다는 설명까지 보내고 있는 것이다. 이러한 점에 비추어 『자통』에는 전쟁 등을 통해 등장한 문화의 새로운 양상이 반영되어 설명이 이전의 자서들에 비해 자세해지는 경향이 나타나게 되었던 것이라 헤아려진다.

따라서 결론적으로 『자통』는 북위 때 추진된 문자의 규범화 정책에 따라 한어의 사용을 권장하고 낙양음洛陽音을 '정음正音'으로 삼음에 따라 이전의 『자림』에 비해 어휘가 늘어났고 이것을 포함하게 됨으로써 증자增字가 되었던 것이다. 그리고 또한 불교의 수용에 따른 불교 경전의 번역이 대대적으로 이루어져 새로운 글자가 생겨나자 이 역시 『자통』에 포함시키게 됨으로써 이체자 역시 증가하게 되었을 뿐만 아니라, 전쟁 등을 통해 문화의 양상이 이전보다 새로운 면면이 생겨나면서 어휘의 의미가 증가되어 『자림』에 비해

---

25 胡奇光,「小學的發展」,『中國小學史』, 2005, pp.111-112; 이재석 역, 『중국소학사』, 1997, p.180.
26 [宋]李昉 (等) 撰, 『太平御覽』;『太平御覽』4, 1994, p.224.

상세한 설명이 곁들여지게 되었다고 하겠다.

### 3)『옥편』의 내용과 그 특징

『옥편』은 양梁나라의 고야왕顧野王(519-581)이 대동大同 9년(543)에 찬한
것으로서, 언어문자학의 중요한 저작임은 두말할 나위가 없다. 고야왕이『옥
편』을 편찬한 동기와 목적에 대해서는 그 자신의「서序」에서 다음과 같이 밝
히고 있음에 잘 헤아릴 수 있겠다.

　　옛 경전들은 다투어 뜻을 달리하고, 육서六書ㆍ팔체八體는 고금의 형체가 서로
　다르니, 어떤 것은 글자가 다르나 뜻은 같고, 어떤 것은 문장은 같으나 해석이 다르
　기도 하여, 백가百家들의 담론은 서로 차이가 적지 않고, 자서들은 잘못된 부분이
　특히 많으니, 글자를 찾아보기에 불편하고 의혹을 자주 불러 일으킨다. 외람되게
　도 황제의 명을 받들고 이를 계승하고자 여러 조언을 구했다. 여러 편장들을 함께
　모아 군서群書들을 교열校閱하고, 하나의 체계를 갖추도록 하여 문자의 뜻이 갖추
　어지도록 했다.[27]

이를 개략적으로 정리하면, 고야왕이『옥편』을 편찬하게 된 동기 혹은 목
적을 엿볼 수 있는데, 첫째 경서經書의 훈고에 서로 다른 이견이 나타나게 되
었던 것을 바로 잡기 위해서, 둘째 한자의 서체가 고금古今에 서로 달라 알아
볼 수 없게 된 것을 알아볼 수 있게 하기 위하여, 셋째 한자를 해석함에 있어
일치하지 않는 경우가 많아 이를 제대로 하기 위해서, 그리고 넷째 자서가 전
승되는 과정에서 수많은 오류가 생겨나고 그래서 문자를 찾는 일이 어려워지
게 되자 이를 쉽게 하고자 했던 것임을 알 수 있겠다. 그래서 고야왕은 한자
의 형태를 규범화하고 훈고를 정확하게 하고 오류를 바로잡으며 아울러 검

---

27　黃德寬ㆍ陳秉新,『漢語文字學史』, 增訂本, 2006, p.47; 하영삼 옮김,『한어문자학사』, 2000, p.102.
　　원문은 다음과 같다. "五典三墳 竸興異義 六書八體 古今殊形 或字各而訓同 或文均而釋異 百家所談
　　差互不少 字書卷軸 舛錯尤多 離用尋求 易生疑惑 猥承明命 預纘過庭 總會衆篇 校讎群籍 以成一家之
　　制 文字訓畜矣"

색의 편리함까지도 고려한 새로운 형식의 자서를 편찬하기에 이르렀던 것이다.[28] 한대 말엽에 이르러 해서楷書가 세상에 나왔으며 위진남북조 시기에는 대대적으로 유행하였으므로, 이를 취하여 고야왕이 『옥편』을 찬하였고[29], 그럼으로 해서 『옥편』은 오늘날 허신許愼의 『설문해자』 편찬 이후 최고의 자전이자 한자학사에서 해서로 된 최초의 자전으로 평가받고 있다.[30]

앞서 인용한 그 자신의 서문 가운데서도 "여러 편장들을 함께 모아 군서群書들을 교열校閱하고 하나의 체계를 갖추도록 하여 문자의 뜻이 갖추어지도록 했다"라고 밝히고 있는 바와 같이, 고야왕은 요컨대 남조南朝의 언어와 문자의 분지화分枝化 현상을 바로잡기 위해 이 책을 편찬한 것으로 이는 다름이 아니라 그 자신이 오군吳郡의 오 곧 오늘날의 강소성江蘇省 소주시蘇州市 출신[31]이었기에 그럴 수 있었다고 생각된다. 아울러 그의 이것에 앞서 편찬되었던 『자림』의 원본이 전해지지 않으므로 그것을 청나라 때 여러 문헌들에서 수습해서 정리한 임대춘의 『자림고일』과 비교해보면, 매우 흥미로운 사실을 알아낼 수 있다. 『자림고일』 가운데서 『옥편』에 있는 것을 조사했을 때 121자가 되고, 그 중 음절音切을 붙인 게 54자이지만 완전히 동일한 것은 3자에 불과하다는 점이다. 이는 고야왕의 출신이 방금 운위하였듯이 오늘날의 강소성으로서 강남 사람인데 반해서 여침은 그 출신이 임성任城으로서 오늘날의 산동성山東省 제녕현濟寧縣 동남쪽이어서[32] 강북인이었으므로 고야왕

---

28 오시마 쇼지 지음, 장원철 옮김, 「《옥편》―새로운 형태의 자서」, 『한자에 도전한 중국-갑골문에서 간체자까지 한자 형성 공간의 탐색』, 산처럼, 2003, p.151.

29 胡奇光, 「小學的發展―六朝隋唐時代」, 『中國小學史』, 2005, p.114; 이재석 역, 『중국소학사』, 1997, p.184.

30 劉叶秋, 「現存的第一部楷書字典―《玉篇》」, 『中國字典史略』, 中華書局, 2003, p.79.

31 그의 출신지가 '吳郡'이라는 說은 黃德寬·陳秉新, 『漢語文字學史』, 增訂本, 2006, p.47; 하영삼 옮김, 『한어문자학사』, 2000, p.102에 있으나, 이와는 달리 興膳 宏·川合康三, 『隋書經籍志詳攷』, 汲古書院, 1995, p221에서는 '吳郡吳(江蘇省)'이라고 하였고, 周大璞 主編, 『訓詁學初稿』, 武昌: 武漢大學出版社, 1987; 6刷本, 1993, p.119; 정명수·장동우 옮김, 『훈고학의 이해』, 1997, p.189에서는 '吳郡吳(지금의 강소성 소주시)'라고 하였지만, 거론하고 있으므로 이에 따른다.

32 오시마 쇼지 지음, 장원철 옮김, 「《자림》―《설문해자》의 증보판」, 『한자에 도전한 중국』, 2003, p.147.

과는 서로 사용하는 사성四聲이 달랐고 그래서 분운分韻이 차이가 날 수 밖에 없었기에 이러한 차이점이 드러나게 되는 것이라 여겨지는 것이다.[33] 따라서 강북인 여침에 의해 앞선 시기에 편찬된 『자림』은 특히 강북의 사성에 따른 분운 위주로 편찬되었음에 비해서, 강남인 고야왕에 의해 뒷 시기에 편찬된 『옥편』은 각별히 강남의 사성에 따른 분운 위주로 편찬되었음을 알 수 있겠다.

그러므로 『옥편』에 수록된 글자는 대부분 위진남북조 이후로 생겨난 글자들로, 이러한 사실은 『옥편』이 한자의 운용과 실제적인 발전을 중시해서 수록자를 설정했다는 점을 드러내주고 있는데[34], 따라서 『옥편』은 이러한 글자들에 대한 정확한 해독을 위해 근거를 제시해 주고 있으며, 그럼으로 해서 당시에는 상당한 실용적 가치를 갖고 있었을 것이다. 한 글자에 여러 가지의 이체자가 있을 경우 『옥편』에서는 정체자正體字 아래에다 모두 나열해 두었으며, 모두 해서로 고쳐 적어 고문古文이니 주문籀文이니 하는 것 등을 밝혔고, 해당 글자가 어느 부수部首에 속하는지에 대해서도 밝혀두었다. 그러면서도 『옥편』은 허신 『설문해자』의 부수 분류를 좇았지만 차서次序를 초과하지 않았으면서도 다 똑같게 하지도 않아서 문자마다 먼저 절음切音을 배열하고 그 다음으로는 문자의 뜻를 적었으며 때로는 인용하여 증거로 삼은 고서古書를 제시하였던 것이다. 이렇게 이체자들을 수록해 놓은 것은 사용에도 편리할 뿐 아니라 문자학 연구에도 많은 참고 자료가 된다고 하겠다.[35]

『옥편』에 수록된 글자의 수와 관련하여 봉연이 찬한 『봉씨견문기』에 따르면, "양나라의 고야왕이 『옥편』을 찬하였으니 무릇 16,917자였다[36]"라고 했어

---

33 岡井愼吾,「玉篇の體貌」,『玉篇の研究』, 東京 : 東洋文庫, p.191.

34 胡奇光,「小學的發展－六朝隋唐時代」,『中國小學史』, 2005, p.115; 이재석 역,『중국소학사』, 1997, p.186.

35 黃德寬·陳秉新,『漢語文字學史』, 增訂本, 2006, p.47; 하영삼 옮김,『한어문자학사』, 2000, pp.103-104.

36 封演 撰,『封氏見聞記』卷2「文字」; 王雲五 主編,『叢書集成』初編, 商務印書館, 1936, p.9;『(景印)文淵閣四庫全書』867, 臺灣商務印書館, 2002, p.423下. 원문은 다음이다. "梁朝顧野王 撰玉篇三十卷

도, 지금 전해지는 것은 22,700여 자의『대광익회옥편大廣益會玉篇』으로, 이는 당唐 고종高宗 상원上元 원년(674)에 남국의 처사處士 손강孫强이 일찍이 수정修訂하여 문자를 증가시킨 것을 송宋 진종眞宗 대중大中 군부祥符 6년(1013)에 진팽년陳彭年이 재차 중수하면서 역시 증자한 것이다.[37] 그래서 이『대광익회옥편』은『옥편』과 크게 달라져서, 자전 발전의 정황에 따르면 이는 도리어 퇴보한 것이라는 평가를 받고 있다.[38] 훗날 청나라 말에 이르러서 여서창黎庶昌과 나진옥羅振玉 등이 일본에서『옥편』의 잔권殘卷을 찾아냈는데, 인용이 풍부하고 뜻의 해석이 완벽하며 고야왕 개인의 의견도 수록되어 있는 것으로 보아, 이는 수정과 증자를 거치지 않은 당나라 때의 필사본筆寫本『옥편』임이 틀림없다고 평가받아 오늘날은 이를 '원본原本『옥편』'이라 호칭하고 있다.[39]

그 내용 중에서도 주석註釋 부분은 특히 첫째 글자마다 절음을 사용하여 주석하고, 그 다음에 뜻에 대한 해석을 했다는 점, 둘째 인용이 매우 풍부하여 의항義項마다 문헌적인 증거를 제시했다는 점, 셋째 한·위시대 이후의 각 전문가들이 한 뜻풀이를 널리 수록했다는 점, 넷째 의항을 매우 세분화시켰다는 점, 다섯째 찬자 고야왕의 의견을 첨부함으로써 학자들에게 편의를 제공하고 있다는 점 등의 특징을 지니고 있는 것으로 지적된다.[40]『옥편』이 이와 같이 자료가 매우 풍부하고 실용성을 위주로 하였으면서도 높은 수준을 가진 자서이므로, 이러한『옥편』의 특징과 학술적 가치에 대한 논의가 줄곧 있어 왔다. 그런 가운데서도 다음의 평가가 가장 대표적이라 할 수 있다.

凡一萬六千九百一十七字"

37 羅君惕,「南北朝的字書」,『漢文字學要籍概述』, 北京:中華書局, 1984, pp. 28-29 및「出版解說」,『大廣益會玉篇』, 北京:中華書局, 1987; 重印, 2008, p.1.

38 趙振鐸,「我國字典編寫的傳統」,『字典論』, 上海:上海辭書出版社, 2001, p.13.

39 顧野王 編撰,『原本玉篇殘卷』, 北京:中華書局, 1985; 重印, 2004의 p.1「前言」및 朱葆華,『原本玉篇文字研究』, 濟南:齊魯書社, 2004 그리고 徐前師,『唐寫本玉篇校段注本說文』, 上海:上海古籍出版社, 2008 참조.

40 黃德寬·陳秉新,『漢語文字學史』, 增訂本, 2006, p.50; 하영삼 옮김,『한어문자학사』, 2000, pp.106-107.

1. 인증引證을 함에 모든 원전原典을 밝힘으로써 다시 살필 수가 있게 했다. 2. 증거가 외롭지 않아 훈고학의 가치를 증가시켰다. 3. 안어案語[찬자撰者의 견해]를 명백히 함으로써 적확한 해설이 있게 하였다. 4. 이체異體를 널리 조사하고 아울러 어느 부수에 속하는지를 밝혀줌으로써 검사에 편리하게 해주었다. 5. 고서의 자료들을 보존해주었다.[41]

이를 풀어서 정리하자면 첫째 인용문헌에 대해 모두 출전出典을 밝힘으로써 원전과의 대조를 가능하게 했다는 점, 둘째 증거가 풍부하여 훈고학의 가치를 높였다는 점, 셋째 안어 곧 찬자인 고야왕 자신의 의견을 분명하게 제시함으로써 해설을 명확히 해주었다는 점, 넷째 이체자를 광범위하게 수록하였을 뿐만이 아니라 어느 부수에 속하는지를 밝혀줌으로써 검색을 편리하게 해주었다는 점, 그리고 다섯째 고문헌 자료들을 보전함으로써 집일輯逸과 교감校勘에 도움을 주었다는 점이라 할 수가 있다. 따라서 이러한 견지에서 『옥편』은 한자학사와 훈고학사 및 자전편찬사에 있어서 매우 중요한 위치를 차지하고 있다고 하겠다.[42]

## 4) 고구려의 문자학 발달

앞서 살폈듯이 『자림』이 중국에서도 어느 시대에 상관이 없이 역사서 및 경전 그리고 문학서의 정확한 해독과 의미 파악에 반드시 활용되어야 했었다

---

41 胡樸安, 『中國文字學史』, 北京:北京書店, 1937; 民國叢書編輯委員會 編, 『民國叢書』第3編 第47册, 上海書店, 1989; 『中國文字學史』上册, 北京:商務印書館, 1998, p.103. 번역문은 黃德寬·陳秉新, 『漢語文字學史』, 增訂本, 2006, p.50; 하영삼 옮김, 『한어문자학사』, 2000, pp.107-108를 참조하여 저자가 정리한 것임.

42 黃德寬·陳秉新, 『漢語文字學史』, 增訂本, 2006, p.50; 하영삼 옮김, 『한어문자학사』, 2000, pp.107-108 및 p.499. 한편 王力, 『中國語言學史』, 2006, p.79; 이종진 (외) 공역, 『중국언어학사』, 1983, pp.153-154에서 『玉篇』이 『說文解字』보다 개선된 점으로 "첫째 反切를 먼저 나타낸 점은 매우 합리적이다. 둘째 『說文』의 해설을 인용한 것은 『玉篇』에게 유리한 조건이 되었는데, 許愼 시대에는 『說文』보다 더 이룬 자서가 없었던 것이다. 셋째, 가능한 한 예증을 든 점이다. 넷째 例에 대하여 필요한 해석을 덧붙인 점이다. 다섯째 '一詞多義'의 현상에 주의한 점이다"라고 설명한 것도 이와 관련하여 경청할 만하다.

는 점을 감안하면, 고구려에서도 이 책이『구당서』의 기록에 의하면 "서적을 매우 좋아하였다"고 하면서 5경 및『사기』·『한서』· 범엽『후한서』·『삼국지』· 손성『진춘추』를 열거하였을 뿐더러 "또한『문선』이 있는데, 이를 가장 좋아하고 소중히 하였다"한 이유를 이 참에 헤아릴 수가 있다고 생각한다. 즉『옥편』·『자통』등과 함께『자림』을『구당서』기록의 이 부분에서 거명하고 있는 게, 분명『옥편』·『자통』도 그랬지만『자림』역시 '5경'으로 상징되는 경전들,『사기』·『한서』·『후한서』·『삼국지』·『진춘추』와 같은 역사서들 그리고『문선』으로 집대성된 문학서들을 정확히 해독하고 이해하는 데에 빠짐없이 활용되었으므로 그랬다고 보인다.

더욱이 "가장 좋아하고 소중히 하던"『문선』을 읽고 뜻을 새기며 즐기던 고구려인들에게 있어서는『자림』을 위시한『자통』·『옥편』등의 자서는 항시 곁에 두고 활용해야 했던 애장서愛藏書 가운데서도 빼놓을 수 없는 것이었다고 하겠으며, 이럴 만큼 고구려인들은『자림』과 같은 자서를 늘 활용하여『문선』을 애독할 만큼, 중국 어느 나라 어느 시기와도 어깨를 나란히 할 수 있을 정도로 그 한문학의 수준이 높았다고 해서 결단코 지나치지 않을 게 분명하다. 특히 지금까지 거론해온 바를 이들 자서들의 편찬 시기 및 자수 증가의 추세 그리고 서체의 특징 등을 그 이전의『설문해자』를 기준으로 삼아 비교하면서 살피면, 이 자서들을 한꺼번에 고구려인들이 활용했던 이유가 무엇이었는지를 가늠할 수 있다고 본다. 그래서 이에 관한 사항을 표로 만들어 제시해보이면 다음의 〈표 2〉이다.

『설문해자』이후 새로 생긴 글자들을 수록하면서 이 자서들의 자수가 점증하였으므로, 이러한 추세에 따라 자연히 고구려인들은 새로운 자서들을 활용해야 제대로 당대當代의 문서와 서적들을 해독할 수 있었을 것임에 틀림이 없다. 이러한 연유에서 찬술 연대순으로는 분명『자림』·『자통』·『옥편』이지만『구당서』199 고려전의 기록에 거명된 순서가 그 역순으로 되어 있는 것 역시 고구려인들이 당시에 실질적으로 활용한 정도에 따른 것이라 가늠된

〈표 2〉 중국 고대 주요 자서의 수록 한자 자수 및 서체의 특징 비교표[43]

| 자서명 | 찬자 및 편찬 시기 | | | 한자 자수 | 서체의 특징 |
|---|---|---|---|---|---|
| | 찬자 | 시대 | 연도 | | |
| 『설문해자』 | 허 신 | 한 | 100 | 9,353 | 전서 |
| 『자림』 | 여 침 | 진 | | 12,824 | 예서 |
| 『자통』 | 양승경 | 후위 | | 13,734 | 이체자 |
| 『옥편』 | 고야왕 | 양 | 543 | 16,917 | 해서 |

다고 하겠다. 그런데다가 또 하나 간과해서는 안 될 사실이 『자림』과 『옥편』
의 서체가 각각 예서와 해서였다는 점이다. 그러므로 수록 글자의 숫자 측면
에서도 후대의 것들이 더욱 확장되었으므로 그랬을 것이지만, 수록 글자의
서체가 다르다는 측면에서도 이들 자서 모두가 빠짐없이 고구려인들에게는
소중히 활용됨으로써, 이에 따라서 고구려의 문자학이 크게 발달하게 되었을
것이다.

그러면 고구려인들은 이런 자서들을 구체적으로 어떠한 데에 활용하였던
것일까? 이 점과 관련하여 더욱이 크게 주목되는 바는, 고구려 안원왕安原王
(531-545)·양원왕陽原王(545-559)·평원왕平原王(559-590) 재위와 같은 시
기인 중국 남북조시대 말기에 활약하였던 안지추顔之推(531-591)가 저술한
『안씨가훈顔氏家訓』내용을 샅샅이 찾아보면 당시에 특히 『자림』이 무슨 용
도로 활용되었는지에 관한 기록들이 기재되어 있음을 알 수 있다는 사실이
다. 그러므로 이에 견주어서 고구려인에게도 그랬을 것으로 상정想定해 보
는 게 가능하다고 본다.

첫째, 시가詩歌를 짓고 낭송하는 데에 정확함을 기하기 위하여 『자림』등
이 반드시 필요하였다.[44] 둘째, 역사 속의 지명地名을 제대로 파악하고 위치

---

43 封演 撰,『封氏見聞記』卷2「典籍」; 王雲五 主編,『叢書集成』初編, 1936, pp.8-9 및 王鳳陽,『漢字
學』, 吉林文士出版社, 1989, p.532 그리고 胡奇光,「小學的發展―六朝隋唐時代」,『中國小學史』,
2005, p.115; 이재석 역,『중국소학사』, 1997, p.186 참조.

44 顔之推의『顔氏家訓』가운데 이런 내용을 담고 있는 대표적인 경우는 "문자는 典籍의 근본이다.
그런데 세간의 학문하는 사람들은 대부분 문자에 대해 잘 알지 못한다. 五經을 읽는 사람들은
徐邈의 설은 옳다고 하고 許愼의 설은 그르다고 한다. 시가를 짓고 낭송하는 사람들은 褚詮之의

를 정확히 알기 위해서도『자림』이 역시 크게 참조되었다.[45] 그리고 셋째, 경전에 보이는 글자[46] 혹은 비문碑文에 씌어져 있는 지명[47]에 대한 정확한 발음을 위해서도『자림』은 또한 필요한 책이었다.『자림』이 이렇게 활용되었다고 함은 그것만 그랬다고 보기보다는『자통』과『옥편』의 경우에도 그랬을 것으로 여기는 게 순리일 것이다. 따라서 고구려인들이 매우 좋아했다는 서적으로서『구당서』의 기록에 5경 및『사기』·『한서』·범엽『후한서』·『삼국지』·손성『진춘추』를 열거하였을 뿐더러 "또한『문선』이 있는데, 이를 가장 좋아하고 소중히 하였다"고까지 서술한 것을 상기한다면, 이러한 해석은 역시 충분히 타당하다고 인정받을 만하다고 생각한다. 중국인들의 눈에도 그렇게 비춰져서 이렇게 기록이 남게 되었을 정도로, 고구려의 문자학은 높은 수준으로 발달해 있었음이 틀림없었던 것이라 하겠다.

---

설은 신용하면서 呂忱의 설은 소홀히 여긴다"는 구절이다. [北齊]顔之推, 「勉學」 8, 『顔氏家訓』 卷3; 王利器, 『顔氏家訓集解』 增補本, 北京: 中華書局, 1993, 重印, 2007, p.220 ; 김종완 옮김, 『안씨가훈』, 푸른역사, 2007, pp.185-186. 다만 이 글의 원문의 인용은 요즘 쓰지 않는 이른바 僻字가 많이 섞여 있으므로 그대로 옮기기 불가능하므로 생략하기로 한다. 이하도 같다.

45 이러한 내용 가운데 顔之推의『顔氏家訓』에서 찾아지는 대표적인 경우는 "고금의 문헌을 널리 찾아보았으나 모두 알 수 없었다.『字林』과『韻集』을 검색하고 나서야 獵閭는 예전에 엽취였던 곳이며, 尤仇는 예전에 만구정이었던 곳으로, 모두 상애현에 속한다는 사실을 알았다"는 구절이다. 顔之推, 「勉學」, 『顔氏家訓』; 王利器, 『顔氏家訓集解』, 2007, p.225 ; 김종완 옮김, 『안씨가훈』, 2007, p.188,

46 이런 예로는 "『예기(禮記)』 왕제편(王制篇)에 '영고굉(贏股肱, 팔다리를 걷어붙이다)'이란 구절이 있다. …(중략)…『자림』을 살펴보면 소해(蕭該)의 독음이 옳고 서원(徐爰)이 제시한 음인 '환(患)'은 옳지 않다"는 대목을 들 수 있겠다. 顔之推, 「書證」, 『顔氏家訓』; 王利器, 『顔氏家訓集解』, 2007, pp.442-443 ; 김종완 옮김, 『안씨가훈』, 2007, p.317,

47 이와 관련해서는 "내가 전에 조주(趙州)의 좌리(佐吏)로 있을 때, 태원인太原人 왕소王邵와 함께 백인성 서문 안에 있는 비문을 읽어 본 적이 있다. …(중략)… 이 '旂'자는『자림』에 여러 음 중의 하나가 '망부(亡付)'의 반절이니, 지금 속명(俗名)에 의거하면 응당 '권무(權務)'로 발음해야만 한다"는 대목을 찾을 수 있다. 顔之推, 「書證」, 『顔氏家訓』; 王利器, 『顔氏家訓集解』, 2007, p.498 ; 김종완 옮김, 『안씨가훈』, 2007, p.343, 이밖에도 같은 책, p.362에서 "『字林』에서는 '看'의 음을 '口廿'의 반절이라 했고, '伸'의 음을 '辛'이라고 했다"고 되어 있음에서도『字林』은 역시 정확한 발음을 위해서도 활용되고 있었다는 사실이 확연히 드러나고 있다고 하겠다.

## 3. 신라의 『이아』· 『방언』 수용과 훈고학의 발달

### 1) 신라의 『이아』 수용과 훈고학의 발달

#### (1) 『이아』 수용과 강수의 외교문서 작성

앞서 거론하였듯이 지금 전해지는 기록 중 신라인으로서 『이아』를 공부하였음이 밝혀져 있는 이로서는 강수가 유일하다고 할 수 있다. 곧 『삼국사기』 소재의 그의 전기에 따르면 나이가 들자 스스로 책을 읽을 줄 알아 그 뜻을 환하게 알게 되었으며, '사師'에게 나아가 『이아』 등을 읽었다는 것인데, 이 '사'는 국가적인 기관에 소속되어 있었던 상문사詳文師를 지칭하는 것으로 보인다. 『삼국사기』 8 신라본기 성덕왕聖德王 13년 2월의 "개상문사위통문박사改詳文師爲通文博士 이장서표사以掌書表事"라는 기록으로 상문사(혹은 통문박사)가 서·표의 일을 관장했다는 사실을 알 수 있으므로, 강수가 『이아』 등을 배운 게 바로 이 상문사였을 것이다.[48]

강수가 상문사에게 『이아』를 배움으로써 유교 경전인 『효경孝經』· 『곡례曲禮』는 물론이고 문학서 『문선』을 읽는 수준까지 발전하였을 것인데, 그럼으로써 그가 『삼국사기』 46 강수전의 기록에서 드러나는 바와 같이 태종무열왕太宗武烈王의 왕명으로 당과의 외교문서를 작성하게 되었을 뿐만 아니라 또 그가 지은 「청방인문표請放仁問表」를 보고 『삼국유사』 2 기이紀異 문무왕법민文武王法敏 조에서 보듯이 당唐 고종高宗이 눈물을 흘리며 김인문을 놓아 보낼 정도로 외교문서인 '표'에 능하게 되었던 것이라 가늠된다. 그만큼 강수의 활동에 『이아』의 영향이 지대하게 끼쳐졌다고 풀이할 수 있으며, 곧 그럴 정도로 신라의 훈고학이 당시에 발달했음을 알려준다고 하겠다.

---

48 노용필, 「신라시대 ≪효경≫의 수용과 그 사회적 의의」, 『이기백선생고희기념 한국사학논총』(상), 일조각, 1994; 『한국고대사회사상사탐구』, 한국사학, 2007, pp.206-209.

## (2) 『이아』의 내용과 그 특징

『이아』는 일종의 고훈故訓 즉 옛말의 해석을 모은 책으로[49], 그것의 저자가 누구인가에 관해서는 의견이 분분하므로 꼬집어 지적하기 어렵고, 한 사람의 손에 의해 이루어진 것이 아니고 여러 사람의 증보를 거쳐 이루어졌음이 분명하다. 그렇기 때문에 『이아』「서」를 쓴 진대晉代의 곽박郭璞(276-324)도 "『이아』는 대개 중고中古에 흥기하여 한대에 융성하였다[50]"라고만 쓰고 있는 것으로 파악된다. 그리고 무제武帝 때에는 이미 『이아주爾雅注』라는 주석서가 있었기에 편찬 시기는 적어도 한 무제 이전인 기원전 2세기로 여겨진다.[51]

『이아』는 모두 19편으로 구성되어 있으며, 앞의 3편은 일반적인 어휘를 해석하고 있고 나머지 16편은 각종 사물의 명칭을 해석하고 있는데[52], 앞의 3편을 제외한 이 16편을 백과명사百科名詞 부분이라 명명命名할 수 있으며, 이 부분을 구분하면 사회생활에 관한 고유 명칭과 자연만물에 관한 고유 명칭으로 나눌 수 있음은 물론 전자는 사람의 사회생활 및 일상생활에 관한 것으로, 또한 후자는 천문·지리·식물·동물로 세분할 수 있다. 이와 같은 백과명사 부분은 구체적인 일례로 동물 부분만을 분석하더라도 이를 담고 있는 「석축釋畜」의 경우 마馬와 관련된 게 제일 많은데, 이는 인류의 실생활 특히 노동 생산과 관계가 밀접한 동물일수록 부여하는 특성도 점점 번다煩多해졌음을 입증해주는 하나의 사안이며, 이는 『이아』의 백과명사 부분에 대체로 인류의 생존과 밀접한 관계가 있는 데에 사용된 특징이 점차 많아졌음을 나타내 주는 것이고, 진·한 나라 시기의 문화지식의 구조를 여실히 반영한 것이

---

49 王力, 『中國語言學史』, 上海 : 復旦大學出版社, 2006, p.9; 이종진 (외) 공역, 『중국언어학사』, 1983, p.26.

50 郭璞의 『爾雅注』「序」에 대한 원문과 번역은 胡奇光, 「小學的發展」, 『中國小學史』, 上海 : 上海人民出版社, 2005, p.114; 이재석 역, 『중국소학사』, 1997, pp.98-99 참조.

51 王力, 『中國語言學史』, 2006, pp.9-10; 이종진 (외) 공역, 『중국언어학사』, 1983, pp.26-27.

52 周大璞 主編, 『訓詁學初稿』, 武昌 : 武漢大學出版社, 1987; 6刷本, 1993, p.57; 정명수·장동우 옮김, 『훈고학의 이해』, 1997, p.105.

라 하겠다.[53]

따라서 여기에서 한 가지 분명히 짚어 유념할 사실은, 이『이아』가 단지 언어학 저서에만 그치고 있지 않고 중국 고대 사회의 문물제도에 대한 사항들도 포함하고 있다는 점이다. 구체적인 예를 들면「석친釋親」부분에서는 고대 사회의 종법제도宗法制度에 대한 설명을 담고 있다든지 하는 게 그렇다. 게다가 당시의 실생활 속에서 나타나고 있었던 집짐승과 들짐승의 구별과 같은, 당시 고대인들의 인식 변화에 대한 것까지도 담아내고 있었던 것이다.[54] 따라서『이아』는 단지 경전에 대한 훈고 뿐만 아니라 중국 고대의 일상생활 용어까지도 중점을 두고 있었던 것이라 하겠다. 따라서 이러한『이아』는 중국 고대 사회를 제대로 파악하고 이해하는 데에는 누구에게나 필수적인 서적이 되었을 법하다.

요컨대『이아』는 전체적으로 볼 때 2091항목의 모두 4,300개의 낱말을 수록하고 있으며, 그 중에는 고훈故訓의 범위를 벗어난 부분도 있지만 고훈을 보존한 것 자체가 이 책의 중요한 특징이라 할 수 있다. 다만 해석한 글자가 여러 의미를 가진 경우에는 어떤 뜻으로 쓰였는지 명확하지 않은 게 있고, 간단히 고훈을 수집하여 쉽게 사람들의 오해를 사는 경우가 있으며 간혹 해석하는 글자와 해석되는 글자가 근본적으로 잘 연결이 되지 않는 듯한 경우도 있기는 하지만[55], 비록 그렇다고 해도 고대의 서로 비슷하거나 가까운 자의字義와 어의語義를 한 곳에 모아 당시의 상용어常用語로 해석하여 고의古義의 보존과 어의의 변화 · 발전 등에 있어 많은 귀중한 자료를 전해주고 있다.

그러므로 중국 고대 언어학 방면에서 보면 최초의 언어학 저서는『이아』라 평가하고 있으며, 사서학辭書學의 각도에서 보자면『이아』는 중국 최초

53  胡奇光,「小學的發展—六朝隋唐時代」,『中國小學史』, 上海 : 上海人民出版社, 2005, p.114; 이재석 역,『중국소학사』, 1997, pp.87-97.
54  濮之珍,『中國語言學史』, 上海 : 上海古籍出版社, 2002; 重印, 2005, p.80; 김현철 (외) 공역,『중국언어학사』, 신아사, 1997; 제2판, 2006, pp.93-94.
55  王力,『中國語言學史』, 2006, pp.14-15; 이종진 (외) 공역,『중국언어학사』, 1983, pp.33-36.

의 백과사전百科辭典이면서 또한 세계 최초의 백과사전이라 할 수 있고, 『이아』를 필두로 해서 역사적으로 유구한 '아학雅學'이 형성되므로 『이아』는 중국 훈고 연구의 주체라고 일컬어질 정도라 하겠다.[56] 또한 『이아』는 중국 고대 언어학의 맹아萌芽에서 성립에 이른 표지標識이며, 중국 고대 언어학의 첫 번째 전문 연구서이자 최초의 중국 고대 훈고학 전문서로 중국 고대 언어학 연구에 미친 영향이 매우 지대했다고 평가되는데, 이와 관련하여 특히 간과하지 않고 뚜렷이 주목해 마땅하다고 여겨지는 점은 중국 고대의 전적典籍 어휘語彙를 총괄적으로 집합함으로써 단어의 뜻과 고대 사물의 명칭을 고증하는 데 중요한 자료이므로 후세의 경학가經學家들이 모두 『이아』를 근거로 유교 경전을 해석하고 있다는 점이라 하겠다.[57]

## 2) 신라의 『방언』 수용과 훈고학의 발달 심화

### (1) 『방언』 수용과 설총의 9경 해독

신라에 과연 『방언方言』이 수용되었는가 하는 문제와 관련하여 주의 깊게 살펴봐야 한다고 여겨지는 기록으로는 『삼국사기』 설총전의 것이 있다. 인용해 보이면 다음이다.

방언으로 9경을 해독하여 후생을 훈도하였으므로, 지금까지 학자들이 종주宗主로 삼고 있다. 또 글을 잘 지었는데, 세상에 전해지는 것이 없다. 다만 지금도 남쪽 지방에 더러 설총이 지은 비명碑銘이 있으나 글자가 결낙缺落되어 읽을 수가 없으니, 끝내 그것이 어떤 것인지를 알 수 없다. (『삼국사기』 46 설총전)[58]

---

56 胡奇光, 「小學的創立」, 『中國小學史』, 2005, pp.113-114 및 p.125; 이재석 역, 『중국소학사』, 1997, pp.86-87 및 p.98.

57 濮之珍, 「我國古代第一部語言學專著《爾雅》」, 『中國語言學史』, 2005, p.80; 김현철 (외) 공역, 『중국언어학사』, 2006, p.93 및 p.97.

58 원문은 다음과 같다. "以方言讀九經, 訓導後生, 至今學者宗之, 又能屬文, 而世無傳者, 但今南地, 或有聰所製碑銘, 文字缺落不可讀, 竟不知其何如也"

이 대목을 한글로 번역하고 주석을 다는 작업에 있어서 원문의 '방언'에 대해 하나의 예외도 없이 종래에는 줄곧 이두吏讀를 가리키는 것으로 파악하고 있다.[59] 하지만 이 '방언'을 군이 이두로 볼 이유는 전혀 없고, 지금까지『방언』이라는 중국의 문자에 관한 책이 있다는 사실조차도 전혀 고려하지 않았기 때문에 그랬을 뿐이지, '방언'을 '우리 말'로 풀어 이두를 가리키는 것으로 볼 게 아니라 서적『방언』으로 보는 게 더 타당하지 않나 생각한다. 따라서 원문의 '이방언독구경以方言讀九經'을『방언』으로 9경을 해독'한 것으로 풀어서 요컨대『방언』에 나오는 어휘들로써 중국의 대표적인 9경에 대해 해독한 것으로 보는 게 옳다고 여긴다. 이렇게 풀이하고 보면 결국, 설총은『방언』이라는 책을 통해 해박한 문자학 지식을 얻어 경전을 풀이한 것이며, 이러한 사실은 그만큼 신라에서 훈고학이 더욱 발전되었음을 입증 해줌에 다름이 아니라고 믿는다.

## (2)『방언』의 내용과 그 특징

『방언』은 원명原名이『수언殊言』이며 원래의 전체 명칭이『유헌사자절대어석별국방언輶軒使者絶代語釋別國方言』이나 편의상 흔히 축약하여 부르는 것이다. 지금 전해지는『방언』은 13권으로, 모두 각지의 어언語言과 기물

---

59 특히 이병도는 이에 대해『국역 삼국사기』에서 '우리 말'로 해석하고 그 주석에 있어 "즉 吏讀를 말함이니, 漢字의 音·訓을 빌어 本文에 吐를 달아 읽는 法은 실상 薛聰보다 훨씬 이전부터 시작되었겠지만, 薛聰은 아마 그것을 集大成하였던 것이 아닌가 생각된다"고 하였다. 또한 정구복 (외),『국역 삼국사기』4 주석편(하), 한국학중앙연구원, 수정3판, 2005, p.771에서는『三國遺事』4 義解 5「元曉不羈」조의 '以方音通會華夷方俗物名訓解六經文學' 대목을 인용하면서, "方言은 우리나라에서 사용되는 언어를 뜻한다. 종래 설총은 이두문을 창제한 것으로 해석되어 왔으나 이는 설총 이전부터 사용되어 왔다(정인승,「이두기원의 재고찰」,『이희승선생송수기념논총』, 일조각, 1957 참조). 따라서 이를 집대성하여 경전을 완전히 방언으로 풀어 가르쳤다고 해석되어야 할 것이다"고 하였다. 한편 강인구 (외),『역주 삼국유사』IV, 이회문화사, 2003, p.124의 각주 28)에서는『三國史記』의 이 기록을 인용하고서 "그는 곧 鄕札의 집대성자로 한문을 국어화하여 유학 또는 한학의 발전에 많은 역할을 하였다"고 한 바가 있다. 여기에서 힘주어 저자가 강조하고픈 것은, 薛聰이 '우리 말'이든 '吏讀'든 '鄕札'로『三國史記』의 기록대로 九經을 풀었건『三國遺事』의 기록대로 六經을 풀었건간에 이 작업 과정에서 書籍『方言』을 활용해서야 그 경전들에 보이는 地名 등에 보이는 허다한 異字 혹은 僻字들을 정확히 해독할 수 있었을 것이라는 점이다.

器物 명칭이 기재되어 있어 『이아』의 한 종류에 속하는 자서로서, 그것은 고대 문자를 연구하는 데에 참고자료가 될 뿐만 아니라 또한 고대 언어를 연구하는 데에도 중요한 참고 자료가 되며 진나라 곽박이 『방언주方言注』를 지었다고 한다. 그리고 찬자는 서한西漢 말년 양웅揚雄(기원전 53-기원후 18)인 것으로 흔히 알려져 있다. 하지만 허신의 『설문해자』 내용 중에 양웅의 문자에 대한 설명이 인용되고 있으면서도 『방언』이라는 서명이 보이지 않음으로 해서 후대 사람이 양웅의 이름을 거짓으로 빌려 지은 게 아닌가 하는 의심을 품는 경우도 있었다고 하는데, 반고班固의 『한서漢書』 양웅전과 예문지藝文志에도 이러한 사실이 전혀 기재되어 있지 않다가 응소應劭(?-204)가 『한서』를 집해集解할 때야 비로소 인용하여 양웅 『방언』이라 일컫게 되었다는 견해가 일반적인 모양이다.[60] 허나 유흠劉歆(기원전 53?-기원후 23)의 『서경잡기西京雜記』에서 다음의 내용이 찾아지므로, 이에 대한 의문을 가지지 않을 수 없게 되었다.

「양자운揚子雲이 유헌사자輶軒使者의 기록을 증보하여 『방언』을 짓다」
양자운은 일을 만들길 좋아하여, 항상 연분필과 목판을 들고 다니면서 여러 계리計吏들로부터 이역異域과 먼 지역 사방 각지의 말을 조사하여 유헌사자가 기록한 바를 비보裨補했는데, 역시 원대한 뜻이 담겨 있다.[61]

이에 유흠이 활동하던 당시에 이미 양자운 곧 양웅[62]이 『방언』을 지었다고 명시되어 있으므로 의심의 여지가 없다고 하겠는데, 더욱 여기에서 주목해야

60 羅君惕, 「漢朝的字書」, 『漢文字學要籍概述』, 北京 : 中華書局, 1984, pp.12-13. 班固의 『漢書』 揚雄傳과 藝文志에 揚雄이 『方言』을 지었다는 사실이 전혀 記載되어 있지 않다는 사실은 原文에 대한 대조는 물론이고 倉修良, 『漢書辭典』, 濟南 : 山東教育出版社, 1996, p.729의 揚雄에 관한 항목에 대한 조사에서도 알 수가 있었다.

61 劉歆 著, 葛洪 輯錄, 『西京雜記』, 上海 : 上海古籍出版社, 1991; 김장환 옮김, 『서경잡기』, 예문서원, 1998, pp.165-166. 원문은 다음이다. "揚子雲載輶軒作方言" 揚子雲好事 常懷鉛提槧 從諸計吏 訪殊方絶域四方之語 以爲裨補 輶軒所載 亦洪意也"

62 子雲은 揚雄의 字로, 그는 成都 사람이었다. 王力, 「方言學的興起」, 『中國語言學史』, 2006, p.17; 李鍾振 · 이홍진 (외) 공역, 『중국언어학사』, 1983, p.40.

할 바는 "유헌사자가 기록한 바를 비보했다"한 사실이라고 생각한다. 곧 양운이 이미 그 이전에 있었던 유헌사자들의 기록을 '비보' 그야말로 증보하였음을 알려주는 것이며, 아울러 원문 가운데 '이역'이라는 의미를 나타내는 '수방殊方'이라는 구절에서 『방언』의 원명인 『수언殊言』이 유래하였으리라는 것도 비로소 가늠하게 된다. 더더욱 양운이 "항상 연분필과 목판을 들고 다니면서 여러 계리들로부터 이역과 먼 지역 사방 각지의 말을 조사했다"고 하는 대목에서 조사 당시의 생생한 상황을 명확히 확인할 수 있는데, 왜 하필이면 그가 계리들을 청취 대상으로 삼았는지도 생각해볼 여지도 생기지 않나 한다. 여기에서 계리는 거주자居住者 및 왕래자往來者를 일일이 상대하여 장부帳簿를 작성하고 세세稅를 받아들이는 업무를 담당하고 있어, 다양한 인종의 온갖 언어를 듣고 적을 수 있는 자였을 것이므로, 자연히 각종의 문자에 정통하였을 법하다. 그렇기 때문에 양운은 이들을 통해 문자에 관한 지식을 채록해서 『방언』에 반영하였던 것임이 명백하다 하겠다.[63]

또한 이 기록을 통해 『방언』의 약칭 이전 전체 명칭 『유헌사자절대어석별국방언』 가운데, '유헌사자'는 이 책 전체의 자료 출처를 암시하는 것이며, '절대어석'과 '별국방언'은 포괄된 내용을 나타내는 것으로 그 가운데서도 특히 '절대어석'은 공간상으로 살핀 낱말의 지역적인 변형 모습이 담겨 있음을 의미하는 것이고, '별국방언'은 시간상으로 살핀 낱말의 역사적인 변천을 살핀 것임을 알 수 있게 되었다고 하겠다. 그러므로 이러한 제목의 치밀한 설정 자체에서만 보더라도 이 책의 내용상 특징을 쉽게 파악할 수도 있겠는데[64], 다음과 같은 나상배羅常培(1899-1958)의 지적을 통해서 더욱 구체적인 면모를 잘 이해할 수 있다고 보인다.

---

63 劉叶秋,「方言詞典的先河─《方言》」,『中國字典史略』, 中華書局, 2003, pp.54-55.
64 胡奇光,「小學的創立」,『中國小學史』, 2005, p.67; 이재석 역,『중국소학사』, 1997, pp.105-106.

양웅 역시 앞 사람들의 취지를 계승하여 '주속注續'을 첨가하였다. 그의 '주속'에 보존된 자료는 근거 없이 무책임하게 쓴 것이 아니라 군중群衆에서 나온 것이었다. 그는 자신이 직접 유헌거輶軒車를 타고 각지에 가서 방언方言이나 수어殊語를 조사하지는 않았지만 각지의 사람들이 집중되어 있다는 도시의 장점을 이용하여 당시의 지식인[효렴孝廉]과 병사兵士[위졸衛卒], 그 밖의 평민 내지는 소수 민족의 언어까지도 기록하였다. 그가 사용한 방언 조사법은 '항상 세 치의 가는 붓을 잡고 기름 바른 비단 4척을 가지고 다른 말을 물어, 돌아오자마자 납으로 서판에 기록하는 방식'이었다(「양웅답유흠서揚雄答劉歆書」와 「서경잡기」도 아울러 참고하였음). 이것은 바로 현대의 언어학자들이 필드워크를 할 때, 카드에 기록하고 곧 바로 배열해서 정리하는 것과 같은 방법이다. 『방언』은 중국 언어학사상 '하늘의 해와 달처럼 영원할' 기서奇書라 하는데, 이는 『방언』이 문자로 기록된 언어를 대상으로 삼지 않고 사람의 살아 있는 언어를 대상으로 삼았기 때문이다.[65]

이로써 양웅이 『방언』에 '주속注續'을 첨가하면서 보존한 자료는 각지의 사람들이 집중되는 도시에서 당시의 지식인과 병사 그리고 평민과 소수 민족의 언어까지도 기록하였음을 알 수 있겠다. 더더군다나 주목되는 바는, 그가 사용한 방언 조사법이 '항상 세 치의 가는 붓을 잡고 기름 바른 비단 4척을 가지고 다른 말을 물어, 돌아오자마자 납으로 서판에 기록하는 방식'이었기에 바로 현대의 언어학자들이 현지 조사를 할 때 하는 방법이었다는 사실이다. 이러하기 때문에 『방언』은 첫째, 성실하게 한대의 언어생활을 보여주고 있을 뿐만 아니라 둘째, 지역적으로는 심지어 동북으로 북연北燕과 조선朝鮮에 이를 정도로 한어 방언의 분포 상황을 나타내 주어 방언지리학의 선구가 되었다고 할 수 있으며 또한 셋째 한대 문화의 실제 정황을 반영하고 있어서 당시 사회의 풍토와 인정, 그리고 특별히 농민들의 운명을 엿볼 수 있는 등, 이

---

65 羅常培,「羅序」, 周祖謨 校箋,『方言校箋』(附索引), 北京:中華書局, 1993; 重印, 2004, pp.1-2, 이 서문의 원문과 번역은 濮之珍,『中國語言學史』, 2005, p.91; 김현철 (외) 공역,『중국언어학사』, 2006, pp.107-108이 참조되었으나, 여기에서는 마치 揚雄의 글처럼 되어 있으나 이는 분명 揚雄의 것이 아니라 羅常培의 것이므로 오류인 것으로 판단된다. 한글 번역문은 著者가 손질하여 재정리한 것이다.

를 통해 한대 사회의 면모를 연구하는 데 언어상의 증거를 제공해주고 있다고 하겠다. 따라서 『방언』은 중국 최초의 비교언어 어휘서이자 중국 최초의 '훈고적 학술' 저서가 되었던 것이다.[66]

　더욱이 보다 심층적으로 분석한 결과를 보더라도 같은 훈고서라고는 하지만 『방언』은 체재體裁에 있어서 비록 『이아』를 모방하였지만은 내용상으로 살펴보면, 한편으로는 『이아』가 글자에 대한 훈고의 나열에 불과한 반면 『방언』은 살아있는 방언과 구어口語를 조사하여 방언 어휘를 비교한 전문적 서적이라 할 수 있으며, 또 다른 한편으로는 『이아』가 단지 동의어同義語 및 뜻이 가까운 단어를 함께 열거한 데 반해 『방언』은 더 나아가 이러한 어휘들에 대해 어떤 것은 지역에 따른 방언, 어떤 것은 통용어, 어떤 것은 고어古語하는 식으로 적어 두었을 뿐만이 아니라 서한西漢에 이르러 어떻게 발전하고 변화하였는지를 기록하였다. 이러한 측면을 역사적인 배경을 염두에 두고 정리하자면, 중국은 자고로 다민족 국가였기 때문에 언어와 문자가 서로 달랐으나 진나라가 천하를 통일함으로써 각지의 언어는 서로 영향을 미쳐 교류하게 되고 한대에 이르러서는 점점 공동어를 형성하게 되었는데, 이러한 공동어는 방언의 기초 위에서 발전하고 형성된 것이므로 양웅이 조사와 연구를 통해 『방언』에 당시 언어의 실제 상황들을 충실히 반영해냄으로써 당시의 방언과 통용어가 생생하게 후대에 전해지게 되었던 것이라 하겠다.[67]

　이러한 양웅의 『방언』에 대해 주석注釋을 달아 후대에 커다란 영향을 끼친 것은 곽박(275-323)의 『방언주』였는데, 이것은 양웅이 기록한 한대 언어를 곽박이 진대晉代의 언어로 해석한 것으로 중국어의 역사적 발전에 매우

---

66 이러한 『方言』에 대한 평가는 방금 앞에서 인용한 羅常培의 「羅序」에서도 "『方言』은 중국 언어학 사상 '하늘의 해와 달처럼 영원할'奇書라 하는데, 이는 『方言』이 문자로 기록된 언어를 대상으로 삼지 않고 人民의 살아 있는 언어를 대상으로 삼았기 때문이다"라고 한 대목에서도 엿볼 수 있다. 이와 유사한 평가는 이밖에 胡奇光, 「小學的創立」, 『中國小學史』, 2005, p.69; 이재석 역, 『중국소학사』, 1997, p.108 및 濮之珍, 『中國語言學史』, 2005, pp.91-92; 김현철 (외) 공역, 『중국언어학사』, 2006, p.108 등에서도 찾아진다.

67 濮之珍, 『中國語言學史』, 2005, pp.92-94; 김현철 (외) 공역, 『중국언어학사』, 2006, pp.108-111.

귀중한 언어 자료를 남겨 놓은 것이라 평가받으며, 또 하나 간과해서는 안 될 사실은 곽박이 『방언주』 뿐만이 아니라 앞서 이미 살펴보았듯이 『이아주爾 雅注』도 저술하였다는 점이다. 곽박은 이 『이아주』와 『방언주』를 통하여 중 국 언어학에 첫째 강동江東의 오吳 방언 즉 동진東晉의 언어로 고대의 언어 를 해석했으며, 둘째 『이아』와 『방언』 두 책 속의 글자들을 시대적인 제약으 로 말미암아 후세의 사람들이 잘 이해하지 못하는 부분들을 주注에서 명료하 게 밝혔고, 셋째 낱말 뜻을 명확하게 설명하기 위해 곽박은 주에서 종종 2음 절어二音節語를 이용하여 『이아』와 『방언』 원서의 단음절어單音節語를 해 석하였으며, 넷째 때로 통용어를 이용하여 方言의 특수한 단어 혹은 특수한 문자를 해석하였음은 말할 것도 없고 다섯째 단어의 변화에 대해서도 설명을 덧붙였다는 점에서 중국 언어학에 공헌하였다고 분석된다.[68] 결국 『이아』는 물론이고 『방언』 역시 중국 언어학사에서 손꼽아지는 훈고서이었음은 두말 할 나위가 없으며, 곽박의 『이아주』와 『방언주』 역시 이들에 대한 뛰어난 주 석서로서, 후대의 사람들에게 커다란 영향을 끼치게 되었던 것이라 하지 않 을 수 없다.

## 4. 맺는 말

자서 『자림』 · 『자통』 · 『옥편』은 중국에서 시대를 초월하여 역사서 및 유 교 및 불교 경전 그리고 문학서의 정확한 해독과 의미 파악에 반드시 활용되 었던 것처럼 고구려에서도 역시 그랬던 것으로 파악된다. 더욱이 '가장 좋아 하고 소중히 하던' 『문선』을 읽고 뜻을 새기며 즐기던 고구려인들에게 있어 서 이들 자서는 항시 곁에 두고 활용해야 했던 애장서 가운데서도 빼놓을 수 없는 것이었다고 하겠으며, 이럴 만큼 고구려인들은 중국 어느 나라와 시기 에 못지않을 정도로 그 한문학의 수준이 높았다고 보인다.

---

68 濮之珍, 『中國語言學史』, 2005, pp.108-113; 김현철 (외) 공역, 『중국언어학사』, 2006, pp.127-132.

『설문해자』 이후 새로 생긴 글자들을 수록하면서 이 자서들의 자수가 점증하였으므로, 자연히 고구려인들은 새로운 자서들을 활용해야 제대로 당대의 문서와 서적들을 해독할 수 있었다. 이러한 연유에서 찬술 연대순으로는 분명 『자림』·『자통』·『옥편』이지만 『구당서』 199 고려전의 기록에 거명된 순서가 그 역순으로 되어 있는 것 역시 고구려인들이 당시에 실질적으로 이들 자서들을 활용하는 정도에 따른 것이라 하겠다. 또한 『자림』과 『옥편』의 서체가 각각 예서와 해서였으므로, 수록 글자의 숫자 측면에서도 후대의 것들이 더욱 확장되었으므로 그랬을 것이지만, 수록 글자의 서체가 다르다는 측면에서도 이들 자서 하나하나가 빠짐없이 고구려인들에게는 소중히 활용되었으며, 이에 따라서 고구려의 문자학이 발달하게 되었던 것이라 하겠다.

한편 『이아』는 단지 경전에 대한 훈고뿐만 아니라 중국 고대의 일상생활에 관한 용어까지도 중점을 두고 있었으므로, 중국 고대 사회를 제대로 파악하고 이해하는 데에는 누구에게나 필수적인 서적이었는데, 신라의 강수가 상문사에게 이러한 『이아』를 가지고 배움으로써 유교 경전인 『효경』·『곡례』는 물론이고 문학서 『문선』을 읽는 수준까지 발전하였다. 그럼으로써 그가 태종무열왕의 왕명으로 당과의 외교문서를 작성하게 되었을 뿐만 아니라 또 그가 지은 「청방인문표」를 보고 당 고종이 눈물을 흘리며 김인문을 놓아 보낼 정도로 외교문서인 표에 능하게 되었을 정도로, 그만큼 신라의 훈고학은 발달해 있었던 것이다.

그리고 『방언』은 본래 제목 『유헌사자절대어석별국방언』에서 드러나듯이 곳곳의 방언을 수록하여 당시 한대 사회의 면모를 연구하는 데 언어학적인 증거를 제공해주고 있음으로 해서 중국 최초의 비교언어 어휘서이자 훈고 학술 저서로 평가받는 책이었는데, 설총은 이러한 『방언』을 실제로 활용하여 연구도 하고 후학들을 가르치기도 하였다고 보인다. 그럼으로써 『삼국사기』에 "9경을 해독하여 후생을 훈도하였으므로, 지금까지 학자들이 종주宗主로 삼고 있다"고 기록되었다고 여겨지는데, 따라서 그는 신라의 훈고학 수준을 한층 심화시킨 장본인이었으며, 강수와 더불어 신라 훈고학의 수준을 대표하는 존재였다고 하겠다.

제2장
# 신라 · 발해의 『이아』 수용과 훈고학의 진흥

## 1. 머리말

『이아爾雅』는 전체 2091항목에 걸쳐 모두 4,300개에 달하는 옛말의 해석을 수록한 책으로[1], 단지 언어학 저서에만 그치고 있지 않고 중국 고대 사회의 문물제도에 대한 인식의 변화 사항까지도 포함하고 있다.[2] 더욱이 경전에 대한 훈고 뿐만 아니라 중국 고대의 일상생활 용어까지도 포괄하고 있었으므로, 『이아』는 중국 고대 사회를 제대로 파악하고 이해하는 데에는 누구에게나 필수적인 서적이었다.[3]

따라서 한국의 고대 사회에 있어서도 역시 그랬을 법하지 않나 싶었는데, 이와 같은 『이아』를 수용하여 한국 고대사 속에서 실제로 학문 활동에 활용하였던 바가 『삼국사기三國史記』의 기록을 통해 알려진 대표적인 인물로는 강수强首의 경우가 유일하다. 이 사실은 아래의 기록에 전한다.

---

1 王力, 『中國語言學史』, 上海 : 復旦大學出版社, 2006, p.9; 이종진 · 이홍진 공역, 『중국언어학사』, 계명대학교출판부, 1983, p.26.

2 濮之珍, 『中國語言學史』, 上海 : 上海古籍出版社, 2002; 重印, 2005, p.80; 김현철 (외) 共譯, 『중국언어학사』, 신아사, 1997; 제2판, 2006, pp.93-94.

3 이상의 내용에 대한 정리는 노용필, 「한국 고대 문자학과 훈고학의 발달」, 『진단학보』 110, 2010, pp.20-21; 이 책의 제1부 제1장.

나이가 들자 스스로 책을 읽을 줄 알아 그 뜻을 환하게 알았다. …(중략)… 드디어 스승에게 나아가『효경』·『곡례』·『이아』·『문선』을 읽었는데, 들은 바는 비록 낮고 얕아도 얻는 바는 높고 깊어서 우뚝 솟은 당시의 뛰어난 인물이 되었다. 드디어 벼슬자리에 나아가 여러 관직을 거쳐 당시 이름이 널리 알려진 사람이 되었다. (『삼국사기』 46 강수전)[4]

이 기록을 통해 강수는, 앞서 잠시 언급한 바대로 중국 사회를 제대로 파악하고 이해하는 데 크게 도움이 되었을『이아』를 가지고 정진함으로써 유교 경전인『효경』·『곡례』는 물론이고 종합문학서『문선』을 읽고 활용하는 수준까지 너끈히 발전하였을 것이다. 그럼으로써 이 인용한 대목 이후의『삼국사기』 46 강수전의 기록에서와 같이 강수가 태종무열왕太宗武烈王의 왕명으로 당唐과의 외교문서를 막힘이 없이 해독하게 되었을[5] 뿐만 아니라, 또『삼국유사三國遺事』 2 기이紀異 문무왕법민文武王法敏 조의 기록에 있듯이 그가 지은 「청방인문표請放仁問表」를 보고 당 고종高宗이 눈물을 흘리며 김인문을 놓아 보낼 정도로 외교문서의 작성에 능통하게 되었던 것[6]이라 여겨진다. 이러한 사실들은 그만큼 강수의 학문적 활동에『이아』수용의 영향이 지대하였고, 또한 그럴 정도로 신라의 훈고학이 당시에 발달했음을 입증해준다고 하겠다.[7]

한편으로, 그러면 이와 같은 강수 이외에『이아』의 수용을 통해 신라 훈고학의 진흥에 기여한 다른 인물의 구체적인 사례는 전혀 찾을 수 없는 것일까? 한마디로, 그렇지 않다. 뒤에서 상론할 바대로 최치원崔致遠이『이아』를 직

---

4 원문은 다음과 같다. "及壯自知讀書 通曉義理 … 遂就師讀孝經·曲禮·爾雅·文選 所聞雖淺近 而所得愈高遠 魁然爲一時之傑 遂仕仕 歷官爲時聞人". 국역은 정구복 (외),『역주 삼국사기』 2 번역편, 한국정신문화연구원, 초판, 1997; 수정 3판, 2002, p.779 및『개정증보 역주 삼국사기』 2 번역편, 한국학중앙연구원 출판부, 2012, p.779 참조.
5 원문은 "及太宗大王卽位 唐使者至 傳詔書 其中有難讀處 王召問之 在王前 一見說 無疑滯".
6 원문은 "王聞文俊善奏帝有寬赦之意 乃命强首先生作請放仁問表 以舍人遠禹奏於唐 帝見表流涕赦仁問慰送之".
7 노용필,「한국 고대 문자학과 훈고학의 발달」, 2010, p.19; 이 책의 제1부 제1장.

접 인용하면서「신라新羅 가야산迦耶山 해인사海印寺 선안주원善安住院 벽기壁記」를 저술한 것이 바로 그것이다.

또 다른 한편으로, 그러면 한국 고대사 속에서 이러한 강수 및 최치원의 신라 이외에 다른 나라의 경우에서는 『이아』를 수용하여 훈고학을 진흥시켰음을 살필 수 있는 구체적인 사례는 전혀 없는 것일까? 이 또한 그렇지 않다고 생각한다. 발해渤海의 경우에서도 『이아』를 수용하여 훈고학이 진흥되었을 것임을 살필 수 있는 정황이 포착되기 때문이다. 한국 고대 사회에서 이루어진 인문학 발달의 대세 속에서, 개별적인 역사적 진실을 규명하고 나아가 보편적인 학문적 진리를 추구함에 있어서, 이와 같은 점들을 그냥 간과할 수 없기에 힘 기울여 여기에서 천착해보자 한다.

## 2. 『이아』의 내용 구성과 편찬 시기

『이아』의 서지적書誌的 성격 파악은 물론이고 중국에서의 그 역사적 활동 정도를 제대로 파악하기 위해서는, 무엇보다도 그 내용이 어찌 구성되었으며 또한 언제 어떻게 편찬되었는지를 우선 명확히 알아야 하겠다고 생각하기에 이르렀다. 그래서 일단 그 내용 구성과 편찬 시기에 대해, 가능한 한 심도 있게 탐색해 정리하기로 하였다.

### 1) 『이아』의 내용 구성

『이아』는 총19편 중 앞의 3편은 일반적인 어휘를 해석하고 있고 나머지 16편은 각종 사물의 명칭을 해석하고 있어, 앞의 3편을 제외한 이 16편을 백과명사百科名詞 부분이라 명명命名할 수 있다.[8] 이러한 『이아』 19편의 내용 구성을 보다 세부적으로 분석하기 위해 일목요연하게 도표로 작성하여 제시해

---

8  周大璞 主編, 『訓詁學初稿』, 武昌 : 武漢大學出版社, 1987; 6刷本, 1993, p.57; 정명수 · 장동우 옮김, 『훈고학의 이해』, 동과서, 1997, p.105.

보이면, 아래의 〈표 1〉[9]과 같다.

〈표 1〉 『이아』의 내용 구성 분석표

| 편수 | 편명 | 내용 | 구분 | | 성격 |
|---|---|---|---|---|---|
| 1 | 석고釋詁 | 고대 어휘의 해석을 당시 이전과 이후의 어휘 사이에서 구하여 '정통언어'와 기타 언어 계통 사이의 대응 관계를 밝혀놓음 | 일반 명사 | | 어문 사전적 성격 |
| 2 | 석언釋言 | 글자 모양으로 해석 대상을 삼아, 대부분 두 글자로 된 하나의 말을 몇은 동사로 몇몇은 형용사로 해석함 | | | |
| 3 | 석훈釋訓 | 주로 중첩어重疊語[연면사連綿詞]와 단어와 단어가 결합된 절節 혹은 구句[사조詞組]로 된 일부 형용사와 부사에 대해 해석함 | | | |
| 4 | 석친釋親 | 친속親屬의 칭호稱號에 대한 해석 | 친속 및 궁실·기물 명칭 | 각종 사물 명칭 | 백과 사전적 성격 |
| 5 | 석궁釋宮 | 궁실宮室 건축에 대한 해석 | | | |
| 6 | 석기釋器 | 일상의 용구, 취식, 의복의 명칭에 대한 해석 | | | |
| 7 | 석악釋樂 | 각종 악기樂器 제작에 대한 해설 | | | |
| 8 | 석천釋天 | 천문 역법 제작에 대한 해석 | 천문 지리 분야의 용어 | | |
| 9 | 석지釋地 | 행정 구획 제작에 대한 해석 | | | |
| 10 | 석구釋丘 | 구릉丘陵·고지高地 조성에 대한 해설 | | | |
| 11 | 석산釋山 | 산맥山脈에 대한 해설 | | | |
| 12 | 석수釋水 | 하류河流에 대한 해설 | | | |
| 13 | 석초釋草 | 초목草木 해석 | 식물 및 동물 용어 | | |
| 14 | 석목釋木 | 수목樹木 해석 | | | |
| 15 | 석충釋蟲 | 각종 충치蟲豸 해설 | | | |
| 16 | 석어釋魚 | 어류魚類 해설 | | | |
| 17 | 석조釋鳥 | 조류鳥類 해설 | | | |
| 18 | 석수釋獸 | 수류獸類 해설 | | | |
| 19 | 석축釋畜 | 축류畜類 해설 | | | |

이를 통해 백과사전적 성격의 부분을 (1)친속 및 궁실·기물 명칭, (2)천문 지리 분야의 용어, (3)식물 및 동물 용어로 나눌 수 있음을 살필 수 있는데, 더욱 세분하자면 (1)부분은 사람의 사회생활 및 일상생활에 관한 것으로, 또한 (2) 및 (3)부분은 천문·지리·식물·동물로 구분된다고 하겠다. 이는 『이

---

9 이 〈표 1〉은 劉心明·鄭杰文, 「≪爾雅≫槪說」, 鄭杰文·傅永軍 主編, 『經學十二講』, 北京:中華書局, 2007, pp.272-275의 서술 내용을 위주로 참고하여 정리한 것이다.

아』의 백과사전적 부분에 대체로 인류의 생존과 밀접한 관계가 있는 일에 사용된 용어가 점차 많아졌음을 나타내 주는 것이고, 진秦 · 한漢 나라 시기의 문화지식의 구조를 반영한 것이라 하겠다.[10] 이런 점에서 『이아』는 중국 최초의 백과사전이면서 또한 세계 최초의 백과사전이라 할 수 있고, 『이아』를 필두로 해서 역사적으로 유구한 '아학雅學'이 형성되므로 『이아』가 중국 훈고 연구의 소위 '주체主體'라고 일컬어질 정도이다.[11]

더더군다나 고대의 서로 비슷하거나 가까운 자의字義와 어의語義를 한곳에 모아 당시의 상용어常用語로 해석하여 고의古義의 보존과 어의의 변화 · 발전 등에 있어 많은 귀중한 자료를 전해주고 있음으로 해서, 중국 고대 언어학의 첫 번째 전문 연구서이자 최초의 중국 고대 훈고학 전문서로 중국 고대 언어학 연구에 미친 영향이 매우 지대했다고 평가된다. 이와 관련해 특히 주목해 마땅한 것은 중국 고대의 전적 어휘를 총괄적으로 집합함으로써 단어의 뜻과 고대 사물의 명칭을 고증하는 데 중요한 자료이므로 후세의 경학가經學家들이 모두 『이아』를 근거로 유교 경전을 해석하고 있다는 점이라 하겠다.[12]

## 2) 『이아』의 편찬 시기

『이아』의 편찬 시기에 관한 기왕의 학설은 대략 4가지로 정리가 될 수 있는 듯하다. 첫째는 공자孔子의 문인門人이 지었다는 것으로, 동한東漢의 정현鄭玄이 제시하고 진晉의 갈홍葛洪이 따른 설이다. 둘째는 주공周公이 지

---

10 胡奇光,「小學的發展─六朝隋唐時代」,『中國小學史』, 上海 : 上海人民出版社, 2005, p.114; 이재석역,『중국소학사』, 동문선, 1997, pp.87-97.

11 蔡聲鏞,「爾雅與百科全書」; 朱祖延 主編,『爾雅詁林敍錄』, 武漢 : 湖北敎育出版社, 1995, pp.485-501. 그리고 胡奇光,「小學的創立─兩漢時代」,『中國小學史』, 2005, pp.54-55 및 p.62; 이재석 역,『중국소학사』, 1997, pp.86-87 및 p.98.

12 濮之珍,「我國古代第一部語言學專著≪爾雅≫」,『中國語言學史』, 上海 : 上海古籍出版社, 2002; 重印, 2005, p.80; 김현철 (외) 공역,『중국언어학사』, 2006, p.93 및 p.97. 이상의 서술은 노용필,「한국 고대 문자학과 훈고학의 발달」, 2010, p.21; 이 책의 제1부 1장 참조.

었다는 것으로, 위魏의 장읍張揖에 기원하는데 그 이후 많은 이들이 이를 좇았으며, 진晉의 곽박郭璞과 당唐의 육덕명陸德明 모두 이 설을 지지하였다. 셋째는 진秦·한漢의 학자들이 편찬하였다는 설로 송宋의 구양수歐陽脩가 제기한 것이다. 그리고 넷째는, 앞의 첫째 및 둘째의 학설을 부정하며, 아울러 셋째의 설을 구체화하여 그 편찬 시기의 하한下限이 서한西漢 초기라고 설정하는 설이다.

넷째의 이 학설은 『이아』는 한 사람의 손에 의해서 이루어진 게 아니며 또한 어느 한 시기에 한 곳에서 편찬된 게 아니라, 여러 사람의 손을 거치면서 누적되어 이루어졌다는 것이다.[13] 즉 전국戰國 말기末期 유가학파儒家學派의 학인學人들이 고서古書들의 훈석訓釋을 모아 정리하기 시작한 이래 진·한 사이에 유학자들이 부단히 증정增訂·보충補充해오다가 최종적으로 완성된 시기가 대개 서한西漢 초기일 것으로 보는 견해로[14], 오늘날 가장 설득력을 지니는 학설로 판단된다.

이렇게 여길 수 있는 근거는, 중국 서한(전한前漢) 말기의 소위 고문경학파古文經學派의 창시자로 지칭되는 유흠劉歆(기원전 53년?-기원후 23년)의 저술 『서경잡기西京雜記』에서 찾을 수가 있겠다. 이런 생각의 타당성을 입증하기 위해 『서경잡기』의 한 대목과 그와 직접적인 연관이 되는 『이아』의 한 대목을 차기 제시해보이면 다음과 같다.

---

13 이러한 해석과 관련을 지워 유념할 것은, 『이아』의 각 편에 대해 매우 상세하게 분석하여 그 각 편의 제작 연대가 각기 달랐을 것으로 고찰한 견해가 있다는 사실이다. 이는 日本의 内藤虎次郎이 제시한 학설로, 예컨대 "釋草"에서 「釋獸」까지의 各篇 중 어떤 것은 『詩經』을 해석한 것이기 때문에 예로부터 존재했던 것이나 漢나라 초에 이르러서야 제작 완성되었다"고 한 것과 같음이다. 内藤虎次郎, 「爾雅新研究」, 『支那學』 2-1·2, 1921; 『内藤胡南全集』, 東京:筑摩書院, 1970, p.36 및 김현철, 「고훈(古訓)의 집성(集成)—≪이아(爾雅)≫」, 이병관·김현철 (외) 공저, 『중국어 언어학사』(상), 도서출판 보성, 1999, pp.35-36 참조.

14 劉心明·鄭杰文, 「≪爾雅≫槪說」, 『經學十二講』, 2007, p.271. 이와 관련하여 보다 구체적으로는 『이아』의 성서成書가 전국 말년에 이루어졌으며, 그래서 한 무제武帝 시대(기원전 140년-기원전 87년) 이전에 이르러 『이아』에 대한 문학적인 주注가 붙여지기 시작했다는 견해(鄧文彬 編著, 「訓詁學的興起與中國古代第一部訓詁學專著—≪爾雅≫」, 『中國古代語言學史』, 成都:巴蜀書社, 2002, pp.23-24) 역시 참조가 된다.

(A)곽위郭威는 자가 문위文偉이고 무릉武陵 사람이다. 독서를 좋아했으며, 『이아』는 주공周公이 지은 것이라고 생각했다. 그러나 『이아』에 "장중張仲은 효성스럽고 우애 있다"는 구절이 있는데, 장중은 선왕宣王 때 사람이므로 주공이 지은 것이 아님이 분명하다. 내가 일찍이 [이 문제를] 양자운子雲(揚雄)에게 물었더니 양자운이 말하길, "공자孔子의 제자인 자유子游와 자하子夏의 무리가 기록한 것이며 [그것으로] 육경六經을 해석했던 것이다"라고 했다. 부친父親은 「외척전外戚傳」에서 "사일史佚이 『이아』를 가지고 그 자식을 가르쳤다"고 말한 것을 들어 『이아』를 소학小學이라고 생각했다. 또 『대대례기大戴禮記』에서 "공자가 노魯 애공哀公에게 『이아』를 배우게 했다"고 기록한 것을 보면, 『이아』의 출현은 오래되었다. 예전부터 학문을 전수하는 자들은 모두 주공이 기록한 것이라고 말하였으나, "장중은 효성스럽고 우애 있다"는 따위의 구절도 후인이 덧붙인 것일 따름이라고 주장했다. (劉歆 著, 葛洪 輯, 「辨爾雅」, 『西京雜記』)[15]
(B)장중張仲이 효우孝友하다. 부모님을 잘 모시는 것을 효라 하고, 형제간에 사이 좋게 지내는 것을 우라고 한다. (『爾雅』 第3 「釋訓」)[16]


유흠의 글 속에서 (A)에 보이듯이 '부친'이라 한 것은 그 자신의 부친인 유향劉向(기원전 77년?-기원전 6년)을 이르는 것이다. 그러한 유향이 지적하기를 (B)에 제시한 바대로 『이아』에 "장중은 효성스럽고 우애 있다"는 구절이 있는데, 이 장중이 서한 선왕宣王 때 인물이므로 이를 근거로 그 이후에 『이아』의 내용에 덧붙여진 것일 따름임을 주장하였다는 것이다. 이와 같은 유향의 지적에 따라서 『이아』가 서한 초기에 편찬되었다고 보는 게 타당한 것으로 판단된다. 그리하여 그 실물이 전해지지 않으나 유흠 등에 의해 문학적인 주注가 붙여지기 시작하다가, 현존하는 가장 이른 시기의 주본注本인 『이아

---

15 [前漢]劉歆 지음, 葛洪 엮음, 김장환 옮김, 『서경잡기』, 예문서원, 1998, p.72. 원문은 다음과 같다. "郭威 字文偉 茂陵人也 好讀書 以謂爾雅周公所制 以爾雅有張仲孝友 張仲 宣王時人 非周公之制 明矣 余嘗以問揚子雲 子雲曰 孔子門徒游夏之儔所記 以解釋六藝者也 家君以爲外戚傳稱史佚敎其子以爾雅 爾雅 小學也 又記言 孔子敎魯哀公學爾雅 爾雅之出遠矣 舊傳學者皆云周公所記也 張仲孝友之類 後人所足耳"
16 이충구·임재완 (외) 역주, 『이아주소』 2, 소명출판, 2004, p.388. 원문은 "張仲孝友 善父母爲孝 善兄弟爲友"이다.

주爾雅注』가 진晉의 곽박郭璞(267-324)에 의해 작성된 것으로 여겨진다.[17]

## 3. 중국 한-당대 『이아』의 유전 양상과 그 영향

중국 한대漢代 이후 당대唐代에 이르기까지의 『이아』의 유전流傳 양상樣相에 대해 살피면서, 무엇보다도 『한서漢書』 「예문지藝文志」에서 『고문상서古文尚書』에 관해 서술하면서 그 고문의 해독과 관련하여 『이아』를 거론하고 있음이 주목된다. 다음의 이 같은 대목에서도 특히 마지막 부분이 그러하다.

서자書者, 고지호령古之號令, 호령어중號令於衆, 기언불립구其言不立具, 즉청수시행자불효則聽受施行者弗曉. <u>고문독응이아古文讀應爾雅, 고해고금어이가지야故解古今語而可知也.</u>[18]

이상의 내용 가운데서 밑줄 친 "고문독응이아, 고해고금어이가지야" 부분의 '이아'를 서명書名으로 보지 않고 "고문의 독음은 정언正言에 가깝다. 그러므로 고금의 언어를 해석하면 알 수 있다."고 해역解譯한 경우[19]가 있기도 하지만, 이는 일찍이 후한後漢 말기의 인물 왕찬王粲(177-217)이 그랬듯이 '이아'를 서명 『이아』로 보아 "『이아』를 통해야 문장의 의미가 명료해진다[20]"고 파악하는 게 타당하다고 판단된다. 그래서 이 부분을 "고문은 『이아』의 읽기

---

17 劉心明 · 鄭杰文,「《爾雅》槪說」,『經學十二講』, 2007, p.278.

18 班固,『漢書』卷30「藝文志」10, pp.1706-1707; 北京: 中華書局, 1960, pp.438-439.

19 이세열 해석,『한서예문지(漢書藝文志)』, 자유문고, 1995; 3쇄, 2005, pp.52-54.

20 [後漢]王粲,『荊州文學記官志』;[清]嚴可均 輯,『全後漢文』下, 北京: 商務印書館, 1999, p.921. "《書》實紀言, 而訓詁庄庄, 通乎《爾雅》, 則文意曉然, 故子夏嘆《書》, 昭昭若日月之明, 离离如星辰之行, 言昭灼也". 이와 관련해서는 劉心明 · 鄭杰文,「《尔雅》槪說」,『經學十二講』, 2007, p.272 참조. 한편, 오만종 · 양회석 (외),『중국 고대 학술의 길잡이―《한서 · 예문지》주석―』, 전남대학교출판부, 2005, p.31에서는 "古文(周代의 문자)을《爾雅》(漢代의 문자)와 비교하여 읽으면 古今의 말을 이해하여 알 수 있다"라고 풀이한 것 역시 참조가 된다.

를 따라야 예전과 지금의 말을 해석해서 알 수 있다."고 새기는 게 온당하다고 본다. 이러한 견지에서 보면, 『이아』가 다음과 같이 같은 『한서』 예문지의 〈효경孝經〉 항項에도 아울러 『소이아小爾雅』 등과 나란히 기재되어 있는 것도 그 기재의 이유를 충분히 가늠할 수 있는 게 아닌가 생각한다.

> 爾雅三卷二十篇
> 小爾雅一篇, 古今字一卷[21]

이들이 〈효경〉항에 들어있는 것에 대해 장학성章學誠의 부당하다는 비판 등이 있기도 하나, 한대漢代의 사람들이 『효경』을 '5경五經'의 총괄이라 여겼으므로 이들이 〈효경〉항에 열거된 게 타당하다고 볼 수 있다 여겨지는데, 장학성의 풀이에 따르자면 『이아』가 훈고류訓詁類에 속하면서 주로 뜻·의미에 치중하는 데에 반해 『고문자』는 전예류篆隷類에 속하며 주로 형체에 치중한 것일 뿐만이 아니라 『소이아』가 경서들의 훈고상의 차이점을 기술하였으며 『고금자』는 고금古今 문자의 형체상의 차이점을 기록하는 것으로 모두가 경서를 제대로 해석하는 데에 도움이 되는 것이라 하겠다.[22] 더욱이 『고문자』는 비록 오늘날 전해지지는 않을지언정, 고자古字 즉 예전 주대周代의 문자인 전서篆書와 금자今字 곧 당시 한대漢代의 문자인 예서隷書를 대조하여 송람誦覽에 편리하게 한 것이었으리라 여겨지므로[23], 그랬을 것임이 거의 틀림이 없을 듯하다. 요컨대 『이아』는 한대에 결국 『효경』을 위시한 '5경'의 정확한 글자의 해독 및 내용의 이해는 물론이고 주대의 옛날의 문자인 전서뿐만 아니라 당시의 글자인 예서의 정확한 판독 및 그러한 문자들로 이루어진 서적들을 열람閱覽하고 암송暗誦하는 데에 더할 나위 없이 요긴하게 활용되

---

21  班固, 『漢書』 卷30 「藝文志」 10, p.1718; 北京:中華書局, 1960, p.441.
22  오만종·양회석 (외), 『중국 고대 학술의 길잡이―≪한서·예문지≫ 주석―』, 2005, pp.77-78.
23  鈴木由次郎, 『漢書 藝文志』, 東京:明德出版社, 1983, p.109 및 이세열 해석, 『한서예문지』, 2005, p.110.

고 있었음이 명료하다.

이와 같았던 한대 이후 위진남북조에 이르러서도 『이아』의 효용성은 더욱 증대되었다. 이는 당시의 여러 왕조 중에서도 특히 양梁의 경우에서 확연히 입증된다. 그 나라의 유협劉勰이 저술한 『문심조룡文心雕龍』 중 아래와 같은 대목들에서 저간의 사실이 드러나기 때문이다.

(Ⅰ)"『상서』는 실제의 말을 기록한 것이어서 훈고에는 확실하지 않으나 ①『이아』를 통하면 문장의 의미가 분명해진다."(『문심조룡』 3「종경宗經」)[24]
(Ⅱ)ⓐ"선제宣帝와 성제成帝[평제平帝]가 소학小學을 널리 모으니 장창張敞은 바르게 읽는 것으로써 업을 전하고 양웅揚雄은 기이한 글자로써 『훈찬(편)訓纂(篇)』을 지었다. 둘 다 『이아』와 『창힐蒼詰』에 익숙하고 숙련되어 ②발음과 의미 모두를 자세히 살폈다. ★뛰어난 문필가의 무리들은 꿰뚫어 훤하지 않을 수 없었다."[25]
(Ⅱ)ⓑ"『이아』라는 것은 공자孔子의 무리가 편찬한 바로, 『시경』·『상서』의 옷섶과 허리띠이다. 『창힐』이라는 것은 이사李斯가 편집한 바로, 새의 발자국과 주문籒文의 남겨진 서체書體다. ③『이아』는 훈고의 연못이자 연원淵源이고 『창힐』은 기이한 문자의 정원이자 동산(원유苑囿)이니, ④이상한 서체를 (해독하는 데에) 서로 도움을 주니 마치 좌우의 팔다리와 같다. ★예전의 것을 갖추고 새로운 것을 알게 되면, 또한 문장을 지을 수 있을 것이다."(『문심조룡』 39「연자練字」)[26]

『문심조룡』에서 『이아』와 관련하여 언급한 내용을 추려서 종합적으로 정리하면 다음과 같이 된다, 즉 "발음과 의미 모두를 자세히 살펴(②)" "『이아』를 통하면 문장의 의미가 분명해지(①)"므로 "『이아』는 훈고의 연못이자 연

---

24 원문은 "書實記言 而訓詁茫昧 通乎爾雅". 국역은 최신호 역주, 『문심조룡』, 현암사, 1975, p.16 및 성기옥 옮김, 『문심조룡』, 지식을만드는지식, 2012, p.16을 참조하여 저자가 재정리한 것이다. 이하도 그렇다.
25 원문은 "及宣成二帝 徵集小學 張敞以正讀傳業 揚雄以奇字纂訓 幷貫練雅頡 總閱音義 鴻筆之徒 莫不洞曉". 국역은 최신호 역주, 『문심조룡』, 1975, p.159 및 성기옥 옮김, 『문심조룡』, 2012, p.285 참조.
26 원문은 "夫爾雅者 孔徒之所纂 而詩書之襟帶也 蒼頡者 李斯之所輯 以鳥籒之遺體也 雅以淵源詁訓 頡以苑囿奇文 異體相資 如左右肩股 該舊以知新 亦可以屬文". 국역은 최신호 역주, 『문심조룡』, 1975, p.160 및 성기옥 옮김, 『문심조룡』, 2012, pp.286-287 참조.

원이고(③)" "이상한 서체를 해독하는 데에 도움을 준"다는 것이다. 그러므로 "뛰어난 문필가의 무리들은 꿰뚫어 훤하지 않을 수 없었(ⓐ★)"으며, 그래서 "예전의 것을 갖추고 새로운 것을 알게 되면, 또한 문장을 지을 수 있(ⓑ★)" 었다는 것이다. 요컨대『문심조룡』에서는『이아』를 한문학 공부에 있어서 필수불가결한 것으로 기술하고 있음이 여실히 드러나고 있다고 하겠다.

이렇듯이『문심조룡』에 서술된 바를 근거로, 양梁을 위시한 위진남북조에서도『이아』가 문필가들에게 있어서 한마디로 한자의 발음 · 의미는 말할 것도 없고 문장의 작법은 물론이고 서법까지 익히는 데에 매우 요긴하게 여겨졌음을 알 수가 있겠는데, 그 이후 또한 수 · 당대에 걸쳐서도『이아』의 유전流傳이 성황을 이루었다. 게다가 당 문종文宗 재위在位 태화太和(827-835) 시기에 이르러 12경을 선정하여 소위「개성석경開成石經」으로 복각復刻하여 국학國學에 설치하게 될 때『이아』가 이 '12경'에 들어가게 됨으로써[27], 국학에서 확고한 입지를 차지하게 되었을 뿐만이 아니라 유생들의 필수과목이 되어 그 유전이 더욱 더 확대되고 있었던 것이다.[28]

특별히 여기에서「개성석경」이라고 함은 문종文宗 태화太和 4년(830) 당시 경적經籍에 쓰이는 용어들의 규범이 혼란되어 착각을 일으켜 와전訛傳되는 현상이 심화되자 조정에서 경적 용어들의 자형字形에 관한 규범을 제정하여 세웠던 유가儒家 경전의 비석임을 반드시 상기해야 하겠다. 그리고 이와 같은 당시의 정자正字 운동의 산물이 오늘날에 이르러 이른바 '자양학字樣學'이라고도 이르는 서법의 연구에 밀접하여 불가분의 관계에 있음을 잊지 말아야 할 것이다.[29] 더더군다나 이 12경의 석경이 태화 7년(833)에 새겨지기 시작하여 개성開成 2년(837)년에 완성되었으므로「개성석경」이라 불리는 것

---

27 『景刊唐開成石經』第4册, 北京:中華書局, 1997, pp.2673-2723 및 劉心明 · 鄭杰文,「≪爾雅≫概說」,『經學十二講』, 2007, p.272.

28 劉心明 · 鄭杰文,「≪爾雅≫概說」,『經學十二講』, 2007, p.278.

29 劉元春「字樣學硏究論著簡述」,『隋唐石刻與唐代字樣』, 廣州:南方日報出版社, 2010, pp.298-299.

인데, 여기에 각 경전의 원문뿐만 아니라 해당 경전의 주본注本까지 새겨졌으며, 장안長安의 국자감國子監 태학太學 강경당講經堂의 양쪽 회랑回廊에 전시되었기에[30], 이후 당나라 교육 전반에 있어서 그 파급 효과는 대단히 컸었을 것임을 짐작하기 결코 어렵지 않다고 보인다.

당의 교육 전반에서 『이아』의 비중이 결코 적지 않았음을 보여주는 이러한 면모를 뒷받침해주는 또 하나의 사실은, 국자감國子監의 국자박사國子博士가 행하는 교육 내용과 관련하여 『이아』의 학습과 관련된 규정이 있다는 점이다. 『당육전唐六典』 중 다음의 규정에 아래와 같이 되어 있음에서 그렇다.

국자박사國子博士는 문무관 3품 이상과 국공國公의 자손 그리고 종2품 이상의 증손으로서 학생이 된 자를 가르치는 것을 관장한다. 경서를 다섯으로 나누어 업을 삼는데, ⋯ (중략) ⋯ 경서를 학습하면서 여가가 있는 자에게 명하여 예서隷書와 『국어國語』・『설문說文(해자解字)』・『자림字林』・『삼창三蒼』・『이아』를 학습하도록 하였다.[31]

국자박사가 실행하는 교습의 내용과 그 과정에 관한 이 규정에서, 경서에 대한 것을 업으로 삼는 것 외에 예서 및 『국어』・『설문해자』・『자림』・『삼창』 등을 학습토록 함과 동시에 『이아』도 그러도록 하였다는 것이다. 이 기록에서 각별히 주목하고픈 것은, 다름 아니면 하필이면 예서와 함께 『이아』를 포함한 『국어』 등 일련의 문자학 서적 혹은 자전류字典類를 공부토록 권장한 것이, 방금 앞에서 직접 인용해 제시하여 살폈듯이 『문심조룡』에서 "발음과 의미 모두를 자세히 살펴(②)" "『이아』를 통하면 문장의 의미가 분명해지(①)"므로 "『이아』는 훈고의 연못이자 연원이고(③)" "이상한 서체를 해독

---

30  徐自强・吳夢麟,「石經」,『古代石刻通論』, 北京:紫禁城出版社, 2003, pp.160-161.
31  원문은 "國子博士掌敎文武官三品已上及國公子孫 從二品已上曾孫之爲生者 五分其經以爲之業 ⋯ (中略) ⋯ 其習經有暇者 命習隷書幷國語・說文・字林・三蒼・爾雅". [唐] 李林甫 等撰, 陳仲夫 點校,『唐六典』, 北京:中華書局, 1992; 重印, 2008, p.559. 국역에는 김택민 주편,『역주 당육전』하, 신서원, 2008, pp.38-40 참조.

하는 데에 도움을 준"다고 한 대목과 불가분의 깊은 연관이 있다고 여겨지기 때문이다. 즉『문심조룡』에서는 비록『이아』와『창힐』만을 거명하였을 뿐이지만, 이 가운데『창힐』은『삼창』의 하나에 포함되는 것이므로 더더욱 그렇다고 짐작되는데, 국자박사가 국자감의 학생들을 교습함에 있어 이들 모두가 그야말로『이아』가 그러하듯 "발음과 의미 모두를 자세히 살"핌으로써 "문장의 의미가 분명해지"고 "이상한 서체를 해독하는 데에 도움을 주"기에 그랬다고 가늠된다.

이처럼 당나라 국자감의 교습에 있어서『이아』자체의 활용이 이렇듯이 매우 높은 효용성을 띠고 있었으므로, 중국 역사 속에서 그 전후 시기에도 역시 그러한 경향을 띠었을 것임은 쉬이 짐작이 되었다. 하지만 이는 단순히 짐작일 뿐 자료를 통한 대표적인 사례의 입증이 역사학의 생명임을 너무나 잘 인식하기에, 분석을 통한 구체적인 수치의 제시를 통해 이러한 대세를 입증할 수가 없을까 고심하며 탐색하던 차에 북위北魏 이후 청대淸代까지 시기의 서적 중『이아』를 인용한 서적과 그 사례의 숫자에 대한 조사[32]를 접하게 되었고, 이를 토대로 한눈에 시기별 추세를 식별할 수 있도록 도표로 정리하여 제시하면 아래의 〈표 2〉와 같다.

〈표 2〉『이아』인용 서적 및 사례 숫자 조사표

| 연번 | 시기 | 저자 | 인용 서적 | 사례 숫자 |
|---|---|---|---|---|
| 1 | 북위北魏 | 력도원酈道元<br>(466-527) | 『수경주水經注』 | 34 |
| 2 | 양梁 | 소통蕭統<br>(501-531) | 『문선文選』및<br>『육신주문선六臣注文選』 | 709 |
| 3 | 유송劉宋 | 배인裴駰 | 『사기집해史記集解』 | 117 |
| 4 | 당唐 | 사마정司馬貞<br>(618-907) | 『사기색은史記索隱』 | 〃 |
| 5 | 〃 | 장수정張守節 | 『사기정의史記正義<br>삼가주三家注』 | 〃 |
| 6 | 〃 | 한유韓愈<br>(768-824) | 『한유집韓愈集』 | 48 |

32 劉心明 · 鄭杰文,「≪爾雅≫槪說」,『經學十二講』, 2007, p.278.

| 7 | 〃 | 유종원柳宗元<br>(773-819) | 『유종원집柳宗元集』 | 44 |
|---|---|---|---|---|
| 8 | 송宋 | 이방李昉 (등) | 『태평어람太平御覽』 | 638 |
| 9 | 청淸 | 동고董誥<br>(1740-1818)<br>완원阮元<br>(1764-1849) | 『전당문全唐文』 | 31 |

이 조사표를 토대로 살피면, 송 이후는 차치하더라도 적어도 당 시기까지
는 『이아』를 인용한 서적들이 『수경주』, 『육신주문선』, 『사기정의 삼가주』
에서 확연히 드러나는 바대로 경전·문학선집 및 역사서 등의 주석서注釋書
에 집중되어 있음을 확인할 수 있다.[33] 그러므로 『이아』는 이러한 주석서들
을 공부하는 데에 활용이 필수적이었음은 두말할 나위가 없었을 것이다. 그
리고 더 나아가 그 주석서들을 통해 그 원전인 『문선』, 『사기』 등의 내용을
정확히 확인하고 그 의미를 제대로 파악하는 데에도 『이아』의 활용이 역시
필수불가결일 수밖에 없었다고 하여 결코 조금도 지나치지 않다고 믿는다.

## 4. 신라 최치원의 『이아』 수용을 통한 저술 활동과 훈고학의 진흥

앞서 잠시 언급한 바와 같이 신라에서 이루어진 『이아』 수용의 실제적인
사례의 하나로는 강수强首의 경우를 들 수는 있지만, 그것은 단지 그가 『이
아』를 읽었다는 사실만의 전달 뿐이어서 더 깊은 고찰은 불가능하여 그 한계
가 뚜렷하다고 할밖에 없다. 이에 비해 최치원崔致遠의 경우에는 『이아』의
활용을 통한 저술 활동의 구체적인 면모를 생생하게 확인할 수 있기에, 훨씬

---

33 또한 이외에 韓愈의 『韓愈集』와 柳宗元의 『柳宗元集』이 포함되어 있는 것도 그냥 지나칠 사안이
결코 아니라고 생각하는데, 다름이 아니라 이들이 唐代에 앞장서서 초기의 경전들을 중시하는 古
文運動을 함께 펼치던 인물들이었음을 간과해서는 안 된다고 생각한다. 이들의 古文運動에 대해
서는 徐剛, 「唐代小篆碑中的古文」, 『古文源流考』, 北京: 北京大學出版社, 2008, p.250. 李丹, 「緒
論」, 『唐代前古文運動研究』, 北京: 中國社會科學出版社, 2012, p.1 및 p.9. 그리고 許可, 「韓愈的
古文」/「柳宗元的山水游記,寓言與其他古文作品」, 吳庚舜·董乃斌 主編, 『唐代文學史』 下, 北京:
人民文學出版社, 1995; 重印, 2006. 특히 그 가운데서도 p.174 참조.

더 구체성을 띠고 있음이 분명하다. 그리고 최치원의『이아』의 활용을 통한 저술 활동의 이러한 구체적인 면모를 분석해보면 2가지의 유형으로 나뉘는 것으로 파악되는데, 첫째 A유형은『이아』의 서명을 밝히지 않으면서 그 내용 일부를 원용援用하는 방식을 취한 경우이고, 둘째 B유형은『이아』의 서명을 밝히고 그 내용 일부를 직접 인용引用하는 방식을 취한 경우가 그것이다.

## 1) A유형 :『이아』의 서명을 밝히지 않으면서 그 내용 일부를 원용하는 방식을 취한 경우

문장을 작성하면서 비교적 간단한 어휘를 활용할 때 일일이 그 전거典據를 밝히기가 매우 번잡하게 여겨져 생략하게 마련이다. 최치원도 이런 경우에 있어 예외는 아니었다. 「대숭복사비명大崇福寺碑銘」저술 내용 중 신라 왕실의 계통에 대해 기술하며, 다음과 같이 그 자리 잡은 곳이 '동방'을 의미하는 '접수鰈水'임을 언급하면서도 그 용어의 전거를 전혀 밝히고 있지 않음에서 그러하였음을 가늠할 수가 있겠다.

(Ⅰ㉮)실로 교산喬山이 빼어남을 지니며 필백畢陌이 기이함을 표방하였다고 이를 것이니, 금지金枝(왕손王孫)로 하여금 계림鷄林에서 더욱 무성하게 하고, 옥파玉派(왕손王孫)로 하여금 접수鰈水에서 더욱 깊이 자리 잡도록 할 것이다. (崔致遠, 「有唐新羅國初月山大崇福寺碑銘 幷序」,『四山碑銘』)[34]
(Ⅰ㉯)동방東方에 비목어比目魚(넙치)가 있다. 도움이 없으면 다니지 못하며 그것의 이름을 접鰈이라고 한다. (『爾雅』10「釋地」)[35]

최치원이 이 글에서 신라 왕손들이 "접수에서 더욱 깊이 자리 잡도록 할 것 (Ⅰ㉮)"임을 아무리 힘주어 설파하고 있어도, 그것이『이아』의 내용 가운데

---

[34] 원문은 "實謂喬山孕秀 畢陌標奇 而使金枝益茂於鷄林 玉派增深於鰈水者矣". 국역은 최영성,『역주 최치원전집』1, 아세아문화사, 1999, p.234 참조.
[35] 원문은 "東方有比目魚焉 不比不行 其名謂之鰈". 국역은 최형주·이준녕 편저,『이아주소爾雅注疏』, 자유문고, 2001, p.243 및 이충구 (외) 역주,『이아주소』4, 2004, p.56 참조.

동방에 넙치가 있고 "그것의 이름을 접섭이라고 한다(Ⅰ④)"는 구절이 있음으로 해서 '동방'을 '접수'라고도 한다는 사실을 모르면 누구라도 이것이 무슨 의미인지를 제대로 알 수가 없을 듯하다. 『이아』의 내용 전체를 모두 천착하고 있었음이 틀림없는 최치원은, 하지만 이 경우에는 『이아』의 서명을 밝히지 않으면서 그 내용 일부를 원용援用하는 방식을 취하였던 것이다.

### 2) B유형 : 『이아』의 서명을 밝히고 그 내용 일부를 직접 인용하는 방식을 취한 경우

이 유형의 단적인 사례는, 최치원이 신라의 역사 유래에 관해 논하면서 '동방東方' 및 '이夷' 등의 어원語源과 그 실체 파악을 상세하게 시도하는 부분에서 찾아진다. 그의 글 가운데 「신라 가야산 해인사 선안주원 벽기」 중 아래와 같은 대목에서 그렇다.

(Ⅱ㉮)『예기』「왕제」편에 이르기를, "동방을 이夷라고 한다"고 하였고, 범엽范曄은 "이夷는 뿌리라는 뜻이다. 어질고 살리기를 좋아하여 만물이 땅에 뿌리를 박고 자라난다. 그러므로 천성이 유순하여 도리로써 사람들을 인도하기가 쉽다"고 하였다. 나는 이에 대해, "이夷는 훈제訓齊하기가 까다롭지 않고 쉽다는 것이니, 교화教化·제화濟化하는 방법을 말한 것이다"고 하노라. 또 『이아』를 보면, "동쪽으로 해 뜨는 곳에 이르면 그곳이 태평太平이다. 태평太平의 사람은 어질다"고 하였다. 『상서』에는 "희중羲仲에게 명하여 우이嵎夷에 살게 하였으니 양곡暘谷이라는 곳이다. 동녘에서 시작하는 일[동작東作]을 고르게 차례로 할지니라!"고 하였다. 그러므로 우리 대왕大王의 나라는 날로 상승하고 달로 왕성하며 물은 순조롭고 바람은 온화하니, 어찌 다만 깊숙이 겨울잠을 자던 것이 다시 떨치고 소생蘇生하는 것뿐이겠는가. 아마도 싹을 잡아당겨 무성히 자라도록 하니, 생기고 변화하며 생기고 변화하는 것이 동방[진震]을 터전으로 하는 것이다. (崔致遠,「新羅迦耶山海印寺善安住院壁記」,『孤雲文集』)[36]

---

36 원문은 "王制 東方曰夷 范曄云 夷者抵也 言仁也而好生 萬物抵地而出 故天性柔順 易以道御 愚也 謂 夷 訓齊平易 言教濟化之方 按爾雅云 東至日所出 爲大平 大平之人仁 尙書曰 命羲仲 宅嵎夷 日暘谷 平秩東作 故我大王之國也 日昇月盛 水順風和 豈唯幽蟄振蘇 抑亦句萌彎懋 生化生化 出震爲

(II⑭)구이九夷, 팔적八狄, 칠융七戎, 육만六蠻을 사해四海라고 이른다. 거제주岠齊州의 남쪽은 대구戴□로 단혈丹穴이라 하고 북대두北戴斗와 극極은 공동空桐이 되고 동쪽으로 해가 솟는 곳에 이르면 대평大平이 되고 서쪽으로 해가 들어가는 곳에 이르면 대몽大蒙이 된다. 대평大平의 사람들은 인仁하고 단혈丹穴의 사람들은 지혜로우며 대몽大蒙의 사람은 신용이 있고 공동空桐의 사람은 용감하다. 이상은 사방의 끝인 사극四極을 설명한 것이다. (『爾雅』10「釋地」)[37]

　　이를 통해 『예기』·『상서』와 함께 『이아』에서 자신의 논지 전개를 위해 요긴한 구절을 그대로 인용하여 제시하면서, 그것을 근거로 삼아 나름대로의 독창적인 해석을 내려 구극적究極的으로는 "생기고 변화하는 것이 동방을 터전으로 하는 것(II㉮)"임을 논증하고 있음을 확인할 수가 있다. 이러한 논지 전개에 있어 각별히 주목되는 바는, 『이아』에서 더욱이 "태평의 사람은 어질다(II⑭)"는 대목을 인용하고 있음이며, 그러므로 이를 보아서도 최치원이 신라의 역사 유래에 관해 논설하면서 『이아』의 서명을 밝히고 그 내용 일부를 직접 인용하는 방식을 취하고 있음이 여실히 입증된다고 하겠다.

　　이는 방금 앞서 본 바대로 '동방'을 가리키는 용어로 '접수鰈水'를 거론하면서 전거가 『이아』라는 사실을 밝히지 않으면서 원용한 것과는 대조되는 방식이라 하지 않을 수 없겠는데, 이렇게 한 것은 이럴 만치 최치원이 『이아』를 샅샅이 충실하게 활용함으로써 고증에 철저하려 하였음을 입증해줌에 다름이 아니다. 그리고 최치원의 이러한 『이아』 직접 인용을 통한 저술 활동의 구체적인 사례는, 그 자체가 바로 당시 신라 훈고학의 진흥 사실을 여실히 드러

---

基". 최치원, 「선안주원벽기」, 『최문창후전집』, 성균관대학교 대동문화연구원, 1972, pp.76-77. 국역은 「신라 가야산 해인사 선안주원 벽기」, 『국역 동문선』 6, 민족문화추진회, 1968, p.50; 『한글번역 고운최치원선생집』, 고운최치원선생집중간위원회, 1982, p.710 및 최영성, 『역주 최치원전집』 2, 아세아문화사, 1999, pp.287-288 그리고 이상현 옮김, 『고운집』, 한국고전번역원, 2009, pp.288-289 참조.

37　원문은 "九夷 八狄 七戎 六蠻 謂之四海 岠齊州以南戴日爲丹穴 北戴斗极爲空桐 東至日所出爲大平 西至日所入爲大蒙 大平之人仁 丹穴之人智 大蒙之人信 空桐之人武 四極". 국역은 최형주·이준녕 편저, 『이아주소』, 2001, pp.245-246 및 이충구·임재완 (외) 역주, 『이아주소』 4, 2004, pp.80-86 참조.

내 보여주고 있었다고 해서 좋을 것이다.

또한 최치원이 이렇듯이『이아』를 충실히 활용하고 혹은 직접 인용하여 저술 활동을 하게 된 것은, 거슬러 올라가보자면 필시 당唐 유학을 통해 과거 급제를 꾀하기 훨씬 이전 신라에서의 준비 과정에서부터였을 것임에 거의 틀림이 없을 것이다. 유학 경전은 물론이고『문선』등 문학서,『사기』등 역사서에 대한 정확한 숙지를 위해서도『이아』의 활용은 필수적이었을 것이며, 또한 당 국자감의 교습에 있어서도『이아』자체의 활용이 지극히 당연시되는 당시 실상을 그 자신이 모를 리가 결단코 없었을 것이기 때문이다. 더욱이 최치원은 당에서의 관료 생활 속에서 체득된 대로『이아』의 활용은 지속되었으며, 귀국 이후에도 여전히 그의 저술에 있어서『이아』원문 그 자체를 인용하여 활용함으로써 명료한 논지의 확립에 반영되었던 것이라 하겠다.

## 5. 발해의『이아』수용과 훈고학의 진흥

발해渤海의 경우, 신라의 강수와 최치원의 경우와 같은 구체적인『이아』수용의 면모는 기록상으로 여직 드러난 게 없다. 그렇긴 할지언정 발해에서도『이아』를 수용함으로써 훈고학이 진흥되었을 것임을 살필 수 있는 단서는, 그 국왕 중에서 말왕末王인 대인선大諲譔의 성명姓名에 대한 분석으로 찾아지는 게 아닌가 싶다.

즉『고려사高麗史』및『구오대사舊五代史』·『신오대사新五代史』등에 기록되어 있는 대인선의 성명 가운데 한 글자 '인'은 자전류字典類에도 그러하다고 밝혀져 있듯이[38], 중국의 소위所謂 12경十二經 내지 13경十三經 중에서도 유일하게『이아』에만 실려 있는 글자이다.[39] 그 풀이는, 따라서『이아』

---

38 諸橋轍次,『大漢和辭典』卷10, 東京 : 大修館書店, 1959; 縮刷版, 1968, p.532 및『漢韓大字典』
　　전면개정·증보판, 서울 : 민중서림, 1997; 제6쇄, 2002, p.1932 참조.

39 이러한 사실에 대해서는 魏國忠,「儒學與教育」, 魏國忠 朱國忱 郝慶雲 著,『渤海國史』, 北京 : 中國
　　社會科學出版社, 2006, p.421에서 처음 읽고 깨닫게 되었다. 여기에서는 다만 이 '諲'字가 아닌 '譔'

「석고釋詁」하下에 의거하면 '경야敬也'이며,[40] 뜻은 '삼가하고 공경하다'는 것이다.[41] 국왕의 이름에 이러한 '인'자를 채택하였다는 것은, 그럴 만치 발해 당시에 『이아』가 왕실에서부터 국가적으로 활용되고 있었다는 사실을 입증 해주는 것이라 할 수 있겠다.

이러한 발해의 국가적인 『이아』 활용과 관련하여서는 무엇보다도 발해의 정부기구 중 문적원文籍院의 기능이 가장 주목된다. 발해의 문적원이 정확 히 어떠한 기능을 담당했었는가에 관한 기록이 전해지지 않아 뚜렷이 말하기 쉽지 않지만, 그 명칭으로 보아 당唐의 비서성秘書省에 비견되는 기관이었을 것이다. 즉 문적원의 기능이, 당에서 비서성의 감監이 경적經籍도서圖書 관 계의 업무를 관장하였을 뿐만이 아니라 그 소속의 저작랑著作郎 및 저작좌랑 著作佐郎이 비지碑誌 · 축문祝文 · 제문祭文을 찬술撰述했던 바와 유사하였 을 것으로 믿어진다.[42] 1980년대에 이르러 발굴된 문왕文王 대흠무大欽茂의 정혜공주貞惠公主와 정효공주貞孝公主의 묘지명墓誌銘이 거의 동일한 내용 의 서식書式을 취하고 있으므로, 그 묘지명도 이 문적원에서 작성되었을 가 능성이 큰 것으로 미루어[43], 문적원 자체가 그러한 업무를 담당하고 있었기에 여기에서는 『이아』를 활용하여 자신들의 업무 수행에 만전을 기하여야 했던 게 아니었을까 한다. 더욱이 문적원에서는 왕실 친인척들의 호적戶籍 내지 는 신변 관련 문서들까지도 관리하였을 것이므로, 말왕末王 대인선大諲譔의

---

字가 『爾雅』에만 있는 것으로 쓰고 있는데, 이는 조사해 보니 그 결과 명백한 오류임을 알 수가 있었다.

40 樊貴明 田奕 主編, 『十三經索引』 第一册/第四册, 北京:中國社會科學出版社, 2003 참조.

41 최형주 · 이준녕 편저, 『이아주소』, 2001, pp.65-66 및 이충구 · 임재완 (외) 역주, 『이아주소』 1, 2004, pp.244-245. 앞의 책, p.66에서 "소(疏)에도 설명이 없다"고 하였는데, 뒤의 책에서 찾아보니 실제로 다른 글자에 대한 설명은 비교적 상세하나 이 '諲'에 관해서는 전혀 설명이 붙여져 있지 않 음이 확인된다.

42 金毓黻, 『渤海國志長篇』, 遼陽, 1935, p.9; 趙鐵寒 主編, 『渤海國志』 宋遼金元四史資料叢刊 (一), 臺北:文海出版社有限公社, 1978, p.275.

43 방학봉, 「정혜공주묘지와 정효공주묘지에 대한 비교 연구」, 『발해문화연구』, 이론과 실천, 1991, p.49.

성명 가운데 하나인 '인'자에 대한 검증 역시 출생 이후 작명 과정에서 의당히 여기에서 담당해야 했을 것임에 거의 틀림이 없을 것이다.

그러했을 것이므로, 발해에서도 역시 훈고학의 진흥이 중국 못지않은 수준에 도달해 있었을 것으로 믿어지는데, 이것은 『이아』가 한대漢代에 『효경』 등 5경五經의 정확한 글자 해독 및 내용 이해뿐만이 아니라 주대周代의 옛 문자 전서篆書 및 당시 글자 예서隸書의 정확한 판독은 물론이려니와 그러한 문자들로 이루어진 서적들을 열람閱覽하고 암송暗誦하는 데에 더할 나위 없이 요긴하게 활용되고 있었기 때문이었다. 아울러 앞서 보았듯이 『문심조룡』에 서술된 바와 같이 양梁을 위시한 위진남북조魏晉南北朝에서도 『이아』가 문필가들에게 있어서 한자漢字의 발음 · 의미, 문장의 작법, 그리고 서법書法까지 익히는 데에 매우 요긴하게 여겨졌음에서 그랬을 것이다. 발해의 최고 교육기관인 국자감(일명 주자감冑子監)에서도 그랬고, 더더군다나 국자감國子監 소속 국자박사國子博士의 교육 내용에 『이아』 학습이 포함되어 있었으므로, 따라서 발해의 훈고학이 당시 당唐에 버금가는 수준이었을 것임에 거의 틀림이 없는 사실이라 여겨진다고 하겠다.

## 6. 맺음말 : 신라 · 발해의 『이아』 수용을 통한 훈고학 진흥의 문화적 배경

먼저 신라에 있어서 『이아』를 수용함으로써 훈고학이 진흥되는 문화적 배경의 일단은 늦어도 그 중고기中古期 그것도 진흥왕 때 영토 확장을 획기적으로 이루면서 그것을 기념하기 위해 순수비巡狩碑를 건립하기 시작하던 데에 있었던 게 아니었을까 싶다. 이러한 관념을 지니게 된 계기는 진흥왕순수비에 대한 연구에 천착하면서부터였다. 그 중에서도 각별히 다음과 같은 「마운령비문磨雲嶺碑文」의 특히 기사부분紀事部分에서의 '짐朕'에 대한 주석註釋 작업을 진척시켜가며 『이아』에서 확인하고 나서 이것의 의미를 명확히

새기게 되었기에 더욱 그러하였다.[44]


(A)그러나 짐朕은 (제왕帝王이 될) 운수運數에 응하여 태조太祖의 기업基業을 몸
소 우러러 잇고 왕위王位를 계승하여 몸을 삼가고 스스로 조심해서 하늘의 도리道
理를 어길까 두려워했다. (「磨雲嶺碑文 紀事部分」)[45]
(B①)앙卬 · 오吾 · 이台 · 여予 · 짐朕 · 신身 · 보甫 · 여余 · 언言은 '나(아我)'이
다. (『爾雅』 2 「釋詁」 下)[46]
(B②)짐朕 · 여余 · 궁躬은 '몸(신身)'이다. (『爾雅』 2 「釋詁」 下)[47]
(B③)이台 · 짐朕 · 뢰賚 · 비畁 · 복卜 · 양陽은 '주다(여予)'이다. (『爾雅』 2 「釋
詁」 下)[48]


진흥왕의 「마운령비문」에서 처음으로 제왕 자신을 지칭하는 용어로서 '짐'
을 채택한 것은 『이아』의 수용을 통해 그 용어의 정확한 의미가 이렇듯이 '나
(我)' · '몸(身)' 등이라는 사실을 철저히 확인하는 과정을 밟고 나서 그 적합성
여부를 논의한 이후였을 게 틀림없을 것이다. 따라서 신라의 『이아』 수용의
구체적인 사례는 바로 진흥왕의 「마운령비문」에서 찾을 수 있으며, 이로써
신라에서의 『이아』 수용도 아무리 늦어도 진흥왕 때부터였다고 가늠되는 것
으로 여겨졌다.
앞서 이미 살핀 바대로 그 후 강수가 『이아』를 가지고 정진함으로써 유교

---

44 노용필, 「마운령비문 기사부분의 주석」, 『신라진흥왕순수비연구』, 일조각, 1996, pp.227-228.
여기에서 이 '朕'의 사용과 관련 지워서, "'朕'이란 칭호를 眞興王 자신에게 쓰고 있음은, 바로 앞의
'帝王'이란 용어의 사용과 짝하는 것으로 곧 眞興王이 그만큼 당시에 관념적으로 (중국의) 天子,
현실적으로는 외교 관계를 맺고 있던 梁 武帝와 버금가는 위치에 있음을 과시하고자 하는 의중을
드러낸 것이지 않나 생각한다."고 기술한 바가 있었다.
45 원문은 "然朕歷數當躬 仰紹太祖之基 纂承王位 兢身自愼 恐違乾道". 국역은 노용필, 『신라진흥왕
순수비연구』, 1996, p.225.
46 원문은 "卬 · 吾 · 台 · 予 · 朕 · 身 · 甫 · 余 · 言 我也". 국역은 최형주 (외) 편저, 『이아주소』,
2001, p.49 및 이충구 (외) 역주, 『이아주소』 1, 2004, p.189 참조.
47 원문은 "朕 · 余 · 躬 身也". 국역은 최형주 (외) 편저, 『이아주소』, 2001, p.50 및 이충구 (외) 역주,
『이아주소』 1, 2004, p.192 참조.
48 원문은 "台 · 朕 · 賚 · 畁 · 卜 · 陽 予也". 국역은 최형주 (외) 편저, 『이아주소』, 2001, p.50 및
이충구 (외) 역주, 『이아주소』 1, 2004, p.193 참조.

경전인『효경』·『곡례』는 물론이고 종합문학서『문선』을 읽고 활용하는 수준까지 너끈히 발전하였음에서『이아』수용을 통한 훈고학 진흥의 면모를 확인하게 된다. 또한 최치원이『이아』를 직접 인용하여「신라가야산해인사선안주원벽기」를 저술한 사실에서 역시『이아』수용을 통한 훈고학 진흥의 사실이 더욱 확증된다고 하겠다.

한편 신라 못지않게 발해도 당시 중국의 선진 학문 수용을 통해 인문학을 진흥시키려는 열망이 역시 매우 고조되어 이에 크게 힘 기울이고 있었음이 분명하다. 중국 기록에서 찾아지는 아래의 기록들에서 이와 같은 발해의 열의가 읽혀지는 것이다.

( I )처음에 그 나라의 왕이 자주 학생들을 경사京師의 태학太學에 보내와 고금古今의 제도를 배우고 익혀가더니, 이때에 이르러 드디어 해동성국海東盛國이 되었다. (『新唐書』北狄列傳 渤海 조)[49]

(II-가)개원開元 26년(738) 6월 27일 발해가 사신을 보내 당례唐禮 및 삼국지三國志, 진서晉書, 삼십육국춘추三十六國春秋의 필사를 구하여 이를 허용하였다. (『唐會要』36 蕃夷請經史 조)[50]

(II-나)현종 개원 … 26년 6월 갑자甲子에 발해가 사신을 보내 당례唐禮 및 삼국지三國志, 진서晉書, 삼십육국춘추三十六國春秋의 필사를 구하여 이를 허용하였다. (『册府元龜』999 外臣部 請求 조)[51]

---

49 원문은 "初, 其王數遣諸生詣京師太學 習識古今制度 至是遂爲海東盛國".『국역 중국정사 조선전』, 국사편찬위원회, 1986, p.252 참조.

50 원문은 다음이다. "開元 … 二十六年六月二十七日 渤海遣使求寫唐禮及三國志晉書三十六國春秋許之".

51 원문은 다음이다. "玄宗開元 … 三十六年 六月 甲子 渤海遣使求寫唐禮及三國志晉書三十六國春秋 許之" [北宋]王欽若 等編,『册府元龜』第12冊, 北京 : 中華書局, 1960; 제2차 인쇄, 1982, p.11723. 하지만 이『책부원구』개원 36년의 기사는 26년의 것이 옳다고 판단한다. 왜냐하면 개원 36년은 역사상 아예 존재하지 않을뿐더러,『책부원구』자체의 기록을 면밀히 보더라도 이 36년 기사의 바로 앞 기사는 23년의 것으로 되어 있고, 바로 뒤에 연이어 등재된 기사는 p.11724에 29년의 것이라 되어 있음으로 해서이다. 하여 본문의 번역문 제시에서는 26년으로 바로 잡아 적어 두었다.

이 기록들에서 우선 주목되는 바는 2가지 점이라고 분석되었다. 하나는 발해가 당시에 중국인들로부터 '해동성국'의 칭호를 듣게 된 게 경제적 발전과 더불어 국력이 그만큼 신장되었기 때문임이 전혀 틀림이 없겠지만, 덧붙여 고려해야 할 점은 문화적인 측면 곧 학문의 진흥 역시 반영되었던 게 아니었나 싶은 것이다. 즉 기록 (1)의 『신당서』에서 "고금古今의 제도를 배우고 익혀가더니, 이때에 이르러 드디어 해동성국이 되었다"고 한 문맥상 발해가 '해동성국'이 된 배경의 일단이 발해에서 자주 학생들을 당나라 태학에 유학을 보내어 적극적으로 그야말로 "고금의 제도를 배우고 익혔다"고 함에도 있었던 것으로 헤아려지는 것이다. 바꿔 말하면 발해가 당시 당나라 사람들에게서 '해동성국'의 칭호를 듣게끔 된 게 경제적 발전에 따른 것도 당연히 고려되었겠으나 문화적 진흥 역시 반영된 것으로 여겨진다고 하겠다.

이 기록들에서 주목되는 또 다른 하나는 이와 같은 문화적 진흥을 위해서 발해인들이 적극성을 띠고 당의 선진 문화를 수용하고 있었음인데, 이는 기록 (II)의 『당회요』와 『책부원구』에서 발해의 사신이 『당례』 및 『삼국지』·『진서』 등의 '필사본'을 극력 입수해가고 있었음에서 확실해진다. 이로써 발해가 문화적 진흥을 꾀하기 위해 대단히 적극성을 띠고 국가적으로 노력하고 있었으므로, 그래서 취득하게 된 『당례』 및 『삼국지』·『진서』 등의 '필사본'을 정확히 읽고 명쾌하게 이해하기 위해서도 『이아』와 같은 문자학 서적의 수용을 통한 훈고학 수준의 고양은 필수적이었을 법하다.

그런데 발해의 이러한 훈고학 진흥의 문화적 전통은, 고구려에서부터 비롯된 것이었다고 해도 무방해 보인다. 고구려 문자학 발달의 수준은 일찍이 당나라에 널리 알려져, 『구당서』에 따르면 "습속은 서적을 매우 좋아하여 … 그 책으로는 5경 및 『사기』·『한서』·범엽『후한서』·『삼국지』·손성『진춘추』·『옥편』·『자통』·『자림』이 있다. 또한 『문선』이 있는데, 이를 가장 좋아하고 소중히 하였다.[52]"라 하였음에서 입증이 되는 바로, 특히 『옥편』·『자

---

52 원문은 다음과 같다. "俗愛書籍 … 其書有五經及史記·漢書·范曄後漢書·三國志·孫盛晉

통』·『자림』등의 자전字典을 극력 활용하여 훈고학이 발달하였으므로[53], 발해 역시 그러하였을 것이다.

이와 같은 문화적 전통에 따라서 발해 또한 훈고학이 크게 진흥되었을 것이며,『이아』수용을 통한 훈고학의 진흥이야말로 기본 요소로 초기부터 지향되었을 것이 자명하다고 생각한다. 따라서 이런 학문적 터전 위에서 문화적 발전이 이루어졌으므로, 발해에서는 말왕末王인 대인선大諲譔의 성명姓名에 13경十三經 중에서도 유일하게『이아』에만 실려 있는 글자인 '인諲'을 취할 수가 있었을 것이다. 이럴 만치 발해에서는 왕실을 위시한 여타의 기관에서『이아』의 활용이 일상화되었을 정도로 국가적으로 훈고학이 진흥되어 있었기에, 이런 일이 가능했던 것이라 여겨진다고 하겠다.

春秋·玉篇·字統·字林 又有文選 尤愛重之"(『舊唐書』199 高麗傳). 한글 번역은『중국정사 조선전』, 국사편찬위원회, 1988, p.244를 참조하여 저자가 재정리한 것이다.
53 노용필,「한국 고대 문자학과 훈고학의 발달」,『진단학보』110, 2010; 이 책의 제1장 제1부를 참조하시라.

제3장

# 한국 고대의『문선』수용과 한문학의 발달

## 1. 머리말

　『문선文選』은 중국 양梁나라 무제武帝 소연蕭衍의 아들 소명태자昭明太子 소통蕭統(501-531)이 편집한 현존하는 가장 오래된 중국 문장 선집으로, 이에는 주대周代 말기에서 양대梁代에 이르기까지 130인의 작가가 쓴 761편의 글이 실려 있다.[1] 그 편찬이, 소연의 무제 즉위 후 그 장자長子 소통이 태자에 책봉된 522년 이후 동궁東宮에 소속된 여러 학자 중 유효표劉孝標(462-521), 육수陸倕(470-526), 유효작劉孝綽(481-529), 왕균王筠(481-549) 등의 협력으로 가능했으므로, 최종판 30권본의 완성은 보통普通(520-526) 연간 그러니까 늦어도 526년 이전에는 이루어졌을 것으로 가늠된다.[2]

　이렇게 해서『문선』이, 당시의 대표적 문학 이론서인 유협劉勰(465?-520?)의『문심조룡文心雕龍』의 영향을 적지 않게 받아[3] 소통에 의해 편집된 이후

---

1 David R. Knechtges, Introduction, *Wen Xuan Or Selections of Refined Literature*, Volume One : Rhapsodies on Metropolises and Capitals, Princeton University Press, 1982; 臺灣 : 有限公司, 1990; 이홍진 역, 「영역본 ≪문선≫ 서론(Ⅰ)」,『중국어문학』8, 1984, p.281.

2 David R, Knechtges, Introduction, *Ibid*, 1982; 이홍진 역, 「영역본 ≪문선≫ 서론(Ⅰ)」, p.296.

3 유협의 생존 시기 및『문심조룡』의 완성 시기에 관해서는 여러 의견이 분분하기는 하나, 빠르면 南齊 末 곧 502년이거나 혹은 늦어도 520년에는 완성되어 있었을 것으로 여겨진다. 게다가 어느 기록

거의 동시에 이에 대한 연구가 이루어졌으며, 최초의 주석은 소통의 사촌 소해蕭該에 의해『문선음의文選音義』로 시도되었다고 하는데 현재는 전하지 않는다. 그러다가 수隋-초당初唐 사이에 양주揚州의 조헌曹憲(605-649)이『문선』에 대한 언어학적 주석을 시도함으로써 '『문선』학'이 시작되었고, 그의 제자들 중에서『문선』의 최고 전문가로 손꼽히며 가장 유명한 이는 이선李善(?-689)이다. 그는 심지어 '책바구니(서록書簏)'라 빈정거림을 받을 정도로, 초기 중국 문학의 자료들을 충실히 잘 활용하여『문선』에 상세한 주석을 붙였는데, 그의 주석 중 최초로 알려진 책은 돈황사본敦煌寫本에 포함되어 있던 장형張衡(78-139)의 「서경부西京賦」 가운데 일부분의 필사본筆寫本이다.[4] 결국『문선』은 이선에 의해 주석이 붙여져 원래의 30권에서 60권으로 다시 정리되었으며, 이것이 고종高宗(650-683)에게 바쳐졌다.[5]

하지만 그가 주석을 달아 60권본『문선』을 완성한 게 그리고 고종에게 바친 게 각각 언제였는지는 여러 의견이 있어 명확하지 않으나, 대체로 현경顯慶(656-661) 연간 어느 시기에 60권본을 완성하였으며 고종에게 바쳐진 게 658년경이었을 것으로 여겨지고 있다.[6] 또한 이선이 이와 같이『문선주』를 고종에게 증정한 지 60년이 지난 후인 개원開元 6년(718)에 이르러 여연조呂延祚가 「오신집주문선표五臣集注文選表」를 올렸는데, 여기의 '5신'은 여연

에서도 소명태자 소통이 유협의『문심조룡』을 직접 읽어 그것에 담긴 수준 높은 문학론을 섭렵하였다는 대목이 찾아지지 않지만,『문심조룡』의 완성 가능한 시기가『문선』의 완성 시기보다는 빠르기 때문에, 소통이 온갖 서적을 완비하게 해서 규모가 매우 컸던 자신의 동궁 도서관에서 그것을 접했을 것으로 보는 게 합리적인 추측일 것이다. 이러한 해석은 David R. Knechtges, Introduction, Ibid, Princeton University Press, 1982; 이홍진 역, 「영역본 ≪문선≫ 서론 (Ⅱ)」, 『중국어문학』 14, 1988, p.298 및 p.306 참조.

4 敦煌 寫本의『文選』에 대해서는 羅國威,『敦煌本≪昭明文選≫硏究』, 哈爾濱 : 黑龍江敎育出版社, 1999. 羅國威 箋證,『敦煌本≪文選注≫箋證』, 成都 : 巴蜀書社, 2000. 陳國燦,『敦煌學史事新證』, 蘭州 : 甘肅敎育出版社, 2002. 項楚,『敦煌變文選注』(增訂本)(上 · 下), 北京 : 中華書局, 2006 참조.

5 David R. Knechtges, Introduction, Ibid, Princeton University Press, 1982; 이홍진 역, 「영역본 ≪문선≫ 서론 (완)」,『중국어문학』 15, 1988, pp.402-404.

6 童岳敏, 「唐代≪文選≫學的興盛及其影響」,『唐代的私學與文學』, 上海 : 上海古籍出版社, 2014, p.90 및 David R. Knechtges, Introduction, Ibid, Princeton University Press, 1982; 이홍진 역, 「영역본 ≪문선≫ 서론 (완)」, 1988, pp.403-404.

제몸延濟, 유량劉良, 장선張銑, 이주한李周翰 및 여향呂向을 지칭하는 것으로, 이들이 주석을 붙인 소위『오신주문선五臣注文選』이 이후 널리 세상에 전파되게 되었던 것이다.[7]

그러면 한국 고대 사회에, 이와 같은『문선』이 언제 수용되었으며, 그 역사적 의의는 무엇일까. 이 점에 관해 여기에서 천착해보려고 하는데, 그러기 위해서는『문선』의 편목篇目 구성과 그 특징은 무엇인지 그리고 중국의 당대唐代 사회에 있어서 문선학文選學 발달의 양상과 그 영향은 어떠하였는지부터 상세히 살펴야 할 것이다. 이러한 점에 관한 지식이 일단 제대로 갖추어져야 한국 고대 사회에서 그것을 수용하게 된 배경은 무엇이고, 또한 영향은 어찌 나타났는가 하는 면모 등을 본격적으로 살필 수가 있게 될 것이기 때문이다. 하여 일차적으로 이러한 면면에 대해서부터 정리해보기로 한다.

## 2.『문선』편목의 구성과 그 특징

『문선』에 담긴 글들의 장르가 과연 몇이냐에 관해서는 의견이 분분하여 그 수효가 37개[8], 38개[9] 혹은 39개라는 견해[10]가 각기 제기되어 있다. 이밖에 35개라고 하는 견해가 가장 압축적으로 정리한 것이라 할 수 있으나, 그 세부 구분에 대해서는 의견이 서로 갈리기도 한다.[11]

---

7 童岳敏,「唐代≪文選≫學的興盛及其影響」,『唐代的私學與文學』, 2014, pp.90-92.

8 David R. Knechtges, Introduction, *Ibid*, 1982; 이홍진 역,「영역본 ≪문선≫ 서론 (Ⅰ)」, 1984, p.281.

9 王運熙,「≪文選≫簡論」,『文選全釋』, 昆明 : 貴州人民出版社, 1994;『漢魏六朝唐代文學論叢』, 上海 : 上海古籍出版社, 2014, p.349.

10 김영문,「새롭고 아름다운 '문(文)'의 향연―≪문선(文選)≫해제(解題)」,『문선 역주』1, 소명출판, 2010, pp.19-21.

11 石建初,「文體分類概說」,『中國古代序跋史論』, 長沙 : 湖南人民出版社, 2008, p.9에서도 동일하게 35 종류로 분류하였으나 구체적인 분류 항목에 있어서는 거게가 같으나 일부 차이가 있기도 하다. 이에 근거하여 이해를 돕기 위해 〈참고 표〉『문선』권수별 문장 유형 35개 분류표를 작성해 제시해보이면 다음이다.

세부적으로 구분할 때 이렇게 논란이 거듭되고는 있을지라도 형식면에서는 『문선』은 사부辭賦 9십여 편, 시가詩歌 4백여 편, 산문散文 2백여 편을 수집한 것이어서 사부·시가·산문(대부분이 병문騈文) 3부분으로 분류된다.[12] 게다가 전체적으로 크게 보면, 경서經書, 사서史書, 자부子部의 저작을 총괄한 것이어서, 『문선』에 수록된 글에는 순수한 문학 작품만 있는 게 아니라 문학적 가치를 아울러 지닌 역사 및 철학 작품으로 점철되어 있다고 하겠다.[13]

이러한 『문선』의 편목의 구성과 그 특징은 과연 무엇일까. 이 점은 전체 7백여 편 중 그 인용 전거典據가 분명히 명시되어 있는 것들만을 면밀히 조사하여[14], 그것들을 분야별로 나누고 또한 시대 순서대로 구분하여 분석해보면 확연히 드러나지 않을까 싶었다. 그래서 이를 시도하여 작성한 게 다음의 〈표 1〉[15]이다.

〈참고 표〉『문선』 권수별 문장 유형 35개 분류표

| 卷數 | 1~19, 33,34, 35 | 19~32, 33 | 32~33 | 35 | 35 | 36 | 36 | 36 | 37~38 | 39 |
|---|---|---|---|---|---|---|---|---|---|---|
| 分類 | 賦 | 詩 | 樂曲 | 詔 | 文 | 令 | 教 | 策 | 表 | 上書文 |
| 卷數 | 39 | 40 | 41~43 | 44 | 45 | 45 | 45 | 45~46 | 47 | |
| 分類 | 啓 | 奏彈文 | 牋 | 書 | 檄 | 對問 | 設論 | 辭 | 序 | 頌 |
| 卷數 | 47 | 48 | 49~50 | 50 | 51~55 | 55 | 56 | 56 | 57 | 57~58 |
| 分類 | 贊 | 符命 | 史論 | 史述贊 | 論 | 連珠 | 箴 | 銘 | 誄 | 哀 |
| 卷數 | 58~59 | 59 | 60 | 60 | 60 | | | | | |
| 分類 | 碑文 | 墓誌 | 行狀 | 吊文 | 祭文 | | | | | |

12 王運熙,「蕭統≪文選≫」,『望海樓筆記』(外2種), 上海: 上海古籍出版社, 2014, p.338 및 王運熙,「中國古代散文鳥瞰」,『談中國古代文學的學習與研究』, 上海: 複旦大學出版社, 2010;『望海樓筆記(外2種)』, 2014, p.570.

13 王運熙,「≪文選≫選錄作品的範圍和標准」,『復旦學報』1988年 第6期;『漢魏六朝唐代文學論叢』, 上海: 上海古籍出版社, 2014, p.366.

14 이 조사 정리에는 노용필,「신라 국학의 교육 내용과『문선』」,『2013 신라학국제학술대회 논문집』, 경주시·신라문화유산연구원, 2013, pp.211-270; 주보돈 외 지음,『신라 국학과 인재 양성』, 민속원, 2015, pp.116-148의 〈표 1〉『文選』篇目 卷數別 內容上 特徵 分析表와 〈표 2〉『文選』篇目 著者名 가나다順 分析表가 토대가 되었다. 그리고 이런 과정 중에 작성하여 부록으로 뒤에 제시한 〈附錄 表 1〉『文選』篇目 중 확인되는 典據의 著者名 가나다順 分析表 및 〈附錄 表 2〉『文選』篇目 중 확인되는 典據名 가나다順 分析表 역시 참조해주기 바란다.

15 이 〈표 1〉≪문선≫편목 확인 전거 분야별 구분 분석표를 작성함에 있어 주로 활용한 參考文獻은 다음과 같다. 歷史卷編委會,『中國學術名著提要』歷史卷, 上海: 復旦大學出版社, 1994. 劉洪仁,『古代文史名著提要』, 成都: 巴蜀書社, 2008. 孫欽善『中國古文獻學史簡編』, 北京: 北京大學出版社, 2008.

〈표 1〉『문선』편목 중 확인되는 전거의 분야별 시대순 구분 분석표

| 분야별 시대순 구분 | | 전거 | 저자 | 편찬 시기 | 제목 | 권수 |
|---|---|---|---|---|---|---|
| 경전經傳 | 1 | 『상서尙書』 | 공구孔丘 | 춘추春秋 말末 (전前722-전481) | 상서서尙書序 | 45 |
| | 2 | 『춘추좌씨전春秋左氏傳』 | 〃 | 〃 | 춘추좌씨전서春秋左氏傳序 | |
| | 3 | 『모시毛詩』 「소서小序」 | ? | ? | 보망시 6수 補亡詩 六首 | 19 |
| | | 「서序」 | | | 모씨서 毛詩序 | 45 |
| 사서史書 | 1 | 『사기史記』 이사전李斯傳 | 서한西漢 사마천司馬遷 (약전約前145-전86) | 서한 한漢 무제武帝 정화征和 2년 (전91) | 상서시황제 上書秦始皇 | 39 |
| | | 사마상여전司馬相如傳 | | | 상서간렵 上書諫獵 | |
| | | | | | 난촉부로1수 難蜀父老一首 | 44 |
| | | 가의전賈誼傳 | | | 조굴원문 병서 吊屈原文 幷序 | 60 |
| | 2 | 『한서漢書』 서전敍傳 | 동한東漢 반맹견班孟堅 [반고班固] (32-92) | 동한 장제章帝 건초建初 원년 元年(76) 초성初成, 화제和帝 보완補完 | 유통부 幽通賦 | 14 |
| | | 목승전枚乘傳 | | | 상서간오왕 上書諫吳王 | 39 |
| | | | | | 상서중간오왕 上書重諫吳王 | |
| | | 양운전揚惲傳 | | | 보손회종서 報孫會宗書 | 41 |
| | | 공손홍전公孫弘傳 | | | 공손홍전찬 公孫弘傳贊 | 49 |
| | | 고조본기高祖本紀 | | | 술고기 제1 述高紀 第一 | |
| | | 서전敍傳 | | | 술한영팽노오전 제4 述韓英彭盧吳傳 第四 | 50 |
| | | 효성기孝成紀 | | | 술성기 제10 述成紀 第十 | |
| | 3 | 『진기晉紀』 | 동진東晉 간영승干令升 [간보干寶] (?-336) | 317년 전후 | 진기논진무제혁명 晉紀論晉武帝革命 | 49 |
| | | | | | 진기총론 晉紀總論 | |

何忠禮, 『中國古代史史料學』 增訂本, 上海：上海古籍出版社, 2012.

| 분류 | 번호 | 서명 | 편명 | 저자 | 편찬시기 | 작품명 | 쪽 |
|---|---|---|---|---|---|---|---|
| | 4 | 『후한서後漢書』 | 반고전 班固傳 | 남조南朝 송宋 범엽范曄 | 송宋 문제文帝 원가연간 元嘉年間 (424-453) | 전인典引 | 48 |
| | | | 황후기 상 皇后紀 上 | | | 후한서황후기론 後漢書皇后紀論 | 49 |
| | | | 광무기 光武紀 | | | 후한서광무기찬 後漢書光武紀贊 | |
| | | | 주경왕두마유부건마열전 朱景王杜馬劉傅堅馬列傳 | | | 후한서28장전론 後漢書二十八將傳論 | 50 |
| | | | 환자전 宦者傳 | | | 환자전론 宦者傳論 | |
| | | | 일민전 逸民傳 | | | 일민전론 逸民傳論 | |
| | 5 | 『송서宋書』 | 사영운전 謝靈運傳 | 남조 심휴문沈休文 [심약沈約] (441-513) | 남조 제齊-송宋 (6세기초) | 송서사영운전론 宋書謝靈運傳論 | 50 |
| | | | 은행전 恩倖傳 | | | 은행전론 恩倖傳論 | |
| | 6 | 『양서梁書』 | 임방전 任昉傳 | 당唐 요사렴姚思廉 (557-637) | 당 정관貞觀 10년 (636) | 위제명제양선성군공제1표 爲齊明帝讓宣城郡公第一表 | 38 |
| | | | 강엄전 江淹傳 | | | 예견평왕상서 詣建平王上書 | 39 |
| | 7 | 『진서晉書』 | 문원전 文苑傳 | 당 방현령房玄齡 등等 | 당 정관 22년 (648) | 소부嘯賦 | 18 |
| | | | 도잠전 陶潛傳 | | | 귀거래사歸去來辭 | 45 |
| 전기傳記 | | 『열녀전列女傳』 | | 서한 유향劉向 (약전79-전8) | (전1세기) | 추호시秋胡詩 | 21 |
| 문집文集 | 1 | 『신서新書』 | | 서한 가의賈誼 (전200-전168) | (전2세기) | 과진론過秦論 | 51 |
| | 2 | 『양무제집梁武帝集』 | | 남조 양 소연蕭衍 (464-549) | (6세기중) | 봉답칙시7석시계 奉答勅示七夕詩啓 | 39 |
| 시집詩集 | | 『악부시집樂府詩集』 | | 남송南宋 곽무청郭茂倩 | 남송 (1127-1279) | 사귀인서 思歸引書 | 45 |

이 〈표 1〉을 통해 경전·사서·전기는 물론 문집·시집에서 가려 뽑은 글들이 『문선』에 편집되었음이 분명히 살펴진다. 따라서 이와 같이 철학·사학·문학을 위시한 인문학人文學의 여러 분야에 관한 지식이 담겨 있기에,

『문선』을 '종합적 인문학 선집'이라 규정할 수 있을 듯하다.[16]

그런 가운데서도 권58부터 권60까지에는 비문碑文 · 묘지墓誌 · 행장行狀 3분야의 것이 담겨있는데, 특히 주목되는 바는 이들이 주로 전기傳記의 성격을 띠고 있으며, 그 중에서도 비문 5편이 주요한 비중을 점하고 있다는 사실이다. 게다가 이들에게서 간과해서는 안 될 것은, 허다한 전거를 제시하면서도 문장이 아름답고 우아할뿐더러 특히 병문駢文의 풍부하고 미려한 특색을 충분히 드러내고 있다는 점이라 하겠다.[17] 동한東漢이래로 차츰차츰 발전하여 온 이와 같은 병체문학駢體文學은 중간에 위魏 · 진晉 · 송宋 · 제齊 · 양梁 · 진陳을 거쳐 수대隋代에 이르러 성행하였으므로 후세에 소위 '8대문학八代文學'이라고 일컬어지기도 하는데, 당대唐代에 이르러서는 더욱 발달하기에 이르렀던 것이다.[18] 따라서 『문선』에는 이 병체 위주의 문장이 주류를 이루고 있었음을 알겠다.[19]

한편 『문선』에 수록된 대다수 작품들은 사람들의 일상생활 속에서의 서정抒情이나 자연 경치 및 사물 묘사 등 광범한 생활의 풍경情景을 표현한 것으로, 이렇듯이 서정적인 경치 묘사를 중시한 것은 남조南朝의 문학이론이 광범위하면서도 선명하게 반영된 것이었다.[20] 그리고 이러한 성향의 시가는 한 · 위 및 육조 문인들이 즐기던 오언시五言詩로 주로 구성되어 있으며, 각 문체의 병문 중에서도 특별히 '서書' 부류에서 중시되었다.[21]

---

16 노용필, 「신라 국학의 교육 내용과 ≪문선≫」, 『2013 신라학국제학술대회 논문집』, 2013, p.205; 주보돈 외 지음, 『신라 국학과 인재 양성』, 2015, p.110.

17 王運熙, 「從≪文選≫所選碑傳文看駢文的敍事方式」, 『上海大學學報』 2007年 第3期; 『漢魏六朝唐代文學論叢』, 2014, pp.520-525.

18 駢文의 이러한 시대별 발달 양상의 상세한 정리는 姜書閣, 『駢文史論』, 北京: 人民文學出版社, 2009 참조.

19 王運熙, 「應當重視對≪文選≫的研究」, 『江海學刊』 1988年 第4期; 『漢魏六朝唐代文學論叢』, 2014, p.340 및 王運熙, 「≪文選≫簡論」, 『文選全釋』, 昆明: 貴州人民出版社, 1994; 『漢魏六朝唐代文學論叢』, p.362.

20 王運熙, 「應當重視對≪文選≫的研究」, 『漢魏六朝唐代文學論叢』, 2014, p.339 및 p.344.

21 王運熙, 「應當重視對≪文選≫的研究」, 『漢魏六朝唐代文學論叢』, 2014, p.339 그리고 王運熙, 「≪文選≫簡論」, 『文選全釋』, 昆明: 貴州人民出版社, 1994; 『漢魏六朝唐代文學論叢』, 2014,

또 다른 한편으로 『문선』에는 상당수의 많은 논문도 실려 있는데, 권49·59의 '사론史論' 9편, '사술찬史述贊' 4편과 권51부터 권55까지의 '논論'이 그것으로, 이들을 도합하면 6권반으로 모두 27편에 달하는 분량이다.[22] 『문선』에 이렇게 많이 실린 사론과 사술찬에는 『한서漢書』·『진기晉紀』·『후한서後漢書』·『송서宋書』 가운데 채택된 10여 편의 문장이 포함되었다. 이와 같이 논이나 찬 등을 사서史書 속에서 뽑아 편집하였으므로[23], 남달리 뛰어난 활동상을 펼쳤던 인물들에 관한 기록을 담게 되고, 그러니 자연히 우수한 인물 전기로서의 성격을 띨 수밖에 없었다.[24] 이 또한 남조의 문인들이 매우 중시하는 사실史實 중심의 문학 사조思潮를 반영한 것이다.[25]

이러한 논문들을 사상적인 측면에서 살피자면, 노장사상老莊思想이 아닌, 한대漢代 논문의 전통이 이어져 내려온 유가儒家의 인의도덕仁義道德이 담겨져 있는 게 특징이다.[26] 바꾸어 말하자면 『문선』에 수록된 작품들은 사상적으로는 충군애국적忠君愛國的 제재題材를 중시하였으므로 자연히 충효절의忠孝節義의 윤리도덕을 옹호하는 입장을 주로 취하고 있었던 것이다.[27]

요컨대 『문선』에는 이상에서 살폈듯이 경전·사서·전기는 물론 문집·시집에서 선택한 빼어난 문장들이 편집되어 있었으며, 또한 비문·묘지와 같은 금석문金石文 자료 외에 행장과 같은 자료 역시 포함되어 있었다. 그렇기 때문에 『문선』의 내용에 대한 숙지는 유려한 병체로 작성된 금석문은 물론이고 개인의 전기를 익히는 데에도 크게 요긴하였을 것임에 거의 틀림이

p.361.

22 王運熙, 「≪文選≫所選論文的文學性」, 『古籍研究』 1997年 第7期; 『漢魏六朝唐代文學論叢』, 2014, p.378.

23 王運熙, 「從≪文選≫選錄史書的贊論序述談起」, 『文學遺産』 第610期, 光明日報社, 1983; 『中國古代文論管窺』, 上海: 上海古籍出版社, 2014, pp.130-133.

24 王運熙, 「≪文選≫選錄作品的範圍和標准」, 『復旦學報』 1988年 第6期; 『漢魏六朝唐代文學論叢』, 2014, p.372.

25 王運熙, 「≪文選≫簡論」, 『漢魏六朝唐代文學論叢』, 2014, p.353.

26 王運熙, 「≪文選≫所選論文的文學性」, 『漢魏六朝唐代文學論叢』, 2014, p.389.

27 王運熙, 「蕭統≪文選≫」, 『望海樓筆記』(外2種), 2014, p.339.

없다. 아울러 그것을 본받아 이러한 부류의 문장들을 작성함에 있어서도 크게 유용하였을 것임은 재론을 요치 않을 것이다. 더욱이 수록된 인물들의 전기는 말할 것도 없이 대부분의 작품에 일관되고 있는 사상이 바로 유교적 충군애국이었다는 점, 역시『문선』의 내용상 특징의 하나로 들어 마땅하다고 하겠다.

## 3. 당대 문선학의 발달과 그 영향

당대唐代 문선학의 발달은 어떻게 이루어졌으며, 그 영향은 어떠하였던 것일까. 이를 여실히 보여주는 구체적인 예가『신당서新唐書』44 선거지選擧志 상上에 실려 있는 당 무종武宗 때의 재상宰相 이덕유李德裕의 기록에서 찾아진다. 이에 따르면, 그는 북조北朝이래 명성이 뛰어난 사족士族 출신으로 경학經學 예법禮法으로 가학家學의 문풍門風을 세웠으므로 그의 집에는 『문선』을 두지 않았다고 한다. 이러한 지적 풍토는 문벌사족시대門閥士族時代에 가학이 존중되던 전통을 계승한 것이었다고는 하지만, 당대에 와서 과거科擧에서 오로지 진사과進士科를 중시하며, 그 진사과에서 문학을 위주로 삼는 추세와는 완전히 상반相反되는 것이라 하지 않을 수 없다.[28] 바꿔 말하면 당나라에서는 문선학이 발달하여 문장 작성 위주의 진사과에 급제하기 위해서는 어느 누구라도 필수적으로『문선』을 열심히 익혀야 했고, 그랬기 때문에 집집마다『문선』을 비치하는 게 매우 보편적이었던 것이다.

그러면『문선』이 당대 과거의 시제試題에 있어서 차지했던 비중은 어느 정도였을까. 이 점에 관해 구체적인 통계를 통해 조사한 바에 의하면,『문선』원문 혹은 이선李善 주해본注解本으로부터 직접 출제된 게 67제題, 그리고 출제에 활용된 편수篇數는 무려 130편에 달한다고 한다. 당대 진사과의 급제에는

---

28 陳秀宏,「科擧制度與唐宋政治體制的演進」,『唐宋科擧制度硏究』, 北京 : 北京師範大學出版社, 2012, pp.123-124.

다른 서적과 비교가 되지 않을 만큼, 그래서 가히 절대적이라 할 수 있을 정도로 이와 같이『문선』의 영향을 받고 있었던 것이라 하지 않을 수 없겠다.[29]

결국 당대의 진사과에서 문학을 숭상하여 시詩와 부賦로 취사取士함으로써『문선』이 '사인거자士人擧子' 곧 인재 선발의 전범典範이 되었으며, 따라서 '『문선』학' 자체가 전문 학문의 하나로도 성립되었던 것이다.[30] 그래서『문선』은 과거 응시자들이 반드시 공부해야 하는 필독서가 되었고, 젊은이들은 과거를 잘 치러 급제하기 위해서는 그 내용을 숙달하는 데에 그치지 않고 그 문체까지도 모방하지 않으면 안 되었던 것이다.[31]『문선』이 이와 같이 과거 준비에 있어 반드시 갖추어야 할 서적으로 여겨지면서 학생들은 경서와 함께 지니고 다녔고, 그래서 외출 유학遊學할 때 항시 휴대해야 하는 소위 '10권의 책(십질문서十帙文書)'으로『효경孝經』·『논어論語』등 9권의 경서와 함께『문선』이 꼽아졌다.[32]

더더군다나 진사과에서는「대책對策」이 필수불가결한 과목이었기에, 당시 급제자를 선발할 때의 기준으로 설정되어 중요하게 여겨졌던 게 바로 그 책문策文의 문채文采 즉 문장의 유려함이었다. 비록 그「대책」작성에는 병문을 사용하고 또 잡문雜文으로서 잠箴·표表·명銘·시詩·부賦를 포괄하므로, 책문과 잡문은 문체가 비록 같지 않을지라도, 급제자 선발의 기준상에 있어서는 하나의 공통되는 게 있었으니 그것이 바로 문장의 유려함이었던 것이다. 특히 당 현종玄宗 개원開元(713-741)과 천보天寶(742-756) 이후 한동안은 시가詩歌가 과거 급제의 주요 표준이 되었었는데, 이 당시 응시 때의 시제詩題가 대부분『문선』에서 출제되었기 때문에 당연히『문선』이 진사과를 준비할 때 중요한 학습의 대상이 되었던 것이다. 이

29 童岳敏,「唐代≪文選≫學的興盛及其影響」,『唐代的私學與文學』, 2014, pp.93-94.

30 孫欽善,「≪文選≫注家李善及"五臣"」,『中國古文獻學史簡編』, 2008, p.216.

31 David R. Knechtges, Introduction, *Ibid*, Princeton University Press, 1982; 李鴻鎭 譯,「英譯本≪文選≫緒論 (完)」,『中國語文學』15, 1988, p.406.

32 童岳敏,「唐代≪文選≫學的興盛及其影響」,『唐代的私學與文學』, 2014, p.96.

로 인하여 결국 선진先秦시대부터 양梁나라시대에 이르기까지의 시문詩文과 사부辭賦를 수집한 전집全集인 『문선』이야말로 과거 시험을 준비하는 모든 학생들에게 있어서는 진사과를 준비할 때의 필독서가 될 수밖에 없었다.[33] 이후 송宋의 초기에도 당唐 및 오대五代의 제도를 이어 과거제도가 운영되어서 『문선』이 역시 당시 진사시進士試 중 시부詩賦의 고시考試에 있어서 중요 교재였으며, 그래서 당시의 국자감國子監에도 『문선』 판본版本 한 질이 갖춰져 있었다고 전해진다.[34]

한편 소통蕭統은 『문선』을 편집하면서 예술적인 면에서는 '문사지미文辭之美' 곧 '문장의 아름다움'을 가장 중시하였으므로, 『문선』에 포함시킬 글들을 선택하면서 이를 주요한 편집의 표준으로 삼았다. 또한 소통은 각별히 '아정雅正'을 중시하였으므로 악부시樂府詩 가운데 다소라도 통속적인 것은 일체 선정하지 않았다. 게다가 한·위·육조가 오언시의 시대여서 그 영향을 받아 『문선』에는 시가의 형식면에서는 오언시를 선정하였기 때문에[35], 『시경詩經』의 4언시四言詩, 『초사楚辭』의 소체騷體와는 대비對比되면서 당시唐詩의 주요 형식이 5언시五言詩와 7언시七言詩 둘로 발전하는 데에 영향을 직접적으로 크게 주었다.[36] 뿐만이 아니라 『문선』은 제재면題材面에서도 영사詠史·증답贈答 등의 여럿으로 분류하여 한과 위·진은 말할 것도 없고 남조의 시가에 이르기까지를 포괄하고 있었으므로, 내용상 당시唐詩에도 적지 않은 영향을 확연히 드러나게 끼쳤다.[37]

소통의 『문선』은 시가 부분에서만 이렇듯이 당대 문학에 영향을 준 게 아

33 孟二冬,「論唐代應試詩的命題傾向之一－以李善注本≪文選≫爲重心」,『孟二冬文集』下卷, 高等教育出版社, 2007, pp.158-168; 吳宗國,「科擧與唐代社會」, 劉海峰 主編,『科擧學的形成與發展』, 武漢:華中師範大學出版社, 2009, pp.200-201.

34 陳秀宏,「科擧制度與唐宋學校敎育的興衰」,『唐宋科擧制度硏究』, 2012, p.206.

35 王運熙,「蕭統的文學思想和≪文選≫」,『文學遺産』第378期, 光明日報社, 1961;『中國古代文論管窺』, 2014, pp.118-129.

36 周嘯天 等著,「五言律詩的成立與七言詩的丕變」,『中國分體文學史, 詩歌卷』第3版, 上海:上海古籍出版社, 2014, pp.79-82.

37 王運熙,「蕭統≪文選≫」,『望海樓筆記』(外2種), 2014, pp.339-340.

니었다. 사부 부분에서도 그러하였다. 특히 병문 곧 병려체騈儷體 문장은, 매우 흥미롭게도『문선』에서 몇몇 장르에만 국한되는 게 아니라 산문 부문 어디에서나 발견되고 있다. 더욱이『문선』에 게재된 5편의 비문碑文에서도 병려체가 예외가 없이 구사되고 있는데, 그 가운데 불교 사찰의 비문인 왕건王巾의「두타사비문頭陀寺碑文」에서 특히 그러하므로 이 비문 자체가 불교 병문의 대표적인 예라고 손꼽아진다.[38] 따라서『문선』의 문체가 대부분 병체이며 비병체非騈體는 거의 하나도 없기 때문에,『문선』은 곧 병문의 주요한 보고寶庫이며, 후대의 병체문 선집의 기원이라고 한 지적[39] 역시 적절한 것이라 하겠다.[40]

문선학이 당대에 이르러 극히 발달함으로써, 지금껏 살펴온 바대로『문선』은 병체를 중심으로 문학의 모든 분야에 크게 영향을 끼쳤을 뿐더러 진사과를 위시한 과거제도 전반에도 절대적인 비중을 차지하고 있었던 것이다. 이와 같은『문선』이, 그러면 한국 고대 사회에 언제 어떻게 수용되었으며, 어떠한 영향을 끼쳤고, 그래서 그 역사적 의의는 무엇일까. 이 점을 이제부터 본격적으로 밝혀보기로 한다.

---

**38** David R. Knechtges, Introduction, *Ibid*, Princeton University Press, 1982; 이홍진 역,「영역본 ≪문선≫ 서론 (완)」, 1988, pp.395-396.

**39** David R. Knechtges, Introduction, *Ibid*, Princeton University Press, 1982; 이홍진 역,「영역본 ≪문선≫ 서론 (완)」, 1988, p.401.

**40** 『문선』이 이렇듯이 騈文의 보고이자 騈體文 選集의 기원이라고 하는 점은 다른 장르보다도 특히 賦에서 확연하게 입증된다. 이러한 賦體의 騈化 현상이『문선』에 수록한 辭賦가 다름 아닌『文心雕龍』에서 들은 範例들과 거의 정확히 일치하고 있다는 점에서도 잘 드러나고 있다. 그 현상의 시기별 추세를 구체적으로 살피면,『문선』에 수록된 賦體 騈化 초기의 辭賦들은『문심조룡』의 그것들과 절대부분이 부합하며, 또한 賦體의 진정한 형성 시기에는『문선』의 그것들이『문심조룡』의 그것들과 대체로 부합하면서 오히려『문심조룡』을 보충하는 경향을 보이고, 그리고 騈賦의 高潮期에는 南朝의 그것을『문선』에서『문심조룡』의 부족함을 더욱 보충하고 있음을 알 수가 있을 정도이다. 이러하기 때문에 賦體의 先秦에서부터 魏晉에 이르기까지의 騈化 軌跡을 고찰할 때 단지『문심조룡』만으로는 충분하지 않고 필수적으로『문선』과 대조하여 보충하여야지만 그 전모를 볼 수가 있는 것이다. 于景祥,「≪文心雕龍≫與≪文選≫所揭示的賦體騈化軌迹」,『騈文論稿』, 北京:中華書局, 2012, pp.88-90.

## 4. 한국 고대 『문선』 수용의 여러 양태

한국 고대의 『문선』 수용과 관련하여서는 고구려와 신라의 경우에만 그 기록이 전한다. 고구려에서는 『문선』을 '가장 좋아하고 소중히 하였다(우애중지尤愛重之)'는 사실, 그리고 신라에서는 이를 강수強首가 '읽었(독讀)'고, 국학國學에서 '교수敎授'하였으며 또한 독서삼품讀書三品에서 이에 '능통能通한 자'를 발탁하였다는 사실 등이 그것이다. 이들 기록을 면밀히 검토함으로써 『문선』 수용 과정에서 드러난 여러 실제의 양태樣態들을, 기왕의 연구들에서 그랬던 것과는 사뭇 다르게 새로이 조망해보일 수 있으면 한다.

### 1) 고구려의 『문선』 '우애중'

고구려에서 『문선』을 '우애중'했다는 기록은 다름 아니라 경당局堂에서 그런 것으로 전해진다. 이와 관련하여 『구당서舊唐書』의 기록에 비교적 상세하게 아래와 같이 되어 있다.

습속은 서적을 매우 좋아하여 허름한 문이나 미천한 이의 집에 이르기까지[41] 시가市街 네거리마다 큰 집을 지어 경당이라 부른다. 자제들이 혼인 전에 밤낮으로 이곳에서 독서를 하고 활쏘기를 익힌다. 그 책으로는 5경 및 『사기』・『한서』・범엽 『후한서』・『삼국지』・손성 『진춘추』・『옥편』・『자통』・『자림』이 있다. 또한 『문선』이 있는데, 이를 가장 좋아하고 소중히 하였다.[42]

---

[41] 이 구절에서 원문 '至於衡門廝養之家' 대목의 일반적인 字典의 의미를 조사해볼 것 같으면, '衡門'에서 '衡'자체가 '가로나무'를 가리키는 것이어서 '衡門'의 뜻은 '두 개의 기둥에 한 개의 가로나무 즉 橫木을 가로 질러서 만든 허술한 문'을 일컫는 것이고, '廝養'에서 '廝'자체가 '주로 말을 기르거나 땔나무를 하는 종'을 가리키는 것이어서 '廝養'의 뜻은 곧 '軍中에서 나무를 해오거나 밥을 짓거나 하는 천한 일'을 일컫는 것이다. 그래서 이 부분은 '허름한 문이나 미천한 이의 집에 이르기까지'로 풀이하는 게 옳다고 본다.

[42] 이 부분의 원문 전체는 다음과 같다. "俗愛書籍 至於衡門廝養之家 各於街衢造大屋 謂之局堂 子弟未婚之前 晝夜於此 讀書習射 其書有五經 及史記・漢書・范曄後漢書・三國志・孫盛晉春秋・玉篇・字統・字林 又有文選 尤愛重之"(『舊唐書』 199 高麗傳). 국역은 『중국정사 조선전』, 국사편찬위원회, 1988, p.244를 참조하여 재정리한 것이다. 姜維東 (외), 『正史高句麗傳校注』, 長春: 吉林人民出

이와는 달리 『신당서新唐書』에는 그 기록 자체가 매우 간략하여 그런 사실이 기록되어 있지 않으나[43], 『구당서』 기록의 이 부분에는 상세한 것이다. 여기에서 거명하고 있는 『옥편』·『자통』·『자림』 등의 자전字典들은 '5경'으로 상징되는 경전들, 『사기』·『한서』·『후한서』·『삼국지』·『진춘추』와 같은 역사서들 그리고 『문선』으로 집대성된 문장들을 정확히 해독하고 이해하는 데에 빠짐없이 활용되었을 것임이 분명하다.[44]

더더군다나 이들 자전들을 항시 곁에 두고 활용하면서 고구려인들은 '우애중'하던 『문선』을 읽고 뜻을 새기며 즐겼을 것이므로, 이럴 만큼 고구려인들은 문자학뿐만이 아니라 그를 바탕으로 한 한문학의 수준이 한층 높았음이 입증된다고 보인다. 말할 나위 없이, 지방의 시가 네거리에 설치되었던 경당이란 명칭의 학교에서도 이러하였을 뿐만이 아니라, 또한 수도의 당시 최고의 유교 교육 기관 태학太學에서도 『문선』은 애용되었기에[45], 위의 기록에서

版社, 2006, pp.239-243도 참고가 되었다.

43 『新唐書』 해당 부분의 번역문은 이렇다. "사람들이 배우기를 좋아하여 가난한 마을이나 미천한 집안에 이르기까지도 서로 힘써 권하므로, 네거리 옆에 모두 위엄 있는 집을 지어 局堂이라 부른다. 子弟로 미혼인 사람은 여기에서 보내져 經을 誦하고 활쏘기를 익혔다." 원문은 다음이다. "人喜學 至窮里廝家 亦相矜勉 衢側悉構嚴屋 號局堂 子弟未婚者曹處 誦經習射" (『新唐書』 東夷傳 高句麗 조) 이 부분의 국역 역시 『중국정사 조선전』, 1988를 참조하여 재정리하였으며, 또한 姜維東 (외), 『正史高句麗傳校注』, 2006도 참고가 되었다.

　　이 부분의 해석과 관련하여 유념해야 할 사실은, 『新唐書』의 원문 가운데 '號局堂' 대목이 「宋本」 「新校本」에는 '局堂'으로 되어 있으나, 「殿本」·「汲古閣本」 및 『舊唐書』 「高句麗傳」에는 '扃堂'으로 되어 있다는 점이다. 그런 이유로 해서 흔히 校勘 작업을 통해 종종 '扃堂'이 옳다고 보아왔다. 하지만 꼭 그렇게 '扃堂'만이 옳다고만 볼 수 없다고 생각한다. 版本에 따라 유사한 字體의 옳고 그름을 오늘날에 논하는 게 온당하지 않으며, 도리어 字句의 의미로 보아 『신당서』의 '局堂' 역시 당시의 것일 수 있다고 본다. 즉 '扃堂'과 '局堂' 둘 다 고구려 당시 지방 학교의 명칭일 가능성을 전혀 배제할 수 없다고 여기는 것이다.

44 노용필, 「한국 고대 문자학과 훈고학의 발달」, 『진단학보』 110, 2010, p.16; 이 책의 제1부 제1장.

45 高明士, 「東北諸國古代의 學校敎育－韓國古代的學校敎育」, 『唐代東亞敎育圈의 形成－東亞世界形成史的一側面－』 下篇, 國立編譯館, 1984; 오부윤 역, 「고대의 학교 교육」, 『한국교육사연구』, 대명출판사, 1995, p.33에서는 "이 가운데 『舊唐書』에 실려 있는 내용이 경당에서 사용한 교재를 가장 상세히 밝혀주고 있다"고 언급한 바가 있다. 그러나 이정빈, 「고구려의 교육 기관과 인재양성」, 『2014 신라국학 대제전(1332주년 기념)논문집』, 경주시·신라문화유산조사단, 2014, p.24에서는 별다른 근거의 제시가 없이 이 기록과 관련 지위 '이러한 서적이 경당의 정규 교과과정에 속하였다고 여겨지지는 않는다. … 서적명은 주로 태학의 교육내용이었다고 생각한다'고 하였다. 하지만 이는 太學

와 같이 『구당서』의 기록에 고구려인들이 『문선』을 '우애중'했노라고 명시되 게끔 되었다고 보는 게 옳겠다.

## 2) 신라의 『문선』 '독(서)', '교수' 및 '능통'

신라에서는 『문선』이 개인에 의해 '독(서)'된 구체적인 사례가 전해지고, 또한 국학國學에서 '교수' 과목의 하나가 되기도 하였음이 기록되어 있다. 그리고 독서삼품에서는 이를 '(완)독하여 그 뜻에 능통한 자'를 발탁하는 기준이 설정되어 적용되고 있었음이 알려져 있다. 이 모두 『삼국사기』의 기록에 의해서 그러한데, 그래서 이러한 기록 하나하나를 면밀히 검토해보고자 한다. 또 한편으로는 『문선』을 활용해서 문장을 작성한 실제적인 사례로서 김가기金可紀와 최치원崔致遠의 경우를 찾아볼 수 있다고 생각되므로, 이들에 관해서도 살펴보게 될 것이다.

### (1) 『문선』의 '독(서)'

신라에서 특정 개인이 『문선』을 '읽었다(독讀)'고 밝혀져 있는 경우는 강수强首가 유일하다. 다음의 기록에 상세히 보인다.

(A)나이가 들자 스스로 책을 읽을 줄 알아 그 뜻을 환하게 알았다. … (중략) … (B)드디어 스승에게 나아가 『효경』·『곡례』·『이아』·『문선』을 읽었는데, 들은 바는 비록 낮고 얕아도 얻는 바는 높고 깊어서 우뚝 솟은 당시의 뛰어난 인물이 되었다. (C)드디어 벼슬자리에 나아가 여러 관직을 거쳐 당시 이름이 널리 알려진 사람이 되었다.[46]

에서는 물론이고 『舊唐書』 기록 자체 그대로는 局堂(혹은 『新唐書』의 기록 자체 그대로는 局堂)에 서도 역시 이러한 서적들을 활용하여 공부하고 있었다고 보는 게 순리라고 하겠다. 노용필, 「고대의 교육과 인재 양성」, 『한국사시민강좌』 18, 1996; 『한국고대사회사상사탐구』, 한국사학, 2007, pp.25-26.

46 원문은 다음과 같다. "及壯自知讀書 通曉義理 … 遂就師讀孝經 · 曲禮 · 爾雅 · 文選 所聞雖淺近 而 所得愈高遠 魁然爲一時之傑 遂入仕 歷官爲時聞人"(『三國史記』 卷46 强首傳). 이상에서 인용한 한 글 번역은 모두 정구복 (외), 『역주 삼국사기』 2 번역편, 한국정신문화연구원, 초판, 1997; 수정 3판,

강수의 이러한 전기 기록을 그 생애의 시간 경과에 따라 살피자면, (A)의 성장 과정, (B)의 수학 과정 그리고 (C)의 출세 과정으로 나누어 볼 수 있지 않나 싶어진다. (A)의 성장 과정에서 그가 '나이가 들자 스스로 책을 읽을 줄 알아 그 뜻을 환하게 알았다'고 기록에 전해진다. 하지만 그의 전기이니만치 이 대목에는 약간의 과장이 있었을 것임을 감안하고 판단하건대, 가야 귀족 출신답게 집안의 관행에 따라 집안에서 교육을 받은 것, 달리 표현하자면 가학家學의 전통에 따라 혹은 가문에서 세운 일종의 사학私學을 통해 초기 단계의 학습을 받음으로써 이렇게 책을 읽을 줄 알아 그 뜻을 훤히 알게 되었음을 드러내주는 게 아닐까 한다.

그런 후 그는 (B)의 성장 과정에서 '사師'에게 나아가 『문선』 등을 읽었다고 한다. 여기에서 이 '사'는, 앞서 살핀 바와 같은 고구려의 경당과 같이 공립교육 기관에 소속되어 있었던 전문적인 교습자를 지칭하는 것인 듯싶다. 보다 구체적으로 살피면, 『삼국사기』 8 신라본기 성덕왕聖德王 13년 2월의 "개상문사위통문박사改詳文師爲通文博士 이장서표사以掌書表事"라고 한 기록에 보이는 상문사(혹은 통문박사)가 서書 · 표表의 일을 관장했다는 사실을 알 수 있으므로, 강수가 『문선』 등을 배운 게 바로 이 상문사였을 것이다.[47] 강수가 이러한 실체의 상문사에게 가르침을 받음으로써 비로소 유교 경전 『효경』 · 『곡례』는 물론이고 인문학 선집 『문선』을 읽는 수준까지 발전하였을 것이다.

그럼으로써 그의 전기 기록 (C)에서와 같은 출세 과정에서 태종무열왕太宗武烈王의 왕명王命으로 당과의 외교문서를 작성하게 되었으며, 그 결과 그의 「청방인문표請放仁問表」를 읽고 『삼국유사』 2 기이紀異 문무왕법민文武王法敏 조에서 보듯이 당 고종高宗이 눈물을 흘리며 결국에는 김인문을 놓아보낼 정도로 표표에 능하게 되었던 것이라 가늠된다. 그만큼 강수의 출세 가

2002; 개정증보, 2012를 참조하여 著者가 재정리한 것이다.

47 노용필, 「신라시대 ≪효경≫의 수용과 그 사회적 의의」, 『이기백선생고희기념 한국사학논총』(상), 일조각, 1994; 『한국고대사회사상사탐구』, 한국사학, 2007, pp. 206-209 및 노용필, 「한국 고대 문자학과 훈고학의 발달」, 2010, p. 19; 이 책의 제1부 제1장.

도에 있어서 다른 어떠한 서적보다도 『문선』 수용의 영향이 가장 지대하였다고 보여진다. 강수의 이러한 경우에서 확연히 드러나듯이 신라에서의 『문선』 수용은 학문적인 발달에는 말할 것도 없고 국가의 대외적 발전에도 크게 기여하는 토대가 되었다고 해서 지나치지 않을 것이다.

### (2) 국학의 『문선』 '교수'

국학에서 행해진 『문선』에 대한 교수와 관련된 구체적인 기록은 아래와 같다. 그런데 이를 자세히 살피면 첫째 '교수하는 법'의 규정 내용, 둘째 교수인 박사 및 조교의 구체적인 교과 분담 내용, 이렇게 2가지 내용으로 구분되어 있음을 알 수가 있다.[48]

교수하는 법에는 주역周易 · 상서尚書 · 모시毛詩 · 예기禮記 · 춘추좌씨전春秋左氏傳 · 문선文選으로 나누어 이를 업業으로 삼도록 하였다. / 박사博士나 조교助敎 1인이 혹 예기 · 주역 · 논어論語 · 효경孝經으로써, 혹 춘추좌씨전 · 모시 · 논어 · 효경으로써, 혹 상서 · 논어 · 효경 · 문선으로써 교수하게 하였다.[49]

이 중에서 먼저 '교수하는 법(敎授之法)'의 규정 내용은 단지 국학에서 교수하는 방법에 관한 게 아니라 국학의 운영과 관련된 율령律令 그 자체에 담겨 있던 내용을 전해주는 게 아닐까 여겨진다. 말하자면 율령 가운데서도 특히 국학의 운영과 관련된 학령學令의 규정에 이런 내용이 담겨져 있었음을 알려주는 것으로 생각되는 것이다. 여하튼 이 규정에 따르면, "주역 · 상서 · 모시 · 예기 · 춘추좌씨전 · 문선으로 나누어 이를 업으로 삼도록 하였다"고 했

---

48 따라서 이 기록이 이러한 기준에 의해서 구분될 수 있다는 사실부터 염두에 두고 살펴야 할 것이다. 그래야 이 기록에 대한 분석을 통해 당시의 사실에 대한 정확한 이해가 비로소 이루어질 수 있음을 인식해야 한다고 믿고 있다.

49 원문은 다음과 같다. "敎授之法 以周易 · 尚書 · 毛詩 · 禮記 · 春秋左氏傳 · 文選 分而爲之業 / 博士若助敎一人 或以禮記 · 周易 · 論語 · 孝經 或以春秋左傳 · 毛詩 · 論語 · 孝經 或以尚書 · 論語 · 孝經 · 文選敎授之"(『三國史記』 卷38 雜志 7 職官 上 國學).

으므로, 국학에서의 교수법은 분명 주역업·상서업·모시업·예기업·춘추좌씨전업·문선업으로 구분되어 있었음을 알 수 있다. 결국 국학은 이 6개의 업業으로 구성되어 있었고, 그 가운데의 하나가 바로 문선업이었던 것이다.[50] 아울러 문선업이 이러한 6개의 업 가운데 기록상 맨 마지막에 기록되어 있는 점 또한 그만큼 문선업이 다른 업에 비해 서열상 상대적으로 가장 비중이 컸음을 드러내주는 것이라 여겨진다.

그리고 국학의 교수인 박사 및 조교의 구체적인 교과 분담 내용에서 우선 주목되는 바는, '박사나 조교 1인(博士若助敎一人)'이라고 해서 박사와 조교의 위격位格이 크게 구별되지 않고 있었다는 점이다. 아마도 박사의 수효가 많지 않은 상황에서 조교 역시 교습자로서 크게 차별받지 않으며 교수할 수 있는 위치에 있었음을 반영한 게 아니었던가 싶다. 또한 이 박사와 조교가 교수로서 전담한 교수 과정이 3개로 나누어져 있었음은 앞의 기록 중 "혹 예기·주역·논어·효경으로써, 혹 춘추좌씨전·모시·논어·효경으로써, 혹 상서·논어·효경·문선으로써" 했다고 한 대목에서 분명하다. 이 3개의 교수 과정과 앞서 잠시 언급한 6개의 업과의 상관관계를 정확히 파악하기 위해서 아래의 〈표 2〉를 작성해보았다.

〈표 2〉 국학의 업·과목과 교수 과정 분석표

| 업業 | 주역업 | 상서업 | 모시업 | 예기업 | 춘추좌씨전업 | × | | 문선업 |
|---|---|---|---|---|---|---|---|---|
| 과목科目 | 『주역』| 『상서』| 『모시』| 『예기』| 『춘추좌씨전』| 『논어』| 『효경』| 『문선』|
| 교수과정 1 | ○ | | | ○ | | ○ | ○ | |
| 교수과정 2 | | | ○ | | ○ | ○ | ○ | |
| 교수과정 3 | | ○ | | | | ○ | ○ | ○ |

이 〈표 2〉를 통해 국학의 운영과 관련하여 적어도 다섯 가지 사실을 새롭게 살필 수 있겠다. 첫째, 전문 과정인 6개의 업이 중심이 되어 교수 과정이

50 노용필, 「신라 국학의 교육 내용과 『문선』」, 『2013 신라학국제학술대회 논문집』, 2013, pp.202-203; 주보돈 외 지음, 『신라 국학과 인재 양성』, 2015, pp.107-110.

설정되었음이다. 둘째, 교수 과정이 3개로 나뉘어져 있었음이다. 셋째, 6개 업의 전문 과목 하나하나를 중복됨이 없이 모두 거치도록 교수 과정이 짜여 있었음이다.[51] 넷째, 3개의 각 교수 과정에서 수행하고 있는 전문 업과 함께 『논어』와 『효경』이 기본 필수 공통이었음이다. 다섯째, 여느 과목보다도 『문선』이 가장 상급으로 설정되어 있었음이다. 그래서 결과적으로는 『문선』이 국학의 교수 과목 중에서 가장 중시되는 서적이었다고 하겠다.[52]

### (3) 독서삼품의 『문선』 '능통'

이 항목의 제목에 '능통'을 붙여 설정한 것은, 독서삼품의 규정에 관한 원문에 '문선을 독하여 그 뜻에 능통하고(讀…若文選 而能通其義)'라고 있음에서 연유한다. 독서삼품에서의 이러한 『문선』과 관련된 기록을 모두 제시하면 다음이다.

---

51 이러한 점들을 발돋음으로 삼아 국학의 수학 연한에 관한 『삼국사기』 雜志 7 職官 上 국학 조의 "9년을 기한으로 하되 만약 우둔하여 깨닫지 못하는 자는 퇴학시켰으며, 만약 재주와 기량이 이를 만하나 미숙한 자는 비록 9년이 넘어도 재학을 허용하였다(限九年 若朴魯不化者罷之 若才器可成而未 孰者 雖踰九年 許在學)"라는 대목에 대한 해석에 있어서 한 발짝 더 나가는 추정이 허용된다면, 다음의 두 가지 사실을 덧붙여 상정할 수 있지 않나 한다. 첫째, 9년이라는 수업 연한은 이 3개 교수 과정을 각기 3년씩을 거쳐서 수행하여야 했으므로, 이리 설정되었을 것이다. 이러한 생각과 관련을 지워 여기에서 한 가지 상기해야 할 점은 바로, 「壬申誓記石」의 기재 내용에 "詩(經)·尙書·禮(記)· (春秋左氏)傳을 차례로 습득하기를 맹세하되 3년으로 하였다"라고 되어 있는 대목이다. 이 「임신서 기석」에 설정된 교습 과목이 4가지로 3년이니까. 국학에서의 3개 교수 과정에서도, 앞서 제시한 기록과 〈표 2〉에서 보듯이 '禮記·周易·論語·孝經'이거나 '春秋左氏傳·毛詩·論語·孝經'이거나 '尙書·論語·孝經·文選'이거나를 막론하고 각기 3년씩의 기한으로 교과 과정이 진행되었던 것으로 가늠된다고 하겠다. 둘째, 비록 기한 9년이 넘어도 재학을 허용하는 경우에, 이 3개 교수 과정을 3년씩 다시 거치면서 재차 성과를 낼 수 있도록 배려하였을 것이다. 이 점도 또한 같은 국학 조 기록에서 "나이는 15세에서 30세까지인 자를 모두 입학시켰다(年自十五 至三十 皆充之)"고 한 것과 무관하지 않은 것으로 보인다. 즉 15세에 입학하여 일단 9년간의 수학 연한을 채우고 나이가 24세가 되어서도 성과를 내지 못하는 경우, 재차 3년씩 3개 교수 과정 중에서 2개 정도를 다시 수강하게 허용하여 6년이 경과해 나이 30세가 되었을 때는 대체로 성과를 내게 되므로, 이렇게 정해졌던 것이라 가늠된다고 하겠다.

52 노용필, 「신라 국학의 교육 내용과 《문선》」, 2013, p.203; 주보돈 외 지음, 『신라 국학과 인재 양성』, 2015, pp.107-110.

(1)제생諸生은 독서삼품으로 출신出身하였는데, 춘추좌씨전과 예기나 문선을 (완)독하여 그 뜻에 능통하고 겸하여 논어 · 효경에도 명(석)한 자를 상(上)으로 하고, 곡례 · 논어 · 효경을 (완)독한 자를 중(中)으로 하고, 곡례 · 효경을 (완)독한 자를 하(下)로 하며, 만약 5경 · 3사 · 제자백가서에 능(숙)하고 겸하여 통(달)한 자는 초탁하여 임용한다.[53]

(2)원성왕 4년(788) 봄에 처음으로 독서삼품으로 출신을 삼는 것을 정하였다. 춘추좌씨전과 예기나 문선을 (완)독하여 그 뜻에 능통하고 겸하여 논어 · 효경에 명(쾌快)한 사람을 상上으로 하고, 곡례 · 논어 · 효경을 (완)독한 사람을 중中으로 하며, 곡례 · 효경을 (완)독한 사람을 하下로 하였다. 만약 5경五經 · 3사三史 · 제자백가서諸子百家書에 박통博通한 사람은 초탁超擢하여 임용任用하였다. 전에는 단지 궁전弓箭으로써 인물을 선발하였는데, 이때 이르러 고쳤다[54]

이 기록에서 독서삼품 중 상품의 규준規準과 관련하여 원문에서 '讀春秋左氏傳 若禮記 若文選'이라고 했음에서 '독'이, 그 다음의 서술에서 '而能通其義'라 한 것과 견주어서 '능통' 즉 '능숙能熟'하고 '통달通達'하기 이전 수준의 단계로서 '완독玩讀' 곧 '익숙하게 읽었다'는 의미로 새김이 적절하다고 본다. 그리고 또한 염두에 두어야 할 점은 독서삼품에서 『문선』 · 『춘추좌씨전』은 물론 『예기』 역시 '능통'해야 했다는 점이다. 이러한 점들을 의식하면서, 방금 인용한 사료들을 기반으로 독서삼품의 서목을 구분하여 분석하는 표를 작성해보니, 다음의 〈표 3〉이 되었다.

---

53 원문은 다음과 같다. "諸生 讀書以三品出身 讀春秋左氏傳 若禮記 若文選 而能通其義 兼明論語 · 孝經者爲上 讀曲禮 · 論語 · 孝經者爲中 讀禮 · 孝經者爲下 若能兼通五經 · 三史 · 諸子百家書者 超擢用之"(『三國史記』卷38 雜志 7 職官 上 國學).

54 원문은 다음과 같다. "元聖王 四年 春 始定讀書三品以出身 讀春秋左氏傳 若禮記 若文選 而能通其義 兼明論語 · 孝經者爲上 讀禮 · 論語 · 孝經者爲中 讀曲禮 · 孝經者爲下 若博通五經 · 三史 · 諸子百家書者 超擢用之 前祇以弓箭選人 至是改之"(『三國史記』卷10 新羅本紀 10).

〈표 3〉 독서삼품 서목 구분 분석표

| 구분 | 기초基礎 | 심화深化 | 전공專攻 | 전문專門 |
|------|---------|---------|---------|---------|
| 상품上品 | 『효경孝經』 | 『예기禮記』 | 『논어論語』 | 『춘추좌씨전春秋左氏傳』 |
| | | | | 『문선文選』 |
| 중품中品 | | 『곡례曲禮』 (『예기』의 수편首篇) | | × |
| 하품下品 | | | × | |

　한편으로 이 〈표 3〉을 보면, 상·중·하품에서 모두 학습이 요구되었던 『효경』은 기초과목으로 구분될 수 있으며, 하품에서는 수편인 『곡례』의 학습이 그리고 그 윗 단계인 중품과 상품에서는 그 전체인 『예기』의 학습이 요구되고 있으니, 이는 심화과목으로 구분할 수 있지 않나 싶다. 그리고 하품에서는 제외되었다가 중품과 상품에서는 학습이 요구되는 『논어』는 전공과목이라 보이고, 하품과 중품에서는 제외되었다가 상품에서만 학습이 요구되는 『춘추좌씨전』과 『문선』은 전문과목이었지 않나 싶어진다.

　또 다른 한편으로 이 〈표 3〉을 보다 상세히 보면, 상품에서는 『예기』 전체가 필수로 되어 있으며, 중품과 하품에서도 그것의 수편인 『곡례』가 설정되어 있음이 우선 주목된다. 이는 그만큼 당시 독서삼품을 통해 인재를 등용함에 있어 유교 의례儀禮에 대한 정통한 지식 습득이 필수적으로 요구되었기 때문이라 보인다.[55] 말하자면 독서삼품을 통해 등용되는 인재들은

---

55　이 밖에도 기초과목으로 『효경』이 설정된 것은 유교적 가정 윤리를 강조하고 종국에는 그 내용에 나오는 바대로 君主에 대한 忠誠을 이끌어 내기 위함이었을 것이다. 그리고 『논어』를 전공과목으로 삼아 반드시 이에 깊은 지식을 지니도록 유도한 것은 학문의 근본에 대한 인식을 올바로 갖추고 궁극적으로 王道政治를 강조하기 위함이었을 것으로 이해한다. 그리고 『춘추좌씨전』과 『문선』을 전문과목으로 책정한 것은 유교 이념에 기반을 두고 역사적 사실에 대한 정확한 이해와 '있었던 그대로'의 서술 곧 春秋筆法을 강조하며(노용필, 「고구려의 손성 《진춘추》의 수용과 그 역사적 의의」, 『한국사학사학보』 27, 2013; 개제 「고구려의 손성 《진춘추》의 수용과 춘추필법의 역사학 정립」, 이 책의 제2부 제1장 참조), 국가적 발전을 지향하면서 대외 관계를 확장하기 위해서는 무엇보다도 외교 문서의 정확한 해독과 올바른 작성이 요긴하였을 것이므로 이를 꾀하려 인문학 전반에 대한 진작을 시도하려는 데에서 비롯된 것으로 짐작된다.

상·중·하품의 등급에 따라 의례에 관한 지식의 수준별 체득이 기본적으로 요망되었으며, 그 가운데서도 상품이 되려면 외교문서의 작성 및 해독에 능통해지기 위해서 종합 인문서인『문선』에 대한 '능통'까지도 요구되었다고 풀이된다 하겠다.

이렇게 살피게 되면『문선』이『춘추좌씨전』과 함께 가장 높은 단계로서 전문 서목이었다고 해 옳겠다. 또한 국학의 교육 과정에서도 그러하였듯이 신라의 독서삼품에서도 역시『문선』의 비중이 가장 컸음을 의미하는 것이라 하겠다.[56]

### (4)『문선』활용의 실제

신라에서『문선』을 실제로 활용하여 문장을 작성한 구체적인 사례를 문헌 기록상에서 여럿을 확인하기는 어렵다. 김가기金可紀(?-858)와 최치원崔致遠(857-?)의 경우 정도만 겨우 찾을 수 있을 뿐이다. 하지만 불행히도 김가기에 관해서는 자세한 기록이 없어 상세한 면모를 엿볼 수가 없다. 그나마 최치원의 경우에는 전하는 그의 글 속에서『문선』을 직접 활용한 대목을 추출해 볼 수 있다. 따라서 여기에서는 가능한 한 이들의『문선』활용의 실제 면모를 약간이라도 더듬어보려 하는 것이다.

#### ①김가기

김가기의 경우, 상세한 생애에 대해 잘 알 수가 없으나 다행히도 당에서의 과거급제 사실만이 당 나라 문인 장효표章孝標의 시「송김가기귀신라送金可紀歸新羅」의 한 구절에 전해지고 있다.[57] 그의 시 처음 부분에서 "당나라 과거에 급제하여 당나라 말한다만(등당과제어당음登唐科第語唐音) / 보름날

---

56 노용필,「신라 국학의 교육 내용과 ≪문선≫」, 2013, pp. 206-207; 주보돈 외 지음,『신라 국학과 인재 양성』, 2015, pp. 111-112.

57 李兵,「報考」,『千年科擧』, 長沙 : 嶽麓書社, 2010, pp. 53-54.

달 돌아오면 고향 계림을 생각하네(망일초생억계림望日初生憶桂林)"라 하였음에서, 김가기가 그러하였음이 분명하다.[58] 그런데 여기에서 '당나라 말을 한다(語唐音)'라고 표현된 것은 단지 당나라 말에 익숙해서 말을 당나라 사람들과 불편이 없이 한다는 뜻만이 있는 게 아니라 문장 즉 글로서는 물론이고 말로서도 그렇다는 의미인 것으로 받아들여져, 이는 그 역시 과거 급제에 필수적인 『문선』과 같은 서적에도 역시 능통하였음을 엿보게 해주는 게 아닐까 생각한다.

즉 김가기 역시 『문선』에 능통하여 과거 급제에 이르렀을 뿐만 아니라 글역시 당나라 사람 못지않게 지었기에 '당나라 말을 한다(語唐音)'는 평판을 들을 수 있었을 것으로 이해된다. 더욱이 「제유선사題游仙寺」 혹은 「시구詩句」라는 제명題名으로 전해지는 그의 한시漢詩 가운데 "물결은 난석에 부딪혀 빗발처럼 높이 솟는데(파충난석장여우波衝亂石長如雨) / 바람은 성긴 소나무 가지에 붙어 가을처럼 조용하네(풍격소송진사추風激疏松鎭似秋)"[59]라고 자연 풍광을 유려하게 읊은 것도 그가 『문선』을 활용하여 문장을 짓고 있었던 점을 뒷받침해주는 게 아닐까 싶어진다. 요컨대 김가기 역시 곧 살피게될 최치원의 경우와 대동소이하게 『문선』에 능통하여 당 과거에 급제하였을 뿐만 아니라 그것을 충실히 활용하여 지은 문장 역시 당나라 사람들로부터 높이 인정받는 수준에 도달해 있었던 것으로 여겨진다고 하겠다.

### ②최치원

최치원의 경우, 『삼국사기』 그의 전기에 그가 당에 유학하러 출발하기에 앞서 그의 부가 "10년 안에 급제하지 못하면 내 아들이 아니니 힘써 공부하라"고 다짐했었던 것은 그가 머지않아 높은 수준에 도달할 것을 굳게 믿었기

---

58 이충양, 「장효표, 신라로 돌아가는 김가기를 배웅하며」, 『고대 한 · 중 교유시』, 고려대학교출판부, 2010, pp. 102-104.

59 이충양, 「김가기, 시구」, 『고대 한 · 중 교유시』, 2010, p. 218 및 「장효표, 신라로 돌아가는 김가기를 배웅하며」, 『고대 한 · 중 교유시』, 2010, p.102.

때문이었을 것이다.[60] 이는 곧 최치원이 12세의 어린 나이에 당으로 급제를 위해 출발할 때에 이미 그런 기대를 걸 만큼 충분한 지식을 함양하고 있었기에, 그의 부로서도 그런 자신감의 표출이 가능했을 것임을 가늠케 해준다고 생각한다. 따라서 당으로 출발하기 이전에 벌써 최치원은 『문선』과 같은 당시 당나라 과거에 급제하는 데에 요긴한 서적은 말할 것도 없고 그 밖의 여러 서적들도 이미 충실히 공부하여 대체로 익혀 놓고 있었음을 알려주는 것이라 여겨진다.

이러했을 그가 정작 『문선』을 활용하여 문장을 작성했다는 사실을 입증하기 위하여, 그의 『사산비명四山碑銘』을 집중으로 검토해보았다. 그래서 그 가운데서 『문선』의 원문을 적절히 활용한 것으로 판단되는 몇 사례를 찾아내어 표로 작성하였다. 다음의 〈표 4〉[61]가 그것이다.

〈표 4〉 최치원 『사산비명』의 『문선』 원문 활용 사례 분석표

| 최치원 『사산비명』의 찬술 구절 | | 『문선』의 서술 원문 | | 비고 |
|---|---|---|---|---|
| 비명碑銘 | 구절 | 원문 | 전거 | 유형 |
| 「大崇福寺碑銘」 | 藻野縟川 | 靚裝藻野 袨服縟川 | 顏延年[顏延之], 「三月三日曲水詩 序」, 卷46 | A |
| 「智證大師寂照塔碑文」 | 榛梏勿翳 | 彼榛梏之勿翳 蒙榮於集翠 | 陸士衡[陸機], 「文賦」, 卷17 | B |
| 「大崇福寺碑銘」 | 繡栭枝擁以枒枒 | 芝栭攢羅以戢香 枝枒枒而斜據 | 王文考[王延壽], 「魯靈光殿賦」, 卷11 | C |
| 〃 | 有若眸容別室 | 象設既闢 眸容已安 | 王簡棲[王巾], 「頭陀寺碑文」, 卷59 | |
| 「智證大師寂照塔碑文」 | 時屬纖蘿不風 溫樹方夜 | 輕塵不飛 纖蘿不動 | 木玄虛[木華], 「海賦」, 卷12 | |

60 李兵, 「報考」, 『千年科擧』, 2010, pp.52-53에서 이와 같은 사실을, "오늘날의 말로 하자면 반드시 중국의 博士學位에 이르기를 요구한 것"이라고 한 바가 참조가 된다.
61 이 〈표 4〉의 작성에는 최치원 찬, 최영성 주해, 『주해 사산비명』, 아세아문화사, 1987 및 최영성, 『역주 최치원전집』 1─사산비명─, 아세아문화사, 1998가 크게 참조되었다. 이외에 곽승훈, 『최치원의 중국사 탐구와 사산비명 찬술』, 한국사학, 2005도 참고하였다.

그의 『사산비명』을 전수 분석할 수 없었으나, 『문선』의 색인[62]을 활용하여 원문과 대조해가며 확인하여 살핀 결과, 위와 같이 4개의 사례를 찾아볼 수 있었다. 그런 후 그 인용의 유형을 살피니, 대략 3가지로 나뉘는 듯싶다. A와 같이 『문선』 원문의 부분을 인용하여 활용하면서 나름대로 조합하여 문장을 완성한 경우, B와 같이 『문선』 원문의 문장을 거의 그대로 인용하며 활용한 경우, 그리고 C와 같이 『문선』 원문의 특정한 용어나 표현 그 자체를 인용하여 문장을 꾸민 경우 등이라고 보인다.[63] 이렇게 자유자재로 능수능란하게 『문선』의 원문을 활용하여 자신의 『사산비명』을 작성할 정도로 최치원은 『문선』에 정통해 있었음이 분명하다.

또한 이 〈표 4〉 중에서도 각별히 주목해 보아야 할 사실은 최치원이 지은 「대숭복사비명大崇福寺碑銘」에서 『문선』 권39에 실려 있는 왕간서王簡棲[왕건王巾]의 「두타사비문頭陀寺碑文」 내용 일부를 활용하고 있다는 점이라 하겠다. 그런데 이 왕간서의 「두타사비문」은, 앞서 이미 잠시 거론한 바대로 불사佛寺 병문騈文의 대표적인 예로서 손꼽아지고 있으므로[64], 이러한 활용 사례는 곧 최치원이 금석문金石文 그것도 사찰寺刹의 비명碑銘을 찬술하면서 『문선』의 병문을 활용하여 문장을 능숙하게 구사하고 있었음을 입증해주는 것이라 보아 전혀 무리가 없을 것이다.

따라서 최치원이 진작부터 『문선』에 대한 학습을 통해 금석문은 물론이고 병문 작성 자체에도 익숙해져 있었던 것임을 헤아릴 수가 있다고 생각한다. 그의 『사산비명』이 대체로 『문선』의 영향을 받아 작성된 것임이 확연하므로 그 또한 『문선』에 능통하였음이 드러나며, 그가 이럴 수 있었던 것은 신라에서 성장하는 과정에서 이미 『문선』을 익히고 당에 들어와 그 실력을 바탕으

---

62 [日本]斯波六郎 編, 李慶 譯, 『文選索引』(1 · 2 · 3), 上海 : 上海古籍出版社, 1997.

63 張伯偉, 「≪文選≫與韓國漢文學」, 『文史』 2003年 第1輯; 『域外漢籍研究論集』, 北京 : 北京大學出版社, 2011, pp.82-84.

64 David R. Knechtges, Introduction, *Ibid*, Princeton University Press, 1982; 이홍진 역, 「영역본 문선 서론 (완)」, 1988, pp.395-396 및 王運熙, 「從 文選 所選碑傳文看騈文的敍事方式」, 『漢魏六朝唐代文學論叢』, 2014, p.522.

로 더욱 성취하여 과거에 급제하였던 데에서 비롯된 것이라 하겠다.

## 5. 맺음말 : 한국 고대 『문선』 수용의 역사적 의의

한국 고대 『문선』 수용의 역사적 의의를 살핌에 있어 첫째로 꼽을 수 있는 것은, 대외 관계 특히 중국의 남조 그것도 양과의 긴밀한 관계에서 이루어졌다는 점이다. 또한 그럼으로써 그 관계 개선 및 발전은 말할 것도 없고 그것을 계기로 새로운 문화의 수용을 통한 문화적 도약에 커다란 계기가 되었다는 사실이다.

앞서 상론하였듯이 소명태자 소통의 최종판 30권본 『문선』이 늦어도 526년 이전에는 완성되었을 것인데, 그렇다면 이러한 사실이 한국에 알려지게 된 것은 그 완성 시기로부터 멀지 않은 즈음에 파견된 양의 사신에 의해서 백제와 신라에게 전해진 게 시초가 아니었을까 싶어진다. 물론 그 이전부터 이미 양은 백제와 외교 관계를 수립하고 긴밀한 교류를 맺고 있었기에, 그 사실이 신라가 아닌 백제에 먼저 알려졌을 가능성 역시 있어 보인다. 하지만 신라 법흥왕法興王 15년(528)에 양의 사신 파견으로 비로소 불교 수용이 이루어지면서 이때 이후로 신라가 독자적으로 중국과의 외교에 적극성을 띠기 시작하였고, 진흥왕眞興王 당시에는 더욱 그러하였기에[65], 당시의 신라에도 그랬을 것이라고 생각된다.

소명태자가 30권본 『문선』을 526년 이전에 완성하고 531년에 불의의 사고로 세상을 뜨고 난 이후, 신라에서 양으로 서학西學간 최초의 승려였던 각덕覺德이 양의 사신과 함께 신라로 다시 돌아온 것이 『삼국사기』 신라본기 및 『해동고승전』 각덕전에 의거하면 진흥왕 10년(549)이었고, 이때에 진흥왕이 백관으로 하여금 출영出迎하게 하였을 정도로 양 나라와의 외교 관계 수립에

---

65 노용필, 「진흥왕대 정치사상 형성의 사회적 배경과 그 의의」, 『신라진흥왕순수비연구』, 일조각, 1996, pp. 154-156.

적극적이었다고 한다. 그런데 이때 곧 서기 549년에 양 무제 역시 사망하여 세상을 뜨고 말았다. 이 기간 즉 신라가 불교를 수용하는 법흥왕 15년(528)부터 각덕이 양 사신과 함께 돌아와 국가적으로 대대적인 환영을 받던 진흥왕 10년(549) 사이에 소명태자 소통의 최종판 30권본『문선』역시,『효경』의 경우와 거의 마찬가지 양상으로[66] 신라에 외교 관계를 통해 전해져 수용되어, 신라의 국가적 발전에 크게 보탬이 되었을 법하다고 여겨지는 것이다. 아울러 훗날『문선』을 익혔던 강수가 외교 문서의 해독과 작성 분야에서 활약하여 당과의 외교 관계 개선에 크게 기여하였다는 사실 역시 이를 입증해준다고 해서 좋을 것이다. 그리고 이러한 양상은 신라에 국한되는 게 아니라 고구려와 백제의 경우에도 거의 비슷하였을 것이며, 이런 이유에서 고구려에서『문선』을 '가장 좋아하고 소중히' 여기게 되었던 것이라 생각된다.

『문선』의 수용이 한국 고대사에 끼친 역사적 의의로서 둘째로 들 수 있는 점은, 문학·사학·철학 등의 인문학 전반의 발달에 크게 기여하였다는 사실이다.『문선』이 경·사·자·집 4부 체재에 입각하고 선진先秦 이래의 문학·사학·철학은 물론 금석학까지 아우르는 종합적 인문학 선집이었으므로[67], 충분히 그랬을 법하다.

여기에서 중국의 경우를 참작하자면, 당대唐代의 과거科擧 중 진사과에서 '문'을 숭상하는 경향으로 말미암아 당의 초기에 전기체傳奇體 소설小說이 형성되기 시작하였고, 중기에 이르러서는 전기傳奇가 번성하게 됨으로써 '전傳'체體의 작품들이 완전히 발전하게 된다.[68] 이러한 당대의 '전'체 작품의 발전에는,『문선』 자체는 물론이고『사기』의「이사전李斯傳」및「가의전賈誼傳」을 위시한 여러 전기들의 영향 역시 적지 않게 반영되었던 것임을 잊을

---

66 노용필,「신라시대 ≪효경≫의 수용과 그 사회적 의의」,『한국고대사회사상사탐구』, 2007, pp.214-217.

67 노용필,「신라 국학의 교육 내용과 ≪문선≫」, 2013, pp.200-201 및 pp.206-208; 주보돈 외 지음,『신라 국학과 인재 양성』, 2015, pp.111-112.

68 李子廣,「唐代科擧與傳奇小說創作的自覺」,『科擧文學論』, 北京:中國社會科學出版社, 2012, p.54.

수 없다.[69] 최치원이 『법장화상전法藏和尙傳』 등의 일련의 전기들을 찬술한 것도 이런 배경에서 비롯된 것이라고 가늠된다.[70] 그리고 앞서 최치원의 『사산비명』에 대한 일부 검토를 통해 지적한 바 있듯이 그가 금석문을 작성함에 있어 『문선』을 활용하고 있었음이 확인되므로, 『문선』 수용이 한국의 금석학 발달에도 기여를 하였음 역시 사실이다. 그래서 구체적으로 『문선』의 수용이 개인의 전기 및 금석문 저술의 전성기를 구가하게 해주었다는 점을 빼놓을 수 없을 듯하다. 달리 표현하자면 문학과 사학이 결부된 종합적인 면에서는 한마디로 『문선』 수용이 한국 고대에 있어서 사실史實 중심 문학 혹은 사실 중시 문학의 진흥에 주요한 기틀을 마련하였다고 평가할 수 있겠다.

그 역사적 의의로서 셋째로는, 삼국시대의 인물들이 해외로 진출, 특히 중국으로 이른바 서학西學을 갈 때 그 학문적 토대 마련에 『문선』 수용이 기여해주었음을 들 수 있다. 『삼국사기』 「신라본기」 및 『해동고승전』 「각덕전」의 기록에 신라에서 양으로 서학간 최초의 승려였던 것으로 잘 드러나는 각덕의 경우, 양의 사신과 함께 신라로 다시 돌아온 게 진흥왕 10년(549)이었다고 전하므로, 그 역시 이러한 경우였을 것으로 생각된다. 이후 신라인으로서 당의 과거에 급제한 것이 분명한 김가기와 최치원의 경우에도, 당에 서학을 떠나기 이전에 이미 충분히 『문선』을 익혀 당 진사과 응시를 준비했을 것이라는 점에서도 더욱 그러하였다고 보인다.

그리고 넷째로 한국 고대사 속에서 『문선』 수용이 지니는 역사적 의의로 손꼽을 수 있는 점은 학교 교육의 내실화와 인재의 양성에 크게 공헌하였다는 점이다. 백제의 경우는 기록이 없어 잘 알 수가 없으나, 고구려와 신라의 경우에 있어서 기록을 통해 여실히 살필 수 있는 바이므로 이는 재론의 여지

---

69 魯迅 校錄, 杜東嬀 譯, 「前言」, 『唐宋傳奇集全譯』, 上海 : 上海古籍出版社, 2014, p.1 및 石玉良 等著, 『中國分體文學史, 小說卷』 第3版, 上海 : 上海古籍出版社, 2014, pp.38-39 참조.

70 통일신라시대에 이르러 역사상 여러 인물들의 전기들이 저술되어 유행하는 경향에 대해서는 이기백, 「여러 전기물」, 『한국사학사론』, 일조각, 2011, pp25-31. 그 가운데서도 특히 고구려 유민들의 전기를 비롯한 역사 편찬과 관련해서는 노용필, 「신라 이주 고구려인의 역사 편찬」, 『한국사학사학보』 25, 2012, pp.15-23; 이 책의 제2부 제2장.

가 없다 하겠다. 고구려의 경우 경당에서 교습한 서목을 『구당서』에서 거론하면서 무엇보다도 『문선』을 '가장 좋아하고 소중히 하였다'고 적은 게 바로 그러한 측면을 단적으로 입증해주는 것이다. 또한 신라에 있어서도 강수의 성장 과정에서 스승에게 나아가 『문선』을 읽었다는 사실에서도 그러하지만, 국학에서 가장 비중 있게 다룬 서목이 바로 『문선』이었을 뿐더러 독서삼품에서도 또한 역시 그랬다는 것은 두말할 나위가 없는 역사적 사실이다. 한마디로 한국 고대에 『문선』이 수용됨으로써 인재의 양성을 위한 교육의 내실화가 한층 이루어졌다고 하겠다.

# 신라 중대『문관사림』수용과 한문학 · 고문서학의 진흥

## 1. 당 허경종의『문관사림』편찬과 측천무후의 전권

신라는 신문왕神文王 6년(686) 당唐에 파견한 사신을 통해 측천무후則天武后로부터『문관사림文館詞林』50권 필사본筆寫本을 전달받아 이를 수용함으로써 이후 한문학 및 고문서학 진흥의 계기를 맞이하게 된다고 여겨진다. 이와 직결된 여러 사실들을 온전히 규명하기 위해서 무엇보다도 우선 당시 당 나라의 실제 상황을 정확히 살펴보고자 한다.

### 1) 허경종의『문관사림』편찬

『문관사림』은 당 고종高宗의 칙勅으로 현경顯慶 3년(659) 중서령中書令 허경종許敬宗이 주도하여 선진先秦부터 당시까지의 문장을 분류하고 찬집纂輯하여 1천권一千卷으로 완성한 것이다.[1] 전문全文이 모두 전해지지 않고

---

1 황위주,「문관사림의 실체」,『한국의 철학』(게제『퇴계학과 유교문화』) 19, 1991, p.51 및 羅國威,「≪文館詞林≫刊布源流述略」,『古籍整理硏究學刊』1994年 第3期, 1994. p.30; (同改題)「前言」,『日藏弘仁本文館詞林校證』, 北京:中華書局, 2001, p.1 참조.
이외에 姜維公,「≪文館詞林≫闕題殘篇考證」,『古籍整理硏究學刊』2004年 第1期, 2004. 李建棟,「≪文館詞林≫殘篇二考」,『阜陰師範學院學報』社會科學版, 2006年 第3期, 2006. 許云和,「日藏弘仁本≪文館詞林≫卷次不明之闕題殘篇考辨」,『古籍整理硏究學刊』2007年 第5期, 2007. 伏俊璉 · 姚軍

다만 그 일부 잔권殘卷이 전해져 현재 몇 종류의 영인본影印本 및 인쇄본印刷本이 간행되어 있다.[2]

허경종은 수隋 예부시랑禮部侍郎 허선심許善心의 아들로 이미 당 고조高祖 이연李淵 때 진왕부秦王府 학사學士를 거쳐 저작랑著作郎으로서 수국사修國史를 겸임했고 이후 중서사인中書舍人을 지냈다. 그리고 태종太宗 이세민李世民 정관貞觀 17년(645)에 『무덕실록武德實錄』·『정관실록貞觀實錄』을 찬찬撰撰함으로써 고양현남高陽縣男에 봉해져 권검교황문시랑權檢校黃門侍郎을 지낸 경력의 소유자였는데, 고종高宗 초에 이부상서吏部尚書를 거친 후 영휘永徽 6년(656) 곧 현경 원년元年 9월에 예부상서禮部尚書를 거쳐 이듬해인 현경 2년(657) 9월 시중侍中을 역임하여 군공郡公에 봉해졌다가 연이어 현경 3년(659) 정월 중서령中書令에 올라 『문관사림』 1천권의 편찬을 이룬 것이었다.[3]

이러한 과정을 밟은 허경종의 『문관사림』 편찬을 전후한 시기의 보다 구체적인 정치적 상황을 충분히 가늠해 볼 수 있는 일련의 기록들이 『당회요唐會要』에 전해지고 있음[4]에 주목하고자 한다. 우선 『당회요』의 이 기록에 의거하면, "현경 원년 10월에 예부상서·굉문관학사 허경종 등이 『동전신

, 「日藏弘仁本≪文館詞林≫中兩漢文的文獻價値」, 『古籍整理研究學刊』 2010年 第1期, 2010. 등도 역시 참고가 되었다.

2  지금까지 중국에서 간행된 여러 종류의 『文館詞林』 影印本 및 印刷本을 나름대로 구할 수 있는 한 모두 구하여 확인하고 간행의 연대순으로 정리한 목록을 제시하면 다음과 같다.
　　①[唐]許敬宗 等撰, 『文館詞林』 1-8; 『百部叢書集成正編』 75-6 古逸叢書 [2], 臺北 : 藝文印書館, 1965.
　　②[唐]許敬宗 輯, 『文館詞林彙刻』 1-6; 『百部叢書集成續編』 6-8 適園叢書 [1], 臺北 : 藝文印書館, 1970.
　　③[唐]許敬宗 等輯, 『文館詞林殘』; 『叢書集成續編』 集部 147, 上海 : 上海書店, 1994.
　　④[唐]許敬宗, 『文館詞林』; 鍾肇鵬 編, 『古籍叢殘彙編』 1·2, 北京 : 北京圖書館出版社, 2001.
　　⑤[唐]許敬宗 編, 羅國威 整理, 『日藏弘仁本文館詞林校證』, 北京 : 中華書局, 2001.
　　⑥[唐]許敬宗, 『文館詞林』; 『續修四庫全書』 1582, 上海 : 上海古籍出版社, 2002.

3  康震, 「隋唐五代書序文」, 『中國散文通史』 隋唐五代卷, 合肥 : 安徽教育出版社, 2012, p.80. 특히 당시 許敬宗의 활약상은 『資治通鑑』 卷199-200의 해당 年月의 기사 역시 참조가 된다.

4  [宋]王溥, 『唐會要』 卷36 修撰 條; 『唐會要』 (中), 北京 : 中華書局, 1998, pp.656-657 및 [宋]王溥 撰, 牛繼清 校證, 『唐會要校證』 (上), 西安 : 三秦出版社, 2012. pp.564-565.

서東殿新書』를 편수하였고, … 인하여 황제가 친히 서문을 지었다.[5]"고 하며, 또 "용삭龍朔 원년 6월에는 허경종 등이 『누벽累璧』 630권을 편찬하여 올렸다.[6]"고 하였는데, '현경'은 고종 이치李治의 연호年號로서 그 원년은 서기 656년이고 '용삭'은 '현경'에 뒤이은 고종의 새로운 연호로서 그 원년은 서기 661년이므로, 이로써 이 어간에 이루어진 국가적 편찬 사업에 예부상서로서 허경종이 누구보다도 크게 활약을 하고 있었던 사실을 확인할 수가 있는 것이다. 현경 원년(656) 10월에는 『동전신서』 200권[7], 3년(658) 정월에는 『신례新禮』 즉 후일에 연호를 현경으로 하던 시절에 편찬되었다고 해서 『현경례顯慶禮』라고 불리던 130권은 물론이고, 같은 해 5월에는 『서역도지西域圖志』 60권을 편수編修하더니, 같은 해 10월에 이르러서는 『문관사림』 1,000권의 편수를 주도하였던 것이다.[8] 『문관사림』 1,000권 그 자체의 편수만 해도 경이로운 일임이 분명한 터에, 그 전후한 시기에 이렇듯이 그에 거의 버금가는 권수에 달하는 몇 종류의 서적들을 연달아 편찬하고 있음은 이 어간에 이루어진 그의 의욕적인 찬수 활동의 진면목을 보여 주는 것이라 하지 않을 수 없겠다.[9]

그리고 이와 같은 『현경례』 수성 및 『문관사림』 편수를 앞장서서 주도하였던 허경종은 훗날 측천무후가 690년 결국 황제로 즉위하고 나서 이후 여의

---

5 『唐會要』 卷36 修撰 條의 원문은 이렇다. "顯慶元年十月 詔禮部尙書·宏文館學士許敬宗等 修東殿新書 上曰 略看數卷 全不如抄攝文書 又日月復竝 豈不是卿等用意至此 因親製序四百八十字"

6 『唐會要』 卷36 修撰 條의 원문은 이렇다. "龍朔元年六月二十六日 許敬宗等撰累璧六百三十卷 上之"

7 이 『唐會要』의 기록에는 명시되어 있지 않으나, 『舊唐書』 高宗紀 顯慶元年五月 條의 기록에는 『東殿新書』가 200권으로 되어 있다. [宋] 王溥 撰, 牛繼淸 校證, 『唐會要校證』(上), 2012. p.564 참조.

8 『唐會要』 卷36 修撰 條의 원문은 이렇다. "至三年正月五日 修新禮成 一百三十卷 頒于天下 其年五月九日 以西域平 遣使分往康國及吐火羅等國 訪其風俗物産 及古今廢置 畫圖以進 令史官撰西域圖志六十卷 許敬宗監領之 書成 學者稱其博焉 十月二日 許敬宗修文館詞林一千卷 上之"

9 『資治通鑑』 卷199의 기록을 종합해보면, 고종 영휘 6년(656) 즉 현경 원년 9월 허경종은 예부상서로 승진한 직후 武昭儀(후일의 則天武后)를 皇后로 삼으려는 고종의 뜻이 표명되고 이에 군신 사이에 논란이 거듭될 때 허경종이 나서서 朝會에서 극력 주장하여 그녀를 황후에 오르게 결정적인 기여를 하였다. 그럼으로써 이후 고종과 측천무후의 총애를 한몸에 받으며, 『문관사림』 등의 편수를 주도하게 되었던 것이다.

如意 원년元年(692)에 이르러, 일찍이 영휘 6년(656) 그녀가 황후皇后에 오른 이후 황제와 더불어 소위 '이성二聖'의 하나로서 군림하며 전권專權할 수 있게끔 보좌해 준 인물들에게 '영휘중유정찬지공永徽中有靖贊之功'이라는 명목으로 추증追贈한 6인 중에서도 가장 중요한 핵심 인물이었다.[10] 그는 당시 측천무후가 소위 '임조칭제臨朝稱制'라고 해서 황후로서 조정에 임석하여 청정聽政하고 스스로를 '짐朕'이라 칭하며 또한 황제 '제조制詔' 명의로 호號를 발표하고 영슝을 시행施行하는[11] 전권을 행사할 수 있도록 이의부李義府와 더불어 보좌하였는데[12], 다만 그가 서기 670년에 병사病死하고 말아 더 이상의 보필을 하지 못하였지만, 그 이전에는 측천무후의 총애를 한 몸에 받으며 누구보다도 상당한 영향력을 행사하던 존재였다.[13]

또한 이와 같은 『당회요』의 기록은 『구당서舊唐書』와 『신당서新唐書』에 등재登載되어 있는 그의 전傳이나 『문관사림』 관련 「예문지藝文志」의 기록 등과 비교해서 매우 상세한 편이라 더욱 신용할 수 있겠는데, 게다가 여기에서 결코 간과해서 아니 될 중요한 또 하나의 사실은 허경종이 현경 3년(658) 10월에 『문관사림』 1천권을 편수하여 제출하고 나서 곧이어 이듬해 정월에 이선李善이 『문선주文選注』 60권을 상납上納하고 있는 점이다.[14] 따라서 허경종의 『문관사림』 편찬과 이선의 『문선』 편찬이 앞서거니 뒤서거니 이루어

---

10 王洪軍,「朝中'二聖'」,『武則天評傳』, 濟南:山東大學出版社, 2010, pp.189-190. 이 6인 중에는 許敬宗의 外甥 王德儉이 포함되어 있는데, 이 역시 아마도 許敬宗의 정치적 영향력으로 가능했던 게 아니었다 싶다.

11 雷家驥,「太后專權與廢帝親子」,『武則天傳』, 北京:人民出版社, 2008, p.224.

12 당시 許敬宗의 활약상과 李義府와의 정치적 연대에 대해서는 盖金,「許敬宗新評價」,『西部學壇』 1998年 第1期, pp.56-62. 盖金,「重評唐代宰相許敬宗」,『陝西師範大學繼續教育學報』 第17卷 第4期, 2000, pp.47-50. 李曉青,「有所不爲和無所不爲─許敬宗·李義府論」,『齊齊哈爾大學學報』哲學社會科學版, 2008, pp.15-17 및 王吉林,「從黨派鬪爭看唐高宗武后時代宰相制度之演變」,『唐代宰相與政治』,臺北:文津出版社, 1999, pp.111-117 참조.

13 이러한 측면에서 許敬宗은 혹은 '武后·許敬宗聯合勢力'(原 百代,「'二聖'」,『武則天』(二), 東京:每日新聞社, 1982, pp.237-238)의 일원으로서 혹은 '武后派의 강력한 鬪將'(原 百代,「許敬宗の死」,『武則天』(二), 1982, p.274)이라 묘사되기도 함이 참조가 된다.

14 『唐會要』 卷36 修撰 條의 원문은 이렇다. "六年正月二十七日 右內率府錄事參軍崇賢館直學士李善 上注文選六十卷 藏于秘府"

짐으로써 일부에는 동일한 문장이 담겼을 수도 있겠으나 두 서적의 내용 상당 부분이 서로 달라서 상호보완적인 측면도 강했으므로 그랬던 게 아닌가 추찰推察된다. 이러한 면모에 대한 검토는 앞으로『문관사림』잔권과『문선주』와의 비교 검토를 통하여 살피게 될 터이고 그 결과 입증될 바이나, 여하튼『문관사림』의 편찬 배경을 살핌에 있어 반드시 들여다봐야 할 것이라 믿어, 여기에서 지적해둔다.

지금껏『문관사림』편찬 배경에 대해『당회요』의 관련 기록을 전거典據로 삼아 중점적으로 검토해 왔는데, 그러면서 간과해서는 안 될 사실 한 가지를 마땅히 상기해야 한다. 다름이 아니라『당회요』의 기록 자체가 재위 중이었던 고종의 치세를 기준으로 서술된 것인지라 그 이면이 전혀 드러나지 않고 있다는 사실이다. 바꿔 말하면 고종이 형식상으로 재위 중이기는 하였으나 실질적으로 실권을 쥐고 있었던 것은 바로 그의 황후 측천무후였음을 잊지 않고 반드시 감안하는 게 옳다는 것이다. 하여 측천무후의 오롯한 실질적 권한 행사가 어떻게『문관사림』편찬은 물론 나아가 신라 사신에게 그것의 필사본 50권을 하사한 일과도 어찌 직결되는지를 짚어 밝혀보고자 한다.

### 2) 측천무후의 전권

측천무후가 고종의 황후에 올라 집권한 게 655년이고 결국 황제가 되어 국호國號를 당唐에서 주周로 고친 것이 690년, 퇴위退位를 당한 게 705년이었으며, 사후死後 추증된 칭호 즉 시호諡號가 측천則天이었다. 따라서 시기에 따라서는 '측천황제' 혹은 '측천황후'라 불리는 게 온당하겠으나, 이후 '측천무후' 줄여서 '무후武后' 오늘날에는 '무측천武則天'이라 불리는 게 일반적이다.[15]

하지만 그녀가 황제로 즉위하여 국호를 주周로 개칭한 후 전제황권專制皇權을 행사하기 이전에도 이미 황후로서 실질적으로는 전횡을 일삼고 있었

---

15 氣賀澤保規,『絢爛たる世界帝國:隋唐時代』, 東京:講談社, 2005; [日]氣賀澤保規 著, 石曉軍 譯,『絢爛的世界帝國:隋唐時代』, 桂林:廣西師範大學出版社, 2014, p.93.

다. 부군夫君인 고종과 후궁 사이의 소생 남아男兒 4인 이충李忠·이효李孝·이상금李上金·이소절李素節 중에서 이효가 유일하게 사약死藥을 받기 전 병사病死하였을 뿐 이상금은 공포심에 자살을 하였으며, 이충과 이소절은 측천무후가 모반죄로 엮어 처절하게 살해한 것도 그러하였지만, 특히 그녀 자신의 소생인 친자親子 4인에 대해서도 상상외로 혹독하였다. 장남長男 이홍李弘의 경우, 그녀는 고종 현경 원년(656)에 그를 태자太子로 책봉册封하였다가 자신의 뜻을 거역하자 격분한 끝에 상원上元 2년(675)에 독주毒酒를 먹여 살해하였다. 차남次男 이현李賢의 경우, 그 뒤를 이어 태자에 책봉되었지만 황제로부터 총애를 한 몸에 받게 되자 그녀는 조로調露 원년(679) 그에게 모반謀叛의 혐의를 적용하여 태자에서 폐위시켜 유배 보냈고 결국에는 자살하지 않을 수 없게 만들었다. 이리하여 남은 아들은 셋째 이현李顯(이명異名은 이철李哲)과 넷째 이단李旦 뿐이었다, 이 가운데 이현이 고종이 서기 683년 사망한 후 이듬해 684년 제위에 올라 중종中宗이 되었지만 곧바로 측천무후에 의해 강제로 퇴위 당하고, 이어 같은 해 684년 이단이 제위에 올라 예종睿宗이 되었으나 그로부터 5년 뒤인 689년에 이르러 그를 역시 퇴위시키고 말았다. 그리고 측천무후 자신이 급기야 직접 황제가 되어 국호도 무武로 바꾸었던 것이다.[16]

이러한 측천무후의 집권 및 전권 자체가 원래 무리한 것이었기 때문에 거듭 무리를 강행하지 않으면 안 되었고[17], 이후 공포 정치가 행해짐으로써 당 황실의 일족은 물론이고 대신들이 추방되었는데[18], 이 과정에서 각별히 현경

---

16 이상의 내용은 莊練(本名:蘇同炳),「聖母神皇武則天—唯一的女皇帝」,『中國歷史上最具特色的皇帝』, 台北:台灣商務印書館股份有限公司, 1991; 天津:百花文藝出版社, 2008, pp.62-71; 안명자·김문 옮김,「유일한 여성 황제, 성모신황 무측천」,『중국 역사 속의 가장 특색 있는 황제들』, 어진이, 2005, pp.128-149 참조.

17 宮崎市定,「中世史 4 唐」,『中國史』, 東京:岩波書店, 1978;『宮崎市定全集』1 中國史, 岩波書店, 1993, p.222; 曹秉漢 編譯,『中國史』, 역민사, 1983, p.207; 미야자키 이치사다 지음, 조병한 옮김, 『중국통사』. 사커스출판사회, 2016, p.270.

18 堀敏一,「均田制と古代帝國」,『世界の歷史』6 東アジア世界の變貌, 東京:筑摩書房, 1968, p.40; 윤혜영 편역,「균전제와 고대 제국」,『중국사』, 홍성사, 1986, p.240.

3년(658) 정월의 『현경례』 수성修成과 같은 해 10월의 『문관사림』 편수는 불가분의 긴밀한 상관관계가 있었음이 자명하다. 이 중에서 현경 시기에 편찬되어 반포되었다고 해서 『현경례』라고도 불리는 이 『신례』가 애초에는 장손무기長孫無忌의 편수 주관으로 완성되었으나 그 내용 중 황제의 흉사凶事를 미리 준비하는 조항을 담은 「국휼國恤」편에 대해 그것 자체가 자신에게 적용시키려는 것이라 여겨 크게 불만인 고종의 의중을 간파한 허경종이 이의부와 함께 그 「국휼」편을 소각해버림으로써 흉례凶禮가 제외되어 불완전한 것이 되고 말았던 것이다.[19] 따라서 허경종이 앞장서서 주도하여 오례 중에서도 특히 길흉례吉凶禮에 관한 고종 및 측천무후를 위시한 집권파의 견해를 중심으로 재정리된 것으로서[20], 이 내용의 핵심에 대한 요약이 다름이 아닌 '길흉요례吉凶要禮' 자체로 지칭되었던 것으로 읽힌다. 그렇기에 측천무후에 의한 이 『문관사림』의 편찬 및 50권 필사본 제작 지시는 곧 측천무후의 통치 행위 그 자체로 그녀의 의중이 여실히 반영된 것임이 틀림이 없다.

그런 한편으로 『문관사림』의 '문관'은 홍문관弘文館 곧 '굉문관宏文館'의 '문관'이며[21], 더욱이 홍문관은 귀족들의 학교 중 한 곳으로 교서校書·초서抄書 뿐만이 아니라 장서藏書의 사무도 담당하고 있었다.[22] 따라서 『문관사림』은 당대唐代의 국가기관인 홍문관에 보관되어 있는 '사림詞林' 즉 많은 문장들을 모아 놓은 서적임을 드러내는 서명書名이라 할 수 있다. 더욱이 오긍吳

---

19 『資治通鑑』卷200 顯慶 3년(658) 정월 조.

20 이에 해당되는 원문은 이렇다. "至顯慶三年正月五日 奏上之 高宗自爲之序 詔中外頒行焉〈初 五禮儀注 自前代相沿 吉凶備擧 蕭楚材孔志約 以國恤禮爲預凶事 非臣子之宣言 敬宗義府深然之 於是刪定之 其時以許敬宗李義府用事 其所損益 多涉希旨 學者紛議 以爲不及貞觀禮〉"『唐會要』卷37 五禮篇目 條; [宋]王溥, 『唐會要』(中), 1998, p.670 및 [宋]王溥 撰, 牛繼淸 校證, 『唐會要校證』(上), 2012. p.576. 이 인용문 가운데〈 〉속의 것이 夾註의 내용이다. 雷家驥, 「天皇晚年局面與天后的權力焦慮」, 『武則天傳』, 北京: 人民出版社, 2008, p.205 특히 脚註 ① 참조.

21 이와 관련하여서는 [宋]王溥, 『唐會要』卷36 修撰 條; 『唐會要』(中), 1998, p.656에는 '宏文館'으로 되어 있는데, [宋]王溥 撰, 牛繼淸 校證, 『唐會要校證』(上), 2012. p.564에서는 『舊唐書』高宗紀의 기록에 따라 '弘文館'으로 정리해두었음이 참조가 된다.

22 曹之, 「古代的官方藏書」, 『中國古代圖書史』, 武漢: 武漢大學出版社, 2015, p.264. 이에 따르면 弘文館에서는 이러한 주된 기능 외에 때로는 의정議政 즉 국정 논의의 기능도 있었다고 한다.

兢의『정관정요貞觀政要』기록 가운데 "당 태종 즉위 초에 홍문관을 침소寢所인 정전正殿 좌측에 설치하여 '천하의 문유文儒'를 정선精選하여 그 본래의 관직 외에 학사學士를 겸임하여 날을 번갈아 숙직宿直하게 하면서 자신이 조정에서 정무를 보는 틈틈이 데려다가 내전內殿에 들게 하여 고대 전적典籍의 내용에 대해 토론하고 정사政事를 헤아려 책략을 세우느라 때로는 밤이 깊어서야 비로소 그만둘 때가 있었다.[23]고 하는 대목을 통해서, 태종 때부터 이미 홍문관이 정치적으로 매우 긴요한 기능을 담당하고 있었음이 입증된다고 하겠다.

이러한 측면과 결부하여 각별히『삼국사기』신라본기의 기록에, 신라에서 신문왕 6년(686)에 당에 사신을 보내『예기禮記』와 문장文章을 요청했을 때, 그것을 받아들여 실행에 옮겨준 주체가 누구였는가 하는 점을 잘 가늠해야 실제를 제대로 파악할 수 있다고 본다. 즉 길흉요례를 베껴 쓰게 하고, 아울러『문관사림』에서 그 글로서 규계規誡가 되는 것을 채택하여 50권으로 만들어 주었다고 함에서, 이렇게 하도록 한 조처措處의 주체가 곧 측천무후로 명시되어 있는 사실 자체를 놓쳐서는 안 된다. 다음의 기록에서 확인된다.

당에 사신을 보내『예기』와 문장을 요청하였다. 측천무후는 담당 관청에 명하여 길흉요례를 베껴 쓰게 하고, 아울러 문관사림에서 그 글로서 규계가 되는 것을 채택하여 50권으로 만들어 주었다. (『삼국사기』8 신라본기 8 신문왕 6년(686) 조)[24]

---

23 원문은 이렇다. "太宗初踐阼, 卽於正殿之左置弘文館, 精選天下文儒, 令以本官兼署學士, 給以五品珍膳, 更日宿直, 以聽朝之隙引入內殿, 討論墳典, 商略政事, 或至夜分乃罷. 又詔勳賢三品以上子孫爲弘文學生." (『貞觀政要』卷7「崇儒學」第27). 이「崇儒學」의 특히 제1장 부분에 대한 국역에는 葉光大 · 李萬壽 (外) 譯注, 『貞觀政要全譯』, 貴陽 : 貴州人民出版社, 1991, pp.394-395 및 정애리시 옮김, 『정관정요』, 소림, 초판, 1988; 삼판, 2000, p.345 참조.

24 원문은 다음이다. "遣使入唐 奏請禮記幷文章 則天令所司 寫吉凶要禮 幷文館詞林 採其詞涉規誡者 勒成五十卷 賜之."
한편『唐會要』와『册府元龜』의 다음과 같은 기록에서는 전혀 則天武后의 역할에 대해서 찾아볼 수가 없게 되어 있다.
(A)垂拱二年二月十四日 新羅王金政明 遣使請禮記一部 幷雜文章 令所司 寫吉凶要禮 幷文館詞林 採其詞涉規誡者 勒成五十卷 賜之. (『唐會要』卷36 蕃夷請經史 條; [宋]王溥, 『唐會要』(中), 北京 : 中華

한마디로 당 조정의 실질적인 전권을 측천무후 혼자 휘두르고 있으면서 모든 것을 결정하고 있었으므로 당시에 전개된 이러한 신라와 당의 외교 관계에 있어서도 의당 그러하였던 것이며[25], 그리하여 신라에도 그 실제가 실시간으로 고스란히 영향을 끼치고 있었음은 두말을 필요치 않는 당시의 현실이었기 때문이다. 따라서 당시 신라로서는 『문관사림』을 수용함에 있어서 이러한 측천무후의 전권專權에 입각한 외교적 행위의 영향을 받지 않을 수 없는 상황이었다고 하겠다.

## 2. 신라 신문왕의 『문관사림』 수용

신라에서 당에 사신을 보내 『예기』와 문장을 요청했던 신문왕 6년(686)이, 당에서는 수공垂拱 2년(686)으로, 홍도弘道 2년(683)에 고종이 사거死去한 후 고종과 측천무후 사이의 셋째 아들 중종 이현(이철)을 684년 재위시켰다가 자신의 의견을 잘 따르지 않자 곧장 폐위시킨 후 같은 해 넷째 아들 예종 이단을 다시 즉위시킨 그 이듬해이다. 이를 특히 『책부원구冊府元龜』의 기록에서 '측천수공則天垂拱'이라 표기한 것[26]은 이때에 측천무후가 실질적인 권력을 행사하고 있었음을 표시하는 것이어서 당시 실제 상황을 파악하는 데에 적지 않게 도움이 된다고 생각된다. 바로 그 직전 연도에 측천무후가 황후로서 심지어 황제를 연거푸 교체하는 전제專制 권력權力을 행사함으로써 그녀 자신만이 오롯이 모든 이를 제압하면서 그야말로 전제하고 있는 실제 상황을 훤히 파악하고 있던 터였다. 신라의 신문왕으로서는 이와 같이 대단히

書局, 1998, p.667 및 [宋]王溥 撰, 牛繼淸 校證, 『唐會要校證』(上), 西安: 三秦出版社, 2012. p.573)
(B)則天垂拱二年二月 新羅王金政明 遣使請禮記一部 幷新文章 令所司 寫吉凶要禮 幷文館詞林 採其詞涉規誡者 勒成五十卷 賜之. (『冊府元龜』 卷999 外臣部 請求 條; [北宋]王欽若 等編, 『冊府元龜』 第12冊, 北京: 中華書局, 1982, p.11721下)

25 당시 당에서의 측천무후의 활약 특히 周王朝 수립 이후 신라와의 외교 관계에 끼친 영향에 대해서는 金子修一가네코 슈이치, 「중국의 입장에서 본 삼국통일」, 『한국고대사연구』 23, 2002 참조.
26 방금 앞의 각주 24) 중 인용하여 제시한 바의 (B)'則天垂拱二年二月'라고 했음이 그렇다.

긴박하게 돌아가는 당 황실에 사신을 시의적절하게 파견함으로써 국제 외교 면에서도 그러한 측천무후와 돈독한 외교 관계 설정을 통한 국제적 지위를 확보함은 물론이고, 국내 정치면에서도 그 자신의 정치적 입지를 더욱 공고하게 하여 전제왕권 확립의 계기 마련을 꾀하였던 것이다.[27]

당시 신라의 신문왕으로서는, 측천무후가 이렇듯이 자신 소생의 아들들을 황제로 즉위시켰다가도 자신의 의도대로 움직이지 않자 곧바로 연이어 교체하는 등의 전횡을 일삼는 전제정치專制政治의 행태를 목격하면서 많은 정치적 소회所懷를 품게 되었을 것이다. 더더군다나 신문왕은 즉위하자마자 681년 8월 왕비王妃의 부父 김흠돌金欽突의 반란을 겪어야 했고, 또한 이를 수습하는 과정에서 곧이어 20일 만에 전격적으로 전前상대등上大等 김군관金軍官 역시 처형해야 했던 터라, 더욱더 그랬다고 하겠다. 측천무후가 자기 소생의 아들들까지 처형하는 무소불위의 전제를 자행하는 데에 비해, 신문왕 자신은 반란을 일으킨 왕비의 부를 처단하는 것쯤이야 별로 대수가 아니라고 여겼을 법하다.

한편 이렇듯이 왕비의 부 김흠돌이 반란을 일으켜 정치적 파장이 대단히 컸던 그 당시 신라 왕실에 있어서의 왕족王族의 족내혼族內婚 문제와 관련하여 잊어서는 안 될 점은, 족내혼 자체가 중국의 경우에 있어서는 북위北魏와 북주北周 이후 일관되게 금지되었을 뿐만 아니라 처벌하도록 규정하고 있었으며, 당唐의 당률唐律에서는 더더욱 엄격한 처벌 규정이 정립되어 있었다는 사실이다. 북위에서는 효문제孝文帝 태화太和 7년(483) 12월의 조詔에서 동성同姓의 혼인을 금지하면서 이를 범하는 자는 부도죄不道罪로써 처벌할 것임을 분명히 하였고, 북주에서는 더욱 강화되어 무제武帝 건덕建德 6년(577)

---

27 이기백, '전제왕권의 확립」, 「통일신라의 사회」, 『한국사강좌』 Ⅰ 고대편, 일조각, 1982, pp.306-313 및 이기백, 「신라 전제왕권의 성립」, 『한국사 전환기의 문제들』, 지식산업사, 1993; 『한국고대정치사회사연구』, 일조각, 1996, pp.267-268. 다만 이 두 논문의 해당 부분에서는 신라 국내 정치적 측면에서의 전제왕권의 확립에 대해서 위주로 상세히 기술하였을 뿐, 국제 외교적 측면에서 특히 당시 당과의 적극적인 외교를 통해 실시간으로 속속 전달받게 되는 측천무후의 전제에 따른 영향과 관련해서는 언급이 전혀 없었다. 하여 여기에서는 국제 외교적 측면의 영향에 대해 주로 언급하고자 한다.

6월의 조조詔에서 역시 동성同姓의 혼인을 금지하면서 혼인 자체는 물론이고 아울러 모동족母同族의 여자를 처첩妻妾으로 삼는 것까지 금지하였다. 그러다가 당대唐代에 이르러 비로소 '동성불혼同姓不婚'을 당률唐律 내에 정식으로 넣었는데, 그 구체적 조항은 곧 아래와 같았다.

> 모든 동성同姓으로 혼인한 자는 각각 도도徒 2년에 처하며 시마緦麻 이상은 간奸한 것으로 논죄論罪한다. (『당률소의唐律疏議』 권14 호혼戶婚 33 동성위혼同姓爲婚 조)[28]

이와 같은 『당률』 호혼률戶婚律의 규정은 곧 5복五服 이외로 동성혼을 한 자는 각각 도형徒刑 2년에 처하고, 5복 이내의 이른바 시마친緦麻親 이상으로 동성혼을 한 자는 간奸한 죄罪로 처벌하여 도형 3년 이상 교형絞刑에 이르는 처벌을 한다는 것으로 풀이된다. 그런데다가 당唐에서는 사성賜姓을 받은 경우에도 그 본종本宗과 혼인할 수 없도록 하였으며, 남녀 사이에 동성同姓이 아니더라도 예컨대 '양楊'과 '양陽'과 같이 발음상으로만 같아도 마땅히 혼인할 수 없었고, 송대宋代의 규정도 마찬가지였다.[29] 또한 『당률소의』의 문답問答에 제시된 구체적인 규정에 따르면, 위에서의 '모든 동성同姓으로 혼인한 자는 각각 도徒 2년에 처한다'는 규정을 엄격히 적용하여 동성인 줄을 모르고 첩妾으로 삼아도 『예기禮記』 「곡례曲禮」 상上 및 『당령습유唐令拾遺』 「호령戶令」의 규정에 준하여 동일하게 처벌할 정도였다.[30]

이와 관련하여 여기에서 신라에서 요청한 사항 중에 무엇보다도 『예기』가 우선되고 있음에 주목해야 하고, 아울러 또한 측천무후의 지시로 이 요구 사항에 대해 당 조정에서 신라에 필사해서 전달한 문건에 『문관사림』과 함께

---

28 원문은 다음과 같다. "諸同姓爲婚者 各徒二年 緦麻以上 以奸論."
29 丁凌華, 「我國古代的'同姓不婚'是怎么回事?」, 陳鵬生 主編, 『中國古代法律三百題』, 上海: 上海古籍出版社, 1991, p.358.
30 曾漫之 主編, 『唐律疏議譯註』, 長春: 吉林人民出版社, 1989, pp.509-511.

'길흉요례'가 포함되어 있음 역시 눈여겨 볼 대목이라 하겠다. 동시에 여기에서 지니게 되는 큰 의문거리의 하나는, 그래서 그냥 지나쳐서는 안 될 사안은 다름이 아니라 하필이면 이때에 신라에서 당 조정에, 원문대로 하면 '예기병문장禮記幷文章', 풀어서 보자면 『예기』 및 그와 관련된 문장'을 왜 요구하였는가 하는 점이다. 이 점을 적확的確하게 가늠하기 위해서는, 측천무후의 전권이 행사되고 있던 그 시점에 당 황실 내에서 펼쳐지고 있었던 일련의 사태를 예의주시해야 마땅하다.

우선 측천무후가 고종으로 전권을 넘겨받은 영휘 6년(655) 그녀 소생의 장자 이홍李弘을 대왕代王에 봉하더니 곧 이듬해인 현경 원년(656) 정월에 황태자의 지위에 올렸는데, 곧이어 그에게 진행되는 교습의 내용이 『춘추좌씨전春秋左氏傳』에서 『예기』로 전환되었던 것이다. 이는 당시 통치를 공고히 하기 위한 중요성을 기준으로 설정하여 유가 경전의 소위 '9경九經'을 상·중·하 3등급으로 나누어, 『춘추좌씨전』과 『예기』를 대경大經으로 삼아 처음으로 삼고, 『시경詩經』·『주례周禮』·『의례儀禮』를 중경中經으로, 『주역周易』·『춘추공양전春秋公羊傳』·『춘추곡량전春秋穀梁傳』을 하경下經으로 삼은 사회 학술의 분위기에 맞추기 위한 것이었다.[31]

이같이 당시 당 황실에서 황태자의 교육에 있어서도 여타의 유가 경전들 보다도 『예기』가 가장 중시되고 있음을 익히 잘 알고 있었을 신라 조정에서는 그렇기 때문에 『예기』 및 그와 관련된 문장'을 요구하게 되었던 것이라 하겠다. 당시 신라와 당과의 국제적 외교 관계의 유지 및 발전에서 요구되는 의식 절차의 준수를 위해서는 물론이고 신라 자체의 왕실 및 국내의 행정 체계 확립을 위해, 제도적인 차원에서의 의식 절차에서 요구되는 기본 의례儀禮의 완비를 위한 내용 보강이 이로써 이루어지는 계기가 되었을 것으로 가늠된다.

더욱이 주의를 집중시켜야 할 사안은, 당시 당 조정에서 신라 사신에게 전달한 필사 형태의 『예기』 및 '길흉요례'의 내용을 기본 골격으로 삼아 종국에

---

31  王洪軍,「朝中'二聖'」,『武則天評傳』, 濟南:山東大學出版社, 2010, pp.200-201.

는 허경종 등에 의해 주도적으로 현경 3년(658) 정월에는 『신례』 즉 그 당시 고종의 연호를 붙여 불리는 소위 『현경례』 130권이 완성된다는 점이라 믿어진다. 앞서 상론하였던 바와 같이 현경 3년(658)에 반포되어 그리 불리는 이 『현경례』는, 『당회요』 권37 오례편목五禮篇目 조조條 협주夾註와 『자치통감』 권200 현경 3년(658) 정월 조의 기록의 내용대로 허경종이 앞장서서 주도하여 오례 중에서도 특히 길흉례에 관한 고종 및 측천무후의 견해를 중심으로 재정리된 것으로, 이 내용의 핵심에 대한 요약이 곧 '길흉요례' 자체로 지칭되었던 것으로 이해된다.

따라서 당 조정에서 신라 사신에게 전달한 필사 형태의 『예기』 및 '길흉요례'의 내용 중에서 최우선적으로 중시되는 것은 『예기』 중에서도 「왕제王制」 편篇이었을 것임이 거의 틀림이 없을 듯하다. 그리고 그 「왕제」편의 여러 가운데서도 특히 천자天子와 구별되는 제후諸侯로서 신라의 국왕이 지켜야 할 기본적인 규범들과 관계된 것들의 준수에 대해 강조되었을 테고, 그 속에서는 "천자7묘天子七廟―제후5묘諸侯五廟―대부3묘大夫三廟―사1묘士一廟"와 같은 대목이 더욱 그랬을 법하다고 본다. 이러한 영향으로 신라 왕실에서는 이를 계기로 신문왕에 의해 소위所謂 5묘제五廟制가 수용되어 확립되기에 이른 것으로 여겨진다.[32]

게다가 더욱이 중국으로부터 『문관사림』 50권 축약 필사본 등을 수용한 바로 그 이듬해인 신문왕 7년(687) 4월에 대신을 조묘祖廟에 보내 제사를 올리며 아뢴 내용 중에서 다음과 같은 대목을 각별히 주목해볼 만하다고 믿는다. 그 속에서 다음과 같이 특히 '오사五事'를 언급하고 있음이 특히 그러하다고 여겨진다.

---

32 이 五廟制의 神文王代 채택 사실과 관련해서는 변태섭, 「묘제의 변천을 통하여 본 신라사회의 발전 과정」, 『역사교육』 8, 1964, p.68. 및 나희라, 「신라의 종묘제 수용과 그 내용」, 『한국사연구』 98, 1997; 『신라의 국가제사』, 지식산업사, 2003, p.179. 그리고 채미하, 「신라의 오묘제 '시정'과 신문왕권」, 『백산학보』 70, 2004; 『신라 국가제사와 왕권』, 혜안, 2008, pp.159-170 참조.

대신大臣을 조묘祖廟에 보내 제사를 올리고 아뢰기를, "…(중략)… 엎드려 바라옵건대 미미한 정성을 밝게 살피시고 하찮은 이 몸을 불쌍히 여기시어 사시四時의 기후를 순조롭게 하시고 오사五事의 징후에 허물이 없게 하시며 …(중략)… 자손들에게 넉넉한 것을 남겨 길이 많은 복을 누리게 하여 주십시오. 삼가 아룁니다." (『삼국사기』 8 신라본기 신문왕 7년 4월 조)[33]

여기에서 강조한 '오사'는 곧 『한서漢書』 권85 「곡영두업전谷永杜鄴傳」의 안사고顔師古의 주注 내용 중에 '옛날의 왕이 폐지하였던 오사 중(고지왕자 古之王者 폐오사지중廢五事之中)'의 하나로 꼽고 있는 "부부의 기강을 잃어 처첩妻妾이 자기 뜻대로 왕궁 안에서는 아룀을 행하고 밖에서는 위세를 행하여 국가를 뒤집어 기울임에 다다르게 하는 것(실부부지기失夫婦之紀 처첩득 의妻妾得意 알행어내謁行於內 세행어외勢行於外 지경복국가至覆傾國家)" 자체를 지칭하는 것으로 풀이된다.[34] 이에 따라서 이 '오사'를 언급하면서 특히 강조하고자 한 것은 부부 사이에 있어서 부夫로서 처妻이건 첩妾이건 부인婦人에 대한 철저한 관리이다. 더더군다나 그 내용 속에서 '국가를 뒤집어 기울임에 다다르게 하는 것(至覆傾國家)'이라고 강조하고 있음에서 왕실 내에서 국왕 자신의 왕비를 위시한 이른바 '처당妻黨'에 대한 엄정한 관리를 촉

---

33 원문은 다음이다. "夏四月 … 遣大臣於祖廟 致祭曰 "…(중략)… 伏望炤察微誠 矜恤眇末 以順四時之 候 無愆五事之徵 …(중략)… 垂裕後昆 永膺多福 謹言."

34 『(개정증보) 역주 삼국사기』 3 주석편(상), 한국학중앙연구원출판부, 2012, p.255에서는 '오사'에 대해, "첫째, 자신을 잘 다스리고 둘째, 여자閨門를 잘 다스리며 셋째, 좌우의 신하를 바로잡고 넷째 功의 賞의 실질을 얻고 다섯째, 관리에게 厚德해서 그들을 善良하게 하는 것이 곧 五事이다. (≪漢 書≫ 卷85 谷永杜鄴傳)"이라 하였는데, 이는 諸橋轍次 著, 『大漢和辭典』 卷1, p.484 '五事'項의 설명에서 따온 것으로 보인다.

하지만 막상 『漢書』 卷85 「谷永杜鄴傳」을 자세히 찾아보면, 정작 '五事'는 보이지 않으나 단지 "夫妻 之際 王事綱紀 安危之機 聖王所致愼也 …(中略)… 後宮親屬 饒之以財 勿與政事 以遠皇父之類 損妻 黨之權 未有閨門治而天下亂者也 …(中略)… 此五者 王事之綱紀 南面之急務 唯陛下留神"라고 있음에서 그야말로 '王事之綱紀 南面之急務'의 '五事'를 일컫고 있는 것으로 보이는데, 더욱이 이 대목에 대한 顔師古의 注 내용 중에 "古之王者 廢五事之中 … 失夫婦之紀 妻妾得意 謁行於內 勢行於外 至覆傾 國家"라고 하는 대목이 찾아지므로, 이 '五事'를 잘못하여 "妻妾得意 謁行於內 勢行於外 至覆傾國家"와 같은 상황이 연출되지 않도록 妻妾을 잘 관리하는 것과 관련이 있음을 가늠할 수가 있게 해준다.

구하고 있는 것이라 함이 옳을 것이다. 조묘에서 그것도 국왕 자신이 직접 행하지 않고 대신을 보내 공개적으로 널리 알리게 한 내용 중에서 이렇듯이 '오사'를 강조함으로써, 왕비의 부계父系 세력 즉 국왕의 '처당'에 대한 엄정한 관리 의지를 보다 강력하게 천명한 것이었음이 분명하다. 당시 정국 추세 속에서 결국 그럴 만치 신문왕이 전제왕권을 확립하고자 하였음을 극명하게 드러낸 것이라 할 수 있겠다.

이렇게 살피고 되짚어 보면, 신문왕이 재위 6년(686) 당에 사신을 보내 굳이『예기』와 문장 자체를 요청했던 것은, 그로서는 측천무후의 전제황권 행사와는 결코 견줄 수 없을지라도 궁극적으로 신라에서 자신의 왕권을 그에 못지않게 전제적으로 행사하고픈 데에서 시도된 것이라 읽혀진다. 그리고 측천무후의 '길흉요례' 및『문관사림』 필사본 50권 사여賜與를 통해 당황실과의 돈독한 외교 관계 설정이 사실상 입증됨으로써, 신문왕이 꾀하였던 소기의 목적은 대체로 달성되었던 것이라 하겠다. 이러한 일련의 긴밀한당 · 신라 외교 관계 설정 속에서『문관사림』은 신라에 수용되었던 것이다.

## 3.『문관사림』 구성 및 내용의 특징

『문관사림』의 구성 및 내용의 특징을 살피는 데에는 잔권殘卷의 그것들을 분석하는 길밖에는 다른 게 있을 수 없다. 그러므로 이제부터는 이것들과 관련된 사항을 도표로 작성하여 정리한 후 이를 토대로 주로 통계 수치에 의거해서 살피도록 하겠다.

### 1)『문관사림』 구성의 특징

잔권 소재所載 문장의 분석을 통해서『문관사림』 구성의 특징을 살피기 위해 우선 그 문장들을 시대별 및 분야별로 나누어 그 수효를 조사하여 도표로 작성해보았다. 다음의 〈표 1〉이 그것이다.

<표 1>『문관사림』 잔권 소재 문장의 시대별 및 분야별 수효 분석표

| 연번 | 시대별 | | | 분야별 | 수효 계 | 수효 소계 | 수효 합계 | 수효 총계 |
|---|---|---|---|---|---|---|---|---|
| 01 | 선진先秦 | | | 송頌 | 1 | 1 | 1 | |
| 02 | 한漢 | 한漢 (서한西漢) | | 조詔 | 8 | 9 | 22 | |
| | | | | 칙敕 | 1 | | | |
| 03 | | 후한後漢 (동한東漢) | | 시詩 | 1 | 13 | | |
| | | | | 송 | 6 | | | |
| | | | | 칠七 | 1 | | | |
| | | | | 조 | 3 | | | |
| | | | | 교教 | 2 | | | |
| 04 | 위진남북조 | 위魏 | | 칠 | 2 | 20 | 331 | 417 |
| | | | | 조 | 5 | | | |
| | | | | 영令 | 13 | | | |
| 05 | | 진晉 | 서진西晉 | 시 | 29 | 43 | | |
| | | | | 조 | 10 | | | |
| | | | | 칙 | 4 | | | |
| 06 | | | 동진東晉 | 시 | 15 | 56 | | |
| | | | | 송 | 1 | | | |
| | | | | 비碑 | 3 | | | |
| | | | | 조 | 31 | | | |
| | | | | 영 | 1 | | | |
| | | | | 교 | 5 | | | |
| 07 | | 송宋 | | 시 | 8 | 38 | | |
| | | | | 송 | 1 | | | |
| | | | | 조 | 20 | | | |
| | | | | 칙 | 1 | | | |
| | | | | 교 | 8 | | | |
| 08 | | 남제南齊 | | 시 | 10 | 27 | | |
| | | | | 조 | 17 | | | |
| 09 | | 양梁 | | 시 | 20 | 82 | | |
| | | | | 비 | 1 | | | |
| | | | | 조 | 20 | | | |
| | | | | 칙 | 2 | | | |
| | | | | 영 | 18 | | | |
| | | | | 교 | 21 | | | |
| 10 | | 후량後梁 | | 표 | 2 | 2 | | |
| 11 | | 진陳 | | 조 | 5 | 7 | | |
| | | | | 영 | 1 | | | |

| 연번 | 시대별 | | 계 | 소계 | 합계 | 총계 |
|---|---|---|---|---|---|---|
| 12 | 후위後魏<br>(북위北魏) | 교 | 1 | 20 | | |
| | | 시 | 2 | | | |
| | | 송 | 2 | | | |
| | | 조 | 16 | | | |
| 13 | 북제北齊 | 비 | 2 | 24 | | |
| | | 조 | 10 | | | |
| | | 칙 | 12 | | | |
| 14 | 후주後周<br>(북주北周) | 조 | 12 | 12 | | |
| 15 | 수隋 | 시 | 3 | 33 | 33 | |
| | | 비 | 11 | | | |
| | | 조 | 14 | | | |
| | | 칙 | 5 | | | |
| 16 | 당唐 | 조 | 23 | 29 | 29 | |
| | | 칙 | 5 | | | |
| | | 영 | 1 | | | |
| 17 | 불명不明 | 칙 | 1 | 1 | 1 | |

이 〈표 1〉[35]을 통해 살필 수 있는 『문관사림』의 구성상 가장 큰 특징으로는 시기별로 볼 때 특정한 시대에만 집중되어 있지 않고 비교적 고른 분표를 보이지만, 각별히 북조에서는 진, 남조에서는 양의 것이 상대적으로 비중이 크게 수록되어 있다는 점이다. 서진의 것이 43(전체의 10.31%), 동진의 것이 56(13.43%)이어서 서진과 동진을 합하면 진의 것이 도합 99(23.74%)로 가장 많고, 양의 것은 82(19.66%)로 그 다음의 비중을 차지하고 있는데, 수의 것은 33(7.91%), 당의 것은 29(6.95%)에 그치고 있기에 그렇다고 할 수 있다. 그러다 보니 구성상 또 하나의 특징으로 들 수 있는 것은 자연히 위진남북조시대의 것이 도합 331(79.38%)로 가장 높은 비중을 드러내고 있음이다.

---

35 참고로 삼기 위하여 기왕에 羅國威가 조사하여 밝힌 『문관사림』 잔권 소재의 문장 수효를 시대별로 정리하여 표로 작성하여 제시해보면 다음과 같다.

〈참고표〉 『문관사림』 잔권 소재 문장의 시대별 수효 분석표

| 연번 | 시대별 | 수효 | | | |
|---|---|---|---|---|---|
| | | 계 | 소계 | 합계 | 총계 |

이 통계 수치를, 당대唐代 소장 도서 중 그 이전의 것과 당시의 것을 비교했을 때 대략 65.5%:34.5% 즉 6.5:3.5 정도의 비율이다.[36] 이로써 당대 소장 도서는 당대의 것보다도 당 이전의 문서들이 훨씬 많이 포함된 것으로 볼 수 있다. 따라서 『문관사림』을 구성상으로 분석하면 결과적으로 당 나라 당시의 것보다는 그 이전의 문서가 더 많이 수록되어 있었음을 엿볼 수 있겠다.

| 01 | | 선진 | | 1 | 1 | |
| 02 | 한 | 전한(서한) | 9 | 22 | 22 | |
| 03 | | 후한(동한) | 13 | | | |
| 04 | 위진남북조 | 위 | | 22 | 346 | 432 |
| 05 | | 진晉 | 서진 | 100 | | |
| 06 | | | 동진 | | | |
| 07 | | 송 | | 39 | | |
| 08 | | 남제 | | 27 | | |
| 09 | | 양 | | 87 | | |
| 10 | | 후량 | | 3 | | |
| 11 | | 진陳 | | 8 | | |
| 12 | | 후위(북위) | | 20 | | |
| 13 | | 북제 | | 26 | | |
| 14 | | 후주(북주) | | 14 | | |
| 15 | | 수 | | 26 | 26 | |
| 16 | | 당 | | 35 | 35 | |
| 17 | | 불명 | | 2 | 2 | |

〈표 1〉『문관사림』 잔권 소재 문장의 시대별 및 분야별 수효 분석표과 대조해보면, 시기별로 약간의 수효가 차이가 나는 경우가 있음을 발견할 수가 있는데, 아마도 이는 문장의 숫자를 헤아리는 데에 착오가 생겨서 그런 것으로 짐작이 될 뿐이다.

36　楊堅이 정변을 일으켜 北周의 서적 15,000권을 획득하였고, 隋를 건국하고 文帝에 오른 후 開皇 3년(583) 秘書監에서 經籍을 조사했을 때 3만 여권에 달했다고 한다. 이후 唐代에 수 嘉則殿의 서적 3만 7천권을 계승하였고, 당 開元 시기에 가장 흥성하였는데(陳英杰,「記錄古代文獻的書籍」, 踪凡 主編, 『中國古文獻槪論』, 北京 : 北京大學出版社, 2010, p.15), 이때 毋煚의 『古今書錄』에 수록된 藏書는 51,852권이었고, 歐陽脩의 『新唐書』 藝文志에서는 開元藏書 書目著錄이 53,915권, 당나라 사람의 저술이 28,469권 그래서 도합 82,384권이라고 기록하였으나 재차 정리하여 이후 그 권수가 52,094권, 27,127권 그리고 도합 79,221권으로 수정되었다고 전해진다(吳楓,「文獻積聚」, 『中國古典文獻學』 2版, 濟南 : 齊魯書社, 2005; 重印, 2008, p.14. 및 張舜徽,「文獻學槪說」, 『中國文獻學九講』, 北京 : 中華書局, 2011, p.15). 이 기록을 토대로 唐代 所藏 도서 중 그 당 이전의 것과 당시의 것을 비교해보면 대략 65.5%:34.5% 즉 6.5:3.5 정도의 비율이었다고 셈이 된다.

## 2) 『문관사림』 내용의 특징

잔권 소재 문장의 분석을 통해『문관사림』내용의 특징을 살피고자 하면서 무엇보다도 우선 염두에 두었던 것은, 부문별 및 분야별 분류 및 통계 처리에 관한 것이었다. 앞서 구성상 특징을 논하면서 시대별 분포 상황을 위주로 언급하였으니, 내용상 특징은 의당 부문별 · 분야별 수효 및 비율을 기준으로 논하는 게 사리에 맞겠다고 생각한 것이다. 하여 이런 점을 유념하여 아래의 〈표 2〉를 작성하여 제시하는 바이다.

〈표 2〉『문관사림』 잔권 소재 문장의 시대별 부문별 분야별 수효 및 총비율 대비표

| 연번 | 시대별 | | | 부문별 | | | |
|---|---|---|---|---|---|---|---|
| | | | | 한문학 | | 고문서학 | |
| | | | | 분야별 | 계 | 분야별 | 계 |
| 01 | 선진先秦 | | | 송 | 1 | | |
| 02 | 한 | 한(서한) | | | | 조 | 8 |
| | | | | | | 칙 | 1 |
| 03 | | 후한(동한) | | 시 | 1 | | |
| | | | | 송 | 6 | | |
| | | | | 칠 | 1 | | |
| | | | | | | 조 | 3 |
| | | | | | | 교 | 2 |
| 04 | 위진남북조 | 위 | | 칠 | 2 | | |
| | | | | | | 조 | 5 |
| | | | | | | 영 | 13 |
| 05 | | 진晉 | 서진 | 시 | 29 | | |
| | | | | | | 조 | 10 |
| | | | | | | 칙 | 4 |
| 06 | | | 동진 | 시 | 15 | | |
| | | | | 송 | 1 | | |
| | | | | 비 | 3 | | |
| | | | | | | 조 | 31 |
| | | | | | | 영 | 1 |
| | | | | | | 교 | 5 |
| 07 | | 송 | | 시 | 8 | | |
| | | | | 송 | 1 | | |
| | | | | | | 조 | 20 |

| 번호 | 나라 | | | | |
|---|---|---|---|---|---|
| | | | | 칙 | 1 |
| | | | | 교 | 8 |
| 08 | 남제 | 시 | 10 | | |
| | | | | 조 | 17 |
| 09 | 양 | 시 | 20 | | |
| | | 비 | 1 | | |
| | | | | 조 | 20 |
| | | | | 칙 | 2 |
| | | | | 영 | 18 |
| | | | | 교 | 21 |
| 10 | 후량 | | | 표 | 2 |
| 11 | 진陳 | | | 조 | 5 |
| | | | | 영 | 1 |
| | | | | 교 | 1 |
| 12 | 후위(북위) | 시 | 2 | | |
| | | 송 | 2 | | |
| | | | | 조 | 16 |
| 13 | 북제 | 비 | 2 | | |
| | | | | 조 | 10 |
| | | | | 칙 | 12 |
| 14 | 후주(북주) | | | 조 | 12 |
| 15 | 수 | 시 | 3 | | |
| | | 비 | 11 | | |
| | | | | 조 | 14 |
| | | | | 칙 | 5 |
| 16 | 당 | | | 조 | 23 |
| | | | | 칙 | 5 |
| | | | | 영 | 1 |
| 17 | 불명不明 | | | 칙 | 1 |
| 부문별 | 소계 | | 119 | | 298 |
| | 총비율(%) | | 28.54 | | 71.46 |
| 총합계 | | | 417 | | |

　여기에서 특히 당의 것으로는 조·칙·영만이 담겨 전해지는 게 결단코 우연이 아닐 것이다. 그럴 만치『문관사림』에는 당唐 당대當代의 것으로서는 이러한 황제문서皇帝文書만을 거의 전적으로 수록하였을 것임을 헤아릴 수

가 있게 해준다고 생각되는데, 이는 현존하는『문관사림』잔권 중에 다른 왕조의 경우에는 이외에 시나 송이나 비와 같은 분야의 것이 간혹 전해지는 것과는 판이하게 다른 양상이어서 더욱 그렇다고 여겨진다. 여하튼 당대唐代의 시나 송과 같은 문학 작품이『문관사림』에 일체 전해지지 않는 현상은, 아마도 이러한 문학 작품들이『문관사림』자체가 앞서 이미 언급하였듯이 문관文館 즉 홍문관弘文館에 보관되어 있던 문서들을 정리한 것이라는 기본적인 사실에 입각해서 살피자면, 이러한 문학 작품들이 전혀 홍문관에 있지도 않았을 뿐더러 그러한 문학 작품을 선정하여 이에 포함시킴은 당시 문인들로서는 대단히 민감하게 여겨질 소지가 다분히 있으며, 이들을 그렇게 함으로써 정치적으로도 분란을 야기할 이유가 없었기 때문이 아닐까 싶다. 더욱이 이와 같이『문관사림』에는 당 당대의 것으로서는 이러한 황제문서만을 거의 전적으로 수록하였을 것이라는 점은, 이『문관사림』이 편찬되기 직전, 즉 앞서 살폈듯이 측천무후가 국정을 전횡하기 직전인 태종 시기 황실의 외교문서인「무위백제왕조撫慰百濟王詔」와「무위신라왕조撫慰新羅王詔」2편이 포함되었고 그것이 더더군다나 오늘날에 전해지는 그 잔권 속에 여전히 들어 있다는 사실[37]에서도 여실히 입증된다고 하겠다.

　말하자면 당시로서는, 오늘날의 관점에서 본다면 중국에서 즐겨 쓰는 표현으로 당대사當代史 즉 일반적으로는 현대사現代史의 자료까지도, 그것도 신라 · 당 전쟁의 당사국의 하나였던 당의 태종 당시의 것까지의 황실 및 외교문서로서 홍문관에 보관되어 있던 것 중에서 정리해서 편집하여『문관사림』에 포함시켰던 것이라 하겠다. 그리고 이러한 사실에 비춰볼 때, 측천무후가 신라 사신에게 전달토록 한『문관사림』필사본 50권속에는 의당 이러한 당 태종 당시의 황제문서가 포함되었을 것으로 가늠하는 게 당연한 귀결일 것으로 살펴진다.

---

37 주보돈,「≪문관사림≫에 보이는 한국고대사 관련 외교문서」,『경북사학』15, 1992, pp.161-167 및 石見淸裕,「唐 · 太宗期の韓半島三國と中國との外交交涉史料」,『日本硏究』22, 2004, pp.5-23.

## 4. 『문관사림』수용과 신라 중대 한문학의 진흥

『문관사림』의 수용이 신라 중대의 한문학 진흥에 어느 정도로 영향을 끼쳤던 것일까. 이를 정확히 가늠할 수 있는 어떠한 기록도 찾아볼 수 없는 실정이라, 이 점에 관해 명확히 언급하기는 어려울 것이다. 그렇긴 할지라도 『문관사림』잔권의 한문학 부분의 내용을 분야별로 나눈 뒤 시대순으로 수효를 일일이 조사해보고 그 비율을 분석하여 『문관사림』잔권 자체가 주로 어떤 내용을 담고 있는 것인지를 파악해봄으로써 그 대략의 경향성은 어느 정도 짐작해볼 여지는 생기는 게 아닌가 생각하였다. 그래서 일단 아래 〈표 3〉을 작성하였다.

〈표 3〉 『문관사림』잔권 한문학 부문의 분야별 시대순 수효 및 비율 분석표

| 구분 | 분야별 | | | 시 | 송 | 칠 | 비 |
|---|---|---|---|---|---|---|---|
| 연번 | 시대순 | | | 수효 | | | |
| 1 | | 선진 | | 0 | 1 | 0 | 0 |
| 2 | 한 | 한(서한) | | 0 | 0 | 0 | 0 |
| 3 | | 후한(동한) | | 1 | 6 | 1 | 0 |
| 4 | 위진남북조 | 위 | | 0 | 0 | 2 | 0 |
| 5 | | 진晉 | 서진 | 29 | 0 | 0 | 0 |
| 6 | | | 동진 | 15 | 1 | 0 | 3 |
| 7 | | 송 | | 8 | 1 | 0 | 0 |
| 8 | | 남제 | | 10 | 0 | 0 | 0 |
| 9 | | 양 | | 20 | 0 | 0 | 1 |
| 10 | | 후량 | | 0 | 0 | 0 | 0 |
| 11 | | 진陳 | | 0 | 0 | 0 | 0 |
| 12 | | 후위(북위) | | 2 | 2 | 0 | 0 |
| 13 | | 북제 | | 0 | 0 | 0 | 2 |
| 14 | | 후주(북주) | | 0 | 0 | 0 | 0 |
| 15 | 수 | | | 3 | 0 | 0 | 11 |
| 16 | 당 | | | 0 | 0 | 0 | 0 |
| 소계 | | | | 88 | 11 | 3 | 17 |
| 합계 | | | | 119 | | | |
| 비율(%) | | | | 73.95 | 9.24 | 2.52 | 14.29 |

이 〈표 3〉에서 우선 분야별로는 그렇지 않지만 시대순 비율을 살펴보면, 특정한 왕조의 작품이 하나도 수록되지 않은 경우들이 적지 않게 눈에 띈다는 점이 가장 특이하다고 판단된다. 한(서한) · 후양 · 진陳 · 후주(북주) 그리고 당의 것이 전혀 하나도 수록되어 있지 않은 것이다. 더더군다나 다른 시대의 것은 혹여 어차피 잔권이니까 우연의 일치로 그렇다고 치부할 수도 있을지 모르겠으나, 그 가운데서도 특히 당의 것이 하나도 보이지 않는다는 사실은 여기에 틀림없이 뭔가 필시 이유가 있었던 게 아닐까 한다. 더욱이 앞서 이미 제시한 〈표 2〉에 나타나 있는 바대로 당의 것으로 고문서학 부문의 것으로 조 23, 칙 1, 영 1의 사례가 등재되어 있었던 것과는 너무나 확연히 대조되기 때문이다.

이와 관련하여 2가지의 추정이 가능하지 않을까 생각하였다. 하나는 당 한문학 부문의 문장들이 잔권 이외의 권에 집중되어 편집되었을 가능성, 또 하나는 당 한문학 부문의 문장들이 『문관사림』 자체의 편집에서 아예 제외되었을 가능성 등이 그것이다. 이 중에서 당 한문학 부문의 문장이 잔권으로 전하는 것 이외에, 즉 잔권으로 전해지지 않는 부분에만 편집되어 있었을 가능성은 단정지을 수는 결코 없는 노릇이나 거의 없었던 게 아닐까 싶다. 방금 언급하였듯이 당 시대의 것으로 고문서학 부분의 것들이 잔권 속에 적지 않게 전해지는 것과 견주어 보면, 딱히 그럴 가능성 자체를 상정하기는 어려운 게 아닐까 싶은 것이다. 그렇다고 한다면 차라리 당 한문학 부문의 문장들이 『문관사림』 자체의 편집에서 아예 제외되었을 가능성이 더 높지 않았을까 생각하게 된다.

이러한 가능성의 상정은 『문관사림』의 편집과 관련하여 하나의 사실을 분명히 상기할 수 있었던 데에서 비롯하였다. 다름이 아니라 이 『문관사림』이 이미 앞에서 비교적 상세히 언급했던 바와 같이 홍문관 소장의 문장들을 정리한 것인데, 이 홍문관 자체가 당시 귀족들의 교육 기관으로서 주로 교서校書 · 초서抄書 뿐만이 아니라 장서藏書의 사무를 담당하고 있었다는 사실이다. 홍문관 자체가 이런 기관이기에 의당 과거의 교서·초서·장서 위주로 문서 및 서적을 관리하였을 것이고, 당 나라 당대의 것일지라도 황실 관련 문서들은 해당이 될지라도 당시의 문학 작품들까지 그렇지는 않았을 것으로 헤아려지기 때문이다. 이에 따라서 『문관사림』 잔권 속 한문학 부문 중에 당의 것이 하나도 보이지 않는 것은 당 한문학 부문의 문장들이 『문관사림』 자체의 편집에서 아예 제외되었던 데에서 비롯된 것이라고 상정된다.

앞의 〈표 3〉에서 이러한 당의 경우처럼 한문학 부문의 것으로서 하나의 작품도 전해지지 않는 시대는 일체 제외시킨 후 좀 더 심도 있는 분석을 위해서, 시대순 분야별로 그 수효 및 비율의 분석을 또 시도하기로 하였다. 그래서 작성된 게 아래의 〈표 4〉이다.

〈표 4〉 『문관사림』 잔권 한문학 부문의 시대순 분야별 수효 및 비율 분석표

| 연번 | 시대순 | | | 분야별 | 구분 | | | | |
|---|---|---|---|---|---|---|---|---|---|
| | | | | | 소계 | 합계 | | 총계 | |
| | | | | | 수효 | 수효 | 비율(%) | 수효 | 비율(%) |
| 01 | 선진 | | | 송 | 1 | 1 | 0.84 | 1 | 0.84 |
| 02 | 한 | 후한(동한) | | 시 | 1 | 8 | 6.72 | 8 | 6.72 |
| | | | | 송 | 6 | | | | |
| | | | | 칠 | 1 | | | | |
| 03 | 위진남북조 | 위 | | 칠 | 2 | 2 | 1.68 | 96 | 80.67 |
| 04 | | 진晉 | 서진 | 시 | 29 | 29 | 23.37 | | |
| 05 | | | 동진 | 시 | 15 | 19 | 15.97 | | |
| | | | | 송 | 1 | | | | |
| | | | | 비 | 3 | | | | |
| 06 | | 송 | | 시 | 8 | 9 | 7.56 | | |
| | | | | 송 | 1 | | | | |
| 07 | | 남제 | | 시 | 10 | 10 | 8.40 | | |
| 08 | | 양 | | 시 | 20 | 21 | 17.65 | | |
| | | | | 비 | 1 | | | | |
| 09 | | 후위(북위) | | 시 | 2 | 4 | 3.36 | | |
| | | | | 송 | 2 | | | | |
| 10 | | 북제 | | 비 | 2 | 2 | 1.68 | | |

| 11 | 수 | 시 | 3 | 14 | 11.76 | 14 | 11.76 |
|----|----|----|----|----|-------|----|-------|
|    |    | 비 | 11 |    |       |    |       |
| 한문학 부문 합계 및 비율(%) | | | | | | 119 | 28.5 |
| 총합계(한문학 부문 + 고문서학 부문) | | | | | | 417 | |

　우선 이 〈표 4〉에서 분야별 비율을 따져볼 때, 시가 거의 3/4을 차지할 정도로 비율이 크게 높다는 사실을 특이점으로 꼽을 수 있다. 물론 전체가 남아 있는 게 아니고 잔권의 형태로 일부가 남아 전해지고 있으므로, 이러한『문관사림』잔권의 성격상 특정 분야의 작품들이 수록된 부분이 전해지지 않을 공산이 대단히 크기에 이를 감안해야 하더라도, 그래서 시·송·칠·비 분야만이 남아 있는 터이긴 하지만 그 가운데 시 분야의 비율이 이렇게 높다는 것은 나름대로 이유가 있는 게 아닌가 싶다. 그만큼 시의 비율이 크게 높도록『문관사림』자체가 편집되었던 데에서 연유하는 것이라 여겨지는 것이다.

　그런데 여기에서도 한 가지 더 주목해야 할 것은 이렇게 시의 비중이 다른 분야들보다 매우 높은 가운데서도 진晉 시대의 것이 서진의 것 29와 동진의 것 15로 합하여 44로 시 전체 88의 꼭 1/2에 달한다는 사실이다. 여기에다가 남제·양 그리고 후위(북위)의 것까지 포함시키게 될 때 전체 한문학 부문의 것 중에서도 위진남북조시대의 것이 압도적으로 차지하는 비중이 크다. 그 중에서도 특히 이렇게 서진과 동진을 합하여 진시대의 것이 높은 비중을 차지하게 된 것은, 앞서 당 태종 때 국가적인 사업으로 역사를 정리할 때 선제宣帝·무제武帝의「제기帝紀」2편 그리고「육기전陸機傳」및「왕희지전王羲之傳」등 전기 2편 도합 4편을 태종이 직접 저술하였을 정도로『진서晉書』를 중시했고[38], 이것이 곧 당 황위 계승의 정통성 다툼 문제와 직결되는 등의 이유에서 말미암은 것과도 깊은 연관이 있다고 보인다.[39] 이 같은 연유에서

38　冉昭德,「關于晉史的撰述與唐修≪晉書≫撰人問題」,『西北大學學報』1957年 第4期; 周文玖 編,『晉書·八書·二史研究』, 北京: 中國大百科全書出版社, 2009, p.24.

39　李培東,「≪晉書≫研究」,『上海師範大學學報』1982年 第2·3期; 周文玖 編,『晉書·八書·二史研究』, 2009, pp.46-56.

당 황실에서 각별히 진조晉朝의 역사 정리 및 편찬에 높은 비중을 두었다는 것을 염두에 넣고 보자면, 신라에서는『문관사림』필사본 50권의 수용을 통해 한문학에 있어서 어느 시대의 것보다도 위진남북조시대, 또 어느 분야의 것보다도 시 부문의 영향을 적지 않게 받았을 것으로 살펴진다.

그러면 이와 같이 당이 위진남북조시대의 영향을 한문학 부문에서 많이 받은 면모를 보다 분명히 입증할 수는 없을까? 이런 생각 끝에 착안하여 시도하기에 다다른 게『문관사림』잔본 소재 문장과 양梁 소통蕭統 편찬의『문선文選』의 그것을 비교해보는 것이다. 기실 이러한 시도를 감행하면서는『문관사림』잔본과『문선』에 함께 중복되어 게재된 글이 여러 시대에 걸쳐서 꽤나 많을 것이라고 하는 생각을 품고 있었다. 하지만 실제는 전혀 그렇지 않았다. 그 결과는 아래의 〈표 5〉[40]와 같았다.

〈표 5〉『문관사림』·『문선』중복 소재 문장 비교 분석표

| 연번 | 중복 문장 | | | 『문관사림』·『문선』소재 서지 사항 |
| | 시대 | 작자 | 제목 | |
| --- | --- | --- | --- | --- |
| 1 | 서진 | 육운 陸運 | 답형기일수 答兄機一首 | 『문관사림』 권152 인부人部 9 증답贈答 1 |
| | | | | 『문선』 권25 |
| 2 | | 육가 陸機 | 답가밀일수병서 答賈謐一首幷序 | 『문관사림』 권156 인부 13 증답 5 |
| | | | | 『문선』 권14「답가장연答賈長淵」|

40 이 〈표 5〉의 작성에는 尾崎康,「文館詞林目錄注」, 慶應義塾大學 附屬硏究所『斯道文庫論集』第4輯, 1965, pp.419-441 및 노용필,「신라 국학의 교육 내용과 ≪문선≫」,『신라국학 수용과 전개』2013 신라학국제학술대회 논문집, 경주시·신라문화유산연구원, 2013;『신라 국학과 인재 양성』, 민속원, 2015, pp.116-181 참조.

『문관사림』잔권과『문선』의 내용을, 노용필의 이「신라 국학의 교육 내용과 문선 」가운데 특히「표 1」『문선』편목 권수순 특징 분석표 및 〈표 2〉『문선』편목 저자명 가나다순 분석표를 토대로 전체적으로 일일이 대조하는 작업을 통해 점검하였는데, 그 도중에 다만 尾崎康의 이「文館詞林目錄注」, p.428에는 後漢 王粲의「七釋八首」에 대해 '文選 十七 李善注'가 기입되어 있으나, 반면에 이 〈표 1〉과 〈표 2〉에서는 그런 기록을 찾을 수가 없어 처음에는 매우 당혹스러웠다. 하여 그 사실 여부를 [梁]蕭統 編, [唐]李善 注,『文選』上冊, 長沙:岳麓書社, 2002, pp.523-548 및 [梁]蕭統 選編, [唐]呂延濟 等注,『日本足利學校藏宋刊明本六臣注文選』, 北京:人民文學出版社, 2008, pp.253-266에서 재차 확인해 본 결과, 卷17에는 王粲의「七釋八首」가 결코 등재되어 있지 않음을 알 수 있었기에, 여기에서는 제외하였다.

| 3 | 위 | 조식<br>曹植 | 칠계팔수병서<br>七啓八首幷序 | 『문관사림』 | 권414 칠 4 |
| | | | | 『문선』 | 권34 |
| 4 | 송 | 부량<br>傅亮 | 위송공수초원왕묘교일수<br>爲宋公修楚元王墓敎一首 | 『문관사림』 | 권699 교 4 |
| | | | | 『문선』 | 권36 |
| 5 | | | 위송공수장량묘교일수<br>爲宋公修張良廟敎一首 | 『문관사림』 | 권699 교 4 |
| | | | | 『문선』 | 권36 |

※기준 :『문관사림』소재순※

이 〈표 5〉를 통해서 전체를 통틀어 불과 5개의 문장만이 『문관사림』 잔권과『문선』에서 중복하여 게재되어 있을 뿐이었음을 알 수 있다. 이 5개 문장의 부문을 일일이 살펴보면, 증답이 2, 칠이 1, 그리고 교가 2이므로, 애초에 막연히 지녔던『문관사림』에는『문선』에 포함되지 않은 양 나라 이후 한문학 자료들이 많이 확충되어 있지 않았을까 하는 선입견과는 영 딴판인 셈이다.

그렇기는 하지만 그래도 이 〈표 5〉에서 드러나는 바와 같이『문관사림』·『문선』 중복 소재의 문장이 모두 위진남북조시대의 것이라는 사실은 주목이 된다. 당이 어느 시대보다도 위진남북조시대 작품의 영향을 한문학 부문에서 많이 받은 것만은 이로써도 입증이 되는 게 아닌가 싶다. 따라서 신라의 경우도『문관사림』50권 필사본의 수용으로 당과 마찬가지로 한문학 부문에 있어서는 위진남북조시대 작품의 영향을 많이 받게 되는 것으로 여겨진다.

## 5.『문관사림』 수용과 신라 중대 고문서학의 진흥

『문관사림』50권 필사본의 수용이 신라 중대 고문서학의 진흥에 어떠한 영향을 끼쳤던 것일까? 이 점이 자못 궁금하여,『문관사림』잔권 고문서학 부문의 분야별 시대순 수효 및 비율을 분석해봄으로써 이를 밝히기 위해 그 분석표를 작성하였다. 다음의 〈표 6〉이다.

<표 6> 『문관사림』 잔권 고문서학 부문의 분야별 시대순 수효 및 비율 분석표

| 구분 | 분야별 | | | 조 | 칙 | 영 | 교 | 표 |
|---|---|---|---|---|---|---|---|---|
| 연번 | 시대순 | | | 수효 | | | | |
| 1 | 선진 | | | 0 | 0 | 0 | 0 | 0 |
| 2 | 한 | 한<br>(서한) | | 8 | 1 | 0 | 0 | 0 |
| 3 | | 후한<br>(동한) | | 3 | 0 | 0 | 2 | 0 |
| 4 | 위<br>진<br>남<br>북<br>조 | 위 | | 5 | 0 | 13 | 0 | 0 |
| 5 | | 진晉 | 서진 | 10 | 4 | 0 | 0 | 0 |
| 6 | | | 동진 | 31 | 0 | 1 | 5 | 0 |
| 7 | | 송 | | 20 | 1 | 0 | 8 | 0 |
| 8 | | 남제 | | 17 | 0 | 0 | 0 | 0 |
| 9 | | 양 | | 20 | 2 | 18 | 21 | 0 |
| 10 | | 후량 | | 0 | 0 | 0 | 0 | 2 |
| 11 | | 진陳 | | 5 | 0 | 1 | 1 | 0 |
| 12 | | 후위<br>(북위) | | 16 | 0 | 0 | 0 | 0 |
| 13 | | 북제 | | 10 | 12 | 0 | 0 | 0 |
| 14 | | 후주<br>(북주) | | 12 | 0 | 0 | 0 | 0 |
| 15 | 수 | | | 14 | 5 | 0 | 0 | 0 |
| 16 | 당 | | | 23 | 5 | 1 | 0 | 0 |
| 17 | 불명不明 | | | 0 | 1 | 0 | 0 | 0 |
| 소계 | | | | 194 | 31 | 34 | 37 | 2 |
| 합계 | | | | 298 | | | | |
| 비율(%) | | | | 65.10 | 10.40 | 11.41 | 12.42 | 0.67 |

이 〈표 6〉에 나타난 바를 『문선』의 그것과 비교해보면[41], 『문관사림』 잔권 고문서학 부문의 구성상 특징이 잘 드러난다. 다음의 3가지 점이다.

첫째, 조가 『문선』에는 단 2편밖에 그것도 한 무제의 그것으로만 국한되어 편집되어 있는 데에 비해, 『문관사림』의 잔본에 있는 것만 해도 무려 194편

---

41 비교 대상으로서 『문선』의 조·칙·교 등의 시대순 분야별 수효에 대한 조사는 노용필, 「신라 국 학의 교육 내용과 ≪문선≫」, 『신라국학 수용과 전개』 2013 신라학국제학술대회 논문집, 2013, pp.211-241; 『신라 국학과 인재 양성』, 2015, pp.116-148의 '〈표 1〉 ≪문선≫ 편목 권수별 내용상 특 징 분석표' 참조.

이다. 더더군다나 조에 관한 기록을 면밀히 관찰하면, '조령詔令 32'부터 '조령 40'까지가 현재 온전히 전해지고 있음이 주목된다. 그 중에서도 특히 '조령 35'는 '사유赦宥 1'로 설정되어 있고 '조령 40'은 '사유 6'으로 설정되어 있는데, 이로 보아서 그 이전과 그 이후에 더 많은 조가 편집되어 있었음이 거의 틀림이 없을 것이다.

둘째, 교 또한『문선』에는 조와 동일한 숫자인 단 2편 동진 안제의 것으로만 한정되어 게재되어 있는 데에 반해,『문관사림』잔본에는 37편이 등재되어 있다. 그것도 '교 4'라고 명시되어 있으면서 37편이 남아 전해지므로, 분명히 그 앞에는 '교 1 · 2 · 3'이 더 있었으며, 따라서 현존하는 것보다 훨씬 더 많은 교가 애초에『문관사림』에 편집되어 있었음을 입증해주는 바라고 믿어 의심의 여지가 없어 보인다.

셋째, 더욱이 칙이『문선』에는 하나도 없는 것과는 달리,『문관사림』잔권에는 30문장이나 게재되어 있다. 영슈의 경우에도『문선』에는 전체를 통틀어 단지 1편만이 게재되어 있을 뿐이지만,『문관사림』잔권에는 34편이나 전해지는데, 그것도 면밀히 조사해보면 '영슈 하下'로 분류하여 기록하고 있음에서 적어도 영이 상 · 중 · 하로 되어 있으며, 이 중에서 하의 일부분만이 현재 전해지고 있음을 가늠하기 어렵지 않다. 따라서 영의 경우 역시『문관사림』에 더 많이 등재되어 있었을 것이다.

이와 같은『문관사림』잔권 고문서학 부문의 구성상 특징을 보다 구체적으로 살피기 위해 시대순 분야별 수효와 그 비율을 세분화하여 분석해보았다. 아래의 〈표 7〉이 그것이다.

〈표 7〉『문관사림』잔권 고문서학 부문의 시대순 분야별 수효 및 비율 분석표

| 연번 | 시대순 | 분야별 | 구분 | | | | | |
| --- | --- | --- | --- | --- | --- | --- | --- | --- |
| | | | 소계 | 합계 | | 총계 | | |
| | | | 수효 | 수효 | 비율(%) | 수효 | 비율(%) | |

| | | | | | | | | | |
|---|---|---|---|---|---|---|---|---|---|
| 1 | 한 | 한(서한) | | 조 | 8 | 9 | 3.02 | 9 | 3.02 |
| | | | | 칙 | 1 | | | | |
| 2 | | 후한(동한) | | 조 | 3 | 5 | 1.68 | 5 | 1.68 |
| | | | | 교 | 2 | | | | |
| 3 | 위진남북조 | 위 | | 조 | 5 | 18 | 6.04 | 235 | 78.86 |
| | | | | 영 | 13 | | | | |
| 4 | | 진晉 | 서진 | 조 | 10 | 14 | 4.70 | | |
| | | | | 칙 | 4 | | | | |
| 5 | | | 동진 | 조 | 31 | 37 | 12.42 | | |
| | | | | 영 | 1 | | | | |
| | | | | 교 | 5 | | | | |
| 6 | | 송 | | 조 | 20 | 29 | 9.73 | | |
| | | | | 칙 | 1 | | | | |
| | | | | 교 | 8 | | | | |
| 7 | | 남제 | | 조 | 17 | 17 | 5.70 | | |
| 8 | | 양 | | 조 | 20 | 61 | 20.47 | | |
| | | | | 칙 | 2 | | | | |
| | | | | 영 | 18 | | | | |
| | | | | 교 | 21 | | | | |
| 9 | | 후량 | | 표 | 2 | 2 | 0.67 | | |
| 10 | | 진陳 | | 조 | 5 | 7 | 2.35 | | |
| | | | | 영 | 1 | | | | |
| | | | | 교 | 1 | | | | |
| 11 | | 후위(북위) | | 조 | 16 | 16 | 5.37 | | |
| 12 | | 북제 | | 조 | 10 | 22 | 7.39 | | |
| | | | | 칙 | 12 | | | | |
| 13 | | 후주(북주) | | 조 | 12 | 12 | 4.03 | | |
| 14 | 수 | | | 조 | 14 | 19 | 6.38 | 19 | 6.38 |
| | | | | 칙 | 5 | | | | |
| 15 | 당 | | | 조 | 23 | 29 | 9.73 | 29 | 9.73 |
| | | | | 칙 | 5 | | | | |
| | | | | 영 | 1 | | | | |
| 16 | 불명不明 | | | 칙 | 1 | 1 | 0.34 | 1 | 0.34 |
| 고문서학 부문 합계 및 비율(%) | | | | | | | | 298 | 71.46 |
| 총합계(한문학 부문 + 고문서학 부문) | | | | | | | | 417 | |

시대순으로 정리된 이〈표 7〉을 살피면, 2가지 점의 특이점을 발견할 수 있다. 하나는 위진남북조시대의 것이 78.86%로 거의 80%에 달한다는 것인데, 이러한 추세는 앞서〈표 4〉에서 보았듯이 한문학 부문의 시대순 비율에 있어서 위진남북조의 그것이 80.67%를 점했던 것과 거의 일치하고 있다는 점이라 하겠다. 따라서 현존『문관사림』잔권에서 한문학이건 고문서학이건 막론하고 위진남북조시대의 것이 상당한 비중을 차지하고 있음이 확실하다고 하지 않을 수 없다. 다만 전체 비율에 있어서는 역시〈표 4〉에 적시한 바대로 한문학 부문이 전체의 28.5%인 것과 대조적으로 고문서학 부문이 전체의 71.46%를 차지하므로, 한문학 부문에 비해 고문서학 부문이 약3배에 가까울 정도로 그 비중이 월등하다. 이런 측면을 고려하면 신라의『문관사림』50권 필사본 수용에 있어서도 자연히 한문학 부문 보다는 고문서학 부문의 영향을 비교적 더 크게 받았을 것으로 추정해볼 수 있지 않나 싶어진다.

　또한 이〈표 7〉를 통해 하나 더 감지되는 것은,『문관사림』잔본의 고문서학 부문에 있어서 당의 것이 9.73%나 차지하고 있다는 사실이다. 이는 월등히 높은 양의 20.47%, 약간 높은 동진의 12.43% 보다는 못하지만, 송宋과는 동일하고 여타의 다른 시대보다는 상당히 높은 축에 속하는 것이다. 그러므로『문관사림』잔본의 고문서학 부문 당의 것이, 한문학 부문에서는 전혀 없었던 것과 대조되면서 그만큼 고문서학 부문의 비중이 크게 책정되었다는 것을 드러내준다고 보아 무방하지 않을까 생각한다. 바꿔 말하면『문관사림』자체에서는 당 왕조의 고문서들을 많이 포함시켜 훗날의 기본 규범으로 삼으려 했음을 노출시키는 것이며, 이는 곧 그것의 50권 필사본을 수용한 신라에게도 그러한 측면에서 상당한 영향을 끼쳤을 것임을 상정하기 어렵지 않게 해준다고 풀이된다.

　『문관사림』잔권에 등재된 이러한 조·칙·령·교·표가 지니는 고문서적 의미는 그 각각에 따라 다르다. 그래서 이에 대해 상세히 조사해서 정리해보이면 다음이다.

## (1) 조詔

이 '조'는 『설문해자說文解字』의 풀이에 "조詔, 고야告也"라 했음에서 원래
의 의미는 '통고'였음이 입증되며, 황제의 문서만을 가리키는 게 아니라 호령
號令 및 통고通告의 뜻도 함께 지니고 있다. 그래서 '조서詔書'·'조령詔令' 등
은 모두 상급자가 하급자에게 내리는 일반 명령 성향의 문서를 가리키기도
하지만, 한대漢代에는 '조'가 '조기詔記'를 지칭하여 이런 '조서'와 구별되어 황
제 자신의 '수조手詔'를 의미하기도 했다고 한다.[42]

## (2) 칙勅

'칙'은 보통 '칙서勅書'로 표기되는데, 이는 한대에서 황제가 신하에 대해 교
훈敎訓과 경칙警飭을 내릴 때 쓰던 문서로, 분화되어 '조칙詔勅'·'밀칙密勅'이
라 하기도 한다. 이것이 북주北周 선제宣帝 때 이 '조칙'이라는 명칭이 개혁되
어 '제칙制勅'으로 쓰이기 시작하더니 당대唐代에 이르러서는 세분되어 '책서
册書'·'제서制書'·'위로제서慰勞制書'·'발칙發勅'·'칙지勅旨'·'논사칙서論
事勅書'·'칙첩勅牒' 등 7종으로 되었는데, 때로는 서로 혼용되기도 하였다.[43]

## (3) 영令

이 '영'은 주周 평왕平王이 수도를 동천東遷하고 나서 전개되는 이른바 춘

---

42  李福君,「歷代皇帝文書槪述」, 『明代皇帝文書硏究』, 天津:南開大學出版社, 2015, pp.21-22. 및
    中村裕一, '詔と制の混用', 「王言の種類と'制勅'字」, 『隋唐王言の硏究』, 東京:汲古書院, 2003,
    pp.13-16. 그리고 中村裕一,「詔旨と詔意」, 『隋唐王言の硏究』, 2003, pp.362-370.
43  李福君,「歷代皇帝文書槪述」, 『明代皇帝文書硏究』, 2015, pp.23-24. 및 中村裕一, '制と勅の混用',
    「王言の種類と'制勅'字」, 『隋唐王言の硏究』, 2003, pp.14-16. 그리고 中村裕一,「勅旨と勅意」, 『隋
    唐王言の硏究』, 2003, pp.371-377. 참조.  한편 한국의 고문서학에서는 이상의 '詔'와 '勅'에 대한 선
    례先例가 논급된 바가 없다. 최승희, 『한국고문서연구』, 한국정신문화연구원, 1981. 참조. 하지만
    일본의 고문서학에서는 吉村茂樹,「古文書の種類」, 『古文書學』, 東京:東京大學出版會, 1957; 第2
    版, 1974, p.36에서 日本의 '皇室文書'로서 '詔'와 '勅' 외에 '宣命' 등의 경우를 열거하고 있으며, 福尾
    猛市郎·藤本 篤,「令制にもとづく公文書」, 『古文書學入門』, 大阪:創元社, 1974, pp.85-90에서는
    詔書와 勅旨(勅書)의 樣式을 제시하고 있음이 참조가 된다.

추전국春秋戰國시대에 이르러 문서의 종류와 수량이 다변화되어 '고誥'·'서誓' 등과 함께 왕명王命의 전달 문서로서 사용되기 시작하였는데, '영'은 대개 주周의 천자天子가 발령發令하고 제후諸侯가 사용하였다. 『설문해자說文解字』의 설명에 "'영'은 발호다(令, 發號也)"라는 설명과 『한서漢書』「동방삭전東方朔傳」의 "'영'이라 하는 것은 '명'이다(令者 命也)"라 한 것도 이를 반영한 것이다.

그리하여 각 제후국에서 반포頒布되는 대량의 법령문서들이 이 '영'의 형식으로써 발포發布되었으며, 진秦에서 발포된 상앙商鞅의 「변법령變法令」이 대표적이다. 이후 『문심조룡文心雕龍』에도 이러한 '영'의 사례가 담겨져 전해진다.[44]

### (4) 교敎

이 '교'는 위진남북조에서 한漢의 제도를 따라서 통용된 것으로, 왕王과 대신大臣 사이의 일종의 하행下行 문서로서 광범위하게 사용되었다, 그러다가 당나라에 와서 축소되어 당 제도에서는 『구당서舊唐書』 권40 직관지職官志의 기록에 "친왕공주왈교親王公主曰敎"이라 했음에서 친왕과 공주의 하행 문서로 성립되었다.[45]

신라에서는 『삼국사기』의 기록과 금석문 자료 등에서 이미 삼국시대의 것으로서 이 '교'의 실제 용례가 사뭇 여럿 찾아짐으로써, 국왕의 결정 내용을 적어 신하 및 국민들에게 하달한 문서의 한 형태임이 분명해지게 되었다. 오늘날 한국의 고문서학에서는 조선의 경우를 정리하여 국왕 문서 가운데 대관부對官府 문서로서 '교敎[명命]' 혹은 '교서敎書', 대사인對私人 문서로서 '교서'를 거론하는데[46], 이 역시 신라의 용례와 다름이 거의 없는 게 아닌가 한다.

---

44 李福君, 「歷代皇帝文書槪述」, 『明代皇帝文書硏究』, 2015, pp.19-20.

45 李福君, 「歷代皇帝文書槪述」, 『明代皇帝文書硏究』, 2015, p.25.

46 한국의 조선시대 국왕 문서 중에는 對官府 문서로서 '敎[命]' 혹은 '敎書'가, 對私人 문서로서 '敎書'와 '綸音'이 있을 뿐이며, 이 가운데 '敎書'에 대해서 최승희, '국왕문서', 「고문서의 양식과 그 실제」, 『한

## (5) 표表

이 '표'는 국가 간에 주고 받는 통상적인 외교 문서 형식 자체를 가리키는 것으로, 신라 중대의 것으로는 『삼국사기』 7 신라본기 기록에 문무왕 12년 (672) 9월 문무왕이 "표를 올려 죄를 빌며 말하기를(上表乞罪曰)"이라고 한 데에서 그 구체적인 예를 찾을 수가 있다. 『문관사림』 잔권에 실제로 전해지는 표는 비록 후량後梁의 것 2편밖에는 없지만, 『문관사림』 50권 필사본의 수용을 통해서 표 자체의 서식은 물론 그 서술상의 규범 등이 실례實例를 통해 생생하게 전해짐으로써 이러한 표에 대한 신라의 고문서학적 수준이 한 단계 더 진흥되는 데에 적지 않은 영향을 주었을 것이 분명하다, 그래서 훗날 최치원이 작성하여 당나라에 보내 발해와의 외교적 분쟁을 해결한 것으로 유명한 「사불허북국거상표謝不許北國居上表」가 단적端的인 사례라 하겠다.

신라가 역사적으로 이와 같은 의미를 지니는 문서 양식인 조 · 칙 · 영 · 교 · 표에 관해 『문관사림』 50권 필사본의 수용을 통해 구체적이면서도 상세한 정보를 확보하게 되자, 그 이전과 비교해서 왕실 및 국가의 자료 작성의 확충이 더욱 이루어지고 또 그것을 충실히 활용할 수 있게 됨으로써 신라에 있어서 고문서학 분야의 수준은 크게 향상되었던 것 같다. 『삼국사기』 신라본기에 기록된 국왕문서의 발령 상황을 자세히 분석해보면, 신문왕 이전과 『문관사림』 50권 필사본이 수용되는 신문왕 이후에 있어 국왕문서의 발령에 있어서 현저한 차이가 느껴진다.

다름 아니라 신문왕의 부왕父王 문무왕文武王의 유조遺詔 발령이 그것으로, 이에 해당하는 유일한 사례 중 가히 대표적이라 할 수 있겠다. 왜냐하면 그 이후 신문왕부터 혜공왕까지 이르는 소위 태종무열왕계系의 왕위 계승 시기 즉 중대中代에 이러한 유조가 발령된 사례가 전혀 없기 때문이다. 문무왕

국고문서연구』, 1981, p.47에 관해 "國王이 發하는 命令書 · 訓諭書 · 宣布書이다. 皇帝가 發한 경우는 詔書라고 한다"라는 설명이 붙여져 있음이 주목된다.

이 사망하면서 태자의 왕위 계승을 지시함으로써 그가 신문왕으로 즉위할 수 있도록 조처를 확실히 취하는 등의 자신의 의중을 공개적으로 천명하는 수단으로 이 유조의 형식을 취했던 것이다. 『삼국사기』 신라본기 문무왕 21년 조에 등재된 이 유조는 그 내용으로 보아 완벽하게 고스란히 그대로 전재全載되어 있다고 보이는데, 여기에서 "태자는 곧 관 앞에서 왕위를 잇도록 하라(태자즉어구전太子卽於柩前 사립왕위嗣立王位)"고 명령을 하달함은 물론이고 "율령격식에 불편한 것이 있으면 곧 고치도록 하라(율령격식律令格式 유불편자有不便者 즉편개장卽便改張)"는 지시도 함께 내리면서 끝으로 "멀고 가까운 곳에 널리 알려 이 뜻을 알도록 할 것이며 주관하는 이는 시행하도록 하라(포고원근布告遠近 령지차의令知此意 주자시행主者施行)"고까지 주도면밀하게 당부하고 있다.

문무왕이 이와 같이 '유조'를 발령하여 태자로 하여금 왕위 계승을 자신의 관 앞에서 하도록 하고, 불편한 율령격식의 개정도 당부하는 등의 조처를 취한 것은, 마치 중국의 역대 황제들과 같이 사후에도 정치적 영향력을 유지하면서 그렇게 대우받기를 소망했기 때문임이 틀림없다. 그러므로 문무왕의 이와 같은 유조 발령은 자신이 황제가 아니어서 중국의 황제와 꼭 같이 전제황권專制皇權을 행사할 수는 없을지언정, 삼국통일을 달성하고 전쟁에서 승리를 거둠으로써 당의 야욕도 물리친 어엿한 신라국의 국왕으로서 전제왕권專制王權을 행사하고자 했으며, 자신의 사후 태자 역시 왕위를 순조롭게 계승하여 그것이 유지되기를 희망한 데서 나온 조처였다고 헤아려진다.

문무왕의 이와 같은 유조의 발령에 의해 왕위를 순조롭게 계승하였던 신문왕으로서는, 이러한 문무왕의 유조 발령 자체가, 앞서 살펴보았듯이 중국의 경우에도 '조서詔書'가 황제의 경우에만 쓸 수 있는 게 아니었으므로 중국의 고문서 속에서 찾아지는 수많은 선례先例들에 비추어도 결코 사리에서 벗어난 게 아니며, 국제간 외교적 의례에서도 용인容認될 수 있다는 것을 입증함으로써 자신의 정치적 입지를 공고히 하고자 했을 것이다. 뿐만 아니라 태종무열왕─문무왕으로 이어지면서 성립된 전제왕권의 행사를 용이하게 유지하고 확립하기 위해서도, 사신 파견을 통해 중국 황실에서의 선례들을 수집하려 시도했고, 그러한 노력의 결실로서 측천무후의 지시를 통해『문관사림』50권 필사본을 수용하게 됨으로써 결국 성취되기에 이르렀던 것이다. 즉 신문왕의『문관사림』50권 필사본 수용은 신라로서는 그만큼 그것을 통해 한문학 부문의 진흥이 더욱 이루어지는 계기는 물론이고 아울러 고문서학 부문 자체의 진흥에도 주요한 계기를 마련하게 되었다고 할 수 있다. 따라서 신라 중대『문관사림』의 수용이 곧 한문학 및 고문서학의 진흥에 매우 중요한 계기가 되었음이 거의 분명하다고 하겠다.

# 제2부
## 역사학 편

제1장
# 고구려의 손성『진춘추』수용과
# 춘추필법의 역사학 정립

## 1. 머리말

고구려의 손성孫盛『진춘추晉春秋』수용이 언제 어떤 배경에서 이루어졌는
지를 헤아릴 수 있는 기록은 현재까지는 전혀 없다. 단지 고구려의 학문 발달
과 관련하여 어떠한 책들이 활용되고 있었는지 하는 사실을 전해주는 다음과
같은 기록 속에, 손성『진춘추』가 포함되어 있었음을 전해주는 게 고작이다.

> 습속은 서적을 매우 좋아하여 … 그 책으로는 5경 및『사기』·『한서』· 범엽『후
> 한서』·『삼국지』· 손성『진춘추』·『옥편』·『자통』·『자림』이 있다. 또한『문
> 선』이 있는데, 이를 가장 좋아하고 소중히 하였다.[1]

이 기록에서 유일무이하게 찾아지는 '손성『진춘추』'에 관해 정확히 풀이
하면, 중국 진晉나라 때 손성이 저술한『진춘추』를 지칭하는 것이다. 다만 혹

---

1 원문은 다음과 같다. "俗愛書籍 … 其書有五經及史記 · 漢書 · 范曄後漢書 · 三國志 · 孫盛晉春秋 · 玉
篇 · 字統 · 字林 又有文選 尤愛重之" (『舊唐書』199 高麗傳) 국역은『중국정사 조선전』, 국사편찬위
원회, 1988, p.244를 참조하여 재정리한 것이다. 姜維東 (외),『正史高句麗傳校注』, 長春 : 吉林人民出
版社, 2006, pp.239-243도 참고가 되었다.

간 서명書名 가운데 '춘春'이 '양陽'으로 바뀌어 종종『진양추晉陽秋』로 전하기도 하는데, 동진東晉 간문제簡文帝(371-372)의 생모生母 정태후鄭太后의 명명名名이 '아춘阿春'이었다고 해서 이를 피휘避諱해서 심지어 공자孔子의『춘추春秋』조차도『양추陽秋』로 부득불 고치게 되었던 데에 연유하여 그런 것임을 유념할 필요가 있다.[2]

이러한 손성『진춘추』의 고구려 수용과 관련하여서 한국사 분야에서는 말할 것도 없고[3], 국내에서 축적된 중국사 분야의 연구 성과에서조차도 이에 대한 심층적인 연구 성과가 거의 없는 실정에 있다고 할 수 있다. 하지만 중국에서 나온 최근까지의 연구 성과들[4]을 일일이 조사하여 천착해보면서 이에 대한 적지 않은 사실들을 가늠할 수 있게 되었다.[5] 그러므로 중국 사학계의 연구 성과들을 토대로 삼아, 이 논문에서는 고구려의 손성『진춘추』수용이 언제 어떤 배경에서 이루어졌는지 그리고 그 역사적 의의는 무엇인지에 대해 살펴보려고 하는 것이다.

2 王新華,「避諱史」,『避諱研究』, 濟南:齊魯書社, 2007, p.261 및 王建,「東晉的皇后之諱」,『中國古代避諱史』, 貴陽:貴州人民出版社, 2002, pp.76-80.

3 국사편찬위원회에서 출간해 낸 앞의『중국정사 조선전』역주본에서도 이 '손성진춘추' 항목에 대해 전혀 註釋을 달지 못하고 있는 정도다.

4 이 가운데서 저자가 구하여 정독하여 유익하였다고 판단할 수 있었던 것들만을 제시해도 다음과 같다. 喬治忠,「孫盛史學發微」,『史學史研究』1995年 第4期, pp.32-40;『中國官方史學與私家史學』, 北京:北京圖書館出版社, 2008, pp.361-373. 李穎科,「孫盛史學初探」,『西北大學學報』哲學社會科學版 1984年 第4期, pp.65-72. 饒宗頤,「敦煌與吐魯番寫本孫盛晉春秋及其『傳之外國』考」,『漢學研究』第4卷 第2期, 1986, pp.1-8. 謝祥皓,「≪晉陽秋≫雜考」,『東嶽論叢』1987年 第5期, pp.91-100. 王建國,「孫盛若干生平事跡及著述考辨」,『洛陽師範學院學報』2006年 第3期, pp.71-73. 任振河,「太原·晉陽的來歷與變遷」,『太原理工大學學報』社會科學版 第27卷 第1期, 2009, pp.40-45 및 p.60. 吳心怡,「魏晉太原孫氏的家學與家風」, 國立成功大學 中國文學研究所 碩士論文, 2003. 朱新華,「關於孫盛陽秋」,『讀書(Reading)』1994年 11期, p.30. 李建華,「孫盛≪晉陽秋≫湯球輯誤收檀道鸞≪續晉陽秋≫考」,『史學史研究』2010年 第4期, pp.104-111. 李中華,「孫盛的儒學思想及其對道·玄的批判」,『中國儒學史-魏晉南北朝卷』, 北京:北京大學出版社, 2011, pp.157-173.

5 현재 湮滅된 지 근 1천년이 된 孫盛『晉春秋』의 寫本 殘卷이 1972년 吐魯番의 한 墳墓에서 출토되어 1천여 字에 달하는 내용을 확인할 수 있게 되어 면밀한 분석이 진행 중이다. 王素,「吐魯番所出≪晉陽秋≫殘卷史實考證及擬補」,『中華文史論叢』1984年 2期, 上海:上海古籍出版社, 1984;『漢唐歷史與出土文獻』, 北京:故宮出版社, 2011, pp.352-368 및 陳國燦,「吐魯番出土東晉(?)寫本≪晉陽秋≫殘卷」,『陳國燦吐魯番敦煌出土文獻史事論集』, 上海:上海古籍出版社, 2012, pp.15-23.

## 2. 고구려의 손성『진춘추』수용과 그 배경

역사적으로 위진남북조魏晉南北朝는 자서字書의 계승과 변화 발전의 시기로 선진先秦·양한兩漢의 자서 전통을 이어서 발전시켰으며, 이에 따라 『설문해자說文解字』를 증보增補한 자전字典『자림字林』과 같은 사전詞典이 이 시기에 생겨났다. 또한 서체書體에 있어서 전서篆書를 뒤따라 예서隷書와 해서楷書가 사용되는 문자의 추세가 직접 영향을 끼쳐 자서가 편찬되었는데, 이때에 고야왕顧野王의『옥편玉篇』이 나타났다. 그리고 고대 자서가 전환하는 하나의 단계였던 이 시기에 지금은 전해지지 않는『자통字統』과 같은 자서도 편찬되어 그 잔문殘文 일부가 전해지고 있다.

특히『자림』은 시대에 상관 없이 이현李賢『후한서주後漢書注』의 예에서 드러나듯이『후한서』와 같은 역사서를 해독함에도 요긴하였으며, 역도원酈道元『수경주水經注』및 육덕명陸德明『경전석명經傳釋明』의 경우에서 엿볼 수 있는 바처럼『수경』을 위시한 수많은 종류의 경전을 해독함에 있어서도 꼭 참고가 되어야 하는 책이었다. 게다가 이선李善『문선주文選注』에서도 그랬다는 점에서『자림』은 중국 고대의 문학을 제대로 파악하고 이해하는 데에도 반드시 활용되어야 했던 자서였다.

게다가『자통』은 북위北魏 때 추진된 문자의 규범화規範化 정책에 따라 한어漢語의 사용을 권장하고 낙양음洛陽音을 '정음正音'으로 삼음에 따라 이전의『자림』에 비해 어휘가 늘어났고 이것을 포함하게 됨으로써 증자增字가 되었던 것이다. 그리고 또한 불교의 수용에 따른 불교 경전의 번역이 대대적으로 이루어져 새로운 글자가 생겨나자 이 역시『자통』에 포함시키게 됨으로써 이체자異體字 역시 증가하게 되었을 뿐만 아니라, 전쟁 등을 통해 문화의 양상이 이전보다 새로운 면면이 생겨나면서 어휘의 의미 역시 증가되어『자림』에 비해 상세한 설명이 곁들여지게 되었다고 하겠다.[6]

---

6 노용필,「한국 고대 문자학과 훈고학의 발달」,『진단학보』110, 2010, pp.4-5 및 p.8 그리고 p.12; 이

그리고『옥편』은 첫째 인용문헌에 대해 모두 출전出典을 밝힘으로써 원전原典과의 대조를 가능하게 했다는 점, 둘째 증거가 풍부하여 훈고학訓詁學의 가치를 높였다는 점, 셋째 안어案語 곧 찬자撰者인 고야왕 자신의 의견을 분명하게 제시함으로써 해설을 명확히 해주었다는 점, 넷째 이체자를 광범위하게 수록하였을 뿐만이 아니라 어느 부수部首에 속하는지를 밝혀줌으로써 검색을 편리하게 해주었다는 점, 그리고 다섯째 고문헌 자료들을 보전함으로써 집일輯逸과 교감校勘에 도움을 주었다는 점에 특징이 있었다. 따라서 이러한 견지에서『옥편』은 한자학사와 훈고학사 및 자전편찬사에 있어서 매우 중요한 위치를 차지하고 있다.

지금까지 살폈듯이 이들 자서들의 편찬 시기 및 자수字數 증가의 추세 그리고 서체의 특징 등을 그 이전의『설문해자』를 기준으로 삼아 비교하면서 살피면, 이 자서들을 한꺼번에 고구려인들이 활용했던 이유가 무엇이었는지를 가늠할 수 있다고 본다. 그래서 이에 관한 사항을 표로 만들어 제시해보이면 다음의 〈표 1〉[7]이다.

〈표 1〉 중국 고대 주요 자서의 수록 한자 자수 및 서체의 특징 비교표

| 자서명 | 찬자 및 편찬 시기 | | | 한자 자수 | 서체의 특징 |
|---|---|---|---|---|---|
| | 찬자 | 시대 | 연도 | | |
| 『설문해자』 | 허 신 | 한 | 100 | 9,353 | 전서 |
| 『자림』 | 여 침 | 진 | | 12,824 | 예서 |
| 『자통』 | 양승경 | 후위 | | 13,734 | 이체자 |
| 『옥편』 | 고야왕 | 양 | 543 | 16,917 | 해서 |

『설문해자』 이후 새로 생긴 글자들을 수록하면서 이 자서들의 자수가 점증하였으므로, 이러한 추세에 따라 자연히 고구려인들은 새로운 자서들을 활

---

책의 제1부 제1장 참조.

7 唐封演 撰,『封氏見聞記』卷2「典籍」; 王雲五 主編,『叢書集成』初編, 1936, pp.8-9 및 王鳳陽,『漢字學』, 吉林文士出版社, 1989, p.532 그리고 胡奇光,「小學的發展―六朝隋唐時代」,『中國小學史』, 2005, p.115; 李宰碩 譯,『中國小學史』, 東文選, 1997, p.186 참조.

용해야 제대로 당대當代의 문서와 서적들을 해독할 수 있었을 것임에 틀림이 없다. 이러한 연유에서 찬술 연대순으로는 분명 『자림』·『자통』·『옥편』이지만 『구당서』199 고려전의 기록에 거명된 순서가 그 역순으로 되어 있는 것 역시 고구려인들이 당시에 실질적으로 활용한 정도에 따른 것이라 가늠된다고 하겠다. 그런데다가 또 하나 간과해서는 안 될 사실이 『자림』과 『옥편』의 서체가 각각 예서와 해서였다는 점이다. 그러므로 수록 글자의 숫자 측면에서도 후대의 것들이 더욱 확장되었으므로 그랬을 것이지만, 수록 글자의 서체가 다르다는 측면에서도 이들 자서 모두가 빠짐없이 고구려인들에게는 소중히 활용됨으로써, 이에 따라서 고구려의 문자학이 발달하게 되었을 것이다.

그러면 고구려인들은 이런 자서들을 구체적으로 어떠한 데에 활용하였던 것일까? 이 점과 관련하여 더욱이 크게 주목되는 바는, 고구려 안원왕安原王(531-545)·양원왕陽原王(545-559)·평원왕平原王(559-590) 재위와 같은 시기인 중국 남북조시대 말기에 활약하였던 안지추顔之推(531-591)가 저술한 『안씨가훈顔氏家訓』 내용을 샅샅이 찾아보면 당시에 특히 『자림』이 무슨 용도로 활용되었는지에 관한 기록들이 기재되어 있음을 알 수 있다는 사실이다. 그러므로 이에 견주어서 고구려인에게도 그랬을 것으로 상정해 보는 게 가능하다고 본다.

첫째, 시가를 짓고 낭송하는 데에 정확함을 기하기 위하여 『자림』 등이 반드시 필요하였다. 둘째, 역사 속의 지명을 제대로 파악하고 위치를 정확히 알기 위해서도 『자림』이 역시 크게 참조되었다. 그리고 셋째, 경전에 보이는 글자 혹은 비문碑文에 씌어져 있는 지명에 대한 정확한 발음을 위해서도 『자림』은 또한 필요한 책이었다. 『자림』이 이렇게 활용되었다고 함은 그것만 그랬다고 보기보다는 『자통』과 『옥편』의 경우에도 그랬을 것으로 여기는 게 순리일 것이다.

따라서 고구려인들이 매우 좋아했다는 서적으로서 『구당서』의 기록에 5경 및 『사기』·『한서』·범엽『후한서』·『삼국지』·손성『진춘추』를 열거하였을 뿐더러 "또한 『문선』이 있는데, 이를 가장 좋아하고 소중히 하였다"고까지 서술한 것을 상기한다면, 이러한 해석은 역시 충분히 타당하고 인정받을 만 하다고 생각한다. 중국인들의 눈에도 그렇게 비춰져서 이렇게 기록이 남게 되었을 정도로, 고구려의 문자학은 높은 수준으로 발달해 있었음이 틀림없었 던 것이라 하겠다.[8]

이러한 문자학의 발전 토대 위에서 앞서 제시한 바『구당서』199 고려전을 통해서 고구려인들이『사기』를 비롯한 여러 중국 사서를 수용함으로써 사학 사상을 위시하여 역사 편찬의 체재는 물론이고 서술의 방식에 대해서도 익 히 알게 되었고, 자신들의 역사 편찬에 이를 극력 활용하였을 것이다. 그럼으 로써,『삼국사기』의 기록에『유기留記』100권을 태학박사太學博士 이문진 李文眞이 영양왕嬰陽王 11년(600)에『신집新集』5권으로 '산수刪修'하였다고 하였음에서 드러나듯이, 옛 기록을 정리하고 그 이후의 새로운 사실을 추가 하여 서술하는 방식을 선호하고 있었다고 보인다. 그리고 이와 같은 방식은 이문진의『신집』'산정刪定 수찬修撰' 이후에는 고구려인들에게 전범典範으 로 여겨졌을 법하다.[9]

고구려 당시 역사학의 이러한 측면은 중국의 영향을 적지 않게 받은 것으 로, 중국의 사학史學이 위진남북조시대에 이르러 각 민족 자체의 사학 발전 과 더불어 여러 종류의 사서들이 나타나 경학 다음으로 학술영역에서 중요한 독립된 위치를 차지하게 되었을 뿐만 아니라, 사회적으로도 역사에 대해 통 치자들도 중시하고 역사 읽기를 제창한 것에서 그러하였다. 그럼으로써 보 통 한 권의 역사책이 세상에 나오면 심지어는 적대敵對 정권政權의 국사國史 까지도 빠른 속도로 전파되었으며, 곧 필사筆寫하여 널리 읽었고 이는 문인 文人들만 그런 게 아니라 무인武人을 비롯한 국민들도 그랬다고 한다.[10] 그리

---

8 이상은 노용필,「한국 고대 문자학과 훈고학의 발달」, 2010, pp.15-18; 이 책의 제1부 제1장 참조.
9 노용필,「신라 이주 고구려인의 역사 편찬」,『한국사학사학보』25, 2012, pp.9-11; 이 책의 제2부 제2 장 참조.
10 중국사학사 편집위원회 지음, 김동애 옮김,「사회변동기 역사학의 발전」,『중국사학사─선

고 이러한 경향은 중국에서만 한정된 게 아니었고 고구려에서도 역시 그러하였다고 판단되는데 이러한 사정은, 앞에서 살펴보았듯이 『구당서』의 기록에서 고구려에서도 서적을 좋아해서 『사기』·『한서』·범엽『후한서』·『삼국지』·손성『진춘추』등이 읽혀지고 있었다고 함에서도 잘 드러나고 있다고 하겠다.[11]

## 3. 손성 『진춘추』의 내용과 그 특징

『태평어람太平御覽』의 기록에 인용되어 있는 『진춘추』의 기록을 모아 정리한 게 부록附錄의 〈표 1〉이다. 이에 따르면 『진춘추』 자체가 마치 중국사에서 왕왕 운위되는 유서類書 곧 오늘날의 개념으로는 분류사分類史인 것처럼 느껴지게 정리되어 있다.[12] 한편으로는 황석黃奭 『일서고逸書考』에 나

---

진·한·당 편』, 간디서원, 초판, 1998; 개정판, 2006, pp.218-220 참조.

11 이렇게 생각하고 보면, 고구려의 扃堂과 관련하여 『구당서』 동이전 고려 조에 "이 곳에서 書夜로 讀書와 활쏘기를 한다"커니, 『신당서』 동이전 고려 조에 "여기에 모여서 經書도 외우고 활쏘기도 연습한다"커니 한 데에서의 '書'에는 역사서도 의당 포함되었을 것임에 틀림이 없지 않나 생각한다. 기왕의 연구 성과들 중에서 扃堂에서의 역사 학습 문제와 관련을 지워 扃堂이 고구려 후기(이병도, 『한국사』 고대편, 을유문화사, 1959, p.569), 그것도 특히 대외적인 정복사업의 진전에 따라 長壽王 15년(427)의 平壤 遷都 이후일 것이라는 견해(이기백, 「고구려의 경당─한국 고대국가에 있어서의 미성년집단의 일유제─」, 『역사학보』 35·36 합집, 1967; 『한국고대정치사회사연구』, 일조각, 1996, pp.100-101)는 크게 주목되어 마땅하다고 하겠다.    최근 이정빈, 「고구려 경당의 설립과 의의」, 『한국고대사연구』 67, 2012에서도 이러한 견해를 일부 취하면서, 새로운 해석을 시도한 바가 있다. 그 가운데 p.358에서 扃堂의 교육 내용과 관련하여,"경당의 독서·송경은 忠·孝·信과 같은 유교적 덕목은 물론이고, 이를 통해 한문을 익히는 것에 그 주요 목적이 있었다고 생각할 수 있다. 물론 태학의 존재를 고려하면 경당의 한문 교육이 고급 수준의 것은 아니었을 것이다. 기초적인 독해·작문 실력이 추구되었다고 생각한다"고 한 바가 있다. 하지만 당시에 한문을 익히는 주요 목적이 단지 한문에 익히는 것 자체에 있었다고는 전혀 보이지 않을뿐더러, 비록 그 수준이 '기초적'인 것일지언정 어떤 내용을 '독해'하고 '작문'했는가 중요하며, 사상사적인 연구라면 이러한 측면을 염두에 두고 접근해야 옳을 줄 안다.

12 太平御覽에 관해서는 周生傑, 『太平御覽研究』, 成都:巴蜀書社, 2008. 그리고 이를 포함한 唐代 및 古代의 전반적인 類書들에 관한 것은 戚志芬, 『中國的類書政書和叢書』, 北京:商務印書館, 1991; 增訂版, 1996; 北京 第4次 印刷, 2007. 唐光榮, 『唐代類書與文學』, 成都:巴蜀書社, 2008. 胡道靜, 『中國古代的類書』, 北京:中華書局, 1982; 新一版, 2005; 重印, 2008 참조. 또한 『晉春秋』를 위시한 清代에 이루어진 輯佚에 관해서는 郭國慶, 『清代輯佚研究』, 北京:民族出版社, 2010 및 喩春龍, 『清代輯

타난『진춘추』관련 기록들을 도표로 작성한 게 부록 〈표 2〉인데, 이를 보면 『진춘추』자체가 마치 기전체紀傳體였던 듯이 분석될 여지가 있도록 인물 중심의 기록으로 종합되어 있다. 또 다른 한편으로는 양구湯球『진양추집본 晉陽秋輯本』에서는 부록 〈표 3〉에서 보듯이 명백히 편년체編年體임이 드러 난다. 이를 통해서『진양추집본』에는 선제宣帝 청룡靑龍 2년(234)에서부터 공제恭帝 원희元熙 2년(420)에 이르기까지의 187년간의 기록이 연대순으로 정리되어 있음을 알 수 있다.[13]

이와 같이 양구의『진양추집본』에서『진춘추』가 편년체로 정리된 것은, 『춘추』자체가 편년체였으므로『진춘추』역시 편년체가 되었던 데에서 비롯 한 것으로 생각된다. 그럼에도 불구하고 황석『일서고』에서 기전체인 것처 럼 정리한 것은, 정사류正史類는 대체로 기전체였기에 그런 사실을 의식하 여 손성『진춘추』역시 기전체였던 듯이 꾸몄던 것이 아닐까 추찰推察된다.[14] 그리고 손성의 인물에 관해서 최근의 중국학계의 연구 성과들을 섭렵하여 종 합해보면 서기 302년에 출생하여 373년에 사망한 인물로, 동진東晉에서 좌 저작랑佐著作郞으로서 역사 편찬을 담당한 이후 비서감秘書監을 거치면서, 『진서晉書』82 손성전에서 거명되는『진춘추』·『위씨춘추魏氏春秋』등의 역사서를 위시하여『위양추이동魏陽秋異同』』·『위세보魏世譜』·『촉세보 蜀世譜』·『일인전逸人傳』등이 있었다고 전해진다.[15]

더욱이 유지기劉知幾의『사통史通』모사편摸似篇의 기록에 손성의 저서 에 '위진이양추魏晉二陽秋'가 있다고 했는데, 이는『진양추』와『위씨춘추』

    佚研究』, 上海:上海古籍出版社, 2010 참조.

13 李建華, 「孫盛≪晉陽秋≫湯球輯誤收檀道鸞≪續晉陽秋≫考」, 2010, pp.104-111에서는 湯球『晉陽 秋輯本』의 일부 오류에 대해 세밀하게 논증하고 있음에 유의하고자 한다. 특히 p.105에서는 孫盛 『晉春秋』가 桓溫의 죽음에 대해 기술하고 있지 않은 사실에 주목하여, 『晉春秋』자체가 寧康 元年 (373) 7월 그의 죽음 이전에 成書되었으며, 그래서 簡文帝 咸安 元年(371) 11월부터 孝武帝 寧康 元 年(373) 7월 사이에 이루어졌을 것으로 보고 있음이 참조된다.

14 黃奭의『漢學堂叢書』와 湯球의『九家舊晉書輯本』에 대한 비교 검토에 대해서는 唐長孺, 『魏晉南北 朝史籍擧要』, 1975; 唐長孺文集『唐書兵志箋正』(外二種), 北京:中華書局, 2011, pp.23-27 참조.

15 [淸]嚴可均 輯, 何宛屛等電訂, 『全晉文』(中), 北京:商務印書館, 1999; 제2차 인쇄, 2006, pp.651-671.

를 함께 지칭한 것이며, 그리고『위씨춘추』가 때로는『위양추』로 불리기도 했던 데에서 연유하는 것으로 여겨진다. 이러한 견지에서 살피면,『위양추이동』이라는 저서도 이『위양추』의 저작 과정에서 사실 고증을 하다가 부수적으로 정리하게 되었던 게 아닐까 싶다. 이와 관련하여 손성의 저술로서『구당서』경적지經籍志 및『신당서』예문지藝文志에서 한결같이『위양추이동』8권을 기록하고 있음을 주목하게 되는데, 특히 배송지裵松之의『삼국지주三國志注』에서 '이동평異同評' 및 '이동기異同記' 등등으로 거론한 것도 같은 책이었음에 거의 틀림이 없을 것이다. 이는 손성이 역사를 편찬하면서 사료의 고증에 그만큼 심혈을 기울였음을 드러내주는 것이며, 이러한 사실은 중국 고대의 사학사에서 중요한 의의를 가진다고 하겠다.

고증을 중시하는 이러한 손성의 사학적 연구 방법은『위세보』·『촉세보』·『일인전』등에서도 구현되었으며, 본 연구를 통해 면밀히 고찰하려고 하는『진춘추』에서도 역시 지향되었음에 의심의 여지가 없다고 판단된다. 다만『위세보』와『촉세보』는 위·촉 양국의 군주와 대신의 세계世系를 중심으로 삼고 그 추종인물들에 대한 사적을 기술하는 것이었음에 반해,『진춘추』에서는 그 이후 진대晉代까지 관심을 확장하여『수서隋書』경적지 기록에 "흘우애제訖于哀帝"라고 기술하였음에서 드러나듯이 서진(265-317)부터 동진(317-420)의 애제(361-365) 재위 때까지의 사실을 편년체의 형식으로 저술한 것이었다고 판단된다.[16]

손성의『진춘추』는 이렇듯이 한·수 시기에 저작된 영향력이 큰 편년체 사서 중의 하나로서, 내용상 "언사를 곧게 하고 이치를 바르게 한다(사직이이정詞直而理正)"하여 당시 대표적 권신權臣이었던 환온桓溫의 압력을 과감히 억제한 점으로, 그래서 환온이 전연前燕을 북벌北伐할 때 방두枋頭에서 패

---

16 『晉陽秋』가 編年體라는 점과 관련하여서는 [淸]湯球 輯, 吳振淸 校注,「附錄三:≪十六春秋輯補·湯球傳≫王秉恩撰」,『三十國春秋輯本』, 天津:天津古籍出版社, 2009, pp.270-271 및 瞿林東,「史學的多途發展」,『中國史學史綱』, 北京:北京出版社, 1999, pp.229-230 참조.

배한 사실을 기재한 것을 구체적인 예로 들 수 있다.[17] 그리고 자신이 직접 조사한 대량의 자료를 근거로 기술했기 때문에 사료로서의 가치가 높다는 점이다. 그리하여 당시 사람들이 "모두 양사라고 칭했으며(함칭양사鹹稱良史)" 그래서 널리 유포되어 당시 고구려까지 전해질 수 있었다는 것이다.[18] 더욱이 당唐 태종太宗이『진서晉書』를 편찬하도록 내린 조칙詔勅『수진서조修晉書詔』에서『진서』를 수찬함에 참고해야할 것으로 거명하고 있는 역사가 14명 속에 손성이 들어있다.[19] 그럴 정도로 정관貞觀 20년(646)부터 22년(648)사이에 편찬된[20]『진서』에 손성의 저술 가운데에서 특히『진춘추』는 크게 영향을 끼쳤던 것으로 파악된다.[21]

따라서 손성의『진춘추』를 구체적으로 살피면, 다음의 4가지 점에서 특징을 담고 있었다고 분석된다. 첫째 실제의 역사적 사실을 직서直敍하는 역사 서술 태도를 견지함으로써 춘추필법春秋筆法을 실행에 옮기고 있었다. 둘째 그에 따라서 역사평론歷史評論을 위주로 하면서 도의관념道義觀念을 뚜렷이 표방하였다. 셋째 국법國法에서 특히 형정刑政을 엄정히 밝혀 예제禮制를 회복해야 한다는 역사사상을 지니고 있었다. 그리고 넷째 서진西晉의 멸

---

17 永和 10년(354) 제1차, 永和 12년(356) 제2차 및 太和 4년(369) 제3차 등 桓溫의 3차례에 걸친 北伐 과정과 그 과정에서 전개된 東晉에서의 政爭에 관한 상세한 검토로서는 田餘慶, 「桓溫의先世和桓溫北伐問題」,『東晉門閥政治』, 北京：北京大學出版社, 初版, 1989; 5版, 2012, pp.132-188 참조.

18 이와 관련해서는 중국사학사 편집위원회 지음, 김동애 옮김, 「≪한기≫와≪ 후한기≫등 편년체 단대사」, 앞의『중국사학사』, 2006, p.196 참조.

19 瞿林東,『中國史學史』3 魏晉南北朝隋唐時期·中國古代史學的發展, 上海：上海人民出版社, 2006, pp.148-149 및 謝保成, 「新修兩晉南北朝史」, 謝保成 主編,『中國史學史』(1), 北京：商務印書館, 2006. pp.505-506 참조.

20 李培棟, 「≪晉書≫研究」,『上海師範大學學報』1982年 第2·3期; 周文玖 主編,『≪晉書≫, "八書", "二史"研究』, 北京：中國大百科全書出版社, 2009, p.46 참조.

21 朱大渭, 「≪晉書≫的評價與研究」,『史學史研究』2000年 第4期; 周文玖 主編,『≪晉書≫, "八書", "二史"研究』, 2009, pp.93-94. 이와 관련한 구체적인 논증과 관련하여서는 呂思勉,『呂思勉讀史禮記』, 上海：上海古籍出版社, 2005 및 周一良,『魏晉南北朝史禮記』, 北京：中華書局, 1985 참조. 그리고『晉書』本紀 뿐만 아니라『晉書』의 여러 傳에 보이는 人物評論 역시 孫盛의『晉陽秋』를 자주 인용하고 있어 이 책이『晉書』를 編修할 때 중요한 참고서가 되었음을 알 수 있다고 함은 唐長孺,『魏晉南北朝史籍舉要』, 1975; 唐長孺文集『唐書兵志箋正』(外二種), 2011, p.21 참조.

망과 동진東晉의 홍기와 관련하여서 특히 천인합일설天人合一說에 기초를 두고 천인감응天人感應 및 재이응험災異應驗의 관념을 지니면서 이를 역사 서술에 있어서도 적용하는 태도를 드러냈다. 이러한 사관史觀에 입각해서 손성이 편년체로서『진춘추』등을 편찬한 것 자체는, 그에 앞선 시대에 편찬된『사기』·『한서』·『후한서』가 모두 기전체였던 사실과 비교하더라도 커다란 역사적 의미를 가지는 것이라 할 수 있다. 더더군다나 그가『진춘추』의 서술을 통해 유학儒學의 도의를 앞세워 상고上古의 예제를 회복해야 함을 강조하면서 현학玄學 즉 노장老莊에 반대하는 입장을 명확히 밝히는 사론을 강력히 표방하고 있었음은 특기할 만하다고 여겨진다.[22]

그렇더라도 이러한 손성의 역사인식 및 역사편찬의 태도 중에서 다른 무엇보다도 가장 크게 사학사적인 의미를 지니는 점은 소위 '술이부작述而不作'의 춘추필법에 입각하고 있었다고 하는 점이라 생각된다. 손성이『진춘추』의 서술에서 이 '술이부작'의 춘추필법에 입각하였을 것임은, 그 서명이『춘추』에서 비롯된 것이었음에서도 충분히 예감할 수 있는 것은 두말할 나위가 없지만[23], 보다 직접적으로는 남조南朝의 양梁에서 활약한 유협劉勰(465?-520?)의『문심조룡文心雕龍』에서 찾아지는 다음의 기록들에서 구체적으로 가늠할 수가 있는 것으로 믿어진다.

(1)옛날에는 왼쪽 사관史官은 (임금의) 행동을 기록하고 오른쪽 사관은 말을 기록했다. 말을 기록한 경서가『상서尙書』이고 행동을 기록한 경서가『춘추春秋』이다. 당우唐虞시대의 역사는『상서』의「전典·모謨」에 의거해서 전해 내려오고, 상

---

22 이상에 대해서는 喬治忠,「孫盛史學發微」,『史學史研究』1995年 第4期, pp.32-40;『中國官方史學與私家史學』, 2008, pp.361-373 참조.

23 『春秋』의 내용 중에서 春秋筆法의 구체적인 면면을 담고 있는 대표적인 대목은 다음과 같다고 생각한다. "≪春秋≫의 記事는 隱微하면서도 뚜렷이 나타나고, 기록하되 흐릿하게 감추며, 婉曲하면서도 조리가 있으며, 曲盡하면서도 비루하지 않고, 악을 징계하고 선을 권장한다. 성인이 아니고서야 누가 능히 이를 編修할 수 있겠는가!"(『春秋左氏傳』「魯成公 15年 가을 조」)
이 부분의 국역은 권오돈 역해,『춘추좌전』신역판, 교육출판공사, 1985, p.231 및 신동준 옮김,『춘추좌전』2, 한길사, 2006, pp.94-95를 참조하여 著者가 정리한 것이다.

하상夏시대의 역사는 『상서』의 「고誥·서誓」안에 포괄되어 있다. 주周가 새로운 천명天命을 받았을 때, 주공周公은 법전法典을 제정했다. 그는 한 해의 첫 달을 결정하는 3가지 방법을 고찰하여 주력周曆을 공식화했다. 또한 그는 사건들을 질서 있게 정리하기 위하여 사계四季에 따르는 방식을 사용하였는데, 이러한 방식을 가리켜 '춘추'라고 한다. (『문심조룡』 권4 사전史傳 제16)[24]

(2)진대晉代의 역사서는 매우 많다. … 손성의 『진양추』는 그 간결함 때문에 매우 유능한 저작으로 평가되어 왔다. 내가 보기에는, 『춘추』에 대한 주석을 단 사람들은 역사의 서술을 지배하는 어떤 원리들과 일반적인 짜임 관계들의 계통을 세웠다. 그러나 『사기』와 『한서』 이후로는 판단의 어떠한 기준도 세워지지 않았다. 진晉나라의 등찬鄧粲에 이르러서야 비로소 일련의 일반적인 규범들이 세워졌다. 그는 자신의 규범들을 세우기 위하여 한대漢代와 위대魏代의 사서들의 영향을 떨쳐버리고 은대殷代로 거슬러 올라가 『상서』를 그 모범으로 삼았다. 그는 비록 시골 벽지인 장사長沙에서 살았지만 경서들에 대해 깊이 공부했던 것이다. 훗날 손성이 자신의 규범들의 계통을 세웠을 때, 그는 등찬의 규범들을 사용했다. (『문심조룡』 권4 사전 제16)[25]

(3)손성과 간보干寶는 문장력이 좋아서 사서를 주로 지었는데, 그들이 하나의 표준으로 추구하는 바는 바로 『상서』에 있었다. 그들은 달려가는 길이 서로 완전하게 일치하지는 않았지만 문장의 아름다움에 있어서는 거의 일치했다. (『문심조룡』 권10 재략才略 제47)[26]

---

24 원문은 다음과 같다. "古者 左史記事者 右史記言者 言經則尙書 事經則春秋 唐虞流于典謨 商夏被于誥誓 洎周命維新 姬公定法 紬三正以班歷 貫四時以聯事"이 대목의 飜譯은 유협 지음, 최동호 역편, 『문심조룡』, 민음사, 1994, pp.201-202 및 朱振甫 今譯, 金寬雄·金晶銀 韓譯, 『文心雕龍:漢韓對照』, 延吉:延邊人民出版社, 2007, p.119 참조. 이밖에 최신호, 『문심조룡』, 현암사, 1975, p.68과 이민수 역, 『문심조룡』, 을유문화사, 1984, pp.103-104 또한 참조하였다.

25 원문은 다음과 같다. "至於晉代之書 繁乎著作 … 孫盛陽秋 以約擧爲能 按春秋經傳, 擧例發凡 自史漢以下 莫有準的 至鄧粲晉紀 始立條例 又擺落漢魏 憲章殷周 雖湘川曲學 亦有心典謨 及安國立例 乃鄧氏之規焉"이 대목의 飜譯은 최동호 역편, 『문심조룡』, 1994, p.206 및 朱振甫 今譯, 金寬雄·金晶銀 韓譯, 『文心雕龍:漢韓對照』, 2007, p.211 참조. 이밖에 최신호, 『문심조룡』, 1975, p.68과 이민수 역, 『문심조룡』, 1984, pp.103-104 역시 참조하였다.

26 원문은 다음과 같다. "孫盛干寶 文勝爲史 準的所擬 志乎典訓 戶牖雖異 而筆彩略同"이 대목의 번역은 최동호 역편, 『문심조룡』, 1994, pp.550-551 및 金寬雄·金晶銀 韓譯, 『文心雕龍:漢韓對照』, 2007, p.677 참조. 이밖에 최신호, 『문심조룡』, 1975, p.196과 이민수 역, 『문심조룡』, 1984, pp.103-104 또한 참조하였다.

이상에서 유협이 손성의 『진춘추』에 관해 언급한 바를 요약하면, 손성이 『상서』를 표준으로 삼고 규범을 세워 서술한 사서가 『진춘추』이었으며, 그 랬기 때문에 '매우 유능한 저작으로 평가'된다는 것이라 하겠다. 그런데 옛날 의 사관이 임금의 말을 기록한 경서가 『상서』이고 행동을 기록한 경서가 『춘 추』이며, 훗날 주공이 사건들을 질서 있게 정리하기 위하여 사계에 따르는 방식을 사용하였는데, 이러한 방식이 곧 '춘추'가 되었다는 것이다.

더욱이 손성이 본받아 표준으로 삼고 규범을 세운 『상서』는 우하서虞夏書 4편, 상서商書 5편, 주서周書 19편 모두 28편으로 구성되어 이른바 '상근약원 詳近略遠'의 원칙을 구체적으로 구현하여 상고시대上古時代 사회발전의 추 세를 전해주므로 '상고사강요上古史綱要'라 일컬어지는데, 사마천司馬遷이 상고사를 서술할 때 오로지 『상서』의 논조에 근거하였을 정도로 사마천의 『사기』에도 그랬음은 물론이고 그 이후의 역사학에도 대단히 커다란 영향을 끼쳤다고 평가된다.[27] 그리고 이러한 『상서』 원본의 서술 원칙은 주周·진秦 시기의 언어로 표현하면 이것이 바로 공자孔子가 말한 '술이부작述而不作'이 다.[28] 그러므로 손성이 『진춘추』의 저술에서 채용採用하여 규범으로 삼고 표 준으로 추구한 바는 한마디로 '술이부작'의 춘추필법, 바로 그것이었다고 정 리할 수 있다고 하겠다.

## 4. 고구려 손성 『진춘추』 수용의 역사적 의의

손성 『진춘추』를 위시해서 고구려인들이 좋아하였다는 역사서로서 손꼽 아지던 것들 가운데 고구려의 역사 서술과 직접적으로 관련된 것으로 『삼국 사기』에서 찾아지는 것은 『후한서』가 대표적이다. 중국과 긴밀하게 전개되

---

27 姜建設, 「≪尚書≫與中國史學」, 『政事綱紀: ≪尚書≫與中國文化』, 開封: 河南大學出版社, 2001, pp.230-231 및 pp.240-242.

28 馬士遠, 「周秦≪尚書≫詮釋現象概說」, 『周秦≪尚書≫學研究』, 北京: 中華書局, 2008, pp.276-277.

는 외교 관계에 대해 기술하면서 인용되는 다음과 같은 대목이 그것이다.

(가)4년 겨울 10월에 잠지낙부蠶支落部의 대가大家 대승戴升 등 1만여 가가 낙랑樂浪으로 가서 한漢에 투항하였다. 『후한서』에는 '대가大加 대승 등 1만여 구'라고 하였다. (『삼국사기』 권14 고구려본기 민중왕閔中王)[29]

(나)94년(146) … [왕은] 왕위를 물려주고 별궁으로 물러나, 태조대왕太祖大王이라고 칭하였다. 『후한서』에 이렇게 쓰여 있다. "안제安帝 건광建光 원년(121)에 고구려 왕 궁이 죽어 아들인 수성이 왕위에 올랐다. … 다음 해에 수성은 한나라의 산 포로를 돌려보냈다." 해동고기海東古記를 살펴보면 이렇게 쓰여 있다. "고구려 국조왕國祖王 고궁高宮은 후한 건무建武 29년(53) 계사癸巳에 즉위하였는데, 이때 나이가 일곱 살이어서 국모國母가 섭정攝政하였다. 효환제孝桓帝 본초本初 원년 병술丙戌에 이르러 친동생 수성에게 왕위를 양보하였다. 이때 궁의 나이가 100살이었으며 왕위에 있은 지 94년째였다." 그러므로 건광 원년은 궁이 재위한 지 69년째 되는 해이다. 그러므로 [후]한서에 적힌 것과 고기古記는 달라 서로 합치되지 않는다. [후]한서의 틀린 것이 어찌 [이와 같은가]. (『삼국사기』 권15 고구려본기 태조대왕)[30]

둘 다 고구려의 성장 과정에서 대립하게 된 한과의 관계를 구체적으로 설명하면서 제시하고 있는 것인데, 앞의 것은 단지 사실 입증 근거의 하나로 제시할 뿐이지만, 뒤의 것은 『해동고기海東古記』와 견주면서 『후한서』의 관련 대목을 제시하고 있음이 특히 주목된다. 그것도 다름 아닌 태조대왕의 즉위 연령을 논하면서 『후한서』뿐만 아니라 『해동고기』의 내용을 제시하고 있으므로, 고구려 당시 그것도 이문진의 『신집』 '산정 수찬' 무렵에도 이미 역시

---

29 인용 부분의 원문은 다음과 같다."四年 冬十月 蠶支落部大家戴升等一萬餘家 詣樂浪投漢 後漢書云 '大加戴升等萬餘口'"

30 인용 부분의 원문은 다음과 같다."九十四年 … 乃禪位 退老於別宮 稱爲太祖大王 後漢書云'安帝建光元年 高句麗王宮死 子遂成立 玄太守姚光上言 欲因其喪 發兵擊之 議者皆以爲可許 尙書陳忠日 宮前桀 光不能討 死而擊之非義也 宜遣吊問 因責讓前罪 赦不加誅 取其後善 安帝從之 明年 遂成還漢生口'案海東古記'高句麗國祖王高宮 以後漢建武二十九年癸巳 卽位 時年七歲 國母攝政 至孝桓帝本初元年丙戌 遜位讓母弟遂成 時宮年一百歲 在位九十四年'則建光元年 是宮在位第六十九年 則漢書所記與古記抵不相符合 豈漢書所記誤耶"

그랬을 법하다. 여하튼 고구려인들은 건국 초기의 여러 역사 문제를 정리하고자 할 때에도『후한서』를 비롯한 중국 사서들을 참조하였음이 분명하다.

그리고 후한 이후의 역사를 정리함에 있어서는, 그랬기 때문에 손성『진춘추』를 자연 애용하였을 것이다. 뿐더러 손성이 생존하며 활동하던 진晉 나라 때의 역사적 사실에 대해서는, 그의『진춘추』의 영향이 짙게 드리운『진서晉書』역시 활용하였을 듯하다. 이와 관련하여서는 아래의 기록들을 면밀히 살펴봄이 요긴하다.

(다)[사론史論]신라新羅 고사古事에 이르기를 "하늘이 금궤를 내렸으므로 성姓을 김씨金氏라 하였다"고 했는데 그 말이 괴이하여 믿을 수 없었다. [그러나] 신臣이 역사서를 편찬함에 그 전승이 오래 되었기 때문에 그 말을 지워버릴 수가 없다. 그런데 또 들으니 "… 고구려 역시 고신씨高辛氏의 후예이므로 성을 고씨高氏라 했다"고 한다.『진서晉書』재기載記에 보인다. (『삼국사기』권28 백제본기 의자왕義慈王)[31]

(라)2년(648) 이찬伊湌 김춘추金春秋와 그의 아들 문왕文王을 보내 당나라에 조공하였다. … 춘추가 국학國學에 가서 석전釋奠과 강론講論을 참관하기를 청하니, 태종太宗이 이를 허락하였다. 아울러 자기가 직접 지은 온탕비溫湯碑와 진사비晉祠碑 그리고 새로 편찬한『진서晉書』를 내려 주었다. (『삼국사기』권5 신라본기 진덕왕眞德王)[32]

두 기록 모두 고구려와 직접 관련된 대목에 나오는 게 아니며, 특히 후자의 경우는 신라에 진덕왕 2년(648) 김춘추의 활약으로『진서』가 수용되는 상황을 전해줌에 불과하나, 당시에 신라에 이렇듯이『진서』가 수용되고 있음을 통해 고구려 역시 그랬음직하다는 느낌을 진하게 풍겨준다. 방금 앞서 언급한 바대로『진서』가 편찬되던 정관 20년(646)부터 22년(648) 사이는 고구려

---

31 인용 부분의 원문은 다음과 같다. "【論曰】新羅古事云'天降金 故姓金氏'其言可怪而不可信 臣修史 以其傳之舊 不得刪落其辭 然而又聞'… 高句麗亦以高辛氏之後 姓高氏'見晉書載記"

32 인용 부분의 원문은 다음과 같다. "二年 … 遣伊湌金春秋及其子文王朝唐 … 春秋請詣國學 觀釋奠及講論 太宗許之 仍賜御製溫湯及晉祠碑并新撰晉書".

로서는 보장왕寶藏王 5년부터 7년까지 사이에 해당하고, 당시 연개소문淵蓋蘇文이 당의 동향에 무척이나 깊은 관심을 기울이던 시절이었으므로 역시 그 랬을 법하다고 생각한다.

게다가 전자의 기록에 보면,『삼국사기』의 사론에서 고구려 왕실의 성씨를 논하면서, '『진서』재기'를 인용하고 있음을 간과해서는 안 된다고 본다. 이럴 정도로『진서』자체가 고구려의 역사 서술에 있어서 참고하는 데에 불가결한 것이었음을 고구려인들 역시 잘 알고 있었을 것이다. 그리고 손성『진춘추』또한 그러한 관점에서 고구려인들이 역시 애용했던 것이라 해서 옳겠다.

여기에서 더더군다나 손성이『진춘추』의 서술을 통해 유학의 도의를 앞세워 상고上古의 예제禮制를 회복해야 함을 강조하면서 현학玄學 즉 노장老莊에 반대하는 입장을 명확히 밝히는 사론을 강력히 표방하고 있었음은 유념할 만하다고 여겨진다.[33] 따라서 고구려에서 이러한 손성의『진춘추』를 애용하였다고 하였으므로, 고구려의 역사학에서도 유교적인 사관에 입각하여 '술이부작'의 춘추필법에 의거해 역사를 편찬하는 전통이 있었으며, 따라서 신라 이주 고구려인들도 고구려의 멸망 원인과 관련을 지워서 도교 등에 대해 비판하는 관점에서 서술하고 또한 이를 계승하는 역사의식 역시 강하게 지니면서『보덕전普德傳』을 위시한『개소문전蓋蘇文傳』과 같은 전기류傳記類 등을 편찬하여 남기게 되었던 것으로 생각된다.[34]

이러한 손성의『진춘추』를 고구려에서 수용한 역사적 의의와 관련하여서는 고구려 말기 이후의 역사와 관련하여 구체적으로 살펴볼 수 있다고 생각한다. 고구려 말기에 연개소문의 천조擅朝에 저항하며 활약하다가 신라로 이주한 인물들에 관한 전기로는『삼국유사』3 홍법편興法篇 3「보장봉노寶藏奉老 보덕이암普德移庵」조條의 기록을 분석해보면, '본전本傳' 및 '승전僧

---

**33** 喬治忠,「孫盛史學發微」,『史學史研究』1995年 第4期, pp.32-40;『中國官方史學與私家史學』, 2008, pp.361-373.
**34** 노용필,「신라 이주 고구려인의 역사 편찬」, 2012, pp.13-14; 이 책의 제2부 제2장 참조.

傳'으로 표현된『보덕전』그리고 보덕의 제자인 개심開心·보명普明의 전기인『개심전』·『보명전』등이 있었다. 반면에 이들의 활약상 부각에 중심을 두고 고구려 멸망 과정에서 도교道教를 국교國教로 신봉하는 등 국가적 위기를 자초한 연개소문의 천조 행위 등에 대해 직필直筆한『연개소문전』이 또한 있었다. 그리고 이러한 인물들의 전기를 모두 포괄하는 독립된 기전체 사서로서는『고려고기高麗古記』가 있었던 것과 연관지을 수 있다고 보인다.

이와 같은 신라 이주 고구려인들의『보덕전』·『개심전』·『보명전』·『연개소문전』그리고『고려고기』등의 편찬은, 통일신라시대에 전기물傳記物이 많이 저술되었던 현상 가운데 하나였는데, 김대문金大問의『고승전高僧傳』과 김장청金長清의『김유신전金分信傳』등의 예에서 드러나듯이 신라 중대中代 전제주의專制主義로부터 소외된 인물들의 권리 회복을 위한 운동의 일환이었다. 특히 연개소문의 천조에 저항하다가 신라로 이주한 고구려인들은, 당시 신라에서 신라인들이 앙모仰慕하는 통일의 원훈元勳들에 대한 전기를 저술하면서 백제·고구려에 관한 기사도 꾸며지는 상황을 목도하고 있었다. 그래서 자신들이 신분적으로 점차 몰락해갈 뿐만 아니라 신라인들의 역사 서술의 편향성으로 말미암아 자신들의 선조들의 역사가 훼절毁折되어감에 위기감과 반감을 동시에 지니며 스스로의 역사 편찬을 꾀하였으며, 그것이 바로『고려고기』였다고 판단된다.

당시 신라 이주 고구려인들은 안승安勝을 중심으로 고려국 곧 소위 보덕국報德國을 세우고 안승 자신이 고구려왕으로서 신라로부터 책봉冊封받아 행세하며, 일본과도 외교 관계를 독자적으로 수립하고 9차례의 사신을 파견할 정도였다. 그럴지언정 스스로 천하의 중심인 천손天孫의 나라임을 자부하던 왕년의 영광스런 고구려다운 면모는 찾아볼 수 없었다. 그나마 명맥을 유지하고 있음에 자위하면서 자구책을 찾을 수밖에 없는 상황에서 신문왕神文王 4년(684)에 반란을 일으키는데, 이런 상황에서 벗어나보려는 고구려인들의

저항 의식 역시『고려고기』에 담기게 되었다고 여겨진다.[35]

그리고 고구려에서 예전부터 이미 많이 읽혀지고 있었던 손성의『진춘추』를 통해 익히 잘 알고 있었던 '술이부작'의 춘추필법에 토대를 둔 직필의 역사 서술 방식을 취한『고려고기』는 외세의 침략에 대항한 고구려인들의 기록들을 왕대별王代別로 나누어 연대기年代記로 모으고, 국가 발전에 뛰어난 활약 상을 보인 인물은 물론이고 국가 멸망의 원흉이었던 연개소문과 같은 인물들의 전기도 함께 엮은 기전체의 역사서였다고 분석된다. 따라서 고구려 말기의 멸망 과정과 그 이후 신라 이주 고구려인들의 역사 편찬과 관련하여 손성의『진춘추』가 고구려의 역사학에는 물론이고 통일신라의 역사학에 끼친 역사적 의의의 일단을 이『고려고기』의 찬술에서 찾을 수 있다고 본다.

## 5. 맺는 말

고구려인들은『사기』를 비롯한 여러 중국 사서를 수용함으로써 사학사상을 위시하여 역사 편찬의 체재는 물론이고 서술의 방식에 대해서도 익히 알게 되었고, 자신들의 역사 편찬에 이를 극력 활용하였을 것이다. 그럼으로써,『삼국사기』의 기록에『유기』100권을 태학박사 이문진이 영양왕 11년(600)에『신집』5권으로 '산수刪修'하였다고 하였음에서 드러나듯이, 옛 기록을 정리하고 그 이후의 새로운 사실을 추가하여 서술하는 방식을 선호하고 있었다고 본다.

고구려 당시 역사학의 이러한 발전은 중국의 영향을 적지 않게 받은 것이었다. 당시 중국의 역사학은 위진남북조시대에 이르러 각 민족 자체의 사학史學 발전과 더불어 여러 종류의 사서들이 나타나 경학 다음으로 학술영역에서 중요한 독립된 위치를 차지하게 되었을 뿐만 아니라, 한 권의 역사책이 세상에 나오면 빠른 속도로 전파되었으며, 곧 필사筆寫하여 널리 읽히는 수준

---

35 노용필,「신라 이주 고구려인의 역사 편찬」, 2012, pp.19-23; 이 책의 제2부 제2장 참조.

이었다. 이러한 경향은 중국에서만 한정된 게 아니라 고구려에서도 역시 그러하였다고 가늠된다. 지방민들로 구성되었을 경당扃堂에서까지 밤낮으로 독서와 활쏘기를 하였다고 하였음이 이를 입증하는 것이라고 하겠다.

손성『진춘추』을 위시해서 고구려인들이 좋아하였다는 역사서로서 손꼽아지던 것들 가운데 고구려의 역사 서술과 직접적으로 관련된 것으로『삼국사기』에서 찾아지는 것은『후한서』가 대표적이다. 이로써 고구려 당시 그것도 이문진의『신집』산정 수찬 무렵에도 고구려인들은 건국 초기의 여러 역사 문제를 정리하고자 할 경우『후한서』를 비롯한 중국 사서들을 참조하였음이 분명하다.

이후 신라에서 진덕왕 2년(648) 김춘추의 활약으로『진서』가 수용되는 상황으로 견주어, 고구려 역시 거의 그랬음 직하다.『진서』가 편찬되던 정관 20년(646)부터 22년(648) 사이는 고구려로서는 보장왕寶藏王 5년부터 7년까지 사이에 해당하고, 당시 연개소문이 당의 동향에 무척이나 깊은 관심을 기울이던 시절이었으므로 역시 그랬을 법하다고 생각한다.

게다가『삼국사기』의 사론에서 고구려 왕실의 성씨를 논하면서,『진서』재기를 인용하고 있음을 간과할 수 없다. 이럴 정도로『진서』자체가 고구려의 역사 서술에 있어서 불가결한 것이었음을 고구려인들 역시 잘 알고 있었을 것이다. 그리고 손성『진춘추』또한 그러한 관점에서 고구려인들이 애용했던 것이라 해서 옳겠다.

더욱이 손성은『진춘추』의 서술을 통해 유학의 도의를 앞세워 상고의 예제를 회복해야 함을 강조하면서 노장에 반대하는 입장을 명확히 밝히는 사론을 강력히 표방하고 있었다. 고구려에서 이러한 손성의『진춘추』를 애용하였다고 하였으므로, 이미 고구려의 역사학에서도 유교적인 사관에 입각하여 '술이부작'의 춘추필법에 의거해 역사를 편찬하는 전통이 있었다고 믿어진다.

그리고 고구려에서 예전부터 이미 많이 읽혀지고 있었던 손성의『진춘추』를 통해 익히 잘 알고 있었던 '술이부작'의 춘추필법에 토대를 둔 직필의 역사

서술 방식을 취한 것 중의 하나가 『고려고기』였다고 생각한다. 따라서 고구려 말기의 멸망 과정과 그 이후 신라 이주 고구려인들의 역사 편찬과 관련하여 손성의 『진춘추』가 고구려의 역사학에는 물론이고 통일신라의 역사학에 끼친 영향의 구체적인 일단을 이 『고려고기』의 찬술撰述과 전파傳播에서 찾을 수 있겠다.

제2장
# 신라 이주 고구려인의 역사 편찬

## 1. 서언

'이주移住'의 개념을 정확히 이해하자면, 그와 유사한 것으로 여겨질 수 있는 '유이流移(혹은 유망流亡)' 현상과 비교하여 그 차이를 구별해내는 게 유익할 듯하다. 무엇보다도 요인要因factor이 무엇이었는가 하는 점에 입각해서 분석하면, '이주migration'와 '유이drafting' 둘 다 여러 요소들이 상호 복합적으로 작용하지만, 전자는 경제적인 측면보다는 정치적인 측면 특히 정변政變이 가장 결정적으로 작용하는 데에 반해, 후자는 정치적인 측면보다는 경제적인 측면 특히 기근饑饉이 그런 경향을 띠게 한다고 보인다. 또한 구성構成composition이 어떻게 이루어졌는가 하는 점에 주목해서 검토하면, 전자는 집단적인 경우일지라도 특정 인물 중심이면서 그를 정점으로 하여 결속이 강한 데에 반해, 후자는 대체로 집단적으로 행해지면서도 상대적으로 비교적 결속이 약한 게 특징이 아닌가 여겨진다.[1]

---

[1] 이상에서 언급한 요인과 구성 이외에도 이주와 유이(혹은 유망)의 개념을 정확히 구별하기 위해 고려해야 할 사안들에는 목적 · 결정 · 방법 · 진행 등과 관련된 점들이 있는 것으로 사료된다. 이러한 사안들까지 모두 포함하여 이주와 유이의 개념을 상호 비교하고 분석하여 도표로 작성해서 제시하면 다음과 같이 정리될 수 있지 않나 싶다.

이러한 지견知見에서 살피면 고구려가 멸망하는 과정에서나 혹은 그 직후의 역사적 사실에서, 보덕普德과 안승安勝을 필두로 행해진 고구려인의 신라행은 분명 '이주'의 범주에 속한다고 보인다. 보덕의 경우에는 『삼국유사』 3 홍법편興法篇 「보장봉노寶藏奉老 보덕이암普德移庵」 조의 제목에서 '보덕이암'이라고 했을 뿐만이 아니라 그 내용에 있어서도 '남이우완산주고대산이거언南移于完山州孤大山而居焉'이라 한 대목에서 확연히 그러하다.[2] 그리고 안승의 경우에도 『삼국사기』 22 고구려본기 보장왕 27년(668)조의 기록 가운데 '왕지서자안승王之庶子安勝 솔사천여호투신라率四千餘戶投新羅'라고 있음에서, 뿐더러 『삼국사기』 6 신라본기 문무왕文武王 10년(670) 조의 기록에 '고구려수임성인모잠대형高句麗水臨城人牟岑大兄 수합잔민收合殘民 …

<참고표> 이주와 유이의 개념 비교 분석표

| 구분 | 이주(migration) | 유이(drifting) |
|---|---|---|
| 요인(factor) | 정치적 : 정변 〉 경제적 | 정치적 〈 경제적 : 기근 |
| 상황(circumstances) | 선택 | 불가피 |
| 목적(aim) | 만족 | 생존 |
| 결정(determination) | 자발 | 타의 |
| 방법(process) | 준비 | 즉시 |
| 진행(progress) | 신속 | 지체 |
| 구성(composition) | 개체 〉 집단 | 개체 〈 집단 |

2 보덕의 신라 이주 사실과 관련하여 주목해야 할 사실은 이주의 장소와 시기 문제, 2가지라고 본다. 이주의 장소에 관해서는 이 『삼국유사』의 기록에 방금 제시한 것과 같이 분명히 '완산주'라고 했다는 점을 유념해야 할 것이라 생각한다. 완산주는 神文王 5년(685)에 정비된 9州의 하나이므로, 보덕의 이주 장소로서 이러한 '完山州'가 이 기록에서 취해진 것은 이 기록의 전거였던 『보덕전』 자체가 신문왕 이후에 편찬된 것임을 드러내주는 것이라 여겨진다. 그리고 이주의 시기와 연관해서는 이 기록에 연이어서 "卽永徽元年庚戌六月也 (又本傳云 乾封二年丁卯三月三日也)"라고 되어 있음을 그냥 지나치기 어렵다. 풀이하자면 보덕의 이주가 영휘 원년(650) 곧 신라 진덕녀왕 4년이자 고구려 보장왕 9년이 아니라, 적어도 '本傳' 즉 뒤에서 상론할 바대로 偉人傳으로서 신라 이주 고구려인 후손들이 찬술하였다고 보여지는 『보덕전』의 기록에는 乾封 2년(667) 곧 신라 文武王 7년이자 고구려 寶藏王 26년이라 되어 있었다고 하는 점을 간과해서는 안 된다는 것이다. 보덕의 이주가 이 때라면 백제가 660년에 멸망한 이후이므로, 결국 보덕의 이주가 백제로가 아니라 신라로 이루어졌다고 해야 옳을 것이기 때문이다. 노용필, 「보덕의 사상과 활동」, 『한국상고사학보』 2, 1989; 『한국고대사회사상사탐구』, 한국사학, 2007, p.156.

향신라행向新羅行'이라 했음에 더더욱 그러하다고 하겠다.[3]

『삼국유사』에는 이와 같이 신라로 이주한 고구려인들에 관한 기록으로, 연개소문淵蓋蘇文의 도교道教 진흥책振興策에 반대하며 이주한 당사자인 보덕 자신의 전기인『보덕전』을 시발로 그의 제자들인 개심開心과 보명普明의 전기인『개심전』과『보명전』 등이 명백히 그러할 뿐만아니라, 게다가 정작 보덕의 비판을 자초하며 끝내 고구려 멸망의 주인공이 되었던 연개소문의 전기인『개소문전』도 전해지고 있다고 보인다. 그러므로 이러한 신라 이주 고구려인들에 관한 역사 편찬과 관련하여, 이 글에서는 그 종류에는 무엇이, 어떤 내용으로 구성되어 있었는지, 또한 그 특징은 어떠하였으며 목적은 어디에 있었는지 그리고 그것을 편찬한 이들은 누구였으며, 언제 이루어졌는지에 대해 중점적으로 검토해보려고 한다.

## 2. 전통과 계승

고구려의 역사학 전통을 살피면서 가장 주목해야 할 사실은『구당서』199 고려전에 적혀있기를 "(고구려 사람들) 풍속에 서적을 애호하였는데, … 서적 속에는 오경과 사기 · 한서 · 범엽후한서 · 삼국지 · 손성진춘추 · 옥편 · 자통 · 자림이 있으며 또한 문선이 있어 매우 애호하고 중히 여겼다"고 하여, 애

---

3 보덕과 안승의 경우를 이주의 대표적인 예로 파악함에 있어, 이주의 개념 정리와 구체적인 역사적 事例에 대한 문헌 검토는 주로 중국의 경우를 통해 하였는데, 이에 참고가 된 연구 성과는 다음과 같다. 葛劍雄 · 吳松弟 · 曹樹基, 「"移民"一詞現有的解釋」, 『中國移民史』 第1卷, 福州: 福建人民出版社, 1997, pp.3-10. 韋民, 「流民―遊民」『遊民陰魂』, 北京: 華文出版社, 1997, pp.5-20. 郝正治 編著, 「秦漢時期的移民」, 『漢族移民入滇史話-南京柳樹灣高石坎』, 昆明: 雲南大學出版社, 1998; 重印, 2003, pp.3-21. 池子華 · 朱琳, 「"移民"種種」, 『中國歷代流民生活掠影』, 瀋陽: 瀋陽出版社, 2004, pp.1-8. 池子華, 「古代流民掃描」, 『中國近代流民』(修訂版), 北京: 社會科學文獻出版社, 2007, pp.3-15. 米咏梅, 「古代社會人口流動」, 『中國古代的人口思想與人口政策』, 北京: 中國社會科學出版社, 2010, pp.127-163. 王子今, 「漢代"亡人", "流民"動向與"南邊"的開發」, 『秦漢邊疆與民族問題』, 北京: 中國人民大學出版社, 2011, pp.153-165. 王學泰, 「游民的主要來源―破産的農民」, 『中國遊民文化小史』, 北京: 學習出版社, 2011, pp.22-28.

호한 역사서로서 『사기』·『한서』·『후한서』·『삼국지』·『진춘추』를 꼽고 있다는 점이다.[4] 결국 이 기록을 통해 고구려인들은 『사기』를 위시한 여러 중국 사서를 수용함으로써 사학사상을 위시하여 역사 편찬의 체재는 물론이고 서술의 방식에 대해서도 익히 알게 되었고, 자신들의 역사 편찬에 이를 극력 활용하였을 것임을 어렵지 않게 살필 수 있다고 생각한다. 중국의 역사서를 이렇듯이 수용함으로써 자리 잡게 된 고구려 역사 편찬의 전통은 대체로 5가지 점으로 요약될 수 있지 않나 싶다.

첫째로는 『유기留記』 100권을 태학박사太學博士 이문진李文眞이 영양왕嬰陽王 때 『신집新集』 5권으로 '산수刪修'하였다고 한 사실에서 엿볼 수 있듯이, 옛 기록을 정리하고 그 이후의 새로운 사실을 추가하여 서술하는 방식을 선호하고 있었다는 점을 들 수 있다. 이문진의 『신집』 5권 '산수' 사실과 관련하여 이 사실을 적고 있는 『삼국사기』 20 영양왕 11년(600)의 기록을, "태학박사 이문진에게 명하여 옛 역사책을 요약하여 『신집』 5권을 만들었다. 국초에 처음으로 문자를 사용할 때 어떤 사람이 사실을 100권으로 기록하여 이름을 『유기』하고 하였는데, 이때에 와서 산정刪定하여 수찬修撰한 것이다"라고 풀이하는 게 온당하다면,[5] 이문진 『신집』 5권의 내용에는 의당 『유기』 100

---

4  인용문의 원문은 "俗愛書籍 … 其書有五經及史記·漢書·范曄後漢書·三國志·孫盛晉春秋·玉篇·字統·字林 又有文選 尤愛重之"으로, 한글 번역은 『중국정사 조선전』 역주 2, 국사편찬위원회, 1988, p.244를 참조하여 재정리한 것이다. 姜維東 (외), 『正史高句麗傳校注』, 長春·吉林人民出版社, 2006, pp.239-243도 이 기록에서 거명된 여러 서적들에 관한 비교적 상세한 注釋이 달려 있어 적지 않게 참고가 되었다.

5  원문은 "詔太學博士李文眞 約古史爲新集五卷 國初始用文字時 有人記事一百卷 名曰留記 至是刪修"으로, 한글 번역은 정구복 (외), 『역주 삼국사기』 2 번역편, 한국정신문화연구원, 1997; 수정 3판, 2002, p.365를 참조하여 재정리한 것이다. 특히 '刪修'를 이 역주에서는 '깎고 고친 것이다'로 풀이하였으며, 이후 개정증보 『역주 삼국사기』 2 번역편, 한국학중앙연구원출판부, 2012, p.397에서는 '다듬어 고친 것이다'로 개정하였다. 하지만 이 '刪修' 구절에 대한 해석에 있어서는 『漢書』 및 『陳書』의 '刪定', 『晉書』의 '刪約'의 用例 등을 기준으로 살피면서, 특히 顏師古가 『漢書』 23 刑法志에 붙인 注에서 "刪刊也 有不便者 則刊而除之"라고 한 바를 간과해서는 안 된다고 본다. 따라서 이 '刪修'의 의미는 종전의 『留記』 100권의 기록들을 단지 '깎고 고쳤다'혹은 '다듬어 고쳤다'는 의미만으로 한정된 게 아니라, 『留記』 100권 편찬 이후의 기록들 역시 함께 '刪定하여 修撰해냈다'는 것으로 풀이하는 게 옳지 않나 생각하는 것이다. 『漢書』 및 『陳書』의 '刪定', 『晉書』의 '刪約'의 用例 검토 및 '刪'의 의미 파악과

권의 것은 물론『유기』편찬 이후의 새로운 역사 기록도『신집』이라는 서명에 걸맞게 담겼을 것이며,[6] 이같이 옛 기록을 정리하고 그 이후의 새로운 사실을 추가하여 서술하는 방식은 이문진의『신집』'산정 수찬' 이후에는 고구려인들에게 문자 그대로 하나의 전범典範으로 여겨졌을 법하다.

둘째로는 개인의 업적을 서술하기에 앞서 국가의 시조始祖 혹은 가계家系의 선조先祖들의 위대한 업적에 대한 기술記述에 힘을 기울이는 성향이 강했다는 점을 꼽을 수 있겠다. 이는「광개토왕릉비廣開土大王陵碑」제1면의 제1줄에서 '유석시조추모왕지창기야惟昔始祖鄒牟王之創基也'로부터 시작하여 국가 시조의 유래 및 위업에 대해 상세히 적고 있으며, 또한「모두루묘지牟頭婁墓誌」의 짧지 않은 기록에서 모두루 자신의 선조들 각각의 위업을 적었을 뿐만이 아니라 그 각각에 대한 수식으로서 '하백지손일월지자河泊之孫日月之子' 혹은 '하백일월지(?)河泊日月之(?)'를 각각 3회 및 1회나 적고 있음에서[7] 명확히 드러난다. 환언하면 그만큼 역사적으로 크게 활약한 개인의 생애에 관한 기록 즉 전기傳記 중심의 편찬이 이루어질 때, 그 개인의 선조들의 업적에 관한 개괄적인 기술을 먼저 행한 연후에야 그 인물 자신의 업적을 상세히 기술하는 방식을 취하였으며, 이것이 고구려 역사 편찬 가운데서도 특히 위인전의 서술 방식의 주류를 형성하였을 것으로 헤아려진다.

---

관련하여서는 노용필,「신라시대 율령의 확충과 수찬」,『홍경만교수정년기념 한국사학논총』, 2002;『신라고려초정치사연구』, 한국사학, 2007, pp.23-24 및 pp. 40-41.

6 『유기』와 관련하여 정구복은 이를 편찬물로 볼 수 없다는 견해를 피력한 후「삼국시대 유학과 역사 편찬」,『한국사』8, 국사편찬위원회, 1998;『한국고대사학사』, 경인문화사, 2008, p.156에서 "다시 말하면 국초로부터 어느 사람이 기록을 남기기 시작하여 여러 사람에 의하여 기록되어 쌓인 자료가 100권에 이르렀다고 봄이 합리적이다. 그래서 그 책명이 없으므로 남겨진 기록이라는 뜻으로『유기』라고 칭하였다고 생각한다"고 썼으며,『신집』과 연결지워 그러면서 "또한 신집을 편찬하면서 새로운 자료를 보충하였다고 기록하지 않고 이를 줄여서 편찬하였다는 표현은 이 책의 편찬 직전까지의 내용을 유기가 담고 있었다고 할 수 있다"고 하였다. 이 대목에서 특히 '이 책의 직전까지의 내용을 유기가 담고 있었다'고 하였음이 참조되는데, 바꾸어 말하자면『신집』5권에 그 편찬 직전까지의 내용이 담겨 있었다고 파악하고 있는 것으로 이해된다고 하겠다.

7 『한국고대금석문자료집』I 고구려 · 백제 · 낙랑편, 국사편찬위원회, 1995, pp.1-42 및 pp.74-99 참조.

셋째로는 이상의 두 가지 점이 바탕을 이루면서 특정한 인물 개인의 전기 곧 위인전이 편찬된 게 전한다고 하더라도 후대에 계승하여 이를 재조명하여 거듭 편찬해내는 경향이 강했던 측면을 지적할 수 있겠다. 그리고 이러한 경향의 구체적인 실례實例는 다름 아니라, 보덕의 경우 승려로서의 활약에 대해 주로 기술한 고승전인 『보덕전』이 있음에도 또한 고승전이 아닌 위인전으로서의 『보덕전』역시 편찬되었던 것이라고 여겨진다. 즉 보덕이 승려로서 남긴 빼어난 족적을 정리해서 기술한 게 고승전으로서의 『보덕전』인 데 비해, 역사 속의 한 인물로서 남긴 위대한 업적을 부각하여 서술한 게 위인전으로서의 『보덕전』일 것이다.[8] 이러한 면모는 다음의 『삼국유사』「보장봉노 보덕이암」조의 첫 부분에서 보다 구체적으로 가늠할 수 있다고 생각한다.

(가)高麗本記云 麗季武德貞觀間 國人爭奉五斗米教 唐高祖聞之 遣道士 送天尊像來 講道德經, 王與國人聽之 卽第二十七代榮留王卽位七年 武德七年甲申也 明年遣使往唐 求學佛·老 唐帝(謂高祖也)許之 及寶藏王卽位(貞觀十六年壬寅也) 亦欲併興三教 時寵相蓋蘇文 說王以儒釋並熾而黃冠未盛 特使於唐求道教 (나)(1)時 普德和尙住盤龍寺 憫左道匹正 國祚危矣 屢諫不聽 (2)乃以神力飛方丈 南移于完山州(今全州也)孤大山而居焉 卽永徽元年庚戌六月也(又本傳云 乾封二年丁卯三月三日也) 未幾國滅(以摠章元年戊辰國滅 則計距庚戌十九年矣)

이 기록을 크게 보아서 (가)부분은 '고려본기' 즉 『구삼국사舊三國史』고구려본기에서 그대로 인용한 것이고, (나)부분은 그것의 연속인 '고려본기'와 '승전' 및 '본전'을 비교하여 정리한 것일 듯하다. 더욱이 (나) 부분 중에서도

---

8 노용필, 「보덕의 사상과 활동」, 1989; 『한국고대사회사상사탐구』, 2007, p.161 및 「보덕의 불교수호운동과 열반사상」, 『보덕화상과 경복사지』, 신아출판사, 2003; 같은 책, 2007, pp.183-184. 특히 뒤의 논문에서, "보덕에 관해 전기에는 본전과 승전, 두 종류가 있었다는 데에 주목해야 할 것이다. 그들 중에서 '승전'은, 金大問의 『高僧傳』이나 覺訓의 『海東高僧傳』과 같이 승려들의 전기를 모은 것의 일부분에 포함되어 있던 보덕의 전기를 가리키는 것일 것이다. 그에 비해 '본전'은 독립된 보덕 개인 전기 즉 『普德傳』을 지칭하는 것이다"하고 한 바가 있는데, 이 '보덕 개인 전기'를 '偉人傳'이라 표현하는 게 더 적절하다고 여겨 그렇게 지칭하고자 한다.

(1)부분은 '보덕화상'이라는 지칭으로 보아 고승전으로서의 『보덕전』에 서술된 내용과 비교해서 인용한 것이며, (2)부분은 협주夾註에서 시기에 관해 정확히 '본전'을 인용해서 대조하여 적고 있으니만치 위인전으로서의 『보덕전』에 정리된 내용과 비교해서 인용한 것이라 보인다. 적어도 승려로서의 족적을 서술한 고승전으로서의 『보덕전』에서는 '신력神力'이라는 표현을 구사하지는 않고 '불력佛力'이라 했을 법하며, 위인으로서의 업적을 기리는 위인전으로서의 『보덕전』에서나 이같이 '신력'이라는 표현을 썼을 것으로 여겨지므로, 더욱 그렇지 않나 싶다.

넷째로는 유교적인 사관에 입각하여 춘추필법春秋筆法에 따라 역사를 편찬하는 전통이 있었으며, 따라서 도교 등에 대해 비판하는 관점에서 서술하고 또한 이를 계승하는 역사의식 역시 강하지 않았나 하는 점을 아울러 지적할 수 있겠다. 이러한 고구려의 역사학 전통은, 『구당서』199 고려전에서 고구려인들이 애호했다고 하는 역사서 가운데 하나로 손성孫盛의 『진춘추晉春秋』가 손꼽아지고 있었다는 점에서 엿볼 수 있다.

이 손성의 『진춘추』는 한漢·수隋 시기에 저작된 영향력이 큰 편년체編年體 사서 중의 하나로, 서진西晉(265-317)부터 동진東晉(317-420)의 애제哀帝(361-365)까지의 기록인데, 특징은 2가지를 꼽을 수 있다. 첫째는 "언사를 곧게 하고 이치를 바르게 한다(사직이이정詞直而理正)"하여 당시 대표적 권신이었던 환온桓溫의 압력을 과감히 억제한 점으로, 그래서 환온이 전연前燕을 북벌北伐할 때 방두枋頭에서 패배한 사실을 기재한 것을 대표적인 사례로 들 수 있다. 그리고 둘째로는 자신이 직접 조사한 대량의 자료를 근거로 기술했기 때문에 사료로서의 가치가 높다는 점으로, 그리하여 당시 사람들이 "모두 양사(함칭양사鹹稱良史)"라고 칭했으며 그래서 널리 유포되어 당시 고구려까지 전해질 수 있었다는 것이다.[9]

---

9 중국사학사 편집위원회 지음, 김동애 옮김, 「≪한기≫와≪ 후한기≫등 편년체 단대사」, 『중국사학사 ― 선진·한·당 편』, 간디서원, 초판, 1998; 개정판, 2006, p.196.

이와 같은 손성의 역사 인식 및 역사 편찬의 태도는 『진춘추』 서명 자체에서도 여실히 우러나오듯이 『춘추』와 『춘추좌씨전春秋左氏傳』에서 이미 형성된 소위 춘추필법에 의거한 것이었으며, 이러한 사관에 입각해서 편년체로서[10] 『진춘추』 등을 편찬한 것 자체는, 그에 앞선 시대에 편찬된 『사기』・『한서』・『후한서』가 모두 기전체紀傳體였던 사실과 단순히 비교하더라도 커다란 역사적 의미를 가지는 것이라 할 수 있다. 더더군다나 그가 『진춘추』의 서술을 통해 유학儒學의 도의를 앞세워 상고上古의 예제禮制를 회복해야 함을 강조하면서 현학玄學 즉 노장老莊에 반대하는 입장을 명확히 밝히는 사론을 강력히 표방하고 있었음은 특기할 만하다고 여겨진다.[11] 따라서 고구려에서 이러한 손성의 『진춘추』를 애용하였다고 하였으므로, 고구려의 역사학에서도 유교적인 사관에 입각하여 춘추필법에 의거해 역사를 편찬하는 전통이 있었으며, 따라서 신라 이주 고구려인들도 고구려의 멸망 원인과 관련지워서 도교 등에 대해 비판하는 관점에서 서술하고 또한 이를 계승하는 역사의식 역시 강하게 지니면서 『보덕전』을 위시한 『개소문전』과 같은 전기류 등을 편찬하여 남기게 되었던 것으로 생각된다.

다섯째로는 그렇기 때문에 중국 역사학의 영향을 받아 『사기』 등을 본받은 기전체 사서도 있었으며, 한편으로는 『진춘추』와 같은 편년체 사서도 수용되어 실제로 이를 바탕으로 한 역사 편찬이 이루어졌고, 그에 따라 기전체 체재를 따랐다고 하더라도 열전 못지않게 본기 역시 중시하는 경향이 있었을 것임을 들 수 있다. 그러므로 『고려고기』에서도 연대순으로 고구려의 역사가 서술될 수 있었으며[12], 그렇기 때문에 이에 토대를 두고 『구삼국사』의 「고

---

10 [清]湯球 輯, 吳振淸 校注, 「附錄三：≪十六國春秋輯補・湯球傳≫王秉恩撰」, 『三十國春秋輯本』, 天津：天津古籍出版社, 2009, pp.270-271 및 瞿林東, 「史學的多途發展」, 『中國史學史綱』, 北京：北京出版社, 1999, pp.229-230.

11 喬治忠, 「孫盛史學發微」, 『史學史研究』 1995年 第4期, pp.32-40.

12 『고려고기』 자체가 독자적인 역사서였을 것으로 보는 견해는 김영경, 「삼국사기와 삼국유사에 보이는 고기에 대하여」, 『력사과학』 1984년 2호, 1984, p.28의 "≪고려고기≫의 기사 내용, 필법, 성격은≪고기≫의 그것과는 현저히 다르다. 따라서 ≪고기≫와 ≪고려고기≫는 서로 다른 독자적인 책

려본기」도 작성되었을 것이다. 이는 『삼국유사』 「보장봉노 보덕이암」 조의 "又按高麗古記云 隋煬帝以大業八年壬申 領三十萬兵 渡海來征 十年甲戌十月 高麗王(時第三十六代嬰陽王立二十五年也)上表乞降 … 王然之 奏唐請之 太宗遣叙達等道士八人 (國史云 武德八年乙酉 … 其年月必有一誤 今両存)"이라 한 대목에서 여실히 읽을 수 있다고 본다. 요컨대 『고려고기』에도, '『국사』' 곧 『구삼국사』에도 왕대별 연대순으로 정리한 본기가 있었기에 이렇게 인용한 것이라 여겨지는 것이다.

## 3. 종류와 내용

『삼국유사』 3 흥법편 「보장봉노 보덕이암」 조 전체의 서사敍事 구조를 분석하면, 「고려본기」 · 『당서唐書』 · 『고려고기』를 제시하고, 아울러 『국사』 · 본전 · 승전과의 비교 및 대조 위주로 되어 있음이 엿보인다. 그리고 여기에 인용된 구체적인 사서들의 명칭을 살필 때 『보덕전』 · 『개심전』 · 『보명전』 · 『(개소문)전』 등은 두말할 나위 없이 전기류임이 틀림없다. 이러한 전기류를 각 인물의 활약상을 중심으로 살피면, 개심과 보명은 보덕의 제자 가운데 포함되어 있고, 그들에게도 각각 전기가 있었다고 밝혔지만 이들은 승려가 아니었다고 판단되므로[13], 이들의 전기는 고승전의 범주에 드는 게 아니었다고 여겨진다. 그러므로 결국 승려들의 그것인 고승전과 개인들의 그것인 위인전으로 구별되었고, 보덕과 관련하여 앞의 『삼국유사』 기록 가운데 드러나는 '승전'과 '본전' 구별도 이런 데에 따른 것이라 가늠된다. 이는 결국 보덕전에는 승려로서의 전기인 '승전'도 있었지만 개인으로서의 전기 즉 위인전인 '본전'도 따로 있었던 사실을 전하고 있는 것이라 하겠다.

---

이었다고 보는 것이 더 합리적이다"라고 한 대목에서 제시된 바가 있다.
[13] 보덕의 제자 11명의 명단을 열거하면서, 개심과 보명 앞의 9명은 각기 개창한 사찰명이 함께 기록되어 있으나, 개심과 보명의 경우에는 그렇지 않으므로 이들은 승려가 아니었다고 생각된다.

또한 같은 「보장봉노 보덕이암」조에서 『고려고기』가 직접 인용되어 중심을 이루고 있었음을 간과할 수 없는데, 이 『고려고기』는 『삼국사기』 40 직관지 하 고구려·백제 직관 조에서 "年代久遠 文墨晦昧 是故不得詳悉 今但以其著於古記及中國史書者 爲之志 … 左輔·右輔·大主簿·國相·力使者 中畏大夫 右見本國古記"라고 기술한 대목에서 '고기' 및 '본국고기'라 지칭되었던 것 중 하나의 구체적인 서명으로, '중국사서'에 맞먹는 통사류通史類였을 것이다. 더욱이 『고려고기』에서 인용되고 있는 내용을 검토해보면, 그 내용에 있어서도 3가지 점의 특징이 찾아진다고 헤아려진다.

첫째 영양왕대 수隋 양제煬帝의 대대적인 공격에 대한 저항과 보장왕대 당唐 태종太宗의 침입에 대한 저항에 관한 기록이 연대를 표기하며 인용하여 포함되어 있었으므로, 『고려고기』 속에 각 왕대별 연대순 기록 즉 본기가 있었음을 알려준다고 하겠다. 이는 같은 『삼국유사』 「보장봉노 보덕이암」조의 『고려고기』 인용에서, 보덕의 신라 이주 시기와 관련하여 영휘永徽 원년(650) 경술 6月이었다고 하면서도 '본전'에는 건봉乾封 2년(667) 정묘 3월 3일이라 하였다는 사실을 아울러 인용하여 밝히고 있음에서 드러나는 게 아닌가 한다. 『고려고기』의 본기 자체에 왕대별 연대순으로 정리되어 있는 것과, 『보덕전』의 기록과를 대조하면서 재정리하였기에 이렇게 표기되었던 것이라 헤아려진다 하겠다.

둘째 고평양성古平壤城과 장성長城의 축조에 대해 구체적으로 서술하고 있는 것으로 보아 지리지地理志와 같은 지가 설정되어 있었을 것임을 짐작케 한다. 더불어 앞서 거론한 『삼국사기』 40 직관지의 기록에서 특히 "今但以其著於古記及中國史書者 爲之志" 운운하였음에 비추어 보더라도 직관지 혹은 지리지와 같은 몇 종류의 지志가 있었던 게 아닌가 추측된다.

셋째, 『고려고기』를 전거로 제시하면서 연개소문의 업적, 보덕의 역할 및 그 제자들의 활약상에 관한 기록들이 인용되고 있어서, 『고려고기』에는 개인들의 일생에 관한 전기 곧 위인전들이 열전에 담겨 있었음도 알려주는 것으로 여겨진다. 따라서『고려고기』의 체재는, 고구려의 본기는 말할 것도 없고 지리지 혹은 직관지 그리고 열전이 있었으므로 기전체였을 것이며[14], 여기에도『보덕전』이 따로 있었다고 보인다. 그리고 이『보덕전』은 최치원崔致遠이 저술한『보덕전』이전에 이미, 신라 이주 고구려인들이 저술한『보덕전』의 내용을 내포하고 있었던 것이라 가늠된다.[15]

## 4. 특징과 목적

『고려고기』의 내용상 특징과 그 편찬 목적을 규명하기 위해서는『삼국유사』「보장봉노 보덕이암」조에 인용된 '고려고기운高麗古記云' 이하 부분에 대한 검토가 요긴하다. 그러므로 이 부분의 내용을 정리하여 도표로 작성해 제시하면 다음의 〈표 1〉이다.

〈표 1〉『삼국유사』「보장봉노 보덕이암」조『고려고기』내용 및 서술 구조 분석

| 내용 | 협주夾註 인용 및 비교 | 본문 제시 및 비교 |
|---|---|---|
| 수隋 양제煬帝의 고구려 침공 | | |
| 개소문의 출생 · 등용 · 출세 | 국사운國史云<br>당서운唐書云<br>신지비사서운神誌秘詞序云<br>(개소문蓋蘇文)전운傳云 | |
| 개소문의 도교 진흥 활동 | 국사운國史云 | |
| 개소문의 고평양성 ·<br>장성 축조 | 속운俗云<br>역운亦云 | |

---

14 『高麗古記』만이 아니라 '古記'모두 독자적인 역사책으로, 그 서술방식이 紀傳體일 것이라는 견해는 김영경,「삼국사기와 삼국유사에 보이는 고기에 대하여」, 1984, pp.28-30 참조.

15 김주성,「보덕전의 검토와 보덕의 고달산이주」,『한국사연구』121, 2003, p.4에서는 이강래,「삼국 사기의 구삼국사론」,『삼국사기전거론』, 민족사, 1996, pp. 281-282에서『三國遺事』의 이 '本傳'이 崔致遠의『普德傳』일 것이라고 한 것을 근거로 삼아 역시 그렇다고 본 바가 있다. 하지만 이러한 견해는 崔致遠의『普德傳』찬술 이전에 이미 신라 이주 고구려인들이『普德傳』을 편찬했다는 점과 아울러『三國遺事』의 '本傳'이 신라 이주 고구려인들이 편찬한 偉人傳으로서의『普德傳』자체를 지칭하는 것임을 미처 살피지 못한 데서 나온 것이다. 이 '本傳'이 崔致遠의『普德傳』이 아니라 고구려 유민들의 것이라는 점에 대한 상세한 언급은 곽승훈,「신라말기 최치원의 승전 찬술」,『불교연구』22, 2005, pp226-230 ;『신라고문헌연구』, 한국사학, 2006, pp. 151-154.

| 당 태종의 친정親征 격파와<br>보장왕 서자의 신라 투항 | 국사國史 | |
|---|---|---|
| 보덕의 이주 | | (우세승통祐世僧統의) 시운詩云<br>발운跋云 |
| 신인神人의 고구려 멸망 예언 | | 국사國史<br>본전本傳<br>승전僧傳 |
| 보덕 제자들의 활동 | | 개심전開心傳<br>보명전普明傳<br>본전本傳 |

이 〈표 1〉을 중심으로 살펴볼 때, 신라 이주 고구려인들이 편찬하였다고 믿어지는 『고려고기』의 내용상 특징으로 4가지 점을 열거할 수 있겠다. 다른 무엇보다도 첫째로 고구려의 수·당에 대한 항쟁을 크게 내세우고 있었다는 점을 꼽아 마땅하다고 본다. 처음 부분에서 수 양제의 고구려 침공이 결과적으로 실패한 이후 우상右相 양명羊皿이 고구려에서 개금盖金 곧 개소문으로 환생還生하여 결국에는 고구려를 멸망시키고야 말았다는 설화說話[16]를 상세히 적고 있는 것도 수 양제가 고구려 침공 실패로 말미암아 끝내 멸망했던 사실을 부각시키려 하고 있는 것임에 다름없으며, 아울러 당 태종의 고구려 친정도 실패로 돌아가고 말았음을 적어둔 것도 역시 고구려가 수·당에 필적할 만한 강국이었음을 드러내기 위한 것이었다고 생각할 수 있다.

둘째로는 연개소문의 경우에도 그래서 고평양성 및 장성의 축조 사실을 업적으로 전면에 내세우고 있었다는 점을 들 수 있겠다. 특히 장성의 축조가 마치 남녀노소를 막론한 온 국민의 참여하에 이루어졌음을 강조하려고 하였음도 그러하였다고 보이며, 더더군다나 고평양성의 축조와 관련하여 신월성新月城 축조 이후 만월성滿月城의 추가 구축은 물론이고 용언성龍堰城이라는

---

16 이홍직, 「고구려비기고」, 『역사학보』 17·18합집, 1962, p.342; 『한국고대사의 연구』, 신구문화사, 1971, p.272에서, "盖蘇文의 이름을 盖金이라고 흔히 부른 데서 '盖'를 姓같이 보고 이것을 '羊皿'의 2字로 풀이하여서 지어낸 說話"라고 하였음이 참고가 된다. 또한 이홍직, 「연개소문에 대한 약간의 존의」, 『이병도박사 화갑기념논총』, 일조각, 1956; 『한국고대사의 연구』, 1971, p.296에서도 같은 지적을 하고 있다.

명칭 선정에 도참사상圖讖思想을 연결 짓고 있는 점도 간과할 수 없는 사실일 듯하다.[17] 이는 그만치 연개소문의 업적을 국가적인 위업으로 미화하여, 그의 위대함을 드러내기 위한 의도에서 표방된 것이라 여겨진다고 하겠다.

셋째로는 보덕을 비롯한 안승 등 고구려인들의 신라 이주에 따라 결과적으로는 신라의 삼국 통일에 기여한 사실을 부각하여 특기하고 있었다는 점을 들 수 있다고 여겨진다. 그러기 위해서 '신인神人'이 등장하여 고구려가 멸망하리라는 예언을 해주었다는 것을 적었음은 물론이고, 이런 사실이 '국사'에도 갖추어져 있을 뿐더러 그 밖의 사실들도 보덕 자신의 '본전' 및 '승전'에도 게재되어 있었음을 낱낱이 적음으로써 특히 강조하고 있었다고 헤아려진다.

넷째로는 보덕의 이주 이후의 그 제자들인 승려 및 여러 인물들의 활동들도 부각시키려 했다는 점도 그냥 지나칠 수 없다. 11명이나 되는 제자의 이름을 일일이 열거하는 데에 그치지 않고 그들이 창건한 사찰의 구체적인 명칭까지도 기재한 것 이외에도, 개심과 보명의 전기 곧 『개심전』과 『보명전』이 전해지고 있다는 사실과 더불어 모두 '본전'과 같다는 사실까지도 밝히고 있음이 예사롭지 않다고 하겠다. 이럴 정도로 보덕뿐만 아니라 그와 더불어 신라 이주를 함께 한 그의 제자들의 활동들도 크게 드러내고 있었음을 알겠다.

그리고 이러한 특징을 전면에 내세운 목적은 다음 3가지에 있었던 게 아닐까 여겨진다. 첫째의 목적은 표면적으로는 고구려인의 자긍심을 고양시키는 데에 있었다고 본다. 이는 『고려고기』라고 해서 고구려의 옛 기록임을 분명히 명시할 정도로 그만큼 고구려를 내세우려하였음을 의미하는 것이라 할 수

---

17 이러한 고구려인들의 역사 인식 및 서술과 관련해서는 이홍직,「고구려비고」, 1962;『한국고대사의 연구』, 1971, pp.272-274에서, "다시 말하자면 高句麗와 百濟의 말기에 대한 역사와 전설은 統一新羅期에 신라가 兩國을 滅하고 합친 자랑스러운 역사를 만들 때 또 이러한 역사가 자연히 金春秋와 金分信의 傳記를 중심으로 꾸며진 바가 많았다고 볼 수 있다. … 이상 三國 末期의 秘記나 讖記의 성질을 띤 것을 여러 각도로 생각하여 보았는데, 그 목표의 중심은 高句麗나 百濟가 전한 고유한 史料와 그 기능성의 검출이라 할 것이다. … 역시 後代인 조작으로 생각하게 되지마는 한편 이와 같은 讖記가 생길 素因은 이미 高句麗人 사회에 있었을 가능성을 생각하여 보았다"고 대목을 새삼 상기할 필요가 있다고 생각한다.

있으며 아울러『고려고기』의 서술 내용 가운데서도 "又按高麗古記云 隋煬帝以大業八年壬申 領三十萬兵 渡海來征 十年甲戌十月 高麗王(時第三十六代嬰陽王立二十五年也)上表乞降 時有一人 密持小弩於懷中 隨持表使到煬帝舡中 帝奉表讀之 弩發中帝胸"라고 있음에서 완연히 드러나듯이, 수 양제에 대항하는 존재로서 고려왕 곧 고구려왕을 뚜렷이 내세우고 있음을 주목할 필요가 있다. 이럴 만치 영양왕을 비롯한 고구려왕의 위상을 수 양제에 버금갈 정도로 상정하고 있는 것이다. 게다가『삼국유사』4 탑상塔像「고려영탑사高麗靈塔寺」조條에서도 "僧傳云 釋普德 字智法 前高麗龍岡縣人也 詳見下本傳"이라고 하였음에서도, 굳이 '전고려용강현인야前高麗龍岡縣人也'라고 적었던 것은『고승전』의 내용을 따른 것일지언정「고려영탑사」조의 조목에도 또한 '고려'를 넣은 것과 아울러 그만큼 고구려를 부각시키려 한 것이었음을 고려해야 한다고 생각한다.

둘째, 현실적으로는 고구려인들의 역사 편찬은 신라의 삼국통일 이후 고구려인들의 당시 사회적 처지가 개선되기를 염원하는 바에서 비롯된 것으로, 더욱이 안승의 보덕국이 붕괴된 이후에는 더더욱 그러하였을 것임에 거의 틀림이 없었을 것이다. 이는 고구려 역사학의 전통을 계승한다는 차원에서도 그러하였는데, 보덕의 경우 물론 그러하지만 연개소문의 경우도 역시 차츰 퇴락의 쓴맛을 삼킬 수밖에 없었던 고구려인 후손들의 입장에서는 선양宣揚의 대상이었을 법하며, 그러기에『개소문전』역시 이들에 의해 편찬되기에 이르렀으며, 이것 역시『고려고기』속에 포함되었다고 보인다.『삼국사기』49 개소문전의 전체 내용을 분석해보면, 김부식金富軾이 신라 이주 고구려인들이 편찬한 이『개소문전』을 읽고 참작했음을 엿볼 수 있지 않나 여겨질뿐더러, 더욱이『삼국유사』3 흥법편「보장봉노 보덕이암」조에서 本文으로『고려고기』를 인용해 개소문의 전생前生이 수 양제의 우상 양명인 것으로 서술하면서 이에 대한 협주에서『당서』와『신지비사』「서」·『전』을 인용한 데에서 이『전』은 분명 신라 이주 고구려인들이 편찬한『개소문전』자체

를 가리키는 것으로 파악된다 하겠다.[18]

셋째의 목적은 역사적으로는 과거의 사실을 그야말로 춘추필법에 따라 기록해야 한다는 역사 인식의 재현에 있었던 게 아닌가 싶다. 춘추필법에 관해 고구려인들이 이미 숙지하고 있었음은 앞서 제시하고 언급한 바대로 『구당서』고려전에서 고구려인들이 애호한 서적 가운데, 진晉나라의 역사에서 목숨을 내걸고 끝내 춘추필법을 고집한 것으로 유명한 손성의 『진춘추』가 들어 있었음에서 재론의 여지가 없겠다. 이러한 신라 이주 고구려인들의 역사 인식은, 김부식이 『삼국사기』 49 개소문전에 부기附記한 사론의 끝에서 "『춘추』에 이르기를 '임금이 시해됨에 그 반역자를 토벌하지 않으면 그 나라에는 사람이 없다'고 하였으니, 소문이 몸을 보존하여 집에서 죽은 것은 요행히 토벌됨을 면한 것이다. 남생男生과 헌성獻誠은 비록 당나라 왕실에 이름이 났지만 본국의 견지에서 말한다면 반역자임을 면할 수 없다"고 평한 것과도 무관하지 않다고 가늠된다. 요컨대 신라 이주 고구려인들이 춘추필법에 입각하여 편찬한 『고려고기』속의 「개소문전」에 담긴 이러한 평가를 김부식이 취하고 있는 게 아니겠는가 생각한다.

## 5. 찬자와 시기

신라 이주 고구려인들이 역사편찬을 한 시기를 가늠함에 있어, 보덕의 이주 이후 신라에서 활약하던 고구려인들에 관한 전기 가운데 특히 『보덕전』뿐만 아니라 그의 제자들의 전기인 『개심전』·『보명전』도 함께 편찬되었다는 사실을 가장 우선 유념해야 할 듯하다. 이 가운데 『보덕전』 자체는 보덕과

---

18 이 『蓋蘇文傳』에는 蓋蘇文 자신의 것도 그랬지만, 그의 子 男生과 孫 獻誠의 傳記가 附錄되어 있었던 것 같다. 이 점은 같은 『三國史記』 所載 蓋蘇文傳 가운데 男生에 관해서 기술한 후 "남생은 인물됨이 순진하고 후덕하였으며 예의가 있었다. … 세상에서 이를 칭찬하였다"고 하여 높이 평가하는 서술한 것은 말할 것도 없고, 獻誠에 대해서도 "(則天)武后가 이를 흔쾌히 받아들였다. … 武后가 후에 그 원통함을 알고는 右羽林衛大將軍을 추증하여 예로서 다시 장사지내게 하였다"라고 하여 則天武后의 총애를 입을 것으로 기술하고 있음으로 보아서 그랬을 것으로 여겨진다고 하겠다.

더불어 신라 이주뿐만 아니라 고구려 멸망까지 함께 겪었던 개심과 보명 등 보덕의 제자에 의해 편찬되었을 것이며[19], 그리고 보덕의 제자들인 개심과 보명의 전기인『개심전』과『보명전』역시 그들의 다음 세대인 직계 후손 및 제자들에 의해 편찬되었을 것이다. 따라서 이러한『보덕전』과『개심전』·『보명전』그리고『개소문전』등이 담긴『고려고기』는, 보덕을 기준으로 살핀다면, 적어도 그보다 3세대쯤 후인 곧 약 100년 정도 이후의 신라 이주 고구려인의 후예들이 편찬하였을 것으로 살펴진다.

한편 신라 이주 고구려인 가운데 정치적으로 가장 크게 활약을 하였던 안승은『삼국사기』기록을 종합하면, 신라로 이주할 때 4천 여 호를 거느리고 왔는데 금마저金馬渚(오늘날의 익산益山) 거주를 허용 받아 문무왕文武王 10년(670) 고구려왕에 봉해졌다가 14년(674)에는 보덕왕報德王으로 봉해졌고, 20년(680)에는 문무왕의 질녀姪女와 혼인을 하였으며 그에 따라 왕경으로 올라와 살게 되었을 뿐만 아니라 신문왕神文王 3년(683)에는 제3관등인 잡찬迊湌을 받는 동시에 김씨성을 또한 받았던 듯하다. 안승의 이러한 처사에 대해 고구려인들은 크게 반발하였고, 결국 안승의 족자族子 대문大文이 앞장서서 이듬해 신문왕 4년(684)에 반란을 일으켰던 것으로 보인다.

그런데 이후 안승의 후손을 비롯한 고구려인들에 대한 기록을 어디서도 찾아볼 수 없으므로, 이 사건 이후 고구려인 후손들은 거의 별다른 사회적 활동을 하지 못하고 만 것이 아닌가 싶다.[20] 아마도 바로 이 무렵에, 이러한 사회적 처지의 몰락에 위기감을 느낀 고구려인들에 의해 그들 고구려 출신 선조들의 전기가 편찬되었을 것으로 여겨진다. 어림잡자면 그 시기는, 안승이 고구려왕에서 보덕왕으로 강등되자 이를 계기로 일어난 신문왕 때 대문의 반

---

19 이와 관련하여서는 이홍직,「고구려비기고」, 1962, pp.343-344;『한국고대사의 연구』, 1971, p.273 에서, "그 제자 사이에 물론 普德和尙의 行蹟은 전해졌을 것이며 특히 그 중의 明德이 이러한 전설을 만드는 데 관계가 있어 보인다. … 新羅統一 후 고구려의 流亡僧 사이에 이와 같이 그 말기의 이야기가 꾸며진 것이 아닐까 하는 것이다"라고 하였음이 크게 참조된다.

20 이기백,「통일신라의 사회」,『한국사강좌』Ⅰ 고대편, 일조각, 1982, p.316.

란 어간이었을 것이다. 따라서 보덕을 위시한 고구려 출신 인물들에 관한 고승전 및 위인전 등의 각각의 전기 편찬은 신라 이주 고구려인들이 더 이상 두각을 나타내지 못하게 되었던 신문왕대 이후에 활발히 이루어지고, 그것들을 토대로 혜공왕惠恭王과 원성왕元聖王 시기의 정치적 격변을 겪는 와중에 『고려고기』가 고구려인 후손들에 의해 편찬되었을 듯싶다.

## 6. 결어

『고승전』과 같은 제명題名의 승전에서는 그 제명에 걸맞게 그 주인공이 한 승려로서의 활약상에 대해 주로 불교적 내용 위주로 쓰여 졌음에 비해, 고본古本 『수이전殊異傳』에 실려 있는 전기의 경우는 그야말로 문자 그대로 위인전이었으므로, 주인공 개인의 생애 및 활동상 중심으로 엮어져서 그 주인공이 승려로서 널리 이름이 알려졌을지라도 승려로서의 그것과는 크게 상관이 없는 개인의 신이神異한 행적도 다소 포함되어 있었을 것으로 여겨진다.[21] 이러한 경향을 지닌 개인의 전기는 훗날 고려 초 『구삼국사』 편찬에 크게 반영되었을 법한데, 특히 이 『구삼국사』는 고려가 고구려를 계승한 나라라는 점을 강조함으로써 고구려 중심적인 내용으로 이루어졌을 것이므로[22], 여기에서는 자연스럽게 보덕을 필두로 한 신라 이주 고구려인들의 고승전 및 위인전들도 의당 비중이 있게 다루어졌을 것임이 자명하지 않나 한다.

더욱이 보덕의 경우에는 『고승전』 속의 「보덕전」에서는 승려로서의 역할

---

21 이와 관련하여서는 이기백, 「신이적 역사와 그 전통」, 『한국사학사론』, 일조각, 2011, p.26에서 "고본 『수이전』이 지어진 연대는 추측건대 신라시대라고 본다. 거기에 실린 「원광법사전」을 보면 상식적으로는 이해할 수 없는 내용이 주로 적혀 있는데, 그와 비슷한 내용들이 개인전기 형식으로 되어 있었을 것이다"고 언급하였음이 참조된다. 그리고 이러한 이기백의 지적 가운데 '개인전기 형식'에서 '개인전기'라고 함은 저자가 위인전이라 표현한 것과 동일한 의미일 것이라 여겨지는데, 그렇다면 저자는 신라의 고본 『수이전』 자체도 고승전이 아니라 위인전인 것으로 파악하는 게 옳다고 생각한다.
22 이기백, 「신이적 역사와 그 전통」, 『한국사학사론』, 2011, p.33.

에 중점이 두어져 서술되었던 데에 반해, 고구려인 후예들에 의해 찬술된 위인전인 『보덕전』에서는 국가를 구하기 위해 연개소문에게 정면으로 대항하던 활약상에 주로 초점이 맞추어져 기술되었을 것이다. 그렇기 때문에 대각국사大覺國師 의천義天(1055-1101)이 보덕에 관한 시詩에 보덕이 고구려를 떠날 때 이상한 신神이 나타나서 고구려가 곧 망할 것이라 알려주었다고 적으면서, 그런 이야기가 '해동삼국사海東三國史'에 모두 있다고 하였던 것이다. 이 '해동삼국사'는 곧 『구삼국사』일 것이므로[23], 『구삼국사』 소재의 열전 가운데 「보덕전」 역시 승려로서의 『고승전』에 등재된 게 아닌 위인전인 『보덕전』 자체에 근거한 내용들이 정리된 것이었을 듯하다.

**23** 이기백, 「신이적 역사와 그 전통」, 『한국사학사론』, 2011, p.32. 이 '해동삼국사'가 곧 『구삼국사』일 것이라는 이러한 견해는 종래에도 대부분 의심의 여지가 거의 없이 받아들여져 왔으나, 근자에 이강래, 『삼국사기전거론』, 1996 등에서 그렇지 않다고 보기도 한다.

제3장

# 신라의 『사기』 · 『예기』 「악본」편 수용과 김대문의 『악본』 저술

## 1. 머리말

　김대문金大問이 저술한 『악본樂本』에 대하여 언급하면서 그 성격을 규정하여 분류함에 있어 '예악류禮樂類' 중에서도 '악樂'과 관련된 것으로 파악한 것은, 지금까지 알려진 문헌 속 내용 가운데서는 조선시대의 김휴金烋(1597-1639)의 기록[1]이 유일한 것 같다. 따라서 당시까지 제목이라도 전해지는 모든 문헌을 모아 정리하면서 내린 김휴의 이러한 분류 기준에 입각해서 살피면, 그는 분명 김대문의 『악본』을 '예악' 중에서도 특히 '악'을 중점적으로 다룬 저서였던 것으로 보고 있음에 틀림이 없다.

　하지만 그 이후에 행해진 지금까지의 어느 연구에서도 이러한 그의 견해가 크게 참작된 적은 전혀 없었던 듯하다. 김대문의 『악본』 성격 규정에 관한 지금껏 행해진 기왕의 연구에서의 언급에 대해 유형으로 나누어 분석하면, (A)'음악론音樂論', (B)'예악사상론禮樂思想論', (C)'악지론樂志論' 등 3가지로 파악되는데, (A)에서는 김휴의 김대문 『악본』에 대한 성격 규정을 인용하기는

---

1　김휴, 『해동문헌총록』; 학문각, 1969; 여헌학연구회, 2009, p.431 및 p.442.

했으나 그 자체는 기실 거의 감안하지 않았으며[2], (B)[3]와 (C)[4]에서는 그러한 사실조차 일언반구도 언급함이 없이 각기 자신들의 주장만을 내세우고 있을 뿐이다. 그래서 기왕의 연구에서는 전혀 김휴의 언급이 심도 있게 고려되지 않았다고 해서 결코 지나치지 않을 것이다.

물론 조선시대의 유학자 김휴가 김대문의 『악본』을 '예악' 중에서도 특히 '악'을 중점적으로 다룬 저서였던 것으로 분류하고 있다고 해서, 그것이 반드시 옳은 것인가 여부는 쉽사리 단정지을 수는 없다. 하지만 그렇다고 할지라도 어떤 배경에서 아니면 무슨 이유에서, 말하자면 무엇에 근거해서 그렇게 분류하였던 것인가? 이 점이 오랜 세월 동안 내내 자못 궁금하였다.

좀처럼 실마리조차 전혀 잡히지 않다가 근자에 이르러, 한국 고대의 인문학 발달사 자체에 대한 구명究明에 진력하면서 차츰 눈에 밟히기 시작하였다. 그러다가 최근 그러는 와중에서도 특히 한국에 있어서의 『사기史記』와 『예기禮記』의 수용 문제에 대해 비로소 깊이 들여다보기 위해서 『사기』와

---

2 이기백, 「김대문과 그의 사학」, 『역사학보』 77, 1978; 『한국사학의 방향』, 일조각, 1978, p.8에서, "음악에 관한 책이었을 것임은 역시 그 책 이름으로 보아 짐작이 간다. 아마도 특히 신라의 음악에 관한 책이었음 직하지만 그 이상은 알 수가 없다. …"하였는데, 이 가운데 "음악에 관한 책이었을 것임은 역시 그 책 이름으로 보아 짐작이 간다."는 부분에 대하여 각주 10)에서 "김휴: 『해동문헌총록』에서도 이를 예악류 중의 악부에 넣고 있다."고 기술하였고, 이후 이기백, 「김대문과 김장청」, 『한국사시민강좌』 1, 1987; 『한국사상의 재구성』, 일조각, 1991, p.242에서는 "… 그러므로 위와 같은 이유에서 『악본』을 유교의 예악사상과 관계지어 생각하는 것은 지나친 해석이다. 오히려 『화랑세기』와 『고승전』의 저자인 김대문은 『악본』에서 음악의 원시적 · 전통적인 측면, 혹은 종교적 · 불교적인 측면을 강조했다고 보는 것이 극히 자연스럽다고 하겠다."고 상론한 바가 있다. 그러므로 이 '음악론'의 특징은, 김대문의 『악본』에 대한 김휴의 성격 규정을 인용하면서도 단지 음악 특히 신라의 음악에 관한 책인 것으로 파악하고, 유교의 예악사상과는 결코 관련짓고 있지 않음이라고 정리할 수가 있겠다.
3 조인성, 「삼국 및 통일신라시대의 역사서술」, 한국사연구회 편, 『한국사학사의 연구』, 을유문화사, 1985, p.23에서 "『악본』은 음악에 관한 것으로 추측될 뿐이다."고 하였으며, p.25에서는 "… 그렇다면 김대문의 『악본』은 예악사상에 입각하여 종래의 음악을 정리한 것이라고 볼 수는 없을까."라고 얼핏 언급한 바가 있다. 하지만 그럼에도 이를 '예악사상론'이라 할 수 있을 것이다.
4 양광석, 「한국한문학의 정착과 김대문」, 『우리문학연구』 6 · 7, 1988, p.14에서는 "… 통설과 같이 악지로 보아야 할 것이다. … 대개, 신라를 중심으로 한 삼국의 악관 · 악곡 · 악기 · 악인 등에 관한 기록으로, …"라고 했고, 이어서 p.16에서는 "『악본』은 악관 · 악곡 · 악기 · 악인에 관하여 기록한 악지"라고 한 바가 있다. 따라서 이를 '악지론'이라 하겠다.

『예기』를 속속들이 살피기에 이르러, 어느 날 그 끄트머리가 어느 정도 가늠이 된다고 느껴졌다. 이리하여 신라의 『사기』·『예기』 수용 문제를 필두로 해서, 감히 그것과 관련을 지워 김대문의 『악본』 저술 자체에 관해 더듬어 보려고 시도하는 것이다.

## 2. 신라의 『사기』·『예기』 수용

신라에서의 『사기』·『예기』 수용과 관련하여 가장 먼저 주목해 마땅할 사실은, 진흥왕순수비眞興王巡狩碑의 비문碑文 내용 가운데 특히 「마운령비磨雲嶺碑」에 기재된 '건호建號' 및 '짐朕' 등의 용어가 『사기』에서 인용한 것이었을 뿐만 아니라[5], 그 순수비의 '순수巡狩'라는 용어의 사용 자체도 그것에 대해 구체적으로 기술해 놓은 『사기』 시황본기始皇本紀 및 『예기』「왕제王制」편篇의 수용을 통해 그 '순수'의 개념을 이해하고 있었던 데에서 비롯된 것으로 여겨진다는 점이다.[6] 이와 같은 점은, 신라가 이른바 중고기中古期 그것도 영토 확장을 급속도로 진행해가던 진흥왕대에 이미 『사기』·『예기』의 수용을 이루었음을 알려주는 것이라 하겠다.

이후 신라에서 이러한 『사기』·『예기』가 수용되어 당시 사회에서 실제로 교육 분야에서 활용되고 있는 실상을 보다 명확히 입증해주는 면모는, 국학國學의 운용과 관련한 기록에서 잘 드러난다. 이를 제대로 파악하기 위해 『삼국사기』 권38 직관지職官志 상上 국학 조의 기록을 토대로 국학 교육 체계에 관한 분석표를 작성하여 제시하니 그것이 다음의 〈표 1〉이다.

---

5 노용필, 「주석편:마운령비문 기사부분의 주석」, 『신라진흥왕순수비연구』, 일조각, 1996, pp.227-228.
6 노용필, 「창녕비의 성격」, 『신라진흥왕순수비연구』, 1996, pp.70-71.

〈표 1〉 국학 교육 체계 분석표

| 區分 | | | 5經 | | | | | 文選 | 3史 | | | 諸子百家書 | 論語 | 孝經 |
|---|---|---|---|---|---|---|---|---|---|---|---|---|---|---|
| | | | 易經 | 書經 | 詩經 | 禮記 | 春秋 | | 史記 | 漢書 | 後漢書 | | | |
| 1 | 學業分類 | | 周易 | 尙書 | 毛詩 | 禮記 | 春秋左氏傳 | 文選 | | | | | | |
| 2 | 教授內譯 | 1班 | 周易 | | | 禮記 | | | | | | | 論語 | 孝經 |
| | | 2班 | | | 毛詩 | | 春秋左氏傳 | | | | | | 論語 | 孝經 |
| | | 3班 | | 尙書 | | | | 文選 | | | | | 論語 | 孝經 |
| 3 | 讀書三品出身의品格 | 超品 | 5經 | | | | | | 3史 | | | 諸子百家書 | | |
| | | 上品 | | | | 禮記 | 春秋左氏傳 | 文選 | | | | | 論語 | 孝經 |
| | | 中品 | | | | 曲禮 | | | | | | | 論語 | 孝經 |
| | | 下品 | | | | 曲禮 | | | | | | | | 孝經 |

이 〈표 1〉에서 우선 주목할 점은 『사기』가 학업 분류와 교수 내역에는 전혀 설정되어 있지 않았으며, 독서삼품讀書三品에서조차도 상·중·하품을 제외한 '초품超品'[7]에만 해당되는 과목이었다는 사실이라고 본다. 그런 만큼 최고 수준의 과목이었고, 따라서 여기에 능통할 수 있었던 인물들은 문자 그대로 '초탁超擢'되어 마땅한 초품超品의 대우를 받았던 것이라 하겠다. 『사기』 자체가 이와 같이 최고의 수준 과목일 뿐만 아니라 그래서 독서삼품에서조차도 초품의 우대를 받는 인물들은 이에 능통해야만 했었다고 함은, 오히려 그럴 만큼 그야말로 현실적으로 '출신'을 위해서라도 『사기』를 중시하기에 충분한 학문적·사회적·국가적 풍조를 조성하고도 남음이 있었을 가능성도 여실하였을 것이다. 곧 학문적으로 최고의 학자가 되기 위해서만이 아니라 관리로서 '초탁'의 영예를 배경으로 승승장구하여 최고의 직위에 오르기 위해서라도 『사기』에 '능통'하려고 누구나 노력함으로써, 『사기』의 모든

---

7 『삼국사기』 권38 직관지 상 국학 조의 기록 자체에서는 독서삼품에서 각기 '상'·'중'·'하'로 기록하였으며, 이외에 "若能兼通五經·三史·諸子百家者 超擢用之"라 하였을 뿐이나, '상'·'중'·'하'에 '品'을 붙여 '상품'·'중품'·'하품'이라 하듯이, 기록에 보이는 '초탁'의 '초'를 '품'에 붙여 '超品'이라고 구분함이 타당하지 않나 생각한다. 하여 이후 '超品'이라 하겠다.

편목을 샅샅이 섭렵해 훤히 꿰고 있어야 했으므로, 그러다 보니 자연 신라에서도 역시 소위 '사기학史記學[8]'이 상당한 수준에 이르렀을 것임에 거의 틀림이 없었을 것이라 보인다.

한편 신라에서의 『예기』의 수용과 관련해서, 위의 〈표 1〉에서 유심히 눈여겨보아야 할 점은 『예기』가 학업분야의 일종으로서 자리매김이 되어 있었을 뿐만이 아니라 교수내역에도 포함되어 있었고 또한 독서삼품 출신의 품격 규정에서도 상당히 비중을 차지하고 있었다는 사실이다. 여기에서 특히 독서삼품 출신의 품격 규정에 있어서 간과해서 안 될 것은 적어도 2가지가 있다고 분석된다.

첫째 『예기』가 여타 어느 교과 중에서도, 『논어』는 상품·중품에서 한정적으로 그리고 『효경』은 상품·중품·하품에서만 해당되는 것이었음에 반해, 상품·중품·하품은 말할 것도 없고 초품에서까지도 결정적인 영향을 미치는 것이었다는 사실이다. 이럴 정도로 『예기』는 국학의 독서삼품 출신의 품격 규정에서 가장 높은 비중을 발휘하고 있었던 것이라 하겠다.

둘째, 하품 및 중품에서는 『예기』의 제1편인 「곡례」만을 익히면 되도록 규정하고는, 상품과 초품에 이르러서는 『예기』 전체를 익혀야만 하도록 요컨대 단계별 학습을 체계적으로 시행하고 있었다는 사실이다. 이런 가운데 하품 및 중품에서 군이 『예기』의 제1편인 「곡례」만을 익히도록 규정한 것은, 그것이 자수字數가 자못 많아 5722자에 달할 정도로 고례古禮 곧 선진先秦의 예제禮制의 다방면에 대한 것을 상세히 담고 있어서 1)예禮의 중요성과 위인처세爲人處世의 도를 깊이 있게 서술하였을 뿐더러 2)경대부卿大夫와 사士의 일상생활 중의 응당히 받들어 따라야 할 예의禮儀에 대해 기록하였으며, 3)또한 상장喪葬·제사祭祀의 예의에 대해 기술하였고, 4)군신君臣의 예와

---

8 중국에서 행해진 이에 대한 전반적인 연구의 압축적인 정리는 楊燕記, 「史記學」, 張岱年 (外) 主編, 『中華國學 史學卷』, 北京:新世界出版社, 2006, pp.36-64 참조. 이와 더불어 구체적인 정리는 張新科, 『史記學槪論』, 北京:商務印書館, 2003도 또한 크게 참조가 되었다.

군례軍禮에 대해서도 기술하였으며, 5)천자天子ㆍ제후諸侯의 예는 물론이고 직관제도職官制度 및 칭위稱謂에 대해서도 기술하였으므로[9], 신라의 귀족 사회에서도 기본적으로 현실적인 효용성이 대단히 높았던 데에 절실하게 필요하여 이렇게 시행하였던 것으로 판단된다.

그렇더라도 끝내 초품에까지 오르기 위해서는 이에 대한 능통이 또한 요구되고 있었던 것이다. 이는 신라 국학에서 일면으로는 품격의 정도에 따라 차등이 두어지고 있었을지라도, 일면으로는 『예기』 전체에 대한 능통이 최상위 성취의 궁극적인 관건이 되었음을 알려주는 것일 듯하다. 결국 그만큼 『예기』에 대한 주도면밀한 학습이 당시 신라의 학자로서는 물론 관리로서 대성하기 위해서는 필수적인 과제였던 것임이 분명하다고 할 밖에 없을 것이다.

이러한 면모는 신문왕神文王 2년(682) 국학 설립 이후 중대中代의 신라 사회 전반에서는 더욱이 일상이었을 것이고, 그런 가운데 태어나 활동하던 귀족 누구에게나 예외는 없었을 것이다. 성덕왕聖德王 3년(704) 한산주漢山州 도독都督에까지 승진하였던 김대문으로서는 더더욱 이와 같은 상황 속에서 그 분위기를 피부로 접하며 호흡을 같이 하던 인물이었음이 분명하다. 따라서 그 역시 『사기』와 『예기』를 도외시하면서 학문을 할 수는 결코 없었으며, 또한 국학을 거쳐 관리로서 그런 직위에 오르기 위해서라도 한껏 이들에 대한 지식을 갖추기 위해 샅샅이 공부하며 능통한 지경에까지 다다랐을 것임을 충분히 가늠할 수가 있다고 생각한다.

이와 같았을 김대문과 관련해서는 상세한 기록이 없어 실제 어느 정도로 『사기』와 『예기』에 대해 정통한 실력을 갖추고 있었는지를 검증할 수가 전혀 없어 아쉽다. 그렇긴 하지만 그 이후 최치원崔致遠에 이르러서는 그가 『사기』 및 『예기』를 충실히 활용하여 활발한 저술 활동을 펼쳤음이 분명한 사실들을 기록에서 찾아보기 어렵지 않다. 최치원의 글 속에서 찾아지는 『사기』 및 『예기』 직접 인용의 구체적인 경우를 모두 제시할 수는 없어, 그런 경

9 王鍔,「≪曲禮≫」,『≪禮記≫成書考』, 北京: 中華書局, 2007, pp. 102-110.

우 중에서도 대표적인 사례만을 찾아 각각 제시해보이면 아래와 같다.

(1)삼가 『사기』를 상고해 보건대, 그 해설에 "천자의 행차가 이르면 신하들이 요행이라고 생각한다. 왜냐하면 사람들에게 급수에 따라 벼슬을 주기도 하고, 조세의 반절을 감해 주기도 하기 때문이다. 그래서 천자의 행차를 행이라고 하는 것이다."라고 하였습니다. (「천정군 임종해 등의 의복과 식량 지급을 주론한 장문」)[10]

(2)『예기禮記』「유행儒行」에 "위로는 천자의 신하가 되지 않고 아래로는 제후를 섬기지 않는다. 근신하고 고요하고 관대함을 숭상하며 널리 배워 행할 줄을 안다. 나라를 나눠 주더라도 하찮게 여기면서 신하 노릇도 하지 않고 벼슬도 하지 않는다. 그 규범을 이와 같이 하는 자가 있다."라고 하였다. … 돌아보건대 오직 도덕면에서 으뜸이 되어야만 물정(物情)을 흡족하게 할 수 있고, 반드시 명분을 바로잡아야만 대덕大德이라고 칭할 수가 있다. 이 명칭은 '도강명대道强名大'라는 말과 '덕성이상德成而上'이라는 말에서 유래한 것이다. 『예기』에 "지위를 얻고 명예를 얻고 수명을 얻는다."라고 하였다. 그리고 보면 돈화敦化의 설이 어쩌면 이것을 두고 말한 것이 아니겠는가." (「선안주원 벽의 기문」)[11]

먼저 (1)에 제시한 『사기』 직접 인용의 경우에서는 천자와 신하 즉 군신君臣 관련 대목을 통해 중국의 정치제도에 관한 실상 파악이 이를 통해 언급되고 있음이 주목된다. 최치원은 이와 같이 『사기』를 통해 중국의 역사에 대한 심층적인 이해를 얻게 되었음에 재론의 여지가 없을 것이다. 또한 나중 (2)에 제시한 『예기』 직접 인용의 경우에서도 방금 본 (1)과 거의 같은 군신 관련에 관한 언급도 있고, 또한 불교계 고승高僧들에 붙이는 칭호 '대덕'에 관한 설명에 있어서도 그리고 있음이 매우 이채롭다.

---

10  원문은 다음이다. "謹按史記釋云 天子車駕所至 則人臣爲僥幸 賜人爵有級數 或賜田租之半 故因謂之幸也"(崔致遠, 『桂苑筆耕集』 卷5 奏狀 「奏論天征軍任從海等衣糧狀」) 국역은 이상현 옮김, 『계원필경집』 1, 한국고전번역원, 2009, pp.215-216 참조.

11  원문은 다음이다. "儒行篇曰 上不臣天子 下不事諸侯 愼靜尙寬 博學知服 雖分國如錙銖 不臣不仕 其規爲有如此者 … 睠惟法首 方冶物情 必也正名 乃稱大德 是由道强名 大德成而上 禮稱得位得名得壽 則敦化之說 將非是歟"(崔致遠, 『孤雲先生文集』 卷1 記 「善安住院壁記」) 국역은 이상현 옮김, 『고운집』, 한국고전번역원, 2009, pp.289-291 참조.

이 가운데서도 각별히 주목하고자 하는 대목은 최치원이 인용한 (2)『예기』「유행」편의 내용에 이어서 칭호 '대덕大德'에 관해 설명하면서 제시한 '덕성이상德成而上'이라는 말이다. 이는 다름 아니라 『예기』「악기」편 "덕성을 이룬 사람은 상위에 거하고, 기예를 이룬 사람은 하위에 거한다(德成而上 藝成而下). 품행을 이룬 사람은 앞에 거하고, 사업을 이룬 사람은 뒤에 거한다(行成而先 事成而後)."에서 부분적으로 직접 인용한 것이다.[12]

그런데 『예기』「악기」편의 이 구절 "덕성을 이룬 사람은 상위에 거하고, 기예를 이룬 사람은 하위에 거한다(德成而上 藝成而下)"가 '악樂'의 실제 시행에 관해 가장 잘 설명한 명언으로, 여기에서 '덕'을 '악'의 근본으로 삼으며 '악'의 본질의 특징으로 여기는 이것이 주요한 것이고, '예藝'는 단지 그 밖으로 표현하는 형식일 뿐이라 풀이된다. 즉 '덕'이 '악'의 내용이라고 여기는 이것이야말로 『악기』의 음악사상, 포괄적으로는 그 예악사상의 핵심이라는 것이다.[13]

바로 이러한 구절의 가장 대표적인 '덕성이상德成而上' 부분을 최치원이 직접 인용하여 저술하고 있음은 그 자체가 최치원이 『예기』「악기」편의 핵심 중의 핵심을 훤히 꿰고 있었음을 알려줌은 말할 것도 없으려니와 「악기」내용에서 '악'의 근본이자 본질을 정확히 이해하고 자신의 저술에 활용하고 있었음을 입증해주는 것임에 전혀 틀림이 없다고 하겠다. 그러므로 이를 통해서 우리는 최치원이 『예기』전체에 대해 능통하였을 것임은 물론 세부적으로는 「악기」편에도 조예가 깊어 저술에 적극 활용하고 있었음을 확인하는 데에 다다르게 되었다고 믿는다.

그리고 최치원이 이렇듯이 『사기』및 『예기』에 대해 깊은 지식을 갖춘 것은 만년에 이르러서가 아니라 중국 유학 이전부터였을 가능성이 크지 않을까 싶다. 중국 유학의 장도에 오르는 12살의 자子 최치원에게 그의 부父가 한

---

12 이상현 옮김, 「선안주원 벽의 기문」, 2009, p.291의 각주 407).

13 修海林, 「"樂"的內容與形式」, 『中國古代音樂美學』, 福州 : 福建教育出版社, 2004, p.242.

"10년 안에 과거에 급제하지 못하면 내 아들이 아니니 힘써 공부하라[14]"는 말은 지속적인 학문 정진을 당부하는 말이면서도 그 속에서는 당 과거 급제에 대한 자신감이 대단히 팽배한 측면이 느껴지는데, 이럴 수 있었던 것은 적어도 최치원 자신이 당 나라 유학을 사전에 착실히 준비하면서, 신라 국학에서 배출되는 독서삼품 출신 중 앞서 제시한 <u>〈표 1〉 국학 교육 체계 분석표</u>에서 드러나는 바대로 『예기』의 전문全文 뿐만이 아니라 『문선文選』을 충실히 익힌 상품 혹은 그 이상으로 『사기』를 포함한 '삼사三史'까지 능통한 '초품超品' 정도에 맞갖은 실력을 이미 갖추고 있다는 자부심도 아버지로서 지니고 있었던 터에 나온 발로였다고 가늠된다.

지금껏 그 추세를 살핀 바와 같이 신라에서는 「진흥왕순수비」 중 특히 「마운령비」의 비문 내용에서 입증이 되는대로 늦어도 진흥왕대 이후에는 『사기』와 『예기』를 수용하여 적극 활용할 정도로 인문학이 발달해 있었다고 보인다. 이후 중대에 이르러 국학이 설립되고 나서는 더더군다나 그 학업 분류, 교수 내역 그리고 독서삼품 출신의 품격 등에 필수적인 과목의 하나로 설정됨으로써 『사기』와 『예기』의 활용은 당시 귀족사회의 교육 및 학문 활동 방면에서의 일상적인 사안이었을 것이며, 따라서 김대문 역시 그런 분위기에 젖어서 자신의 저술에 자연히 반영하였을 게 분명하다. 그리고 그러한 전통은 하대에도 지속되어 최치원도 예외 없이 자신의 저술에서 그러한 면모를 여실히 드러내고 있었던 것이라 하겠다.

그러면 신라에서의 이와 같은 추세의 『사기』·『예기』 활용 전통 속에서 김대문은 그 자신의 『악본』 저술에 『사기』 및 『예기』의 내용을 과연 활용하였던 것일까? 아니었다면 전혀 그렇지 않았던 것일까? 그렇다면 어느 정도로 그랬던 것일까?

---

14 『삼국사기』 권46 최치원전. 원문은 이렇다. "至年十二 將隨海舶入唐求學 其父謂曰 十年不第 卽非吾子也 行矣勉之".

## 3. 『사기』「악서」와『예기』「악기」의 체재 및 내용 비교 분석

김대문의 『악본』 저술에 있어서 『사기』 및 『예기』의 내용 활용 문제 해명의 실마리를 찾고자 하는 작업의 일환으로써, 우선 김대문 『악본』에서 표방한 '악'의 개념을 적확히 파악하기 위하여 『사기』의 「악서」와 『예기』의 「악기」 비교 분석이 요긴하다고 믿어진다.[15] 그러므로 이제부터는 이를 면밀히 시도하고자 한다. 하여 우선 그 둘 사이의 체재體裁를 먼저 비교하여 분석하고, 그 이후 내용도 그렇게 하겠다.

### 1) 『사기』「악서」와『예기』「악기」의 체재 비교 분석

『사기』「악서」와『예기』「악기」의 체재를 비교하여 분석하기 위해서, 먼저 『사기』「악서」의 전체 구성을 면밀히 분석하여 보았더니, 그 앞부분과 뒷부분의 내용을 제외한 중간 부분에 『예기』「악기」의 내용이 ―뒤에서 상론할 바처럼 세부적인 내용에 있어서 비록 글자의 차이 혹은 부분적으로 순서가 뒤바뀐 부분이 있기는 할지라도― 거의 빠짐없이 담겨 있음을 발견할 수가 있었다. 그리하여 이러한 사실을 담아 도표로 작성해본 게 다음의 〈표 1〉이다.

---

15 신라 국학의 독서삼품 출신의 품격 중 '超品'에 해당되려면 역사 분야에서는 소위 三史 곧 『史記』·『漢書』·『後漢書』에 능통하여야 했는데, 이 가운데서 여기에서 유독 『사기』만을 거론하는 것은 나름대로 이유가 있다. 그 가운데 樂 혹은 禮樂과 관련된 기록을 중점적으로 편집할 수 있는 부분이 『史記』의 「樂書」, 『漢書』의 「禮樂志」, 『後漢書』의 「禮儀志」이지만 『漢書』 「禮樂志」는 『樂記』 자체의 영향을 크게 받아 제목에 걸맞게 禮樂을 거론하면서 樂을 다루었으나 『後漢書』 「禮儀志」는 그렇지도 않고 단지 그 篇目의 명칭에서 예감할 수 있듯 거의 儀式 절차에 대한 것을 위주로 정리하여 있음으로 해서, 樂에 대해서는 극히 부분적으로만 거론하고 있을 뿐이다. 따라서 三史 중에서는 『史記』 「樂書」만이 그 체재 및 내용에 있어서 『禮記』 「樂記」와의 직접적인 비교 대상이 될 수 있는 데에 따른 것이다. 『漢書』 「禮樂志」가 『樂記』의 영향을 명확하게 받았다는 점에 대해서는 薛永武,「班固≪漢書≫與≪樂記≫」, 『中國文論經典流變:≪禮記·樂記≫的接受史研究』, 北京:社會科學文獻出版社, 2012, pp.191-199.

〈표 1〉『사기』「악서」와『예기』「악기」의 체재 비교표

| 연번 | 『사기』「악서」 | 『예기』「악기」 |
|------|------------|-------------|
| 1 | 〈전기前記〉 | × |
| 2 | 「악기」 | 「악기」 |
| 3 | 〈후기後記〉 | × |

　『사기』의「악서」가『예기』의「악기」 ─혹은 6경六經의 하나로 독립시켜 파악하는 인식에 따르는 경우에는『악기』─ 자체의 큰 영향을 받았다고 보면서 그러므로 때로는 사마천이『악기』의 예악사상에 찬동하였다고 여기는 견해[16] 등도 있으나 단지 그러한 수준의 정도가 전혀 아니라, 이로써『사기』「악서」의 중간 내용에『예기』「악기」 전체가 그대로 전재全載되어 있었음이 드러나게 되었다고 하겠다. 따라서 적어도『사기』를 열심히 읽은 사람의 경우 그「악서」편을 통해서 자연히『예기』 중의「악기」편을 읽은 게 되는 것이며, 그 속에 담긴 '악' 사상 나아가 예악사상 자체를 접하게 되는 셈이었고, 이러한 체험은 신라의 김대문이든 최치원이든 예외가 결코 아니었을 성싶다고 해서 전혀 무리한 얘기를 하는 게 아니라고 단언할 수 있다고 본다.

　여기에다가 하나 덧붙여 살펴야 할 것은,『사기』의「악서」에는『예기』의「악기」에는 없는 내용이 앞의 〈표 1〉에서 확인되듯이 그 전후에 〈전기前記〉 및 〈후기後記〉가 더 있다는 점이다. 바로 이 〈전기〉의 거의 마지막 부분에서는 사마천司馬遷이 당시의 한漢 무제武帝가 즉위하고 나서 19장의 악곡樂曲을 지어 세상에 널리 알리게 하였다는 사실을 거론하고는, 이러한 한 무제의 문화정책에 대해 "선제先帝께서나 백성들이 어찌 그 음악을 알 수 있겠는가"라고 신하 급암汲黯[=급인汲仁]이 냉혹하게 비판하자 황제가 "묵연히 말이 없었다"고 가감 없이 서술하였던 것이다.[17] 그리고 그 〈후기〉에서는 시작

---

16　薛永武, '司馬遷的≪史記 · 樂書≫與≪樂記≫', 「司馬遷, 劉向與≪樂記≫」,『中國文論經典流變: 禮記樂記的接受史研究』, 2012, pp.185-188. 아마도 이러한 견해에 입각해서 이들의 注疏本에 대한 검토도 孫星群, 「≪禮記 · 樂記≫與史記 · 樂書≫注疏本」,『言志 · 詠情 · 治情─≪樂記≫研究與解讀』, 北京: 人民出版社, 2012, pp.18-19에서 행해진 것으로 생각된다.

17　이상의 개략적인 사건 전개 설명에 대한 상세한 원문은 다음이다. "至今上卽位 作十九章 令侍中李

하자마자 "태사공은 말하였다."고 쓰고 나서 곧이어, "대저 상고시대에 현명한 임금이 음악을 제작하고 연주하게 한 것은, 마음을 즐겁게 하여 스스로 악樂하여 뜻을 유쾌하게 하여 욕망을 방자하고자 한 게 아니라 장차 잘 다스려 보고자 함이었고, 바른 교화라는 것은 모두 음音에서 시작되는 것이니 음이 바르면 행위도 바르다.[18]고 지적함으로써 한 무제의 음악정책에 대한 비판을 명확히 밝혀두었던 것이다.[19] 그러므로 『사기』의 「악서」를 읽으면 누구나 자연스럽게, 『예기』의 「악기」에는 없는 그 전후의 〈전기〉와 〈후기〉를 통해 사마천이 더욱더 악樂 사상의 중요성에 대해 더할 나위가 없이 강조하고 있었음도 아울러 심도 있게 익혔을 게 자명하다.

## 2) 『사기』「악서」의 「악기」와 『예기』「악기」의 내용 비교 분석

『사기』「악서樂書」의 내용과 『예기』「악기」의 내용을 비교하기 위해, 각각의 전체 내용을 대상으로 글자마다 정밀하게 교감校勘 작업을 진행하였다. 그 결과 『사기』「악서」의 내용과 『예기』「악기」의 내용이 일치하는 부분들이 많지만, 일치하지 않고 다른 부분도 적지 않음을 알게 되었다.[20] 따라서 여기에서는 그 일치하지 않고 다른 부분들을 4가지 유형으로 구분하여 정리해보고자 한다. 제1유형은 없는 글자가 삽입된 경우, 제2유형은 글자가 바뀌어 달리 표기된 경우, 제3유형은 구절의 내용이 일부 다르게 적힌 경우, 제4유형은 단락 자체의 내용 순서가 바뀐 경우이다.

---

延年次序其聲 拜爲協律都尉 … 使僮男僮女七十人俱歌 春歌靑陽 夏歌朱明 秋歌西暭 冬歌玄冥 世多有 故不論 … 中尉汲黯進曰 凡王者作樂 上以承祖宗 下以化兆民 今陛下得馬 詩以爲歌 協於宗廟 先帝百姓豈能知其音邪 上默然不說".

18 원문은 다음이다. "太史公曰 夫上古明王擧樂者 非以娛心自樂 快意恣欲 將欲爲治也 正教者皆始於音 音正而行正".

19 稻葉一郎,「≪史記≫の成立」,『中國史學史の研究』, 京都 : 京都大學學術出版會, 2006, pp.166-167.

20 정상홍 옮김,「악기」, 정범진 (외) 옮김,『사기』2—표서·서, 도서출판 까치, 1996; 5쇄, 2007, p.68 의 각주 38)에서 이러한 사실과 관련하여 "이 단락 이하는 모두 「악기」에 있는 내용으로 그 편차와 순서 및 표현이 약간씩 다를 뿐이다."라고 하였는데, 이는 엄밀히 말하자면 사실이 아니라 그른 것 이라고 하는 게 옳겠다.

제1유형의 대표적인 사례는『사기』「악서」에는 "謂之樂也"로 되어 있는데 『예기』「악기」에서는 "謂之樂"으로 되어 있는 경우이며, 거꾸로『사기』「악서」에는 있지만『예기』「악기」에서는 빠진 사례로는『사기』「악서」에서 "王制禮樂"이라 한 것이『예기』「악기」에서는 "王之制禮樂"이라 되어 있음을 들 수 있다. 그리고 제2유형의 대표적인 사례는『사기』「악서」에는 "性之頌也"라 되어 있는데『예기』「악기」에서는 "性之欲也"로 되어 있거나『사기』「악서」에는 "不能反己"라 되어 있는데『예기』「악기」에서는 "不能反躬"으로 되어 있는 경우 등을 꼽을 수가 있다. 이와 같은 제1 및 제2유형은, 의미 전달 자체에 있어서는 크게 문제가 되지 않는 것일 수 있기에 과히 크게 문제 삼지 않아도 무방할지 모른다.

　　한편 제3유형의 대표적인 사례는『사기』「악서」에는 "詘信俯仰級兆舒疾 樂之文也"라 되어 있는데『예기』「악기」에서는 "屈伸俯仰綴兆舒疾 樂之文也"로 되어 있는 경우를 지적할 수가 있는데, 이런 유형의 변개變改는 교감校勘을 통해 지적하여 적확한 의미 파악에 유념해야 할 것임에 두말할 나위가 없겠다. 하지만 구절 내용의 일부가 변개된 이러한 사례들보다 더욱 그냥 간과해서는 안 될 사항은, 제4유형으로서 단락 자체의 내용 순서가 섞인 경우이다. 이런 경우가 있으리라고는 어느 누구나 쉽사리 상정할 수 있는 사안 자체가 아닌지라, 면밀히 살피지 않으면 잘 알아차리기 쉽지 않은데, 그 결과를 정리하여 제시하면 다음의 〈표 2〉와 같다.

〈표 2〉『사기』「악서」와『예기』「악기」의 내용 중 단락 자체의 순서가 뒤섞인 사례

| 순서 | 『사기』「악서」의 내용 | 『예기』「악기」의 내용 | 비고 | |
|---|---|---|---|---|
| | | | 이異·동同 | 내역 명세 |
| (1) | 樂者 所以象德也 禮者 所以閉淫也 是故先王有大事 必有禮以哀之 有大福 必有禮以樂之 哀樂之分 皆以禮終 | 樂者 所以象德也 禮者 所以綴淫也 是故先王有大事 必有禮以哀之 有大福 必有禮以樂之 哀樂之分 皆以禮終 | 同 | 「樂施」篇의 마지막 직전 부분 ([附錄]校勘의 4부분) |
| (2) | 樂也者 施也 禮也者 報也 樂 樂其所自生 而禮 反其所自始 樂章德 禮報情反始也 所謂大路者 天子之輿也 龍旂九旒 天子之旌也 靑黑緣者 天子之葆龜也 從之以牛羊之群 則所以贈諸侯也 | × | 異 | 「樂象」篇 마지막 부분의 이동 삽입 |
| (3) | 樂也者 情之不可變者也 禮也者 理之不可易者也 樂統同 禮別異 禮樂之說貫乎人情矣 窮本知變 樂之情也 著誠去僞 禮之經也 禮樂順天地之誠 達神明之德 降興上下之神 而凝是精粗之體 領父子君臣之節. | × | | |
| (4) | 是故大人擧禮樂 則天地將爲昭焉 天地欣合 陰陽相得 煦嫗覆育萬物 然后草木茂 區萌達 羽翮奮 角觡生 蟄蟲昭蘇 羽者嫗伏 毛者孕鬻 胎生者不殰而卵生者不殈則樂之道歸焉耳. | × | | 「樂情」篇 전체 내용 이동 삽입 |
| (5) | 樂者 非謂黃鍾大呂弦歌干揚也 樂之末節也 故童者舞之 布筵席 陳樽俎 列籩豆 以升降爲禮者 禮之末節也 故有司掌之 樂師辯乎聲詩 故北面而弦 宗祝辯乎宗廟之禮 故後尸 商祝辯乎喪禮 故後主人 是故德成而上 藝成而下 行成而先 事成而後 是故先王有上有下 有先有後 然后可以有制於天下也 | × | | |
| (6) | 樂者 聖人之所樂也 而可以善民心 其感人深 其風移俗易 故先王著其敎焉. | 樂也者 聖人之所樂也 而可以善民心 其感人深 其移風易俗, 故先王著其敎焉. | 同 | 「樂施」篇의 마지막 부분 ([附錄]校勘의 5부분) |

이 〈표 2〉를 자세히 들여다보면 『사기』「악서」의 내용과 『예기』「악기」의 내용이 일부분만 일치할 뿐 그 외의 부분에 있어서는 거의 일치하지 않음을 식별하기 어렵지 않다. 처음의 (1) 부분만 일치하고 끝의 (6) 부분은 그 중 밑줄 그은 대목을 제외하고서는 대략 일치하나, 중간의 (2)-(5) 부분에서는 전혀 일치하지 않는다는 사실을 깨달을 수가 있는 것이다. 즉 『사기』「악서」의

내용에는 『예기』 「악기」 「악시樂施」편의 내용 가운데 마지막 직전 부분 및 마지막 부분 사이에 〈표 2〉 (2)-(5)부분의 내용이 삽입되어 있는 것인데, 이를 전후의 내용과 일일이 대조해본 결과 (2)부분은 「악상樂象」편 중 마지막 부분을 이동시켜 삽입한 것이며, (3)-(5)부분은 「악정樂情」편의 전체 내용을 이동시켜 삽입한 것임을 알아차릴 수 있었다. 따라서 『사기』 「악서」의 「악기」와 『예기』 「악기」의 내용이 그 구성에 있어 부분적으로는 일치할지언정 전체적으로 그런 게 아니므로, 이들 편목의 전체적인 구성을 낱낱이 비교하며 검토해야할 당위성이 대두하게 되었다.

## 4. 『사기』 「악서」의 「악기」 및 『예기』 「악기」의 편목 구성과 그 중 「악본」 편의 특징

『사기』 「악서」의 「악기」와 『예기』 「악기」의 전체적인 편목 구성을 낱낱이 비교하며 검토하려 시도하면서, 우선 그 편목의 차례를 상세하게 구분하여 정리해보고자 하였다. 그러다보니 기왕의 연구 성과들 중에서 이미 그러한 시도가 있었음을 발견하게 되었는데, 그것들을 분석하였더니, 그 『사기』 「악서」의 「악기」와 『예기』 「악기」의 세부 편목 속에 「악본」편이 설정되어 있음을 깨칠 수가 있었다.

### 1) 『사기』 「악서」의 「악기」 및 『예기』 「악기」 편목의 차례

방금 보았듯이 『사기』 「악서」 중 「악기」의 편목은 『예기』 「악기」의 그것과는 사뭇 다르다. 그런데다가 한편으로 『예기』 「악기」 편목의 차례에 관해서 지금까지의 연구를 조사해보니, 적어도 3가지 의견이 있음을 알 수가 있었다. 한국의 김승룡金承龍[21] 및 중국의 채중덕蔡仲德[22]·유계영劉桂榮[23]에 의해 각기 표방된 바가 그것이다. 이에『사기』「악서」중「악기」의 편목은 물론이고,『예기』「악기」에 관한 3가지의 설에서 제시된 각각의 그 차례를 도표로 종합적으로 정리하여 제시해 보이면 아래 〈표 3〉과 같게 된다.

〈표 3〉『사기』「악서」의「악기」및『예기』「악기」편목의 차례 비교표

| 연번 | 『사기』「악서」의「악기」 | 『예기』「악기」 | | |
|---|---|---|---|---|
| | | 김승룡의 설 | 채중덕의 설 | 유계영의 설 |
| 1 | 「악본樂本」편(1) | | | |
| 2 | 「악론樂論」편(2) | 「악론」편(2) | 「악상」편(7) | 「악론」편(2) |
| 3 | 「악례樂禮」편(3) | 「악례」편(3) | 「악언」편(6) | 「악례」편(3) |
| 4 | 「악시樂施」편(4) | 「악시」편(4) | 「악화」편(8) | 「악시」편(4) |
| 5 | 「악정樂情」편(5) | 「악언」편(6) | 「악시」편(4) | 「악언」편(6) |
| 6 | 「악언樂言」편(6) | 「악상」편(7) | 「악론」편(2) | 「악상」편(7) |
| 7 | 「악상樂象」편(7) | 「악정」편(5) | 「악례」편(3) | 「악정」편(5) |
| 8 | 「악화樂化」편(8) | 「위문후」편(9) | 「악정」편(5) | 「악화」편(8) |
| 9 | 「위문후魏文侯」편(9) | 「빈모가」편(10) | 「빈모가」편(10) | 「위문후」편(9) |
| 10 | 「빈모가賓牟賈」편(10) | 「악화」편(8) | 「사을」편(11) | 「빈모가」편(10) |
| 11 | 「사을師乙」편(11) | 「사을」편(11) | 「위문후」편(9) | 「사을」편(11) |

『예기』「악기」에 관한 이상의 3가지의 설에서 제시된 각각의 차례는 분명 서로 상이하다. 그리고 그것은『사기』「악서」중「악기」의 차례와도 같은 게 없다. 이처럼 서로 제각각의 차례가 설정되었다고 할 밖에 도리가 없지만, 그

---

21 김승룡 편역주,『악기집석:음악으로 보는 고전 문예 미학』1, 계출판사. 2002, pp.2-3. 한편 조남 권·김종수 공역,『동양의 음악사상 악기』, 민속원, 초판, 2000; 재판, 2001, 삼판, 2005, p.17에서도 이 차례를 취하였다.

22 蔡仲德,『中國音樂美學史資料注譯』, 北京: 人民音樂出版社, 1990; 增訂版, 2004; 4重印, 2016, pp.267-341. 한편 한홍섭 옮김,『예기·악기』, 책세상, 2007, p.4의 〈일러두기〉에서는 "≪예기·악기≫ 11장의 차례는 원문과 달리 ≪중국 음악 미학사 자료 주역≫의 안배가 적절하다고 보아 이를 따랐다."고 밝히고 있음에서 이를 신용하고 있음을 알 수가 있다.
蔡仲德이『史記』「樂書」의「樂記」및「禮記」「樂記」이외에 劉向의『別錄』에 所載하는「樂記」까지 포함하여 이들의 篇目 次例를 비교하며 분석하고 이를 圖表로 작성하여『中國音樂美學史資料注譯』增訂版, 2016, p.268에 제시해둔 바가 있음을, 뒤늦게 2017년 3월말 이 책을 가까스로 求得한 이후 검토하다가 本稿의 推敲 과정에 발견하였기에 이 사실을 여기에 적어두기로 하였다.

23 劉桂榮,『西漢時期荀子思想接受研究』, 合肥: 合肥工業大出版社, 2013, p.150.

렇다고 해서 전혀 공통점이 없는 게 아니다. 다름 아니라 「악본」편만은 유일하게 모두 공통적으로 제1편목으로 설정하고 있음이 그것이다. 따라서 「악본」편이 '악'을 논함에 있어서 가장 중시되는 편목임을 자연스레 드러내고 있었다고 파악해서 전혀 잘못이 아니라 하겠다. 말하자면 『사기』 「악서」의 「악기」 및 『예기』 「악기」에서 공통적으로 가장 앞세워 정리되고 있는 편목은 「악본」편 그 자체였으며, 그럴 정도로 구성상으로나 내용상으로도 「악본」편이 가장 중시되고 있는 것이었다고 해서 무리가 아니지 않나 생각한다.

### 2) 「악본」편 세부 내용의 특징

「악본」편의 내용상 특징을 한마디로 정의하기는 결코 간단한 일이 아니다.[24] 그 세부 내용을 일일이 살피게 되면 각기 개별성이 뚜렷한 여러 부분들로 구성이 되어 있음을 어렵지 않게 느낄 수가 있으며, 이미 출간되어 있는 여러 국역본에서도 같은 이유에서인 듯 내용 구분이 각기 독자성을 띠며 거

---

24 이와 관련하여 하나의 구체적인 사례로 劉桂榮, 「≪樂記≫對荀子思想的接受」, 『西漢時期荀子思想接受研究』, 合肥 : 合肥工業大出版社, 2013, p.150에서, 「樂記」 전체 각 편목의 핵심 내용을 아래의 〈參考表〉와 같이 정리하고 있음이 참조되기는 하지만, 그렇다고 해서 이러한 정리가 과연 전체의 내용을 포괄하면서 제대로 된 것이며 또한 효과적인지에 대해서는 많은 의문이 제기될 공산이 대단히 많다고 생각한다.

〈참고표〉 「악기」의 편목 구성과 편목별 핵심 내용

| 연번 | 편목 | 핵심 내용 |
|---|---|---|
| 1 | 「악본」편 | 악樂의 기원起源 |
| 2 | 「악론」편 | 예악禮樂의 관계 |
| 3 | 「악례」편 | |
| 4 | 「악시」편 | 악의 교화敎化 작용 (1) |
| 5 | 「악언」편 | 악과 감정 (1) |
| 6 | 「악상」편 | 악과 덕德의 관계 |
| 7 | 「악정」편 | 악과 감정 (2) |
| 8 | 「악화」론 | 악의 교화 작용 (2) |
| 9 | 「위문후」편 | 대화 형식으로 선진先秦 악교樂敎 중 논쟁論爭 발생의 중요 문제에 대한 천명闡明 |
| 10 | 「빈모가」편 | |
| 11 | 「사을」편 | |

의 일치하지 않고 있기 때문이다. 기왕의 국역본의 역자들 중 김승룡金承龍[25]
· 한흥섭韓興燮[26] · 정병섭鄭秉燮[27]이 제각각 행한 「악본」편 세부 내용의 구
분을 정리하여 도표로 작성하여 제시해보이면, 아래의 〈표 4〉와 같다.

〈표 4〉「악본」편의 세부 내용 구분 비교표

| 연번 | 김승룡의 내용 구분 | 한흥섭의 구분 | 정병섭의 구분 | 연번 |
|---|---|---|---|---|
| 1 | 성聲 · 음音 · 악樂의 정의 | 성 · 음 · 악의 정의 | 심心과 물物, 성聲 · 음音 · 악樂 | 1 |
| 2 | 여섯 가지 마음은 어떤 성聲으로 나오는가 | 마음과 목소리의 상관성 | 악樂과 심감心感 | 2 |
| 3 | 예禮 · 악樂 · 형刑 · 정政의 귀결점 | 예 · 악 · 형 · 정의 존재 이유 | 예禮 · 악樂 · 형刑 · 정政과 민심民心 · 치도治道 | 3 |
| 4 | 성聲 · 음音은 정치와 통한다 | 음악은 정사와 통한다 | 음音과 정政 | 4 |
| 5 | 궁宮 · 상商 · 각角 · 치徵 · 우羽가 표상하는 것들 | 궁 · 상 · 각 · 치 · 우의 상징성 | 오음五音과 정政 | 5 |
| 6 | 오음五音과 정치 | | | |
| 7 | 정음鄭音과 위음衛音 그리고 복수濮水가 상간桑間의 음음 | 난세의 음과 망국의 음 | 정鄭 · 위衛의 음음과 망국亡國의 음음 | 6 |
| 8 | 군자라야 악樂을 알고, 악을 알면 예禮와 가깝다 | 군자라야 악을 알고, 악을 알면 예에 가깝다 | 성聲 · 음音 · 악樂과 덕德 | 7 |
| 9 | 유음遺音 · 유미遺味 속에 담긴 선왕의 뜻 | 유음 · 유미 속에 담긴 선왕의 뜻 | 유음遺音 · 유미遺味와 인도人道 | 8 |
| 10 | 천리를 잃고 욕망을 다하니 크게 어지러워진다 | 천리를 잃고 욕망이 다하니 크게 어지러워진다 | 호오好惡와 대란大亂의 도道 | 9 |
| 11 | 예禮 · 악樂 · 형刑 · 정政으로 왕도를 갖추다 | 예 · 악 · 형 · 정으로 왕도를 갖추다 | 예 · 악 · 형 · 정과 왕도王道 | 10 |

「악본」편의 내용을 이상과 같이 10~11개 정도로 세분하는 게 일반적인 듯
한데,[28] 그 이유는 내용을 기준으로 삼기 때문으로 여겨진다. 말하자면 「악

---

25 김승룡 편역주, 『악기집석：음악으로 보는 고전 문예 미학』 1, 2002, pp.73-208.

26 한흥섭 옮김, 『예기 · 악기』, 2007, pp.21-31.

27 정병섭 역, 『역주 예기집설대전』 악기 1, 학고방, 2014. pp.12-146.

28 이와는 동떨어지게 임의대로 구분한 경우도 있는데, 지재희 해역, 『예기(禮記)』 중, 자유문고, 2000,
pp.299-310에서 그러하였다. 여기에서는 "1. 음악의 기원은 사람의 마음에서부터다. 2. 음악은 사
람의 마음에서 생긴다. 3. 음이 어지럽지 않으면 조화를 이룬다. 4. 음이란 사람의 마음에서 생긴다.
5. 사람의 마음이 고요한 것은…. 6. 선왕이 예악을 마련한 까닭. 7. 음악은 사람의 마음을 화합하게

본」편의 내용을 세분하여 정리함에 있어 연구자마다 그 내용을 어떤 기준에 따라 단락을 설정하여 나누어 보느냐에 따라 달라질 수밖에 없어서 생기는 현상이라 하겠다.

그렇다고는 하지만, 내용상으로 볼 때「악본」편 중에서도 가장 강조되었던 것은 '악樂'을 논함에 있어서 그것을 '예禮'와 직결시켜 곧 '예악'으로 파악함이 었다고 살펴진다.[29] 특히「악본」편 전체에서도 그런 파악이 고스란히 드러난 대목들 중에서도 가장 대표적인 것은 다음이라 보인다.

예禮로 백성의 마음을 절제하고 악樂으로 백성의 성음聲音을 조화롭게 하며, 정政으로 실행하고, 형형刑으로 방비하여 예禮 · 악樂 · 형형刑 · 정政이 사방四方에 미쳐서 어그러지지 않으면 왕도王道가 갖춰지는 것이다. (『사기』「악서」 및 『예기』「악기」의「악본」편)[30]

'악'을 '예'와 결부시키고 이른바 '예악'사상을 형형刑 · 정政과도 결합시켜, 궁극적으로는 '사방四方'에 '왕도王道'를 구현하기 위한 것으로 파악하고 있는 것이다.[31] 이로써 보아도 『사기』「악서」의「악기」 및 『예기』「악기」에서 공통적으로 앞세워 정리한 편목인「악본」의 세부 내용에 있어서 가장 큰 특징은 두말할 나위 없이 그것이 궁극적으로 왕도정치의 이념을 강조하고 있다는

---

한다."로 하였음이 참조가 된다. 짐작컨대 '사람의 마음' 즉 원문 상으로는 '人心'을 얻는 게 중요하다는 점을 강조하기 위한 것으로 보이지만, 그리 설득력이 커 보이지는 않는 느낌이다.

29 司馬遷『史記』의「樂書」에서 표방된 禮樂思想과 관련해서는 특히 華友根,「司馬遷의 禮樂思想及其歷史地位」,『學術月報』1996年 第8期; 施丁 · 廉敏 編,『≪史記≫研究』(上), 北京:中國大百科全書出版社, 2009, pp.495-509 참조.

30 인용한 부분의 원문은 이렇다. "禮節民心 樂和民聲 政以行之 刑以防之 禮樂刑政四達而不悖 則王道備矣"『史記』「樂書」및『禮記』「樂記」의「樂本」篇.

31 漢의 孔穎達이『禮記正義』에서 행한『樂記』「樂本」篇의 내용 설명을 위주로 삼아 그 핵심 사상을 抽出하면,「樂本」篇의 제1절에서는 樂이 音 · 聲을 근본으로 하고, 또 音 · 聲은 人心에서 나오는 점을 들어 이를 '樂本'의 개념으로 설정하고, 이후 그것을 토대로 제4 · 6 · 8절에서는 樂 · 音 · 聲과 德 · 政 그리고 제3 · 11절에서는 禮 · 樂 · 刑 · 政과 民心 · 治道 · 王道 사이에 不可分의 聯關性이 있음을 각각 說破하였다고 할 수가 있겠다. 김승룡 편역주,『악기집석』 1, 2002, pp.73-208 및 정병섭역,『역주 예기집설대전』 악기 1, 2014. pp.12-146의 孔穎達 學說에 관한 集釋 참조.

데에 있다고 하겠다. 이는 결국 『사기』 및 『예기』의 「악본」편에서 표방하는 핵심 내용의 요체는 문자 그대로 '악'의 '본' 즉 본질은 왕도정치의 구현 그 자체에 있음을 알려주는 것이라고 판단된다.

## 5. 『사기』 및 『예기』의 「악본」편과 김대문의 『악본』과의 관련성 검토 : 『삼국사기』 「악지」의 〈신라고기〉 내용 분석을 중심으로

『사기』 및 『예기』의 「악본」편과 김대문의 『악본』과의 관련성을 검토해보 겠다고 하면서 사용한 여기에서의 '관련성'이란 말은 "서로 관련되는 성질이 나 경향이 있다"는 의미로[32], 『예기』 및 『사기』의 「악본」편과 김대문의 『악 본』이 그렇다고 여겨진다는 사실을 드러내고자 하는 것이다. 부연하여 말하 자면 김대문의 『악본』이 특히 그 내용에 있어서, 『예기』 및 『사기』 「악본」편 의 내용을 근간으로 삼아 주로 '악樂'의 기원과 그 의미에 대해 서술하였을 것 으로 가늠되어, 김대문의 『악본』이 제목도 동일할 뿐만이 아니라 내용에 있 어서도 역시 『예기』 및 『사기』 「악본」편과 매우 깊은 연관성이 있어 보인다 는 생각의 표현인 것이다.

『사기』 및 『예기』의 「악본」편과 김대문의 『악본』과의 이러한 관련성에 대 한 검토는 『삼국사기』 「악지樂志」에 인용된 〈신라고기新羅古記〉의 내용 분

---

32 정확한 의미를 국어사전에서 찾아보면, 국립국어연구원 편, 『표준국어대사전』 상, 두산동아, 1999, p.570 및 p.571에 '관련關聯'은 "둘 이상의 사람, 사물, 현상 따위가 서로 관계를 맺어 매어 있음. 또 는 그 관계"를 가리키는 말이고, 그래서 '관련성'은 "서로 관련되는 성질이나 경향"을 이르는 것이라 한다. 한편 같은 『표준국어대사전』 중, 두산동아, 1999, p.4341에는 '연관聯關'이 "사물이나 현상이 일정한 관계를 맺는 일"이므로, '연관성聯關性'은 "사물이나 현상이 일정한 관계를 맺는 특성이나 성 질"을 가리키는 것으로 되어 있다.

반면에 한글 학회 지음, 『우리말 큰 사전』 2, 어문각, 1992, p.2936의 풀이에는 '연관'에 대해서는 "①사물이 서로 어울러서 의존하고 제약하여 전체를 이루는 관계, ②=관련 …"으로, 그리고 '연관성' 에 관해서는 "=관련성"이라 되어 있으며, 같은 『우리말 큰 사전』 1, p.388에는 '관련'에 관하여 "서로 관계를 맺어 매여 있음', '관련성'에 관해 "관련되어 있는 성질"이라 풀이하였다. 여기에서는 『표준 국어대사전』의 풀이가 『우리말 큰 사전』의 것보다 더 적합한 것으로 판단하여 그에 따라 '관련성'을 취하였다.

석을 중심으로 가능하다고 믿는다. 그래서 정밀한 비교 분석을 위하여 그 〈
신라고기〉의 내용을 먼저 고스란히 옮겨 놓으면 다음이다.

　　『신라고기』에 일렀다. 〈가야국 가실왕嘉實王이 당나라의 악기를 보고 그것을
만들었는데, 왕은 "㉮여러 나라 방언이 각기 다르니 성음을 어찌 통일할 수 있을
까?"하고 이에 악사樂師인 성열현省熱縣 사람 우륵于勒에게 명하여 열두 곡을 만
들게 했다. 후에 우륵은 ⓐ그 나라가 어지러워질 것 같으므로 악기를 가지고 신라
진흥왕眞興王에게 귀순하니, 왕은 그를 받아들여 국원國原에서 편히 살게 하고 이
에 대내마大奈麻 주지注知 · 계고階古와 대사大舍 만덕萬德을 보내어 그 업업을
이어받게 했다. 세 사람이 이미 열한 곡을 전해받자 서로 말했다. "이것은 ㉯번거
롭고 또 음란하니 아담하고 바르게 할 수가 없다." 그들은 마침내 줄여서 다섯 곡으
로 만들었다. 우륵은 처음에 그 말을 듣고 노했으나 그 다섯 종류의 음곡을 듣자 눈
물을 흘리며 감탄해서 말했다. "㉰즐거우면서도 절제가 있고, 슬프면서도 비통스
럽지 않으니 정악正樂이라 이를 만하다. ㉱그대들이 이를 임금 앞에 연주하라." 왕
은 이 곡조를 듣고 크게 기뻐했는데, 간하는 신하가 의견을 드렸다. "가야加耶 ⓑ
망국의 음악은 사용할 것이 못됩니다." 왕은 말했다. "가야왕은 ⓒ음란하여 스스로
멸망한 것이지 음악이 무슨 죄가 될 것인가? 대개 ㉲성인이 음악을 제정할 적에 사
람의 마음에 좇아 절도節度로 삼았으니 ⓓ나라가 다스려지고 어지러워짐은 음조
에는 관계가 없다." ㉳드디어 이를 행하게 하여 대악大樂으로 삼았다.〉(『삼국사
기』 32 잡지 1 악 가야금 조)[33]

　「악지」 부분을 서술하면서 인용하여 전거로 삼은 이 '신라고기'는, 金富軾
이 대표 찬자로서 『삼국사기』를 찬집하면서 그 이전에 이미 그 자신이 직접
살피면서 검토한 바 있었던 『악본』 자체를 그렇게 지칭한 것이 아닐까 하는

---

33　원문은 다음이다. "加耶琴 … 羅古記云 〈加耶國嘉實王 見唐之樂器 而造之 王以謂 "㉮諸國方言各異
　　聲音豈可一哉" 乃命樂師省熱縣人于勒 造十二曲 後 于勒ⓐ以其國將亂 攜樂器 投新羅眞興王 王受之
　　安置國原 乃遣大奈麻注知 · 階古 · 大舍萬德 傳其業 三人旣傳十二曲 相謂曰 "此㉯繁且淫 不可以爲
　　雅正" 遂約爲五曲 于勒始聞焉而怒 及聽其五種之音 流涙歎曰 "㉰樂而不流 哀而不悲 可謂正也 爾其
　　ⓓ奏之王前" 王聞之大悅 諫臣獻議 "加耶ⓑ亡國之音 不足取也" 王曰 "加耶王 ⓒ淫亂自滅 樂何罪乎
　　蓋㉲聖人制樂 緣人情以爲撙節 ⓓ國之理亂 不由音調" ㉳遂行之 以爲大樂)"(『三國史記』 32 雜志 1
　　樂 加耶琴 條)

생각이 깊다.³⁴ 이러한 면모와 관련을 지워 이 기록에서 부분적으로 나눠 언급한 대목들을 조합하여 더욱 각별히 주목하고픈 내용은 2가지이다. 구체적으로 꼽으면 위에서 기록을 인용하면서 구별하기 위해 편의상 영문 알파벳 기호로 ⓐ부터 ⓓ까지 붙인 부분과 국문 가나다 기호로 ㉮부터 ㉯까지 붙인 부분이 그것이다.

보다 상론하자면 첫째, ⓐ-ⓓ부분의 핵심어는 각기 '(국)난'(ⓐ) · '망국'(ⓑ) · '자멸'(ⓒ) · '(국)난'(ⓓ)이며, '(국)난'(ⓐⓓ)으로 '자멸'(ⓒ)에 이르게 되고 귀결은 '망국'(ⓑ)이므로, 따라서 종국에는 '망국'(ⓑ)에 다다르게 된다고 하겠다. 그리고 둘째, ㉮-㉯부분의 핵심어는 열거하자면 '제국'(㉮) · '아정'(㉯) · '정'(㉰) · '왕'(㉱) · '성인'(㉲) · '대악'(㉳)으로, 이를 내용상으로 연결하면 '제국'(㉮)의 '왕'(㉱)이 악樂을 '아정'(㉯) · '정'(㉰)하게 할 때 그것이 곧 '성인'(㉲)이 일컬은 '대악'(㉳)이 된다는 점을 강조한 것으로 가늠할 수 있겠다.

그런데 김대문이 『악본』에서 우선 ⓐ-ⓓ부분 중에서도 특히 ⓑ에서 보이듯 가야加耶의 '망국의 음'을 군이 구체적으로 제시하며 강조한 것은 다름이 아니라 『사기』「악서」및 『예기』「악기」의 「악본」편에 근거한 것임이 자명하다. 내용상으로 이와 흡사할뿐더러 문구상으로 보더라도 매우 일치하는 게 많은 대목을 『사기』「악서」및 『예기』「악기」의 「악본」편에서 찾아 제시해보이면 다음이다.

㉮악樂이라는 것은 음音으로 말미암아 생기는 것이니, 그 근본은 인심人心이 물物에 감응하는 데에 있다. …

---

34 이와 관련하여서는 이기백, 「김대문과 그의 사학」, 『역사학보』 77, 1978; 『한국사학의 방향』, 1978, p.8에서 『악본』에 관해 언급하면서, 다음과 같이 기술한 바가 참조가 되었다.
　　"혹은 『三國史記』의 樂志가 비교적 자세한 것은 이 『악본』에 힘입은 바가 있는 것이 아닐까 하는 생각이 든다. 『삼국사기』 악지에는 김대문 이후의 시대에 관한 것이 있고, 高句麗樂이나 百濟樂은 『通典』과 '册府元龜'가 주로 이용되었고, 또 新羅樂에 있어서도 『新羅古記』와 같은 것이 인용되고 있다. 그러므로 반드시 『악본』이 그 史料로서 중요하게 이용되었다고 고집할 수는 없다. 그러나 會樂이나 辛熱樂 같은 부분은 혹 『악본』이 참고되었음직하다는 생각이 든다."

ᄂᆞ무릇 음音이라는 것은 인심에서 생기는 것이다. 정情이 가운데에서 움직이는 것이므로, 성聲으로 드러나서 성聲이 아름다움을 이루는 것을 음音이라 이른다. 이런 까닭으로 <u>치세治世의 음</u>은 편안함으로써 즐기며 그 정치가 (인심에) 화합한다. <u>난세亂世의 음</u>은 원망으로써 노하며 그 정치가 (인심에) 어긋난다. <u>망국亡國의 음</u>은 슬픔으로써 생각하여 그 국민이 곤경에 처한다. 성聲과 음音의 도道는 정치와 더불어 상통한다.

ᄃᆞ궁宮은 군君이 되고, 상商은 신臣이 되고, 각角은 민民이 되고, 치徵는 사事가 되고 우羽는 물物이 된다. 다섯 가지가 어지럽지 않으면 어수선하거나 조화를 잃지 않는 음이다.

ᄅᆞ궁宮이 어지러우면 거칠어져서 그 군君이 교만해지고, 상商이 어지러워지면 막혀서 그 관官이 무너지고, 각角이 어지러워지면 근심이 생겨 그 민民이 원망하고, 치徵가 어지러워지면 슬퍼서 그 사事가 많아지며, 우羽가 어지러워지면 위급해져서 그 재財가 궁해진다. 다섯 가지가 모두 어지러워지면 바뀌고 서로 지나치니 오만하다고 이른다. 이와 같으면 국가의 멸망은 며칠 가지 않는다.

ᄆᆞ정鄭나라와 위衛나라의 음音은 <u>난세의 음</u>이라 오만함에 비긴다. 상문桑間과 복상濮上의 음은 <u>망국의 음</u>이라 그 정치가 흩어지고 그 백성이 유랑하여 윗사람을 무고하고 사리私利를 행하는 것을 그칠 수가 없다. (『사기』 24 「악서」 및 『예기』 19 「악기」의 「악본」편) [35]

이를 통해서 「악본」편에서 음을 '치세의 음'·'난세의 음'·'망국의 음'의 3단계로 단계 설정을 하고 있음을 확인할 수가 있는데, 이에 비추어 가야加耶의 '망국의 음'을 굳이 구체적으로 제시하며 강조한 것은 이에 근거한 것임은 의심의 여지가 없다. 방금 앞서 인용 제시한 『삼국사기』 32 잡지 1 악 가야금조에 〈신라고기〉라고 하여 반영되었다고 여겨지는 김대문의 『악본』에서 거

---

35 인용한 부분의 원문은 아래와 같다. "㉮樂者 音之所由生也 其本在人心之感於物也. … ㉯凡音者 生人心者也. 情動於中 故形於聲 聲成文 謂之音. 是故治世之音 安以樂 其政和. 亂世之音 怨以怒 其政乖. 亡國之音 哀以思 其民困. 聲音之道與政通矣. ㉰宮爲君 商爲臣 角爲民 徵爲事 羽爲物. 五者不亂 則無怗懘之音矣. ㉱宮亂則荒 其君驕. 商亂則陂 其官壞. 角亂則憂 其民怨. 徵亂則哀 其事勤. 羽亂則危 其財匱. 五者皆亂 迭相陵 謂之慢. 如此則國之滅亡無日矣. ㉲鄭衛之音 亂世之音也 比於慢矣. 桑間濮上之音 亡國之音也 其政散 其民流 誣上行私而不可止也." (『史記』24 「樂書」 및 『禮記』19 「樂記」「樂本」篇)

론한 점을 세부적으로 검토할 때, '(국)난'(ⓐⓓ)은 다름 아닌 '난세의 음'에 '망국'(ⓑ) · '자멸'(ⓒ)은 '망국의 음'에 그리고 '왕'(ⓔ)과 '제국'(㉮) 및 '아정'(㉯) · '정'(㉰)은 '치국의 음' 그 자체에 곧 해당하는 것임에 확실하다. 따라서 김대문은 자신의 『악본』에서, 『사기』「악서」 및 『예기』「악기」의 「악본」편에서 행해진 '치세의 음' · '난세의 음' · '망국의 음'의 3단계 설정 자체에 근거하여 파악하고 나름대로의 개별성이 완연한 이해를 바탕으로 한 정리를 거쳐 이를 설파한 것이라 하겠다.

　더더군다나 같은 위의 인용 기록 가운데서 우륵의 발언 중 "㉱즐거우면서도 절제가 있고, 슬프면서도 비통스럽지 않으니 정악正樂이라 이를 만하다(樂而不流 哀而不悲 可謂正也). ㉲그대들이 이를 임금 앞에 연주하라(爾其奏之王前)."고 하는 대목이 나온 근거는 『예기』「왕제王制」편篇의 "대악정에게 보고하고 대악정은 왕에게 보고한다(以告于大樂正 大樂正以告于王)"고 한 부분과 절차상 직접적인 연관이 있음이 거의 분명해 보인다. 그리고 진흥왕의 발언 중 "㉳성인이 음악을 제정할 적에 사람의 마음을 좇아 절도로 삼았으니(聖人制樂 緣人情以爲撙節)[36]"라는 대목이 나온 근거 또한 『예기』「악기」편의 "이러한 까닭으로 선왕이 예 · 악을 제정하니 사람들은 그것을 절도로 삼았다(是故 先王之制禮樂 人爲之節)[37]"고 하는 부분임이 분명하다고 믿어진다. 더욱 인용문 맨 마지막 부분의 "㉴드디어 이를 행하게 하여 대악으로 삼았다(遂行之 以爲大樂)."고 한 서술 역시 김대문의 『악본』에 기술된 바가 그대로 인용된 것이며, 이 또한 『예기』「왕제」편에 입각하여 그 중에서도 가장 핵심인 '대악'의 개념에 대한 김대문 자신의 개별성을 띤 이론 정립에서 비롯된 것임이 분명하다고 여겨진다.

---

36 이 부분을 정구복 (외), 『역주 삼국사기』 2 번역편, 한국정신문화연구원, 초판, 1997; 수정 3판, 2002, p.590 및 『개정증보 역주 삼국사기』 2 번역편, 한국학중앙연구원 출판부, 2012, p.590에서는 "성인이 음악을 제정할 적에 <u>인정에 연유하여 법도를 따르도록</u> 한 것이니"라고 풀었으나, 과연 그렇게 하는 게 옳은 것인지에 대해서는 적지 않게 의문을 지니게 된다. 하여 뒷부분을 특히 손질하여 "사람의 마음을 좇아 법도로 삼았으니"라고 제시하고자 한다.

37 이 부분의 해석에는 특히 정병섭 역, 『역주 예기집설대전』 악기 1, 학고방, 2014. p.138의 의역 참조.

더욱이 김대문의 '대악'에 관한 이러한 이론 정립은 비단『사기』「악서」및
『예기』「악기」의 '악' 사상을 내포內包한 것일 뿐만이 아니라『사기』「예서」
및 『예기』「예기」의 '대례大禮'에도 외연外延한 '예악' 사상에서 비롯된 것이
라 생각된다. '대악'과 '대례'의 이와 같은 가를 수 없는 긴밀한 관련성에 대해
서는,『사기』「악서」와『예기』「악기」가운데 특히「악론」중 다음의 부분에
서 확실히 언급되고 있음에 괄목해야 옳다고 본다.

　　악樂은 (사람의 마음) 가운데서 나오며 예禮는 (사람의 몸) 밖으로부터 만들어지
　는 것이다. 악이 가운데서 나오므로 고요하며, 예는 밖으로부터 만들어지므로 화
　려하다. (Ⅰ)대악大樂은 반드시 평이하고 대례大禮는 반드시 간소하다. 악이 지극
　하면 원망이 없으며, 예가 지극하면 다투지 않는다. 두 손 모아 절하고 겸손하여 천
　하를 다스리는 것은 예악禮樂을 이른다. … (Ⅱ)대악은 천지와 더불어 화합和合을
　함께 하고, 대례는 천지와 더불어 절도節度를 함께 한다. (『사기』24「악서」및『예
　기』19「악기」의「악론」편)[38]

이로써 보아서도 분명 김대문의 '대악'에 관한 이론 정립은『사기』「악서」
및『예기』「악기」의 '악' 사상을 내포한 것이며 또한『사기』「예서」및『예
기』「예기」의 '대례'에도 외연한 '예악' 사상에서 비롯된 것임이 분명해 보인
다. 그러므로 김대문의『악본』저술은『사기』및『예기』의「악본」편에서 표
방하는 예악사상을 기저基底로 삼고 있었으며, 그럼으로써 '악'의 '본' 즉 '악'
의 본질이 곧 왕도의 구현 그 자체에 있음을 표방하기 위한 것이었다고 결론
지을 수 있다고 생각한다.

　특히 정치사상적인 측면에서 보자면 왕도정치에 있어서 '악樂'을 강조하는
것 자체가 구극究極에 있어서는 '인화人和'를 지향하는 데에 주된 목적이 설
정되어 있었음은 중국의 경우 당唐 태종太宗 당시의 악樂에 대한 인식에서도

---

38 인용한 부분의 원문은 다음이다. "(Ⅰ)樂由中出 禮自外作. 樂由中出故靜. 禮自外作故文. 大樂必易
　大禮必簡. 樂至則無怨 禮至則不爭. 揖讓而治天下者 禮樂之謂也. … (Ⅱ)大樂與天地同和 大禮與天
　地同節."(『史記』24「樂書」및『禮記』19「樂記」「樂論」篇)

잘 드러나고 있다. 『정관정요貞觀政要』의 다음 기록에서 각별히 그러하다.

상서우승尚書右丞 위징魏徵이 나아와 아뢰었다. "옛 사람이 말하기를 '예禮, 예
禮라고 말하나 보석이나 비단을 말하는 게 아니지 않는가! 악樂, 악樂이라 말하나
종이나 북을 말하는 게 아니지 않는가!'라고 했습니다. 악樂은 사람의 화목에 있는
것이지 음조音調에서 말미암는 게 아닙니다."고 하였다. 태종은 그렇다고 하였다.
(『정관정요』 권7 「논음악」 제29 제12장)[39]

이 대목에서 위징魏徵이 한 "악樂이 인화人和에 있다"고 강조하는 발언에
대해 태종 역시 동의하고 있음에서 당시에 이러한 악樂에 대한 인식이 정치
적으로는 보편적이었음이 잘 드러난다고 판단된다. 당 태종 당시의 악樂에
대한 이와 같은 보편적인 인식은 이후 신라에도 적지 않은 영향을 끼쳤을 것
이고, 그럼으로 해서 김대문 또한 동일한 인식을 지니게 되었던 것으로 여겨
진다.

## 6. 맺는 말 : 김대문 『악본』 저술의 역사적 의의

요컨대 김대문이 『사기』 및 『예기』의 「악본」편을 수용하여 단독 저서로
『악본』을 저술한 근본 취지는 이상적인 왕도정치의 실현을 강조하기 위함이
었다. 동시에 당시 신라의 군주들이 현실 속에서 벌이고 있는 패권의 행사를
정당화하며 패도를 한층 지향하는 전제왕권의 행태를 비판하고자 하는 의도
도 아울러 띠고 있었던 것으로 가늠된다. 더욱이 김대문이 『악본』에서 신라
의 악사상 나아가서는 예악사상에 대해 그 역사적 배경과 실제 상황의 전개
에 대해 정리한 사실을 그냥 지나쳐서는 안 된다고 본다.

즉 김대문이 『악본』에서 굳이 진흥왕 당시의 우륵의 활약 상황을 상세히

---

[39] 원문은 다음이다. "尚書右丞魏徵進日, '古人稱 禮云禮云 玉帛云乎哉! 樂云樂云 鐘鼓云乎哉!' 樂在人
和 不由音調 太宗然之." (『貞觀政要』 7 「論禮樂」 29 第12章)

기술하고 진흥왕과 우륵의 발언 내용을 상세히 정리하면서 논지를 전개한 것은 바로 이 당시 낙동강 이서 지역을 차지하고 한강 유역을 장악한 후 동북방의 마운령·황초령 지역까지 영토를 확장하면서도 왕도정치를 구현하려 하였음을 강조하려고 하였던 게 거의 틀림이 없어 보인다. 김대문 자신은 그럴 정도로 왕도정치의 실현을 이상적으로 제시하였을 뿐더러 더더군다나 진흥왕 자신도 왕도를 넘어서서 패도를 결코 지향하려고는 하지 않았다는 점을 내세우려는 생각도 지니고 있었지 않았나 싶다.

그리고 김대문이『사기』의「악서」및『예기』의「악기」는 물론이고 더불어『사기』의「예서」및『예기』의「예기」역시 모두 섭렵하고 통달하여 그에 담긴 예악사상의 요체要諦를 바탕으로『악본』을 저술하면서 굳이 서명을 그리 정한 것은, 하나의 독립된 저서라는 점을 표방하면서[40] 아울러 자신만의 독창적인 견해를 창안하여 담아냈다는 사실을 함축하기 위함이었다고 판단된다. 그런 이유에서『사기』의「악서」나『예기』의「악기」와는 달리 하나의 독립된 책이라는 점을 강력히 시사하기 위해서 굳이『악본』이라 서명을 정했던 것이라 하겠다.

김대문의 이와 같은『악본』저술 자체가『사기』의「악서」와『예기』의「악기」수용 이후 그 내용에 관한 엄정한 분석과 철저한 이해를 바탕으로 충실히 활용함은 물론 창의성을 발휘하여 성취한 것이었다. 따라서 김대문의『악본』저술의 역사적 의의는『사기』「악서」및『예기』「악기」수용 이후 그 예악사상을 기저基底로 삼아 '악'의 본질이 곧 왕도정치의 구현에 있음을 표방한 데에 있었다고 하겠다.

---

40 이와 관련하여서는 양광석,「한국한문학의 정착과 김대문」, 1988, p.14에서 "史書에는 반드시 樂志가 있고, 樂志는 音樂에 관한 기록이다. 그러나, 이 책은 史書에 收錄된 것이 아니고 하나의 독립된 책이므로 本이라고 한 듯하다. …『三國史記』樂志와 列傳中의 樂人들에 대한 記事가 이 책의 영향을 받은 듯하다."고 하였음이 참조가 되었다.

## 1. 서언 : 『삼국사기』 김대문전 분석

『삼국사기』에서 찾아지는 김대문의 생애와 그의 저술에 관한 기록으로는 신라본기新羅本紀에 인용된 일부 기록들이 보완해주기는 하지만 「김대문 전金大問傳」의 그것이 거의 전부라고 해도 지나친 말이 아니다. 심도 있는 논의의 전개를 위해 이 「김대문전」의 전문全文 자체를 제시해보이면 다음이다.

(A)"김대문金大問은 본래 신라 귀족의 자제로, 성덕왕聖德王 3년(704)에 한산주 도독漢山州都督이 되었고 전기傳記 몇 권을 지었으며, 그 『고승전高僧傳』·『화랑 세기花郎世記』·『악본樂本』·『한산기漢山記』가 아직도 남아 있다."(『三國史記』 46 薛聰傳 附記 金大問傳)[1]

소략하기 그지없는 이 기록 가운데서도 다른 무엇보다도 검토의 대상으로 삼아 마땅할 대목은 '작전기약간권作傳記若干卷' 부분과 '기고승전其高僧傳

---

[1] 원문은 다음이다. "金大問 本新羅貴門子弟 聖德王三年 爲漢山州都督 作傳記若干卷 其高僧傳·花郎 世記·樂本·漢山記猶存".

화랑세기花郎世記악본樂本한산기유존漢山記猶存' 부분이라 생각한다. 우선 이 두 부분에 대한 면밀한 분석을 시도하여 얻게 되는 바를, 김대문 자신이 저서별로 담아낸 사학사상의 추이와 그 특징을 조망하는 단서端緒로 삼고자 하는 것이다.

### 1) '작전기약간권' 부분 검토

'전기傳記'에 관한 한국어 사전에서의 일반적인 의미의 풀이를 찾아보면, 『우리말 큰 사전』에서의 "개인의 일생 동안의 사적을 뒷세상에 전하려고 적은 기록[2]" 또는 『표준국어대사전』에서의 "①한 사람의 일생 동안의 행적을 적은 기록[3]"이다. 그러나 이 인용 원문 '작전기약간권作傳記若干卷' 부분에서의 '전기傳記'는, 이런 의미는 아니라고 보인다.

그와는 달리 풀이할 수 있는 여지가 있지 않나 생각한다. 즉 『표준국어대사전』에서의 연이은 별도의 풀이와 같이 "②전하여 듣고 기록함"이라는 의미를 고려하여 살피고자 하는 것이다. 그럼으로써 다음의 2가지 풀이가 성립될 수 있는 게 아닌가 싶다. 하나는 단지 '전해지는 기록'을 가리키는 것으로 보는 풀이와, 다른 하나는 한자 구성 그대로 '전傳'과 '기記'의 합성어로 보는 풀이가 그것이다.

이 중에서 한편으로 이 '전기傳記'를 '전해지는 기록' 자체를 가리키는 것으로 보는 풀이를 좇는다면, 이럴 경우 '전기傳記'는 단지 특정한 인물의 개인적인 전기가 아니라 사회의 주요한 구실을 담당했던 집단에 대한 문자 그대로 '전해지는 기록' 자체로서의 '전기'라는 의미라고 풀이해볼 수 있겠다는 점이다. 이는 적어도 『삼국사기』의 같은 권46 그것도 「김대문전」 끝에 부기附記된 내용에 "박인범 · 원걸 · 거인 · 김운경 · 김수훈 무리는 비록 겨우 문자가

---

2 한글학회, 『우리말 큰 사전』 3, 어문각, 1992, p.3583.
3 국립국어연구원, 『표준국어대사전』 하, 두산동아, 1999, p.5318.

전해지는 것이 있으나 역사에서 행한 일을 잃어서 전을 세울 수가 없다"고 한 부분 가운데 특히 '역사에 행한 일이 빠져 전을 세울 수가 없다(史失行事 不得立傳)'라고 서술한 것과 대조된다고 보인다. 또한 『삼국사기』 같은 권46 의 「강수전」 끝에 부기附記된 내용에 "신라고기에 '문장하면 강수 · 제문 · 수 진 · 양도 · 풍훈 · 골답이다' 하였는데, 제문 이하의 일이 빠져서 전기를 세울 수 없다.⁵"고 한 부분 가운데 '제문 이하의 일이 빠져서 전기를 세울 수 없다 (帝文已下事逸 不得立傳)'라 기술한 것과도 아울러 비교하면서 살펴야 하는 게 아닌가 싶다.

더욱이 이 '전기 약간 권을 지었으며'라고 한 문구 뒤에 곧바로 이어져서 제 시되고 있는 구체적인 예인 '그『고승전高僧傳』 · 『화랑세기花郎世記』(其高 僧傳 · 花郎世記)' 부분만 보더라도 곧 당시 사회에서 주요한 구실을 담당했 던 승려僧侶 혹은 화랑花郎 집단集團에 대한 역사 정리라는 점이 고스란히 드러난다고 보아야겠다. 물론 이러한 사회 집단 자체의 역사 서술의 기본 사 항으로서 개개인의 전기 역시 거론되고 서술되었을 것임은 두말할 나위가 없 을 터이나, 그렇다고 해서 김대문의 주된 관심은 개인 보다는 사회 집단 자체 에 오로지 있었다고 해 지나치지 않은 게 아닌가 생각한다.

여하튼 '전기'에는 개개인의 활약상에 관한 기록을 기본으로 삼았지만, 거 기에 국한하지 않고 그 집단 구성원 전체의 집단적인 사회적 구실에 대한 관 심이 크게 높았던 것이라 여겨진다. 이러하였기에 『삼국사기』 4 신라본기

---

4 원문은 "朴仁範 · 元傑 · 巨仁 · 金雲卿 · 金垂訓輩 雖僅有文字傳者 而史失行事 不得立傳"이다. 이 부 분에 대해 정구복 (외),『(개정증보) 역주 삼국사기』 2 번역편, 한국학중앙연구원출판부, 2012, p.788 에서는 "박인범 원걸 거인 김운경 김수훈 등은 겨우 글이 전하는 것이 있으나 역사에서 행적을 잃었 으므로 전기를 세우지 못한다"고 번역한 바가 있다. 그렇지만 이 가운데 '역사에서 행적을 잃었으므 로 전기를 세우지 못한다'고 한 게 과연 타당한 번역인지 의문이 짙게 든다.

5 원문은 "新羅古記曰 文章則强首 · 帝文 · 守眞 · 良圖 · 風訓 · 骨番 帝文已下事逸 不得立傳"이다. 이 부분에 대해 정구복 (외),『(개정증보) 역주 삼국사기』 2 번역편, 2012, p.780에서는 "신라 고기에 '강 수 · 제문 · 수진 · 양도 · 풍훈 · 골답이 유명하다' 하였으나, 제문 이하는 행적이 전하지 않아 전기를 세울 수 없다"고 하였는데, 앞 부분도 그러하지만 특히 '제문 이하는 행적이 전하지 않아 전기를 세울 수 없다'고 한 대목이 과연 그렇게 번역해도 되는 것인지에 대해서는 재고가 요구된다고 본다.

진흥왕 37년 '원화源花' 부분에 전해지는 기록 가운데 "이로 인하여 사람의 사악함과 정직함을 알게 되어 착한 사람을 택하여 조정에 천거하였다. 그러므로 김대문은『화랑세기』에서 말하기를, '어진 보필자와 충신은 이로부터 나왔고, 훌륭한 장수와 용감한 병졸은 이로부터 생겼다'라고 하였다.(因此知其人邪正 擇其善者 薦之於朝 故金大問花郎世記曰 '賢佐忠臣 從此而秀 良將勇卒 由是而生')"라는 부분에서 굳이 '어진 보필자와 충신은 이로부터 나왔고, 훌륭한 장수와 용감한 병졸은 이로부터 생겼다'라고 하는 대목만이 유일하게 전해지게 되었던 것이라 판단되는 것이다.

다른 한편으로 이 '전기傳記'를 '전傳'과 '기記'의 합성어로 보는 풀이에 입각해서 바로 그 뒤에 열기列記된 그 자신의 저서들을 분류하자면, 첫째 '전傳'에는『고승전』그리고 여기에는 기록되어 있지 않지만『계림잡전鷄林雜傳』역시 이 범주에 속하는 게 분명하다고 하겠다. 둘째 '기記'에는『화랑세기花郎世記』와『한산기漢山記』가 이 범주에 속하는 게 명백하다.『악본樂本』의 경우 다만 서명에 '기記'자字가 포함되어 있지 않음으로 해서 여기에 포함시키려는 것에 대해 선뜻 동의하기 쉽지 않겠으나, 별도로 상론한 바와 같이 그것 자체가『사기史記』「악서樂書」및『예기禮記』「악기樂記」에 동일하게 편성되어 있는「악본樂本」편篇에서 비롯된 것이라는 점[6]을 염두에 두게 되면, 이 역시 그렇게 마냥 받아들이기 망설일 바는 아닐 것이다. '전기傳記'를 이렇듯이 '전傳'과 '기記'의 합성어로 풀이하는 게 타당하다면, 이 '작전기약간권' 대목은 '전과 기 약간 권을 지었다'고 푸는 게 옳을 것이다.

## 2) '기고승전·화랑세기·악본·한산기유존' 부분 검토

이러한 '작전기약간권' 대목에 곧 이어 기재記載된 '기고승전其高僧傳·화랑세기花郎世記·악본樂本·한산기유존漢山記猶存'이라고 한 대목에서 이

---

6 이 점에 대한 상세한 언급은 이 책의 제2부 제3장「신라의 ≪사기≫·≪예기≫ 〈악본〉편 수용과 김대문의 ≪악본≫ 저술」을 참조하시라.

기록 자체에 사료로서의 한계가 일부 노정露呈되고 있다는 사실을 간과해서는 결코 안 된다. 그에게는 이외에 또 하나의 저서『계림잡전』이 더 있었기 때문이다. 다음의 기록에서 이런 점이 드러난다.

(B)"이것은 김대문의『계림잡전』의 기록에 의거하여 쓴 것인데, 한나마韓奈麻 김용행金用行이 지은 아도화상비我道和尙碑의 기록과는 자못 다르다." (『三國史記』4 新羅本紀 法興王 15년 조 異次頓 殉敎 記錄 末尾의 夾註)[7]

이로써 '작전기약간권作傳記若干卷' 대목 자체의 의미도 재음미再吟味하면서 검토해야 할뿐만이 아니라 그 뒤에 곧 이어 열기列記된 구체적인 서명書名들에 대해서도 전적으로 그대로 신용하기 좀 곤란하다는 생각을 품게 된다. 허다히 많은 종류의 저서도 아닌데다가 그야말로 '전기'의 영역에 부합되어 벗어나는 것도 아닌『계림잡전』을 그의 소략하기 짝이 없는 그의 전기 속에서조차도 저서를 열거하면서 누락시켰다는 사실은『삼국사기』자체의 김대문 관련 기록에 대한 스스로의 신빙성을 크게 저하시킨다고 하지 않을 수 없을 듯하다.

하여 '작전기약간권' 이후 열기된 그의 저서 서명 가운데『고승전』·『악본』·『한산기』의 경우는 다른 사서의 경우에서도 논란의 여지가 전혀 없게 동일하게 거론되므로 의구심을 품고 바라보더라도 그렇게 여겨지지는 않는다. 하지만 그 중의 하나인『화랑세기』는, 뒤에서 기록을 인용하며 상론할 바이지만『해동고승전』에서는 시종일관始終一貫『세기』로 기록되어 있으므로 『삼국사기』의 이『화랑세기』라는 서명이 김대문 저술 당시의 과연 그것일까 하는 의문을 품지 않을 수 없게 된다.

---

7 원문은 다음이다. "此據金大問鷄林雜傳所記書之 與韓奈末金用行所撰阿道和尙碑 所錄殊異".

## 2. 김대문 저서에 대한 김휴의 문헌학적 분류 검토

김대문의 저서에 대한 문헌학적文獻學的인 분류分類는 일찍이 김휴金烋 (1597-1639)에 의해서 처음으로 행해졌던 것으로 판단된다. 그의 『해동문헌총록海東文獻總錄』 내용 가운데서, 앞서 살핀 바대로 『삼국사기』 소재 「김대문전」에 보이는 『고승전』・『화랑세기』・『악본』・『한산기』 뿐만이 아니라 신라본기에서 인용된 『계림잡전』까지 모두 나름대로의 기준에 따라 각기 분류하여 거론하고 있음이 확인되므로, 그러하다.[8] 그 구체적인 면모를 표로 작성하여 제시하면 다음의 〈표 1〉이다.

---

8 김휴의 『해동문헌총록』 내용 중에 김대문의 저서 중 일부가 거론되고 있다는 사실은, 이기백, 「김대문과 그의 사학」, 『역사학보』 77, 1978; 『한국사학의 방향』 일조각, 1978, p.8에서 『한산기』에 대해 "한산 지방의 지리지였을 것임은 그 책 이름으로 보아서 짐작할 수가 있다."고 언급하고 그 각주 9)에서 "김휴: 『해동문헌총록』에서도 이를 지리류에 분류하여 넣었다."고 기술하였고, 이어서 『악본』에 대해서 "음악에 관한 책이었을 것임은 역시 그 책 이름으로 보아 짐작이 간다."고 언급하면서 그 각주 10)에서 "김휴: 『해동문헌총록』에서도 이를 예악류 중의 악부에 넣고 있다."고 서술하였음에서 처음 알게 되었다.

김휴의 『해동문헌총록』에 대한 이기백의 이해는 그 자신의 「참고서목」 18 서지・서목, 『한국사신론』 개정판, 일조각, 1976, pp.520-521에서 "최근 서지학에 대한 관심이 높아져서 이에 관계되는 많은 서적이 간행되어 한국사 연구에 큰 도움을 주고 있다. 고전적인 서지로서는

金 烋 『海東文獻總錄』(仁祖 때, 1623~1649)

이 가장 뛰어나 있는데, 1969년 서울 학문각에서 영인본을 간행하였다."고 한 바에 반영되어 있음을 여실히 확인할 수가 있다. 이후 「참고서목」 18 서지・서목, 『한국사신론』 신수판, 일조각, 1990, p.581에도 '가장 뛰어나 있는데' 부분만 '가장 뛰어난데'로 수정하여 그대로 게재되어 있다.

다만 이기백의 연구에서는 방금 언급한 바와 같이 『한산기』와 『악본』이 김휴의 『해동문헌총록』에 언급되고 있다는 사실을 摘記하였을 뿐, 더 이상의 김대문 저서에 대한 김휴의 언급을 거론하지 않았다. 확인을 위해 1969년 학문각 영인본을 보고자 하여 추적하던 끝에 旅軒學硏究會에서 2009년에 『해동문헌총록』을 재차 간행해냈다는 사실을 알게 되었고, 그 즉시 연락을 취하여 동 연구회의 도움으로 2013년 11월 23일(토)에 『해동문헌총록』(全)을 우송받아 첫 대면하기에 다다랐다. 그럼에도 불구하고 김휴가 김대문의 저서로 이름이 전해지는 『고승전』・『화랑세기』・『악본』・『한산기』・『계림잡전』 모두에 대해 문헌학적으로 분류하여 제시한 사실을 비로소 확인한 것은 아주 최근 2016년 12월 12일(월)의 일이었다.

| 연번 | 서명 | 분류 | 설명 서술 | 비고 |
|------|------|------|-----------|------|
| 1 | 계림잡전 | 사기류<br>史記類 | '並金大問所撰' | |
| 2 | 화랑세기 | | | 세부 설명 서술 중 '세기世記'라 지칭[9] |
| 3 | 악본 | 예악류<br>禮樂類 | '新羅金大問所著' | 예악류를 세분하여 '악樂'의 하나로 구분 |
| 4 | 한산기 | 지리류<br>地理類 | '金大問所著' | |
| 5 | 고승전 | 제가잡저술<br>諸家雜著述 | '金大問所撰' | 앞의 '유가잡저술儒家雜著述'과 구별 |

※연번은『해동문헌총록』의 서술 순서에 따른 것임※

　김휴가 이 〈표 1〉을 통해『해동문헌총록』에서 김대문의 저서 전반에 대한 문헌학적인 종합 정리를 시도하여『계림잡전』과『화랑세기』는 '사기류',『악본』은 '예악류',『한산기』는 '지리류', 그리고『고승전』은 '제가잡저술'로 분류하여 파악하고 있음이 확인된다. 이와 같은 그의 분류 파악과 관련하여 4가지 정도를 특히 주목해야 하지 않나 생각한다.

　첫째,『계림잡전』과『화랑세기』를 '사기류'로 파악하고 있음인데, 이는 결국『계림잡전』과『화랑세기』를 역사서의 일종으로 보고 있음을 드러내주는 점이라 하겠다.『화랑세기』자체는 그 서명 중 '세기'가 포함되어 있으므로 의당 그래야 할 것이나,『계림잡전』의 경우는 비록 '잡전'이라는 용어가 포함되어 있을지라도 그리 보고 있다는 점은 특기할만하다고 여겨진다.

　둘째, 이 가운데서『화랑세기』에 대한 세부 설명 서술 중 '세기世記'라 지칭하고 있음 역시 주목해 마땅할 것이다. 극히 소략한 서술 중에서 군이 '세기'라고 한 것은, 그것을 그 자신이『화랑세기』의 약칭略稱으로 썼다고 보기는 석연치 않다는 느낌이다. 다른 기록에서 그리된 것을 보고 답습한 것일 듯한

---

9　'並金大問所撰' 구절 뒤에 잇달아 아래와 같은 내용이 상세히 서술하였음이 주목된다.
　"所謂花郞者 眞興王廢源花 更取美男子 裝飾之名曰花郞 徒衆雲集 磨以道義 悅以歌樂 遨遊山水 無遠不至 回知此人邪正 擇而用之 故世曰 賢佐忠臣 從此而秀 良將勇卒 由是而生.
　金大問 新羅貴族 聖德三年 爲漢山州都督 作傳記若干卷 三國史曰 高僧傳·花郞世記·樂本·漢山記猶存."『海東文獻總錄』(全), 旅軒學硏究會, 2009, pp.381-382.

데, 그것도『화랑세기』의 약칭으로서의 '세기'를 의미하는 게 아니라 서명 자체가『세기』라는 점을 표방하기 위한 '세기'였다고 짐작된다. 이는 아마도 방금 앞에서 잠시 거론하였듯이『해동고승전』에서 시종『세기』로 기록한 것을 보고, 원래의 서명 자체가『세기』라는 그런 의식에서 이렇게 기술했던 것으로 여겨진다 하겠다.

셋째,『악본』을 '예악류'로 구분하고 나서 그 '예악류'를 더욱 세분한 후 그 중의 '악樂'의 하나로 파악하였음이다. 이는 김휴가『악본』을 예악사상禮樂思想 중 특히 '악'사상을 위주로 담고 있는 것으로 판단하였음을 그대로 입증해주는 바로,『악본』의 문헌학적 성격 분석에 있어 매우 뜻 깊은 의견의 개진이라 하지 않을 수 없는 것으로, 지금까지의 연구사 정리 측면에서도 간과되어서는 아니 될 것인데도, 지금껏 그래왔으므로 재고의 여지를 충분히 제공해주고 있노라고 해야 옳겠다.

넷째,『고승전』을 '제가잡저술諸家雜著類'로 분류하여 파악함으로써 '유가잡저술儒家雜著述'과는 확연히 구별 짓고 있음이다.『고승전』의 문헌학적 성격 파악에 있어 이와 같이 파악한 것은, 김대문 자신을 오로지 유가儒家 일변도의 인물로만 규정하지 않으려는 심증을 고스란히 드러낸 것으로써, 그리하여 종국에는 김대문을 다양한 사상적 면모를 지닌 인물로 파악하려는 데에 무게를 두고 있었음을 반증해주는 것이 아닐까 싶다. 말하자면 이는 김대문이 지닌 사상적 다양성을 인정하는 한편으로는 그가 정통적인 유학 사상에 입각하여 저술한 인물이 아니었음을 표방하기 위한 방편이었던 듯하다고 생각된다.

김휴의『해동문헌총록』에서 행해진 이상과 같은 문헌학적 분류 및 파악이 전적으로 타당성이 과연 담보될 수 있는 것인가 하는 문제는 또 하나의 연구 과제가 될 것이다. 하지만 그렇더라도 이러한 분류와 파악 자체가 역사 속에서 이미 행해졌음이 참고가 되어야 마땅할 것으로 믿는다.

## 3. 『한산기』 저술과 사학사상의 형성

앞서 이미 제시한 바 인용문 (A)의 『삼국사기』 소재 「김대문전」의 길지 않은 전문 가운데에서 무엇보다도 '성덕왕 3년(704)에 한산주 도독이 되었고 전기 약간 권을 지었으며(聖德王三年 爲漢山州都督 作傳記若干卷)' 부분을 주목해 보면, 그가 한산주 도독이 되고 나서 그 이후에 '작전기약간권'했음을 유념할 필요가 있는데, 그 가운데의 하나가 바로 『한산기』이었던 것이다.[10] 그리고 『한산기』 자체가 이런 '전기'의 하나로서 김대문에 의해 저술되었으며, 그 외에 다른 저술들에 비해 가장 먼저 되었던 것이라 가늠된다. 즉 『한산기』 역시 '전기'의 일종으로 이 지역의 역사 전반에 관한 기록들을 정리하여 저술하였으므로, 단지 이 지역을 배경으로 활동하였던 인물들의 개인 전기는 말할 것도 없고, 이 지역의 역사적 변천 즉 고구려 · 백제 시절의 역사에다가 그 지명의 유래 및 변천 과정 등에 대해서도 정리가 이루어졌을 것이다. 그것이 그 이후 훗날 『삼국사』 혹은 『삼국사기』 등이 편찬될 때 지리지地理志 부분에 반영되어 오늘에 이르게 되었던 게 아닐까 싶다.

그러므로 김대문의 『한산기』는 한산주 도독을 지닌 경력의 소유자로서 국방상 한산주의 중요성을 강조하기 위한 저술이었을 것이고, 그에 따라서 한강을 중심으로 한 고구려와 백제 나아가 가야와의 관계 역사도 다루었을 것이며, 자연히 신라의 한강 유역 차지 과정과 그 이후의 지배와 관련된 일체의 내용이 담겨져 있었을 것이다.[11] 또한 신라의 중국과의 외교 관계에 있어서도

---

10 『한산기』에 대해 이기백, 「김대문과 그의 사학」, 1978; 『한국사학의 방향』, 1978, p.8에서, "김대문 자신이 한산주도독이었던 인연으로 해서 이루어진 책으로 생각된다"고 하였으며, 「김대문과 김장청」, 『한국사 시민강좌』 1, 일조각, 1987; 『한국사상의 재구성』, 일조각, 1991, p.228에서도 같은 견해를 견지하고 있음이 참조된다.

11 이기백, 「김대문과 그의 사학」, 1978; 『한국사학의 방향』, 1978, p.9에서, "『한산기』 또한 신라사에서 일정한 중요성을 지닌 지방에 대한 그의 관심의 표시였다고 하겠다"고 하였으며, p.13에서는 "그 도독으로 임명된 김대문은 그러한 신라 북진정책의 강력한 지지자였고, 또 그 임무를 감당할 만한 능력의 소유자로 인정되었다는 이야기가 되는 게 아닐까. 이것은 그가 삼국시대부터의 신라의 전통을 계승하고 발전시키는 입장에 서 있었음을 말해 준다고 할 수가 있을 듯하다."고 한 바가 있다.

중요한 경로였던 한강에 대해 기술하면서 자연히 신라의 대외 관계사도 곁들였을 듯하다. 달리 말하면 그는 도독으로서 한산주를 관할하게 되면서 현실적인 필요성에 따라 이 지역의 역사에 관한 상세한 관심을 지니게 되어 비로소 『한산기』를 저술하게 되었는데, 이를 계기로 본격적인 역사 기술의 중요성을 인식하게 되었으며, 그럼으로써 이때에 이르러 그 자신의 사학사상이 형성되기에 이르렀다고 보인다.

한편 이러한 내용이 담겼을 『한산기』의 저술을 위한 자료 수집 과정에서 김대문에게 가장 고민스런 부분의 한 자락은 고구려 및 백제 점령 시절 이 지역 지명의 표기 및 그에 반영되어 나타나는 고구려 및 백제의 방언方言이었지 않았을까 한다. 이러한 고민을 해결하려다 보니 자연히 고구려 및 백제의 방언뿐만이 아니라 이와 견주어서 살필 때 신라의 옛 방언들 역시 고민거리여서 그는 이를 해결하기에 고심을 지속할 수밖에 도리가 없었으며, 따라서 신라의 옛 방언에 대한 조예造詣가 깊어지기에 이르렀던 것이다. 이런 그 자신의 깊어지는 관심이 결국 누적되어, 김부식金富軾이 전하는 바와 같이 그 자신이 저술한 또 하나의 신라 초기의 '전기'인 『계림잡전鷄林雜傳』에서 차차웅次次雄·이사금尼師今·마립간麻立干 등 신라의 지배자 칭호에 관한 풀이에 활용되었던 게 거의 틀림이 없다고 보인다.

특히 중원中原 지방에서의 우륵于勒과 그의 제자들이 진흥왕眞興王의 서원경西原京 진출 때 음악을 연주한 것에 대한 것도 여기에 포함되었을 것임이 분명하며, 신라의 국가 발전상 획기적인 의미를 지니는 한강 유역의 점령 과정에서 드러났던 국가 구성원들 사이의 일체감을 상기시켰을 것이다. 이에 따라 국왕의 왕도정치 지향을 강조하고 한편으로는 전제적인 왕권의 행사에 대해 문제를 제기하였을 듯하다.[12]

12 이러한 김대문의 면모와 관련하여 이기백이 일찍이 「김대문과 그의 사학」, 1978; 『한국사학의 방향』, 1978, p.14에서 "이러한 金大問의 저술들은 反專制主義的 성격을 지니는 것으로 이해된다."고 한 바가 있고, 이후 「김대문과 김장청」, 1987; 『한국사상의 재구성』, 1991, p.229에서 "그는 전제주의적 지배체제 밑에서 소외된 존재였다고 생각해서 좋다고 믿는다."고 하였으며, 뒤이어 p.245에서

## 4. 『세기』 저술과 사학사상의 정립

방금 살펴 본 『한산기』가 특정 지역의 역사에 대한 '『기』'인 데에 비해, 김대문의 저술 가운데 『세기』는 특정 계층의 인간 활약상에 대한 '『기』'였던 것으로 가늠된다. 『세기』는 물론 '화랑花郎'이라는 특수한 신분 계층에 관한 기술이었다고 해서, 훗날에는 『화랑세기』라고도 통칭通稱되기도 했던 것으로 여겨지는데, 그럼으로 해서 『세기』와 『화랑세기』가 혼용되기도 했던 것 같다. 기록상 『삼국사기』에서는 『화랑세기』로 일관하고 있는 것과 달리 『해동고승전海東高僧傳』에서는 『세기』로 그러한 것이 주목된다. 이 둘의 『세기』 관련 원문에 대해 비교하여 분석하는 표를 작성하여 제시하면 아래 〈표 2〉이다.

〈표 2〉 『삼국사기』의 『화랑세기』와 『해동고승전』의 『세기』 관련 원문 비교 분석표

| 구분 | 『삼국사기』 | | 『해동고승전』 | 비고 |
|---|---|---|---|---|
| | 「신라본기」 진흥왕 조 | 「김흠운전」 '논왈' 부분 | 「유통」편 법운 조 | |
| 1 | 三十七年 春 始奉源花 | × | 三十七年 始奉原花爲仙郎 | × |
| 2 | 初君臣病無以知人 | 羅人患無以知人 | 初君臣病無以知人 | △ |
| 3 | 欲使類聚羣遊 以觀其行義 | 欲使類聚羣遊 以觀其行義 | 欲使類聚群遊 以觀其行儀 | ○ |
| 4 | 然後擧而用之 | 然後擧而用之 | 擧而用之 | △ |
| 5 | 遂簡美女二人 一曰南毛 一曰俊貞 聚徒三百餘人 二女爭娟相妬 俊貞引南毛於私第 强勸酒 至醉 曳而投河水以殺之 俊貞伏誅 徒人失和罷散 其後 更取美貌男子 | 遂取美貌男子 | 遂簡美女二人 曰南無 曰俊貞 聚徒三百餘人 二女爭姸貞引南無 强勸酒醉 而投河殺之 徒人失和而罷 其後 選取美貌男子 | △ |
| 6 | 粧飾之 名花郎以奉之 | 粧飾之 名花郎以奉之 | 傳粉粧飾之 奉爲花郎 | △ |
| 7 | 徒衆雲集 或相磨以道義 或相悅以歌樂 遊娛山水 無遠不至 | 徒衆雲集 或相磨以道義 或相悅以歌樂 遊娛山水 無遠不至 | 徒衆雲集 或相磨以道義 或相悅以歌樂 娛遊山水 無遠不至 | ○ |
| 8 | 因此知其人邪正 擇其善者 薦之於朝 | 因此知其邪正 擇而薦之於朝 | 因此知人之邪正 擇其善者 薦之於朝 | △ |
| 9 | 故金大問花郎世記曰 | 故大問曰 | 故金大問世記云 | △ |

도 "결국 김대문은 신라라는 국가가 전제군주의 독점물일 수 없다는 것을 말하고자 한 것이다."고 언급하였음이 참조가 된다.

| 10 | 賢佐忠臣 從此而秀 良將勇卒 由是而生 | 賢佐忠臣 從此而秀 良將勇卒 由是血生 此也 | 賢佐忠臣 從此而秀 良將猛卒 田是血生 | ○ |
|---|---|---|---|---|
| 11 | 崔致遠鸞郎碑序曰 國有玄妙之道 曰風流 設敎之源 備詳仙史 實乃包含三敎 接化羣生 且如入則孝於家 出則忠於國 魯司寇之旨也 處無爲之事 行不言之敎 周柱史之宗也 諸惡莫作 諸善奉行 竺乾大子之化也 | × | 崔致遠鸞郎碑序曰 國有玄妙之道 曰風流 實乃包含三敎 接化群生 且如入則孝於家 出則忠於國 魯司寇之旨也 處無爲之事 行不言之敎 周柱史之宗也 諸惡莫作 衆善奉行 竺乾太子之化也 | × |
| 12 | 唐令狐澄新羅國記曰 擇貴人子弟之美者 傅粉粧飾之 名曰花郎 國人皆尊事之也 | × | 又唐令狐澄新羅國記云 擇貴人子弟之美者 傅粉粧飾而奉之 名曰花郎 國人皆尊事之 此蓋王化之方便也 | × |
| 13 | × | <u>三代花郎 無慮二百餘人</u> 而芳名美事 <u>具如傳記</u> 若歆運者 亦郎徒也 能致命於王事 可謂不辱其名者也 | × | × |
| 14 | × | × | <u>自原郎至羅末 凡二百餘人</u> 其中四仙最賢 <u>且如世記中</u> | × |

※비고란 표기 — ×:상이相異, △:유사類似, ○:일치一致, 이후 〈표 3 · 4〉에서도 동일함※

이 〈표 2〉를 통해 살피면, 김대문 자신도 화랑 출신이었으므로 화랑 출신으로서 자신 이전의 선배 화랑들에 대한 전기를 지은 것이며, 따라서 굳이 서명 자체에 애초부터 '화랑'이 포함되어 있지 않았을 것으로 가늠된다. 그러므로 원래의 서명書名은 애초부터 『화랑花郎세기世記』가 아니었고 『세기世記』가 아니었던가 싶다.[13] 이 점은 『해동고승전』 「유통流通」편篇 법운法雲 조條에서는 앞 〈표 2〉에서 찾아지듯이 (9)의 '故金大問世記云'과 (10)의 '且如世記中'이라 기록하여 일관되게 『세기』라고 적고 있음에서 입증이 된다고 보겠다. 김대문의 편찬 당시에는 그랬던 것이 그의 사후死後 그 자신의 이 『세

---

13 이와 관련하여 이기백은 「김대문과 그의 사학」, 1978; 『한국사학의 방향』, 1978, p.6에서, 방금 앞서 제시한 바 있는 『해동고승전』 「유통」편 법운 조의 '『세기』'와 『삼국사기』 「김흠운전」의 '전기'에 대해, "『화랑세기』를 약칭한 것이 '세기'요, 그 성격을 나타낸 것이 '전기'일 것이다."라고 기술한 바가 있다.

기』가 후손들에게 전수되고 또 그가 전기를 저술한 화랑들 이후에 활약했던 화랑들에 관한 전기들이 때때로 첨부되어 증보되면서 훗날 아예『화랑세기』로 굳어져 전해지게 되었을 것이다.

이러한 면모의 생생한 자취는 앞 〈표 2〉『삼국사기』「김흠운전」'논왈論曰' 부분의 "三代花郞 無慮二百餘人 而芳名美事 具如傳記" 대목과『해동고승전』「유통」편 법운 조의 "自原郎至羅末 凡二百餘人 其中四仙最賢 且如世記中" 대목에 대한 검토를 통해서도 엿볼 수 있는 듯하다. 이 가운데서『삼국사기』「김흠운전」'논왈' 부분 중 '具如傳記'의 '전기'는 앞서 제시한 사료 (A)「김대문전」에 보이는 '作傳記若干卷'의 '전기'와 동일한 성격을 지닌 것으로써 개개인의 전기를 합칭合稱하는 것인 데에 반하여,『해동고승전』「유통」편 법운 조 중 '且如世記中'의 '세기'는 그와는 달리 그 앞에 적힌 바와 같이 '凡二百餘人' (곧「김흠운전」'논왈論曰' 부분의 '無慮二百餘人'에 달하는) '원랑부터 신라 말에 이르기까지(自原郎至羅末)' (즉 같은「김흠운전」'논왈論曰' 부분의) '삼대三代'에 걸쳐서 내려온, 바꾸어 말하자면 신라 전체 3대를 이어 내려온 기록으로서의 '세기'였다고 여겨진다.[14]

---

14 부언하자면 김대문의『세기』를 좇아 그 이후 시간의 흐름에 따라 내용상 증보增補가 이루어졌음에도 여전히『세기』라 지칭되었음을 드러내주는 것이며, 그래서『해동고승전』내의 동일한「법운」조 안에서도 각기 '김대문세기'와 '세기'라 했던 것이다. 요컨대 김대문의『세기』는 결국 原花 → 仙郎 → 花郎 3단계의 변화 발전―이것을『삼국사기』「김흠운전」'論曰' 부분의 기록 정리에서는 '三代花郎'이라 하였을 것이다―을 모두 담아냈던 것으로, 따라서 김대문이 애초『화랑세기』라 하지도 않았고 그리 할 수도 없었을 것으로 단지『세기』라 하였던 것인데, 신라 말에 다다라 그 수효가 2백여 명에 이르렀을 때도 역시『세기』라 하였던 듯하다. 그러다가 김부식이『삼국사기』를 편찬하면서『화랑세기』라 정리하여 기술함으로써 그 이후 그렇게 알려지게 되었던 게 아닐까 한다.

여기에서 '原花'에 대해서도『해동고승전』에는 이리 되어 있지만,『삼국사기』에는 '源花'로 되어 있음에 유의해야 옳다고 본다. 또한『삼국사기』신라본기 진흥왕 조의 기록에는 "三十七年 春 始奉源花"라 했으나,『해동고승전』「법운」전의 기록에서는 "三十七年 始奉原花爲仙郎"라 되어 있음을 간과해서는 안 되겠는데, 이 두 기록만을 놓고 비교 검토해보면 결론은 이전부터 존재하며 운용되어 왔던 청년 조직 '原花'를 진흥왕 37년(576) 봄에 이르러 처음으로 '仙郎'으로 전환하였던 사실을 전해주는 것이라 보아 무방하리라 새겨진다.

그러던 것이『삼국사기』신라본기 진흥왕 조의 기록에서는 "其後 更取美貌男子 粧飾之 名花郎以奉之"라고 했고,『삼국사기』「김흠운전」'論曰' 부분에서는 "遂取美貌男子 粧飾之 名花郎以奉之"라고 했으며,『해동고승전』「법운」전의 기록에서는 "其後 選取美貌男子 傳粉粧飾之 奉爲花郎"라고 신라 역사 속에서 화랑도 집단의 활약상을 김대문이 이와 같이 시대 순서에 따라 시기별로 정리하였으므로, 의당 초기의 원화와 화랑과의 개별성과 그에 입각한 차이점을 강조하면서 인재 등용을 위한 교육기관으로서의 성격과 그 특징을 부각시켰으며, 국가의 필요에 의해 설치되어 여기에서 배출된 이들이 충신忠臣으로서 펼친 영웅적인 활약상을 강조하였을 것임은 두말할 나위가 없을 것이다. 그렇기 때문에 그는 화랑 자체에만 주로 관심을 쏟지 아니하고, 낭도郎徒들의 역할도 강조함으로써, 국가를 위한 영웅적 행위에 있어서는 신분과 사회적 처지의 구별이 있을 수 없음을 부각시키려 했을 것이고, 그러자니 자연히 국가의 구성원으로서의 공동체적 일체감을 강조하는 데에 전혀 주저함이 없었을 것이다.

이러한 견지에서 살피면, 김대문의『세기』저술 단계에 이르러서는 마침내 그 자신 사학사상史學思想이 나름대로 정립定立되었다고 할 수 있지 않나 싶어진다. 화랑 혹은 낭도 한 개인의 영웅적인 활약상의 묘사에만 급급하거나 그런 정도의 수준에 그치지 않고, 김대문은 화랑도 집단의 시기별 발전상 및 사회적 기능의 변화상을 주목하여 정리해냄으로써 그의 역사관 자체가『한산기』저술 당시보다 체계적이고 입체적으로 진보하여 뚜렷이 수립되었다고 여겨지는 것이다.

## 5.『계림잡전』저술과 사학사상의 발전

앞서 인용하여 제시한 (A)의『삼국사기』46「김대문전」의 기록에는 당시까지 전해지는 그의 저서에 대해 열기列記하기를『고승전』·『화랑세기』·

---

하였음을 근거로 종합하여 정리하면, 그 때가 언제인지 불명확한 시점에 다시 미모 남자를 선발하여 粧飾하여 받들어 그 명칭을 '花郎'으로 삼았다는 사실이 분명하게 드러난다. 이 때 취해진 '花郎'이라는 명칭 자체는, 애초부터 있었던 존재―원래부터 있었다는 점을 표방하기 위해『해동고승전』에서 취한 용어인 '原花'가 원래의 것인데, 후에『삼국사기』에서 손질하여 '源花'로 바꾼 것이라 추정된다―인 '原花'와 진흥왕 37년에 개편된 후 정해진 '仙郎'의 합성어로서 '原花'에서 '花'를 취하고 '仙郎'에서 '郎'을 취해 합쳐서 '花郎'이라 일컫기 시작했던 것 같다.

『악본』·『한산기』라고 하였으나, 하지만 같은 『삼국사기』의 다른 곳 즉 권4 신라본기 법흥왕法興王 15년 조의 이차돈異次頓 순교殉敎 기록 말미의 협주夾註에서 "이것은 김대문의 『계림잡전』의 기록에 의거하여 쓴 것인데(此據 金大問鷄林雜傳所記書之)"라고 하여 『계림잡전』을 인용함으로써 이외에 김대문의 저서로서 『계림잡전』이 더 있었음을 알려주고 있다.

그런데 이 『삼국사기』 신라본기 법흥왕 15년 조의 이차돈 순교 기록이 『삼국유사』 「홍법興法」편篇 아도기라阿道基羅 조의 그것과는 사뭇 다르다. 따라서 이 두 기록을 비교 검토함으로써 『계림잡전』의 사서로서의 성격을 제대로 살필 수 있을 것으로 기대된다. 하여 『삼국사기』 신라본기 법흥왕 15년 조의 『계림잡전』 관련 원문과 『삼국유사』 「홍법」편 아도기라 조의 '아도본비' 관련 원문을 비교하여 분석하기 위해 도표를 작성하여 제시해보이면 아래의 〈표 3〉이다.

〈표 3〉 『삼국사기』의 『계림잡전』과 『삼국유사』의 '아도본비' 관련 원문 비교 분석표

| 구분 | 『삼국사기』 신라본기 법흥왕 조 | 『삼국유사』 「홍법」편 아도기라 조 | 비고 |
|---|---|---|---|
| 1 | 十五年 肇行佛法 | | × |
| 2 | 初訥祗王時 沙門墨胡子 自高句麗至一善郡 郡人毛禮 於家中作窟室安置 於時 梁遣使 賜衣着香物 君臣不知其香名與其所用 遣人香問 墨胡子見之 稱其名目曰 "此焚之則香氣芬馥 所以達誠於神聖 所謂神聖未有過於三寶 一曰佛 二曰達摩 三曰僧伽 若燒此發願 則必有靈應" 時王女病革 王使胡子焚香表誓 王女之病尋愈 王甚喜 贈尤厚 胡子出見毛禮 以所得物贈之 因語曰 "吾今有所歸 請辭" 俄而不知所歸 | | × |
| 3 | 至毗處王時 有阿道一作我道和尙 與侍者三人 亦來毛禮家 儀表似墨胡子 住數年 無病而死 其侍者三人留住 講讀經律 往往有信奉者 | 又至二十一毗處王時 有我道和尙 與侍者三人 亦來毛禮家 儀表似墨胡子. 住數年 無疾而終 其侍者三人留住 講讀經律, 往往有信奉者 | △ |
| 4 | | 有注云, "與本碑及諸傳記殊異." 又高僧傳云 "西笁人, 或云從吳來". 按我道本碑云. 我道高麗人也. 母高道寧, … (下略) … | × |

| | | | |
|---|---|---|---|
| 5 | 至是 王亦欲興佛教 臣不信 騰口舌 王難之 近臣異次頓 或云處道 奏曰"請斬小臣 以定衆議" 王曰"本欲興道 而殺不辜 非也"答曰"若道之得行 臣雖死無憾" 王於是 召臣問之 僉曰"今見僧徒 童頭異服 議論奇詭 而非常道 今若縱之 恐有後悔 臣等雖卽重罪 不敢奉詔"異次頓獨曰"今臣之言非也 夫有非常之人 然後有非常之事 今聞佛教淵奧 恐不可不信" 王曰"衆人之言 牢不可破 汝獨異言 不能兩從"遂下吏將誅之 異次頓臨死曰"我爲法就刑 佛若有神 吾死必有異事" 及斬之 血從斷處湧 色白如乳 衆怪之 不復非毁佛事 | | × |
| 6 | 此據金大問鷄林雜傳所記書之 與韓奈麻金用行所撰我道和尙碑 所錄殊異 | | × |

　우선『삼국사기』신라본기 법흥왕 15년 조의 '조행불법肇行佛法' 이하의 기록이 (6)에 명시되어 있듯이 김대문의『계림잡전』에 근거한 것이라는 점을 주목해야 하는데, 이 부분에서 간과할 수 없는 사실은 그 구성이 첫머리에 (2) '처음 눌지왕 때에(初訥祇王時)', (3)'비처왕 때에 이르러(至毗處王時)' 그리고 (5)'이때에 이르러(至是)'라고 했음에서 확연히 드러나는 바대로 눌지왕(재위 427-457), 비처왕 즉 소지왕炤知王(재위 479-499), 법흥왕 15년(528) 당시의 불교 수용에 관한 것으로 되어 있음이다. 갈피를 잡아 상론하자면 불교의 수용 과정에 대해서 기술하면서, (2)에서는 처음 눌지왕 때 묵호자의 활약에 대해, (3)에서는 중간 비처왕 때 아도화상의 활동에 대해서 그리고 (5)에서는 마침내 법흥왕 때 이루어진 이차돈의 순교에 대하여 시간의 경과에 따른 역사적 사실의 전개에 관하여 구체적으로 기술하고 있는 것임을 파악할 수가 있다. 이런 기록들을 통해 김대문의『계림잡전』이 신라의 역대 국왕 재위 순서를 기준으로 삼아 시기별時期別로 서술 체재가 설정된 저술임을 분명히 알아차릴 수가 있으며, 이 기준은 주제별로 여러 분야에 관한 기록을 정리하면서도 일관되게 적용되는 것이었을 것임이 거의 분명하다고 생각된다.

　그랬기 때문에 신라 역대 국왕의 칭호 자체에 대해서도 상세히 서술하여 그 실제의 면모를 밝혀두었던 것이라 하겠다. 그럼으로 해서『삼국사기』신라본기의 차차웅次次雄 · 이사금尼師今 · 마립간麻立干 등 왕호王號와 관련한 해설에 김대문의『계림잡전』에서 기술되었음직한 기록들이, 다음과 같이 직접 인용되게 되었던 것이다.

(1)"차차웅次次雄은 혹은 자충慈充이라 한다. 김대문은 이렇게 말했다. '차차웅은 방언方言으로 무당을 가리킨다. 세상 사람들은 무당이 귀신을 섬기고 제사를 받들기 때문에 이를 경외하여 마침내 존장자를 가리켜 자충이라 부르게 되었다.'"(『三國史記』1 新羅本紀 南解次次雄 卽位 조)[15]

(2)"유리의 치아가 많았으므로, 좌우 사람들과 더불어 그를 받들어 세우니 이사금尼師今이라 칭했다. 옛 전승이 이와 같으니, 김대문은 말했다. '이사금은 방언으로서 잇금을 가리킨다. 예전에 남해가 죽으려 할 때 아들 유리와 사위 탈해에게 '내가 죽으면 너희 박朴 · 석昔 · 두 성 중 나이가 많은 사람이 왕위王位를 잇도록 하라.'고 말했다. 그 후 김성金姓도 일어나 3성 중 나이가 많은 사람이 왕위를 이었기 때문에 이사금이라 칭했다.'"(『三國史記』1 新羅本紀 儒理尼師今 卽位 조)[16]

(3)"김대문이 말하였다. '마립麻立이란 방언에서 말뚝을 이른다. 말뚝은 함조諴操를 말하는데 지위에 따라 설치했다. 곧 왕의 말뚝은 주主가 되고 신하의 말뚝은 그 아래에 배열되었다. 이로 말미암아 [왕의] 명칭으로 삼았다.'"(『三國史記』3 新羅本紀 訥祗麻立干 卽位 조)[17]

왕호의 변천과 관련한 김대문『계림잡전』의 이상의 기록들 가운데 괄목해서 살펴 간과하지 않아야 한다고 믿어지는 대목은 (2)에서도 특히 "그 후 김성金姓도 일어나 3성 중 나이가 많은 사람이 왕위를 이었기 때문에 이사금이

---

15 원문은 다음이다. "次次雄 或云慈充 金大問云 方言謂巫也 世人以巫事鬼神 尙祭祀 故畏敬之 遂稱尊長者爲慈充".

16 원문은 아래와 같다. "儒理齒理多 乃與左右奉立之 號尼師今 古傳如此 金大問云 尼師今方言也 謂齒理 昔南解將死 謂男儒理 · 壻脫解曰 '吾死後 汝朴昔二姓 以年長而嗣位焉'其後 金姓亦興 三姓以齒長相嗣 故稱尼師今".

17 원문은 다음이다. "金大問云 麻立者 方言謂橛也 橛謂諴操 准位而置 則王橛爲主 臣橛列於下 因以名之".

라 칭했다"는 부분이다. 이는 곧 김대문의『계림잡전』이 이럴 만치 신라 왕실에 있어서 박씨·석씨 이후 김씨 왕실의 등장에 주된 비중을 설정하였던 사실을 드러내고 있었던 결과였음을 알려주는 것이라 여겨진다. 그리고 서명『계림잡전』의 '계림鷄林' 또한 넓게는 국호國號로서 신라新羅 자체를 가리키거나 혹은 수도首都인 서라벌徐羅伐(금성金城)을 지칭하는 것일 수도 있으나 좁게는 계림에서 태어난 김씨金氏의 시조始祖 김알지金閼智와 그의 후손 김씨 자체를 지칭하는 것이었다.[18] 따라서『계림잡전』은 신라의 역사 가운데 특히 김씨 왕실의 시조 및 후손들의 전기傳記 위주였을 것이다. 김대문 자신이 그러한 인물 가운데 하나였으므로 자연히 그렇게 서술하게 되었을 것임을 어렵지 않게 짐작해 볼 수가 있다.

이런 측면의 연장선에서 살피면『계림잡전』에 이차돈異次頓 순교殉敎 관련 기록이 들어가게 된 것도 법흥왕法興王의 치적治績 가운데 하나로서 불교佛敎 수용受容에 대한 것을 언급하다보니까 서술하게 된 것이지 불교 자체에 대한 관심에서가 아니었을 것으로 보인다. 그러므로 김부식이 김대문의『계림잡전』기록에 따라 서술하고 나서 방금 지적하였듯이 앞의 인용문 (2)에서와 같이 굳이 "그 후 김성金姓도 일어나 3성 중 나이가 많은 사람이 왕위를 이었기 때문에 이사금이라 칭했다"고 하여 왕실 내에서 김성 가계의 흥기에 대한 사실을 특별히 상세하게 적어둔 것도 이러한 이유에서일 것임이 분명하지 않나 싶다.

한편으로 김대문이『계림잡전』에서 굳이 '잡전雜傳'이라는 표현의 선택은 여러 종류의 전해지는 이야기를 정리한다는 의미에서이기도 하였겠으나, 이 외에도 내용 가운데 이차돈의 순교 사실의 기록과 같이 자신의 유교적 관점과는 잘 어울리지 않는 내용을 기술해서 일부 포함하였다는 점에서 '잡전'이

---

18 이러한 사실은『삼국사기』1 신라본기 脫解尼師今 9년 춘3월 조의 기록 "王夜聞 金城西始林樹間 有鷄鳴聲 … 男兒在其中 … 乃收養之 及長聰明多智略 乃名閼智 以其出於金櫝 姓金氏 改始林名鷄林 因以爲國號"에 잘 드러나 있다.

라 했을 듯하다. 이러한 측면을 살핌에 있어서 『예기禮記』의 「잡기雜記」편篇의 내용이 간과될 수 없다고 생각하는데, 그 가운데 가장 대표적인 일례로 여겨져 종묘宗廟 설립 이후 행해지는 희생犧牲 제사祭祀 행위와 관련한 대목을 인용해보이면 다음이다.

> 묘廟가 완성되면 피를 바른다. … (중략) … 노침路寢(정전正殿)이 완성되면 축하祝賀하되 피를 바르지는 않는다. 지붕에 피를 바르는 것은 신명神明과 교류交流하는 것이다. 모든 종묘宗廟의 그릇은 그 이름이 있는 것을 완성하면 피 바르기를 수퇘지로써 한다. (『예기』 21 「잡기」 하)[19]

이와 같이 『예기禮記』의 제20 · 21편인 「잡기雜記」 상 · 하는 상례喪禮에 관한 내용을 주로 기록하고 겸하여 제사祭祀 및 혼묘釁廟 등의 예의禮儀에 대해 잡다하게 기록하였기에 이름이 그렇게 붙여진 것이므로[20], 이를 보고 참작하여 김대문은 신라에서 국가적으로 행해진 여러 의식과 관련된 내용을 정리하면서 굳이 '잡전'을 붙여 『계림잡전』이라 서명을 정했던 게 아닐까 싶어진다.

또 다른 한편으로 김부식 『삼국사기』의 「김대문전」에서조차 그의 『계림잡전』을 저서의 하나로 기록하지 않은 것은 결국 『삼국사기』의 편찬 방침과 어울리지 않기 때문으로, 이는 곧 『계림잡전』이 유교적인 면모를 벗어나고 있었던 것을 반증反證해주는 것일 듯하다. 『계림잡전』 저술에 반영된 유학 일변도만이 아닌 다양한 사상적 면모를 담고 있는 이러한 측면 자체가 곧 김대문 자신이 지닌 사학사상이 이전보다 진전되었음을 드러내 주는 것이며, 따라서 그 이전보다 『계림잡전』 저술에 이르러 김대문 자신의 사학사상이 발전되었다고 할 수 있겠다.

---

19 원문은 다음과 같다. "成廟則釁之. … (中略) … 路寢成, 則考之而不釁, 釁屋者, 交神明之道也. 凡宗廟之器, 其名者, 成則釁之以豭豚". 국역은 지재희 해역, 『예기』 중, 자유문고, 2000, pp.411-412를 참조하여 나름대로 손질하였다.

20 王鍔, 「論述喪葬禮之作」, 『≪禮記≫成書考』, 北京 : 中華書局, 2007, p.134.

## 6. 『고승전』 저술과 사학사상의 확충

　김대문의 『고승전』은 분명 신라 고승들의 전기를 저술한 것으로, 호국護國 행위로 국가의 성장 및 발전을 위해 기여하며 활약한 승려들의 전기를 위주로 편찬하였을 것임에 거의 틀림이 없을 듯하다. 말하자면 김대문은 『한산기』·『세기』 및 『계림잡전』을 차례로 저술하면서 승려들의 활약상을 살피게 되고, 더더군다나 화랑도花郞徒 중 특히 승려僧侶 낭도郞徒들의 역할에 대해 주목하여 별도로 『고승전』을 저술하기에 이르게 되었던 게 아닐까 가늠된다. 즉 『한산기』·『세기』의 『기記』류類'를 먼저 저술한 이래 그에서 진일보하여 '『전傳』류類'인 『계림잡전』을 저술한 이후 그 터전 위에서 정리하여 또 하나의 '『전』류'로서 『고승전』을 저술하기에 이르렀던 것으로 가늠되는 것이다. 한마디로 김대문은 『한산기』·『세기』 및 『계림접전』을 순차적으로 저술한 이후에 그 내용을 바탕으로 삼아 『고승전』을 비로소 저술하였을 것으로 여겨진다고 하겠다.

　김대문의 저술에 있어서의 이러한 면모를 엿볼 수 있는 대표적인 사례를 들어 논하건대, 앞서 잠시 거론한 바대로 『계림잡전』에서 이차돈 순교 관련 기록이 들어가게 된 것도 법흥왕法興王의 치적治績 가운데 하나로써 불교 수용에 대한 것을 언급하다보니까 서술하게 된 것이지 불교 자체에 대한 관심에서가 아니었을 것이고, 그렇기에 그것 또한 이차돈 위주의 서술 내용이었을 것이지 결코 아도화상阿道和尙 중심의 서술이 아니었을 것이다. 따라서 법흥왕의 출가 이후에 대한 상세한 서술을 위해서 뿐만이 아니라 아도화상의 활약에 대한 본격적인 정리를 위해서도 종전의 『한산기』·『세기』·『계림잡전』의 저술만으로는 충족이 되지 않으므로 『고승전』을 별도로 저술하지 않을 수 없었을 것이다. 즉 김대문은 불교 수용 과정에 대하여 천착穿鑿하면서 관련 기록들을 섭렵涉獵하게 되고 이에 따라 군주로서의 법흥왕 자신의 입장뿐만이 아니라 이후 출가한 승려 법공法空으로서의 활약상을 승전僧傳인

「법공전法空傳」을 집필하여 『고승전』에 포함시켰던 것이며, 그리고 김대문의 『고승전』 속의 이 「법공전」에 기초하여 각훈覺訓의 『해동고승전海東高僧傳』에서도 이를 찬술하여 포함시켰을 것 같다.

이와 같았을 김대문의 『고승전』 실체 파악과 관련해 살피는 데에는 『삼국유사』 「홍법興法」편篇 아도기라阿道基羅 조의 '제전기諸傳記' · '고승전高僧傳' · '고기古記'와 『해동고승전』 「유통流通」편 석아도釋阿道 조 및 같은 「유통」편 석법공釋法空 조의 '고기古記' · '고제전古諸傳' 등과의 비교 분석이 요긴하다고 생각되었다. 이를 위해 이들의 관련 원문 비교 분석표를 작성한 게 아래의 〈표 4〉이다.

〈표 4〉 『삼국유사』의 '제전기' · '고승전' · '고기'와
『해동고승전』의 '고기' · '고제전' 관련 원문 비교 분석표

| 구분 | 『삼국유사』 | 『해동고승전』 | | 비고 |
| --- | --- | --- | --- | --- |
| | 「홍법」편 아도기라 조 | 「유통」편 석아도 조 | 「유통」편 석법공 조 | |
| 1 | 又至二十一毗處王時 | 及毗處王時 | | △ |
| 2 | 有我道和尙與侍者三人亦來毛禮家 儀表似墨胡子 住數年無疾而終 其侍者三人留住講讀經律 往往有信奉者 | 有阿道和尙與侍者三人亦來止毛禮家 儀表似胡子. 住數年無疾而化 其侍者三人留住讀誦經律 往往有信受奉行者焉. | | △ |
| 3 | 有注云 "與本碑及諸傳記殊異" 又高僧傳云 "西竺人, 或云從吳來." | | | × |
| 4 | 按我道本碑云 …(中略)… | | | × |
| 5 | 古記云 "法師初來毛祿家時天地震驚 時人不知僧名而云阿頭彡麽 彡麽者乃鄕言之称僧也 猶言沙彌也" | 然按古記 "梁大通元年三月十一日阿道來至一善郡天地震動 師左執金環錫杖 右擎玉鉢應器 身著霞衲 口誦花詮 初到信士毛禮家 …(中略)… 而王因此知佛僧可敬勅許斑行" | | × |
| 6 | | | 是年下令禁殺生. 按國史及古諸傳商量而述 | × |

『삼국유사』에 보이는 '승전' 혹은 '고승전' 전체 중 몇은 김대문의 『고승

전』을 인용한 것일 듯한데[21], 이 〈표 4〉에서 보이는 바와 같이 「홍법」편 아도기라 조의 '제전기諸傳記'·'高僧傳'·'고기古記' 가운데서도 '제전기' 직후에 또 거명한 '고승전'은 특히 그럴 것이다. 그런데 여기에서 더욱 주목되는 점은 『삼국유사』 「홍법」편 아도기라 조의 '제전기', '고승전', '고기'와 관련된 언급이 정작 『삼국유사』 「유통」편 석아도 조에는 전혀 담겨져 있지 않다가 같은 「유통」편 석법공 조에는 그 서술의 전거를 '국사급고제전國史及古諸傳'이라 밝히고 있다는 사실이다. 이러한 『삼국유사』의 인용 서명과 관련하여 '제전기諸傳記' 및 '고제전古諸傳'에는 적어도 김대문의 『고승전』이 역시 포함되어 있었을 것으로 짐작된다.

그리고 이런 내용의 『고승전』을 저술함에 있어서 김대문은 유학 일변도의 역사 인식을 탈피하여 불교 수용에 따른 국가적인 발전 및 사회사상 진전의 측면도 기술하였을 것이다. 이렇게 함으로써 김대문의 사학사상이 『고승전』의 저술에 이르러 그 이전 보다 더욱 확충되기에 다다랐다고 해서 좋을 듯하다.

## 7. 『악본』 저술과 사학사상의 만개

김대문 또 하나의 저술 『악본』은 단지 음악音樂 그 자체에 관련된 것만으로 한정된 게 아니라, 그 자신이 『사기史記』와 『악기樂記』의 「악본樂本」편篇을 수용한 후 궁극적으로는 제목과 같이 '악樂의 근본根本'이 무엇인가를 탐구하여 이를 실행에 옮기는 것을 염두에 둔 예악사상禮樂思想의 구현을 위한 정리들이 담겨 있었을 것이다. 그러면서 김대문은 『악본』에서 구체적인 역사적 사례를 제시하며 자신의 논지를 전개하였을 것으로 살펴지는데, 그것은 바로 『삼국사기』 신라본기 진흥왕 12년(551) 조에 전해지는 우륵의 귀부와 그 가야금의 유래와 관련된 대목으로 특히 "3월에 왕이 순행하다가 낭성

---

21 이런 중에서도 『삼국유사』에서 '海東僧傳'이라 지칭한 것은 분명 『해동고승전』일 것으로 보아 틀림이 없을 것이다.

에 이르러, 우륵과 그의 제자 이문尼文이 음악을 잘한다는 말을 듣고 그들을 특별히 불렀다. 왕이 하림궁河臨宮에 머무르며 음악을 연주하게 하니, 두 사람이 각각 새로운 노래를 지어 연주하였다. 이보다 앞서 가야국 가실왕嘉悉王이 12줄 현금을 만들었는데, 그것은 12달의 음률을 본뜬 것이다. 이에 우륵에게 명하여 곡을 만들게 하였던 바, 나라가 어지러워지자 악기를 가지고 우리에게 귀의하였다. 그 악기의 이름은 가야금이다.[22]"라 한 바가 그럴 것이다.

김대문은 『악본』에서 이러한 내용을 기술하면서 자신의 논지를 명확히 전개하였고 이것을 보고 활용하여 『삼국사기』 신라본기 진흥왕 12년(551) 조에서도 기술하였던 것으로 믿어지는데, 여기에서 그 가운데 우륵이 '나라가 어지러워지자 악기를 가지고 우리에게 귀의하였'고 한 바 중에서도 '나라가 어지러워지자' 대목을, 김대문은 『악기』의 「악본」편에서 중국의 정鄭나라와 위衛나라의 예를 구체적으로 열거하면서 '난세지음亂世之音'과 '망국지음亡國之音'을 거론하여 매우 엄중하게 여기고 있음에 유념하여 각별히 지적하며 자신의 논지를 명확히 하였을 것으로 보인다. 가야加耶의 난세와 망국 그리고 그를 계기로 이루어진 우륵의 신라 귀부를 역사상 실제의 예로써 구체적으로 상론하며 예악사상의 중차대함을 역설하였을 것임에 틀림이 없어 보인다고 하겠다.[23]

이런 지견에 의지하여 살피자니, 김대문이 『사기』 및 『악기』 「악본」편의 내용을 수용하여 '악樂의 근본'을 탐구하여 실행하는 예악사상의 구현을 꾀하였을 것임은, 『사기』 및 『악기』 「악본」편에서 표방한 핵심어를 분석해봄으로써 여실히 입증할 수가 있는 게 아닌가 싶어졌다. 그가 『사기』 및 『악기』 「악본」편을 숙독하여 그 중심 내용을 심도 있게 『악본』 저술에 반영할

---

22 원문은 "三月 王巡守次娘城 聞于勒及其弟子尼文知音樂 特喚之 王駐河臨宮 令奏其樂 二人各製新歌奏之. 先是 加耶國嘉悉王製十二弦琴 以象十二月之律 乃命于勒製其曲 及其國亂 操樂器投我 其樂名 加耶琴"이다.

23 이상의 언급에 관한 상세한 서술은 이 책의 제2부 제3장 「신라의 《사기》·《예기》〈악본〉편 수용과 김대문의 《악본》 저술」을 참조하시라.

때, 이 『사기』 및 『악기』 「악본」편의 핵심어들에 대한 개념 이해 역시 철저히 파악한 후 이를 활용하였을 것임에 틀림이 없을 것으로 생각되기 때문이다. 하여 『사기』 및 『악기』 「악본」편의 핵심어를 분석하기 위해 영역별領域別로 분류해서 재구성하는 도표의 작성을 꾀하였다. 그것이 아래의 〈표 5〉[24]이다.

〈표 5〉 『악기』 「악본」편의 핵심어 영역별 분류 재구성 분석표

| 구분 | 영역별 분류 | 연번 | 핵심어 |
|---|---|---|---|
| A | 개념 정의<br>槪念 定義 | 1 | 악樂(01, 02, 03, 04, 07, 08, 10) / 안락安樂(10) |
| | | 2 | 음音(01, 02, 04, 05, 06, 07, 08) |
| | | 3 | 성聲(01, 02, 03, 04, 07) |
| | | 4 | 정政(03, 04, 06, 07, 10) |
| | | 5 | 예禮(03, 07, 08, 10) |
| | | 6 | 물物(01, 02, 05, 09) |
| | | 7 | 성性(02, 09) |
| | | 8 | 심감心感(02) |
| | | 9 | 도道(03) |
| | | 10 | 형刑(03, 10) |
| | | 11 | 문文(04) |
| | | 12 | 사事(05) |
| | | 13 | 덕德(07) |
| | | 14 | 절節(09, 10) |

---

24 이 〈표 5〉 『악기』 「악본」편의 핵심어 영역별 분류 재구성 분석표를 작성하기 위한 기초적인 작업의 일환으로 우선 그 제1절부터 제10절까지의 핵심어 구성을 조사해보았으며, 그래서 정리된 아래와 같은 『악기』 「악본」편의 핵심어 구성표를 참고삼아 제시해두고자 한다.

〈참고표〉 『악기』 「악본」편의 핵심어 구성표

| 구분 | 핵심어 |
|---|---|
| 제1절 | 音, 人心, 物, 聲, 樂 |
| 제2절 | 樂, 音, 人心, 物, 聲, 心感, 和, 性 |
| 제3절 | 先王, 禮, 道, 和, 樂, 聲, 政, 刑, 禮樂刑政, 民心, 治道 |
| 제4절 | 音, 人心, 聲, 文, 治世, 樂, 政, 和, 亂世之音, 亡國之音, 民 |
| 제5절 | 君, 臣, 民, 事, 物, 不亂, 音, 亂, 國之滅亡 |
| 제6절 | 亂世之音, 音, 亡國之音, 政, 民 |
| 제7절 | 音, 人心, 樂, 倫理, 聲, 禽獸, 衆庶, 君子, 政, 治道, 禮, 德 |
| 제8절 | 樂, 音, 禮, 不和, 先王, 禮樂, 民, 人道, 正 |
| 제9절 | 人, 天, 性, 物, 好惡, 節, 天理, 作亂之事, 大亂之道 |
| 제10절 | 先王, 禮樂, 人, 節, 和, 安樂, 禮, 樂, 民心, 民聲, 政, 刑, 王道, 禮樂刑政 |

※핵심어의 배열은 내용 서술 순서에 따른 것임※

| | | | 15 | 治道(03, 07) |
|---|---|---|---|---|
| B | 치도 실현<br>治道 實現 | 치도治道 | 15 | 治道(03, 07) |
| | | | 16 | 치세治世(04) |
| | | | 17 | 군君(05) |
| | | | 18 | 선왕先王(03, 08, 10) |
| | | | 19 | 신신臣(05) |
| | | 화和/<br>불화不和 | 20 | 和(02, 03, 04, 10) |
| | | | 21 | 不和(08) |
| | | 호악好惡 | 22 | 好惡(09) |
| | | 난亂/<br>불란不亂 | 23 | 亂(05) |
| | | | 24 | 不亂(05) |
| | | | 25 | 작란지사作亂之事(09) |
| | | | 26 | 대란지도大亂之道(09) |
| | | | 27 | 난세지음亂世之音(04, 06) |
| | | 망국亡國 | 28 | 국지멸망國之滅亡(05) |
| | | | 29 | 亡國之音(04, 06) |
| C | 왕도 구현<br>王道 俱現 | 왕도王道 | 30 | 王道(10) |
| | | 천리天理 | 31 | 天(09) |
| | | | 32 | 天理(09) |
| | | 인심人心 | 33 | 人(09, 10) |
| | | | 34 | 人心(01, 02, 04, 07) |
| | | | 35 | 人道(08) |
| | | 민심民心 | 36 | 民(04, 05, 06, 08) |
| | | | 37 | 民心(03, 10) |
| | | | 38 | 민성民聲(10) |
| | | 정正 | 39 | 正(08) |
| | | 윤리倫理 | 40 | 倫理(07) |
| | | | 41 | 군자君子(07) |
| | | | 42 | 중서衆庶(07) |
| | | | 43 | 금수禽獸(07) |
| | | 예악禮樂 | 44 | 禮樂(08, 10) |
| | | | 45 | 禮樂형정刑政(03, 10) |

※핵심어 뒤 ( ) 안의 숫자는 등재된 절節의 숫자 표시임※

이 〈표 5〉를 토대로『악기』「악본」편의 핵심어를 재구성해서 분석해본 결과 대별大別하면 (A)개념 정의, (B)치도 실현, (C)왕도 구현 등 3가지 영역별로 분류될 수 있음을 알 수 있었다. 그리고 보다 세부적으로 천착하면 가장 특징적인 사항으로 (A)개념 정의 영역에서 '정政(연번4;이하 괄호 안의 번호 역시 그러함)'에 관한 언급이 '악(1)'·'음(2)'에 불가결의 요소인 '성(3)'에 관한 언급 못지않게 비중이 크며, 이러한 경향이 곧 (B)치도 실현 및 (C)왕도王道 구현과 문자 그대로 불가분의 밀접한 연관을 맺고 있다는 사실이 드러난다.

더군다나 (B)치도의 실현과 직결된 사항으로 내용에 들어가 세부적으로 살피면, '화(20)'·'불화(21)', '난(23)'·'불란(24)' 및 그에서 비롯된 '작란지사(25)'·'대란지도(26)'를 거론하였음이 드러난다. 이와 관련된 보다 긴밀한 사항으로는 '난세지음(27)', 그리고 궁극적으로는 그로 인해서 야기된 '국지명망(28)', 보다 구체적으로는 '망국지음(29)'을 언급하고 있음을 잊어서는 안 된다.

더더욱 이와 같은 치도 실현의 다음 단계로 설정된 (C)왕도(30) 구현의 세부 사항으로, '천(31)'·'천리(32)'는 물론이고 '윤리(40)' 그리고 '예악(44)' 및 '예악형정(45)'으로 구체화되고 있음을 알 수가 있다. 그리고 이는 곧 '인심'으로 포괄될 '인(33)'·'인심(34)'·'인도(35)' 및 '민심'으로 종합될 수 있을 '민(36)'·'민심(37)'·'민성(38)'으로 반영되어 현실화되고 있음이 뚜렷하다.

결국 이렇게 영역별로 분류되는 『악기』「악본」편의 핵심어들은 김대문의 『악본』에도 여실히 투영되어 기술되지 않을 수 없었을 것이고, 따라서 김대문의 『악본』에서도 역시 가장 이상적인 정치 행태로서 왕도정치의 실현이 구극적究極的으로 추구되었을 것임이 거의 틀림이 없다고 보아 무난하지 않나 싶다. 즉 김대문은 『악본』에서 왕도정치의 실현이야말로 가장 이상적인 것으로 설정하고, 이를 강조하고자 이것이 바로 예악사상의 요체要諦이자 심층적으로 추구해야 하는 '악樂' 자체의 '본질'이라 인식하여 이러한 자신의 사상을 관철하려 그러한 의미를 담아낸 서명 '악본'을 취하여 『악본』을 저술하기에 이르렀던 것이라 하겠다.[25]

---

25 여기에는 예악을 특히 중시한 荀子의 守分論 및 身分觀을 수용하여 그 토대 위에서 신라의 骨品制에 대한 정당성을 내세우기 위함도 다분히 곁들여 있었을 것이다. 결국 김대문의 『악본』 저술 자체가 眞骨로서의 金大問 자신의 정치적 및 사회적 立地 확립을 꾀하기 위한 노력의 일환이었으며, 이는 따라서 그 자신의 反專制的 정치 성향과도 일치하는 것이었다고 생각된다. 이는 『사기』 및 『악

한편으로 여기에서 위의 『삼국사기』 신라본기 진흥왕 12년(551) 조에 전해지는 우륵의 귀부와 그 가야금의 유래와 관련된 기록 중에서 또 하나 특히 주목할 점은, '새로운 노래를 지어 연주하게 하였고(製新歌)' 또한 '그 곡을 만들게 하였다(製其曲)'라는 구절이라고 여겨진다. 이들을 조합組合하여 살피면 요컨대 우륵이 악곡樂曲은 물론 그 가사歌辭까지 창작했음을 알 수가 있다. 따라서 우륵은 당시 당唐에서 새로이 대두되기 시작하는 새로운 음악 및 문예 사조를 수용하여 사학적詞學的인 측면을 익혀 실행하고 있었던 것임에 거의 틀림이 없어 보인다고 여겨진다. 이러한 구체적인 상황의 묘사로 보아, 김대문은 『악본』의 내용 저술에서 악곡에 의존하는 가사까지 포함하게 됨으로써 당대唐代에 흥기하는 새로운 체재의 음악문학音樂文學인 사학詞學 자체뿐만이 아니라, 문학사文學史 분야 가운데서도 그 역사인 사학사詞學史에 대해서도 조예가 깊었을 것이다. 게다가 음악사音樂史 나아가 문학사 그리고 이들의 사상적 근본을 구명하려 하였기에 사상사思想史의 영역으로까지 점차 관심의 폭이 확장되었다고 보인다.

더욱이 『악기』 「악본」편에서 난세지음 및 망국지음의 가장 대표적인 실례로 거론된 중국 정鄭나라와 위衞나라의 경우를 제시하며 그러한 경우로 매우 유사한 사례로 즉 유비類比의 사례로서 가야加耶의 경우를 들어 서로 대비對比시켜 가면서 비교사학比較史學의 방법을 구사한 것은 특기할 만하다고 하겠다. 따라서 김대문이 이렇듯이 자신의 사학사상을 확장하여 더욱 굳건히 내실을 다졌다는 점에 각별히 주목해야 한다고 생각하였고, 그래서 김대문 자신이 지닌 나름대로의 사학사상이 『악본』의 저술에 이르러 활짝 꽃피워, 문자 그 자체대로 '만개滿開'하였다고 여겨, '사학사상의 만개'라는 표현을 구사함이 적절하다고 생각한다.

기』의 「악본」편 제7절에서 音을 人心과 樂을 倫理와 연결시키고 禽獸·衆庶·君子의 단계를 설정한 것과 무관하지 않고 않고 매우 밀접한 상관관계가 있어 보인다고 하겠다.

## 8. 결어 : 김대문 지술 및 사학사상 특징의 시기별 추이

김대문은 진골 출신으로서 화랑을 거친 이후 한산주 도독에 오르기까지 관직에 몸담고 있었던 시절 즉 사환기仕宦期에 『한산기』와 『세기』를 저술하였다. 이렇듯이 『한산기』·『세기』를 저술하였기에, 서명 『한산기』·『세기』에 공통으로 들어있는 '『기記』'를 따서 이 시기는 '『기』의 저술 시기'라 구분할 수 있을 것이다. 이 무렵에는 김대문이 주로 기록의 정리에 치중하였던 것으로 보인다.

이후 최고이자 최후의 관직이었던 한산주 도독을 그만 두고 야인野人으로 돌아간 사직기辭職期에 그는 『계림잡전』과 『고승전』을 저술하였다. 이와 같이 『계림잡전』과 『고승전』을 저술하였으므로, 서명 『계림잡전』·『고승전』에 공통된 '『전傳』'을 따서 이 시기는 '『전』의 저술 시기'로 볼 수 있을 것이다. 이 어간에는 김대문이 중점적으로 자신의 역사에 대한 안목과 관점을 갖추는 데에 힘쓰면서, 사관史觀의 발현發顯에 치중하였던 것으로 살펴진다.

그러다가 점차 나이가 무르익어 가자 자신의 이상 세계를 실현하고자 하여, 마치 중국 진대晉代 혜강嵇康 등의 죽림칠현竹林七賢과 같이 은일隱逸을 하는[26] 은일기期에 접어들면서 예악사상禮樂思想에 심취하고 그 근본정신에 치중하여 『악본樂本』을 저술하였다.[27] 이 시기는 그래서 '『본本』의 저술 시기'라 구분할 수 있을 것이다. 이 무렵에는 김대문이 오로지 인생의 본질을 관조觀照하는 데에 전념하였을 것으로 여겨진다.

김대문의 시기별 저술의 특징 및 사학사상의 추이推移는 이상과 같다. 이를 압축하여 일목요연하게 도표로 정리하여 제시해보이면 다음의 〈표 6〉이다.

---

26 죽림칠현의 품행을 상징으로 하는 이 은일에 대한 상세한 언급은 이 책의 제2부 제5장 「최치원의 문심조룡」수용과 비·전 중심의 역사 인식 및 서술」을 참조하시라.

27 이 책의 제2부 제3장 「신라의 ≪사기≫·≪예기≫〈악본〉편 수용과 김대문의 ≪악본≫ 저술」을 참조하시라.

〈표 6〉 김대문의 시기별 저술의 특징 및 사학사상의 추이

| 시기 구분 | 저술 | 특징 | | 사학사상의 추이 |
|---|---|---|---|---|
| 사환기 | 『한산기』 | 『기』의 저술 시기 | 기록의 정리 치중 | 형성 |
| | 『세기』 | | | 정립 |
| 사직기 | 『계림잡전』 | 『전』의 저술 시기 | 자신의 사관 발현 | 발전 |
| | 『고승전』 | | | 확충 |
| 은일기 | 『악본』 | 『본』의 저술 시기 | 인생의 본질 관조 | 만개 |

# 최치원의『문심조룡』수용과
# 전 · 비 중심의 역사 인식 및 서술

## 1. 머리말

　문집文集『계원필경桂苑筆耕』외에 온전히 현존하는 최치원崔致遠의 저술을 종합해보면, 중국 화엄종華嚴宗 제3조第三祖인 현수賢首의『당대천복사고사주번경대덕법장화상전唐大薦福寺故寺主飜經大德法藏和尙傳』(이후『법장화상전』이라 약칭) 1종種의 전기傳記, 그리고 후일 조선 광해군光海君 때에『사산비명四山碑銘』이라는 서명書名으로 모아 편집되어[1] 오늘날에 이르러서는 그 이름으로 흔히 거론되는 신라 말기의 진감선사眞鑑禪師 · 낭혜화상朗慧和尙 · 지증대사智證大師 3명 선사禪師의 비명碑銘과 숭복사崇福寺의 비명을 합한 4종의 비명뿐이다. 이외에 구체적인 내용은 전하지 않으면서 그 서명만이 전해지는 것으로서는『제왕연대력帝王年代曆』과『부석존자전浮石尊者傳』·『현수전賢首傳』·『석이정전釋利貞傳』·『석순응전釋順應傳』등이 더 있는데, 이 가운데『제왕연대력』은 연표류年表類이고,『현수전賢首傳』은 방금 앞서 거론한『법장화상전』의 별칭이며,『부석존자전』은 신라 화엄종 개조開祖인 의상義湘의 전기,『석이정전釋利貞傳』과『석순응

---

1　최남선,『조선상식문답속편』, 동명사, 1947, p.276; 삼성문화문고, 1972, p.134.

전釋順應傳』은 대가야大加耶 출신 승려인 이정과 순응의 전기임을 알 수가 있다.[2]

 이와 같은 사실을 기반으로 면밀히 검토하면, 연표류인『제왕연대력』을 제외하고 그 이외의 저술은 결국 대부분이 전기와 비명, 간략히 표현하면 전傳·비碑라는 공통점이 있음이 또렷이 엿보인다. 따라서 최치원의 저술은 전·비 중심이었다고 해서 결코 지나치지 않을 정도의 경향성을 띠고 있다고 하겠다. 그러면 최치원 저술에서 찾아지는 이와 같은 전·비 중심이라는 경향성은 과연 어떠한 배경에서 비롯된 것일까? 애초에『사산비명』에서부터 최치원의 현존하는 저술들을 일일이 살펴오면서 그간 줄곧 지녔던 의문의 하나는 바로 이 점이었다.

 그러다가 근자에 이르러 이에 대한 해명을 위해 재삼재사 시도하던 차에, 다름 아니라 최치원이 중국 양梁 나라 유협劉勰의『문심조룡文心雕龍』을 수용受容한 후 그 내용을 충실히 활용하였음은 물론이려니와 거기에 그치지 않고 자신의 독창성을 발휘하여 저술한 결과 그러하였음을 비로소 가늠하기에 다다랐다. 하여 여기에서 최치원의『문심조룡』수용의 구체적인 사례부터 제시하면서, 이에 대해 풀어놓아 보고자 한다.

## 2. 최치원의 『문심조룡』 수용과 전·비 중심의 역사 인식

 최치원이『문심조룡』을 수용하여 자신의 저술에 활용한 구체적인 사례는 2가지 경우인 것으로 파악된다. 하나는『법장화상전』에서이고, 또 다른 하나는「무염화상비명無染和尙碑銘」에서이다. 먼저『법장화상전』에서 행해진 최치원의『문심조룡』활용 양상을 살피기 위해 관련 대목을 제시하면 다음과 같다.

---

2 이상의 내용은 이기백,「해제」,『최문창후전집』, 성균관대학교 대동문화연구원, 1972; 개제「최치원과 그의 저술」,『한국고대사론』증보판, 일조각, 1995, pp.133-136 참조.

옆에서 꾸짖는 사람이 『문심조룡』에 "①옛 역사책에도 없는 것을 나의 글이 널리 기록한다고 하여 〈그 사적을 위대하게 하고자 한다〉. 이것이야말로 벗어나서 와전하게 되는 장본이요 옛 역사를 정확히 기술하는데 큰 결점이 되는 것이다."한 것을 인용하면서 "그대가 이런 병통에 걸린 사람이 아닌가? 말이 많은들 무엇 하겠는가? 적게 쓰는 게 귀한 것이네"라고 말했다. 내가 명하니 대답하기를, "좋은 말씀 가슴에 새기겠습니다. 그러나 노나라 정공·애공 때의 일을 적은 데도 은공 원년의 일을 기록했으니, 믿을 수 있는 것은 갖고 쓰고, 의심스러운 것은 의문으로 전해 주는 게 예로부터의 떳떳한 규칙이지 지금 망령 되게 하는 게 아닙니다. 하물며 이것은 모두 옛말을 의거해서 쓴 것이니 어찌 새로운 사실이라 뽐내겠습니까? 또한 법장法藏의 훌륭한 재주를 기록하는 데는 얼굴에 부끄러운 표정이 없고 입에도 수치스런 말이 없습니다. 『기신론起信論』에 대한 다소의 풀이를 보고, 이룩한 행적을 광범하고 간략하게 찬한 것이 한편의 전傳과 한편의 비碑입니다. 또 『문심조룡』에 "②'사史'라고 하는 것은 '사使'이다. 좌우左右의 사관史官에게 집필하게 하여 기록시키는 것이다."하였으며, "③경전의 뜻을 굴려 넘겨주는 것이다. 〈전은 광범하게 비는 간략하게〉 후세에 전해 주는 것이다."라고 했습니다.[3]

이 대목에서 찾아지는 최치원의 『문심조룡』 활용 양상의 실증은 모두 『문심조룡』 16 「사전史傳」편篇에서 인용한 구절들이다. 최치원이 여기에서 기술한 바 ①"옛 역사책에도 없는 것을 나의 글이 널리 기록한다고 하여 〈그 사적을 위대하게 하고자 한다.〉 이것이야말로 벗어나서 와전하게 되는 장본이요 옛 역사를 정확히 기술하는데 큰 결점이 되는 것이다."라는 대목은 그 원문이 "舊史所無 我書則博 〈欲偉其事〉 此訛濫之本源 述遠之巨蠹也"로 『문심조룡』에는 "舊史所無 我書則傳 此訛濫之本源 而述遠之巨蠹也"라 되어 있다. 따라서 최치원이 이를 활용하였음이 분명하다. 다만 그가 기술한 가운데 '〈

---

3 최치원,「당대천복사고사주번경대덕법장화상전」,『최문창후전집』, 성균관대학교 대동문화연구원, 1972, pp.277-278. 원문은 다음과 같다. "傍訶者引文心云 ①舊史所無 我書則博 〈欲偉其事〉 此訛濫之本源 述遠之巨蠹也 子無近之乎 雖多奚爲 以少是貴 愚焉曰 敬佩良箴 然立定哀之時 書隱元之事 信以傳信 疑以傳疑 自古常規 非今妄作 況此皆憑舊說 豈衒新聞 且記藏公之才之美也 實得面無作色 口無媿辭 顧起信 多少之詮 撰成行廣略之錄 一傳一碑 又②史者 使也 執筆左右使記也 ③傳者 轉也 轉受經旨 〈傳廣碑略〉 使授於後"

그 사적을 위대하게 하고자 한다)' 부분만은 『문심조룡』 원문에는 애초에 없는 것이어서 최치원이 독창성을 발휘하여 가필加筆한 것임을 알 수가 있다. 또한 ②"'사史'라고 하는 것은 '사使'이다. 좌우의 사관에게 집필하게 하여 기록시키는 것이다."라는 대목 역시 최치원이 『문심조룡』 제16「사전」편 원문에서 직접 인용해서 활용하여 "史者 使也 執筆左右 使記也"라 한 것으로[4], 그 원문은 "史者 使也 執筆左右 使之記也"로 끝 부분의 '使之記也'를 '使記也'로 손대었을 뿐임이 틀림이 없다.

그리고 ③"경전의 뜻을 굴려 넘겨주는 것이다. 〈전은 광범하게 비는 간략하게〉 후세에 전해 주는 것이다."라고 한 대목도, 최치원이 『문심조룡』 16「사전」편의 원문 "傳者 轉也 轉受經旨 使授於後"라 한 것을 인용해 활용하여 "傳者轉也 轉受經旨〈傳廣碑略〉使授於後"라 기술한 것인데, '〈전은 광범하게 비는 간략하게〉'를 삽입해 손질하여 이 부분의 전후 의미를 또렷이 하여 강조한 것이라 가늠된다. 여기에서 괄목해야 할 점은, 이렇듯이 최치원이 『문심조룡』「사전」편의 원문에 삽입한 이 '〈전은 광범하게 비는 간략하게〉'는 그 자신이 지향한 '전·비 중심의 역사 인식 및 서술'에 있어서 핵심을 이루는 바라는 사실이라 하겠다. 그는, 말하자면 『문심조룡』의 원문을 충실히 활용하면서 자신의 독창성을 유감없이 발휘하여 '〈전은 광범하게 비는 간략하게〉'라고 하는 '전·비 중심의 역사 인식 및 서술' 원칙을 세우고 이를 철저히 구현하려고 힘을 기울였다고 하겠다.

한편 앞에서 잠시 언급한 바대로 최치원의 『문심조룡』 원문 활용 양상의 또 하나의 실례實例는 「무염화상비명」에서 찾아진다. 구체적으로 이를 밝히기 위해서 「무염화상비명」에서 관련 대목을 제시하면 다음과 같다.

상上이 말씀하기를, "제가 어리석어 어려서 글짓기를 좋아하였습니다. 일찍이

---

4 최영성, 「고운의 유교관」, 『고운 최치원의 철학사상』, 도서출판 문사철, 2012, p.203. 여기에서는 특히 "이것은 『문심조룡』에서 인용한 것이기는 하지만, 최치원의 역사 의식과 역사 서술의 태도를 대변하는 것이라 해도 지나친 말이 아닐 듯하다."고 언급하였음이 참조된다.

유협의 『문심조룡』을 보았더니, '유有에 걸려 무無를 지키는 일은 한갓 치우친 풀이에만 예민해진다. 참된 근원에 나아가고자 한다면 바로 반야般若의 최후 경계이다'라고 하였은즉 경계가 없어진 것에 대해 들어볼 수 있겠습니까?'라고 하였다. 대사가 대답하기를, "경계가 이미 끊어졌다면 이치도 또한 없음이니 이 인印은 말없이 실행해야 할 따름입니다"라고 하였다.[5]

이 대목에서 인용한 유협의 『문심조룡』 원문은 원문 그 자체 그대로가 아니다. 최치원이 활용하면서 부분적으로 변용變容한 것이다. 원문 그 자체는 아래와 같이 되어 있다.

"그러나 유에 걸려 있는 것은 눈에 보이는 현상에 완전히 집착하는 것이나 그 작용에 마음이 기울게 되고, '무'를 더 귀하게 여기는 자는 오직 소리와 형체도 없는 적막한 경지를 지키려 하는 법이다. 예리하기는 하지만 편향된 해석이어서 정확한 이론에 이르지 못하고 있다. 심원한 이치의 근원을 탐구할 수 있는 것은 '반야'라는 절대적 경지에 이르러서야 가능할 것인가?".[6]

이와 같이 『문심조룡』 활용 양상의 하나로서, 『문심조룡』 18 「논설論說」편의 원문 한 대목을 활용하면서도 그대로 인용한 게 아니라 대폭적으로 변용하여 자신의 문장으로 전환시키고 있음을 확인할 수가 있다. 아울러 그러면서도 궁극적으로 지향한 바는 독창성을 가미하여 완벽히 자신의 문장으로 전환시켰다는 데에 있었던 것이라 하겠다.

---

5 원문은 다음이다. "上曰 弟子不佞 少好屬文 嘗覽劉勰文心有語云 滯有守無 徒銳偏解 欲詣眞源 其般若之絶境 則境之絶者 或可聞乎? 大師對曰 境旣絶矣 理亦無矣 斯印也 默行爾". 최치원, 「무염화상비명병서」, 『최문창후전집』, 1972, p.107.

6 이 부분의 『文心雕龍』 원문은 이러하다. "然滯有者 全繫於形用 貴無者 專守於寂寥 徒銳偏解 莫詣正理 動極神源 其般若之絶境乎". [梁]劉勰, 「論說」 第18, 『文心雕龍』 卷4; 「元至正刊本≪文心雕龍≫」 및 「元至正刊本≪文心雕龍≫集校」, 林其錟·陳鳳金 撰, 『增訂文心雕龍集校合編』, 上海: 華東師範大學出版社, 2010, pp.424-425 및 p.656. 이외에 「元至正刊本≪文心雕龍≫」, 中國文心雕龍學會·全國高校古籍整理委員會 編輯, ≪文心雕龍≫資料叢書』 上, 北京: 學苑出版社, 2004; 제2판, 2005, pp.236-237 및 「明楊升庵批點曹學佺評≪文心雕龍≫」, 『≪文心雕龍≫資料叢書』 下, 2005, p.967 참조.

이상에서 살핀 바를 정리하면, 최치원이 『문심조룡』을 수용하여 저술함에 있어 구사한 독창적인 방법은 2가지였던 것으로 파악된다. 하나는 『법장화상전』에서 시도한 것으로, 『문심조룡』 제16 「사전」편의 원문 한 부분을 인용하여 활용하면서 그 자체를 그대로 인용한 게 아니라 자신이 구상한 핵심어를 삽입해 손질해서 전후 의미를 명확히 하여 그 의미를 강조하는 방법이었다. 또 하나는 「무염화상비명」에서 실행한 것으로, 『문심조룡』 제18 「논설」편의 원문 한 대목을 활용하면서도 그대로 인용한 게 아니라 대폭적으로 변용하여 자신의 문장으로 전환시켜 독창성을 더더욱 고양시키는 방법이었다. 이러한 구체적인 실제의 용례들로써 최치원의 저술이 전·비 중심이라는 경향성을 강하게 띤 것은, 유협의 『문심조룡』을 수용하여 그 내용을 충실히 활용하였음은 물론 그 수준에 그치지 않고 핵심어를 삽입하거나 대폭적으로 변용함으로써 그 자신의 창의성을 유감없이 발휘한 결과였다고 할 수가 있겠다.

## 3. 『문심조룡』의 내용 구성과 그 특징

『문심조룡』은 중국 남조南朝 양의 유협(약 465-521)에 의해 501년경에 편찬되었으며[7], 도합 50장으로 이루어졌다. 이 책은 중국문학사에 있어서 특히 청대淸代 이래로 '문학비평文學批評의 경전經傳'으로 평가되어 왔고, 그에 따라 이후 많은 연구서가 간행되었으며 현재 또한 역시 그러하다.[8] 그리하여 심지어 이에 대한 연구는 독립된 학문 영역의 하나로 여겨져 소위 '용학龍學'

---

7 劉勰의 生沒 年代와 『文心雕龍』 著述 연대에 관해서는 여러 학설이 분분한데, 이와 관련한 개략적인 정리는 楊國斌, 「解題」, 김관웅·김정은 역, 『문심조룡』, 사단법인 올재, 2016, p.277 가주 3) 참조.

8 기왕에 출간된 『문심조룡』 연구서 중에서 저자가 구매하여 소장하고 있는 것만을 대상으로 삼아 행한 書誌의 정리는 이 책의 후미 『참고문헌』 중 이에 대한 부분을 참고하시라. 다만 저자가 이 논문을 집중적으로 집필하기 시작한 2014년 이후 중국에서 간행된 것으로 면밀히 검토한 서적만으로 편의 상 한정하여 제시해도 다음과 같다. 楊淸之, 《文心雕龍》與六朝文化思潮』 修訂本, 濟南:齊魯書社, 2014. 王運熙, 『文心雕龍探索』, 上海:上海古籍出版社, 2014. 戚良德 主編, 『儒學視野中的〈文心雕龍〉』, 上海:上海古籍出版社, 2014. 邵耀成, 『文心雕龍這本書-文論及其時代』, 北京:中國社會科學出版社, 2014. 周勛初, 『文心雕龍解析』(上·下), 南京:鳳凰出版社, 2015.

이라 칭해지기도 할 정도이다.[9]

『문심조룡』의 체재體裁 파악과 내용 검토에 있어서 유의해야 할 것은, 그 첫 부분에 서론 격의 글이 설정되어 있지 않다는 사실이다. 그 맨 마지막 편인 제50의 「서지序志」편이 그러한데, 그 전체 구성 및 세부 내용을 살피기 위해 그 내용의 중점 및 세부 항목 구성 분석표를 작성하였으니, 다음의 〈표 1〉이다.

〈표 1〉『문심조룡』 50 「서지」편 서술 내용의 중점 및 세부 항목 구성 분석표

| 구분 | 중점 항목 | 세부 항목 |
|---|---|---|
| 1 | '문심文心'과 '조룡雕龍'의 의미 | |
| 2 | 품성稟性의 불후성不朽性 | |
| 3 | 경서經書 주석註釋의 지고성至高性 | |
| 4 | 문장의 효용성 | |
| 5 | 근대近代 논문의 한계와 본질 논평 | |
| 6 | 『문심조룡』의 구성 원리 | '문심'의 핵심 설명 : 처음 5편 |
| | | 논문의 강령 제시 : 상편―제1편~제25편 |
| | | 논문의 각론 거론 : 하편―제26편 이하 |
| | | 50권 설정의 이유 설명 |
| 7 | 종합 비평의 고충 토로 | |

※일러두기 : 표의 작성에서 원문 맨 끝의 〈찬贊〉은 제외시켰음. 이후에도 그러함※

이 「서지」편의 세부 항목 구성과 그 내용에서 무엇보다 주목되는 점은 이 「서지」의 첫머리에서 서명 '문심조룡' 자체에 대한 해설을 펼쳐주었다는 사실이다.[10] 문학사 속의 구체적인 예들을 제시하면서 '문심'은 '글을 지을 때 쓰는 마음'을 뜻하고, '조룡'은 '언어를 본뜨거나 수식하는 것'이라 간결하면서도 명료하게 정의한 바가 그것이다. 아울러 간과해서는 안 될 것은 그 맨 마지막 부분인 〈종합 비평의 고충 토로〉 부분 중에서도 압권은 유협 자신이 취한 연

---

9 이 '용학'의 개창기 · 발전기 · 번성기 등 시기별 연구상황에 대한 정리는 李平 等, 「緖論 ≪文心雕龍≫ 硏究的回顧與反思」, 『文心雕龍硏究史論』, 合肥 : 黃山書社, 2009, pp.1-22 참조.

10 『문심조룡』의 서명 자체에 대한 해석 관련 여러 논의의 정리는 劉業超, 「≪文心雕龍≫書名的學術意義」, 『文心雕龍通論』上篇, 北京 : 人民出版社, 2012, pp.297-302 및 周勛初, 「≪文心雕龍≫書名辨」, 『文學遺産』 2008年 第1期, 2008; 『文心雕龍解析』(下), 南京 : 鳳凰出版社, 2015, pp.815-825 참조.

구 방법의 채택에 관해 스스로 밝힌 대목이라고 생각한다. 다음이다.

비록 재차 머리카락을 가볍게 캐기도 하고 골수에 깊게 다다르기도 했다(雖復輕
採毛髮 深極骨髓)

요컨대 유협 자신은 『문심조룡』을 저술함에 있어서 기왕의 작품들 중에서
세상 사람들이 머리카락처럼 하찮게 여겨지는 부분에 대해서도 여러 차례 검
토를 했을 뿐만이 아니라 그 본질에까지 천착해서 분석하는 태도를 지니고
있었음을 확실하게 천명하였던 것이다. 『문심조룡』 저술과 관련하여 이렇게
자신의 의지를 낱낱이 펼쳐 보인 이 「서지」편이, 비록 체재로 볼 때에는 50권
의 맨 끝에 설정된 것이긴 하나, 그 제목에 걸맞게 서론序論으로서의 성격이
완연하였다고 하지 않을 수가 없겠다.

이와 같은 제50편 「서지」 이외의 『문심조룡』 49편 가운데서, 우선 제39편
「연자鍊字」는 그 제목 자체에서 여실히 우러나오는 바는 물론이고, 그 내용
에 있어서도 문자의 창제創制와 서체書體의 통일, 문자학의 시기별 효용성
등에 관해 매우 구체적으로 언급하고 있으므로 언어학 및 문자학에 관한 것
이 틀림없다.[11] 그리고 명銘 및 비碑의 기원・의미 및 역사적 전개를 각각 정
리한 「명잠銘箴」,[12] 「뢰비誄碑」[13]는 각각 절반 이상이 '명銘'과 '비碑'를 구체
적으로 거론하고 있으며, 「논설論說」에서는 그 내용 중 논論의 의미와 용례
외에 논論의 역사적 전개 등의 일부에서 금석문에 대한 언급이 담겨 있으므
로[14], 이들은 그 자체가 금석학에 대한 언급이 아니라고 할 수 없음이 오히려

11 「연자」의 전체 내용상 성격을 이렇게 파악할 수 있었던 것은, 그 서술 내용의 중점 및 세부 항목
   구성을 분석하여 [부록]〈표 3〉 『문심조룡』 39 「연자」편 서술 내용의 중점 및 세부 항목 구성
   분석표를 작성해보고 나서였다.
12 「명잠」의 전체 내용 파악은, 그 서술 내용의 중점 및 세부 항목 구성을 분석하여 작성한 뒤의
   [부록]〈표 4〉 『문심조룡』 11 「명잠」편 서술 내용의 중점 및 세부 항목 구성 분석표를 참조하라.
13 「뢰비」의 전체 내용 파악은, 그 서술 내용의 중점 및 세부 항목 구성을 분석하여 작성한 뒤의
   [부록]〈표 5〉 『문심조룡』 12 「뢰비」편 서술 내용의 중점 및 세부 항목 구성 분석표를 참조하라.
14 「논설」의 전체 내용 파악은, 그 서술 내용의 중점 및 세부 항목 구성을 분석하여 작성한 뒤의

분명하다.

또한 사전史傳의 의미ㆍ기원 및 춘추시대까지의 사학사를 비롯해서 역사 서술의 태도 및 사관史官의 소임에 대해서도 기술하고 있는 「사전史傳」[15]은 두말할 나위가 없고, '사류事類'의 개념을 정리하면서 전고典故의 원용援用을 중시하였을 뿐더러 사려 깊은 전고의 활용을 당부까지 하고 있는 「사류事類」[16] 역시 역사학의 요체要諦를 가감 없이 드러내고 있다고 하지 않을 수 없을 것이다. 덧붙여 시대적 흐름에 따른 특히 산문사散文史의 개별적인 사실을 강조한 「시서時序」[17]도 그러하려니와, 문장의 구상과 상상력의 작용과 더불어 이와 같은 구상ㆍ상상력 외에 언어를 창작의 3요소로서 꼽으며 이들에 대한 면밀한 심미안과 통찰력의 구비具備 필요성을 중시한 「신사神思」[18]는 마치 현대 역사학 개론서槪論書의 내용을 접하는 것과 같은 느낌이 들 정도이므로, 역사학과 무관하다고 할 수 없을 듯하다.

이와 아울러 동시에 『문심조룡』의 특징을 살핌에 있어 꼭 유념하여 간과해서는 안 될 점은, 방금 그렇다고 한 바 있듯이 「사류」 역시 전고典故 활용의 요령과 효과, 전고의 오용誤用과 개악改惡 등을 상론할 정도로 전고를 매우 중시하는 자세를 흐트러짐 없이 시종일관으로 견지하고 있다는 사실이라 하겠다. 이렇듯이 「명잠銘箴」ㆍ「뇌비誄碑」 뿐만이 아니라 「사류」에서도 더욱 확연한 바대로, 어느 분야에 대한 언급과 상론을 펼치면서도 이 전고 중시는 줄곧 『문심조룡』의 그 밑바탕에 갖춰져 있음은 재론의 여지가 없다고 해서 전혀 지나치지 않다.

---

[부록]〈표 6〉『문심조룡』 18「논설」편 서술 내용의 중점 및 세부 항목 구성 분석표를 참조하라.

15 「사전」의 전체 내용 파악은, 그 서술 내용의 중점 및 세부 항목 구성을 분석하여 작성한 뒤의 [부록]〈표 7〉『문심조룡』 16「사전」편 서술 내용의 중점 및 세부 항목 구성 분석표를 참조하라.

16 「사류」의 전체 내용 파악은, 그 서술 내용의 중점 및 세부 항목 구성을 분석하여 작성한 뒤의 [부록]〈표 8〉『문심조룡』 38「사류」편 서술 내용의 중점 및 세부 항목 구성 분석표를 참조하라.

17 「時序」의 전체 내용 파악은, 그 서술 내용의 중점 및 세부 항목 구성을 분석하여 작성한 뒤의 [부록]〈표 9〉『문심조룡』 45「시서」편 서술 내용의 중점 및 세부 항목 구성 분석표를 참조하라.

18 「신사」의 전체 내용 파악은, 그 서술 내용의 중점 및 세부 항목 구성을 분석하여 작성한 뒤의 [부록]〈표 10〉『문심조룡』 26「신사」편 서술 내용의 중점 및 세부 항목 구성 분석표를 참조하라.

그런데다가 명칭 자체에서 그대로 드러나는 바대로「종경宗經」은 경전經典 위주이며[19],「제자諸子」는 경전을 포함한 사상서 전반에 대해 거론하고 있으니[20], 사상사 혹은 철학사의 일종이라 하지 않을 수 없을 것이다. 뿐더러「신사神思」역시 단순히 문학론에만 그치고 있는 게 아니라 다양한 사회사상을 담고 있기에 문학사상론 나아가서는 사회사상론이라고 해 마땅하다고 여겨진다. 내용상으로 볼 때, 더불어「논설」의 일부뿐만이 아니라 '인문人文'의 심원淵源과 그 역사 이외에 경전의 창시와 효용성 등에 대해 서술한「원도原道」[21], 그리고 신도神道와 천명天命의 개념뿐만이 아니라 위서緯書의 역사로서 그 연원과 시기별 유행 양상을 언급한「정위正緯」[22] 또한 그러하다고 여겨 전혀 무방하겠다.

물론『문심조룡』의 내용이 문학 자체와 관련된 것들이 대부분임을 부인하기 어렵다. 하지만 그런 가운데서도 내용으로 판단할 때「명시明詩」는 특히 전적으로 시사詩史이고[23],「시서時序」의 일부는 산문사임이 분명하다.[24] 게다가「통변通變」은 전통의 계승과 그 바탕 위에서의 독창적인 창작의 절대적 중요성을 강조하고 있음을 빠뜨려서 안 된다.[25] 그리고「재략才略」은 흔

---

19 「종경」의 전체 내용 파악은, 그 서술 내용의 중점 및 세부 항목 구성을 분석하여 작성한 뒤의 [부록]〈표 11〉『문심조룡』 3「종경」편 서술 내용의 중점 및 세부 항목 구성 분석표를 참조하라.

20 「제자」의 전체 내용 파악은, 그 서술 내용의 중점 및 세부 항목 구성을 분석하여 작성한 뒤의 [부록]〈표 12〉『문심조룡』 17「제자」편 서술 내용의 중점 및 세부 항목 구성 분석표를 참조하라.

21 「원도」의 전체 내용 파악은, 그 서술 내용의 중점 및 세부 항목 구성을 분석하여 작성한 뒤의 [부록]〈표 13〉『문심조룡』 1「원도」편 서술 내용의 중점 및 세부 항목 구성 분석표를 참조하라.

22 「정위」의 전체 내용 파악은, 그 서술 내용의 중점 및 세부 항목 구성을 분석하여 작성한 뒤의 [부록]〈표 14〉『문심조룡』 4「정위」편 서술 내용의 중점 및 세부 항목 구성 분석표를 참조하라.

23 「명시」의 전체 내용 파악은, 그 서술 내용의 중점 및 세부 항목 구성을 분석하여 작성한 뒤의 [부록]〈표 15〉『문심조룡』 6「명시」편 서술 내용의 중점 및 세부 항목 구성 분석표를 참조하라.

24 「시서」를 면밀히 분석하면, 그 서론에서 문학의 시대사 설정 가능성에 대해 언급한 이후 上古時代부터 南齊時代에 이르기까지의 산문사를 정리한 것임을 알기 결코 어렵지 않다. 이 또한 앞서 일러두었듯이, 뒤의 [부록]〈표 9〉『문심조룡』 45「시서」편 서술 내용의 중점 및 세부 항목 구성 분석표를 참조하라.

25 「통변」의 전체 내용 파악은, 그 서술 내용의 중점 및 세부 항목 구성을 분석하여 작성한 뒤의 [부록]〈표 16〉『문심조룡』 29「통변」편 서술 내용의 중점 및 세부 항목 구성 분석표를 참조하라.

히 작가론이라고 판단하는 경향이 있으나, 그것이 단지 문학 작품의 작가 자체에만 국한된 게 결코 아니라 모든 문장의 작성자로서의 글쓴이 말하자면 인간 자체의 근본 자세 곧 품성稟性에 대한 논의, 한마디로 인간론 그것이라 해야 옳다고 생각된다. 그런데다가 그 내용에는 이 같은 글쓴이들에 대한 언급이 어느 한 시기에만 국한한 게 아니라 시대의 흐름에 따라 그들에 대한 논평을 담고 있으므로 이「재략」은 분야를 가를 것 없이, 작가의 구체적인 작품에 대한 평론을 중심으로 엮은 문학사의 한 유형으로서의 측면도 담겨 있다고 보인다.[26]

이상과 같이『문심조룡』전체 50권의 내용 구성과 그 특징에 대해 살피고 난 후, 이를 토대로 한편 한편의 서술 내용에 관류貫流하는 의미를 개별적으로 되새김하다보니, 그 제1편「원도」에서 앞서 이미 잠시 언급한 바 있듯이 거듭 핵심어 '인문'을 제시하며 그 심원과 역사에 관해 언급하고 있는 부분이 새삼 새록새록 다가왔다. 다음과 같은 대목이다.

> 인문人文의 근원은 태극으로부터 비롯한다. … (중략) … 천문天文을 관찰하여 변화를 추궁하고 인문人文을 통찰하여 교화를 완성한다. (제1「원도」)[27]

---

26 「재략」의 전체 내용 파악은, 그 서술 내용의 중점 및 세부 항목 구성을 분석하여 작성한 뒤의 [부록]〈표 17〉『문심조룡』47「재략」편 서술 내용의 중점 및 세부 항목 구성 분석표를 참조하라.

27 원문은 "人文之元 肇自太極 … (중략) … 觀天文以極變 察人文以成化". [梁]劉勰,『文心雕龍』;「元至正刊本≪文心雕龍≫」및「元至正刊本≪文心雕龍≫集校」, 林其錟·陳鳳金 撰,『增訂文心雕龍集校合編』, 上海:華東師範大學出版社, 2010, pp.352-353 및 pp.571-572. 이외에「元至正刊本≪文心雕龍≫」, 中國文心雕龍學會·全國高校古籍整理委員會 編輯,『≪文心雕龍≫資料叢書』上, 北京:學苑出版社, 2004; 제2판, 2005, pp.164-165 그리고「明楊升庵批點曹學佺評≪文心雕龍≫」,『≪文心雕龍≫資料叢書』下, 2005, p.862 및 p.864 참조.

이 부분에 대한 해석은 다음과 같이 역자들에 따라 구구하다. 이해에 장애를 가져오기 않기 위해 각기 版本들의 표현 그대로를 옮겨 두기로 한다.
①"인류문화의 연원은 우주의 생성에서 시작된다. … (중략) … 천체의 형상을 관찰해서 세상의 변화를 숙지하고, 인간 세계의 현상을 통찰하여 교화를 완성했다." 최신호 역주,『문심조룡』, 현암사, 1975, p.9 및 p.10.
②"인류문화의 연원은 태극에서부터 시작된다. … (중략) … 천문을 관찰하여 세상의 변화를 알고 인문을 통찰하여 교화를 완성시켰다." 이민수 역,『문심조룡』신장판 세계문학전집 별1, 을유문화사, 1984, p.15 및 p.16.

한마디로 인문의 근원을 파악하고 그것을 통찰하는 게 『문심조룡』 전체의 구극적究極的 지향점임을 잘 표방하고 있음을 이로써 간파할 수 있다고 느껴졌다. 따라서 『문심조룡』은 요컨대, 문학은 물론이려니와 그와 불가분의 관련이 있는 문자학, 언어학을 비롯해서 철학 및 역사학 등 인문학 전반의 종합적인 개설을 제시하고 있는 것이라 파악함이 온당하다고 여겨진다.[28]

③"인류의 문장은 그 시원을 태극(太極)에 둔다. … (중략) … 천문(天文)을 관찰하여 그 변화를 연구하고, 인사(人事)를 고찰하여 가르침을 완성한다." 최동호 역편, 『문심조룡』, 민음사, 1994, p.32 및 p.34.

④"인류문화의 기원은 태극에서 비롯된다. … (중략) … 하늘의 문제를 관찰하여 변화를 알고 인간세상의 일들을 관찰하여 교화를 완성했다." 김민나, 「≪문심조룡≫제1〈원도〉 역주」, 『중국어문학지』, 22, 2006, p.382 및 p.388.

⑤"인류의 문장은 그 기원을 태극(太極)에 둔다. … (중략) … 천문(天文)을 관찰하여 그 변화를 연구하고 인사(人事)를 고찰하여 교화(敎化)를 이룩하였다." 周振甫 今釋, 金寬雄 · 金晶銀 韓譯, 『文心雕龍：漢韓對照』 Ⅰ, 延吉：延邊人民出版社, 2007, p.7 및 p.11; 『문심조룡』, 사단법인 올재, 2016, p.27 및 p.29.

⑥"문장의 근원은 ≪역(易)≫의 태극으로부터 시작되었으니 … (중략) … 하늘의 무늬를 관찰해 사계절 변화에 대한 근원으로 삼고, 인간의 무늬를 살피어 교화를 이룩한 것이다." 성기옥 옮김, 『문심조룡』, 지식을만드는지식, 2012, p.6 및 p.8.

28 『문심조룡』의 이 '인문'이라는 용어를 달리 풀지 않고 있는 그대로 '인문'으로 두고 그 의미를 파악하려는 이러한 시도와 관련하여서는, 楊國斌, 「前言」, 『文心雕龍：漢韓對照』 Ⅰ, 延吉：延邊人民出版社, 2007; 김관웅 · 김정은 역, 「해제」, 『문심조룡』, 사단법인 올재, 2016, p.305에서 아래와 같이 서술하였음이 크게 참조된다.

"유협은 문학과 문학 활동은 인생에서 불가결의 구성 부분이라고 했다. 이것은 인문人文의 호소와 요구이다. …(중략)… 오늘의 언어로 표현한다면 이러한 문화 정신은 마땅히 인문의 정신이라고 해야 할 것이다."

이 뿐만이 아니다. p.310에서는 "유협의 인문 정신은 또 그가 문학 감상에서 감정이입을 중시하고 문학이 반드시 언지言志를 견지해야 함을 중요시한 것과 동시에 인간의 사태에 대해 주목한 데서 보인다"고 했으며 또한 p.312에서는 "유협의 문학사관과 그의 인문 정신은 서로 일치한다. 역사에 대해 민감성을 갖고 있는 비평가는 복잡다단한 인간사에 대해 동정하고 관심을 갖게 되는 법이다." 라고도 언급함으로써 유협의 『문심조룡』에 담긴 인문 정신 자체를 매우 적절하게 정리하여 설명하고 있음이 각별히 괄목해야 할 만하다고 생각된다.

그렇지만 이러한 풀이와는 전혀 달리 앞서 제시한 원문에서 보이듯이 최동호 역편, 『문심조룡』, 1994에서 이 동일한 '인문'을 앞에서는 '인류의 문장', 뒤에서는 '인사(人事)'로 해석하는 혼란스런 면면이 고스란히 남아 있기는 하지만, 그렇더라도 p.41의 주 5)에서는 다음과 같이 기술하고 있음이 일부 참고가 된다.

"유협은 이 장의 앞부분에서는 하늘과 땅 그리고 동물과 식물의 형상과 색채에 대해 말하고, 이어서 자연의 소리와 악기의 소리에 관해 설명하였다. 이제 인간의 문장에 대해 설명할 순서인데, 유협은 그것을 인문(人文)이라고 말한 것이다. 유협이 여기서 말한 〈인문〉이란, 그가 31장에서 말한 〈정

더더군다나 역사학과 관련하여서는 이렇듯이 인문학 전반의 종합적인 개설을 제시함에 있어 '근대' 및 '근세' 등의 개념을 사용할 뿐만이 아니라 '석昔'·'고古' 그리고 '금今' 등의 구분도 시도함으로써[29], 마치 현대 역사학에서 행해지는 시대 구분의 설정을 연상시키는 시대구분을 꾀하여[30] 시간의 흐름에 입각한 시대상의 분석을 추구하였다는 점은 지극히 높이 평가되어 마땅하다고 판단된다. 한마디로 『문심조룡』은 전고典故를 중시하면서 각 분야의 역사를 중심으로 인문 위주의 내용을 담고 있기에, 오늘날의 관점에서 조망하면 의당 인문저술논집 또는 인문창작이론서였다고 규정하는 게 옳겠다.

---

문(情文)〉과 동일한 의미의 말이다. 〈정문〉이란 인간의 오성―인(仁)·의(義)·예(禮)·지(智)·신(信)―에 의해 구성되는 문장을 가리키는 것이기에 결국 그것을 〈인문〉이라고 말할 수 있겠다."

한편, 김민나, 『문심조룡:동양 문예학의 집대성』, 살림, 2005, p.22에서, 같은 책 다른 부분에서와는 전혀 달리 '인문' 자체를 풀지 않고 다음과 같이 기술하고 있음 역시 일부 참고가 된다.

"우주와 사회문화 현상 속에서 우주만물의 현상(『문심조룡』에서는 이를 '도지문(道之文)'으로 표현하고 있다), 사회문화의 현상(『문심조룡』에서는 이를 '인문(人文)'으로 표현하고 있다), 문학예술의 세계(『문심조룡』에서는 이를 인간의 정서와 감정에 비중을 두어 '정문(情文)'으로 표현하고 있다), 이 세 영역이 기본적으로 공통되는 하나의 질서(『문심조룡』에서는 이를 '도(道)'라고 표현하고 있다) 속에 통합되어 서로 긴밀한 연계를 맺으며 질서를 유지해 간다고 파악하였다."

29 『문심조룡』의 각 편에서 구사된 용어 가운데 '近代' 및 '近世'의 용례를 일일이 찾아 도표로 정리하여 제시해보이면 다음의 〈참고표 1〉과 같다.

〈참고표 1〉 『문심조룡』 '근대' 및 '근세'의 용례 분석표

| 구분 | 연번 | 편명 | 用例 原文 | 同一 篇內 參照 句節 |
|---|---|---|---|---|
| '近世' | 1 | 제06 「명시明詩」 | 此近世之所競也 | 暇集優歌 遠見春秋 邪徑童謠 近在成世 |
| '近代' | 1 | 제41 「지하指瑕」 | 近代辭人 | 夫車馬小義 而歷代莫悟 辭賦近事 |
| | 2 | 제44 「총술總述」 | 夫文以足言 理兼詩書 別目兩名 自近代耳 | |
| | 3 | 제46 「물색物色」 | 自近代以來 文貴形似 | |
| | 4 | 제49 「정기程器」 | 而近代詞人 | 故魏文以爲古今文人 … 古之將相 … 昔分元規才華淸英 |
| | 5 | 제50 「서지序志」 | 詳觀近代之論文者多矣 | |

30 『문심조룡』의 용어에 나타난 시대 구분의 인식에 대한 분석을 시도하여 이를 도표로 작성하면 아래의 〈첨고표 2〉와 같다.

〈참고표 2〉 『문심조룡』의 용어에 나타난 시대 구분 인식 분석표

| 용어 | 시대 구분 | | |
|---|---|---|---|
| 『문심조룡』의 용어 | 昔 / 古 | 近世 / 近代 | 今 |
| 현대 역사학의 용어 | 上古 / 古代 | 近世 / 近代 | 現代 / 當代 |

## 4. 최치원 전·비 중심 역사 인식 및 서술의 시기별 및 사상적 경향

　앞서 살폈듯이 최치원이 『법장화상전』의 저술에서는 『문심조룡』 16 「사전」편의 원문을, 그리고 「무염화상비명」의 집필에서도 『문심조룡』 18 「논설」편의 원문을 활용하면서도 자신의 문장으로 전환시켜 창의성을 고양시키는 독창적인 방법을 구사하였으므로, 구체적인 이런 실제적인 사례들로 말미암아 최치원의 저술은 전傳·비碑 중심이라는 경향성을 강하게 띠게 된 것이 확실하다. 그러면 최치원의 저술에 나타난 전·비 중심의 역사 서술 및 인식은 과연 시기별로 그 추세는 어떠하였으며, 그런 가운데 또한 사상적 경향은 어떻게 드러나고 있었는가? 이제부터 여기에 집중해 살펴보고자 한다.

### 1) 최치원 전·비 중심 역사 인식 및 서술의 시기별 추세

　최치원의 저술에 나타난 전·비 중심 역사 인식 및 서술의 시기별 추세를 온전히 그리고 제대로 파악하기 위해서는 우선 그의 대표 저술을 중심으로 삼아 그 자신 생애 전체의 시기 구분을 시도해보는 것이 좋겠다고 판단하였다. 그래서 최치원의 생애에 있어 전기轉機가 되는 게 틀림없을 도당渡唐·환국還國·상서上書·사직辭職과 같은 그야말로 문자 그대로 획기적劃期的인 계기가 되는 사안들을, 그 전후한 시기의 대표 저술과 함께 정리해보았다. 그 결과 최치원의 생애를 시기 구분하고 그 시기마다의 저술을 분석해서 도표로 작성한 게 바로 아래의 〈표 2〉다.

〈표 2〉 최치원 생애의 시기 구분과 저술 분석표

| 구분 | 시점時點 | | 계기 | 기간 | 활동 지역 | 대표 저술 |
|------|---------|---|------|------|----------|----------|
| 수학기<br>修學期 | 문성왕 19년(857) | | 출생 | 12년 | 신라<br>금성 | × |
| | 경문왕 8년(868) | | 도당 | | | |
| | 경문왕 14년(874) | | 과거<br>급제 | 6년 | 당 | × |

| | | | | | |
|---|---|---|---|---|---|
| 성취기<br>成就期 | 헌강왕 11년(885) | 환국 | 9년 | 신라<br>태산군<br>부성군<br>천령군<br>및 금성 | 『계원필경』 20권 소재 표·장·주장·격<br>서 등 전체 |
| | | | | | 『사산비명』<br>「사불허북국거상표」 |
| | 진성녀왕 8년(894) | 상서 | 9년 | | 「시무책」 |
| | 효공왕 2년(898) | 사직 | 12년 | | |
| 은일기<br>隱逸期 | 이후 | 은거 | ? | 신라<br>가야산 | 「당대천복사고사주번경대덕법장화상전」<br>「신라가야산해인사결계장기」<br>「신라가야산해인사선안주원벽기」<br>「난랑비서」 |

이러한 최치원의 생애 속에서 그 자신의 생각이 적지 않게 바뀌고 있는 대
목이 있음을 간과해서는 안 된다고 본다. 가장 단적인 사례를 들건대, 수학기
를 거쳐 당에서의 과거 급제 이후 승승장구하던 소위 '성취기'라 명명할 수 있
을 당에 있을 때에는 『계원필경』 권19의 「여김소낭중별지與金邵郞中別紙」
에 보이는 바대로 소보巢父나 허유許由와 같이 은둔隱遁하면 안 된다고 한
바가 있다가[31], 후일에 귀국하여 작성한 『사산비명』 중 「지증대사비명」에서
는 위진남북조시대의 은둔했던 '일민逸民'에 대해 관심을 기울이고 있는 것
이 그렇다.[32]

그러더니 정작 관직을 떠나 해인사로 은거한 시점인 효공왕孝恭王 2년

---

31 곽승훈, 「최치원의 중국사 탐구와 그의 고민 : '대낭혜화상비명'을 중심으로」, 『실학사상연구』 24, 毋
岳實學會, 2002; 개제 「〈대낭혜화상비명〉의 찬술에 나타난 최치원의 고민」, 『중국사 탐구와 사산비
명 탐구』, 한국사학, 2005, pp.162-163 특히 각주 25) 참조.

32 곽승훈, 「최치원의 중국역사탐구와 그의 마지막 行步 : '지증대사비명'을 중심으로」, 『한국사상과
문화』 17, 한국사상문화학회, 2002; 개제 「〈지증대사비명〉 찬술에 나타난 최치원의 마지막 행보」
, 『중국사 탐구와 사산비명 탐구』, 2005, p.204에서 "그 결과 「지증비」에는 이전에 비해 두드러지게
달라진 요소가 적지 않게 나타났는데, 가령 위진남조시대 혼란기 인물들의 활동과 은둔해 사는 일
민에 대해 관심을 기울이고 있는 것이 그렇다"고 했음이 특히 참조가 된다. 한편 p.212에서는 "그렇
다고 해서 은둔을 바람직하게 여겼다는 것은 아니다. 위에서 설명한 바와 같이, 비문의 완성 이후 그
가 「시무십여조」를 진상하고 있기 때문이다. 따라서 당시에는 그가 은둔할 것을 완전히 굳히고 있
지는 않았을 것이다"라 한 바가 있다.

(898)<sup>33</sup> 이후 '은일隱逸' 자체에 대한 최치원 그 자신의 생각이 이전에 비해 사뭇 많이 바뀌고 있었음을 알기 어렵지 않다. 『법장화상전』의 맨 마지막 문장 자체에 그러한 그 자신의 생각을 각별히 담아냈던 게 아닌가 한다. 다음이다.

> 나는 황홀한 가운데 그 끝을 이어서 말하였다. '난세에 어떤 일을 이루겠는가. 다만 일곱 가지 감당할 수 없음에 첨가하는 것이다.' (「당대천복사고사주번경대덕법장화상전」)<sup>34</sup>

여기에서 최치원이 거론한 '일곱 가지 감당할 수 없음' 즉 '칠불감七不堪'은, 현실의 세속을 떠나 은거하며 유유자적悠悠自適하는 소위 은일의 대명사로 손꼽히는 죽림칠현竹林七賢의 하나인 혜강嵇康(223-263)이 같은 일원이었던 산도山濤(205-283)에게 쓴 「여산거원절교서與山巨源絶交書」<sup>35</sup>에서 '불감자칠不堪者七'이라 하여 혜강 자신 스스로가 감당할 수 없는 일로 꼽은 7가지 모두를 가리킨 것으로 헤아려진다.<sup>36</sup> 최치원 스스로 말하기를 "난세에 어떤 일을 이루겠는가. 다만 일곱 가지 감당할 수 없음에 첨가하는 것이다."라고 하여, 굳이 '첨가하는 것'이라는 표현을 구사하였음에 이러한 측면이 엿보인다. 이 한마디로 최치원이 온갖 세상만사에 대해 견뎌내기 어려운 자신의 마음을 고스란히 표출한 것으로, 혜강의 '칠불감' 그 자체를 이렇게 최종 부분의 맨 끝 문장에서 거론함으로써 그럴 만큼 최치원 스스로가 『법장화상전』 집

---

33 안정복, 『동사강목』 5하 효공왕 2년 11월 조.
34 원문은 이렇다. "僕於恍惚中 續其尾云 亂世成何事 唯添七不堪." 최치원, 「당대천복사고사주번경대덕법장화상전」, 『최문창후전집』, 1972, p.283. 이 부분의 국역은 최영성 번역, 「당나라 대천복사 고사 주로 경전을 번역한 대덕 법장화상의 전」, 『역주 최치원전집』 2 ─고운문집─, 아세아문화사, 1999, p.421을 참조하여 저자가 일부 수정한 것이다.
35 『文選』卷43; [梁]蕭統 編, [唐]李善 注, 『文選』, 北京: 中華書局, 1977; 北京第6次 印刷, 2005, pp.600-603 특히 p.602.
36 이 '七不堪'에 대하여 최영성은 "嵇康이 말한 '자신이 감당할 수 없는 일곱 가지 일[七不堪] 가운데 일곱 번째의 일 즉 세상일의 번거롭고 수고로움을 가리킨다."고 하여, '칠불감'의 마지막 7번째인 "心不耐煩 而官事鞅掌 機務纏其心 世故繁其慮" 부분만을 가리킨 것으로 풀이한 바가 있다. 하지만 앞뒤 문맥상 '칠불감' 전체 자체를 가리키는 것으로 보는 게 더 타당하지 않나 생각한다.

필 당시에 느끼고 있었던 '은일'의 절실함을 진솔하게 내비친 것이라 헤아려 진다.

'은일隱逸'의 '일逸'은 원래의 의미를 살피면 '은일' 외에도 '도둔逃遁' 등의 의미를 지니는 것으로, 이 '일'이 확대된 것은 위진남북조 시대였다. 바로 이 때가 사상이 크게 해방된 시기였다고 하는데, 당시에 이러한 '일'의 의식이 더 욱 주로 만연한 분야가 철학 · 문학 · 음악학이었다.[37] 그럼으로써 그 당시의 문화 속에서 '은일'은 사회 풍조를 반영하여[38] 최고의 도덕적 권위를 지닌 개 인의 품행品行으로 독특한 이상理想의 실현을 의미하는 것이었다.[39]

역사적으로 이 '은일'의 문제가 문화적으로 두드러지게 나타나기 시작하는 것은 진秦 · 한漢시대부터였다.[40] 특히 『후한서後漢書』 권83 일민열전逸民列傳 제73 「고봉전高鳳傳」의 사론史論 내용 중에 "예전에도 은일은 그 기풍을 숭상 하였다(古者隱逸 其風尙矣)[41]"라 한 것으로 비추어, '은일'한 사람들을 '일민'이라 지칭하고 그 행위 자체는 '은일'이라 표현했음을 명확히 알 수가 있다.

더욱이 이후에 편찬된 『송서宋書』 · 『남사南史』와 『구당서舊唐書』 등에서 도 서술 체재에 있어서 '일민전逸民傳'이 아닌 '은일전隱逸傳'을 채택하였으 므로, 당시부터 비롯해서 그 이후에는 더욱 '은일'이라는 용어가 일반적으로 더 널리 쓰였던 것으로 보인다. 따라서 '은일'은 철학적으로 개인의 품행 즉 인격을 논할 때뿐만이 아니라[42], 사상적으로 당시 사회의 문화 전반에 대해 인문정신의 고양이라는 측면에서 분석할 때에도 주목된다.[43] 게다가 문학적

---

37 杜覺民,「引言」,『隱逸與超越:論逸品意識與莊子美學』, 北京:文化藝術出版社, 2010, p.3.

38 馮祖貽,「以隱逸, 淸高相標榜的社會風氣」, 『魏晉玄學及一代儒士的價値取向』, 北京:中央民族大學出 版社, 2013, p.51.

39 [澳]文靑雲(Aat Vervoorn) 著,「引論」, 徐克謙 譯, 『岩穴之士:中國早期隱逸傳統』, 濟南:山東畫報出版社 , 2009, p.3.

40 蔣波,「秦漢隱逸現象槪述」, 『秦漢隱逸問題硏究』, 湘潭:湘潭大學出版社, 2014, pp.34-89.

41 [宋]范曄 撰, [唐]李賢 等注, 『後漢書』; 北京:中華書局, 1994, p.717下右.

42 周淑蘭,『狂與狷:放達與隱逸的中國名士』, 北京:當代中國出版社, 2007. 及 陳洪,『高山流水-隱逸人 格』, 北京:東方出版社, 2009 참조.

43 徐淸泉,『中國傳統人文精神論要:從隱逸文化, 文藝實踐及封建政治的互動分析入手』, 上海:上海社

으로는 더더군다나 수隋 · 당唐시대에 이르러 소위 '은일시隱逸詩'가 전면적으로 번성하게 된 이후[44], 오대五代와 송宋에서도 여전히 그런 양상이 지속되었다.[45]

이러한 중국 역사상 시대적 추세 속에서 은일의 가장 상징적인 존재로는 의당 죽림칠현이 손꼽히는 것은 두말할 나위가 없다. 이들의 활동 시기는 서로 연령의 고하에 따른 격차가 있어 그들의 생몰生沒 연도를 확인함으로써 3세기 초부터 4세기 초까지로 가늠이 되는데[46], 그렇다고 해서 이들 7인이 모두 본연의 의미로 '은일'하였던 것은 아니었다. 완적阮籍(210-283) · 유령劉伶(221-292) · 혜강(223-263)은 명실 공히 은일의 대표적인 존재이지만, 산도(205-283)와 왕융王戎(234-305)은 관리가 되어 사환仕宦의 길을 걸었기 때문이다. 그랬으므로 7인 중 하나인 향수向秀(227-272)는 이들의 각기 다른 이러한 당시의 행보에 대해 비유하여, "작은 은일은 들에 숨는 것이고, 중간 은일은 저자거리에 숨는 것이며, 큰 은일은 조정에 숨는 것이다(小隱隱于野 中隱隱于市 大隱隱于朝)"라 묘사한 것으로 전해진다.[47] 이런 상황이었기에 262년 이부랑吏部郎이었던 산도가 혜강 자신을 관직에 추천하자, 혜강이 앞서 언급한 문제의 「여산거원절교서」를 작성해보내면서 그 속 내용에서 급기야 '칠불감'을 거론하였던 것이었다.[48]

최치원이 『법장화상전』의 후기後記 그것도 최후의 문장에서 이와 같은 혜강의 '칠불감'을 인용하면서 "난세에 어떤 일을 이루겠는가. 다만 일곱 가지

會科學院出版社, 2003 참조.

44 霍建波, 「隋唐隱逸詩的全面繁榮」, 『宋前隱逸詩研究』, 北京: 人民出版社, 2006 참조.

45 王小蘭, 『晚唐五代江浙隱逸詩人研究』, 北京: 人民文學出版社, 2009. 및 王小蘭, 『宋代隱逸文人群體研究』, 北京: 中國社會科學出版社, 2013 참조.

46 李岫泉, 「竹林七賢山陽會時間推斷」, 『魏晉名士嵇康』, 北京: 中國書籍出版社, 2014, pp.42-43.

47 張 波, 『嵇康』, 昆明: 雲南教育出版社, 2009, p.113. 및 陳建魁, 「竹林七賢的仕與隱」, 張海晏 · 米紀文 主編, 『竹林七賢與魏晉精神-雲台山第四屆竹林賢文化國際學術研討會論文集』, 北京: 中國社會科學出版社, 2013, pp.75-80.

48 康中乾, 「竹林玄學」, 『魏晉玄學』, 北京: 人民出版社, 2008, p.129. 및 曾春海, 「自序」, 『嵇康的精神世界』, 鄭州: 中州古籍出版社, 2009, p.3.

감당할 수 없음에 첨가하는 것이다."라고 토로한 것 자체가 결국 그 자신도 혜강과 같은 그러한 심정에서 사직辭職을 결행決行하고 은일하게 되었음을 곧이곧대로 드러낸 것이었다고 판단된다. 그런데 이러한 최치원의 솔직한 심정 토로가 『법장화상전』의 후기에서만 그친 게 아니라 은거한 이후에 작성한 또 한 편의 글 「신라가야산해인사선안주원벽기新羅伽倻山海印寺善安住院壁記」에서도 역시 그랬음이 확인된다. 다음의 대목에서 그렇다.

> (『예기』) 「유행」편에 이르기를 "위로 천자에게 신하 노릇을 하지 않고 아래로 제 후를 섬기지 않으며, 삼가고 고요히 하여 너그러움을 숭사하여 널리 배워서 행함 을 안다. 비록 나라를 나누어 준다고 해도 하잘 것 없는 것으로 여겨 신하노릇도 하 지 않고 벼슬도 하지 않으니, 그 일삼는 규범이 이와 같은 것이 있다."하였으니, 곧 『주역』에 이른 "왕후를 섬기지 아니하고 그 자신의 일을 높이 숭상하는 것이다."하 고 또 "숨어사는 사람은 바르고 길할 것이다. 밟아가는 그 길이여!"하였다. 숨어사 는 사람은 어찌하여 승려[梵子]만 가리키겠는가. 이것은 유학의 말을 원용하여 불 교에 비유한 것으로, 옛날의 것 보기를 지금의 것과 같이 하니, 뛰어나다 하겠다. (「신라가야산해인사선안주원벽기」)[49]

이 중에서 어느 무엇보다도 중요하다고 주목되는 대목은, 『예기』 「유행」 편에서 "비록 나라를 나누어 준다고 해도 하잘 것 없는 것으로 여겨 신하노릇 도 하지 않고 벼슬도 하지 않으니, 그 일삼는 규범이 이와 같은 것이 있다"고 한 부분과, 『주역』에서 "숨어사는 사람은 바르고 길할 것이다. 밟아가는 그 길이여!"라고 한 부분을 인용하였음이라 생각한다.[50] 이럴 정도로 사직하고

---

49 원문은 다음과 같다. "儒行篇曰 上下臣天子 下不事諸侯 愼靜尙寬 博學知服 雖分國如錙銖 不臣不 仕 其規爲有如此者 則大易之不事王侯 高尙其事 幽人貞吉 其履道乎 幽人何謂 梵子或亦近是 援儒譬 釋 視古猶今 偉矣哉." 최치원, 「선안주원벽기」, 『최문창후전집』, 1972, pp.77-78. 그리고 이 부분에 대 한 전반적인 국역은 이상현 옮김, 『고운집』, 한국고전번역원, 2009, pp.289-290을 참조하고, 경전에 서 인용된 구절의 세부적인 국역은 지재희 해역, 『예기禮記』 하, 자유문고, 2000, p.295 그리고 양학 형·이준녕 해역, 『주역周易』, 자유문고, 1999; 증보판, 2004, p.109 및 p.159를 참고하여 나름대로 손질한 것이다.

50 최치원이 이 글의 처음에서 『예기』 「유행」편을 인용했다는 사실을 적었기에 사실 여부를 원전에서

은거하기 시작한 이 시기에 이르러서는 전혀 거리낌이 없이 최치원은 그 자신의 은일 자체를 이론적으로 정당화하고 전면적으로 표방하면서 완연히 드러내고 있었던 것이다. 그러므로 최치원 생애에 있어서의 이러한 시기를 '은일기隱逸期'로 구분하여 설정함도 타당성이 충분하다고 보인다.

요컨대 최치원의 생애를 수학기ㆍ성취기ㆍ은일기 3시기로 구분해 보았을 때, 재당在唐 시절에는 은둔 자체에 대해 매우 비판적인 자세를 취하였는데, 동일한 성취기일지라도 귀국 후 국내에서의 정치 활동에 있어서 자신의 뜻이 잘 관철되지 못하는 상황에 직면하게 되면서부터는 은일에 대한 관심을 표명하는 변화가 감지된다. 그러다가 이윽고 사직을 결행한 이후에는 자연스레 은일 자체를 이론적으로 정당화하고 전면적으로 표방하면서 완연히 드러내고 있었다고 판단되는 것이다.

## 2) 최치원 전ㆍ비 중심 역사 인식 및 서술의 사상적 경향

최치원이 성취기 및 은일기에 전ㆍ비 중심의 역사 인식을 지니고 서술을 함에 있어서 기저基底가 되었던 사상적 경향은 유학ㆍ불교ㆍ도가로 구분하여 파악할 수가 있다. 그리고 구체적으로 분석해 들어가면 그 세부의 사상적 요체要諦는 각각 유학의 범주에서는 은일ㆍ충효 사상, 불교의 범주에서는 반

---

확인해보았더니,「유행」편의 원문 "(儒有)上不臣天子 下不事諸侯 愼靜尙寬 (强毅以與人) 博學知服 (近文章 砥厲廉隅) 雖分國如錙銖 不臣不仕 其規爲有如此者"에서 그대로 고스란히 제시한 게 아니라 ( ) 부분인 '유자가 있어(儒有)', '굳세고 의연하게 사람과 함께 하며(强毅以與人)' 그리고 '문장을 가까이 하여 사물의 모든 것을 갈고 닦아서(近文章 砥厲廉隅)' 부분은 생략하고 인용한 것임을 알 수가 있었다. 또한 이어서 그가 제시하기를 "大易之不事王侯 高尙其事 幽人貞吉 其履道乎"이라 하였으므로, 이에 따라 실제로『주역周易』에서 欒貴明ㆍ田奕 主編,『十三經索引』第1冊, 北京:中國社會科學出版社, 2003을 활용하여 이 구절을 찾아 일일이 대조해보니 上經 중의 18「山風蠱」항의 "上九 不事王侯 高尙其事" 부분과 같은 상경 중의 10「天澤履」항의 "九二 履道坦坦 幽人貞吉" 부분을 합성한 것이기는 하더라도 그대로 인용한 게 아니라 최치원이 뒷부분의 원문 '밟아가는 길이 매우 평탄할지라(履道坦坦)'을 '밟아가는 그 길이여!(其履道乎)'로 그 자신이 창의성을 발휘하여 손질한 것임을 확인할 수 있었다. 이와 같은 확인 과정을 통해 최치원이『예기』와『주역』을 인용하여 활용해서 문장을 작성하면서 원전 그대로를 고스란히 따르다가 쓰는 게 아니라 그것들을 창의성을 십분 발휘하여 나름대로 손질하여 활용하고 있음이 또한 검증되었다고 하겠다.

야 · 선행 사상, 도가의 범주에서는 신선 · 무위 사상이라 여겨진다. 이러한 사항들을 그리 판단할 수 있게 근거가 되는 대표 구절들까지 포함하여 도표로 정리하여 제시하면, 아래의 〈표 3〉이다.

〈표 3〉 최치원 성취기 및 은일기의 사상 기저

| 구분 | 요체 | 저술 | 대표 구절句節 |
|---|---|---|---|
| 유학 | 은일 사상<br>隱逸 思想 | 「신라가야산해인사<br>선안주원벽기」 | "숨어사는 사람은 어찌하여 승려[梵子]만 가리키겠는가. 이것은 유학의 말을 원용하여 불교에 비유한 것으로, 옛날의 것 보기를 지금의 것과 같이 하니, 뛰어나다 하겠다(幽人何謂 梵子或亦近是 援儒譬釋 視古猶今)" |
| | 충효 사상<br>忠孝 思想 | 「난랑비서」 | "들어와서는 집안에서 효를 행하고 나가서는 나라에 충성함은 노魯나라 사구司寇의 가르침이다(如入則孝於家 出則忠於國 魯司寇之旨也)" |
| 불교 | 반야 사상<br>般若 思想 | 『법장화상전』 제6과 | "다시 생각해보건대 미묘한 제도가 여섯이 넘지만 참다운 귀의는 셋에 있는데, 반야는 발타에 의해 (중생의) 어머니가 되어 이끌어 줌이 끝이 없다(復念妙度餘六 眞歸在三 般若母於勃陀 引無極也)"[51] |
| | 선행 사상<br>善行 思想 | 「난랑비서」 | "모든 악을 짓지 말고 모든 선을 받들어 행하라는 것은 축건태자의 교화이다(諸惡莫作 諸善奉行 竺乾太子之化也)" |
| 도가 | 신선 사상<br>神仙 思想 | 「난랑비서」 | "나라에 현묘玄妙한 도道가 있는데, 풍류風流라고 한다. 가르침의 근원에 대해서는 선사仙史에 자세하게 갖추어져 있는데(國有玄妙之道 曰風流 設教之源 備詳仙史) …" |
| | 무위 사상<br>無爲 思想 | | …함이 없는 일을 하고, 말없는 가르침을 행하는 것은 주나라 주사의 뜻이다(… 處無爲之事 行不言之教 周柱史之宗也)" |

　첫째 유학의 범주를 검증할 때, 최치원이 「선안주원벽기」에서 '숨어사는 사람' 즉 유인幽人이 승려(범자梵子)만 가리키는 게 아님을 명확히 설명하면서 심지어 그것이 "유학의 말을 원용하여 불교에 비유한 것"이라고까지 덧붙였음이 주목된다. 그렇기에 그 자신의 이러한 세밀한 설명에 따라 그가 유학의 은일 사상을 깊숙이 지니고 있었음이 가늠된다 하겠다. 그러면서도 한편

---

51 한글 번역은 최영성, 「당나라 대천복사 고사주로 경전을 번역한 대덕 법장화상의 전」, 『최치원전집』 2, 1998, p.388 참조.

으로 또한 「난랑비서」의 한 부분에서는 그야말로 "들어와서는 집안에서 효를 행하고 나가서는 나라에 충성함"을 적시摘示하였음으로 해서 곧 유학의 충효 사상에도 기반을 두고 있었음이 의심의 여지가 있을 수가 없다.

둘째 불교의 범주를 찰고察考할 때, 그가 『법장화상전』 제6과에서 "반야는 발타에 의해 중생의 어머니가 되어 이끌어 줌이 끝이 없다"고 기술하였음을 잊어서는 안 된다. 반야가 종내에는 중생의 어머니가 되어 '이끌어 줌이 끝이 없다'고 토로함으로써, 그가 뚜렷하게 불교의 반야 사상을 수용하여 이에 입각하고 있었음을 여실히 드러냈다고 해서 결코 지나치지 않겠다. 게다가 「난랑비서」의 한 구절에서는 "모든 악을 짓지 말고 모든 선을 받들어 행하라는 것"을 지적해서 기술하고 있음은 바로 불교의 선행 사상을 믿어 따르고 있음을 그대로 드러낸 것임이 분명하다.

셋째 도가의 범주를 실사實査할 때, 「난랑비서」에서 그가 "가르침의 근원에 대해서는 선사仙史에 자세하게 갖추어져 있다"고 천명한 것은 신선神仙 사상을 드러낸 것임에 틀림이 없을 것이다. 더욱이 그런 한편으로는 이어서 "함이 없는 일을 하고, 말없는 가르침을 행하는 것"을 강조하고 있는 자체는 분명 무위無爲 사상 그 자체를 표출하고 있음에 다름이 아니었다고 하겠다. 따라서 결국 최치원이 이러한 구절들을 과히 길지 않고 매우 짧은 「난랑비서」 안에 담아 서술하고 있음은 급기야 그 자신이 도가의 신선 및 무위 사상에 천착하기도 하였음을 있는 그대로 한 점의 가감加減도 없이 드러낸 것이라 믿어진다.

## 5. 최치원 전 · 비 중심 역사 인식 및 서술의 구체적인 내용

최치원이 지닌 전 · 비 중심의 구체적인 역사 인식은 그 효용성이 다른 어느 무엇보다도 사실의 입증에 있다는 점을 강조하는 데에 있었다. 그는 역사 서술이 나아가 역사학 자체가 이러한 구실에 충실하지 않으면 그것은 '실로 낯이 붉어질 일'이고 결국에는 '사람들의 웃음거리'로 전락하게 될 것이라고 여기고 있었을 정도였다. 그의 이러한 역사 인식에 입각한 역사 서술의 진면 목은 『법장화상전』의 아래 대목에서 여실하다.

"옛적 어진 이들은 그 말만 취하고 그 몸을 버리는 것은 도적의 마음이 된다고 하였는데, 지금 배우는 이들은 그의 교훈을 받고도 그의 행적을 매몰시키니 실로 낯이 붉어질 일이다. 더구나 조금 울린다는 무리들은 쓸데없는 말을 크게 늘어놓아 전철前哲들을 더럽히고 후생後生들을 현혹시켜서 비록 염조은閻朝隱이 쓴 비碑가 있고 석광엄釋光嚴이 쓴 전傳이 있어도 열람하는 데에는 게으르고 교무矯誣하는 데에만 용감하여 심지어는 사학史學을 마종魔宗이라 비평하고 승보僧譜를 배척하여 폐물로 삼음으로 담談·소疏의 주된 연기緣起가 사람들의 웃음거리로 화하기까지 하였다."[52]

그가 지적한 '실로 낯이 붉어질 일'이라는 게 바로 '지금 배우는 이들은 그의 교훈을 받고도 그의 행적을 매몰시키는' 데에서 말미암는 것이고, 또한 '전철前哲들을 더럽히고 후생後生들을 현혹시키는' 게 '쓸데없는 말을 크게 늘어놓는' 데에서 비롯하는 것이며, 그리고 '사람들의 웃음거리로 화하기까지' 한 게 다름 아닌 '사학史學을 마종魔宗이라 비평하고 승보僧譜를 배척하여 폐물로 삼음으로' 인해서라는 것이다. 이렇듯이 조목조목 더 이상 날카로울 수 없지 않을까 싶을 정도도 예리하게 그가 비판한 것은, 사실을 제대로 입증하지 않는 풍조에서 야기된 것임을 강조하기 위함이었고, 따라서 그가 가장 역사 인식에서 중시한 것 자체가 곧 정확한 사실의 입증 그 자체에 있었던 것이 확연하다고 하겠다.

최치원의 이러한 사실 입증 중시의 역사 인식은 중국 역사에 대한 엄정한

---

52 원문은 다음이다. "古賢以取其言而棄其身 必爲盜也 今學則棄其訓而昧其迹 顔實覬焉 況有小鳴之徒 或陳大嚼之說 玷汚前哲 眩惑後生 雖復閻朝隱有碑 釋光嚴有傳 惰於披閱 勇在矯誣矣 至有譏史學爲 魔宗 黜僧譜爲廢物 及談疏主緣起 或作化人笑端". 최치원, 「당대천복사고사주번경대덕법장화상전」, 『최문창후전집』, 1972, pp.278-279.

검토 및 세밀한 분석을 토대로 갖춘 것이었음이 자명한데, 이런 면모를 명료하게 확인할 수 있는 것은 다름 아니라 방금 인용한 "비록 염조은이 쓴 비[53]가 있고 석광엄이 쓴 전이 있어도 열람하는 데에는 게으르고 교무矯誣하는 데에만 용감하다"고 혹평하고 있음에서도 명료하게 드러난다고 생각된다. 이처럼 최치원의 역사 인식에 있어서 어느 무엇보다도 사실의 입증이 중시되고 있었다고 해서 결코 지나치지 않은데, 사실 입증 중시의 이런 면모는 다음의 글에서 더욱 또렷해진다.

"정공定公 · 애공哀公 때의 기사記事를 쓰는데도 은공隱公 원년元年으로 연조年條를 기재하듯이 <u>신信으로써 신信을 전하고 의疑로써 의疑를 전하는 것이 예부터의 상규常規요 지금 망령되이 하는 일 아니다.</u> 더구나, 이는 모두 구설舊說을 의지한 것이요 어찌 새로 들은 것을 자랑한 것이겠습니까!"[54]

여기에서 각별히 주목할 구절은 최치원이 "신으로써 신을 전하고 의로써 의를 전하는 것이 예부터의 상규"라고 지적한 대목이라 하겠다. 이는 그 자신의 역사의식을 진솔하게 드러낸 것임은 물론이고, 그 바로 앞에서 "정공 · 애공 때의 기사를 쓰는데도 은공 원년으로 연조를 기재하듯이"라고 구체적인 사례를 적시하며 말한 데에서 그대로 노출되는 바와 같이 그 자신의 역사 서술의 핵심적이면서 기본적인 태도를 표방한 바라고 여겨지기 때문이다.[55] 이

---

53  이 碑는 秘書少監 閻朝隱의 「大唐大薦福寺故大德康藏法師之碑」로, 원문은 方立天 校釋, 『華嚴金師子章校釋』, 北京:中華書局, 1983; 제7차인쇄, 2010, pp.172-173 및 方立天, 『法藏與≪金師子章≫』方立天文集 第3卷, 北京:中國人民大學出版社, 2012, pp.372-373에 轉載되어 있는데, 附記에는 原文이 『續藏經』第二編 乙 第七 第3冊 「法藏和尚傳」에 附錄되어 있음도 밝히고 있다.

54  원문은 다음이다. "然立定哀之時書隱元之事 信以傳信疑以傳疑 自古常規非今妄作 況此皆憑舊說 豈衒新聞". 최치원, 「당대천복사고사주번경대덕법장화상진」, 『최문창후전집』, 1972, p.278.

55  이와 관련하여 조인성, 「최치원의 역사서술」, 『역사학보』 94 · 95합집, 1982에서는 일관되게 '述而不作'이라고 적고 있으나, 이는 어디까지나 孔子의 용어일 뿐 崔致遠 자신의 표현 그 자체는 '신信으로써 신信을 전傳하고 의疑로써 의疑를 전하는 것' 곧 '信以傳信 疑以傳疑'일 뿐이라고 생각한다. 따라서 崔致遠의 역사서술에 있어서 그가 표방한 기본적인 태도를 담은 談論 자체를 거론할 때는 '述而不作'이 아니라 의당 '信以傳信 疑以傳疑'이라고 해야 옳다고 하겠다.

역시 두말할 나위 없이 그가 사실 입증 중시의 역사 인식을 바탕으로 철저한 역사 서술을 위해 그야말로 "신으로써 신을 전하고 의로써 의를 전하는 것"을 '상규'로 삼았음에서 비롯된 것이었던 게 분명하다.

그러하였기에 『법장화상전』을 저술하면서도 어느 무엇보다도 '직심'을 특히 강조하는 태도를 강력하게 표방하고 있었던 것이라 하겠다. 최치원의 이러한 면모는 다음의 글들에서 그대로 드러난다.

> I )"내가 (화엄의) 원종圓宗을 받들고 영수盈數를 채워서 법장法藏스님이 저술한 『화엄삼매경華嚴三昧觀』「직심直心」중의 십의十義를 본 떠 다음의 말을 배열하려 한다."[56]
> II)"서경書經에 '굽은 것을 버리고 삿됨 없기를 생각해야 한다'고 하였고, 불경佛經에 '정토淨土가 바로 도량이다'라고 하였으니 바로 직심直心을 이른 것이다. 사事는 실實을 나타내고 말은 번거로움을 없애지 않고 인연因緣을 죄다 들어 본래 행적行跡을 밝히니, 그것이 전傳이다."[57]

이를 통해 그가 『법장화상전』의 체재를 정함에 있어서도 "법장스님이 저술한 『화엄삼매경』「직심」중의 십의를 본 떠(Ⅰ)" 설정하였을 뿐만이 아니라, 더욱이 "바로 직심을 이른" "사事는 실實을 나타내므로" "본래 행적을 밝히니, 그것이 전(Ⅱ)"이라는 소신을 명명백백하게 피력하고 있음을 분명히 알 수가 있다. 최치원은 사실 입증 중시를 신념으로 "신으로써 신을 전하고 의로써 의를 전하는 것"을 목적으로 "사는 실을 나타내고" '직심'에 의지하여 "본래 행적을 밝히" 기술하려 시도함으로써, 실제의 역사적 사실을 직서直敍하는 방식의 소위 춘추필법春秋筆法의 서술 태도를 군건히 견지하고 있었던

---

56 원문은 다음이다. "仰彼圓宗 列其盈數 仍就 藏所著華嚴三昧觀 直心中十義而配譬焉". 최치원, 「당대천복사고사주번경대덕법장화상전」, 『최문창후전집』, 1972, p.243.
57 원문은 다음이다. "書云措諸枉 思無邪 經曰爲淨土 是道場 乃直心之謂也 事將顯實 語不芟繁 悉擧因緣 聊彰本跡 其傳". 최치원, 「당대천복사고사주번경대덕법장화상전」, 『최문창후전집』, 1972, p.243.

것이라 하겠다.[58]

이러한 직심에 부합하는 역사 서술 곧 춘추필법에 의한 사실 입증 중시의 서술 태도를 견지하면서도 최치원은 역사 서술의 체재에 있어서는 개별성을 추구하고 있었다. 달리 말하자면 그는 각각의 저술에서 그 저술에 적합한 체재를 채택하여 설정함으로써 저술의 효과를 극대화하려 하였던 것이다. 최치원 스스로 틀림없이 지키려고 하였던 이와 같은 역사 서술의 체재와 관련된 하나의 이치로서 개별성 추구의 면모를 극명하게 잘 제시해놓은 글 자체가 전해지는데, 그것이 바로 다음이다.

"예부터 전傳의 체재體裁가 같지 아니하여 먼저 그 결과를 통괄하고 뒤에 그 소인所因을 펴기도 하며, 또는 앞에 성명姓名을 표시하고 뒤에 공열功烈을 기록하기도 한다. 그러므로 태사공太史公이 매양 대현大賢인 백이伯夷·숙제叔齊·맹가孟軻 등을 위해 입전立傳하면서 반드시 첫머리에 들은 바를 기록하고, 그런 뒤에야 비로소 그들의 행한 일을 저술하였다. 이것은 다름 아니라 덕행은 이미 높았지만 보록譜錄이 마땅히 달랐기 때문이었다."[59]

태사공 사마천司馬遷의 구체적인 사례를 제시하면서 예로부터 역사상 인물의 전기가 체재가 같지 않았음을 거론하고, 그것이 "보록이 마땅히 달랐기 때문"이라 설명하고 있음에 주목하고자 한다. 인물에 따라 보록이 다르므로 그 서술 체재가 달라야 한다는 이러한 역사 서술의 체재와 관련된 개별성 추

---

58 춘추필법과 관련한 상세한 언급은 이 책의 제2부 제1장 「고구려의 손성 ≪진춘추≫ 수용과 춘추필법의 역사학 정립」을 참조하시라.

59 원문은 다음이다. "古來爲傳之體 不同 或先統其致 後鋪所因 或首標姓名 尾縮功烈 故太史公 每爲大賢如夷齊孟軻輩 立傳 必前冠以所聞 然後 始著其行事 此無他 德行旣峻 譜錄宜異故爾". 최치원, 「당대천복사고사주번경대덕법장화상전」, 『최문창후전집』, 1972, pp.242-243. 한글 번역은 이재운, 「≪법장화상전≫을 통해 본 최치원의 역사인식」, 『논문집』 24-1, 전주대학교, 1999, p.45; 개제 「고운의 역사인식」, 『최치원연구』, 백산자료원, 1999. 및 김복순, 「최치원의 〈법장화상전〉 검토」, 『한국사연구』 57, 1987, p.11; 『신라화엄종연구 : 최치원의 불교관계저술과 관련하여』, 민족사, 1990. 그리고 최영성, 「당나라 대천복사 고사주로 경전을 번역한 대덕 법장화상의 전」, 『최치원전집』 2, 1998, p.413 등의 것을 참조하여 저자가 정리한 것이다.

구의 면모는 최치원이 견지하고자 했던 하나의 이치였음이 이로써 자명해진다고 하겠다. 이러한 관점에서 조망하게 되면,『사산비명』의 각 비문의 체재가 어느 하나도 전혀 동일한 게 없는 저간의 배경을 비로소 이해할 수가 있게된다. 따라서 최치원이 추구한 역사 서술 체재의 개별성 추구 사실을 확실히입증해주는 가장 단적인 사례로서『사산비명』의 각 비문 마다 제각각의 개별적인 서술 체재를 시현示顯하였다는 사실을 들어 마땅하겠다.

이렇듯이 서술 체재에 있어서는 개별성을 추구하면서도 최치원이 역사를서술하면서 채택한 방법의 핵심은 바로 비교比較의 방법이었다. 개인의 전기에 있어서조차도 그 개인의 일생에 전개된 개별적인 사실들을 비교하며 검토함으로써 그것들이 지니는 특징을 확연히 드러내기 위해서 그랬을 것이다.『법장화상전』의 내용 중 아래의 대목에서 이러한 면모가 잘 드러난다고보인다.

"인사麟史(춘추春秋)에 '죽어서 아름다운 이름을 남기는 사람은 삼립三立이라한다'고 하였는데, (법장)법사가 유학遊學한 것과 삭염削染한 것과 멸도滅度를 보인 것은 삼입덕三立德이요, 강연講演한 것과 전역傳譯한 것과 저술著述한 것은 삼입언三立言이며, 수신修身한 것과 세속世俗을 구제救濟한 것과 교훈敎訓을 드리운 것은 삼입공三立功이다."[60]

여기에서 최치원이 기술한 바를 간추려 보면, 법장화상의 유학 · 삭염 · 시멸示滅을 3가지 덕행으로, 강연 · 전역 · 저술을 3가지 언행으로, 수신 · 제속濟俗 · 수훈垂訓을 3가지 공적으로 각각 내세운 것인데, 서로 유사한 사항을묶어 하나의 항목으로 설정한 것이다. 결국 이러한 비교 방법은 유사한 점들을 묶어서 하는 이른바 유비類比에 해당하는 경우라고 해서 좋을 듯하다.

---

60 원문은 다음이다. "麟史 稱歿有令名者 三立焉 則法師之遊學削染示滅三立德也 講演傳譯著述三立言也 修身濟俗垂訓三立功也". 최치원, 「당대천복사고사주번경대덕법장화상전」,『최문창후전집』, 1972, p.277.

다른 한편으로 최치원은 이와는 판이하게 서로 거의 상반되다시피 하는 것들을 비교하는 방법을 설정하기도 하였다. 유학의 경전인 서경과 불경의 구절을 각각 제시하며 그 내용의 비교를 대조적으로 꾀하는 방법이 그 중의 하나로, 다음에서 가늠된다.

> "서경書經에 '굽은 것을 버리고 삿됨 없기를 생각해야 한다'고 하였고, 불경佛經에 '정토淨土가 바로 도량이다'라고 하였으니 바로 직심直心을 이른 것이다. 사事는 실實을 나타내므로 말은 번거로움을 없애지 않고 인연因緣을 죄다 들어 본래 행적行跡을 밝히니 그것이 전傳이다."[61]

최치원이 여기에서 유학의 서경 내용과 불교의 불경 내용을 대조적으로 제시하며 비교한 결과로 도출하고자 한 바는, 그 내용에 있어서는 상통하니 그것이 바로 직심 자체를 이르는 것이라는 점을 강조하기 위함이었음이 분명하다. 이러한 결론을 도출해내고 있는 비교 방법이 누구나 대조적이라 여기기 십상이었을 서경과 불경의 구체적인 내용을 제시하고는 결과적으로는 자신이 하고 싶었던 얘기는 유학과 불교의 직심이 같은 것이라는 점이었던 것이다. 그러므로 이러한 서술은 비교 가운데서도 명실名實 공공共共히 대비對比의 방법을 취한 것임이 맞다.

요컨대 최치원은 이와 같이 비교 방법을 구사하며 역사를 서술해가면서도 한편으로는 유사한 것끼리 비교하는 유비의 방법을 취하기도 하고, 다른 한편으로는 대조적인 것끼리 비교하는 대비의 방법을 취하기도 하였던 것이라 하겠다. 이러한 비교 방법의 채택 및 실제 구사는 최치원의 역사 인식 및 서술에 있어서 주목해보아야 할 대목으로, 그 자체가 최치원 역사학의 수준을 여실히 입증해주는 바라고 생각한다.

---

61 원문은 다음이다. "書云措諸枉 思無邪 經曰爲淨土 是道場 乃直心之謂也 事將顯實 語不芟繁 悉擧因緣 聊彰本跡 其傳". 최치원, 「당대천복사고사주번경대덕법장화상전」, 『최문창후전집』, 1972, p.243.

## 6. 맺음말 : 최치원의 역사 인식 및 서술의 사학사적 의의

최치원이 『문심조룡』을 수용하여 비·전 중심의 역사 인식을 지니고 실제로 비문과 전기를 저술함에 있어 구사한 창의적인 방법은 2가지였다. 하나는 『법장화상전』에서 시도한 것으로, 『문심조룡』 제16 「사전」편의 원문 한 부분을 인용하여 활용하면서 그 자체를 그대로 인용한 게 아니라 자신이 구상한 핵심어를 삽입해 손질해서 전후 의미를 명확히 하여 그 의미를 강조하는 방법이었다. 또 하나는 「무염화상비명」에서 실행한 것으로, 『문심조룡』 제18 「논설」편의 원문 한 대목을 활용하면서도 그대로 인용한 게 아니라 대폭적으로 변용하여 자신의 문장으로 전환시켜 독창성을 더더욱 고양시키는 방법이었다. 이는 최치원이 유협의 『문심조룡』을 수용하여 그 내용을 충실히 활용하였음은 물론 그 수준에 그치지 않고 핵심어를 삽입하거나 대폭적으로 변용함으로써 그 자신의 창의성을 유감없이 발휘한 결과였던 것이다.

그리고 최치원이 지닌 전·비 중심의 구체적인 역사 인식은 그 효용성이 다른 어느 무엇보다도 사실의 입증에 있다는 점을 강조하는 데에 있었다. 그는 역사 서술이 나아가 역사학 자체가 이러한 구실에 충실하지 않으면 그것은 '실로 낯이 붉어질 일'이고 결국에는 '사람들의 웃음거리'로 전락하게 될 것이라고 여기고 있었을 정도였다. 최치원의 이러한 사실 입증 중시의 역사 인식은 중국 역사에 대한 엄정한 검토 및 세밀한 분석을 토대로 갖춘 것이었음이 자명하다.

최치원이 "신신信으로써 신신信을 전전傳하고 의의疑로써 의의疑를 전전傳하는 것이 예부터의 상규常規"라고 지적한 대목이 그것을 웅변雄辯하고 있으며, 또한 이는 그 자신의 역사의식을 진술하게 드러낸 것임은 물론이다. 그래서 최치원은 『법장화상전』을 저술하면서도 어느 무엇보다도 '직심直心'을 특히 강조하는 태도를 강력하게 표방하였다. 즉 "사사事는 실實을 나타내고" '직심'에 의지하여 "본래 행적을 밝히" 기술하려 시도함으로써, 실제의 역사적 사실을 직서

直敍하는 춘추필법春秋筆法의 서술 태도를 굳건히 견지하고 있었던 것이다.

그러면서도 최치원은 사마천의 구체적인 사례를 제시하면서 예로부터 역사상 인물의 전기가 체재體裁가 같지 않았음을 거론하고, 그것이 "보록譜錄이 마땅히 달랐기 때문"이라 설명하였다. 인물에 따라 보록이 다르므로 그 서술 체재가 달라야 한다는 이러한 역사 서술의 체재와 관련된 개별성 추구의 면모는 최치원이 견지하고자 했던 하나의 이치였음이 이로써 자명해진다. 이로써 『사산비명』의 각 비문의 체재가 어느 하나도 동일한 게 없는 배경을 비로소 이해할 수가 있게 된다.

이와 같이 서술 체재에 있어서는 개별성을 추구하면서도 최치원이 역사를 서술하면서 채택한 방법의 핵심은 바로 비교의 방법이었다. 최치원은 이와 같이 비교 방법을 구사하며 역사를 서술해가면서 한편으로는 유사한 것끼리 비교하는 유비類比의 방법을 취하기도 하고, 다른 한편으로는 대조적인 것끼리 비교하는 대비對比의 방법을 취하기도 하였던 것이다. 이러한 비교 방법의 채택 및 실제 구사는 최치원의 역사 인식 및 서술에 있어서 주목해보아야 할 대목으로, 그 자체가 최치원 역사학의 수준을 여실히 입증해주는 바라고 하겠다.

## [부기附記]

이상에서 지금까지 이러한 점들을 밝히면서 최치원의 역사 인식 및 서술의 문제에 심취하여 탐구하고 마무리를 지으려다 보니까, 느닷없이 머릿속에 떠오르는 게 있었다. 다름이 아니라 역사학개론에서 운위云謂하는 여러 역사학 연구 방법론 중에서 각별히 비교사학比較史學에 관한 내용이었다. 양병우梁秉祐(1923-2003)가 이룬 일련의 연구서들을 매개로 비로소 근접近接이 가능했던 블로크Marc Bloch(1886-1944)의 그것은 물론이고, 피터 버크Peter Burke(1937- )의 여러 연구서에 나타난 적지 않은 바를 찾아서 일일이 섭렵함으로써 이해의 여지가 힘 기울이는 데에 따라 차츰차츰 생기게 된 뒤르켐

Emile Durkeim(1858-1917) · 막스 웨버Max Weber(1864-1920)의 역사 연구 방법론 가운데 특히 비교사학과 관련된 지식들은 참으로 귀중한 깨달음의 계기를 마련하여 주었던 사실이 새삼 상기想起되었던 것이다. 그러면서 저자 나름대로 습득하여 정리하였던 비교사학에 관한 구체적인 지식 편린片鱗의 면모가 기억에 새벽안개처럼 피워 올라 왔다. 그 중의 일부가 아래와 같다.

인문학에서의 비교라는 방법의 적용이란 곧 서로 다른 사회 영역에서 서로 유비類比 혹은 대비對比되는 일련의 현상들을 찾아내어 그 공통성과 차이점을 밝혀내는 것이다.[62] 공간적으로나 시간적으로 멀리 떨어져 있는 문화에서 종종 거의 동일한 현상들이 분명하게 나타남을 알 수 있게 되고, 이럴 경우 일반적으로 말하여 비교는 역사 진행과정에서 빠져 있어 이전에는 잘 알 수 없었던 부분을 메워 보충해주며, 유추類推를 통해 우리의 지식이 부족하여 서로 별 관계없어 보이는 것들 속에서 빠진 부분을 인식하게 해준다.[63] 이러한 것이 특히 원시

---

62  이 부분에서 비교 방법으로서의 유비와 대비에 대해 정리하면서 크게 참조한 것은, (본서의 이 각주 62)를 정확히 기입하기 위해 정리 당시를 회상하여 지금에 이르러 다시 찾아 확인해보니) 양병우, 「종합」, 『역사의 방법』, 민음사, 1988, p.148의 아래 대목이었다.
"… 블로크는 이를 〈假性 類似〉라고 하고 있다. 같은 점이 있기는 하지만 본질적으로 다르다는 뜻일 것이다. 그것은 〈정도의 차이〉가 아니라 그야말로 〈성질의 차이〉인 것이다. 그리고 그렇게 본질적으로 다른 것은 말할 것도 없이 그 사회적 조건이 근본적으로 다르기 때문이다. 뒤르캥의 말마따나 그 〈의미〉와 〈기원〉이 다른 것이다. 그러니 문화권을 달리하는 경우의 비교는 그러한 차이를 대조적으로 드러냄으로써 양자—이를테면 고대와 근대의 유언—의 특징을 명확히 하는 것을 목적으로 한다. 그 점에서 그것은 한 문화권 안에서의 비교가 바탕으로 하는 〈유비〉와는 달리 〈대비〉라고 해야 할 것이다."
63  이 부분에서 비교 방법으로서의 類推에 대해 정리하면서 크게 참조한 것은, (바로 앞의 각주 62)와 마찬가지로 확인해보니) 양병우, 「블로크의 비교사학」, 『역사논초』, 지식산업사, 1987, p.67의 다음 대목이었다.
"드로이젠(J.G. Droysen)이 類推의 방법을, 조각가가 파손된 彫像을 복원하는 그것과 같다고 말하고 있는데, 그 비유는 이 경우에야말로 적절하다 할 것이다. 그는 말하기를, 조각가가 그 조상의 등이나 배의 근육의 모양을 보고 인체에 나타나는 유사한 근육의 움직임으로 미루어서, 그 머리가 어떻게 기울고 있었으며 그 팔이 어떻게 올려지고 있었는가를 알아내듯이 한다는 것이다."
그러면서 양병우는 「블로크의 비교사학」, p.67의 각주 9)에서 이런 내용을 J.G. Droysen의 Historik, p.156에서 인용했다고 밝혀 두었는데, 국역본인 이상신 옮김, 『역사학』, 나남, 2010에서 확인해보았더니 p.178에서 '유추'에 대해 기술하고 있는 대목을 찾아볼 수가 있었다. 꼭 같은 내용은 아닌 듯하지만, 참고로 제시해둔다.
"간접적인 자료들을 개발하는 또 다른 방법은 유추(類推 : Analogie)이다. 이것은 사람들이 하나의

사회에 대한 비교연구를 통해 얻을 수 있는 가장 큰 이득이라 할 수 있다. 그리고 좀 더 세밀한 연구는 종종 겉으로 보기에는 유사한 것들 속에 서로 반대되는 것들이 숨어 있음을 발견하게 되기도 하는데, 이렇듯이 무엇보다도 서로 다른 차이점을 인식해내는 것이 비교사적 연구 방법이 제시하는 가장 중요한 목표라 하겠다.

그렇기 때문에 비교사적 접근은 매번 특정한 요소들로 연구 대상들에 대한 일련의 분류를 바꿔서 그때마다 통일적인 그룹을 구성하는 것이며, 이러한 연구 틀의 변경이야말로 비교사적 연구의 가장 커다란 장점이라고 할 수 있다. 비교사의 이러한 장점이자 특징에 대해서 블로크Marc Bloch(1886-1944)가 몇 차례에 걸쳐 강조한 바가 있는데, 그 가운데서도 특히 다음과 같이 지적하고 있음을 주목할 필요가 있다.

"비교사를 쉽게 배우고 잘 이용할 수만 있다면 그 정신으로서 지역 연구를 활발하게 만들 수 있습니다. 지역적 연구 없이는 비교사도 아무 것도 할 수 없으며, 비교사가 없다면 지역적인 연구도 무의미합니다. 한 마디로, 서로에 대한 이해는 하지 않고 민족사에 대해 영원히 떠들어대기만 하는 것을 그만둡시다. 각자 편향된 답변만을 하는 청각 장애인의 대화는 즐거움을 바라는 관중의 웃음을 자아내기 위해 고안된 고대의 희극이지, 권고할 만한 진지한 지적 연습은 아닙니다.[64]"

최근에 이르러 피터 버크Peter Burke는 비교의 방법은 사회 이론에서 언제나 중심적 위치를 차지해왔다고 규정하면서, 뒤르켐Durkheim과 막스 베버Max Weber의 견해를 중심으로 논한 바가 참고가 된다. 그는, 뒤르켐이 비교 방법을 2종류로 구분하여, 하나는 근본적으로 구조가 같은 사회들 즉 '동종(同種)' 사회들 사이의 비교가 있으며, 다른 하나는 그 구조가 근본적으로 다른 사회들 사이의 비교가 있다고 하였는데, 그의 이러한 비교에 관한 방법은 이후 프랑스의 비교언어학과 비교문학에 매우 크게 영향력을 미쳤다고 지적하였다.

___

알려진 현상을 문제의 사실과 비슷하게 인식하면서, 그리고 그 현상을 끌어들여 비교하면서 이루어진다. …(중략)… 요컨대 이러한 유추(類推)에서 사실은 분명해진다."

**64** 마르크 블로흐, 「유럽사회의 비교사를 위하여」, 김택현 · 이진일 외, 『역사의 비교, 차이의 역사』, 선인, 2008, p.153.

또한 그는, 막스 베버가 서양 문명의 특징을 정의하는 작업을 위해 정치적 · 경제적 · 종교적 측면뿐만 아니라 심지어 음악적 측면에서까지 유럽과 아시아를 체계적으로 비교하려 하였다고 정리하면서, 특히 막스 베버가 도시사 都市史를 논할 때 중세 도시의 특수성 규명이 "다른 도시들에서 빠진 요소가 무엇인지를 먼저 안 다음에야 가능하다"고 언급하였음을 소개하였다. 그러면서 피터 버크는, "우리가 그곳에 무엇이 없는가를 알 수 있다는 것, 즉 어떤 특수성의 결여가 지니는 의미를 이해할 수 있는 것은 바로 이러한 비교 방법의 덕택인 것이다.[65]"고 작은 매듭 하나를 짓고 있는 것이다.[66]

이러한 견지에서 살필 때, 비교의 방법으로서 유비 및 대비를 구사하여 사실을 명쾌하게 밝히려고 노력한 측면에서는 블로크 · 뒤르캠 · 마스 베버 등과 최치원이 공통점을 띠고 있었다고 할 수 있겠다. 그러므로 최치원의 역사 인식과 서술은 세계의 사학사에서 볼 때 상당한 수준에 있었다고 해서 지나치지 않을 듯하다. 다만 이러한 최치원의 면모가 제대로 평가받으려면, 세계 통용의 언어로 제대로 번역되어 그의 저술들의 진면목이 널리 읽힐 수 있는 날이 속히 와야만 될 것이다.

---

65 피터 버크, 곽차섭 옮김, 「비교방법」, 『역사학과 사회 이론』, 문학과지성사, 1994, p.44.
66 이상의 서술 내용은 저자가 2012년 1학기 충북대학교 사범대학 역사교육과의 전공필수 교과목 〈역사학개론〉 강의를 위해 마련하여 수강생들에게 배부한 강의안 『역사학개론 강의』 제2장 제3절 「비교사학」 중의 일부이다.

# 제6장
# 최치원『법장화상전』의 사학이론

## 1. 서론 : 최치원『법장화상전』 사학이론의 핵심

이 논문의 제목을 '최치원崔致遠『법장화상전法藏和尙傳』의 사학이론史學理論'이라고 정한 결정적인 근거는, 최치원의『법장화상전』 저술 내용 가운데에서 '사학史學'을 거론하였음은 물론이려니와 그 개념에 대해서도 그 자신의 주견이 뚜렷한 나름대로의 이론을 전개하고 있음에 있다. 이와 관련해서 구체적으로 2가지의 핵심 사례를 제시할 수가 있겠는데, 그 첫째는「발문跋文」에서 '옆에서 비웃는 자'가 자신의 저술에 대해 언급한 바에 작정한 듯 반박하여 대응하면서 자신의 생각을 정리하여 다음과 같이 진술하게 피력한 대목이다.

(A)㉠비록 다시 염조은閣朝隱의 비碑가 있고 석광엄釋光嚴의 전傳이 있어도 펴서 살펴보는 데에는 게으르고 속이는 데에는 용감하다. ㉡심지어 사학史學을 헐뜯기를 마魔의 근원이라 하고 승보僧譜를 내몰기를 못 쓰는 물건이라 하였다.[1]

---

[1] 원문은 "㉠雖復閣朝隱有碑 釋光嚴有傳 惰於披覽 勇在矯誣矣 ㉡至有譏史學爲魔宗 黜僧譜爲廢物". 崔致遠,「唐大薦福寺故寺主翻經大德法藏和尙傳」,『崔文昌侯全集』, 成均館大學校 大東文化研究院, 1972, pp.242-243. 국역은 양상철 번역,「당나라 대천복사 고사주경전을 번역한 대덕 법상화상 전」,

이를 통해 최치원이 당시에 팽배해 있던 역사 서술의 동향에 대해서 세상에 전해지는 아무리 뛰어난 비碑와 전傳이 있을지라도 "펴서 살펴보는 데에는 게으르고 속이는 데에는 용감하다(㉠)"고 하여서 예사롭지 않게 냉혹할 정도로 날카롭게 비판하고 있음을 알 수 있다. 아울러 그는 "심지어 사학을 헐뜯기를 마의 근원이라 하고 승보를 내몰기를 못 쓰는 물건이라 하였다"고 하여서 역사학 자체를 마의 근원이라 헐뜯고 승보 곧 승려들의 계보系譜조차 도외시하는 세태에 대해 정면正面으로 전면적全面的으로 문제를 제기하고 있음이 확연하다.

또한 최치원『법장화상전』에 담긴 사학이론으로 그 구체적인 둘째의 핵심 사례로는 '사史' 자체에 대한 개념을 거론하면서 그 의미를 독창성 있게 설명함은 말할 것도 없고 나아가 그 역사 개념의 효용성에 대해서까지 낱낱이 설파하고 있는 대목을 들 수 있다. 아래의 내용이 그것이다.

(B)또 (『문심조룡』에) "①'사史'라고 하는 것은 '사使'이다. 좌우左右의 사관史官에게 집필執筆하게 하여 기록시키는 것이다."하였으며, "②경전의 뜻을 굴러 넘겨주는 것이다. 〈전傳은 광범하게 비碑는 간략하게〉 후세에 전해 주는 것이다."라고 했다.[2]

이 부분은 최치원『문심조룡』을 활용한 구체적인 양상의 실증으로 모두 그 16「사전史傳」편篇에서 인용한 구절들이다. 먼저 ①"'사史'라고 하는 것은 '사使'이다. 좌우의 사관에게 집필하게 하여 기록시키는 것이다."라는 대목 부터가 그러하다. 즉『문심조룡』원문을 직접 인용해서 활용하여 "史者 使也

『한글번역 고운최치원선생문집』, 고운최치원선생문집중간위원회, 부산: 1982; 재간, 경주최씨대동보 편찬위원회, 경주: 2001, pp.733-734와 최영성 번역, 「당나라 대천복사 고사주로 경전을 번역한 대덕 법장화상의 전」, 『역주 최치원전집』2 -고운문집-, 아세아문화사, 1999, p.365 참조. 그렇다고 해서 그대로 옮긴 게 아니라, 이들을 참조하여 저자가 나름대로 수정하여 제시하였으며, 이하에서도 마찬가지다.

2 최치원, 「당대천복사고사주번경대덕법장화상전」, 『최문창후전집』, 1972, pp.277-278. 원문은 다음과 같다. "又①史者 使也 執筆左右使記也 ②傳者 轉也 轉受經旨〈傳廣碑略〉使授於後"

執筆左右 使記也"라 한 것으로[3], 그 원문은 "史者 使也 執筆左右 使之記也"로 끝 부분의 '使之記也'를 '使記也'로 손대었을 뿐이다. 그리고 ②"경전의 뜻을 굴려 넘겨주는 것이다. 〈전은 광범하게 비는 간략하게〉후세에 전해 주는 것이다."라고 한 대목도, 최치원이 역시 『문심조룡』16「사전」편의 원문 "傳者 轉也 轉受經旨 使授於後"를 인용해 활용하여 "傳者轉也 轉受經旨〈傳廣碑略〉使授於後"이라 기술한 것인데, 이 가운데 특히 '〈전은 광범하게 비는 간략하게(傳廣碑略)〉'라는 자신의 지론持論을 삽입함으로써 이 부분의 전후 의미를 한결 또렷이 하여 유달리 강조한 것이라 가늠된다.

여기에서 괄목해서 주의 깊게 살펴야 할 점은, 이렇듯이 최치원이 『문심조룡』「사전」편의 원문에 삽입한 이 '〈전은 광범하게 비는 간략하게〉'가 그 자신이 지향한 '전 · 비 중심의 역사 인식 및 서술'에 있어서 핵심을 이루는 바라는 사실이라 하겠다. 요컨대 그는 『문심조룡』의 원문을 충실히 활용하면서 자신의 창의성을 유감없이 발휘하여 '〈전은 광범하게 비는 간략하게〉'라고 하는 '전 · 비 중심의 역사 인식 및 서술' 원칙을 세우고 이를 철저히 구현하려고 힘을 크게 기울였다고 하겠으며[4], 이것이야말로 그의 독창적인 사학이론의 하나임에 전혀 틀림이 없겠다.

이상과 같은 2가지의 구체적인 핵심 사례의 검증을 통해서 우리는 최치원이 『법장화상전』의 저술을 통해서 자신의 독창적인 사학이론을 담아내고 있음을 알게 되었으므로, 이를 실마리로 삼아 보다 상세한 이에 대한 분석을 시도할 수 있게끔 되었다고 믿는다. 하여 이후 오롯이 이에 대해 진력盡力하고자 하는 것이다.

---

3 최영성,「고운의 유교관」,『고운 최치원의 철학사상』, 도서출판 문사철, 2012, p.203. 여기에서는 특히 "이것은 『문심조룡』에서 인용한 것이기는 하지만, 최치원의 역사 의식과 역사 서술의 태도를 대변하는 것이라 해도 지나친 말이 아닐 듯하다."고 언급하였음이 참조된다.
4 이와 관련한 상세한 논의는 이 책 제2부 제5장「최치원의 《문심조룡》 수용과 전 · 비 중심의 역사 인식 및 서술」을 참조하라.

## 2. 최치원『법장화상전』 서사의 구조 · 구성 · 특징과 내용의 요점

　최치원『법장화상전』의 전체 내용을 제대로 파악하기 위한 하나의 방편으로 삼을 것은 다름이 아니라 그 서사敍事의 기본 구조, 그 하부의 구성 및 그 각각의 특징을 분석하는 것이 되어야 한다고 생각하였다. 그리하여 이들에 대한 작업을 진행하여 세밀한 분석을 시도하고, 그 결과를 일목요연하게 하나의 도표로 종합하여 작성하였으며, 아울러 그 구체적인 내용의 요점도 함께 정리하여 참고가 되도록 하였다. 아래의 〈표 1〉이 바로 그것이다.

〈표 1〉 최치원『법장화상전』 서사의 구조 · 구성 · 특징과 내용의 요점 분석표

| 서사의 구조 · 구성 · 특징 | | | | 내용의 요점 |
|---|---|---|---|---|
| 구조 | | 구성 | 특징 | |
| 서문<br>緒文 | '보록의이譜錄宜異'<br>편찬編纂 | 배경 | 『찬영기纂靈記』(『화엄경전기華嚴經傳記』) · 『장공별록藏公別錄』 등 전기傳記 자료 거론 | 법장화상의 전기 자료가 신라에는 전해지지 않아 그의 생애에 대해 신라인들이 잘 모른다는 사실을 적었음 |
| | | 방법 | 별기別記 등을 통해 기록 수집 | 여러 자료들을 검토하여 기록을 모아 기왕의 것과는 달리 하는 방식을 취해 법장화상의 행적을 드러내고자 함 |
| | | | 사마천司馬遷의 전기 편찬과 같이 들은 바를 첫머리에 놓고 그런 뒤 행적을 드러내는 방식을 취하여 보록譜錄을 달리함 | |
| | '직심십과直心十科'<br>설정設定 | 체재 | 시험 삼아 예전의 것을 본받고, 독창성을 발휘하여 법장화상의『화엄경전기』의 직심直心 십의十義뿐만 아니라 탐심深心 · 비심悲心의 십의까지를 비등하게 참작함 | 법장화상의『화엄삼매경華嚴三昧觀』직심 가운데 십의를 본떠 10과十科를 설정함 |
| | '실거인연悉擧因緣'<br>서술敍述 | 지향 | '서운書云' 즉 유서儒書『논어論語』 · 『모시毛詩』 · 『서경書經』 및 '경왈經曰' 곧 불경佛經『유마경維摩經』 등을 인용하여 직심直心을 풀이함 | 일은 실제 있었던 그대로 나타내고 말을 인연을 죄다 들어 본래의 발자취를 밝히고자 함 |
| 본문<br>本文 | 1과 | 족성광대심<br>族姓廣大心<br>:족성인연<br>族姓因緣 | 성씨 | '외소外所' 즉 유서『춘추좌씨전春秋左氏傳』 · 『논어』 및 '내소內所' 곧 불경『아함경阿含經』을 인용하여 성씨姓氏를 풀이함 | 성씨 · 선조 · 출생 · 동생 관련 서술 |
| | | | 출생 | 어머니가 꿈에 해의 광명을 삼키고 잉태한 것으로 기술하고,『시경詩經』「상송商頌」의 구절을 인용하여 하늘에서 강녕康寧을 내렸다고 칭송함 | |

| | | 동생<br>同生 | 동생 寶藏이 忠孝로 이름났음을 기록 | |
|---|---|---|---|---|
| 2과 | 유학심심심<br>遊學甚深心<br>: 유학인연<br>遊學因緣 | 출가<br>및 학업 개시 | 17세 때 방등경方等經 즉 『대방등불화엄경大方等佛華嚴經』을 혼자 공부함 | 출가 이후 지엄법사와의 만남 서술 |
| | | 스승과의<br>인연 | 지엄법사의 『화엄경』 강의 수강, 지엄법사로부터 인정받고 스승으로 모시게 됨 | |
| | | 학업<br>성취 | 뒤늦게 학도學徒에 참여했지만 수준이 높이 뛰어났으며, 스스로 터득한 것이라고 서술 | |
| 3과 | 삭염방편심<br>削染方便心<br>: 삭염인연<br>削染因緣 | 후계자<br>지정 | 『화엄경』 공부를 통해 스스로 깨달음을 얻었다는 사실을 지엄이 인정함 | 26세 때 지엄이 입적하면서 법장을 후계자로 지목함 |
| | | 승적<br>僧籍<br>취득 | 여러 사람의 장계狀啓로 추천을 받음 | 28세 때 측천무후則天武后에 의해 뽑혀 승려가 됨 |
| 4과 | 강연뇌고심<br>講演牢固心<br>: 강연인연<br>講演因緣 | 『화엄경』<br>강연 | 일관된 『화엄경』 강연에 관해 징관澄觀의 『연의초演義鈔』에 실린 증거 등을 제시하며 기록하였음 | 구족계具足戒를 받지 못한 채 측천무후의 뜻에 따른 강연 등 수십 차례를 여러 사찰에서 하였는데, 그 때마다 상서로운 일이 있었음 |
| 5과 | 전역무간심<br>傳譯無間心<br>: 전역인연<br>傳譯因緣 | 여러 경전의 시기별 전역사<br>傳譯史 | 법장이 한자에 정밀하고 자상하며 범어梵語에 능통하여 유송劉宋·당唐의 『화엄경』 번역본을 대조하고 교감校勘하여 새로운 『화엄경』 제4본을 완성하였음 | 석가모니 부처이후 법장당시까지 여러 경전 전수와 번역의 역사 사실을 시기별로 소상히 정리하였음 |
| 6과 | 저술절목심<br>著述折伏心<br>: 저술인연<br>著述因緣 | 여러 경전 저술의 기본 자세 | 『화엄경수현의초搜玄義鈔』 5권의 저술에 대해 특히 "추탁追琢하기는 어렵지만 용재鎔裁하기는 기대할 수 있다"고 하여 '용재'를 강조하였음<br><br>『탐현기探玄記』와 『수현의搜玄義』의 차이를 '탐'자와 '수'자의 의미 파악을 통해 훈고학적으로 풀이하기도 하고, 『주례周禮』 「하관夏官」 조條의 기록을 인용하여 설명하기도 하였음 | 법장화상의 전체 저술에 대해 그 찬술 시기 및 배경 그리고 구체적인 내용을 정리해서 상세히 설명하였음 |
| 7과 | 수신선교심<br>修身善巧心<br>: 수신인연<br>修身因緣 | 수신의<br>규범 실천 | 부모에게 효도하고 동생에게 우애하는 규범을 실천하였음을 강조함 | 16세 때 손가락 태우는 법공양을 하였고, 이듬해 입산하여 수행하다가 어머니의 병수발하러 귀가하였으며, 이후 보살계를 받는 등 수신의 과정을 시기별로 정리하였음 |
| 8과 | 제속불이심<br>濟俗不二心<br>: 제속인연<br>濟俗因緣 | 세속의 일을 구제한 사실을 열거 | 황제가 내린 「칙서勅書」·「조서詔書」·「찬사讚辭」 등을 인용하여 사실을 나열하며 기술하였음 | 여러 번의 비·눈을 내리게 한 법술 시행, 도사와의 논쟁에서의 승리, 반란 진압 기여, 사리 봉안을 통한 상서로운 행위, 칙령에 의한 법장화상의 일명 '화엄화상華嚴畫像' 제작 등등에 대한 상세한 기술 |

| | 9과 | 수훈무애심垂訓無礙心<br>:수훈인연垂訓因緣 | 화엄<br>5교五敎등<br>후대에<br>전한<br>교훈을<br>서술 | 신라 의상법사義湘法師에게<br>보낸 글을 인용하고, 의상법<br>사의 행적 및 당시 십찰十刹<br>의 창건 등에 대해 상론하였<br>음 | 종전의 사교四敎를 5교로 정<br>립하였으며, 이후 대표적인 6<br>명의 제자 양성과 신라 불교<br>에 끼친 영향 등을 서술함 |
|---|---|---|---|---|---|
| | 10과 | 시멸원명심示滅圓明心<br>:시멸인연示滅因緣 | 입적入寂<br>관련 사실<br>서술 | 염조은闇朝隱의 비문 내용을<br>인용 | 입적 날짜, 국가의 후한 추증<br>追贈, 부의賻儀, 장례葬禮, 입<br>비立碑 등의 여러 사실을 서<br>술함 |
| 발문<br>跋文 | 집필<br>執筆 | 의도意圖 | 사실<br>입증 | 『춘추』를 인용하여 법장화상<br>생애의 슘名 3가지 '立德·立<br>言·立功'을 설명한 후 '十科<br>因緣'에 의한 것임을 설파 | 폭넓게 기록하고 갖추어 말한<br>게 들어맞을 것이란 점에 있<br>음을 밝혔음 |
| | | | 반론<br>제시 | 비웃는 자가 『文心雕龍』을<br>인용하여 비판하는 데에 대한<br>2번의 직접적인 반론을 제시<br>← 師兄 효준孝準의 영향임을 드<br>러내고, 또한 자신의 경력을<br>거론 | 믿을 만한 것은 믿음으로써<br>전하고 의심나는 것은 의심으<br>로써 전하는 게 옛날부터 내<br>려온 불변의 법칙임을 강조<br>하고, 傳은 광범하게 碑는 간<br>략하게 하여 후세 사람들에게<br>전수하겠음을 밝혔음 |
| | | 태도態度 | 서술 | '직서直書' 강조 | 사실과 어긋나는 게 있으면<br>올바른 데로 나아가도록 했음<br>을 피력함 |
| | | | 교정<br>校正 | '산보刪補' 강조 ― 본문의 '十<br>科因緣' 중 六科 속 '용·재鎔裁'<br>와 상통相通 | 신라에서 이 책이 이어져서<br>후학들이 삭제하고 보충하기<br>를 염원함 |
| | 후기<br>後記 | 역경 극복 후<br>집필 완성의<br>자부심 피력披瀝 | 우려<br>憂慮 | 난리를 겪으며 건강도 좋지<br>않아 수찬修撰의 완성을 염려 | 서기 904년 신라 해인사海印<br>寺 화엄원華嚴院에서 난리도<br>피하면서 질병도 요양하는 두<br>가지 편리를 도모하면서 집필<br>을 완료 |
| | | | 자족<br>自足 | 극복하고 용감하게 글을 완성<br>한 것에 대해 자부심을 지님 | |
| | | 자신의 확고한<br>신념 표출로<br>세평世評에 대한<br>'사몽思夢' 제시 | 노장<br>스님의<br>언급 | 법장 전기 중 연도年度 표기<br>에 대한 의문을 제기하자, 이<br>를 재차 분별하여 자신의 풀<br>이가 옳음을 입증함 | 노심초사 끝에 자신의 생각이<br>옳다고 확신하게 되어, 마음<br>을 넓게 가지게 되었음을 기<br>록 |
| | | | 빈정<br>대는<br>사람의 언<br>급 | 자신이 증표證票한 것이 '(일<br>장)춘몽(一場)春夢'이라 비판<br>하자, 이에 대해 『장자莊子』<br>의 "큰 꿈이 있은 뒤에 크게<br>깨달음이 있는 것이다"라는<br>구절을 인용하여 대응함 | |
| | | '출가입진<br>出假入眞'<br>깨달음의<br>황홀함 고백 | '수몽각 睡<br>夢覺' | 잠자며 꿈을 꾼 것처럼 부처<br>를 깨달음 | 어두운 데로부터 깨달음에 이<br>르고 거짓으로부터 나와 진실<br>에 들어갔음을 언급하고, 그<br>리하여 황홀한 기분에 휩싸였<br>음을 드러냄 |
| | | | '황홀중 恍<br>惚中' | 육구몽陸龜蒙의 「단장斷章」<br>인용 | |
| | | | | 혜강嵇康의 '칠불감七不堪' 인<br>용 | |

이 〈표 1〉의 내용 분석을 토대로 삼아 살펴보면, 최치원『법장화상전』서술의 특징이 대략 3가지 곧 체재상·형식상·내용상의 측면에서 가늠된다. 첫째는 체재상의 특징으로, 전체가 서문·본문·발문 3부분으로 구성되어 있음이 그것이다. 그런 가운데 본문은 10과로 나누어 법장화상의 전기를 의당 그야말로 세부적으로 기술하였으며, 특히 서문에서는 보록 편찬, 십과 설정, 인연 서술에 대해서 그리고 발문에서는 집필의 의도 및 태도는 물론이고 후기로서 집필 완성의 자부심, 자신의 확고한 신념을 차례로 기술하고 깨달음의 황홀함을 고백하고 있는 사실을 꼽을 수가 있겠다.

둘째는 형식상의 특징으로, 이는 주로 서사면에서 특히 그러한데, 여러 종류의 전거를 활용해 인용문을 제시하면서 사실을 기술하는 한편으로는 발문의 후기에서는 꿈 이야기를 제시하면서 자신의 심경을 설명하였다는 점이라 하겠다. 우선 사실을 기술함에 있어 여러 종류의 전거를 활용해 인용문을 제시하는 방식을 취한 것은 본문인「십과」에서도 거의 줄곧 그러하였지만, 발문 중 집필의 의도 및 태도에 대해 밝히는 부분에서도 그러하다는 점이 각별히 주목된다. 그러므로 이는 궁극적으로 집필 태도와 관련해서 서술에 있어서는 '직서直書'를, 교정에 있어서는 '산보刪補'를 달성하기 위해 최치원 스스로가 취한 방편의 설정에 따른 것이었다고 해서 무방하리라 본다. 그리고 발문의 후기에서 부처를 깨달음에 대해 묘사하면서 자신의 꿈 이야기를 제시하는 서술 방식은 유협의『문심조룡』을 통해 익힌 것을 활용한 것임이 거의 틀림이 없어 보인다.[5] 그 제50「서지序志」에서 유협이 공자孔子를 직접 만난 황홀함에 대해 기술하면서, "일곱 살 때 나는 아름답게 수놓은 비단 구름을 보았고 올라가서 그것을 얻는 꿈을 꾼 적이 있다. 서른 살이 넘어서는 붉게 칠한 제기祭器를 들고 공자를 따라 남방으로 여행하는 꿈을 꾸기도 하였다. 아침에 깨었을 때 나는 몹시 즐거웠다. 성인을 꿈에 보기란 지극히 어려운 일인

---

5 최치원의 이러한 ≪문심조룡≫ 수용에 따른 면모에 대해서는 이 책의 제2부 제5장「최치원의 ≪문심조룡≫ 수용과 전·비 중심의 역사 인식 및 서술」을 참조하시라.

데 이 보잘것없는 나의 꿈에 나타나시다니 이 얼마나 기쁜 일인가.[6]"라고 한 것과 너무나 흡사하다고 하지 않을 수가 없기 때문이다. 단지 그 대상이 부처이냐 공자이냐의 차이가 있을 뿐, 꿈속에서 깨우침을 얻은 장면을 묘사함에 있어서는 동일한 차원이었다고 해서 지나치지 않다고 믿어지는 것이다.

그리고 셋째는 내용상의 특징으로 이는 어느 무엇보다도 괄목해서 집중하여 천착해보아야 마땅할 사실로서 여겨지는 것인데, 발문에서 스스로 집필의 의도 중 하나가 바로 "폭넓게 기록하고 갖추어 말한 것이 들어맞을 것이란 점에 있음"을 밝힌 것이며, 이를 또 한 차례 거듭해서 강조하여 그 후기에서 '노장 스님의 언급'이나 '빈정대는 사람의 언급'에 대해서 "노심초사 끝에 자신의 생각이 옳다고 확신하게 되어 마음을 넓게 가지게 되었음"을 언급한 것이라 하겠다. 그리고 집필의 의도 중 또 하나가 서문의 지향指向 부분에서 밝힌 바 대로 "일은 실제 있었던 그대로 나타내고 말을 인연을 죄다 들어 본래의 발자취를 밝히고자 함"에 있을 뿐만이 아니라 또한 발문의 집필 의도 중 반론 제시 부분에서 적고 있듯이 "믿을 만한 것은 믿음으로써 전하고 의심나는 것은 의심으로써 전하는 게 옛날부터 내려온 불변의 법칙임"을 강조하고, 또한 "전은 광범하게 비는 간략하게 하여 후세 사람들에게 전수하겠음"을 강하게 밝히고 있음을 결코 간과해서는 아니될 것이라고 생각한다. 아울러 그러면서 최치원이 서문의 편찬 배경에서 "법장화상의 전기 자료가 신라에는 전해지지 않아 그의 생애에 대해 신라인들이 잘 모른다는 사실"을 지적하고, 발문의 집필 태도 중 교정 부분에서 "신라에서 이 책이 이어져서 후학들이 삭제하고 보충하기"를 염원하고 있었음 역시 잘 기억되어야 할 것임에 틀림이 없다고 하겠다.

---

6 유협 지음, 최동호 역편, 『문심조룡』, 민음사, 1994, p.580.

## 3. 최치원『법장화상전』'십과' 설정의 특성

최치원이『법장화상전』을 찬술하면서 그 서문에서 본문의 '십과'를 설정함에 있어 참고하였다고 직접 적어 밝힌 문헌은, 법장 저술의『화엄삼매관華嚴三昧觀』및 법장이 미완성한 것을 그의 문인인 혜원慧苑·혜영慧英이 논찬論贊을 붙여 완성한『찬영기纂靈記』인데, 이 두 서적이 오늘날 각각 다른 서명인『화엄발보리심장華嚴發菩提心章』[7]과『화엄경전기華嚴經傳記』[8]로 전해지기도 한다. 그럼에 따라 최치원의『법장화상전』에서 설정한 '십과'를 이두 참고문헌의 그것과 비교하여 검토해봄도 실체의 정확한 파악을 위해서 필수적인 사안의 하나라고 판단하였다. 하여『화엄발보리심장』·『화엄경전기』·『법장화상전』의 '십과'를 비교해서 검토한 표를 작성하였으니, 아래의〈표 2〉가 그것이다.

〈표 2〉 최치원『법장화상전』'십과' 설정의 참고문헌 비교 검토표

| 구분 | 『화엄발보리심장』「발심發心」 | | | 『화엄경전기』 | 『법장화상전』'십과' | 비고 |
| | 직심 십심直心 十心 | 심심 십심深心 十心 | 대비심 십심大悲心 十心 | | | |
|---|---|---|---|---|---|---|
| 1 | 광대심廣大心 | 광대심 | 광대심 | 부류部類 | 족성광대심:족성인연族姓廣大心:族姓因緣 | |
| 2 | 심심심甚深心 | 수행심※修行心 | 최승심最勝心 | 은현隱現 | 유학심심심:유학인연遊學甚深心:遊學因緣 | △ |
| 3 | 방편심方便心 | 구경심究竟心 | 교방편심巧方便心 | 전역◎傳譯 | 삭염방편심:삭염인연削染方便心:削染因緣 | ◇ |
| 4 | 견고심◉堅固心 | 인고심忍苦心 | 인고심 | 지류支流 | 강연뇌고심:강연인연◉講演牢固心:講演因緣 | ☆ |
| 5 | 무간심無間心 | 무염족심無厭足心 | 무염족심 | 논석論釋 | 전역무간심:전역인연◎傳譯無間心:傳譯因緣 | ◆ |

7 조인성,「최치원의 역사서술」,『역사학보』94·95합집, 1982, p.53. 여기에 대한 의문 제기는 최영성, 역주『법장화상전』,『역주 최치원전집』2, 1999, p.366 각주 8) 참조. 여기에서는 최영성의 같은 각주 8)의 지적 중에서 '다만『화엄발보리심장』의 첫 머리에『화엄삼매관』의 내용과 같은 '직심십의'가 전해진다'고 한 대목에 특히 주목하고자 한다.

8 김복순,「최치원의〈법장화상전〉검토」,『한국사연구』57, 1987, p.15;『신라화엄종연구:최치원의 불교관계저술과 관련하여』, 민족사, 1990 및 최영성, 역주『법장화상전』,『역주 최치원전집』2, 1999, p.365 참조.

| 6 | 절복심<br>折伏心 | 무피권심<br>無疲倦心 | 무피권심 | 강해<br>講解 | 저술절복심:저술인연<br>著述折伏心:著述因緣 | |
| 7 | 선교심<br>善巧心 | 상심<br>常心 | 상심 | 풍송<br>諷誦 | 수신선교심:수신인연<br>※修身善巧心:修身因緣 | ▲ |
| 8 | 불이심<br>不二心 | 불구과보심<br>不求果報心 | 불구은보심<br>不求恩報心 | 전독<br>轉讀 | 제속불이심:제속인연<br>濟俗不二心:濟俗因緣 | |
| 9 | 무애심<br>無礙心 | 환희심<br>歡喜心 | 환희심 | 서사<br>書寫 | 수훈무애심:수훈인연<br>垂訓無礙心:垂訓因緣 | |
| 10 | 원명심<br>圓明心 | 불전도심<br>不顚倒心 | 불전도심 | 잡술<br>雜術 | 시멸원명심:시멸인연<br>示滅圓明心:示滅因緣 | |

　이로써 최치원의 『법장화상전』 '십과' 설정에는 다음과 같은 3가지 점의 특성이 담겨 있다고 가늠되었다. 첫째는 정확성으로, 용어의 선택이나 표현의 구상에 있어서 조금도 어긋남이 없는 정확함을 추구하고 있다는 점을 꼽아 마땅하다고 생각된다. 이런 유형에 해당하는 가장 대표적인 사례(☆)는 『화엄발보리심장』 「직심」 '십과' 중 제4과에는 '견고심'이라 한 것에서 '견고'를 취해도 무방할 것으로 누구나 여겨 그대로를 취하기가 십상일 터인데, 최치원은 그것을 그대로 취하지 아니하고 『법장화상전』 제4과 설정에서는 굳이 '뇌고심'이라 하여 '뇌고'를 택하였음이 그러하다. 비록 보기에 따라서는 사소한 것이라 할지언정, 최치원은 정확성을 기하기 위해 이러하였던 것이라 하겠다.

　둘째는 실증성으로, 개별적인 사실의 입증에 심혈을 기울이는 것 자체에 주된 목표가 설정되어 있었다는 사실을 드러내준다고 보인다. 구체적으로 살피면, 이를 달성하기 위해 스스로 밝혀 두기로는 『화엄삼매관』 곧 『화엄발보리심장』 「직심」의 '십과'를 본떴다고 하였으나, 실제로는 주로 그러면서도 이외에 「심심深心」 '십과'의 것을 일부 반영하기도 하는 데에 그친 게 아니라 『화엄경전기』에서도 취할 것은 취하였던 것이다. 최치원이 이와 같이 자신의 의도에 걸맞는 나름의 방편을 취했다는 사실을 처음에는 전혀 감지할 수가 없었으나, 위의 〈표 2〉의 작성을 통해 개별적인 것들을 일일이 비교해 검토해보고 나서야 비로소 깨칠 수가 있었을 정도였다.

셋째는 논리성으로, '족성'·'유학' 등등의 용어를 앞에 붙여 '십과'를 설정하였음이 이를 증명해줌은 물론이고 기왕의 참고문헌에서 제시되었던 구성상의 순서를 재정리하면서 자기 나름대로의 논리 전개에 만전을 기하였음이 그렇다고 하겠다. 이런 유형에 해당하는 가장 대표적인 사례(△▲)로는『화엄발보리심장』「직심」제2과에서 '심심심'을 취하면서도『법장화상전』제2과 설정에서는 '유학심심심'을 취하더니, 그 제7과의 설정에서는 '수신선교심'이라 하여『화엄발보리심장』「심심」제2과에서는 '수행심'을 변용시켜 취해서 '수신'을 반영시킨 것을 들 수 있을 것같다. 이렇듯이 참고문헌에서 기왕에 설정된 것들에서 선택하고 변용하여 설정에 반영하는 방편을 취한 것은 다름이 아니라 논리적인 타당성을 확보하기 위함이었다고 이해되는 것이다.

그리고 넷째는 창의성으로,『화엄발보리심장』「발심」과『화엄경전기』를 전거典據로 삼아『법장화상전』'십과'를 설정하면서도 종전의 그것들을 그대로 좇아서 취한 게 전혀 없이 일일이 전부 나름대로의 생각을 반영하여 혹은 기왕의 것을 일부 수정해서 새로이 결정하였음이 그렇다는 것을 입증해준다고 생각한다. 예컨대『화엄발보리심장』「직심」제5과에서 '무간심'을 취하면서도 정작『법장화상전』제5과 설정에서는 '전역무간심'이라고 한 것은『화엄경전기』의 제3과「전역」을 반영한 것이 분명한데, 바로 이런 사례가 이에 해당하는 게 아닌가 싶은 것이다.

『법장화상전』'십과' 설정에 있어서 드러난 이상의 특성 4가지 점은, 곧 최치원의『법장화상전』찬술 자체의 특징이자 한편으로 그것에 담긴 사학사상의 일단을 극명하게 잘 드러낸 것이라 규정해서 지나치지 않으리라 본다. 따라서 최치원『법장화상전』'십과' 설정에 드러난 그의 사학사상의 특징 4가지는 곧 정확성·실증성·논리성·창의성에 있다고 여겨진다 하겠다.

## 4. 최치원 『법장화상전』에 담긴 사학이론의 구체적인 내용

최치원의 『법장화상전』에 담긴 사학이론의 구체적인 내용을 낱낱이 추출해보면[9], 어느 무엇보다도 우선하여 사실의 입증을 기본으로 한 직서直書를 강조하고 있음을 엿볼 수가 있겠다. 아래와 같은 대목들에서 그러함이 입증된다.

(Ⅰ-가)… 신신으로써 신신을 전전傳하고 의의疑로써 의의疑를 전하는 것이 예부터의 상규常規요 지금 망령되이 하는 일이 아니다.[10]

(Ⅰ-나)… 바로 직심直心을 이른 것이다. 사事는 실實을 나타내고 말言은 번거로움을 없애지 않고서 인연을 죄다 들어 본래 행적行跡을 밝히니 그것이 전傳이다.[11]

(Ⅰ-다)드디어 곧게 쓰라고 명하였는데, 곡진曲盡하게 사양하기가 어려웠다. (사실과) 어긋난 것이 있으면 올바른 데로 나아가도록 했으니, 엮지 않은 것과 다름이 없을까마는, 아직도 한스러운 것은 나의 눈이 보주寶洲를 보는 데 멀었고, 귀는 금주金奏를 듣고 놀랐다는 점이다.[12]

최치원은 "신으로써 신을 전하고 의로써 의를 전하는 것"을 '상규' 풀어서

---

9  최치원의 『법장화상전』을 수차례 거듭 읽고 검토하면서도 그 행간에서 그가 펼친 사학이론을 추출해 내기란 여간 어려운 일이 아니었다. 심지어 결코 간단치 않다는 느낌의 연속이어서, 하는 수 없이 성균관대 대동문화연구원, 『최문창후전집』, 1972. 사단법인 경주최씨대동보편찬위원회의 『한글번역 고운최치원선생문집』, 1982. 최영성, 『역주 최치원전집』 2, 1999. 그리고 심지어 中國의 方立天 校釋, 『華嚴金師子章校釋』, 北京:中華書局, 1983; 제7차인쇄, 2010 및 方立天, 『法藏與≪金師子章≫』方立天文集 第3卷, 北京:中國人民大學出版社, 2012 등에 실린 원문을 각각 몇 차례에 걸쳐 바닷가에서 파도 넘기를 하듯이 읽은 연후에도 자신이 확고히 서질 않아 고민이 깊었다. 그러다가 이제 간신히 실낱같은 빛이 비춰졌다 싶어 나름의 정리를 꾀해보려 하는 것이다.

10  원문은 이렇다. "信以傳信疑以傳疑 自古常規非今妄作". 최치원, 「당대천복사고사주번경대덕법장화상전」, 『최문창후전집』, 1972, p.278.

11  원문은 다음이다. "… 乃直心之謂也 事將顯實 語不芟繁 悉擧因緣 聊彰本跡 其傳". 최치원, 「당내천복사고사주번경대덕법장화상전」, 『최문창후전집』, 1972, p.243.

12  원문은 다음과 같다. "遂命直書 難從曲讓 有乖卽正 無異不編 猶恨目覩寶洲 耳驚金奏". 최치원, 「법장화상전」, 『최문창후전집』, 1972, p.279. 국역은 양상철, 한글번역 「법장화상전」, 『한글번역 고운최치원선생문집』, 1982, p.789 및 최영성, 역주 「법장화상전」, 『역주 최치원전집』 2, 1999, pp.415-416 참조.

'늘상 지켜져야 할 규범'으로 삼고 있음(Ⅰ-가)이 뚜렷하다. 그리고 이러한 '직심'에 의거해서 "사事는 실實을 나타내게" 함으로써 종내에는 본래의 행적을 밝히는 것을 이 『법장화상전』에서 지향했음을 명시하고 있다. 또한 이러한 서술 태도가 곧 '곧게 쓰는 것'임을 분명히 기술하였던 것이다. 이 가운데 각별히 (Ⅰ-다)에 보이는 '곧게 쓴다' 즉 원문의 '직서直書'는 최치원의 다른 글 「신라수창군호국성팔각등루기新羅壽昌郡護國城八角燈樓記」에서 좀 더 상세히 본격적으로 서술한 대목이 찾아지므로, 그 의미를 헤아림에 크게 괄목刮目할 만하다. 다음이다.

> 나는 이윽고 멀리로부터 졸문拙文을 지어 너른 서원誓願을 서술하여 달라는 부탁을 받았는데, 마침내 그 사실을 직서直書함으로써 장래에 경계警戒하노라. 대저 도道를 위하여 가家를 잊었으므로 공적功績이 마침내 영원히 서게 되었다. 성城을 '호국護國'이라 제題하였으니 명칭名稱 역시 속일 수 없는가 한다. 덕이 이미 자랑할 만한지라 글 역시 부끄러울 것이 없을 따름이다.[13]

이 글 가운데서 특히 "마침내 그 사실을 직서함으로써 장래에 경계하노라"고 설파하여, 그렇게 함으로써 "글 역시 부끄러울 것이 없을 따름"임을 거의 단정 짓듯이 다짐하고 있음을 지나쳐서는 안 된다고 본다. 이럴 정도로 그는 사실을 곧이곧대로 직설적으로 서술함으로써 스스로에게 부끄럽지 않은 글을 저술하려는 자세로 일관하고 있었던 것이라 하겠다.

최치원은 이러한 '직서'의 서술 태도를 줄곧 일관되게 견지하면서도 아울러 주제에 따라서 체재를 달리해야 함을 강조함은 물론이고 역사적 사실의 선후 관계에 관한 명확한 정립 그리고 쉬운 것과 어려운 것을 분간하여 순서를 정

---

13 원문은 아래와 같다. "愚也尋蒙遙徵拙文, 俾述弘願, 遂敢直書其事, 用警將來. 且道叶忘家, 功斯永立. 城題護國, 名亦不誣. 德旣可跨, 詞無所愧者爾." 최치원, 「신라수창군호국성팔각등루기」, 『최문창후전집』, 1972, pp.87-88. 국역은 최영성, 역주 「신라수창군호국성팔각등루기」, 『역주 최치원전집』 2, 1999, p.306 참조. 그리고 이 '直書'라는 구절이 「신라수창군호국성팔각등루기」에도 보인다는 점은, 최영성, 국역 「법장화상전」, 『역주 최치원전집』 2, 1999, p.357 주석 403)에서 확인하게 되었다.

해 설명해서 궁극적으로는 독자들이 제대로 이해할 수 있도록 서술해야 함을 천명하고 있음도 역시 주목된다. 이렇게 함으로써 그는 역사 서술 방법의 중요성에 대해 심도 있게 인식하고 있었을 뿐만 아니라 이를 실제로 구현하고 있었음은 꼭 기억되어야 할 점이라 하겠는데, 아래의 글들에서 이러한 면면들을 정확히 가늠할 수가 있다.

(II-가)예로부터 전傳의 체재體裁가 같지 아니하여 … 이것은 다름이 아니라 덕행德行은 이미 높았지만 보록譜錄이 마땅히 달랐기 때문이다.[14]

(II-나)(제5과) … 그러나 나무를 다듬는 것과 같아서 처음에는 부드럽고 손대기 쉬운 곳을 먼저 한 뒤, 마디와 눈처럼 다루기 어려운 곳을 뒤에 해야 함에도 불구하고, 결과적으로 저 글의 핵심을 화려하고 어지럽게 만들고 말았다. 비록 여러 품의 새로운 말을 보탰지만, 도리어 일조日照(고승高僧 지파가나地婆訶羅)가 보충했던 것까지 빠졌으며, 글이 이미 실마리에서부터 어그러져 독자들이 알 수가 없었다. 법장 스님이 송宋나라와 당唐나라의 두 번역본을 범본梵本과 대조하여 교감校勘하였으니, 경전은 실이 계속 풀리는 데 의뢰하게 되었고, 아정雅正한 것은 꽃 넝쿨을 매듭지은 것에 합치되어, 일조日照가 보궐한 글을 지니게 되고, 희학喜學(고승 실차난타實叉難陀)이 빠뜨린 곳을 보철補綴하였다. 마침내 샘물이 처음에는 조금씩 흐르다가 갈수록 넓어지고 달이 차츰 이지러지다가 다시 둥글어지듯 하였으니, 지금 전하는 바 제4본이 그것이다.[15]

최치원은 예로부터 역사상 인물의 전기들이 체재가 같지 않았음을 거론하면서 그것은 "보록이 마땅히 달랐기 때문(II-가)"이라 설명하였다. 인물에 따라 보록이 다르므로 그 서술 체제가 달라야 한다는 이러한 역사 서술의 체재

---

14 원문은 다음이다. "古來爲傳之體 不同 … 此無他 德行旣峻 譜錄宜異故爾". 최치원, 「당대천복사고사주번경대덕법장화상전」, 『최문창후전집』, 1972, pp.242-243.

15 원문은 다음과 같다. "[第五科] … 然攻木後其節目 致貫華眩彼文心 雖益數品新言 反脫日照所補 文旣乖緒 讀者憀焉 藏以宋唐兩翻 對勘梵本 經資線義 雅協結鬘 持日照之補文 綴喜學之漏處 遂得泉始細而增廣 月暫虧而還圓 今之所傳第四本是". 최치원, 「법장화상전」, 『최문창후전집』, 1972, p.252. 국역은 양상철, 한글번역 「법장화상전」, 『한글번역 고운최치원선생문집』, 1982, pp.748-749 및 최영성, 역주 「법장화상전」, 『역주 최치원전집』 2, 1999, p.378 참조.

에 대한 그의 인식 자체는 이 『법장화상전』에서도 적용되어 준수되었음은 물론이려니와 소위 『사산비명』 4개 비문의 체재가 제각각이었음에서도 입증이 되는 그의 역사이론 중의 하나였음이 분명하다.

또한 최치원이 역사 서술과 관련 지워서 '글의 핵심'을 온전히 파악하여 서술함에 있어서 "처음에는 부드럽고 손대기 쉬운 곳을 먼저 한 뒤, 마디와 눈처럼 다루기 어려운 곳을 뒤에 해야 함(II-나)"을 역설하고 있는 점은 참으로 심사숙고해야 할 대목이라 본다. 더더군다나 일목요연하게 제대로 갖추어진 서술의 양태에 대해 언급하면서 자연 속에서의 이치를 비유로 설명하고 있음은 그것 자체가 바로 압권이라 하겠는데, "마침내 샘물이 처음에는 조금씩 흐르다가 갈수록 넓어지고 달이 차츰 이지러지다가 다시 둥글어지듯"이라 하였던 것이다. 이런 정도의 비유는 『문심조룡』의 수용을 통해 문학의 이론에 정통한 식견을 갖추고 『문선』 등을 섭렵하여 수많은 문장을 익혔던 최치원으로서는[16] 너끈히 구사할 수 있는 수사학적修辭學的 표현이었다고 생각한다.

한편 최치원의 역사이론에서 선택한 어휘의 개념에 관한 적확한 정의를 극도로 중시하고 이를 또한 그 스스로 체현體現한 사실 역시 간과해서는 안 될 매우 중요한 요소의 하나라고 해야 옳겠다. 다음의 기록에서 발현發顯되는 '수인搜人'과 '탐인探人', '수현搜玄'과 '색은索隱', 그리고 '탐현探玄'과 '구심鉤深'에 대한 개념 정의 및 파악의 정확성을 꾀하는 그의 치밀한 자세에서 이러한 측면이 낱낱이 드러난다.

> (III-가)(제6과)애오라지 속체俗諦에 따라 진담眞談을 시험 삼아 비교하자면, 『주례周禮』의 하관조夏官條 직명職名 중에 '수인搜人'이 있고 '탐인探人'이 있다. 수인은 12가지 한무閑務를 맡아 9정九政을 살피고 몽매한 이들을 지도하여 깨우치도록 하는 것이니, 그것은 지엄智儼스님의 『수현의搜玄義』가 십이분교종十二分敎宗을 통합하고 9부九部를 들어 ⓐ지견知見을 개시開示한 것과 같은 것인가 한다. 탐인은

---

16 최치원의 『문선』 수용 및 활용과 관련해서는 이 책의 제1부 제3장 「고구려 · 신라의 ≪문선≫ 수용과 한문학의 발달」을 참조하라.

임금의 뜻을 선포하여 나라의 정사를 다스리고 천하를 순행巡行하여 제후들에게 타일러 미혹迷惑하지 않도록 하고 만민의 마음을 깨우쳐 임금의 덕화德化에 바르게 향하도록 하는 것이니, 역시 법장스님의 『탐현기探玄記』가 부처님의 뜻을 전하여 통하도록 하고 불법佛法의 종취宗趣를 연술演述하여 법받도록 함으로써 세간世間을 깨우치며, ⓑ중설衆說을 막고 가려서 뒤섞이지 않도록 하고 군생群生의 눈을 열어 주어 부처님의 은혜를 깊이 느끼도록 한 것과 같은 것인가 한다.[17]

(Ⅲ-나)일화一化의 시종始終을 궁구窮究함에 있어서 2현二玄(지엄스님의 『수현의』, 법장스님의 『탐현기』)의 광범하고 간략함에 의뢰하였으니, 세우면 이에 선다고 이를 만하며, 바로 현묘한 데다 또 현묘한 것이라 하겠다. 만일 2질二帙(법장스님의 『탐현기』 20통)이 5편五編(지엄스님의 『수현의』 5권)에 믿고 의지하지 않았다면 저작咀嚼하는 데 있어 담담하여 맛이 없었을 것이다. 속담에 이르기를, '스승이 밝으면 제자가 현철賢哲하다'고 하니, 어찌 앞뒤로 이어서 서로 성취함을 이른 것이 아니겠는가? 요컨대 '수현'이라 한 것은 '색은索隱'과 다른 말이요, '탐현'이라 하는 것은 '구심鉤深'을 달리 이른 말이다. ⓒ숨은 진리를 능히 마음으로 수색하면 십현十玄의 묘지妙旨가 노을처럼 펴질 것이요 깊은 진리를 힘써 끌어당기면 십현의 원만한 과목이 달같이 가득할 것이다. 드디어 부끄러움을 품도록 하는 사람은 전철前哲이요, 은사를 받는 사람은 후생이었다. 지엄스님과 법장스님이 연달아 (후생들을) 어린 아이 돌보듯 잘 이끌어 주는 데에 자세함을 구족具足하였다고 일컬어졌으니, 옛날 말에 이르기를 '죽어도 없어지지 않고 오래 될수록 더욱 꽃다워진다.'고 한 것이다. 스스로 종鐘이 (속을) 텅 비운 것과 같아서 물으면 반드시 응하며 ⓓ날카로운 칼과 같아서 의심나는 것을 분석하지 않는 것이 없었으니, 화엄의 깊은 뜻을 찾아내었고, 기요機要를 뽑아내어 보충하였다.[18]

---

17 原文은 다음과 같다. "[第六科聊憑俗諦, 試較眞談, 則周禮夏官條職名中, 有搜人焉, 有探人焉. 搜人掌十二閑務, 審行九政, 以導悟昏蒙, 其猶儀之搜玄, 統十二分教宗, 擧九部以開示知見耶. 探人掌誦敍王志, 道國政事, 以巡天下, 而喩說諸侯, 使不迷惑, 曉萬民之心, 正向王化. 亦猶藏之探玄, 傳通佛意, 演法宗趣, 以喩世間, 而掩映衆說, 使不混淆, 開群生之目, 深感佛恩耶." 최치원, 「법장화상전」, 『최문창후전집』, 1972, p.255. 국역은 양상철, 한글번역 「법장화상전」, 『한글번역 고운최치원선생문집』, 1982, pp.752-753 및 최영성, 역주 「법장화상전」, 『역주 최치원전집』 2, 1999, pp.381-382 참조.

18 원문은 다음과 같다. "窮一化之始終, 資二玄之廣略, 可謂立之斯立, 正是玄之又玄. 向若二帙, 不倚五編, 則撫持也, 儼然靡據, 五編不憑二帙, 則咀嚼也, 澹乎無味. 野諺云, 師明弟子哲, 豈前後相成之謂乎. 擧要言之, 搜玄者, 索隱之離辭, 探玄者, 鉤深之異語, 隱能心索, 十玄之妙旨霞張, 深可力鉤, 十義之圓科月滿. 遂使包羞者前哲, 受賜者後生. 儼藏連稱, 提攜具審, 古所謂, 死且不朽, 久而彌芳者歟. 自餘鐘虛而有問必酬, 劍利而無疑不剖, 涉華嚴之縕者, 撮機要而補之." 최치원, 「법장화상전」, 『최문창후

최치원은 이 부분에서 '수인'과 '탐인'에 대한 개념 정의 및 파악의 정확성을 꾀하고 나서, '수현'과 '색은' 및 '탐현'과 '구심'에 대해서도 심층적으로 그런 자세를 지속하며 이루고자 하였던 바는, 한편으로는 지엄의 『수현의』에서 그랬듯이 "지견을 개시한 것과 같은 것(ⓐ)"과 법장의 『탐현기』처럼 "중설을 막고 가려서 뒤섞이지 않도록 하고 군생의 눈을 열어 주어 부처님의 은혜를 깊이 느끼도록 한 것과 같은 것(ⓑ)"이었고, 다른 한편으로는 "숨은 진리를 능히 마음으로 수색"하고 "깊은 진리를 힘써 끌어당기는(ⓒ)" 것과 '날카로운 칼과 같이 "의심나는 것을 분석하지 않는 것이 없으며" 나아가 "깊은 뜻을 찾아내고" "기요를 뽑아내어 보충"하는 것이었다고 풀이할 수 있지 않나 싶다. 최치원이 『법장화상전』에서 지엄과 법장의 저술 속의 내용을 인용하여 비교해서 정리하면서 굳이 이런 얘기를 자세하게 쓰고 있음이 바로 그러한 자신의 생각을 표출한 것이라 여겨지기 때문이다. 한마디로 최치원 자신이 여기에서 '수인'과 '탐인'에 대한 개념 정의 및 파악의 정확성을 꾀하면서 아울러 '수현'과 '색은' 및 '탐현'과 '구심'에 대해서도 그런 자세를 지속한 것 역시 궁극적으로는 그러기 위한 방편으로써 그런 것이었다고 헤아려진다고 하겠다. 여하튼 최치원의 역사이론 중의 한 단면으로서, 이처럼 자신이 선택한 어휘의 개념에 관한 적확한 정의를 극도로 중시하고 이를 또한 그 스스로 체현體現한 사실을 그냥 지나칠 수 없다고 본다.

이밖에도 최치원은 『법장화상전』 속 여러 군데에서 자신의 단편적인 역사이론들을 다각도로 설명하기도 하였음을 발견할 수가 있다. 비록 중심 구절만 인용하기에 매우 단편적으로 여겨질 수도 있겠으나, 비록 그 단편적으로 보이는 조각들을 마치 퍼즐 맞추듯이 맞추어 종합하면 최치원이 역사에 대해서 어떤 생각을 했었던가를 충분히 가늠할 수 있겠다고 믿는 것이다. 다음의 글들에서 그러하다.

전집』, 1972, pp.255-256. 국역은 양상철, 한글번역 「법장화상전」, 『한글번역 고운최치원선생문집』, 1982, pp.753-755 및 최영성, 역주 「법장화상전」, 『역주 최치원전집』 2, 1999, pp.382-383 참조.

(IV-가)일승一乘의 원지圓旨를 연술演述한 것은 십절十節[十科]의 기묘한 인연에 의거하였으며, 폭넓게 기록하고 갖추어 말한 것도 거의 들어맞음이 있을 것이다.[19]

(IV-나)옆에서 비웃는 자가 『문심조룡』을 인용하여 말하기를, "… 말이란 비록 많다 한들 무슨 소용이 있겠는가? 간결한 것이 귀한 법이다."고 하였다.[20]

(IV-다)나는 실망한 채 바라보며 말하기를, " … 이룩하신 경행景行에 대해 ①광범하고 간략한 내용의 기록을 찬술하였으니, 하나의 전傳과 하나의 비碑인 것입니다. … ②'전傳'은 광범하게 '비碑'는 간략하게 후세에 전수轉授하는 것입니다."라고 하였다.[21]

(IV-라)또한 말하기를, " … 비록 염조은閻朝隱이 찬한 ③비碑가 있고 석광엄釋光嚴이 찬한 전傳이 있어도 펴서 샅샅이 보는 데에는 게으르고 속이는 데 용감합니다. ④심지어 사학史學을 마魔의 근원이라고 헐뜯고 승보僧譜를 배척하여 쓸모없는 물건으로 여겨서, 담談과 소疏에서 연기緣起를 주장한 것이 사람들의 웃음거리로 화하기도 하였습니다. … "하였다.[22]

(IV-마)(나의 이 글을) 죄주거나 알아주는 것[죄지罪知]은 서로 반반이요, 취하여 쓰거나 내어버리는 것[용사用捨]은 인연에 달린 것이지만, ⑤멀리 관우關右의 평이 있기를 구하고 요동遼東에서 한 책으로 이어지기를 바라며, ⑥뒤의 박식자博識者는 삭제하고 보충하기를 바란다.[23]

---

19 원문은 다음이다. "演一乘圓旨 憑十節妙緣 廣記備言 庶或有中". 최치원, 「법장화상전」, 『최문창후전집』, 1972, p.277. 국역은 양상철, 한글번역 「법장화상전」, 『한글번역 고운최치원선생문집』, 1982, p.787 및 최영성, 역주 「법장화상전」, 『역주 최치원전집』 2, 1999, p.412 참조.

20 원문은 다음과 같다. "引文心云 … 雖多奚爲, 以少是貴". 崔致遠, 「法藏和尙傳」, 『崔文昌侯全集』, 1972, pp.277-278. 국역은 양상철, 한글번역 「법장화상전」, 『한글번역 고운최치원선생문집』, 1982, p.787 및 최영성, 역주 「법장화상전」, 『역주 최치원전집』 2, 1999, p.412 참조.

21 원문은 아래와 같다. "愚焉曰 … 譔成行廣略之錄 一傳一碑 … 傳者轉也 轉受經旨 傳廣碑略 使授於後". 최치원, 「법장화상전」, 『최문창후전집』, 1972, p.278. 국역은 양상철, 한글번역 「법장화상전」, 『한글번역 고운최치원선생문집』, 1982, pp.787-788 및 최영성, 역주 「법장화상전」, 『역주 최치원전집』 2, 1999, pp.413-414 참조.

22 원문은 다음이다. "且曰 … 雖復閻朝隱有碑 釋光嚴有傳 惰於披閱 勇在矯誣矣 至有識史學爲魔宗 黜僧譜爲廢物 及談疏主緣起 或作化人笑端 … ". 최치원, 「법장화상전」, 『최문창후전집』, 1972, pp.278-279. 국역은 양상철, 한글번역 「법장화상전」, 『한글번역 고운최치원선생문집』, 1982, pp.787-789 및 최영성, 역주 「법장화상전」, 『역주 최치원전집』 2, 1999, pp.414-415 참조.

23 원문은 다음과 같다. "罪知相半 用捨在緣 緬徵關右之評 冀續遼東之本 後博瞻者 幸刪補焉". 최치원, 「법장화상전」, 『최문창후전집』, 1972, p.279. 국역은 양상철, 한글번역 「법장화상전」, 『한글번역 고운최치원선생문집』, 1982, p.789 및 최영성, 역주 「법장화상전」, 『역주 최치원전집』 2, 1999, p.416 참조.

최치원은 자신이 저술한『법장화상전』자체가 법장화상의 생애 전반에 대해 "폭넓게 기록하고 갖추어 말한 것"임을 밝히면서 "거의 들어맞음이 있을 것이다(IV-가)"는 자신감을 적극적으로 표방하고 있다. 하지만 이에 대해 '옆에서 비웃는 자'가 있어 "간결한 것이 귀한 법이다"라고 빈정거리자(IV-나), 그 자신은 "광범하고 간략한 내용의 기록을 찬술하였다(IV-다①)"고 극력 반론을 제기하고 있다.

이는 자신의『법장화상전』에 있어서 어떤 부분은 광범하게, 어떤 부분은 간략하게 찬술했음을 주장한 것으로, 말하자면 광범하게 서술해야 할 부분은 그렇게 했으며, 반면에 간략하게 기술해야 할 부분은 그렇게 했다는 뜻일 듯하다. 이런 의미에서 이어서 덧붙이기를 "전은 광범하게 비는 간략하게 후대에 전수하는 것(IV-다②)"임을 명료하게 설파하였던 것이다. 이는 곧 그가 비碑·전傳 중심의 역사 인식을 지니고 그에 입각하여 그러한 저술을 주로 하였음을 입증해주는 것이며, 이것 자체가 그의 역사이론의 한 단면이기도 하다고 판단된다.

그리고 최치원은 역사에 대한 당시의 그릇된 풍조에 대한 강력한 비판 의식도 지니고 있었음이 분명하다. 당시에 비가 있고 전이 있어도 그것을 "펴서 샅샅이 보는 데에는 게으르고 속이는 데 용감하다(IV-라③)"고 예리하게 지적하면서, 그래서 "심지어 사학을 마의 근원이라고 헐뜯고 승보를 배척하여 쓸모없는 물건으로 여긴다(IV-라④)"고 개탄하였던 것이다. 최치원의 이러한 당시 역사에 대한 그릇된 풍조 비판은 역사는 앞으로 발전되어야 하는데 그렇지 못하고 있다는 인식에 바탕을 두고 한 것이라서, 곧 역사에 대한 진보관進步觀에서 비롯된 것이라 가늠된다.

최치원이 이와 같은 역사 진보관의 관점에서 자신의 저술에 대한 나름대로의 전망도 설정하고 앞으로 자신의 저술을 능가하는 저작들이 탄생하기를 기원하는 자세를 확립하고 있었음도 기억할 만하다고 본다. 이와 관련해서 최치원은 자신의『법장화상전』이 "멀리 관우의 평이 있기를 구하고 요동에서 한 책으로 이어지기를 바란다(IV-마⑤)"고 했는데, 이는 풀어 말하면 멀리 당시의 당나라 나아가 오늘날의 중국에서도 좋은 평가를 받게 되기를 희망하고[24] 통일신라에서는 물론이고 후대에도 한 책으로 묶어서 잘 전수되기를 소망한다는 뜻을 피력한 것이라 읽혀진다.

또한 거기에 그치지 아니하고 당부하기를 "뒤의 박식자는 삭제하고 보충하기를 바란다(IV-마⑥)"라고 하였다. 이는 자신의 글 속에 혹 있을지도 모를 오류 사항은 삭제하고 부족한 부분은 보충해주기를 후학들에게 당부하는 심정을 허심탄회하게 적어둔 것으로, 역사 진보관의 관점에 서서 자신의 업적을 발판으로 삼아 더욱 진전된 저술이 장차 나오기를 염원하는 자세를 견지하고 있었던 것이라 하겠다.

## 5. 결어 : 최치원 『법장화상전』 사학이론의 사학사적 의의

최치원의 『법장화상전』에 담긴 역사이론의 사학사적인 의의는 대체로 다음의 다섯 가지를 들 수 있겠다. 첫째, 그는 『법장화상전』에서 어느 무엇보다도 사실의 입증을 기본으로 한 직서直書를 강조하였다. 그는 "신信으로써 신信을 전전하고 의疑로써 의疑를 전하는 것"을 '상규常規' 풀어서 '늘상 지켜져야 할 규범'으로 삼고 있으며, 이러한 '직심直心'에 의거해서 "사事는 실實을 나타내게" 함으로써 종내에는 본래의 행적을 밝히는 것을 이 『법장화상전』에서 지향했음을 명시하였던 것이다.

둘째, 최치원은 역사 서술 방법의 중요성에 대해 심도 있게 인식하고 있었을 뿐만 아니라 이를 실제로 구현하였다. 그는 주제에 따라서 체재를 달리해야 함을 강조함은 물론이고 역사적 사실의 선후先後 관계에 관한 명확한 정

---

24 오늘날 중국에서 최치원의 문집 『계원필경집』이 校註本으로서 黨銀平 校注, 『桂苑筆耕集校注』(上 · 下), 北京:中華書局, 2007이 출간되었을 뿐만이 아니라 중국학자의 연구서로 方曉偉, 『崔致遠思想和作品研究』, 揚州:廣陵書社, 2007가 출판되었으므로, 이러한 최치원 자신의 염원은 달성되었다고 할 수가 있겠다.

립을 지적하였으며, 그리고 글의 핵심을 온전 파악하여 쉬운 것과 어려운 것을 분간하여 순서를 정해 설명해서 궁극적으로는 독자들이 제대로 이해할 수 있도록 서술해야 함을 천명하였고, 이를 또한 실천하였던 것이다.

셋째, 최치원은 선택한 어휘의 개념에 관한 적확한 정의를 극도로 중시하고 이를 또한 그 스스로 실현하였다. 그리하여 "숨은 진리를 능히 마음으로 수색"하고 "깊은 진리를 힘써 끌어당기는" 것과 '날카로운 칼'과 같이 "의심나는 것을 분석하지 않는 것이 없으며" 나아가 "깊은 뜻을 찾아내고" "기요機要를 뽑아내어 보충"하는 것을 지향하였던 것이며, 그가 『법장화상전』에서 지엄과 법장의 저술 속의 내용을 인용하여 비교하고 정리하면서 굳이 이런 얘기를 자세하게 쓰고 있음도 바로 그러한 자신의 지향을 구현하기 위한 방편이었다.

넷째, 역사 서술 체재에 대한 심사숙고를 통해 광범위하게 할 것과 간략하게 할 것을 구분하여 설정해야 하겠다는 의식을 지니고 있었을 뿐만이 아니라 이를 구체화하여 비·전 중심의 역사 인식을 지니고 이를 자신의 저술들 속에서 구체적으로 실현하였다. 즉 『법장화상전』 자체가 법장화상의 생애 전반에 대해 "폭넓게 기록하고 갖추어 말한 것"임을 밝히면서 "거의 들어맞음이 있을 것이다"는 자신감을 적극적으로 표방하고 있다.

다섯째, 역사의 진보를 확신하면서 이러한 시각에서 당시 사학에 대한 날카로운 비판을 가하였으며, 또한 자신의 업적을 능가하는 저술들이 장차 나오기를 소망하는 태도를 취하고 있었다. 그는 당시에 비碑가 있고 전傳이 있어도 그것을 "펴서 샅샅이 보는 데에는 게으르고 속이는 데 용감하다"고 예리하게 지적하면서, 그래서 "심지어 사학史學을 마魔의 근원이라고 헐뜯고 승보僧譜를 배척하여 쓸모없는 물건으로 여긴다"고 개탄하였던 것이다. 그러면서 당부하기를 "뒤의 박식자博識者는 삭제하고 보충하기를 바란다"라고 하였다. 이는 역사 진보관에 입각해서 자신의 업적을 발판으로 삼아 더욱 진전된 저술이 장차 나오기를 염원하는 자세를 견지하고 있었음을 입증해준다고 하겠다.

## [부기附記]

이상에서 최치원『법장화상전』의 사학이론에 대한 규명에 힘 기울여오면서 항시 머릿속에서 맴돌았던 것은 두 가지 점이었다. 그 하나는 그가 사실의 입증을 기본으로 한 직서直書를 강조하고 있는 사실과 관련해서, 서양사학사에서 랑케Leopold von Ranke(1795-1885)가 말한 것으로 인구人口에 회자膾炙되는 '실제로 일어났던 그대로'가 연상되었다는 점이었다. 다른 하나는 그가 하필이면 승려 개인의 전기인『법장화상전』을 저술하였으며, 그러면서 왜 여기에서 집중으로 역사이론들을 담아냈던 것일까 하는 의문이었다.

우선 랑케의 '실제로 일어났던 그대로'에 대해 심도 있게 본격적으로 살필수 있었던 것은 이에 대해 심층적으로 조망한 허승일許勝一(1940- )의 연구서를 통해서였는데, 거기에서 특히 시리아 사모사타Samosata 출신의 문필가 루키아노스Lukianos(120?-180?)가 저술한「역사를 어떻게 쓸 것인가?」를 김경현金炅賢(1953- )의 번역으로 학계에 소개되었다는 사실을 알게 된 후 이 글을 읽으면서 가히 충격적이었다. 지금까지의 얄팍한 지식이 얼마나 허접한 것이었는지를 비로소 깨쳤기 때문이었다. 하여 이런 기분에 휩싸여 이와 관련된 내용을 다음과 같이 정리해보았었다.

서양의 사학사에서 이른바 역사주의Historicism의 가장 대표적인 역사학자로 손꼽아지는 랑케(1795-1885)의 명구名句로서 그간 널리 인구에 회자되어 온 것은, 현재의 편견으로부터 완전히 자유로운 상태에서 과거를 보아야 하며 과거의 사건들은 그것들이 '실제로 일어났던 그대로wie es eigentlich gewesen' 서술되어야 한다는 것이었다. 그런데 근자에 이르러 이러한 랑케의 전유물이었다고 믿어져 왔던 이 유명한 명구가 랑케 자신의 유일무이한 것이 아니라는 사실이 규명되기에 이르렀다. 왜냐하면, 유프라테스 강 인접 시리아의 주요 도시 사모사타Samosata 출신의 수사학修辭學에 능통했던 문필가 루키아노스Lukianos(120?-180?)가 저술한「역사를 어떻게 쓸 것인가?」에서 그것과 대단히 흡사한 대목들이 발견되었던 것이다. 다음의 대조표를 보면, 충분히 그럴 개연성이 드러난다.

## 〈참고표〉 역사가의 임무에 관한 루키아노스와 랑케의 표현 비교

| | 서명 | 『역사를 어떻게 쓸 것인가』 |
|---|---|---|
| 루키아노스 | 내용 | 44. 역사가의 자세란 점에서, 자유로운 표현과 진실을 우리의 목표로 설정했으므로, 역사가의 언어란 점에서는 일어난 일을 엄밀하게 보여주고, 아주 명백하게 드러내는 것, 그것이 제1의 목표가 될 것이네. 그러기 위해서는 입에 담기 어렵거나 상궤를 벗어난 말들, 저자거리나 상인들 사이의 속된 말이 아니라, 대중이 알아들을 수 있으며 식자들이 권장할만한 말을 써야 하네. 그리고서, 부담스럽지 않고, 무엇보다 수수함을 지니는 문체로 꾸며야 하네. 말하자면, 사용하는 말이 잘 담근 소스 같아야 한다는 말일세.[25] |
| 랑케 | 내용 | 사람들은 역사에다가 미래의 유익함을 위해 과거를 판단하고 당대의 사람들에게 훈계하는 임무를 부여해 왔다. 그것은 단지 '그것이 본래 어떤 상태에 있었는가 wie es eigentlich gewesen'를 보여주고자 할 뿐이다.[26] |
| | 서명 | 『라틴족과 게르만족의 역사, 1494-1514』 |

    루키아노스가 말하는 '일어난 일을 엄밀하게 보여주고, 아주 명백하게 드러내는 것'과 랑케가 언급한 '단지 그것이 본래 어떤 상태에 있었는가 wie es eigentlich gewesen를 보여주고자 할 뿐'이라는 구절이 의미상으로도 수사학적 구조상으로도 상이하다는 점을 결코 찾아내기 어렵다는 데에 누구나 쉽게 동의하지 않을 수 없을 것이다. 그래서 결국 랑케의 이 유명한 명구가 루키아노스의 것에서 영향을 받았거나, 거의 그대로 가져온 것임이 입증되었다고 보는 게 요즘의 새로운 견해다.[27]

    이처럼 별로 깊지 않은 식견에 기대어 서서 저자著者가 바라보건대, 최치원의 '사실의 입증을 기본으로 한 직서直書를 강조'하였다는 사실 자체가 전혀 낯설지 않다는 느낌이 처음부터 강하였다. 혹여 서양의 현대 역사학자들이 자신이 그토록 익숙한 랑케의 "단지 그것이 본래 어떤 상태에 있었는가를 보여주고자 할 뿐"이라는 말과 그리고 그 보다 훨씬 이전에 루키아노스가 제기한 "일어난 일을 엄밀하게 보여주고, 아주 명백하게 드러내는 것"이라는 말

---

25 루키아노스Lucianos of Samosata(120-180), 『역사를 어떻게 쓸 것인가?』; 김경현 역, 「루키아노스의 '역사를 어떻게 쓸 것인가?': 고대 역사서술과 수사학」, 『서양고대사연구』 19, 2006, p.279.

26 허승일, 「랑케 사론: 사학과 철학의 합일로서의 역사」, 『다시, 역사란 무엇인가?』, 서울대학교출판문화원, 2009, p.195 및 pp.200-201.

27 이상의 서술 내용은 저자가 2012년 1학기 충북대학교 사범대학 역사교육과의 전공필수 교과목 〈역사학개론〉 강의를 위해 마련하여 수강생들에게 배부한 강의안 『역사학개론 강의』 제1장 제4절 「역사학의 개념과 성격」 중의 일부이다.

을 염두에 두고, 최치원의 『법장화상전』을 영어가 되었건 라틴어가 되었건 어떠한 언어로든 완벽하게 번역된 것을 읽고 거기에서 "신신信으로써 신신信을 전전傳하고 의의疑로써 의의疑를 전하는 것"이라는 표현을 접했을 때, 그들은 과연 어떤 감회를 지니게 될 것인가? 이것이 예전이나 지금이나 시간이 적지 아니 지났어도 무척이나 궁금하다.[28] 그래서 감히 최치원 『법장화상전』의 사학이론을 여기에서 운위해보는 것이다.

또 하나 최치원 『법장화상전』의 사학이론에 대한 관심을 기울이면서 줄곧 지니게 되었던 의문, 즉 그가 하필이면 승려 개인의 전기인 『법장화상전』을 저술하였으며, 그러면서 왜 여기에서 집중으로 역사이론들을 담아냈던 것일까 하는 의문은 길현모吉玄謨(1923-2007)의 저술을 통해 비로소 베네디토 크로체Benedetto Croce(1866-1952)의 역사이론을 제대로 접하게 되면서 어느 정도 해소가 되었다. 길현모의 저술에서 크로체 역사이론의 정수를 맛본 후 저자著者가 나름대로 정리한 글은 다음과 같다.

한편 역사학이 예술과 철학을 종합한 학문이라는 견해를 가장 명료하게 천명한 것은 베네디토 크로체Benedetto Croce(1866-1952)로 정평이 나있다. 『논리학』 Logic이라는 자신의 저서 가운데에서 이에 관해 언급한 중요 부분을 길현모吉玄謨

---

28 그러던 어느 날 현대의 역사학자 중 오늘날 가장 저명한 세계사학사 전공자로 손꼽히는 이거스 Georg G. Iggers(1926- )의 저서들을 국역본이든 중국어 번역본이든 가리지 않고 섭렵하던 중 매우 충격적인 체험을 하게 되었다. [美]格奧爾格·伊格爾斯, 王晴佳 著, A Global History of Modern Historiography, Harlow:Pearson Education Limited, 2008; 楊豫 譯, 『全球史學史:從18世紀至當代』 , 北京:北京大學出版社, 2011 를 영어 원본·중국어 번역본을 치밀하게 읽어보면, 한국사학사 관련 부분에서 최치원의 사학을 언급하기는커녕 김부식의 『삼국사기』 조차도 충실히 제대로 설명하지 못하는 수준에 그치고 있었던 것이다.
이외에 저자가 쉽지 않게 구입하여 지니고 활용하는 중국어 번역본으로서는 Georg G. Iggers, The German Conception of History, 1997; [美] 格奧爾格·G·伊格爾斯 著, 彭剛·顧杭 譯, 『德國的歷 史觀』, 南京:譯林出版社, 2006. Georg G, Iggers, Historiography in the Twentieth Century:From Scientific Objectivity to the Postmodern Challenge, Nanover, NH, Wesleyan University Press, 1997; [美] 格奧爾格·G·伊格爾斯 著, 何兆武 譯, 『二十世紀的歷史學:從科學的客觀性到后現代的挑戰』, 濟南:山東大學出版社, 2006. 등 비록 2권에 불과하지만, 앞의 공저에 드러난 미숙한 서술의 恥部는 이런 저작들을 통해 접하는 Iggers의 수준과는 걸맞지 않는 것 같아 전혀 마뜩치 않지만, 아직은 한 국학의 수준이 미약하기 때문이니 그들만을 탓할 일은 아닌 듯하다.

(1923-2007)의 연구에서 정리한 것을 옮겨 적으면 다음이다.

"16년 전에 나는 History beneath the General Concept of Art(1893)라는 제목의 논문을 가지고 철학연구의 첫 발을 내디뎠다. 거기서 내가 주장한 바는 역사는 예술이다(다른 사람들은 나의 생각을 이렇게 요약했지만)라는 것이 아니라(제목이 분명히 말해주고 있듯이), 역사는 예술의 일반적인 개념 밑에 놓일 수 있다는 점이었다. 그러나, 그로부터 16년이 경과된 지금에 와서 나는 이와는 반대로 역사는 철학이며, 역사와 철학은 동일물 바로 그것이라고 주장한다. … Outlines of Logic(1904-5)에 와서 나는 더욱 일단계의 전진을 이룩하였다. 거기에는 역사는 이론적 정신의 최종적 결과이며, 그것은 예술의 강물과 철학의 강물에 의해서 충만된 大洋과 같은 것이라는 나의 견해가 반영되었다. 그러나, 그 후에도 나에게 있어서는 역사와 철학과의 동일성은 항상 반쯤 가리워진 채로 남아 있었는데, 왜냐하면 철학은 역사의 구속을 벗어난 어떠한 자유로운 형식을 가질 것이며, 또한 역사와의 관련성에 있어서 그보다 앞선 독자적인 정신적 계기를 이룰 것이라는 나의 편견이 여전히 청산되지 못하고 있었기 때문이다. … 그러나, 이러한 편견과 추상성은 점차로 사라지게 되었다. … 그리하여, 이중의 추상성이 완전히 제거된 다음 마침내 나에게 있어서는 두 개의 구체성(내가 무엇보다도 먼저 역사에 대하여 요구하고, 그리고 나서 다음으로 철학에 대하여 요구한)이 하나로 밝혀지게 되었다.
이상이 내가 밟아온 과정이다. 그리고 그것은 만일 내가 이를 소홀히 했을 때에는 사람들을 잘못으로 인도할 것이기 때문에 내가 특히 적어놓고자 원했던 바이다.[29]"

이는 『논리학』에 붙여진 크로체 자신의 장문의 노트의 내용의 일부로, 크로체의 역사에 대한 견해의 변천과정을 정리하는 데에 커다란 중요성을 지니는 것인데, 이에 따라 다음의 3단계로 구분해 볼 수 있다. (1)역사는 예술의 개념에 속한다, (2)역사는 예술과 철학을 종합한 학문이다, (3)역사는 철학과 동일하다는 게 그것이다. 이런 끝에 크로체가 최종적으로 도달하게 된 것은 "철학은 곧 역사다"라는 결론이었는데, 그래서 그에게 있어서 진정한 역사적 판단으로서의 개별적 판단은 동시에 진정한 철학적 판단일 수밖에 없었으며, 둘 사이의 구분은 다만 형식적인 교

---

29 Benedetto Croce, Logic as Science of the Pure Concept, trans. from the Italian by Douglas Ainslie, Macmillan, 1917, pp.28-29; 길현모, 「크로체의 역사이론」, 『서양사학사론』, 법문사, 1977, pp.334-335.

과편제상의 구분 이상의 것이 될 수 없었다. 결국 그에게 있어서의 철학과 역사의 합일philosophy-history은 역사의 철학화 내지는 역사의 철학에의 해소로서 이룩된 게 아니라, 오히려 철학의 역사에의 해소 내지는 철학의 역사화의 형태로서 나타난 것이라고 말할 수 있다는 게 길현모의 견해였고, 이는 크로체 역사이론의 정수精髓를 추출해낸 것이라고 하겠다.[30]

이로써 보면 최치원이 여러 역사이론을 적용하면서 『법장화상전』을 저술한 것은 결국 단지 한 사람의 전기로서 그랬던 것만은 아니었던 것 같다. 그는 오늘날의 시점에서 보자면 사상사로서 사학과 철학의 소통을 염두에 두고 그랬던 게 아니었나 싶어진다.

그리고 크로체의 '철학과 역사의 합일' 이론은, 길현모의 정리로서 비로소 완성되었다고 하면 지나친 과장이라고 탓할지 모르겠으나 저자의 부족하기 그지없는 실력으로서는 고작 이렇게 밖에는 표현 못하겠는데, 어쨌든 크로체의 '철학과 역사의 합일' 지향은 최치원이 『법장화상전』을 저술하며 그 속에서 배태胚胎해낸 역사이론들과 동렬同列로 견줄 수 있는 게 아닐까? 이 역시 『법장화상전』을 위시한 『사산비명四山碑銘』 등 최치원의 모든 저술들을 영어가 되었건 라틴어가 되었건 서양의 언어로 완벽하게 번역하여 제공한 뒤, 세계사 안목을 제대로 갖춘 서양의 역사학자들에게 연구하게 하면 그들 중 어느 하나는 동의하지 않을까 하는 느낌이 강하게 든다.

---

[30] 이상의 서술 내용 역시 저자가 마련한 2012년 1학기의 강의안 『역사학개론 강의』 제3장 제2절 「역사학과 인문학」 중의 일부이다.

# 부록모음

1. 『文選』 篇目 중 引用되는 典據와 著者名 가나다順 分析表

| 順番 | 著者 | 題目 | 著述時期 | 分類 | 典據 | 卷數 |
|---|---|---|---|---|---|---|
| 1 | 賈誼 | 過秦論 | 漢 文帝 | 論 | 『新書』『漢書』『吳志』闕澤傳 | 51 |
|  |  | 弔屈原文 幷序 |  | 弔文 | 『史記』賈誼傳『漢書』賈誼傳 | 60 |
| 2 | 干令升 [干寶] | 晉紀論晉武帝革命 / 晉紀總論 | 東晉 | 史論 | 『晉紀』 | 49 |
| 3 | 江文通 [江淹] | 詣建平王上書 | 宋 建平王 | 上書文 | 『南史』江淹傳『梁書』江淹傳 | 39 |
| 4 | 孔安國 [孔子國] | 尚書序 | 漢 武帝 | 序 | 『尚書』 | 45 |
| 5 | 陶淵明 [陶潛] | 歸去來辭 | 義熙 元年(405) | 辭 | 『晉書』陶潛傳 | 45 |
| 6 | 杜元凱 [杜預] | 春秋左氏傳序 | 西晉 | 序 | 『春秋左氏傳』 | 45 |
| 7 | 枚叔 [枚乘] | 上書重諫吳王 / 上書諫吳王 | 西漢 前期 | 上書文 | 『漢書』枚乘傳 | 39 |
| 8 | 班孟堅 [班固] | 幽通賦 | 漢 明帝 永元 年間 | 賦 | 『漢書』敍傳 | 14 |
|  |  | 典引 | 前漢 | 符命 | 『後漢書』班固傳 | 48 |
|  |  | 公孫弘傳贊 | 前漢 | 史論 | 『漢書』公孫弘傳 | 49 |
|  |  | 述高紀 第一 | ? | 史述贊 | 『漢書』高祖本紀 | 50 |
|  |  | 述韓英彭盧吳傳 第四 | ? | 史述贊 | 『漢書』 | 50 |
|  |  | 述成紀 第十 | ? | 史述贊 | 『漢書』孝成紀 | 50 |
| 9 | 范蔚宗 [范曄] | 逸民傳論 / 宦者傳論 | ? | 史論 | 『後漢書』逸民傳『後漢書』宦者傳 | 50 |

| No. | 人物 | 作品 | ジャンル | 時代 | 出典 | 番号 |
|---|---|---|---|---|---|---|
| | | 後漢書皇后紀論 | 史論 | ? | 『後漢書』皇后紀 上 | |
| | | 後漢書二十八將傳論 | 史論 | ? | 『後漢書』朱景王杜馬劉傅堅馬列傳 | |
| | | 後漢書光武紀贊 | 史述贊 | ? | 『後漢書』光武紀 | |
| 10 | 卜子夏<br>[卜商] | 毛詩序 | 序 | 春秋 末 | 『毛詩』 | 45 |
| 11 | 司馬長卿<br>[司馬相如] | 上書諫獵 | 上書文 | 漢 武帝 | 『史記』司馬相如傳<br>『漢書』司馬相如傳 | 39 |
| | | 難蜀父老一首 | 檄 | 漢 武帝 | 『史記』司馬相如傳<br>『漢書』司馬相如傳 | 44 |
| 12 | 石季倫<br>[石崇] | 思歸引書 | 序 | 春秋 | 『樂府詩集』 | 45 |
| 13 | 成公子安<br>[成公綏] | 嘯賦 | 賦 | 西晉 | 『晉書』文苑傳 | 18 |
| 14 | 束廣微<br>[束皙] | 補亡詩六首 | 詩 | 晉 | 『毛詩』「小序」 | 19 |
| 15 | 沈休文<br>[沈約] | 宋書謝靈運傳論<br>恩倖傳論 | 史論 | ? | 『宋書』謝靈運傳<br>『宋書』恩倖傳 | 50 |
| 16 | 顏延年<br>[顏延之] | 秋胡詩 | 詩 | 宋 文帝 | 『西京雜記』烈女傳 | 21 |
| 17 | 揚子幼<br>[揚惲] | 報孫會宗書 | 書 | 漢 宣帝 | 『漢書』揚惲傳 | 41 |
| 18 | 李斯 | 上書秦始皇 | 上書文 | ? | 『史記』李斯傳 | 39 |
| 19 | 任彥昇<br>[任昉] | 為齊明帝讓宣城郡公第一表 | 表 | ? | 『梁書』任昉傳 | 38 |
| | | 奉答勅示七夕詩啓 | 啓 | 梁 武帝 | 『梁武帝集』 | 39 |

2. 『文選』篇目 중 引用되는 典據名 가나다順 分析表

| 順番 | 典據 | 題目 | 著者 | 生沒時期 | 分類 | 卷數 |
|---|---|---|---|---|---|---|
| 1 | 『毛詩』「序」 | 毛詩序 | 卜子夏[卜商] | 前507?-? | 序 | 45 |
| | 『毛詩』「小序」 | 補亡詩 六首 | 束廣微[束晳] | 261?-300 | 詩 | 19 |
| 2 | 『史記』賈誼傳 | 吊屈原文 幷序 | 賈誼[賈誼] | 前200-前168 | 吊文 | 60 |
| | 『史記』司馬相如傳 | 難蜀父老 一首 | 司馬長卿[司馬相如] | 前179-前117 혹 前118) | 檄 | 44 |
| | | 上書諫獵 | | | 上書文 | 39 |
| | 『史記』李斯傳 | 上書秦始皇 | 李斯 | ?-前208 | 上書文 | 39 |
| 3 | 『尙書』 | 尙書序 | 孔安國[孔子國] | ?-? | 序 | 45 |
| 4 | 『宋書』謝靈運傳 | 宋書謝靈運傳論 | 沈休文[沈約] | 441-513 | 史論 | 50 |
| | 『宋書』恩倖傳 | 恩倖傳論 | | | 論 | 51 |
| 5 | 『新書』 | 過秦論 | 賈誼 | 前200-前169 | 論 | 45 |
| 6 | 『樂府詩集』 | 思歸引書 | 石季倫[石崇] | 249-300 | 序 | 39 |
| 7 | 『梁武帝集』 | 奉答勅示七夕詩啓 | 任彦昇[任昉] | 460-508 | 啓 | 39 |
| 8 | 『梁書』江淹傳 | 詣建平王上書 | 江文通[江淹] | 444-505 | 上書文 | 38 |
| | 『梁書』任昉傳 | 爲齊明帝讓宣城郡公第一表 | 任彦昇[任昉] | 460-508 | 表 | 21 |
| 9 | 『烈女傳』 | 秋胡詩 | 顏延年[顏延之] | 384-456 | 詩 | 49 |
| 10 | 『晉紀』 | 晉紀總論 | 干令升[干寶] | ?-371? | 史論 | 45 |
| | | 晉紀論晉武帝革命 | | | | |
| 11 | 『晉書』陶潛傳 | 歸去來辭 | 陶淵明[陶潛] | 365-427 | 辭 | |

308

| 番号 | 出典 | 篇名 | 作品名 | 作者 | 年代 | 分類 | 頁 |
|---|---|---|---|---|---|---|---|
| 12 | 『春秋左氏傳』 | 文苑傳 | 嘯賦 | 成公子安[成公綏] | 231-273 | 賦 | 18 |
|  |  |  | 春秋左氏傳序 | 杜元凱[杜預] | 220-284 | 序 | 45 |
| 13 | 『漢書』 | 枚乘傳 | 上書重諫吳王 上書諫吳王 | 枚叔[枚乘] | ?-前141? | 上書文 | 39 |
|  |  | 揚惲傳 | 報孫會宗書 | 揚子幼[揚惲] | ?-前56? | 書 | 41 |
|  |  | 敘傳 | 幽通賦 |  |  | 賦 | 14 |
|  |  | 公孫弘傳 | 公孫弘傳贊 第一 |  |  | 史論 | 49 |
|  |  | 高祖本紀 | 述高紀 第一 | 班孟堅[班固] | 322-92 | 史述贊 | 50 |
|  |  | 敘傳 | 述韓英彭盧吳傳 第四 |  |  |  |  |
|  |  | 孝成紀 | 述成紀 第十 |  |  |  |  |
| 14 | 『後漢書』 | 班固傳 | 典引 |  |  | 符命 | 48 |
|  |  | 皇后紀 上 | 後漢書皇后紀論 | 班孟堅[班固] | 322-92 | 史論 | 49 |
|  |  | 逸民傳 | 逸民傳論 |  |  |  |  |
|  |  | 朱景王杜馬劉傅堅馬列傳 | 後漢書二十八將傳論 |  |  | 史論 | 50 |
|  |  | 宦者傳 | 宦者傳論 |  |  |  |  |
|  |  | 光武紀 | 後漢書光武紀贊 |  |  | 史述贊 |  |

## 3. 『文館詞林』 殘卷의 卷別 分析表

〈凡例〉

1)( ) 표시는 目錄에는 없으나 本文에는 있는 경우이다.
2)필을 표시는 本文에 모두 없으나 앞과 동일하다고 판단한 경우이다.
3)備考의 '闕落'표시는 目錄에 '闕落'으로 기록된 경우이고, '上闕' 및 '下闕' 역시 그러하다.
4)備考의 '漏落'표시는 目錄이나 原文이 어느 한 쪽의 기록에 누락된 경우이다.
5)備考의 '追加'표시는 目錄에는 기록 내용이 없으나 原文에는 있는 경우이다.
6)備考의 '異字'표시는 目錄과 原文의 표기가 달리 되어 있는 경우이다.
7)備考의 '誤記'표시는 目錄과 原文의 표기를 대조하여 어느 한 쪽의 표기가 잘못된 경우이다.
8)이 〈凡例〉는 아래의 (附錄〈表 2〉 이후에도 동일하게 적용된다.

| 連番 | 卷數 | 分類 | | | | | 時代 | 作者 | 題目 | 備考 |
|---|---|---|---|---|---|---|---|---|---|---|
| | | 詩12 | 人部9 | 贈答1 | 四言 | 親屬贈答 | | | | |
| 1 | 152 | | | | | | 西晉 | 潘岳 | 贈王冑一首 | |
| 2 | | | | | | | 西晉 | 潘尼 | 獻長安君安仁一首 | |
| 3 | | | | | | | 西晉 | 潘尼 | 贈司空椽安仁一首 | |
| 4 | | | | | | | 西晉 | 左思 | 悼離贈妹二首 | |
| 5 | | | | | | | 西晉 | 陸機 | 與弟清河雲一首幷序 | |
| 6 | | | | | | | 西晉 | 陸運 | 答兄機一首 | |
| 7 | | | | | | | 宋 | 陶潛 | 贈長沙公族祖一首 | |
| 8 | | | | | | | 宋 | 謝靈運 | 贈從弟弘元一首 | |
| 9 | | | | | | | 宋 | 謝靈運 | 答中曹一首 | |
| 10 | | | | | | | 宋 | 謝靈運 | 贈從弟弘元時爲中軍功曹住京一首 | |
| 11 | | | | | | | 宋 | 謝靈運 | 贈安成一首 | |
| 12 | | | | | | | 南齊 | 王叔 | 第五兄揖太傅竟陵王屬奉詩一首 | |
| 13 | | | | | | | 南齊 | 王融 | 贈族叔衛軍儉一首 | |

| 번호 | 분류 | 연번 | 시대 | 작자 | 제목 | 비고 |
|---|---|---|---|---|---|---|
| 14 | | | 梁 | 昭明太子 | 示徐州弟一首 | |
| 15 | | | 梁 | 王揖 | 在齊答弟寂一首 | |
| 16 | 夫婦贈答 | | 後漢 | 秦嘉 | 贈婦一首 | |
| 17 | | 156 | (西晉) | 孫楚 | 贈婦胡母人別(一首) | 本文漏落 |
| 18 | 四言 | | 西晉 | 歐陽建 | 答石崇贈一首 | |
| 19 | | | 西晉 | 摯虞 | 答伏仲武一首 | |
| 20 | | | 西晉 | 摯虞 | 贈褚武良以尙書出爲安東一首 | |
| 21 | | | 西晉 | 摯虞 | 贈李叔龍以尙書郎遷建平太守一首 | |
| 22 | | | 西晉 | 鄭豊 | 答陸士龍四首(幷序) | 漏落 |
| 23 | | | 西晉 | 張翰 | 贈張彣七陽一首 | |
| 24 | | | 西晉 | 陸機 | 答賈謐一首幷序 | |
| 25 | | | 西晉 | 陸機 | 贈顧令文爲宜春令一首 | |
| 26 | | | 西晉 | 陸機 | 贈武昌太守夏少明一首 | |
| 27 | | | 西晉 | 孫承 | 贈陸士龍一首 | |
| 28 | | | (西晉) | (陸雲) | 答孫承一首 | 漏落 |
| 29 | | | 西晉 | 張載 | 贈鄭曼季四首幷序 | |
| 30 | | 157 | 西晉 | 張載 | 贈司隸傳咸一首 | |
| 31 | 四言 | | 西晉 | 曹攄 | 贈韓德眞一首 | |
| 32 | | | 西晉 | 曹攄 | 贈石崇一首 | |
| 33 | | | 西晉 | 曹攄 | 贈王弘遠一首 | |
| 34 | | | 西晉 | 曹攄 | 贈歐陽建一首 | |
| 35 | | | 西晉 | 曹攄 | 答趙景猷(詩)三首 | |
| 36 | | | 西晉 | 棗腆 | 答石崇一首 | 漏落 |
| 37 | | | 西晉 | 棗嵩 | 贈杜方叔一首 | |

| No. | | | | | | 時代 | 作者 | 題名 | 誤記 |
|---|---|---|---|---|---|---|---|---|---|
| 38 | | | | | | 西晉 | (盧諶) | 贈荀彥將一首 | 誤記 |
| 39 | | | | | | 西晉 | 夏靖 | 答陸士衡一首 | 漏洛 |
| 40 | | | | | | 東晉 | 郭璞 | 答賈九州愁(詩)一首 | |
| 41 | | | | | | 東晉 | 郭璞 | 與王使君一首 | |
| 42 | | | | | | 東晉 | 郭璞 | 答王門子一首 | |
| 43 | | | | | | 東晉 | 陶 | 贈溫嶠一首 | |
| 44 | | | | | | 東晉 | 梅陶 | 贈溫嶠一首 | 漏洛 |
| 45 | | | | | | 東晉 | 王胡之 | 贈(安西)分翼一首 | |
| 46 | | | | | | 東晉 | 王胡之 | 答謝安一首 | |
| 47 | | | | | | 東晉 | 孫綽 | 贈溫嶠一首 | |
| 48 | | | | | | 東晉 | 孫綽 | 與分冰一首 | |
| 49 | | | | | | 東晉 | 孫綽 | 答許詢一首 | |
| 50 | | | | | | 東晉 | 謝安 | 贈謝安一首 | |
| 51 | | | | | | 東晉 | 謝安 | 與王胡之一首 | |
| 52 | | | | | | 東晉 | 郗超 | 答傅郎一首 | |
| 53 | | | | | | 東晉 | 羊徽 | 贈傅長猷傅時爲太尉主簿入爲都官郎一首 | |
| 54 | 158 | | | 四言 | 雜贈答四 | 東晉 | 羊徽 | 答丘泉之一首 | |
| 55 | 詩18 | 人部15 | 贈答 | | | 後魏 | 宗欽 | 贈高尤詩一首 | 一部闕洛 |
| 56 | | | | | | 後魏 | 高允 | 答宗欽一首 | |
| 57 | | | | | | 宋 | 陶潛 | 酬丁柴桑一首 | |
| 58 | | | | | | 宋 | 謝靈運 | 答謝諮議一首 | |
| 59 | | | | | | 宋 | 丘泉之 | 贈記室羊徽其屬疾在外一首 | |
| 60 | | | | | | 南齊 | 虞羲 | 敬贈蕭諮議一首 | |
| 61 | | | | | | 南齊 | 虞羲 | 贈何錄事語之一首 | |
| 62 | | | | | | 梁 | 武帝 | 贈逸人一首 | |

| 番号 | | | | | 朝代 | 作者 | 題名 | 備考 |
|---|---|---|---|---|---|---|---|---|
| 63 | | | | | 梁 | 簡文帝 | 和贈逸人應詔一首 | 追加 |
| 64 | | | | | 梁 | 沈約 | 贈沈錄事江水曹二大使一首(東陽郡時) | 追加 |
| 65 | | | | | 梁 | 沈約 | 贈劉南郡季連一首(東陽郡時) | 追加 |
| 66 | | | | | 梁 | 到洽 | 贈任昉一首 | |
| 67 | | | | | 梁 | 到洽 | 答秘書丞張率一首 | |
| 68 | | | | | 梁 | 吳均 | 重贈郭(臨燕)一首 | 缺落 |
| 69 | | | | | 梁 | 費昶 | 贈徐郎一首 | |
| 70 | 160 | 詩20 | 禮部2 | 釋奠下 四言 | 隋 | 盧思道 | 仰贈特進陽休之一首(并序) | 追加 |
| 71 | | | | | 南齊 | 陸璉 | 皇太子釋奠一首 | |
| 72 | | | | | 南齊 | 阮彥 | 皇太子釋奠會一首 | |
| 73 | | | | | 南齊 | 袁孝丘 | 皇太子釋奠詩一首 | |
| 74 | | | | | 南齊 | 王僧令 | 皇太子釋奠(詩)一首 | 追加 |
| 75 | | | | | 南齊 | 王思遠 | 皇太子釋奠(詩)一首 | 追加,一部内容缺落 |
| 76 | | | | | 南齊 | 分泉之 | 皇太子釋奠一首 | 内容缺落 |
| 77 | | | | | 梁 | 武帝 | 侍齊皇太子釋奠會一首 | 内容缺落 |
| 78 | | | | | 梁 | 丘希範 | 侍齊皇太子釋奠一首 | 内容缺落 |
| 79 | | | | | 梁 | 任昉 | 侍齊皇太子釋奠一首 | 内容缺落 |
| 80 | | | | | 梁 | 沈約 | 侍齊皇太子釋奠一首 | 内容缺落 |
| 81 | | | | | 梁 | 沈約 | 爲南乙齊郡王侍齊皇太子釋奠一首 | 内容缺落 |

| 序號 | 數 | 類 | 目 | 朝代 | 撰匯 | 釋奠應令一首 | 一部內容缺落 |
|---|---|---|---|---|---|---|---|
| 82 |  |  |  | 梁 | 何胤 | 皇太子釋奠會(詩)一首 |  |
| 83 |  |  |  | 梁 | 蕭洽 | (侍)釋奠會一首 | 追加 |
| 84 |  |  |  | 梁 | 鮑幾 | 釋奠應詔為王暕作一首 | 追加 |
| 85 |  | 禮部5 |  | 梁 | 陸雲公 | 釋奠(詩)應令一首 | 追加 |
| 86 |  |  |  | 隋 | 江總 | 釋奠(詩)應令一首 | 追加 |
| 87 |  |  |  | 隋 | 王胄 | 在陳釋奠金石會應令一首 | 追加 |
| 88 | 346 | 頌16 | 巡幸 |  |  |  |  |
| 89 |  |  |  |  |  | 毛詩同頌時邁一章 | 漏落 |
| 90 |  |  |  | 後漢 | 崔駰 | 東巡頌一首(幷序) |  |
| 91 |  |  |  | 後漢 | 崔駰 | 南巡頌一首幷序 |  |
| 92 |  |  |  | 後漢 | 崔駰 | 西巡頌一首幷序 |  |
| 93 |  |  |  | 後漢 | 崔駰 | 北巡頌一首幷序 |  |
| 94 |  |  |  | 後漢 | 馬融 | 東巡頌一首幷序 |  |
| 95 |  |  |  | 後漢 | 劉珍 | 東巡頌一首 |  |
| 96 |  |  |  | (宋) | 高允 | 南巡頌一首(幷序) | 追加 |
| 97 |  |  |  | (東晉) | 孝武帝 | 巡幸舊宮頌一首 | 漏落 |
| 98 |  |  |  | (東晉) | 曹毗 | 伐蜀頌一首 | 追加 |
| 99 | 414 | 七4 | 七 | (後魏) | 高允 | 北伐頌一首 | 追加 |
| 100 |  |  |  | 後漢 | 王粲 | 七釋八首 |  |
| 101 |  |  |  | 魏 | 曹植 | 七啟八首幷序 |  |
| 102 | 452 | 碑32 |  | 魏 | 傅巽 | 七誨八首 |  |
| 103 |  | 將軍2 |  | 北齊 | 魏收 | 征南將軍和安碑銘一首幷序 |  |
| 104 |  |  |  | 隋 | 辟道衡 | 後周大將軍楊紹碑銘一首幷序 |  |

| 번호 | 숫자 | 碑 | 百官 | 將軍/都督 | 王朝 | 撰者 | 題目 | 備考 |
|---|---|---|---|---|---|---|---|---|
| 105 | | | | | 隋 | 辟道衡 | 大將軍趙芬碑銘一首并序 | |
| 106 | 453 | 碑33 | 百官23 | 將軍3 | 隋 | 辟收 | 驃騎將軍王懷文碑銘一首并序 | |
| 107 | | | | | 隋 | 盧南 | 左武候將軍籠某碑序一首 | |
| 108 | | | | | 隋 | 褚亮 | 左屯衛大將軍周孝範碑銘一首并序 | |
| 109 | | | | | 隋 | 褚亮 | 隨車騎將軍莊元始碑銘一首并序 | |
| 110 | 457 | 碑37 | 百官27 | 都督1 | 隋 | 褚亮 | 隨右驍衛將軍上官政碑銘一首并序 | |
| 111 | | | | | 東晉 | 孫綽 | 江州都督分冰碑銘一首并序 | |
| 112 | | | | | 東晉 | 張望 | 江州都督分翼碑銘一首并序 | |
| 113 | | | | | 東晉 | 伏滔 | 徐州都督王坦之碑銘一首并序 | |
| 114 | | | | | 梁 | 李元帝 | 郢州都督蕭子昭碑銘一首并序 | |
| 115 | 459 | 碑39 | 百官29 | 都督3 | 北齊 | 魏收 | 袞州都督胡延碑銘一首并序 | |
| 116 | | | | | 隋 | 李德林 | 秦州都督陸查碑銘一首并序 | |
| 117 | | | | | 隋 | 李百藥 | 洛州都督竇範碑銘一首并序 | |
| 118 | | | | | 隋 | 李百藥 | 荊州都督劉贍碑銘一首并序 | |
| 119 | 662 | | | | 隋 | 李百藥 | 虁州都督黃君漢碑銘一首并序 | |
| 120 | | | | | | 大宗文皇帝 | 伐遼手詔一首 | |
| 121 | | | | | 漢 | 武帝 | 欲伐匈奴詔一首 | |
| 122 | | | | | 漢 | 武帝 | 答淮南王(安)諫伐詔一首 | 追加 |
| 123 | | | | | 魏 | 文帝 | 論伐吳詔一首 | |
| 124 | | | | | 魏 | 常道鄉公 | 伐蜀詔一首 | |
| 125 | | | | | 西晉 | 武帝 | 伐吳詔一首 | |
| 126 | | | | | (西晉) | 武帝 | 答杜預征吳節度詔一首 | 追加 |
| 127 | | | | | 東晉 | 明帝 | 北討詔一首 | |

| 番号 | 朝代 | 帝 | 題 | 備考 |
|---|---|---|---|---|
| 128 | 東晉 | | 北討詔一首 | |
| 129 | 東晉 | 成帝 | 征劉毅詔一首 | |
| 130 | (後)魏 | 安帝 | 戒師詔一首 | 追加 |
| 131 | (後)魏 | 孝文帝 | 出師詔一首 | |
| 132 | 後魏 | 節閔帝 | 伐爾朱文暢等詔一首 | |
| 133 | 後魏 | 孝靜帝 | 伐元神和等詔一首 | 追加 |
| 134 | 宋 | 順帝 | 西討詔一首 | |
| 135 | (南)齊 | 明帝 | 北伐纂嚴詔一首 | 追加 |
| 136 | 梁 | 武帝 | 北伐詔一首 | 追加 |
| 137 | (梁) | 武帝 | 又北伐詔一首 | 追加 |
| 138 | 北齊 | 文宣帝 | 征長安詔一首 | |
| 139 | (北齊) | 文宣帝 | 西伐詔一首 | 追加 |
| 140 | 後周 | 武帝 | 伐北齊詔二首 | |
| 141 | 漢 | 文帝 | 與匈奴和親詔一首 | |
| 142 | 魏 | 明帝 | 答東阿王論邊事語一首 | |
| 143 | 後魏 | 孝文帝 | 與高句麗王雲詔一首 | |
| 144 | (隋) | 文帝(李德林) | 頒下突厥稱臣詔一首 | |
| 145 | 隋 | 文帝(李德林) | 安邊詔一首 | 追加 |
| 146 | 隋 | 煬帝 | 藝顯匈奴詔一首 | 追加 |
| 147 | | 武德年中 | 籍(撫)四夷詔一首 | 漏落 |
| 148 | | 貞觀年中 | 安撫嶺南詔一首 | |
| 149 | | (貞觀年中) | 慰撫高昌文武詔一首 | 追加 |
| 150 | | (貞觀年中) | 巡撫高昌詔一首 | 追加 |
| 151 | | (貞觀年中) | 撫慰德月處密詔一首 | 追加 |
| 152 | | (貞觀年中) | 撫慰百濟詔一首 | 追加 |

664

| 번호 | | | | 분류 | 제목 | 편찬자 | 왕조 | 追加 |
|---|---|---|---|---|---|---|---|---|
| 153 | 665 | 詔35 | 教有1 | | 撫邮新羅王詔一首 | | | 追加 |
| 154 | | | | | 郊廟大赦詔一首 | 章帝 | 後漢 | |
| 155 | | | | | 郊祀大赦詔一首 | 咸帝 | 東晉 | |
| 156 | | | | | 祭圜丘大赦詔一首 | 孝文帝 | 後魏 | |
| 157 | | | | | 南郊大赦詔一首 | 文帝 | 宋 | |
| 158 | | | | | 親祠廟大赦詔一首 | 文帝 | 宋 | |
| 159 | | | | | 郊祀大赦詔一首 | 武帝(王儉) | 南齊 | 追加 |
| 160 | | | | | 饗祭大赦詔一首 | 武帝(王儉) | 南齊 | 追加 |
| 161 | | | | | 殷祭恩降詔一首 | 武帝(王儉) | 南齊 | 追加 |
| 162 | | | | | 新移南郊親祠敕詔一首 | 武帝(徐勉) | 梁 | 追加 |
| 163 | | | | | 南郊恩降詔一首 | 武帝 | 梁 | |
| 164 | | | | | 南郊恩詔一首 | 武帝(徐勉) | 梁 | 追加 |
| 165 | | | | | 冬至郊禋敕詔一首 | 武帝(徐勉) | 梁 | 追加 |
| 166 | | | | | 禋饗恩降詔二首 | 武帝(沈約) | 梁 | 追加 |
| 167 | | | | | 郊祀恩降詔一首 | 孝昭帝(魏收) | 北齊 | 追加 |
| 168 | | | | | 拜謁山陵敕詔二首 | 文帝 | 宋 | 追加 |
| 169 | | | | | 拜謁山陵赦詔一首 | 貞觀年中 | | |
| 170 | | | | | 籍田大赦詔一首 | 武帝 | 西晉 | |
| 171 | | | | | 籍田大赦詔一首 | 文帝 | 宋 | |
| 172 | | | | | 帝躬耕千畝大赦詔一首 | 孝武帝 | 宋 | |
| 173 | | | | | 籍田大赦詔一首 | 孝武帝 | 宋 | |
| 174 | | | | | 籍田恩詔一首 | 武帝(王儉) | 南齊 | 追加 |
| 175 | | | | | 籍田恩詔一首 | 武帝(徐勉) | 梁 | 追加 |
| 176 | | | | | 籍田勸農大赦詔一首 | 武帝 | (梁) | 追加 |
| 177 | | | | | 明堂勸農大赦詔一首 | 孝武帝 | 宋 | |

| No. | | | | 朝代 | 帝 | 標題 | 追加 |
|---|---|---|---|---|---|---|---|
| 178 | | | | 後魏 | 孝文帝 | 遷都洛陽大赦詔一首 | |
| 179 | 666 | 詔令36 | 敕有2 | 隋 | 煬帝 | 營東都(成)大赦詔一首 | 追加 |
| 180 | | | | 西晉 | 武帝 | 立皇后大赦詔一首 | |
| 181 | | | | 東晉 | 成帝 | 立皇后大赦詔一首 | |
| 182 | | | | 東晉 | 穆帝 | 立皇后大赦詔一首 | |
| 183 | | | | 東晉 | 孝武帝 | 立皇后大赦詔一首 | |
| 184 | | | | 後魏 | 孝靖帝（溫子昇） | 納皇后大赦詔一首 | 追加 |
| 185 | | | | 東晉 | 明帝 | 立皇太子大赦詔一首 | |
| 186 | | | | 東晉 | 孝武帝 | 立皇太子大赦詔一首 | |
| 187 | | | | 後魏 | 孝靜帝（魏收） | 立皇太子大赦詔一首 | |
| 188 | | | | 宋 | 孝武帝 | 立皇太子大赦詔一首 | |
| 189 | | | | 梁 | 武帝（沈約） | 立皇太子大赦詔一首 | 追加 |
| 190 | | | | 梁 | 武帝 | 重立皇太子大赦詔一首 | |
| 191 | | | | 梁 | 武帝（沈約） | 立太子大赦賚詔一首 | 追加 |
| 192 | | | | 後周 | 武帝 | 立皇太子大赦詔一首 | |
| 193 | | | | 後周 | 貞觀年中 | 立皇太子大赦詔一首 | |
| 194 | | | | 後周 | 明帝 | 立皇太子恩降詔一首 | |
| 195 | | | | 後魏 | 孝莊帝（溫子昇） | 誕皇子恩降詔一首 | 追加 |
| 196 | | | | 梁 | 武帝 | 誕皇子大赦詔一首 | |
| 197 | | | | 東晉 | 元帝 | 誕皇孫大赦詔一首 | |
| 198 | | | | 後魏 | 孝文帝 | 誕皇孫大赦詔一首 | |
| 199 | | | | | 貞觀年中 | 誕皇孫恩降詔一首 | |
| 200 | | | | 東晉 | 成帝 | 加元服改元大赦詔一首 | |
| 201 | | | | 梁 | 武帝 | 皇太子冠大赦詔一首 | |

| 番號 | 小計 | | 朝代 | 皇帝 | 詔名 | 備考 |
|---|---|---|---|---|---|---|
| 202 | | | 東晉 | 孝武帝 | 皇太子納妃班賜詔一首 | |
| 203 | | | 梁 | 武帝 | 皇太子婚降大辟以下罪詔一首 | |
| 204 | | | 宋 | 孝武帝 | 請武原降詔一首 | 追加 |
| 205 | | | (宋) | 孝武帝 | 春蒐大赦詔一首 | |
| 206 | | | 宋 | 孝武帝) | 巡幸歷陽郡大赦詔一首 | |
| 207 | | | 宋 | 孝武帝 | 巡幸曲赦南徐州詔一首 | 一部內咨闕落 |
| 208 | | | 南齊 | 武帝 | 幸青溪宮恩降詔一首 | 以下闕落 |
| 209 | | | 北齊 | 後主 | 幸待明宮大赦詔一首 | 闕落 |
| 210 | | | 陳 | 後主 | 幸長于寺大赦詔一首 | 闕落 |
| 211 | | | 隋 | 文帝 | 拜東岳大赦詔一首 | 闕落 |
| 212 | | | 隋 | 煬帝 | 巡幸北岳大赦詔一首 | 闕落 |
| 213 | | | 隋 | 煬帝 | 幸江都赦江進以南詔一首 | 闕落 |
| 214 | | | | 武德年中 | 幸通義宮曲赦宮城內詔一首 | 闕落 |
| 215 | | | | 貞觀年中 | 幸國學義宮恩詔一首 | 闕落 |
| 216 | 667 | 詔37 | | 貞觀年中 | 幸魏王泰宅曲赦詔一首 | 闕落 |
| 217 | | 敕有3 | 漢 | 宣帝 | 鳳凰集泰山赦詔一首 | |
| 218 | | | 後漢 | 章帝 | 麟鳳等瑞改元赦詔一首 | |
| 219 | | | 後魏 | 孝靜帝 | 青雨大赦詔一首 | |
| 220 | | | 宋 | 文帝 | 嘉禾秀京師赦詔一首 | |
| 221 | | | 後周 | 明帝 | 靈烏降大赦詔一首 | |
| 222 | | | 後周 | 明帝 | 靈烏等瑞大赦詔一首 | |
| 223 | | | 後周 | 明帝 | 又靈烏等瑞大赦詔一首 | |
| 224 | | | 隋 | 文帝(李德林) | 獲寶龜大赦詔一首 | 追加 |

| 番号 | 詔令 | 朝代 | 帝 | 詔題 | 順序 |
|---|---|---|---|---|---|
| 225 | | 漢 | 貞觀年中 | 獲石瑞曲赦涼州詔一首 | |
| 226 | | | 元帝 | 火災赦詔一首 | 順序交叉 |
| 227 | | 後漢 | 順帝 | （旱災）大赦詔一首 | |
| 228 | | 西晉 | 武帝 | 三辰謫見大赦詔一首 | |
| 229 | | 西晉 | 惠帝 | 玄象失度大赦詔一首 | |
| 230 | | 西晉 | 愍帝 | 地震大赦詔一首 | |
| 231 | | 東晉 | 穆帝 | 日月薄蝕大赦詔一首 | |
| 232 | | 東晉 | 海西公 | 災眚大赦詔一首 | |
| 233 | | （東晉） | 孝武帝 | 地震大赦詔一首 | |
| 234 | | （東晉） | 孝武帝 | 大旱恩宥詔一首 | 追加 |
| 235 | | （東晉） | 孝武帝 | 陰陽愆度大赦詔一首 | 追加 |
| 236 | | （東晉） | 孝武帝 | 玄象告譴大赦詔一首 | 追加 |
| 237 | | 東晉 | 安帝 | 玄象告譴大赦詔一首 | |
| 238 | | 南齊 | 高帝（王儉） | 水旱乖度大赦詔一首 | 追加 |
| 239 | | 後周 | 宣帝 | 大旱恩降詔一首 | |
| 240 | | 陳 | 宣帝 | 辰象僭度大赦詔一首 | |
| 241 | | | 貞觀年中 | 爲山東雨水大赦詔一首 | |
| 242 | 668 詔令 | 漢 | 哀帝 | 改元大赦詔一首 | |
| 243 | | 魏 | 文帝 | 改元大赦詔一首 | |
| 244 | | （西晉） | 武帝（張華） | 即位改元大赦詔一首 | 追加 |
| 245 | | （西晉） | 武帝 | 改元大赦詔一首 | 追加 |
| 246 | | 東晉 | 元帝 | 改元大赦詔一首 | |
| 247 | | （東晉） | 元帝 | 即位改元大赦詔一首 | 追加 |
| 248 | | 東晉 | 簡文帝 | 即位改元大赦詔一首 | |
| 249 | | 後魏 | 孝文帝 | 改元大赦詔一首 | 以下闕落 |

| No. | 朝代 | 帝王 | 내용 | 비고 |
|---|---|---|---|---|
| 250 | 宋 | 武帝 | 即位改元大赦詔一首 | 闕洛 |
| 251 | 南齊 | 高帝 | 即位改元大赦詔一首 | 闕洛 |
| 252 | 南齊 | 鬱陵王 | 改元大赦詔一首 | 闕洛 |
| 253 | 南齊 | 海陵王 | 即位改元大赦詔一首 | 闕洛 |
| 254 | 南齊 | 明帝 | 改元大赦詔一首 | 闕洛 |
| 255 | 南齊 | 明帝 | 即位大赦詔一首 | 闕洛 |
| 256 | 南齊 | 東昏侯 | 即位改元大赦詔一首 | 闕洛 |
| 257 | 梁 | 武帝 | 即位改元大赦詔一首 | 闕洛 |
| 258 | 梁 | 鬱帝 | 改元大赦詔一首 | 闕洛 |
| 259 | 北齊 | 鬱帝 | 即位改元大赦詔一首 | 闕洛 |
| 260 | 北齊 | 孝昭帝 | 即位改元大赦詔一首 | 闕洛 |
| 261 | 北齊 | 武成帝 | 即位改元大赦詔一首 | 闕洛 |
| 262 | 後周 | 明帝 | 改元大赦詔一首 | 闕洛 |
| 263 | 陳 | 武帝 | 即位大赦詔一首 | 闕洛 |
| 264 | 隋 | 文帝 | 登阼改元大赦詔一首 | 闕洛 |
| 265 | 隋 | 文帝 | 改元大赦詔一首 | 闕洛 |
| 266 | 隋 | 煬帝 | 即位改元大赦詔一首 | 闕洛 |
| | | | 669　詔39　敎 5 | |
| 267 | 東晉 | 安帝 | 平桓玄改元大赦詔一首 | 追加 |
| 268 | (東晉) | 安帝 | 平洛陽大赦詔一首 | 追加 |
| 269 | (東晉) | 安帝 | 平姚泓大赦詔一首 | 追加 |
| 270 | (東晉) | 安帝 | 平賊大赦詔一首 | 追加 |
| 271 | 後周(隋) | 靜帝李德林 | 平尉迥大赦詔一首 | 追加 |
| 272 | 隋 | 文帝(李德林) | 平陳大赦詔一首 | 追加 |
| 273 | 隋 | 煬帝 | 平遼東大赦詔一首 | 追加 |
| 274 | | 武德年中 | 平蒲州城曲赦河東系人詔一首 | |

| 番号 | 計 | 朝代 | 帝 | 詔名 | 追加 |
|---|---|---|---|---|---|
| 275 | | | (武德年中) | 平王无䫻建德大赦詔一首 | 追加 |
| 276 | | | (武德年中) | 平䫻建德曲赦山東詔一首 | 追加 |
| 277 | | | (武德年中) | 平輔公祐及新定律令大赦詔一首 | 追加 |
| 278 | | | (武德年中) | 平北狄大赦詔一首 | 追加 |
| 279 | | | 貞觀年中 | 平高昌曲赦高昌部内詔一首 | |
| 280 | | 東晉 | 穆帝 | 誅路永等大赦詔一首 | |
| 281 | | 東晉 | 安帝 | 誅司馬元顯大赦詔一首 | |
| 282 | | 後魏 | 孝莊帝(温子昇) | 殺爾朱榮元天穆等大赦詔一首 | 追加 |
| 283 | | 宋 | 文帝 | 誅徐羨之傅亮晦大赦詔一首 | |
| 284 | | 宋 | 順帝 | 誅崔慧景大赦詔一首 | |
| 285 | | 南齊 | 東昏侯 | 誅始安王遙光大赦詔一首 | |
| 286 | 670 | 後周 | 武帝 | 誅宇文護大赦詔一首 | |
| 287 | 詔40 | 漢 | 武帝 | 敕詔一首 | |
| 288 | 敕有6 | 漢 | 元帝 | 大赦詔一首 | |
| 289 | | 魏(晉) | 高貴鄉公(張華) | 大赦詔一首 | 追加 |
| 290 | | 西晉 | 武帝(張華) | 敕詔一首 | 追加 |
| 291 | | 東晉 | 成帝 | 大赦詔一首 | |
| 292 | | 東晉 | 康帝 | 大赦詔一首 | |
| 293 | | 後魏 | 孝武帝 | 大赦詔一首 | |
| 294 | | 後魏 | 文成帝 | 恩降詔一首 | |
| 295 | | 宋 | 孝文帝 | 大赦詔一首 | |
| 296 | | 宋 | 文帝 | 大赦詔一首 | |
| 297 | | (宋) | 孝武帝 | 大赦詔一首 | |
| 298 | | | 孝武帝 | 原宥詔一首 | 追加 |
| 299 | | 南齊 | 武帝 | 原道負詔一首 | |

| | 分類 | | | | 王朝 | 皇帝(作者) | 篇名 | 備考 |
|---|---|---|---|---|---|---|---|---|
| 300 | | | | | 南齊 | 明帝(徐孝嗣) | 大赦詔一首 | 追加 |
| 301 | | | | | (南齊) | (明帝)(徐孝嗣) | 原逋負及罷省詔一首 | 追加 |
| 302 | | | | | 梁 | 武帝(沈約) | 恩赦詔一首 | 追加 |
| 303 | | | | | (梁) | 武帝(徐勉) | 開恩詔一首 | 追加 |
| 304 | | | | | (梁) | 武帝(徐勉) | 降蒐大詔一首 | 追加 |
| 305 | | | | | 北齊 | 文宣帝(魏收) | 大赦詔二首 | 追加 |
| 306 | | | | | 北齊 | 武成帝(魏收) | 大赦詔一首 | 追加 |
| 307 | | | | | 北齊 | 後主(魏收) | 大赦詔一首 | 追加 |
| 308 | | | | | 後周 | 武帝 | 大赦詔一首 | 追加 |
| 309 | | | | | (後周) | 武帝 | 敕齊人被掠家奴婢放詔一首 | 追加 |
| 310 | | | | | 陳 | 武帝(徐陵) | 宥沈泰家口詔一首 | 錯誤, 追加 |
| 311 | | | | | (陳) | 文帝(李德林) | 勅三道逆人家口詔一首 | 錯誤, 追加 |
| 312 | | | | | (隋) | (文帝)(薛道衡) | 大赦詔二首 | 錯誤, 追加 |
| 313 | 誡勸 | | | | (隋) | 武德年中 | 曲降十二軍界詔一首 | |
| 691 | | 貢舉 | 除授 | 黜免 | | | | |
| | | 3 | | | | | | |
| 314 | | | | | 漢 | 武帝 | 責楊僕敕一首 | |
| 315 | | | | | 西晉 | 武帝 | 戒州牧刺史敕一首 | |
| 316 | | | | | 西晉 | 武帝 | 誡牙門敕一首 | 追加 |
| 317 | | | | | 西晉 | 武帝 | 誡計吏敕一首 | 追加 |

| | | | | | | | | | | |
|---|---|---|---|---|---|---|---|---|---|---|
| 318 | | | | | | | (西晉 | 武帝) | 誡郡國上計掾史還各告守相敕一首 | 追加 |
| 319 | | | | | | | 宋 | 文帝 | 與彭城王義康敕一首 | |
| 320 | | | | | | | 梁 | 武帝 | 與劉孝綽敕一首 | |
| 321 | | | | | | | (梁 | 武帝) | 命百官聽采敕一首 | 追加 |
| 322 | | | | | | | 隋 | 文帝 | 答蜀王敕書一首 | |
| 323 | | | | | | | | 貞觀年中 | 與李玄明敕一首 | '下闕'表示 |
| 324 | | | | | | | | 貞觀年中 | (敕交州都督府長史李玄明交　　) | 本文挿入 |
| 325 | | | | | | | | (貞觀年中) | 與干乾長敕一首 | 追加 |
| | | | | | | 貢擧 | | | | |
| 326 | | | | | | | 北齊 | 武成帝 | 擧士敕一首 | |
| 327 | | | | | | | 隋 | 文帝 | 令山東三十四州刺史擧人敕一首 | |
| | | | | | | 除授 | | | | |
| 328 | | | | | | | 北齊 | 武成帝 | (除)崔士順散騎侍郎敕一首 | 追加 |
| 329 | | | | | | | (北齊 | 武成帝) | 命(韋)道遜兼正員迎陳使敕一首 | 誤字,板刻錯誤,追加 |
| 330 | | | | | | | (北齊 | 武成帝) | 除潘子義持書褒謁之殿中侍郎史敕一首 | 追加 |
| 331 | | | | | | | (北齊 | 武成帝) | 除源那延持書房昭太守敕一首 | 追加 |
| 332 | | | | | | | (北齊 | 武成帝) | 除奚瓊等太守敕一首 | 追加 |
| 333 | | | | | | | (北齊 | 武成帝) | 除盧景開太守等敕一首 | 追加 |
| 334 | | | | | | | 北齊 | 後主 | 除崔孝緒等太守長史敕一首 | |
| 335 | | | | | | | (北齊<br>(隋 | 後主)<br>李德林) | 起復邢恕屯田郎敕一首 | 追加 |
| 336 | | | | | | | (北齊<br>(隋 | 後主)<br>李德林) | 除李遵等官敕一首 | 追加 |
| 337 | | | | | | | (北齊 | 後主) | 除幷州沙門統寺敕一首 | 追加 |

| 番号 | 分類 | 王朝 | 皇帝 | 題名 | 備考 |
|---|---|---|---|---|---|
| 338 | | (北齊)(隋) | 後主 李德林 | 除僧慧藑冀州沙門都維那敕一首 | 追加 |
| 339 | | | 貞觀年中 | 授杜如晦等別檢校官敕一首 | 追加 |
| 340 | 黜免 | | (貞觀年中) | 命房玄齡檢校禮部尚書敕一首 | 追加 |
| 341 | | 隋(隋) | 文帝 李德林 | 解石孝義等官敕一首 | 追加 |
| 342 | | (隋)(隋) | (文帝)李德林 | 免常明官爵敕一首 | 追加 |
| 343 | 崇學 賞罰 | (隋)(隋) | 文帝 李德林 | 免馬伸任官爵敕一首 | 追加 |
| 695 | 祭祀 舉士 雜令 / 毀陵 政事 敕令 / 移都 田農 軍令 | | | | |
| 344 | | 梁 | 孝元帝 | 議移都令一首 | |
| 345 | | 魏 | 曹植 | 毀郢城放殿令一首 | |
| 346 | | 魏 | 武帝 | 春(祠)令一首 | 誤記 |
| 347 | | 梁 | 孝元帝 | (祠)房廟令一首 | 誤記 |
| 348 | | 魏 | 武帝 | 修學令一首 | |
| 349 | | (魏) | 文帝 | 以鄭稱授太子經舉令一首 | 追加, 誤記 |
| 350 | | 陳(隋) | 後主 江總 | 在東宮臨學聽講令一首 | 追加 |
| 351 | | 魏 | 武帝 | 收田租令一首 | |
| 352 | | 梁 | 武帝 | 勸農令一首 | |
| 353 | | 魏 | 武帝 | 令掾屬等月旦各言過令一首 | |
| 354 | | 梁 | 武帝(任昉) | 設防達枉令一首 | 追加 |
| 355 | | (梁) | (任昉) | 撥尚書曹乘朝濟事令一首 | 追加 |

| 追加 | 令 | 著者 | 朝代 | 番号 |
|---|---|---|---|---|
| 追加 | 除東昏制令一首 | 武帝(沈約) | (梁) | 356 |
|  | 作相正定文案令一首 | 高祖太武皇帝 |  | 357 |
| 追加 | 舉士令一首 | 武帝 | 魏 | 358 |
| 追加 | 論吏士行能令一首 | (武帝) | (魏) | 359 |
|  | 分租賜諸將令一首 | 武帝 | 魏 | 360 |
|  | 賞罰令一首 | 曹植 | 魏 | 361 |
| 追加 | 策勳令一首 | 孝元帝 | 梁 | 362 |
| 追加 | 封劉毅宗懍令一首 | (孝元帝) | (梁) | 363 |
| 追加 | 射曹雍州令一首 | (孝元帝) | (梁) | 364 |
| 漏落 | 將軍敗抵罪令一首 | 武帝 | 魏 | 365 |
| 追加 | 輿諸蕃令一首 | 孝(元)帝 | 梁 | 366 |
|  | 責南軍令一首 | 孝元帝 | (梁) | 367 |
|  | 改元敕令一首 | 元帝 | 東晉 | 368 |
| 追加 | 克定京邑敕令一首 | 武帝 | 梁 | 369 |
|  | 開國敕令一首 | 武帝 | (梁) | 370 |
|  | 整齊風俗令一首 | 武帝 | 魏 | 371 |
|  | 白試令一首 | 曹植 | 魏 | 372 |
| 追加 | 集墳籍令一首 | 武帝(任昉) | 梁 | 373 |
| 追加 | 斷華侈令一首 | 武帝(任昉) | (梁) | 374 |
| 追加 | 掩骼埋胔令一首 | 武帝(任昉) | (梁) | 375 |
| 追加 | 葬戰亡者令一首 | 武帝(任昉) | (梁) | 376 |
|  | 遺上封令一首 | 孝元帝 | 梁 | 377 |

| 番號 | 王朝 | 著者 | 題目 | 備考 |
|---|---|---|---|---|
| 378 | 後漢 | 李固 | 恤奉高令要事教一首 | |
| 379 | 宋 | 劉義季 | 藏枯骨育教一首 | |
| 380 | 宋 | 傅亮 | 爲北公收葬荊雍二州武教一首 | |
| 381 | 梁 | 簡文帝 | 祭北行戰亡將客教一首 | |
| 382 | (梁) | 簡文帝 | 贈贈臆支達教一首 | 追加 |
| 383 | (梁) | 簡文帝 | 監護柱嵩喪板教一首 | 追加 |
| 384 | 梁 | 簡文帝 | 噲鄽部曲喪板教一首 | 追加 |
| 385 | 梁 | 江淹 | 爲蕭驃騎築新亭埋散教一首 | |
| 386 | 梁 | 任昉 | 轉送亡軍士教一首 | |
| 387 | 梁 | 沈約 | 祭放徐崔文教一首 | |
| 388 | (梁) | 沈約 | 贈留員人祖父教一首 | 追加 |
| 389 | 梁 | 王僧孺 | 在縣祭社西曹教一首 | |
| 390 | 東晉 | 分翼 | 藝荊州主薄王謙教一首 | |
| 391 | 梁 | 簡文帝 | 圖雍州賢能刺史教 (鐪)一首 | |
| 392 | 梁 | 簡文帝 | 甄張景顔復 (鐪)教一首 | 異字 |
| 393 | 東晉 | 王治 | 修太伯祠教一首 | |
| 394 | 宋 | 傅亮 | 爲宋公修復前漢諸陵教一首 | |
| 395 | (宋) | 傅亮 | 爲宋公修楚元王墓教一首 | 追加 |
| 396 | (宋) | 傅亮 | 爲宋公修張良廟教一首 | 追加 |
| 397 | 梁 | 簡文帝 | 修理羊太傅廟司徒碑教一首 | |
| 398 | 宋 | 沈炯 | 爲王公相國國德政教一首 | |
| 399 | 陳 | 分亮 | 勸放江州刺史王敦像贊教一首 | |
| 400 | 東晉 | 劉瑾 | 廢袁眞像教一首 | 追加 |
| 401 | 後漢 | 李固 | 祀胡毋先生教一首 | |

教4　699
恤亡終復崇法　毀賢毀陵　顕節禱祀

| 番号 | 分類 | 朝代 | 作者 | 題名 | 備考 |
|---|---|---|---|---|---|
| 402 | | 梁 | 簡文帝 | 祠司徒安陵王教一首 | |
| 403 | | 梁 | 簡文帝 | 與曾正教一首 | 漏落 |
| 404 | | 梁 | 蕭綸 | 無等會（教）一首 | 誤字 |
| 405 | | 梁 | 王筠 | 造立騰霄（館）教一首 | |
| 406 | | 梁 | 蕭子暉 | 爲武陵王府州上禮迴爲會法會教一首 | |
| 407 | | 梁 | 簡文帝 | 三日賦詩教一首 | |
| 408 | | 東晉 | 分翼 | 北征教一首 | |
| 409 | | 宋 | 孝武帝 | 試嚴教一首 | |
| 410 | | 宋 | 傅亮 | 爲宋公試嚴教一首 | |
| 411 | | 宋 | 范泰 | 爲宋大司馬作北征教一首 | |
| 412 | | 梁 | 簡文帝 | 北略教一首 | |
| 413 | | 梁 | 江淹 | 爲蕭驃騎發徐州三五教一首 | |
| 414 | | 梁 | 王筠 | 習戰備教一首 | |
| 殘簡 | 敕 | | | | 「上闕」表記 |
| 415 | | | | | 內容一部 |
| 殘簡 | 表 | | | | 「上闕」表記 |
| 416 | | 後梁 | 蕭仍 | 讓侍中表一首 | 內容一部 |
| 417 | | 後梁 | 沈君攸 | 爲安成王讓加侍中表一首 | 內容一部；下闕表記 |

4. 『文館詞林』 殘卷 「詩」의 時代別 作家別 分析表

| 連番 | 時代 | 作者 | 題目 | 詩 | 人部 | 分類 | 四言 | 卷數 | 備考 |
|---|---|---|---|---|---|---|---|---|---|
| 1 | 後漢 | 秦嘉 | 贈婦一首 | 詩12 | 人部9 | 夫婦贈答 | 四言 | 152 | |
| 2 | | 歐陽建 | 答石崇贈一首 | 詩16 | 人部13 | 雜贈答二 | 四言 | 156 | |
| 3 | | (盧諶) | 贈荀彥將一首 | 詩17 | 人部14 | 雜贈答三 | 四言 | 157 | 誤記 |
| 4 | | 潘尼 | 贈司空掾安仁一首 | 詩12 | 人部9 | 親屬贈答 | 四言 | 152 | |
| 5 | | 潘岳 | 獻長安君安仁一首 | | | | 四言 | 152 | |
| 6 | | 孫承 | 贈王曹一首 | 詩16 | 人部13 | 雜贈答二 | 四言 | 156 | |
| 7 | | | 贈陸士龍一首 | | | | | 152 | |
| 8 | | (孫楚) | 贈婦胡母夫人別一首 | 詩12 | 人部9 | 夫婦贈答 | 四言 | 152 | 本文漏落 |
| 9 | | | 與弟淸河雲一首并序 | | | 親屬贈答 | | 152 | |
| 10 | 西晉 | 陸機 | 答賈謐一首并序 | 詩16 | 人部13 | 雜贈答二 | 四言 | 156 | |
| 11 | | | 贈顧令文爲宰一首 | | | | | 156 | |
| 12 | | | 贈武昌太守夏少明一首 | | | | | 156 | |
| 13 | | 陸雲 | 贈兄孫承一首 | 詩12 | 人部9 | 親屬贈答 | 四言 | 152 | |
| 14 | | | 答孫承一首 | | | | | 156 | 漏落 |
| 15 | | | 贈鄭曼季四首并序 | | | | | 156 | |
| 16 | | 張載 | 贈司隸傅咸一首 | 詩16 | 人部13 | 雜贈答二 | 四言 | 156 | |
| 17 | | 張翰 | 贈張七陽一首 | | | | | 157 | |
| 18 | | 鄭豐 | 答陸士龍四首(并序) | | | | | 156 | 漏落 |
| 19 | | 棗嵩 | 贈杜方叔一首 | | | | | 157 | |
| 20 | | 棗腆 | 答石崇一首 | | | | | 157 | |
| 21 | | | 答趙景猷(詩)三首 | 詩17 | 人部14 | 雜贈答三 | 四言 | 157 | |
| 22 | | | 贈歐陽建一首 | | | | | 157 | 漏落 |
| 23 | | | 贈石崇一首 | | | | | 157 | |
| 24 | | 曹攄 | 贈王弘遠一首 | | | | | 157 | |

| 序 | 朝代 | 作者 | 篇名 | 詩 | 人部 | 贈答類 | 四言 | 頁 | 漏洛 |
|---|---|---|---|---|---|---|---|---|---|
| 25 | | | 贈韓德真一首 | | | | | 157 | |
| 26 | | 左思 | 悼離贈妹二首 | 詩12 | 人部9 | 親屬贈答 | 四言 | 152 | |
| 27 | | | 答伏仲武一首 | | | | | 156 | |
| 28 | | 摯虞 | 贈李叔龍以尚書遷建平太守一首 | 詩16 | 人部13 | 雜贈答二 | 四言 | 156 | |
| 29 | | | 答褚武良以尚書出爲安東一首 | | | | | 156 | |
| 30 | | 夏靖 | 答陸士衡一首 | 詩17 | 人部14 | 雜贈答三 | 四言 | 157 | 漏洛 |
| 31 | | 郭璞 | 答賈九州愁(詩)一首 | | | | | 157 | |
| 32 | | | 答王門子一首 | | | | | 157 | |
| 33 | | | 與王使君一首 | | | | | 157 | |
| 34 | | | 贈溫嶠一首 | | | | | 157 | |
| 35 | | 梅陶 | 贈溫嶠一首 | | | | | 157 | |
| 36 | | 謝安 | 與王胡之一首 | | | | | 157 | |
| 37 | 東晉 | | 與許詢一首 | 詩17 | 人部14 | 雜贈答三 | 四言 | 157 | |
| 38 | | 孫綽 | 與分冰一首 | | | | | 157 | |
| 39 | | | 贈謝安一首 | | | | | 157 | |
| 40 | | | 贈溫嶠一首 | | | | | 157 | |
| 41 | | 羊徽 | 答丘泉之一首 | | | | | 157 | |
| 42 | | | 贈傳長猷傅時爲大尉主簿入爲大尉都官郎一首 | | | | | 157 | |
| 43 | | 王胡之 | 答謝安一首 | | | | | 157 | |
| 44 | | 郗超 | 贈傅(安西)分翼一首 | | | | | 157 | 漏洛 |
| 45 | | | 答傅郎一首 | | | | | 157 | |
| 46 | | 丘泉之 | 贈記室羊徽其屬疾在外一首 | 詩18 | 人部15 | 雜贈答四 | 四言 | 158 | |
| 47 | | 陶潛 | 贈長沙公族祖一首并序 | 詩12 | 人部9 | 親屬贈答 | 四言 | 152 | |
| 48 | | 陶潛 | 酬丁柴桑一首 | 詩18 | 人部15 | 雜贈答四 | 四言 | 158 | |
| 49 | 宋 | | 答中書一首 | | | | | 152 | |
| 50 | | 謝靈運 | 贈安成一首 | 詩12 | 人部9 | 親屬贈答 | 四言 | 152 | |
| 51 | | | 贈從弟弘元一首 | | | | | 152 | |

| 번호 | 왕조 | 저자 | 제목 | 詩 | 部 | 분류 | 四言 | 페이지 | 비고 |
|---|---|---|---|---|---|---|---|---|---|
| 52 | 南齊 | | 贈從弟弘元時爲中軍功曹住京一首 | 詩18 | 人部15 | 雜贈答四 | 四言 | 152 | |
| 53 | | | 答謝諮議一首 | | | | | 158 | 追加, 一部內容缺落 |
| 54 | | 王思遠 | 皇太子釋奠詩一首 | 詩20 | 禮部2 | 釋奠下 | 四言 | 160 | 追加 |
| 55 | | 王僧令 | 皇太子釋奠(詩)一首 | | | | | 160 | |
| 56 | | 王融 | 贈族叔衛軍儉一首 | 詩12 | 人部9 | 親屬贈答 | 四言 | 152 | |
| 57 | | 王寂 | 第五兄揖大傅竟陵王屬奉詩一首 | | | | | 152 | |
| 58 | | 咸義 | 敬贈蕭諮議一首 | 詩18 | 人部15 | 雜贈答四 | 四言 | 158 | |
| 59 | | 虞羲 | 贈何錄事諮議之一首 | | | | | 158 | |
| 60 | | 袁存丘 | 皇太子釋奠會詩一首 | | | | | 160 | |
| 61 | | 阮彥 | 皇太子釋奠會一首 | 詩20 | 禮部2 | 釋奠下 | 四言 | 160 | 內容缺落 |
| 62 | | 分樂之 | 皇太子釋奠一首 | | | | | 160 | |
| 63 | | 陸璉 | 皇太子釋奠一首 | | | | | 160 | |
| 64 | 梁 | 簡文帝 | 和贈逸人應詔一首 | 詩18 | 人部15 | 雜贈答四 | 四言 | 158 | 內容缺落 |
| 65 | | 丘希範 | 侍齊皇太子釋奠一首 | 詩20 | 禮部2 | 釋奠下 | 四言 | 160 | |
| 66 | | 到洽 | 瞻任昉一首 | | | | | 158 | 內容缺落 |
| 67 | | | 答秘書丞張率一首 | 詩18 | 人部15 | 雜贈答四 | 四言 | 158 | |
| 68 | | | 贈逸人一首 | | | | | 158 | |
| 69 | | 武帝 | 侍齊皇太子釋奠會一首 | 詩20 | 禮部2 | 釋奠下 | 四言 | 160 | 內容缺落 |
| 70 | | 費昶 | 贈徐郎一首 | 詩18 | 人部15 | 雜贈答四 | 四言 | 158 | |
| 71 | | 昭明太子 | 示徐州弟一首 | 詩12 | 人部9 | 親屬贈答 | 四言 | 152 | |
| 72 | | 蕭洽 | (侍)皇太子釋奠會一首 | 詩20 | 禮部2 | 釋奠下 | 四言 | 160 | 追加 |
| 73 | | 沈約 | 贈沈祿事江水曹二大使一首(東陽郡時) | 詩18 | 人部15 | 雜贈答四 | 四言 | 158 | 追加 |

| 番號 | 朝代 | 作者 | 作品 | 詩 | 部 | 類目 | 四言 | 頁 | 備考 |
|---|---|---|---|---|---|---|---|---|---|
| 74 | | | 贈劉南郡季連一首（東陽郡時） | | | | | 158 | 追加 |
| 75 | | | 侍齊皇太子釋奠一首 | 詩20 | 禮部2 | | 四言 | 160 | 內容缺落 |
| 76 | | | 爲南乙齊郡王侍齊皇太子釋奠宴一首 | | | | | 160 | 內容缺落 |
| 77 | | 吳均 | 重贈郭（臨蒸）一首 | 詩18 | 人部15 | 雜贈答四 | 四言 | 158 | 缺落 |
| 78 | | 王揖 | 在齊答弟寂一首 | 詩12 | 人部9 | 親屬贈答 | 四言 | 152 | |
| 79 | | 陸倕 | 釋奠應令一首 | | | | | 160 | 一部內容缺落 |
| 80 | | 陸雲公 | 釋奠（詩）應令一首 | 詩20 | 禮部2 | 釋奠下 | 四言 | 160 | 追加 |
| 81 | | 任昉 | 侍齊皇太子釋奠一首 | | | | | 160 | 內容缺落 |
| 82 | | 鮑幾 | 釋奠應詔爲王暕作一首 | | | | | 160 | |
| 83 | | 何胤 | 皇太子釋奠一首 | | | | | 160 | 追加 |
| 84 | 後魏 | 高允 | 答宗欽一首 | 詩18 | 人部15 | 雜贈答四 | 四言 | 158 | 一部闕 |
| 85 | | 宗欽 | 贈高允詩一首 | 詩18 | 人部15 | 雜贈答四 | 四言 | 158 | 追加 |
| 86 | 隋 | 盧思道 | 仰贈特進陽休之一首（并序） | | | | | 158 | 追加 |
| 86 | | 江總 | 釋奠（詩）應令一首 | 詩20 | 禮部2 | 釋奠下 | 四言 | 160 | 追加 |
| 88 | | 王胄 | 在陳釋奠金石會應令一首 | | | | | 160 | 追加 |

〈註釋〉
1)連番 3 作者가 目次에는 盧諶으로 記載되어 있지만, 本文에는 稟嵩으로 되어 있다.

5. 「文館詞林」殘卷 「頌」의 時代別 作家別 分析表

| 連番 | 時代 | 作者 | 題目 | 分類 | | | 卷數 | 備考 |
|---|---|---|---|---|---|---|---|---|
| 1 | 先秦 | | 毛詩周頌時邁一章 | 頌16 | 禮部5 | 巡幸 | 346 | |
| 2 | | 馬融 | 東巡頌一首并序 | | | | 346 | |
| 3 | | 劉珍 | 東巡頌一首 | | | | 346 | |
| 4 | | | 北巡頌一首并序 | | | | 346 | |
| 5 | 後漢 | 崔駰 | 東巡頌一首(并序) | | | | 346 | 漏落 |
| 6 | | | 南巡頌一首(并序) | | | | 346 | |
| 7 | | | 西巡頌一首(并序) | | | | 346 | |
| 8 | (東晉) | 曹毗 | (伐蜀頌一首) | | | | 346 | 追加 |
| 9 | (宋) | 孝武帝 | (巡幸舊宮頌一首) | | | | 346 | 漏落 |
| 10 | | 高允 | 南巡頌一首(并序) | | | | 346 | 追加 |
| 11 | 後魏 | | 北伐頌一首 | | | | 346 | 追加 |

6. 「文館詞林」殘卷 「七」時代別 著者別 分析表

| 連番 | 時代 | 作者 | 題目 | 分類 | | 卷數 | 備考 |
|---|---|---|---|---|---|---|---|
| 1 | 後漢 | 王粲 | 七釋八首 | 七4 | 七 | 414 | |
| 2 | 魏 | 傅巽 | 七誨八首 | | | 414 | |
| 3 | | 曹植 | 七啓八首并序 | | | 414 | |

〈註釋〉
1)分類에 있어서 '七4'로 되어 있으면서도 뒤에 또 '七'이라 기입되어 있어 구체적인 상황에 대한 분명한 판단을 유보하게 된다.

## 7. 『文館詞林』殘卷「碑」の 時代別 作者別 分析表

| 連番 | 時代 | 作者 | 題目 | 分類（碑） | 分類（百官） | 分類（都督・將軍） | 卷數 | 備考 |
|---|---|---|---|---|---|---|---|---|
| 1 | 東晉 | 伏滔 | 徐州都督王坦之碑銘一首幷序 | | | | 457 | |
| 2 | | 孫綽 | 江州都督分冰碑銘一首幷序 | | | | 457 | |
| 3 | 梁 | 張望 | 江州都督分翼碑銘一首幷序 | 碑37 | 百官27 | 都督1 | 457 | |
| 4 | | 孝元帝 | 郢州都督蕭子昭碑銘一首幷序 | | | | 457 | |
| 5 | 北齊 | 魏收 | 袞州都督胡延碑銘一首幷序 | | | | 457 | |
| 6 | | | 征南將軍和安碑銘一首幷序 | | | | 452 | |
| 7 | | | 大將軍趙芬碑銘一首幷序 | 碑32 | | | 452 | |
| 8 | | 薛道衡 | 後周大將軍楊紹碑銘一首幷序 | | 百官22 | 將軍2 | 452 | |
| 9 | | 薛道衡 | 驃騎將軍王懷文碑銘一首 | | | | 452 | |
| 10 | 隋 | 虞南 | 左武候將軍陸袞碑銘一首 | 碑33 | 百官23 | 將軍3 | 453 | |
| 11 | | 李德林 | 秦州都督黃君漢碑銘一首幷序 | | | | 459 | |
| 12 | | | 洛州都督寶軌碑銘一首幷序 | 碑39 | 百官29 | | 459 | |
| 13 | | 李百藥 | 荊州都督劉瞻碑銘一首幷序 | | | 都督3 | 459 | |
| 14 | | | 荊州都督劉瞻瞻碑銘一首幷序 | | | | 459 | |
| 15 | | | 隋右驍衛將軍上官政碑銘一首幷序 | | | | 453 | |
| 16 | | 褚亮 | 隋前車騎將軍莊元始碑銘一首幷序 | 碑33 | 百官23 | 將軍3 | 453 | |
| 17 | | | 左屯衛大將軍同孝範碑銘一首幷序 | | | | 453 | |

## 8. 『文館詞林』殘卷「詔」の 時代別 作者別 分析表

| 連番 | 時代 | 作者 | 題目 | 分類 | 卷數 | 備考 |
|---|---|---|---|---|---|---|
| 1 | 漢 | 文帝 | 與匈奴和親詔一首 | 詔34 | 664 | |
| 2 | | 武帝 | 答淮南王(安)諫伐越詔一首 | 詔32 | 662 | 追加 |
| 3 | | | 欲伐匈奴詔一首 | | 662 | |

| 번호 | 王朝 | 皇帝 | 詔文 | 詔 | 教宥 | | 面數 | 備考 |
|---|---|---|---|---|---|---|---|---|
| 4 | 後漢 | | 教詔一首 | 詔40 | 教宥6 | | 670 | |
| 5 | | 宣帝 | 鳳凰集泰山教詔一首 | 詔37 | 教宥3 | | 667 | |
| 6 | | 元帝 | 火災教詔一首 | | 教宥3 | | 667 | |
| 7 | | | 大赦教詔一首 | 詔40 | 教宥6 | | 670 | 順序交叉 |
| 8 | | 哀帝 | 改元大赦詔一首 | 詔38 | 教宥4 | | 668 | |
| 9 | | 章帝 | 郊廟大赦詔一首 | 詔35 | 教宥1 | | 665 | |
| 10 | | | 麟鳳等瑞改元大赦詔一首 | | | | 667 | |
| 11 | 魏 | 順帝 | (旱災)大赦詔一首 | 詔37 | 教宥3 | | 667 | |
| 12 | | 文帝 | 論伐吳詔一首 | 詔32 | | | 662 | |
| 13 | | | 改元大赦詔一首 | 詔38 | 教宥4 | | 668 | |
| 14 | | 明帝 | 答東阿王論邊事詔一首 | 詔34 | | | 664 | |
| 15 | 魏(晉) | 高貴鄉公(張華) | 大赦詔一首 | 詔40 | 教宥6 | | 670 | 追加 |
| 16 | 魏 | 常道鄉公 | 伐蜀詔一首 | | | | 662 | |
| 17 | 西晉 | | 答杜預征吳節度詔一首 | 詔32 | | 662 | 662 | |
| 18 | | 武帝 | 伐吳詔一首 | | | | | |
| 19 | | | 籍田大赦詔一首 | 詔35 | 教宥1 | | 665 | |
| 20 | | | 立皇后大赦詔一首 | 詔36 | 教宥2 | | 666 | |
| 21 | | | 三辰謁見大赦詔一首 | 詔37 | 教宥3 | | 667 | |
| 22 | | | 改元大赦詔一首 | 詔38 | 教宥4 | | 668 | |
| 23 | | 武帝(張華) | 卽位改元大赦詔一首 | 詔40 | 教宥6 | | 668 | 追加 |
| 24 | | 惠帝 | 赦詔一首 | 詔40 | 教宥6 | | 670 | 追加 |
| 25 | | 愍帝 | 玄象失度大赦詔一首 | 詔37 | 教宥3 | | 667 | |
| 26 | | | 地震大赦詔一首 | | | | 667 | |
| 27 | 東晉 | 元帝 | 誕皇孫大赦詔一首 | 詔36 | 教宥2 | | 666 | |
| 28 | | | 卽位改元大赦詔一首 | 詔38 | 教宥4 | | 668 | |

| No. | 帝 | 詔題 | 詔 | 赦宥 | 頁 |
|---|---|---|---|---|---|
| 29 | | 改元大赦詔一首 | | | 668 |
| 30 | 明帝 | 北討詔一首 | | | 662 |
| 31 | | 立皇太子大赦詔一首 | 詔32 | | 666 |
| 32 | | 北討詔一首 | 詔36 | 赦宥2 | 662 |
| 33 | 成帝 | 郊祀大赦詔一首 | 詔32 | | 665 |
| 34 | | 立皇后大赦詔一首 | 詔35 | 赦宥1 | 666 |
| 35 | | 加元服改元大赦詔一首 | 詔36 | 赦宥2 | 666 |
| 36 | | 大赦詔一首 | | | 670 |
| 37 | 康帝 | 大赦詔一首 | 詔40 | 赦宥6 | 670 |
| 38 | | 立皇后大赦詔一首 | 詔36 | 赦宥2 | 666 |
| 39 | 穆帝 | 日月薄蝕大赦詔一首 | 詔37 | 赦宥3 | 667 |
| 40 | | 誅路永等大赦詔一首 | 詔39 | 赦宥5 | 669 |
| 41 | 海西公 | 災眚大赦詔一首 | 詔37 | 赦宥3 | 667 |
| 42 | 簡文帝 | 卽位改元大赦詔一首 | 詔38 | 赦宥4 | 668 |
| 43 | | 立皇后大赦詔一首 | | | 666 |
| 44 | 孝武帝 | 立皇太子大赦詔一首 | 詔36 | 赦宥2 | 666 |
| 45 | | 皇太子納妃班賜詔一首 | | | 666 |
| 46 | | 大旱恩宥詔一首 | | | 667 |
| 47 | | 陰陽衍度大赦詔一首 | 詔37 | 赦宥3 | 667 |
| 48 | | 地震大赦詔一首 | | | 667 |
| 49 | | 玄象告譴大赦詔一首 | | | 667 |
| 50 | 安帝 | 大赦詔一首 | 詔40 | 赦宥6 | 670 |
| 51 | | 征劉毅詔一首 | 詔32 | | 662 |
| 52 | | 玄象告譴大赦詔一首 | 詔37 | 赦宥3 | 667 |
| 53 | | 誅司馬元顯大赦詔一首 | 詔39 | | 669 |
| 54 | | 平洛陽大赦詔一首 | | 赦宥5 | 669 |
| 55 | | 平姚泓大赦詔一首 | | | 669 |

| 번호 | 朝代 | 皇帝 | 詔題 | 詔 | 教宥 | 頁 | 備考 |
|---|---|---|---|---|---|---|---|
| 56 | 宋 | | 平陂大赦詔一首 | | | 669 | |
| 57 | | | 平桓玄改元大赦詔一首 | | | 669 | |
| 58 | | 武帝 | 卽位改元大赦詔一首 | 詔38 | | 668 | 闕落 |
| 59 | | | 南郊大赦詔一首 | | 教宥4 | 665 | |
| 60 | | 文帝 | 拜(謁山)陵赦詔二首 | 詔35 | | 665 | 追加 |
| 61 | | | 籍田大赦詔一首 | | 教宥1 | 665 | |
| 62 | | | 親祠廟大赦詔一首 | | | 665 | |
| 63 | | | 嘉禾秀京師赦詔一首 | 詔37 | 教宥3 | 667 | |
| 64 | | | 詠徐羨之傅亮謝晦大赦詔一首 | 詔39 | 教宥5 | 669 | |
| 65 | | | 大赦詔一首 | 詔40 | 教宥6 | 670 | |
| 66 | | | 明堂成大赦詔一首 | 詔35 | | 665 | |
| 67 | | | 籍田大赦詔一首 | | 教宥1 | 665 | |
| 68 | | | 帝釣耕于歐大赦詔一首 | | | 665 | |
| 69 | | | 巡幸歷陽郡大赦詔一首 | | | 666 | |
| 70 | | 孝武帝 | 巡幸曲赦南徐州詔一首 | 詔36 | 教宥2 | 666 | 一部內容闕落 |
| 71 | | | 立皇太子大赦詔一首 | | | 666 | |
| 72 | | | 講武原降詔一首 | | | 666 | |
| 73 | | | 春蒐大赦詔一首 | | | 666 | |
| 74 | | | 大赦詔一首 | 詔40 | 教宥6 | 670 | |
| 75 | | | 原宥詔一首 | | | 670 | |
| 76 | | 順帝 | 西討詔一首 | 詔32 | 教宥5 | 662 | |
| 77 | 南齊 | 高帝 | 詠崔慧景大赦詔一首 | 詔39 | 教宥4 | 669 | |
| 78 | | | 卽位改元大赦詔一首 | 詔38 | | 668 | 闕落 |
| 79 | | 高帝(王儉) | 水旱乖度大赦詔一首 | 詔37 | 教宥3 | 667 | 追加 |

| | | | 詔題 | 詔 | 教育 | | 番号 | 備考 |
|---|---|---|---|---|---|---|---|---|
| 80 | | 武帝 | 幸青溪宮恩降詔一首 | 詔36 | 教育2 | | 666 | 以下闕落 |
| 81 | | 武帝（王儉） | 原道負詔一首 | 詔40 | 教育6 | | 670 | 追加 |
| 82 | | | 郊祀大赦恩降詔一首 | 詔35 | 教育1 | | 665 | 追加 |
| 83 | | | 段祭大恩降詔一首 | | | | 665 | 追加 |
| 84 | | | 藉田恩降詔一首 | | | | 665 | 追加 |
| 85 | | | 饗祭大赦詔一首 | | | | 665 | 追加 |
| 86 | | 海陵王 | 即位改元大赦詔一首 | 詔38 | 教育4 | | 668 | 闕落 |
| 87 | | 明帝 | 即位改元大赦詔一首 | | | | 668 | 闕落 |
| 88 | | | 改元大赦詔一首 | | | | 668 | 闕落 |
| 89 | | 明帝（徐孝嗣） | 大赦詔一首 | 詔40 | 教育6 | | 670 | 追加 |
| 90 | | | 原道負及罷省詔一首 | | | | 670 | 追加 |
| 91 | | 明帝 | 北伐纂嚴詔一首 | 詔32 | | | 662 | |
| 92 | | 東昏侯 | 改元大赦詔一首 | 詔38 | 教育4 | | 668 | 闕落 |
| 93 | | | 詠始安王遙光大赦詔一首 | 詔39 | 教育5 | | 669 | |
| 94 | | 廢帝 | 改元大赦詔一首 | 詔38 | 教育4 | | 668 | 闕落 |
| 95 | | | 北伐詔一首 | 詔32 | | | 662 | |
| 96 | | | 又北伐詔一首 | | | | 662 | |
| 97 | 梁 | 武帝 | 南郊恩降詔一首 | 詔35 | 教育1 | | 665 | |
| 98 | | | 藉田勸農大赦詔一首 | | | | 665 | |
| 99 | | | 謹皇子恩降詔一首 | | | | 666 | |
| 100 | | | 皇太子冠赦詔一首 | 詔36 | 教育2 | | 666 | |
| 101 | | | 皇太子婚降大辭以下罪詔一首 | | | | 666 | |
| 102 | | | 重立皇太子詔一首 | | | | 666 | |
| 103 | | | 即位改元大赦詔一首 | 詔38 | 教育4 | | 668 | 闕落 |
| 104 | | | 改元大赦詔一首 | | | | 668 | 闕落 |
| 105 | | | 降蒐大赦詔一首 | 詔40 | 教育6 | | 670 | 闕落 |

| 번호 | 朝代 | 황제(편찬자) | 詔書名 | 詔 | 教有 | 頁 | 비고 |
|---|---|---|---|---|---|---|---|
| 106 | | 武帝(徐勉) | 南郊恩語一首 | | | 665 | 追加 |
| 107 | | | 新移南郊親祠敕語一首 | 詔35 | 教有1 | 665 | 追加 |
| 108 | | | 藉田恩語一首 | | | 665 | 追加 |
| 109 | | | 冬至郊禋敕語一首 | | | 665 | 追加 |
| 110 | | 武帝(沈約) | 開恩語一首 | 詔40 | 教有6 | 670 | 追加 |
| 111 | | | 醴饗恩降詔二首 | 詔35 | 教有1 | 665 | 追加 |
| 112 | | | 立太子恩賚詔二首 | 詔36 | 教有2 | 666 | 追加 |
| 113 | | | 立皇太子大赦詔一首 | | | 666 | 追加 |
| 114 | 陳 | (武帝) | 恩赦詔一首 | 詔40 | 教有6 | 670 | 追加 |
| 115 | | | 改元大赦詔一首 | 詔38 | 教有4 | 668 | 闕落 |
| 116 | | 宣帝 | 宥沈泰家口詔一首 | | | 670 | 追加 |
| 117 | 陳(隋) | 文帝(李德林) | 勉三道逆人家口詔一首 | 詔40 | 教有6 | 670 | 錯誤,追加 |
| 118 | | 宣帝 | 辰象借度大赦詔一首 | 詔37 | 教有3 | 667 | 追加 |
| 119 | 陳 | 後主 | 幸長干寺大赦詔一首 | 詔36 | 教有2 | 666 | 闕落 |
| 120 | | 文成帝 | 恩降詔一首 | 詔40 | 教有6 | 670 | |
| 121 | | | 戒師詔一首 | 詔32 | | 662 | |
| 122 | | | 出師詔一首 | 詔34 | | 662 | |
| 123 | | | 與高句麗王雲詔一首 | | | 664 | |
| 124 | 後魏 | 孝文帝 | 祭園丘大赦詔一首 | 詔35 | 教有1 | 665 | |
| 125 | | | 遷都洛陽大赦詔一首 | | | 665 | |
| 126 | | | 誕皇孫大赦詔一首 | 詔36 | 教有2 | 666 | |
| 127 | | | 改元大赦詔一首 | 詔38 | 教有4 | 668 | '以下闕落'表記 |
| 128 | | | 大赦詔一首 | 詔40 | 教有6 | 670 | |
| 129 | | 節閔帝 | 伐爾未文暢等詔一首 | 詔32 | 教有6 | 662 | |

| 序 | 朝代 | 帝 | 詔文 | 詔 | 敕 | 頁 | 備考 |
|---|---|---|---|---|---|---|---|
| 130 | | 孝靜帝 | 伐元神和等詔一首 | | | 662 | |
| 131 | | | 菁雨大赦詔一首 | 詔37 | 敕有3 | 667 | 誤記追加 |
| 132 | | | 納皇后大赦詔一首 | 詔36 | 敕有2 | 666 | 誤記追加 |
| 133 | | 孝(靖)帝(溫子昇) | 誕皇子大赦詔一首 | | | 666 | 誤記追加 |
| 134 | | | 殺爾朱榮元天穆等大赦詔一首 | 詔39 | 敕有5 | 669 | 追加 |
| 135 | | 孝靜帝(魏收) | 立皇太子大赦詔一首 | 詔36 | 敕有2 | 666 | 追加 |
| 136 | | | 首西伐詔一首 | 詔32 | | 662 | |
| 137 | | 文宣帝 | 征長安詔一 | | | | |
| 138 | 北齊 | 文宣帝(魏收) | 大赦詔二首 | 詔40 | 敕有6 | 670 | 追加 |
| 139 | | 孝昭帝 | 卽位改元大赦詔一首 | 詔38 | 敕有4 | 668 | 闕落 |
| 140 | | 孝昭帝(魏收) | 郊祀恩降詔一首 | 詔35 | 敕有1 | 665 | 追加 |
| 141 | | 武成帝 | 卽位改元大赦詔一首 | 詔38 | 敕有4 | 668 | 闕落 |
| 142 | | 武成帝(魏收) | 大赦詔一首 | 詔40 | 敕有6 | 670 | 追加 |
| 143 | | 後主 | 幸待明宮大赦詔一首 | 詔36 | 敕有2 | 666 | 闕落 |
| 144 | | 後主(魏收) | 大赦詔一首 | 詔40 | 敕有6 | 670 | 追加 |
| 145 | | 廢帝 | 卽位改元大赦詔一首 | 詔38 | 敕有4 | 668 | 闕落 |
| 146 | | | 誕皇太子恩降詔一首 | 詔36 | 敕有2 | 666 | |
| 147 | 後周 | 明帝 | 靈鳥降大赦詔一首 | | | 667 | |
| 148 | | | 靈鳥等瑞大赦詔一首 | 詔37 | 敕有3 | 667 | |
| 149 | | | 又靈鳥等瑞大赦詔一首 | | | 667 | |
| 150 | | | 卽位改元大赦詔一首 | 詔38 | 敕有4 | 668 | 闕落 |

| 번호 | 왕조 | 황제 | 詔 | 교육 | 詔번호 | 페이지 | 비고 |
|---|---|---|---|---|---|---|---|
| 151 | 後周(隋) | | 伐北齊詔二首 | | | | 662 | |
| 152 | | 武帝 | 立皇太子大教詔一首 | 詔32 | 教育2 | 666 | |
| 153 | | | 詠宇文護大教詔一首 | 詔36 | 教育5 | 669 | |
| 154 | | | 大教詔一首 | 詔39 | 教育6 | 670 | |
| 155 | | | 教齊人被掠爲奴婢詔一首 | 詔40 | 教育3 | 670 | |
| 156 | | 宣帝 | 大旱恩降詔一首 | 詔37 | 教育5 | 667 | |
| 157 | | 靜帝 李德林 | 平尉迴大教詔一首 | 詔39 | | 669 | 追加 |
| 158 | 隋 | 文帝 | 頒下突闕稱臣詔一首 | 詔34 | | 664 | |
| 159 | | | 拜東岳大教詔一首 | 詔36 | 教育2 | 666 | 闕落 |
| 160 | | | 改元大教詔一首 | 詔38 | | 668 | 闕落 |
| 161 | | | 登祚改元大教詔一首 | | 教育4 | 668 | 闕落 |
| 162 | | | 安邊詔二首 | 詔34 | | 664 | 追加 |
| 163 | | 文帝(李德林) | 獲寶龜大教詔一首 | 詔37 | 教育3 | 667 | 追加 |
| 164 | | | 平陳大教詔一首 | 詔39 | 教育5 | 669 | 追加 |
| 165 | | (文帝)(薛道衡) | 大教詔二首 | 詔40 | 教育6 | 670 | 錯誤, 追加 |
| 166 | | 煬帝 | 藝顯匈奴詔一首 | 詔34 | | 664 | 追加 |
| 167 | | | 營東都(成)大教詔一首 | 詔35 | 教育1 | 665 | 闕落 |
| 168 | | | 巡幸北岳大教詔一首 | 詔36 | 教育2 | 666 | 闕落 |
| 169 | | | 幸江都教江進以南詔一首 | | | 666 | 闕落 |
| 170 | | | 即位改元大教詔一首 | 詔38 | 教育4 | 668 | |
| 171 | | | 平遼東(撫)大教詔一首 | 詔39 | 教育5 | 669 | 闕落 |
| 172 | 唐 | 武德年中 | 鑰(撫)四夷詔一首 | 詔34 | | 664 | 漏落 |
| 173 | | | 幸通義宮曲赦宮城內詔一首 | 詔36 | 教育2 | 666 | 闕落 |
| 174 | | | 平寶建德曲赦山東詔一首 | | | 669 | |
| 175 | | | 平輔公祏及新定律令大教詔一首 | 詔39 | 教育5 | 669 | |

| 連番 | | 題目 | 詔 | 教宥 | 備考 | 卷數 |
|---|---|---|---|---|---|---|
| 176 | | 平北狄大赦詔一首 | | | | 669 |
| 177 | | 平王充竇建德大赦詔一首 | | | | 669 |
| 178 | | 平蒲州城曲赦河東吏人詔一首 | | | | 669 |
| 179 | | 曲降十二軍界詔一首 | 詔40 | | | 670 |
| 180 | 太宗文皇帝 | 伐遼手詔一首 | 詔32 | 教宥6 | | 662 |
| 181 | | 撫慰百濟詔一首 | | | | 664 |
| 182 | | 撫慰新羅王詔一首 | 詔34 | | | 664 |
| 183 | | 撫慰月處密詔一首 | | | | 664 |
| 184 | | 巡撫高昌詔一首 | | | | 664 |
| 185 | | 安撫嶺南詔一首 | | | | 664 |
| 186 | | 慰撫高昌文武詔一首 | | | | 664 |
| 187 | 貞觀年中 | 拜謁山陵詔一首 | 詔35 | 教宥1 | | 665 |
| 188 | | 立皇太子大赦詔一首 | | | | 666 |
| 189 | | 諡皇孫恩降詔一首 | 詔36 | | | 666 |
| 190 | | 幸國學曲恩詔一首 | | 教宥2 | 闕落 | 666 |
| 191 | | 爲魏王泰宅曲赦詔一首 | | | 闕落 | 666 |
| 192 | | 爲山東雨水曲赦詔一首 | 詔37 | 教宥3 | | 667 |
| 193 | | 獲石瑞曲赦涼州詔一首 | | | | 667 |
| 194 | | 平高昌曲赦高昌部內詔一首 | 詔39 | 教宥5 | | 669 |

〈註釋〉

1) 連番 5 이하의 卷數 667 表記에 있어서 目次에는 '第百六十七'로 板刻이 잘못되어 있음에 留意해야 한다.

2) 連番 11 題目이 目次에서는 '旱災'로 되어 있으나, 本文에는 '災旱'으로 되어 있다.

3) 連番 117의 경우 目次에는 作者가 陳 文帝로 되어 있지만, 本文에는 隨 文帝로 잘못 記載되어 있어 錯誤가 분명해 보인다. 이후 連番 165의 경우 등에서도 그러하므로 留意해야 한다.

9. 『文館詞林』殘卷 「敕」의 時代別 作者別 分析表

| 連番 | 時代 | 作者 | 題目 | 敕 | 分類 | 卷數 | 備考 |
|---|---|---|---|---|---|---|---|
| 01 | 漢 | 武帝 | 責楊僕敕一首 | | | 691 | |
| 02 | | | 誡牙門敕一首 | | | 691 | |
| 03 | 西晉 | 武帝 | 攸州牧剌史敕一首 | | | 691 | |
| 04 | | | 誡計掾史敕一首 | | | 691 | |
| 05 | | | 誡郡國上計掾史還各告守相敕一首 | | 誡勵 | 691 | |
| 06 | 宋 | 文帝 | 與彭城王義康敕一首 | | | 691 | |
| 07 | | | 命百官聽宋義敕一首 | | | 691 | |
| 08 | 梁 | 武帝 | 與劉孝綽敕一首 | | | 691 | |
| 09 | | | 擧士敕一首 | | 貢舉 | 691 | |
| 10 | 北齊 | 武成帝 | 命(韋)道遜兼正員迎陳使敕一首<br>(除)崔士順散騎侍郎敕一首 | 敕 | | 691 | 誤字,板刻錯誤,追加 |
| 11 | | | 除源那延持書昭太守敕一首 | | | 691 | 追加 |
| 12 | | | 除潘子義持書裴舄之殿中侍郎史敕一首 | | | 691 | |
| 13 | | | 除盧景開太守等敕一首 | | 除授 | 691 | |
| 14 | | | 除奚瓊等太守敕一首 | | | 691 | |
| 15 | | 後主 | 除幷州沙門統寺敕一首 | | | 691 | |
| 16 | | | 除崔孝緒等太守長史敕一首 | | | 691 | |
| 17 | | 後主 李德林 | 起復邢恕屯田郎敕一首 | | | 691 | 追加 |
| 18 | 北齊(隋) | | 除僧慧藏幷沙門郡維那敕一首 | | | 691 | 追加 |
| 19 | | | 除李遵等官敕一首 | | | 691 | |
| 20 | 隋 | 文帝 | 答蜀王敕書一首 | | 誡勵 | 691 | |
| 21 | | | | | 貢舉 | 691 | |
| 22 | 隋 | | 令山東三十四州剌史擧人敕一首 | | 貢舉 | 691 | |
| 23 | 隋 | 文帝 | 解石孝義等官敕一首 | | 黜免 | 691 | 追加 |

| 連番 | 時代 | 作者 | 題目 | | | 卷數 | 備考 |
|---|---|---|---|---|---|---|---|
| 24 | (隋) | 李德林 | 免常明官爵敕一首 | | 3 | 691 | |
| 25 | | | 免馬仲任官爵敕一首 | | 3 | 691 | |
| 26 | 唐 | 貞觀年中 | 與李玄明敕一首 | | 3 | 691 | '下闕'表記 |
| 27 | | (貞觀年中) | 與干乾長敕一首 | | 3 | 691 | 追加 |
| 28 | | 貞觀年中 | (敕交州督府長史李玄明交) | 誡勵 | 3 | 691 | 本文,揷入,'下闕'表記 |
| 29 | | (貞觀年中) | 命房玄齡檢校禮部尚書敕一首 | 除授 | 3 | 691 | '下闕'表記 |
| 30 | | 貞觀年中 | 授杜如晦等別檢校官敕一首 | | 3 | 691 | 追加 |

〈註釋〉

1)連番 10 題目이 있어서 目次에는 '敕'로 되어 있지만, 本文에는 '筆'로 되어 있다.

2)連番 26 및 28 備考의 〈'下闕'表記〉는 原文에 內容 일부가 轉載되어 있고 끝에 '下闕'이라 明記되어 있음에 따른 것이다.

3)連番 28의 경우 目次에는 없으나 本文에는 揷入되어 있다.

10. 『文館詞林』 殘卷 「令」의 時代別 作者別 分析表

| 連番 | 時代 | 作者 | 題目 | 分類 | | 卷數 | 備考 |
|---|---|---|---|---|---|---|---|
| | | | | 令 下 | | | |
| 1 | 魏 | 武帝 | 擧士令一首 | | 擧士 | 695 | |
| 2 | | | 論吏士行能令一首 | | | 695 | |
| 3 | | | 分租賜將令一首 | | | 695 | |
| 4 | | | 令樣屬等月日各過令一首 | | 政事 | 695 | |
| 5 | | | 收田租令一首 | | 田農 | 695 | |
| 6 | | | 修學令一首 | | 崇學 | 695 | |
| 7 | | | 將軍敗抵罪令一首 | | 軍令 | 695 | |

| 王朝 | 帝/著者 | 令名 | 分類 | | 備考 |
|---|---|---|---|---|---|
| | | 整齊風俗令一首 | 雜令 | 695 | |
| 8 | | | | | |
| 9 | | 春(祠)令一首 | 祭祀 | 695 | 誤記 |
| 10 | 文帝 | 以鄭稱授太子經學令一首 | 崇學 | 695 | 追加, 誤記 |
| 11 | 曹植 | 賞罰令一首 | 賞罰 | 695 | |
| 12 | | 自試令一首 | 雜令 | 695 | |
| 13 | | 毀鄄城故殿令一首 | 毀陵 | 695 | |
| 14 | 元帝 | 改元赦令一首 | 教令 | 695 | |
| 15 | 武帝 | 開國赦令一首 | | 695 | |
| 16 | | 克定京邑教令一首 | | 695 | |
| 17 | | 撥向書曹朝濟事令一首 | | 695 | |
| 18 | 武帝(任昉) | 設榜達任令一首 | 政事 | 695 | |
| 19 | | 斷華達移令一首 | | 695 | 追加 |
| 20 | | 掩體理胳令一首 | 雜令 | 695 | |
| 21 | | 葬戰亡者令一首 | | 695 | |
| 22 | | 集墳籍令一首 | | 695 | |
| 23 | 武帝(沈約) | 除東昏制令一首 | 政事 | 695 | 追加 |
| 24 | 孝元帝 | 遣上封令一首 | 雜令 | 695 | |
| 25 | | 勸農令一首 | 田農 | 695 | |
| 26 | | 封劉穀宗懷令一首 | 賞罰 | 695 | 誤記 |
| 27 | | (祠)房祧祠令一首 | 祭祀 | 695 | |
| 28 | 孝(元)帝 | 射書雍州令一首 | 賞罰 | 695 | 誤記 |
| 29 | | 與諸藩令一首 | 軍令 | 695 | 漏落 |
| 30 | | 議南諸都令一首 | 移都 | 695 | |
| 31 | | 賣南軍令一首 | 軍令 | 695 | |
| 32 | 孝元帝 | 策勤令一首 | 賞罰 | 695 | |

| 連番 | 時代 | 作者 | 題目 | 分類 | 卷數 | 追加 |
|---|---|---|---|---|---|---|
| 33 | 陳(隋) | 後主(江總) | 在東宮臨學聽講令一首 | 崇學 | 695 | |
| 34 | 唐 | 高祖太武皇帝 | 作相正定文案令一首 | 政事 | 695 | |

〈註釋〉
1) 連番 9 및 27의 경우 目次에는 각기 '祀'로 되어 있는데, 本文에는 각기 '祠'로 되어 있어 '祠'로 되어 있어 誤記임이 분명하다.
2) 連番 10의 경우가 作者가 目次에는 魏 武帝로 되어 있으나, 本文에는 魏 文帝로 되어 있어 誤記임이 분명하므로 留意해야 한다.

11. 『文館詞林』殘卷「敎」의 時代別 作者別 分析表

| 連番 | 時代 | 作者 | 題目 | | 分類 | 卷數 | 備考 |
|---|---|---|---|---|---|---|---|
| 01 | 後漢 | 李固 | 恤奉高令要事敎一首 | | 恤亡 | 699 | |
| 02 | | | 祀胡毋先生敎一首 | | 禱祀 | 699 | |
| 03 | | 王洽 | 修太伯廟敎一首 | | 終復 | 699 | |
| 04 | | 劉璍 | 隳袁貴像敎一首 | | 毀隳 | 699 | |
| 05 | 東晉 | 分亮 | 黜故江州刺史王敦贊敎一首 | | 終復 | 699 | |
| 06 | | 分翼 | 黎荊州主者王讓敎一首 | | 黎賢 | 699 | |
| 07 | | | 北征敎一首 | | 崇賢 | 699 | |
| 08 | | 范泰 | 爲大司馬北征敎一首 | 敎4 | 恤亡 | 699 | |
| 09 | | | 爲宋公收葬荊雍二州敎一首 | | 崇法 | 699 | |
| 10 | | | 爲宋公試嚴敎一首 | | 崇法 | 699 | |
| 11 | 宋 | 備亮 | 爲宋公復前漢諸陵敎一首 | | | 699 | |
| 12 | | | 爲宋公修楚元王墓敎一首 | | 終復 | 699 | |
| 13 | | | 爲宋公修張良廟敎一首 | | | 699 | |
| 14 | | 劉義季 | 藏枯骨敎一首 | | 恤亡 | 699 | |
| 15 | | 孝武帝 | 試嚴敎一首 | | 崇法 | 699 | |

| 連番 | 朝代 | 著者 | 題目 | 分類 | 頁 | 備考 |
|---|---|---|---|---|---|---|
| 16 | 梁 | 備文帝 | 藍護柱嵩喪敎一首 | 恤亡 | 699 | |
| 17 | | | 圖護州賢能刺史敎一首 | 藝賢 | 699 | |
| 18 | | | 甄張景顥復(讜)敎一首 | 顧節 | 699 | 異字 |
| 19 | | | 修理羊太傅廟司徒碑敎一首 | 崇復 | 699 | |
| 20 | | | 祭北行戰亡將亡客敎一首 | 恤亡 | 699 | |
| 21 | | | 北略敎一首 | | 699 | |
| 22 | | | 三日曝詩敎一首 | 崇法 | 699 | |
| 23 | | | 贈賻隱文達敎一首 | | 699 | |
| 24 | | | 瞻賻郎部曲喪板敎一首 | 恤亡 | 699 | |
| 25 | | | 與僧正敎一首 | 禮祀 | 699 | |
| 26 | | 江淹 | 祠司徒安陵王敎一首 | 禮祀 | 699 | |
| 27 | | | 爲蕭驃騎築新亭壘枯骸敎一首 | 恤亡 | 699 | |
| 28 | | 蕭綸 | 爲蕭驃騎發徐州三五敎一首 | 崇法 | 699 | |
| 29 | | 蕭子暉 | 無導會(敎)一首 | | 699 | 漏落 |
| 30 | | 沈約 | 爲武陵王府州上禮迴爲法會敎一首 | 禮祀 | 699 | |
| 31 | | | 祭故徐陵徐文敎一首 | 藝賢 | 699 | |
| 32 | | 王筠 | 贈留眞人祖父敎一首 | | 699 | |
| 33 | | | 習戰備敎一首 | 崇法 | 699 | |
| 34 | | | 造立騰賷(館)敎一首 | 禮祀 | 699 | 誤字 |
| 35 | | 王僧孺 | 在縣祭社西曹敎一首 | 藝賢 | 699 | |
| 36 | | 任昉 | 祭戰亡軍士敎一首 | 恤亡 | 699 | |
| 37 | 陳 | 沈烱 | 爲王公修相國德政碑敎一首 | 崇復 | 699 | |

〈註釋〉
1)連番 18 備考의〈異字〉는 目次에는'讜'가, 原文 題目에는'讜'가 쓰였음을 표기한 것이다.
2)連番 34 備考의〈誤字〉는 目次에는'館'으로 되어 있지만, 原文 題目에는'觀'으로 되어 있는데, 目次의'館'이 옳고 原文 題目의'觀'이 그릇되고 잘못되어 이렇게 표기한 것이다.

12. 『詞林殘簡』「敕」의 時代別 作者別 分析表

| 連番 | 時代 | 作者 | 題目 | 分類 | 卷數 | 備考 |
|---|---|---|---|---|---|---|
| 1 | | | | 敕 | | '上闕' 表記 |
| | | | | | | 內容 一部 |

〈註釋〉
1) 分類에 단지 '敕'이라고만 원문에 표기되어 있으며, 備考와 같이 〈上闕〉로 表記되어 있을 뿐이다.
2) 連番 1 備考에 〈內容 一部〉라고 한 것은, 題目이 明記되어 있지 않으면서 內容의 일부가 轉載되어 있음에 따를 것이다.

13. 『詞林殘簡』「表」의 時代別 作者別 分析表

| 連番 | 時代 | 作者 | 題目 | 分類 | 卷數 | 備考 |
|---|---|---|---|---|---|---|
| 1 | 後梁 | 蕭攸 | 讓侍中表一首 | 表 | | '上闕' 表記 |
| 2 | 後梁 | 沈君攸 | 爲安成王謙加侍中表一首 | | | 內容 一部, '下闕' 表記 |

〈註釋〉
1) 作者別 分析은 姓名의 한글 發音을 기준으로 삼아 가나다順으로 정리하였다.
2) 分類 備考의 〈上闕〉 表記는 原文 중에 '上闕'로 表記되어 있음을 표시한 것이다.
3) 連番 2 備考의 〈內容 一部, '下闕' 表記〉는 原文에 內容 일부가 轉載되어 있고 끝에 '下闕'이라 明記되어 있음에 따른 것이다.

14. 『太平御覽』의 孫盛 『晉陽秋』 引用文 內容 分析表

| 連番 | 卷數 | 分類 | 項目 | 內容 分析 |
|---|---|---|---|---|
| 1 | 2 | 天部 2 | 渾儀 | 吳의 葛衡가 渾을 改作 |
| 2 | 4 | 天部 4 | 日下 | 建武 元年(317) '三日並出한 사실 |
| 3 | 7 | 天部 7 | 祆星 | 諸葛亮 陣營에 큰 별이 떨어져 제갈량이 사망 |
| 4 | 9 | 天部 9 | 風 | 袁宏의 鳳에 관한 발언 |
| 5 | 14 | 天部 14 | 虹蜺 | 建武 元年(317) '虹長彌天' |
| 6 | 21 | 時序部 6 | 夏上 | 여름에 빗딧물(霰)로 제을 읽음 |
| 7 | 51 | 地部 16 | 石上 | 籥이 움직이지 못하도록 襄所에 石을 둠 |
| 8 | 61 | 地部 26 | 進 | 秦始皇 때의 建康이 進水라는 사실 |
| 9 | 98 | 皇王部 23 | 懷皇帝 | 懷皇帝가 在位 경위 및 업적에 관한 서술 |
| 10 | 〃 | 〃 | 東晉 元皇帝 | 秦始皇 때의 東遊에 관한 사실 |
| 11 | 149 | 皇親部 15 | 太子 4 太弟 | 永興 元年(304) 王穎 등을 皇太弟로 책봉 |
| 12 | 151 | 皇親部 17 | 諸王 下 | 齊王이 平原王 幹을 죽이함 |
| 13 | 190 | 居處部 18 | 倉 | 泰始 4년(268) 常平倉 설립 |
| 14 | 214 | 職官部 12 | 吏部尙書 | 陳騫을 吏部尙書로 삼음 |
| 15 | 220 | 職官部 18 | 中書令 | 王沿과 溫嶠를 中書令으로 삼음 |
| 16 | 〃 | 〃 | 中書監 | 朱整을 中書監으로 삼음 |
| 17 | 224 | 職官部 22 | 散騎侍郎 | 荀顗을 散騎侍郎으로 삼음 |
| 18 | 232 | 職官部 30 | 司農卿 | 司農 稻範이 大司農의 소임에 대해 언급 |
| 19 | 238 | 職官部 36 | 大將軍 | 義興과 周延을 大將軍으로 삼음 |
| 20 | 239 | 職官部 37 | 領軍將軍 | 韓康伯을 領軍을 삼음 |
| 21 | 243 | 職官部 41 | 光祿大夫 | 李喜를 光祿大夫로 삼음 |
| 22 | 248 | 職官部 46 | 府司馬 | 司馬의 職任에 대한 설명 |
| 23 | 256 | 職官部 54 | 良刺史 上 | 훌륭한 刺史로 劉弘에 대해 기술 |
| 24 | 262 | 職官部 60 | 酷太守 | 혹독한 太守로 羊冉에 대해 기술 |
| 25 | 324 | 兵部 55 | 降 | 降의 구체적인 사례로 제시 |

| 번호 | 페이지 | 部 | 항목 | 설명 |
|---|---|---|---|---|
| 26 | 348 | 兵部 79 | 弩 | 高祖와 馬隆의 弩 使用을 통한 승리를 기술 |
| 27 | 360 | 人事部 1 | 孕 | 太宗의 宮人 杜固의 孕胎에 대해 기술 |
| 28 | 361 | 人事部 2 | 産 | 魏舒가 主人 王粹의 出産에 해친 사실 |
| 29 | 372 | 人事部 13 | 足 | 周頭가 王彬을 해친 사실 |
| 30 | 407 | 人事部 48 | 交友 2 | 陸抗과 羊祜 등의 우정에 대해 언급 |
| 31 | 425 | 人事部 66 | 淸廉 上 | 淸白吏 呂尒서 事例를 제시 |
| 32 | 430 | 人事部 71 | 信 | 陸抗과 羊祜 등의 信義에 대해 언급 |
| 33 | 473 | 人事部173 | 遊俠 | 祖逖의 穀帛을 貧者에게 줌 |
| 34 | 543 | 禮儀部 22 | 揖 | 晉 文帝 때 王祥의 揖에 대해 기술 |
| 35 | 554 | 禮儀部 33 | 葬送 2 | 高祖가 葬禮 때 사양을 기술 |
| 36 | 570 | 樂部 8 | 歌 1 | 荀粲의 公孫端을 征伐하고 부르는 노래 |
| 37 | 606 | 文部 22 | 札 | 梁나라 張端의 札에 대해 언급 |
| 38 | 650 | 刑法部 16 | 杖 | 杖十 이상의 刑 집행 事例에 관해 기술 |
| 39 | 700 | 服用部 2 | 帷 | 武帝 때 帷를 변경하게 지시하지 않은 사실 기술 |
| 40 | 703 | 服用部 5 | 麈尾 | 麈尾의 下賜에 관해 언급 |
| 41 | 707 | 服用部 9 | 妭 | 景帝 때의 妭에 관해 기술 |
| 42 | 713 | 服用部 15 | 廚 | 顧愷之가 丹靑을 좋아해 그린 廚畫에 관해 기술 |
| 43 | 743 | 疾病部 6 | 陽病 | 晉帝의 陽病에 관해 기술 |
| 44 | 752 | 工藝部 9 | 巧 | 吳葛衡이 機巧에 능해 渾天儀 제작 사실에 관해 기술 |
| 45 | 753 | 工藝部 10 | 投壺 | 王胡가 投壺를 잘 한 사실을 기술 |
| 46 | 756 | 器物部 1 | 器皿 | 劉桂가 玉鼎을 취득한 사실을 기술 |
| 47 | 758 | 器物部 3 | 檠 | 武帝 때 漆畫銀槃 제작 사실에 대해 언급 |
| 48 | 760 | 器物部 5 | 盌 | 王敦의 玉盌 관련 逸話 기록 |
| 49 | 762 | 器物部 7 | 碓 | 陳留王 에게 碓 1區 지금 사실을 기록 |
| 50 | 775 | 車部 4 | 四望車 | 魏舒子의 사양 때 四望車의 지금 사실 기록 |
| 51 | 〃 | | 露車 | 犢車의 內部가 露車임을 설명 |
| 52 | 808 | 珍寶部 7 | 雲母 | 孫秀가 雲母車를 下賜받은 사실을 기록 |

| 53 | 814 | 布帛部 1 | 絲 | 武帝 때 靑絲를 靑龐로 대신함 사실 기록 |
|---|---|---|---|---|
| 54 | 817 | 布帛部 4 | 絹 | 絹을 예전처럼 짜라는 것 武帝 不許 사실 기록 |
| 55 | 818 | 布帛部 5 | 帛 | 帛의 가래와 관련된 사실을 언급 |
| 56 | 819 | 布帛部 6 | 綿 | 綿을 예전처럼 짜라는 것 武帝 不許 사실 기록 |
| 57 | 835 | 資産部 15 | 錢 上 | 百錢의 유통과 관련된 언급 |
| 58 | 860 | 飮食部 18 | 餠 | 惠帝가 餠을 먹다가 죽은 사실 기록 |
| 59 | 898 | 獸部 10 | 牛 上 | 武帝 때 御牛가 靑龐를 쓴 사실 기록 |
| 60 | 911 | 獸部 23 | 鼠 | 大興(318-321) 때 鼠市 開設 사실 언급 |
| 61 | 915 | 羽族部 2 | 鳳 | 升平 4년(360) 鳳凰의 出現 사실 언급 |

〈註釋〉

1)連番 39의 기록이 版本에 따라서는 『晉陽春秋』에 있었던 것으로 인용되어 있기도 하므로 주의를 요한다. 또 하나 연두에 두어야 할 사인을 단정을 書名이 『晉陽秋』라고 한자라도 할지라도 著者가 孫盛이기 때문에 書名 자체만 가지고 누구의 것인지를 단정 해서는 크게 잘못 관단할 수 있다는 점이다. 一例를 들자면 동일하게 『文選』卷 38에 있는 「殷仲文解尙書表」에서는 「椱道纂晉陽秋」를 인용하고 있는 것 같음이 그것이다. 따라서 정밀한 검토를 가진 후에라야만 그것이 과연 『孫盛晉陽秋』의 眞僞를 판별할 수 있다고 하겠다. [梁]蕭統 編, [唐]李善 注, 『文選』, 북경 제6차 인쇄, 1977; 북경 제6차 인쇄, 中華書局, 2005, pp.532-533 참조.

2)連番 41의 기록도 版本에 따라서는 『晉陽春秋』에 인용되어 있었던 것으로 인용되어 있기도 하므로 주의를 요한다.

3)連番 60의 기록 역시 版本에 따라서는 『晉陽春秋』에 인용되어 있기도 한므로 주의를 요한다.

4)連番 61의 기록 또한 版本에 따라서는 『晉陽春秋』에 인용되어 있기도 한므로 주의를 요한다.

15. 黃頭 『逸書考』의 『孫盛晉陽秋』 引用文 典據 分析表 (登載順)

| 登載順 | 項目名 | 區分 | 原文 引用文 典據 | | 細註 引用文 典據 | |
|---|---|---|---|---|---|---|
| 1 | 순이(荀顗) | 人名 | 三國志 魏志 荀彧傳 注 | 御覽 224 | | |
| 2 | 제갈량(諸葛亮) | 〃 | 蜀志 諸葛亮傳 注 | 書鈔 150 | 御覽 7 | 說郛 59 |
| 3 | 강유(姜維) | 〃 | 蜀志 姜維傳 注 | | | |
| 4 | 정무(鄭袤) | 〃 | 魏志 鄭渾傳 注 | | | |
| 5 | 양호(羊祜) | 〃 | 吳志 陸抗傳 注 | 藝文 81 | 御覽 430 | |
| 6 | 위관(衛瓘) | 〃 | 魏志 衛頭傳 注 | | | |
| 7 | 혜강(嵇康)·여안(呂安) | 〃 | 魏志 王粲傳 注 | | | |
| 8 | 손등(孫登) | 〃 | 魏志 王粲傳 注 | 御覽 392 | 藝文 19 | 白話嘯 |
| 9 | 왕준(王濬) | 〃 | 吳志 孫皓傳 注 | 御覽 324 | | |
| 10 | 하후좌(夏侯佐) | 〃 | 魏志 夏侯惇傳 注 | 藝文 53 | | |
| 11 | 호위(胡威) | 〃 | 魏志 胡質傳 注 | 御覽 50 | 御覽 254 | 世說 德行篇 |
| 12 | 이윤(李胤) | 〃 | 魏志 公孫度傳 注 | | | |
| 13 | 유굉(劉弘) | 〃 | 魏志 劉馥傳 注 | 御覽 256 | | |
| 14 | 유교(劉喬) | 〃 | 魏志 劉廙傳 注 | | | |
| 15 | 손성(孫盛)·손작(孫綽) | 〃 | 魏志 劉放傳 注 | | | |
| 16 | 왕담(王湛)·왕승(王承)·왕술지(王述之) | 〃 | 魏志 王湘傳 注 | | | |
| 17 | 순숭(荀崧)·순의(荀彧) | 〃 | 魏志 荀彧傳 注 | | | |
| 18 | 초주(譙周) | 〃 | 蜀志 譙周傳 注 | | | |
| 19 | 초수(譙秀) | 〃 | 蜀志 譙周傳 注 | | | |
| 20 | 육완(陸玩) | 〃 | 吳志 陸晉傳 注 | 文選 桓元子薦元彦表 注 | | |
| 21 | 감령(甘寧) | 〃 | 吳志 趙達傳 注 | 書鈔 130 | | 說郛 55 |
| 22 | 고조선제(高祖宣帝) | 世說 | 世說 方正篇 | | 御覽 2 | |
| 23 | 효혜제(孝惠帝) | 世說 | 世說 規箴篇 | | | |

已上俱三國志注

| 번호 | 이름 | 분류 | | 출전 |
|---|---|---|---|---|
| 24 | 폐제해서공(廢帝海西公) | 가 | " | 世說 言語篇 注 |
| | | 나 | " | 世說 排調篇 注 |
| 25 | 제왕유(齊王攸) | | " | 世說 品藻篇 注 |
| 26 | 조왕륜(趙王倫) | | " | 世說 品藻篇 注 |
| 27 | 갈기(葛旗) | | " | 世說 方正篇 注 |
| 28 | 초민왕승(譙閔王承) | | " | 世說 仇隙篇 注 |
| 29 | 왕상(王祥) | 가 | " | 世說 德行篇 注 |
| | | 나 | " | 世說 同上 |
| 30 | 진진(陳騫) | | " | 世說 方正篇 注 |
| 31 | 여안(呂安) | | " | 世說 簡傲篇 注 |
| 32 | 개강(嵆康) | | " | 世說 雅量篇 注 |
| 33 | 장화(張華) | | " | 世說 言語篇 注 |
| 34 | 산도(山濤) | | " | 世說 賢媛篇 注 |
| 35 | 왕융(王戎) | 가 | " | 世說 賞譽篇 注 |
| | | 나 | " | 世說 簡傲篇 注 |
| | | 다 | " | 世說 德行篇 注 |
| | | 라 | " | 世說 同上 |
| | | 마 | " | 世說 雅量篇 注 |
| | | 바 | " | 世說 同上 |
| | | 사 | " | 世說 儉嗇篇 注 |
| 36 | 왕연(王衍) | 가 | " | 世說 識鑒篇 注 |
| | | 나 | " | 世說 規箴篇 注 |
| | | 다 | " | 世說 簡傲篇 注 |
| | | 라 | " | 世說 輕詆篇 注 |
| 37 | 화교(和嶠) | | " | 世說 方正篇 注 |
| 38 | 낙광(樂廣) | 가 | " | 世說 賞譽篇 注 |
| | | 나 | " | 世說 同上 |

| | | | | | |
|---|---|---|---|---|---|
| 39 | 완함(阮咸) | 다 | 〃 | 世說 言語篇 注 | 書鈔 33 |
| 40 | 완부(阮孚) | | 〃 | 世說 賞譽篇 注 | |
| 41 | 왕담(王湛) | | 〃 | 世說 雅量篇 注 | |
| 42 | 구양건(歐陽建) | | 〃 | 世說 賞譽篇 注 | 文選 歐陽堅石臨終詩 注 |
| 43 | 손수처유씨(孫秀妻劉氏) | | 〃 | 世說 仇隙篇 注 | |
| 44 | 손수(孫秀) | | 〃 | 世說 惑溺篇 注 | |
| 45 | 육기(陸機) | | 〃 | 世說 賢媛篇 注 | |
| 46 | 반악(潘岳) | | 〃 | 世說 言語篇 注 | |
| 47 | 손초(孫楚) | | 〃 | 世說 文學篇 注 | |
| 48 | 유화(劉和) | | 〃 | 世說 言語篇 注 | |
| 49 | 유처(同處) | | 〃 | 世說 任誕篇 注 | |
| 50 | 유여(劉輿) | 가 | 〃 | 世說 自新篇 注 | |
| 51 | 등유(鄧攸) | 나 | 〃 | 世說 雅量篇 注 | |
| 52 | 조적(祖逖) | 가 | 〃 | 世說 德行篇 注 | 書鈔 138 |
| 53 | 왕도(王導) | 나 | 〃 | 世說 賞譽篇 注 | |
| 54 | 도간(陶侃) | 가 | 〃 | 世說 賞譽篇 注 | |
| 55 | 온교(溫嶠) | 나 | 〃 | 世說 言語篇 注 | |
| 56 | 주의(周顗) | 가 | 〃 | 世說 賢媛篇 注 | 書鈔 69 |
| 57 | 주숭(同嵩) | 나 | 〃 | 世說 政事篇 注 | |
| 58 | 유조(劉超) | 다 | 〃 | 世說 接悟篇 注 | |

| 번호 | 이름 | | | | 비고 |
|---|---|---|---|---|---|
| 59 | 왕돈(王敦) | | " | 世說 豪爽篇 注 | |
| 60 | 왕응(王應) | | " | 世說 識鑑篇 注 | |
| 61 | 전봉(錢鳳) | | " | 世說 假譎篇 注 | |
| 62 | 심충(沈充) | | " | 世說 規箴篇 注 | 書鈔 130 |
| 63 | 장무(張茂) | | " | 世說 品藻篇 注 | |
| 64 | 사곤(謝鯤) | 가 | " | 世說 文學篇 注 | |
| | | 나 | " | 世說 品藻篇 注 | |
| 65 | 유의(分顗) | 가 | " | 世說 文學篇 注 | |
| | | 나 | " | 同上 | |
| | | 다 | " | 世說 文學篇 注 | |
| | | 다 | " | 世說 品藻篇 注 | |
| 66 | 왕징(王澄) | 가 | " | 世說 方正篇 注 | |
| | | 나 | " | 世說 鑑識篇 注 | |
| 67 | 반도(潘滔) | 가 | " | 同上 | |
| 68 | 환온(桓溫) | 가 | " | 世說 言語篇 注 | 文選 分元規讓中書令表 注 |
| 69 | 유량(分亮) | 가 | " | 世說 德行篇 注 | |
| | | 나 | " | 世說 雅量篇 注 | |
| | | 다 | " | 世說 假譎篇 注 | |
| 70 | 유빙(分氷) | 가 | " | 世說 方正篇 注 | |
| | | 나 | " | 同上 | |
| 71 | 유익(分翼) | 가 | " | 世說 排調篇 注 | |
| 72 | 하충(何充) | 가 | " | 世說 政事篇 注 | |
| | | 나 | " | 同上 | |
| | | 다 | " | 世說 品藻篇 注 | |
| | | 라 | " | 世說 賞譽篇 注 | |
| | | 마 | " | 世說 排調篇 注 | |
| 73 | 소준(蘇峻) | 가 | " | 世說 方正篇 注 | |

| 번호 | 인명 | 분류 | 구분 | 出典 | 기타 |
|---|---|---|---|---|---|
| 74 | 임양(任讓) | | 나 | 世說 答止篇 注 | |
| 75 | 광술(王術) | | ″ | 世說 政事篇 注 | |
| 76 | 가녕(賈寧) | | ″ | 世說 方正篇 注 | |
| 77 | 왕소(王逍) | | 가 | 世說 賞譽篇 注 | |
| 78 | 구이(苟羕) | | 나 | 世說 同上 | |
| 79 | 두예(杜乂) | | ″ | 世說 言語篇 注 | |
| 80 | 저부(褚裒) | | 가 | 世說 賞譽篇 注 | |
| | | | 나 | 世說 德行篇 注 | |
| | | | 다 | 世說 言語篇 注 | |
| 81 | 사상(謝尚) | | 가 | 世說 言語篇 注 | |
| | | | 나 | 世說 賞譽篇 注 | |
| | | | 다 | 世說 任誕篇 注 | |
| 82 | 극음(郤愔) | | ″ | 世說 捿悟篇 注 | |
| 83 | 은호(殷浩) | | 가 | 世說 賞譽篇 注 | |
| | | | 나 | 世說 黜免篇 注 | |
| 84 | 나우(羅友) | | ″ | 世說 任誕篇 注 | |
| 85 | 원굉(袁宏) | | ″ | 世說 文學篇 注 | |
| 86 | 적탕(翟湯) | | ″ | 世說 棲逸篇 注 | |
| 87 | 진규(陳逵) | | ″ | 世說 豪爽篇 注 | |
| 88 | 유회(劉恢) | | ″ | 世說 排調篇 注 | |
| 89 | 칠현(七賢) | | ″ | 世說 任誕篇 注 竹林七賢 注 | |
| 90 | 장(僧) | 制度 | | 世說 雅量篇 注 | |
| 91 | 유총(劉聰) | 人名 | | 世說 假譎篇 注 | 一切經 音義 卷16 |
| 92 | 두예(杜預) | | ″ | 水經 河水 注 | 初學記 8 |

巴:世說注

356

| 번호 | 인물 | 가/나 | 출전 | |
|---|---|---|---|---|
| 93 | 왕연(王衍) | 〃 | 水經 渠水 注 | |
| 94 | 배수(裴秀) | 〃 | 文選 任彦升爲蕭揚州作薦士表 注 | |
| 95 | 유식(劉寔) | 〃 | 文選 干令升晉紀總論 注 | |
| 96 | 완적(阮籍) | 가 | 文選 稽叔夜與山巨源絶交書 注 | |
| | | 나 | 文選 顔延年五君詠 注 | |
| 97 | 계강(嵇康) | 〃 | 文選 顔延年五君詠 注 | |
| 98 | 왕연(王衍) | 가 | 文選 劉孝標廣絶交論 注 | |
| | | 나 | 文選 劉孝標絶命論 注 | |
| 99 | 부함(傅咸) | 〃 | 文選 干令升晉紀總論 注 | |
| 100 | 응정(應貞) | 〃 | 文選 應吉甫晉武帝華林園集論 注 | |
| 101 | 장준(張俊) | 가 | 文選 張士然爲謝令吳詢求爲諸語孫絲置<br>守家人表 注 | |
| | | 나 | 文選 陸士衡答吳士然詩 注 | |
| 102 | 사순(謝詢) | 〃 | 文選 張士然爲謝令吳詢求爲諸語孫絲置<br>守家人表 注 | |
| 103 | 맹관(孟觀) | 〃 | 文選 潘安仁關中詩 注 | |
| 104 | 노파(盧播) | 〃 | 文選 潘安仁關中詩 注 | |
| 105 | 부융(傅隆) | 〃 | 文選 陸士龍爲顧彦先贈婦詩 注 | |
| 106 | 유홍(劉弘) | 〃 | 文選 任彦升爲范明帝讓宣城郡公第<br>一表 注 | |
| 107 | 응거(應璩) | 〃 | 文選 應休璉百一詩 注 | |
| 108 | 유요(劉曜) | 〃 | 文選 干令升晉紀總論 注 **나:俱文選注** | |
| 109 | 육기(陸機) | 〃 | 羣書治要 30 **나:羣書治要 注** | |
| 110 | 황보도(皇甫陶) | 〃 | 羣書治要 29 注 | |
| 111 | 고조선제(高祖宣帝) | 〃 | 書鈔 125 | 藝文 60 / 御覽 348 |
| 112 | 세조무제(世祖武帝) | 〃 | 書鈔 87 | |

| 번호 | 人名 | 출전 | 구분 | 비고 |
|---|---|---|---|---|
| 113 | 효혜제(孝惠帝) | 書鈔 141 | " | |
| 114 | 중종원제(中宗元帝) | 書鈔 133 | " | |
| 115 | 효종목제(孝宗穆帝) | 書鈔 132 | " | 切學記 25 |
| 116 | 효무제(孝武帝) | 書鈔 57 | " | |
| 117 | 무도양황후(武悼楊皇后) | 書鈔 26 | " | |
| 118 | 혜가황후(惠賈皇后) | 書鈔 26 | " | |
| 119 | 당빈(唐彬) | 書鈔 73 陳楠 | " | |
| 120 | 손수(孫秀) | 書鈔 70 | " | |
| 121 | 손수(荀邃) | 書鈔 69 | " | |
| 122 | 온교(溫嶠) | 書鈔 57 | " | |
| 123 | 곽서(郭舒) | 書鈔 72 | " | |
| 124 | 왕흡(王洽) | 書鈔 57 | " | |
| 125 | 원굉(袁宏) | 書鈔 69 | " | |
| 126 | 장온(張蘊) | 書鈔 104 | " | 御覽 606 |
| 127 | 손화(孫和) | 書鈔 59 | " | 御覽 73 |
| 128 | 석륵(石勒) | 書鈔 130 | " | 後漢書 輿服志 下 |
| 129 | 석호(石虎) | 書鈔 131 | 古蹟 | **已上俱書鈔** |
| 130 | 세조무제(世祖武帝) | 切學記 25 | 人名 | 御覽 700 |
| 131 | 왕침지(王諶之)·왕민(王珉) | 切學記 11 | " | 書鈔 57　**已上切學記** |
| 132 | 간문제(簡文帝) | 藝文 12 | " | 文選 讓宣城郡公第一表 注　任彦昇爲齊明帝 文選 |
| 133 | 진성제(晉成帝) | 藝文 99 | " | 御覽 756 |
| 134 | 유선(劉禪) | 藝文 35 | " | |
| 135 | 왕오(王襃) | 藝文 2 | " | |
| 136 | 왕돈(王敦) | 藝文 94 | " | |
| 137 | 환온(桓溫) | 藝文 85 | " | 御覽 887 |

| 번호 | 이름 | 구분 | 출전 | 藝文類聚 | 비고 |
|---|---|---|---|---|---|
| 138 | 세조무제(世祖武帝) | 가 | 開元占經 120 | | |
| | | 나 | 占經 9 | | |
| 139 | 중종원제(中宗元帝) | 가 | 占經 6 | 御覽 4 | |
| 140 | 효무제(孝武帝) | 가 | 占經 23 | | |
| | | 나 | 占經 12 | | |
| 141 | 부견(符堅) | 가 | 占經 20 | | |
| | | 나 | 占經 113 | 御覽 883 | |
| 142 | 객성입진(客星入軫) | 天文 | 占經 81 | 占經 | |
| 143 | 도잠(陶潛) | 人名 | 白帖 9月 9日 | | |
| 144 | 고조선제(高祖宣帝) | 가 | 御覽 743 | 書鈔 10 | |
| | | 나 | 御覽 570 | | |
| | | 다 | 御覽 650 | | |
| 145 | 세종경제(世宗景帝) | 가 | 御覽 707 | | |
| | | 나 | 御覽 190 | | |
| 146 | 세조무제(世祖武帝) | 가 | 御覽 819 / 817 | | |
| | | 나 | 御覽 898 / 814 | | |
| | | 다 | 御覽 760 / 758 | | |
| 147 | 효혜제(孝惠帝) | 가 | 御覽 149 | | |
| | | 나 | 御覽 860 | | |
| 148 | 효무제(孝武帝) | 가 | 御覽 98 | 書鈔 17 | |
| | | 나 | 御覽 588 | | |
| 149 | 중종원제(中宗元帝) | 가 | 御覽 98 / 61 | 藝文 10 | 書鈔 2 |
| | | 나 | 御覽 14 | | |
| 150 | 숙종명제(肅宗明帝) | | 御覽 98 | 書鈔 7 | |
| 151 | 효종목제(孝宗穆帝) | | 御覽 915 | | |

| 152 | 효무제(孝武帝) | | 〃 | 御覧 360 | |
| 153 | 평원왕간(平原王幹) | 가 | 〃 | 御覧 151 / 835 | |
| | | 나 | 〃 | 御覧 775 | |
| 154 | 환범(桓範) | | 〃 | 御覧 233 | |
| 155 | 왕상(王祥) | | 〃 | 御覧 543 | |
| 156 | 진군(陳羣) | | 〃 | 御覧 214 | |
| 157 | 순찬(荀粲) | 가 | 〃 | 御覧 550 | |
| | | 나 | 〃 | 御覧 380 | |
| 158 | 장화(張華) | | 〃 | 御覧 606 | |
| 159 | 이선(李譱) | | 〃 | 御覧 243 | |
| 160 | 위서(魏舒) | 가 | 〃 | 御覧 361 | 事類賦 16 |
| | | 나 | 〃 | 御覧 775 | |
| 161 | 완적(阮籍) | | 〃 | 御覧 901 | |
| 162 | 주정(朱整) | | 〃 | 御覧 220 | |
| 163 | 양염(羊冉) | | 〃 | 御覧 262 | |
| 164 | 손수(孫秀) | | 〃 | 御覧 808 | |
| 165 | 마융(馬隆) | | 〃 | 御覧 348 | |
| 166 | 온교(溫嶠) | | 〃 | 御覧 220 | |
| 167 | 주방(周訪) | | 〃 | 御覧 760 | |
| 168 | 감탁(甘卓) | | 〃 | 御覧 248 | |
| 169 | 변호(卞壺) | | 〃 | 御覧 370 | |
| 170 | 왕빈(王彬) | | 〃 | 御覧 372 | |
| 171 | 왕호지(王胡之) | | 〃 | 御覧 753 | |
| 172 | 유비(分丕) | | 〃 | 御覧 817 | |
| 173 | 왕흡(王洽) | | 〃 | 御覧 220 | 書鈔 57 |
| 174 | 가온(車胤) | | 〃 | 御覧 21 | 事類賦 4 |
| 175 | 동위연(董威輦) | 가 | 〃 | 御覧 818 | |

| 번호 | 항목 | ㄴ | 출전 | 비고 |
|---|---|---|---|---|
| 176 | 한강백(韓康伯) | 〃 | 御覽 51 | 事類賦 7 |
| 177 | 주연(周延) | 〃 | 御覽 239 | |
| 178 | 최조사(崔祖思) | 〃 | 御覽 238 | |
| 179 | 고개지(顧愷之) | 〃 | 御覽 633 | |
| 180 | 왕환(王歡) | 〃 | 御覽 713 | |
| 181 | 유유(劉裕) | 〃 | 御覽 860 | |
| 182 | 위현(韋賢) | 〃 | 御覽 872 | |
| 183 | 진유왕(陳留王) | 〃 | 御覽 248 | |
| 184 | 구순(區純) | 〃 | 御覽 762 | 藝文 95 / 設郛 59 |
| 185 | 숙신(肅愼) | 地理 | 御覽 752 / 911 | |
| 186 | 자기(知幾) | 人名 | 御覽 813 | [ㄷ: 御覽] |
| 187 | 부견(符堅) | 〃 | 太平御覽 246 | |
| 188 | 효무제(孝武帝) | 〃 | 事類賦 5 | |
| 189 | 사부(謝敷) | 〃 | 事類賦 2 | |
| 190 | 숙신(肅愼) | 地理 | 事類賦 22 | [ㄷ: 事類賦] |
| 191 | 위관(衛瓘) | 人名 | 寰宇記 河東道解州安邑縣 | |
| 192 | 양준(楊駿) | 〃 | 寰宇記 河南道陝州靈寶縣 | |
| 193 | 하순(賀循)·주탄(朱誕) | 〃 | 寰宇記 江南東道蘇州吳縣 | |
| 194 | 유요(劉曜) | 〃 | 寰宇記 河東道拜州潞源縣 | |
| 195 | 석륵(石勒) | 〃 | 寰宇記 河北道夔州信都郡 | [ㄷ: 太平寰宇記] |
| 196 | 진회(秦准) | 〃 | 寰宇記 江南東道昇州江寧縣 | |
| 197 | 원제(元帝) | 〃 | 緯略 1 | |
| 198 | 왕연(王衍)·낙광(樂廣) | 〃 | 緯略 2 | |
| 199 | 고귀향공(高貴鄉公) | 〃 | 說郛同上 | |

| 番號 | 이름 | | 출전 | 『晉陽秋』 | 初學記 1 | 御覽 9 | 事類賦 2 |
|---|---|---|---|---|---|---|---|
| 200 | 사안(謝安) | 〃 | 說郛 59 | | | | |
| 201 | 원굉(袁宏) | 〃 | 說郛 59 | | | | |
| **보유(補遺)** | | | | | | | |
| 202 | 민제(愍帝) | 〃 | 宋書 五行志 2 | | | | |
| 203 | 사상(謝尙) | 〃 | 世說 咎止篇 注 | | | | |
| 204 | 효무제 (孝武帝) | 가 | 占經 36 | | | | |
| | | 나 | 占經 48 | | | | |
| 205 | 부견(符堅) | | 占經 75 | | | | |
| 206 | 조이(刁彝) | 〃 | 占經 36 | | | | |
| 207 | 왕표(王彪) | 가 | 占經 37 | | | | |
| | | 나 | 占經 38 | | | | |
| 208 | 마(馬) | 産業 | 占經 118 | | | | |
| 209 | 조적(祖逖) | 人名 | 御覽 473 | | | | |
| 210 | 고개지(顧愷之) | 〃 | 御覽 713 | | | | |

〈註釋〉

1) 連番 8의 기록에는 『太平御覽』卷392 所載 項目의 내용 중에 孫盛 『晉陽秋』와 관련된 인용문이 있다고 하였는데, 『太平御覽』을 실제로 조사해 본 결과 『晉陽春秋』가 아닌 『晉陽秋』로 기재되어 있음을 알 수 있었다. 다른 版本에서는 어떠한지 모르겠으나, 그렇다고 해서 이것이 孫盛의 그것을 의미하는 것으로 과하하기에는 주저하지 않을 수 없게 하므로, 주의를 요한다. 이외에도 『太平御覽』卷380·406·872·883·901 등에서도 이러한 『晉陽春秋』의 것으로 판명된다. 또한 卷588·633에서는 『晉春秋』이라 되어 있는 기록이 있음이 찾아지지만, 아무래도 막히 이러한 종류의 기록을 모두를 『晉陽秋』의 그것이라 여겼다고 보기 어렵다고 현재로서는 판단되고 있다.

2) 連番 11에는 『太平御覽』卷254 所載 項目의 내용 중에 孫盛 『晉陽秋』와 관련된 인용문이 있다고 하였는데, 『太平御覽』, 卷254를 실제로 조사해 본 결과 찾을 수가 없었다. 아마 版本에 따라 차이가 나는 게 아닐까 싶은데, 따라서 이 기록을 선정으로 신용하기는 어려운 게 아닌가 한다. 이밖에도 이러한 경우는 卷73·246·550·813·887 등에서도 확인할 수가 있었다.

16. 黃奭 『逸書考』의 孫盛 『晉陽秋』引用文 典據 分析表 (가나다順)

| 番號 | 가나다順 項目 名 및 登載 一連 番號 | 逸書考의 連番號 | 區分 | 原文 引用文 典據 | 細註 引用文 典據 | |
|---|---|---|---|---|---|---|
| 1 | 가녕(賈寧) 76 | | 人名 | 世說 賞譽篇 注 | | |
| 2 | 간문제(簡文帝)132 | | 〃 | 藝文 12 | 文選 任彦昇爲齊明帝讓 宣城郡公第一表 注 | 御覽 2 |
| 3 | 갈악(葛顎) 27 | | 〃 | 世說 方正篇 注 | | |
| 4 | 갈형(葛衡) 21 | | 〃 | 吳志 趙達傳 注 | 說郛 55 | 書鈔 130 |
| 5 | 감탁(甘卓) 168 | | 〃 | 御覽 248 | | |
| 6 | 강유(姜維) 3 | | 〃 | 蜀志 姜維傳 注 | | |
| 7 | 객성입진(客星入軫) 142 | | 天文 | 占經 81 | | |
| 8 | 거윤(車胤) 174 | | 人名 | 御覽 21 | 事類賦 4 | |
| 9 | 개강(稽康) | 7 | 〃 | 魏志 王粲傳 注 | | |
| | | 32 | 〃 | 世說 雅量篇 注 | | |
| | | 97 | 〃 | 文選 顏延年五君詠 注 文選 顏延年陶徵士詠 注 | | |
| 10 | 고개지(顧愷之) | 179 | 〃 | 御覽 713 | | |
| | | 補遺210 | 〃 | 御覽 713 | | |
| 11 | 고귀향공(高貴鄉公) 199 | | 〃 | 說郛同上 | | |
| 12 | 고조선제(高祖宣帝) | 22 | 〃 | 世說 方正篇 125 | | |
| | | 111 | 〃 | 書鈔 743 | 藝文 60 | 御覽 348 |
| | | 144 가 | 〃 | 御覽 743 | 書鈔 10 | |
| | | 나 | 〃 | 御覽 570 | | |
| | | 다 | 〃 | 御覽 650 | | |
| 13 | 곽서(郭舒) 123 | | 〃 | 書鈔 72 | | |
| 14 | 광술(匡術) 75 | | 〃 | 世說 方正篇 注 | | |
| 15 | 구순(區純) 184 | | 〃 | 御覽 752 / 911 | 藝文 95 | |
| 16 | 구양건(歐陽建) 42 | | 〃 | 世說 仇隙篇 注 | 文選 歐陽堅石臨終詩 注 | 說郛 59 |

| 17 | 구이(荀羨) 78 | | " | 世說 言語篇 注 | |
| 18 | 극음(郄愔) 82 | | " | 世說 捷悟篇 注 | |
| 19 | 나우(羅友) 84 | | " | 世說 任誕篇 注 | |
| 20 | 낙광(樂廣) 38 198 | 가 나 다 | " | 世說 賞譽篇 注 / 世說 同上 / 世說 言語篇 / 辭略 2 | |
| 21 | 노파(盧播) 104 | 가 | " | 文選 潘安仁關中詩 注 | |
| 22 | 당빈(唐彬) 119 | 나 | " | 書鈔 73 陳補 | |
| 23 | 도간(陶侃) 54 | 가 | " | 世說 賢媛篇 注 | |
| 24 | 도잠(陶潛) 143 | 나 | " | 世說 政事篇 注 | |
| 25 | 동위연(董威輦) 175 | 가 | " | 白帖 9月 9日 / 御覽 818 | 事類賦 7 |
| 26 | 두예(杜乂) 79 | 나 | " | 御覽 51 / 世說 賞譽篇 注 | 初學記 8 |
| 27 | 두예(杜預) 92 | | " | 水經 河水 注 | |
| 28 | 등유(鄧攸) 51 | 가 | " | 世說 德行篇 注 / 世說 賞譽篇 注 | |
| 29 | 마(馬) 補遺 208 | 나 | 産業 | 占經 118 | |
| 30 | 마융(馬隆) 165 | | 人名 | 御覽 348 | |
| 31 | 명관(孟觀) 103 | | " | 文選 潘安仁關中詩 注 | |
| 32 | 무도양황후(武悼楊皇后) 117 | | " | 書鈔 26 | |
| 33 | 민제(愍帝)：보유(補遺) 202 | | " | 宋書 五行志 2 | |
| 34 | 반도(潘滔) 67 | 가 | " | 世說 鑑識篇 注 / 世說 同上 | |
| 35 | 반악(潘岳) 46 | 나 | " | 世說 文學篇 注 | |
| 36 | 배수(裵秀) 94 | | " | 文選 任彦升爲蕭揚州作薦士表 注 | |

| 번호 | 인물 | 구분 | 쪽 | | 전거 | 비고 |
|---|---|---|---|---|---|---|
| 37 | 변호(卞壺) 169 | | | 〃 | 御覽 370 | |
| 38 | 부견(苻堅) | 가 | 141 | 〃 | 占經 20 | |
| | | 나 | 187 | 〃 | 占經 113 太平御覽 246 | 御覽 883 |
| | | | 補遺 205 | 〃 | 占經 75 | |
| 39 | 부융(苻融) 105 | | | 〃 | 文選 陸士龍爲顧彦先贈婦詩 注 | |
| 40 | 부함(苻咸) 99 | | | 〃 | 文選 干令升晉紀總論 注 | |
| 41 | 사곤(謝鯤) 64 | 가 | | 〃 | 世說 文學篇 注 | |
| | | 나 | | 〃 | 世說 品藻篇 注 | |
| 42 | 사부(謝敷) 189 | | | 〃 | 事類賦 2 | |
| 43 | 사상(謝尚) | 가 | 81 | 〃 | 世說 言語篇 注 | |
| | | 나 | | 〃 | 世說 賞譽篇 注 | |
| | | 다 | | 〃 | 世說 任誕篇 注 | |
| | | | 補遺 203 | 〃 | 世說 答止篇 注 | |
| 44 | 사순(謝詢) 102 | | | 〃 | 文選 張士然爲吳令謝詢求爲諸孫置守冢人表 注 | |
| 45 | 사안(謝安) 200 | | | 〃 | 說郛 59 | |
| 46 | 산도(山濤) 34 | | | 〃 | 世說 賢媛篇 注 | |
| 47 | 석륵(石勒) | | 128 | 〃 | 書鈔 130 | |
| | | | 195 | 〃 | 寰宇記河北道冀州信都縣 | |
| 48 | 석호(石虎) 129 | | | 〃 | 書鈔 131 | 後漢書 輿服志 下 |
| 49 | 세조무제(世祖武帝) | | 112 | 〃 | 書鈔 87 | |
| | | | 130 | 〃 | 切韻記 25 | 御覽 700 |
| | | 가 | 138 | 〃 | 開元占經 120 | |
| | | 나 | | 〃 | 占經 9 | |
| | | 가 | 146 | 〃 | 御覽 190 | |
| | | 나 | | 〃 | 御覽 819 / 817 | |

| 번호 | 이름 | 구분 | 분류 | 출전 | 기타 | 기타2 |
|---|---|---|---|---|---|---|
| 50 | 세종경제(世宗景帝) 145 | 다 | " | 御覽 898 / 814 | | |
| | | 다 | " | 御覽 760 / 758 | | |
| 51 | 소준(蘇峻) 73 | 가 | " | 御覽 707 | | 白話嘯 |
| | | 다 | " | 世說 方正篇 注 | | |
| 52 | 손등(孫登) 8 | | " | 世說 容止篇 注 | 御覽 392 | 藝文 19 |
| 53 | 손성(孫盛) 15 | | " | 魏志 王粲傳 注 | | |
| 54 | 손수(孫秀) 44 | | " | 魏志 劉放傳 注 | | |
| | 120 | | " | 世說 賢媛篇 注 | | |
| | 164 | | " | 書鈔 70 | | |
| | | | " | 御覽 808 | | |
| 55 | 손수처(孫秀妻 削氏) 43 | | " | 世說 惑溺篇 注 | | |
| 56 | 손작(孫綽) 15 | | " | 魏志 劉放傳 注 | | |
| 57 | 손초(孫楚) 15 | | " | 魏志 劉放傳 注 | | |
| | 47 | | " | 世說 言語篇 注 | | |
| 58 | 손화(孫和) 127 | | " | 書鈔 59 | | |
| 59 | 손신(孫愼) 185 | | 地理 | 御覽 813 | | |
| | 190 | | " | 事類賦 22 | | |
| 60 | 숙종명제(肅宗明帝) 150 | | 人名 | 御覽 98 | 書鈔 7 | |
| 61 | 순우(荀寓) 121 | | " | 書鈔 69 | | |
| 62 | 순숭(荀崧) 17 | | " | 魏志 荀彧傳 注 | | |
| 63 | 순이(荀頭) 1 | | " | 三國 魏志 荀彧傳 注 | 御覽 224 | |
| 64 | 순이(荀羕) 17 | | " | 魏志 荀彧傳 注 | | |
| 65 | 순찬(荀粲) 157 | 가 | " | 御覽 550 | | |
| | | 나 | " | 御覽 380 | | |
| 66 | 심충(沈充) 62 | | " | 世說 規箴篇 注 | | |
| 67 | 양담(羊冉) 163 | | " | 御覽 262 | 書鈔 130 | |
| 68 | 양준(楊駿) 192 | | " | 寰宇記 南道河南道陝州靈寶縣 | | |

| 번호 | 성명 | 구분 | 수 |  | 출전 | 비고 |
|---|---|---|---|---|---|---|
| 69 | 양호(羊祜) 5 |  |  | 〃 | 吳志 陸抗傳 注 | 御覽 430 |
| 70 | 여안(呂安) |  | 7 | 〃 | 魏志 王粲傳 注 |  |
|  |  |  | 31 | 〃 | 世說 簡傲篇 注 |  |
| 71 | 온교(溫嶠) |  | 55 | 〃 | 世說 接悟篇 注 |  |
|  |  |  | 122 | 〃 | 書鈔 57 |  |
|  |  |  | 166 | 〃 | 御覽 220 |  |
| 72 | 완부(阮孚) 40 |  |  | 〃 | 世說 雅量篇 注 |  |
| 73 | 완적(阮籍) | 가 | 96 | 〃 | 文選 稽叔夜與山巨源絶交書 注 |  |
|  |  | 나 | 161 | 〃 | 文選 顏延年五君詠 注 / 御覽 901 | 藝文 81 |
| 74 | 완함(阮咸) 39 |  |  | 〃 | 世說 賞譽篇 注 | 書鈔 33 |
| 75 | 왕담(王湛) |  | 16 | 〃 | 魏志 王昶傳 注 |  |
|  |  |  | 41 | 〃 | 世說 賞譽篇 注 |  |
| 76 | 왕도(王導) 53 |  |  | 〃 | 世說 言語篇 注 |  |
| 77 | 왕돈(王敦) |  | 59 | 〃 | 世說 豪爽篇 注 |  |
|  |  |  | 136 | 〃 | 藝文 94 | 書鈔 57 |
| 78 | 왕민(王珉) 131 |  |  | 〃 | 初學記 11 |  |
| 79 | 왕빈(王彬) 170 |  |  | 〃 | 御覽 372 |  |
| 80 | 왕상(王祥) | 가 | 29 | 〃 | 世說 德行篇 注 |  |
|  |  | 나 | 155 | 〃 | 世說 同上 / 御覽 543 |  |
| 81 | 왕술(王述) | 가 | 16 | 〃 | 魏志 王昶傳 注 |  |
|  |  | 나 | 77 | 〃 | 世說 賞譽篇 注 / 世說 同上 |  |
| 82 | 왕승(王承) 16 |  |  | 〃 | 魏志 王昶傳 注 |  |
| 83 | 왕연(王衍) | 가 | 36 | 〃 | 世說 識鑒篇 注 |  |

| | 出典 | | | | | |
|---|---|---|---|---|---|---|
| | | | | 다 | 〃 | 世說 規箴篇 注 |
| | | | | 다 | 〃 | 世說 簡傲篇 注 |
| | | | | 다 | 〃 | 世說 輕詆篇 注 |
| | | 93 | | 다 | 〃 | 水經 渠水 注 |
| | | 98 | | 가 | 〃 | 文選 劉孝標廣絶交論 注 |
| | | | | 나 | 〃 | 文選 劉孝標辯命論 注 |
| 84 | 왕융(王戎) 35 | 198 | | 다 | 〃 | 鐘略 2 |
| | | | | 가 | 〃 | 世說 賞譽篇 注 |
| | | | | 나 | 〃 | 世說 簡傲篇 注 |
| | | | | 다 | 〃 | 世說 德行篇 注 |
| | | | | 다 | 〃 | 世說 同上 |
| | | | | 마 | 〃 | 世說 雅量篇 注 |
| | | | | 바 | 〃 | 世說 同上 |
| | | | | 사 | 〃 | 世說 儉嗇篇 注 |
| 85 | 왕응(王應) 60 | | | 나 | 〃 | 世說 識鑒篇 注 |
| 86 | 왕준(王濬) 9 | | | | 〃 | 吳志 孫皓傳 注 | 御覽 324 |
| 87 | 왕징(王澄) 66 | | | | 〃 | 御覽 方正篇 注 |
| 88 | 왕담지(王耽之) 16 | | | | 〃 | 魏志 王昶傳 注 |
| 89 | 왕포(王襃) 135 | | | | 〃 | 藝文 2 |
| 90 | 왕표(王彪) 補遺 207 | | | 가 | 〃 | 占經 37 |
| | | | | 나 | 〃 | 占經 38 |
| 91 | 왕헌지(王獻之) 131 | | | | 〃 | 初學記 11 |
| 92 | 왕호지(王胡之) 171 | | | | 〃 | 御覽 753 | 書鈔 57 |
| 93 | 왕환(王歡) 180 | | | | 〃 | 御覽 860 |
| 94 | 왕흡(王洽) 57 | 124 | | | 〃 | 書鈔 57 |
| | | 173 | | | 〃 | 御覽 220 | 書鈔 57 |
| 95 | 원굉(袁玄) 85 | | | | 〃 | 世說 文學篇 注 |

| No. | 인명 | 구분 | 수 | | 出典 | 初學記 1 | 御覽 9 | 事類賦 2 |
|---|---|---|---|---|---|---|---|---|
| 96 | 원제(元帝) 197 | | 125 | 〃 | 書鈔 69 | | | |
| | | | 201 | 〃 | 說郛 59 | | | |
| 97 | 위관(衛瓘) | | 6 | 〃 | 譯略 1　魏志 衛顗傳 注 | | | |
| | | | 191 | 〃 | 寰宇記河東道解州安邑縣 | | | |
| 98 | 위서(魏舒) 160 | 가 | | 〃 | 御覽 361 | | | |
| | | 나 | | 〃 | 御覽 775 | | | |
| 99 | 위중(韋衷) 182 | | | 〃 | 御覽 248 | 事類賦 16 | | |
| 100 | 유교(劉喬) 14 | | | 〃 | 魏志 劉廙傳 注 | | | |
| 101 | 유량(分亮) 69 | 가 | | 〃 | 世說 德行篇 注 | 文選 分元規讓中書令表 注 | | |
| | | 나 | | 〃 | 世說 雅量篇 注 | | | |
| | | 다 | | 〃 | 世說 假譎篇 注 | | | |
| 102 | 유빙(分氷) | 가 | 70 | 〃 | 世說 方正篇 注 | | | |
| | | 나 | | 〃 | 世說 同上 | | | |
| | | | 172 | 〃 | 御覽 817 | | | |
| 103 | 유선(劉禪) 134 | | | 〃 | 藝文 35 | | | |
| 104 | 유식(劉寔) 95 | | | 〃 | 文選 十令升晉紀總論 注 | | | |
| 105 | 유역(劉惔) 50 | 가 | | 〃 | 世說 雅量篇 注 | | | |
| | | 나 | | 〃 | 世說 賞譽篇 注 | | | |
| 106 | 유요(劉曜) | | 108 | 〃 | 文選 干令升晉紀總論 注 | | | |
| | | | 194 | 〃 | 寰宇記河東道幷州潘源縣 | | | |
| 107 | 유유(劉裕) 181 | | | 〃 | 御覽 872 | | | |
| 108 | 유의(分顗) 65 | 가 | | 〃 | 世說 文學篇 注 | | | |
| | | 나 | | 〃 | 世說 同上 | | | |
| | | 다 | | 〃 | 世說 文學篇 注 | | | |
| 109 | 유익(分翼) 71 | 다 | | 〃 | 世說 品藻篇 注 | | | |
| | | 라 | | 〃 | 世說 排調篇 注 | | | |

| 번호 | 이름 | | 쪽 | 표시 | 출전 | 御覽 |
|---|---|---|---|---|---|---|
| 110 | 유성(劉晟) 48 | | | 〃 | 世說 任誕篇 注 | |
| 111 | 유초(劉超) 58 | | | 〃 | 世說 政事篇 注 | |
| 112 | 유총(劉聰) 91 | | | 〃 | 世說 假譎篇 注 | |
| 113 | 유홍(劉弘) | 가 | 13 | 〃 | 魏志 劉馥傳 注 | |
| | | 나 | 106 | 〃 | 文選 任彦昇爲齊明帝讓宣城郡公第一表 注 | |
| 114 | 유휴(劉烋) 88 | | | 〃 | 世說 排調篇 注 | |
| 115 | 육기(陸機) | | 45 | 〃 | 世說 言語篇 注 | |
| | | | 109 | 〃 | 羣書治要 30 | |
| 116 | 육완(陸玩) 20 | | | 〃 | 吳志 陸瑁傳 注 | |
| 117 | 은호(段浩) 83 | 가 | | 〃 | 世說 賞譽篇 注 | |
| | | 나 | | 〃 | 世說 黜免篇 注 | |
| 118 | 응거(應璩) 107 | | | 〃 | 文選 應休璉百一詩 注 | |
| 119 | 응정(應貞) 100 | | | 〃 | 文選 應吉甫晉武帝華林園集詩 注 | |
| 120 | 이선(李善) 159 | | | 〃 | 御覽 243 | |
| 121 | 이윤(李胤) 12 | | | 〃 | 魏志 公孫度傳 注 | 御覽 256 |
| 122 | 임양(任讓) 74 | | | 〃 | 世說 政事篇 注 | |
| 123 | 장무(張茂) 63 | | | 〃 | 世說 品藻篇 注 | |
| 124 | 장군(張煇) 126 | | | 〃 | 書鈔 104 | |
| 125 | 장준(張俊) 101 | 가 | | 〃 | 文選 張士然爲吳令謝詢求爲諸孫置守冢人表 注 | 御覽 606 |
| | | 나 | | 〃 | 文選 陸士衡答士然詩 注 | |
| 126 | 장화(張華) | 가 | 33 | 〃 | 御覽 606 | |
| | | 나 | 158 | 〃 | 世說 言語篇 注 | |
| 127 | 저부(楮裒) 80 | 가 | | 〃 | 世說 德行篇 注 | |
| | | 나 | | 〃 | 世說 賞譽篇 注 | |
| | | 다 | | 〃 | 世說 言語篇 注 | |
| 128 | 최탕(崔湯) 86 | | | 〃 | 世說 棲逸篇 注 | |

370

| 번호 | 인명 | 구분 | 출전 |
|---|---|---|---|
| 129 | 전봉(錢鳳) 61 | 〃 | 世說 假譎篇 注 |
| 130 | 전무(鄭袤) 4 | 〃 | 魏志 鄭渾傳 注 |
| 131 | 제갈량(諸葛亮) 2 | 〃 | 蜀志 諸葛亮傳 注, 書鈔 150, 御覽 7, 說郛 59 |
| 132 | 제왕유(齊王攸) 25 | 〃 | 世說 品藻篇 注 |
| 133 | 조왕륜(趙王倫) 26 | 〃 | 世說 品藻篇 注 |
| 134 | 조이(弔彝) 補遺 206 | 〃 | 古經 36 |
| 135 | 조적(祖逖) | 가 52 | 世說 賞譽篇 注, 書鈔 138 |
| 135 | | 나 補遺 209 | 世說 任誕篇 注 |
| 136 | 주방(周訪) 167 | 〃 | 御覽 473 |
| 137 | 주숭(周嵩) 57 | 〃 | 御覽 760 |
| 138 | 주연(周延) 177 | 〃 | 世說 方正篇 注, 御覽 238 |
| 139 | 주의(周顗) 56 | 가 | 世說 言語篇 注, 書鈔 69 |
| 139 | | 나 | 世說 方正篇 注 |
| 139 | | 다 | 世說 任誕篇 注 |
| 140 | 주정(朱整) 162 | 〃 | 御覽 220 |
| 141 | 주처(周處) 49 | 〃 | 御覽 自新篇 注 |
| 142 | 주퇴(朱隤) 193 | 〃 | 寰宇記正江南道蘇州吳縣 |
| 143 | 중종원제(中宗元帝) | 114 | 書鈔 133, 御覽 4 |
| 143 | | 139 | 古經 6 |
| 143 | | 가 | 御覽 98 / 61, 書鈔 2 |
| 143 | | 나 149 | 御覽 14, 藝文 10 |
| 144 | 지기(知幾) 186 | 〃 | 御覽 406 |
| 145 | 진진(陳棻) 30 | 〃 | 世說 方正篇 注 |
| 146 | 진군(陳羣) 156 | 〃 | 御覽 214 |
| 147 | 진규(陳逵) 87 | 〃 | 世說 豪爽篇 注 |
| 148 | 진성제(晋成帝) 133 | 〃 | 藝文 99, 御覽 756 |

| 번호 | 표제어 | 구분 | 전거 | 비고1 | 비고2 |
|---|---|---|---|---|---|
| 149 | 진유왕(陳留王)183 | 〃 | 御覽 762 | | |
| 150 | 진회(秦淮) 196 | 〃 | 寰宇記江南東道昇州江寧縣 | | |
| 151 | 창(倉) 90 | 〃 | 世說 雅量篇 注 | | |
| 152 | 초민왕令(譙閔王系) 28 | 〃 | 世說 仇隙篇 注 | 一切經 音義 卷16 | |
| 153 | 초수(譙秀) 19 | 〃 | 蜀志 譙秀傳 注 | | |
| 154 | 초주(譙周) 18 | 〃 | 蜀志 譙周傳 注 | 文選 ()玄子騰讓元彦表 注 | |
| 155 | 최조사(崔祖事)178 | 〃 | 御覽 633 | | |
| 156 | 칠현(七賢) 89 | 〃 | 世說 任誕篇 竹林七賢注 | | |
| 157 | 평원왕간(平原王幹) 153 | 가 / 나 | 御覽 151 / 835 / 御覽 775 | | |
| 153 | 폐제 해서공(廢帝海西公) 24 | 가 / 나 | 世說 言語篇 注 / 世說 排調篇 注 | | |
| 159 | 하순(賀循) 193 | | 寰宇記江南東道蘇州吳縣 | | |
| 160 | 하충(何充) 72 | 가 / 나 / 다 / 라 | 世說 政事篇 注 / 世說 同上 / 世說 品藻篇 注 / 世說 賞譽篇 注 / 世說 排調篇 注 | | |
| 161 | 하후좌(夏候佐) 10 | 〃 | 魏志 夏侯惇傳 注 | 藝文 53 | |
| 162 | 한강백(韓康伯)176 | 〃 | 御覽 239 | | |
| 163 | 혜가황후(惠賈皇后)118 | 〃 | 書鈔 26 | | |
| 164 | 호위(胡威) 11 | 〃 | 魏志 胡質傳 注 | 藝文 50 | 御覽 254 |
| 165 | 화교(和嶠) 37 | 〃 | 世說 方正篇 注 | | |
| 166 | 화범(桓範) 154 | 〃 | 御覽 233 | | |
| 167 | 환온(桓溫) | 〃 | 世說 言語篇 注 / 藝文 85 | | 世說 德行篇 注 |
| | 68 | | | | |
| | 137 | 가 | | | |

| 168 | 황보도(皇甫陶)110 | | 나 | 〃 | 御覽 887 | |
| 169 | 효목제(孝穆帝)148 | | | | 羣書治要 29 注 | 書鈔 17 |
| | | | 가 | 〃 | 御覽 98 | |
| | | | 나 | 〃 | 御覽 588 | |
| 170 | 효무제(孝武帝) | 116 | | 〃 | 書鈔 57 | |
| | | 140 | 가 | 〃 | 古經 23 | |
| | | | 나 | 〃 | 古經 12 | |
| | | 152 | | 〃 | 御覽 360 | |
| | | 188 | | 〃 | 事類賦 5 | |
| | | 補遺 204 | 가 | 〃 | 古經 36 | |
| | | | 나 | 〃 | 古經 48 | |
| 171 | 효종목제(孝宗穆帝) | 115 | | 〃 | 書鈔 132 | |
| | | 151 | | 〃 | 御覽 915 | |
| | | 23 | | 〃 | 世說 規箴篇 注 | |
| 172 | 효혜제(孝惠帝) | 113 | | 〃 | 書鈔 141 | |
| | | 147 | 가 | 〃 | 御覽 149 | 初學記 25 |
| | | | 나 | 〃 | 御覽 860 | |

17. 湯球 『晉陽秋輯本』의 孫盛 『晉陽秋』引用文 典據 分析表

〈卷 1〉

| 帝王 | 內容 區分 | | | 引用書 |
|---|---|---|---|---|
| 宣帝 | 總論 | 가 | 世說注 6 | |
| | | 나 | 御覽 743 | |
| | 編年 | 青龍 2년(234) 가 | 世說注 3 | |
| | | 나 | 御覽 650 | 御覽 7 |
| | | 景初 2년(238) 다 | 三國志 亮傳注 35 | 樂府解題 85 |
| | | | 御覽 570 | |
| | | 嘉平 元年(249) 가 | 御覽 232 | |
| | | 나 | 類聚 60 | 御覽 348 |
| 景帝 | 編年 | 正元 元年(254) | 三國志注 4 | |
| | | 正元 2년(255) | 御覽 707 | |
| | | 甘露 元年(256) 가 | 世說注 1 | |
| | | 나 | 同上 | |
| | | 다 | 晉紀 總論注 | |
| | | 라 | 書鈔 | 三國志 21 注 |
| 文帝 | 編年 | 景元 3년(262) 가 | 文選 5 君詠注 | |
| | | 나 | 文選 7 君詠注 | |
| | | 다 | 御覽 901 | |
| | | 마 | 文選 山巨源絶交書注 | 御覽 392 |
| | | 바 | 世說注 4 | |
| | | 사 | 水經注 4 | |
| | | 아 | 世說注 4 | |
| | | 자 | 三國志注 11 | 類聚 19 略 |

〈 卷 2 〉

| 帝 | 體制 | 年代 | 區分 | 出典 | 出典2 |
|---|---|---|---|---|---|
| | | 咸熙 元年(264( | 가 | 三國志注 44 | |
| | | | 나 | 御覽 543 | |
| | | | 다 | 類聚 35 | |
| 武帝 | 編年 | 泰始 元年(265) | 가 | 御覽 700 | |
| | | | 나 | 御覽 814/898 | |
| | | 泰始 2년(266) | 가 | 史通 | |
| | | | 나 | 三國志注9 | 類聚 51 |
| | | | 다 | 御覽 762 | |
| | | | 라 | 御覽 606 | |
| | | | 마 | 世說注 2 | |
| | | | 바 | 通典 55 | |
| | | | 사 | 文選 晉武帝華林集詩注 | 宋禮志 |
| | | | 아 | 文選 101 詩注 | |
| | | 泰始 3년(267) | | 世說注3 | |
| | | 泰始 4년(268) | 가 | 御覽 190 | |
| | | | 나 | 世說注3 | |
| | | 泰始 5년(269) | | | × |
| | | 泰始 6년(270) | 가 | 三國志注42 | |
| | | | 나 | 御覽 808 | |
| | | | 다 | 世說注8 | |
| | | 泰始 7년(271) | | 文選 爲蕭揚州作薦士表注 | |
| | | 泰始 8년(272) | 가 | 三國志注 58 | 類聚 81 |
| | | | 나 | 世說 注4 | |
| | | | 다 | 通典 68 | 御覽 430 |
| | | 泰始 9년(273) | | 三國志注 16 | |

| 연도 | 구분 | 출전 | | |
|---|---|---|---|---|
| 泰始 10년(274) | 가 | 顯榮祭 三國志注 10 | | |
| | 나 | 御覽 380 | | 白帖 |
| | 다 | 御覽 554 | 丹鉛總錄 史籍類 | |
| | 라 | 世說注 6 | | |
| | 마 | 類聚 1 | | |
| | 사 | 世說注 4 | | |
| | 아 | 水經注 5 | 初學記 6 | |
| 咸寧 元年(275) | | 晉書 五行志 | 末志 20 | |
| 咸寧 2년(276) | | 世說注 3 | | |
| 咸寧 3년(277) | 가 | 世說注 4 | | |
| | 다 | 同上 | 同上 | |
| | 다 | 世說注 7 | 同上 | |
| | 라 | 世說注 1 | | |
| | 라 | 世說注 4 | | |
| 咸寧 4년(278) | 가 | 世說注 5 | | |
| | 나 | 御覽 758/760 | | |
| 咸寧 5년(279) | 가 | 御覽 348 | | |
| | 나 | 事類賦注 牛類 | | |
| | 다 | 御覽 813 | | |
| 太康 元年(280) | 가 | 三國志注 48 | 御覽 324 | |
| | 나 | 世說注 2 | | |
| | 다 | 三國志注 63 | 御覽 2752 | 事類賦注 1 |
| | 라 | 三國志注 48 | 綱目 | |
| | 마 | 書鈔 | | 書鈔 |
| | 다 | 三國志注 27 | 世說注 1 | 類聚 50/85 |
| 太康 2년(281) | 가 | 世說注 4 | | |

| 惠帝 | 編年 | 年 | | 典據 | 典據2 | 典據3 |
|---|---|---|---|---|---|---|
| | | 太康 3년(282) | 나 | 同上 | | |
| | | 太康 4년(283) | 가 | 三國志注 8 | | |
| | | | 나 | 世說注 5　御覽 361 | | 玉海 183 |
| | | 太康 5년(284) | 다 | 古經 120 | 晉書 五行志　玉海 50 | |
| | | 太康 6년(285) | 가 | 御覽 214 | | |
| | | | 나 | 御覽 817/818 | | |
| | | 太康 7년(286) | | 開元占經 9 | | |
| | | 太康 8년(287) | | 古經 9 | | |
| | | 太康 9년(288) | | × | | |
| | | 太康 10년(289) | 가 | 御覽 220 | 玉篇 人部 | |
| | | | 나 | 末志 20 | | |
| | | | 다 | 世說注 4 | | |
| | | | 라 | 丹鉛總錄 10 | | |
| | | 太熙 元年(290) | | 御覽 775 | 事類賦注 16　車類 | |
| | | 永熙 元年(290) | | 綱目 | | |
| | | 永平 元年(291) | | | × | |
| | | 元康 元年 | 가 | 三國志注 21 | | |
| | | | 나 | 世說注 4 | × | |
| | | 元康 2년(292) | | | | |
| | 編年 | 元康 3년(293) | 가 | 三國志注 14 | 世說注 2 | |
| | | | 나 | 御覽 51 | 事類賦注 7　石類 | |
| 惠帝 | | 元康 4년(294) | | 文選 晉紀　總論注 | | |
| | | 元康 5년(295) | | 三國志注 27 | | |
| | | | 가 | 文選 本表注 | | |
| | | 元康 6년(296) | 나 | 同上 | | |

| 연도 | 구분 | 典據 |
|---|---|---|
| | 다 | 文選 陸機答張士然注 |
| 元康 7년(297) | 가 | 世說注 6 |
| | 다 | 文選 廣絶交論注 |
| 元康 8년(298) | 다 | 世說補注 5 |
| 元康 9년(299) | 다 | 文選 閑中詩注 |
| | | 文選 閑中詩注 |
| | 다 | 世說注 3 |
| 永康 元年(300) | 가 | 世說注 8 |
| | 다 | 世說注 5 |
| | 다 | 書鈔 |
| | 다 | 世說注 6 |
| 永寧 元年(301) | 다 | 御覽 151 |
| | 다 | 御覽 775 |
| | 다 | 書鈔 |
| | 다 | 古經 89 |
| 大安 元年(302) | 다 | 世說注 3 |
| | 가 | 文選 爲范尚書讓吏部封侯表注 |
| | 다 | 世說注 6 |
| 大安 2년(303) | 다 | 世說注 3 |
| | 다 | 御覽 473 |
| | 다 | 世說注 5 |
| | 가 | 世說注 2 |
| 永興 元年(304) | 다 | 御覽 149 |
| | 다 | 御覽 149 |
| | 다 | 御覽 149 |

| 懷帝 | 編年 | | 書鈔 / 類聚 | 御覽 595 | 三國志注 15 |
|---|---|---|---|---|---|
| | | 마 | | | |
| | | 다 | | | |
| | 永興 2년(305) | 가 | 世說注 8 | | |
| | | 나 | 世說注 2 | | |
| | | 다 | 三國志注 21 | | |
| | 光熙 원년(306) | 가 | 世說注 5 | | |
| | | 나 | 同上 | | |
| | | 다 | 世說注 4 | | |
| | | 라 | 同上 | | |
| | | 마 | 御覽 860 | | |
| | 永嘉 원년(307) | 가 | 世說注 3 | | |
| | | 나 | 世說注 2 | | |
| | 永嘉 2년(308) | 가 | 世說注 5 | | |
| | 永嘉 3년(309) | 가 | 世說注 7 | | |
| | | 나 | 書鈔 | | |
| | 永嘉 4년(310) | 가 | 玉篇 上玉部 | | |
| | | 나 | 世說注 8 | | |
| | | 다 | 類聚 100 | | |
| | 永嘉 5년(311) | 가 | 水經注 22 | | |
| | | 나 | 世說注 8 | | |
| | | 다 | 文選 辨命論注 | | |
| | | 라 | 世說注 3 時越領豫州 | 同上 | |
| | | 마 | 世說注 4 | | |
| | | 바 | 文選 晉紀總論注 | | |
| | | 사 | 御覽 588 | | |

| 帝 | 分類 | 年號(年) | 區分 | 出典1 | 出典2 | 出典3 |
|---|---|---|---|---|---|---|
| 愍帝 | 編年 | 永嘉 6년(312) | 가 | 御覽 588 | 文選 晉紀總論注 | |
| | | | 나 | 世說注 3 | | |
| | | 永嘉 7년(313) | 나 | 御覽 98 | | |
| | | 建興 元年(313) | 가 | 世說注 7 | | |
| | | | 나 | 同上 5 | | |
| | | 建興 2년(314) | 가 | 御覽 703 | | |
| | | 建興 3년(315) | | | × | |
| | | 建興 4년(316) | | | × | |

〈卷 3〉

| 帝 | 分類 | 年號(年) | 區分 | 出典1 | 出典2 | 出典3 |
|---|---|---|---|---|---|---|
| 元帝 | 編年 | 建武 元年(317) | 가 | 御覽 14 | | |
| | | | 나 | 御覽 4 | | |
| | | | 다 | 類聚 100 | 開元占經 6 | |
| | | 大興 元年(318) | | | × | |
| | | 大興 2년(319) | 가 | 類聚 95 | 白帖 | 御覽 752 |
| | | | 나 | 御覽 760 | 書鈔 | |
| | | 大興 3년(320) | 가 | 世說注 2/5 | | |
| | | | 나 | 同上 7 | | |
| | | | 다 | 世說注 5 | | |
| | | | 라 | 世說注 8 | | |
| | | 大興 4년(321) | 가 | 世說注 5 | | |
| | | | 나 | 世說注 3 | | |
| | | | 다 | 世說注 8 | | |
| | | | 라 | 世說注 4 | | |
| | | 永昌 元年(322) | 다 | 同上 2 | | |
| | | | 마 | 御覽 372 | | |

| 帝 | 구분 | 年 | 항목 | 출전 |
|---|---|---|---|---|
| 明帝 | 總論 | | 마 | 世說注 5 |
| | | | 사 | 世說注 5 |
| | | | 아 | 世說注 8 |
| | | | 자 | 書鈔 |
| | | | 차 | 類聚 10 / 御覽 98, 類聚 10 / 御覽 61 / 初學記 6 校補, 水經注 40, 類聚 13, 御覽 98 |
| | 編年 | 大寧 元年(323) | 가 | 御覽 220, 書鈔 220 |
| | | 大寧 2년(324) | 가 | 世說注 3 |
| | | | 나 | 御覽 338 |
| | | | 다 | 世說注 6 |
| | | | 라 | 世說注 6 |
| | | | 마 | 同上 8 |
| | | | 바 | 世說注 5 |
| | | | 사 | 世說注 2 |
| | | 大寧 3년(325) | 가 | 晉書紀 / 御覽 98, 世說注 5 |
| | | | 나 | 三國志注 10 |
| | | | 다 | 世說注 1 |
| | | | 라 | 世說注 5 |
| 成帝 | 編年 | 成和 元年(326) | 가 | 世說注 4 |
| | | | 나 | 世說注 8 |
| | | 成和 2년(327) | 가 | 世說注 4 |
| | | | 나 | 世說注 4 |
| | | | 다 | 世說注 4 |
| | | | 라 | 世說注 4 |
| | | 成和 3년(328) | 가 | 世說注 4, 同上 8 |
| | | | 나 | 世說注 8 |

| 康帝 | 編年 | 年 | 구분 | 出典 | 비고 | |
|---|---|---|---|---|---|---|
| | | | 라 | 世說注 6 | | |
| | | | 다 | 世說注 2 | | |
| | | 咸和 4년(329) | 가 | 世說注 2 | | |
| | | | 나 | 同上 5 | | |
| | | | 다 | 世說注 2 | | |
| | | 咸和 5년(330) | | 晉書 五行志 | × | |
| | | 咸和 6년(331) | | | | |
| | | 咸和 7년(332) | | 世說注 6 | × | |
| | | 咸和 8년(333) | | 世說注 5 | × | |
| | | 咸和 9년(334) | 가 | 三國志注 57 | | |
| | | 咸和 元年(335) | 나 | 世說注 5 | | |
| | | 咸康 2년(336) | | 晉書 五行志 | 宋志 20 | |
| | | 咸康 3년(337) | 가 | 綱目注 262 | | |
| | | 咸康 4년(338) | 나 | 御覽 262 | | |
| | | 咸康 5년(339) | | 世說注 2/5 | | |
| | | 咸康 6년(340) | | 世說注 1 | | |
| | | 咸康 7년(341) | | 三國志注 57 | | |
| | | 咸康 8년(342) | 가 | 類聚 99 | 御覽 756 | 路史後記 13 |
| | | 咸康 8년(342) | 나 | 占經 98 / 晉五行志 | | |
| | | 建元 元年(343) | 가 | 世說注 5 | | |
| | | 建元 元年(343) | 나 | 世說注 4 | | |
| | | 建元 2년(344) | 가 | 御覽 870 | × | |
| | | 建元 2년(344) | 나 | 世說注 4 | | |

| 穆帝 | 編年 | | | | | 占經 66 |
|---|---|---|---|---|---|---|
| | | 永和 元年(345) | 다 | 同上 | | |
| | | | 다 | 宋禮志 | | |
| | | | 가 | 書鈔 | | |
| | | | 다 | 世說注 7 | | |
| | | | 다 | 書鈔 | | |
| | | | 다 | 御覽 21 | 事類賦注 4 | |
| | | | 마 | 世說注 7 | | |
| | | 永和 2년(346) | 가 | 同上 2 | | |
| | | | 나 | 同上 7 | | |
| | | | 다 | 同上 2 | | |
| | | | 라 | 世說注 2 | | |
| | | | 마 | 御覽 752 | 白帖 | |
| | | | 바 | 世說注 2 | | |
| | | 永和 3년(347) | 가 | 三國志注 42 | | |
| | | | 나 | 三國志注 42 | | |
| | | 永和 4년(348) | | 類聚 85 | 書鈔 | |
| | | 永和 5년(349) | 가 | 世說注 6 | | |
| | | | 나 | 世說注 1 | × | |
| | | | 다 | 三國志注 10 | | |
| | | 永和 6년(350) | | | | |
| | | 永和 7년(351) | | 御覽 220 | | |
| | | 永和 8년(352) | | 後漢輿服志注 | 書鈔 | |
| | | 永和 9년(353) | | | × | |
| | | 永和 10년(354) | 가 | 世說注 8 | | |
| | | | 나 | 世說注 5 | | |
| | | 永和 11년(355) | 가 | 世說注 6/7 | | |
| | | | 나 | 世說注 5 | | |

| 帝 | | 年 | | 내용 | |
|---|---|---|---|---|---|
| | | 永和 12년(356) | | | × |
| | | 升平 元年(357) | | 世說注 2 | × |
| | | 升平 2년(358) | | | × |
| | | 升平 3년(359) | | | |
| | | 升平 4년(360) | 가 | 御覽 860 | × |
| | | | 나 | 御覽 915 | |
| | | | 다 | 御覽 915 | |
| 哀帝 | 編年 | 升平 5년(361) | | | × |
| | | 隆和 元年(362) | | | × |
| | | 興寧 元年(363) | | 書鈔 | × |
| | | 興寧 2년(364) | | | × |
| | 總論 | 興寧 3년(365) | | | |
| | | 太和 元年(366) | | 世說注 10 | × |
| | | 太和 2년(367) | | 世說注 6 | |
| 海西公 | 編年 | 太和 3년(368) | | 世說注 5 | |
| | | 太和 4년(369) | | 世說注 3 | |
| | | 太和 5년(370) | | | |
| | | 太和 6년(371) | 가 | 世說注 2 明標太和六年 | × |
| | | | 나 | 世說注 7 | |
| 簡文帝 | 編年 | 咸安 元年 | | 文選 爲齊明帝讓宣城郡公表注 | |
| | | 咸安 2년(372) | | 御覽 239 | |
| | | 寧康 元年(373) | 가 | 文選注 | |
| 孝武帝 | 編年 | | 나 | 占經 36 | |
| | | | 다 | 占經 36 | |
| | | 寧康 2년(374) | 가 | 占經 36 | |
| | | | 다 | 晉書 / 占經 36 | |

| 年 | 구분 | 출전 | | |
|---|---|---|---|---|
| 寧康 3년(375) | 다 | 占經 21 | | |
| 太元 元年(376) | 가 | 御覽 9 | 事類賦注 2 | |
| | 나 | 事類賦注 5 | | |
| | 가 | 占經 75 | | |
| | 나 | 占經 20/75 | | |
| | 다 | 占經 37 | | |
| | 다 | 御覽 7 | 事類賦注 2 | 史通注 3 |
| 太元 2년(377) | 가 | 占經 38/65 | | |
| | 나 | 占經 38 | | |
| | 다 | 占經 38 | | |
| 太元 3년(378) | 가 | 占經 65 | | |
| | 나 | 占經 38 | | |
| | 다 | 占經 20 | | |
| 太元 8년(383) | 가 | 占經 113 | 御覽 883 | |
| | 나 | 文苑彙雋 24 | | |
| 太元 9년(384) | | | × | |
| 太元 10년(385) | | 初學記 11 | | |
| 太元 11년(386) | | 占經 23 | | |
| 太元 12년(387) | 가 | 占經 23 | | |
| | 나 | 御覽 360 | | |
| | 다 | 占經 36 | | |
| | 라 | 世說注 6 | | |
| 太元 13년(388) | 가 | 占經 36 | | |
| | 나 | 占經 12 | | |
| 太元 16년(391) | | 書鈔 | | |
| 太元 17년(392) | | 御覽 713 | | |

| | | 편년 | 太元 18년(393) | 御覽 633 | |
| | | | 太元 19년(394) | 唐六典注 | |
| 安帝 | 編年 | | 太元 21년(396) | | × |
| | | | 隆安 元年(397) | 占經 34 | |
| | | | 隆安 2년(398) | 占經 34 | |
| | | | 義熙 元年(405) | 御覽 248 | |
| | | | 義熙 9년(413) | 御覽 307 | |
| | | | 義熙 14년(418) | | × |
| 恭帝 | 編年 | | 元熙 元年(419) | 類聚 | |
| | | 가 | | 御覽 406 | |
| | | 사 | | 文選 爲顏彥先贈婦注 | |
| | | 사 | 元熙 2년(420) | 御覽 606 書鈔 | |

## 18. 『史記』「樂書」와『禮記』「樂記」의 校勘

〈일러두기〉

1) 『史記』「樂書」를 토대로 삼아『禮記』「樂記」와의 校勘 사항을 표시하였다.
2) 校勘 표기 중 (詘信/屈伸)과 같은 경우는『史記』「樂書」에는 '詘信'으로 되어 있는데,『禮記』「樂記」에는 '屈伸'으로 되어 있음을 나타낸 것이다.
3) 校勘 표기 중 (×/各)과 같은 경우는『史記』「樂書」에는 없는데,『禮記』「樂記」에는 '各'字가 있는 경우를 나타낸 것이다.
4) 校勘 표기 중 (於/×)와 같은 경우는『史記』「樂書」에는 '於'字가 있는데,『禮記』「樂記」에는 글자가 없는 경우를 나타낸 것이다.
5) 可讀性을 높이기 위해 내용에 따라 단락을 짓고, 人名·呼稱·國名·地名 등의 固有名詞에는 <u>太史公</u>과 같이 밑줄을 그어 두기로 하였다.

〈前記〉

1.

<u>太史公</u>曰:余每讀虞書,至於君臣相敕,維是幾安,而股肱不良,萬事墮壞,未嘗不流涕也. <u>成王</u>作頌,推己懲艾,悲彼家難,可不謂戰戰恐懼,善守善終哉? 君子不爲約則修德,滿則棄禮,佚能思初,安能惟始,沐浴膏澤而歌詠勤苦,非大德誰能如斯! 傳曰"治定功成,禮樂乃興". 海內人道益深,其德益至,所樂者益異. 滿而不損則溢,盈而不持則傾. 凡作樂者,所以節樂. 君子以謙退爲禮,以損減爲樂,樂其如此也. 以爲州異國殊,情習不同,故博采風俗,協比聲律,以補短移化,助流政敎. 天子躬於明堂臨觀,而萬民咸蕩滌邪穢,斟酌飽滿,以節厥性. 故云雅頌之音理而民正,嘄噭之聲興而士奮,<u>鄭</u>·<u>衛</u>之曲動而心淫. 及其調和諧合,鳥獸盡感,而況懷五常,含好惡,自然之勢也?

2.

治道虧缺而鄭音興起,封君世辟,名顯鄰州,爭以相高. 自<u>仲尼</u>不能與齊優遂容於<u>魯</u>,雖退正樂以誘世,作五章以刺時,猶莫之化. 陵遲以至<u>六國</u>,流沔沈佚,遂往不返,卒於喪身滅宗,幷國於<u>秦</u>.

3.

秦二世尤以爲娛. 丞相李斯進諫曰：“放棄詩書，極意聲色，祖伊所以懼也；輕積
細過，恣心長夜，紂所以亡也.”趙高曰：“五帝・三王樂各殊名，示不相襲. 上自
朝廷，下至人民，得以接歡喜，合殷勤，非此和說不通，解澤不流，亦各一世之化，
度時之樂，何必華山之騄耳而行遠乎？”二世然之.

4.

高祖過沛詩三侯之章，令小兒歌之. 高祖崩，令沛得以四時歌儛宗廟. 孝惠・孝
文・孝景無所增更，於樂府習常肄舊而已.

5.

至今上卽位，作十九章，令侍中李延年次序其聲，拜爲協律都尉. 通一經之士不能
獨知其辭，皆集會五經家，相與共講習讀之，乃能通知其意，多爾雅之文.

6.

漢家常以正月上辛祠太一・甘泉，以昏時夜祠，到明而終. 常有流星經於祠壇上.
使僮男僮女七十人俱歌. 春歌青陽，夏歌朱明，秋歌西暤，冬歌玄冥. 世多有，故
不論.

7.

又嘗得神馬渥洼水中，復次以爲太一之歌. 歌曲曰：“太一貢兮天馬下，霑赤汗兮
沫流赭. 騁容與兮跇萬里，今安匹兮龍爲友.”後伐大宛得千里馬，馬名蒲梢，次
作以爲歌. 歌詩曰：“天馬來兮從西極，經萬里兮歸有德. 承靈威兮降外國，涉流
沙兮四夷服.”中尉汲黯進曰：“凡王者作樂，上以承祖宗，下以化兆民. 今陛下得
馬，詩以爲歌，協於宗廟，先帝百姓豈能知其音邪？”上默然不說. 丞相公孫弘曰：
“黯誹謗聖制，當族.”

# 「樂記」

## 〈1. 「樂本」篇〉

1.

凡音之起, 由人心生也. 人心之動, 物使之然也. 感於物而動, 故形於聲；聲相應, 故生變；變成方, 謂之音；比音而樂之, 及干戚羽旄, 謂之樂(也/×). 樂者, 音之所由生也, 其本在人心感於物. 是故其哀心感者, 其聲噍以殺；其樂心感者, 其聲嘽以緩；其喜心感者, 其聲發以散；其怒心感者, 其聲(麤/粗)以厲；其敬心感者, 其聲直以廉；其愛心感者, 其聲和以柔. 六者非性也, 感於物而後動, 是故先王慎所以感之(者/×). 故禮以導其志, 樂以和其聲, 政以(壹/一)其行, 刑以防其[姦]. 禮樂刑政, 其極一也, 所以同民心而出治道也.

2.

凡音者, 生人心者也. 情動於中, 故形於聲, 聲成文謂之音. 是故治世之音安以樂, 其正和；亂世之音怨以怒, 其正乖；亡國之音哀以思, 其民困. 聲音之道, 與(正/政)通矣. 宮爲君, 商爲臣, 角爲民, 徵爲事, 羽爲物. 五者不亂, 則無(㴠/怗)滯之音矣. 宮亂則荒, 其君驕；商亂則(搥/陂), 其臣壞；角亂則憂, 其民怨；徵亂則哀, 其事勤；羽亂則危, 其財匱. 五者皆亂, 迭相陵, 謂之慢. 如此則國之滅亡無日矣. <u>鄭</u>・<u>衛</u>之音, 亂世之音也, 比於慢矣. <u>桑閒</u>・<u>濮上</u>之音, 亡國之音也, 其政散, 其民流, 誣上行私而不可止[也].

3.

凡音者, 生於人心者也；樂者, 通(於/×)倫理者也. 是故知聲而不知音者, 禽獸是也；知音而不知樂者, 衆庶是也. 唯君子爲能知樂. 是故審聲以知音, 審音以知樂, 審樂以知政, 而治道備矣. 是故不知聲者不可與言音, 不知音者不可與言樂. 知樂則幾於禮矣. 禮樂皆得, 謂之有德. 德者得也. 是故樂之隆, 非極音也；食饗之禮, 非極味也. 清廟之瑟, 朱弦而疏越, (一/壹)倡而三歎, 有遺音者矣. 大饗之禮, 尚玄酒而俎腥魚, 大羹不和, 有遺味者矣. 是故先王之制禮樂也, 非以極口腹耳目之欲也, 將以教民平好惡而反人道之正也.

4.

人生而靜, 天之性也；感於物而動, 性之(頌/欲)也. 物至知知, 然(后/後)好惡形焉. 好惡無節於內, 知誘於外, 不能反(己/躬), 天理滅矣. 夫物之感人無窮, 而人之好惡無節, 則是物至而人化物也. 人化物也者, 滅天理而窮人欲者也. 於是有悖逆詐僞之心, 有淫佚作亂之事. 是故(彊/强)者脅弱, 衆者暴寡, 知者詐愚, 勇者苦怯, 疾病不養, 老幼孤(寡/獨)不得其所, 此大亂之道也. 是故先王(×/之)制禮樂, 人爲之節：衰麻哭泣, 所以節喪紀也；鍾鼓干戚, 所以和安樂也；婚姻冠筓, 所以別男女也；射鄉食饗, 所以正交接也. 禮節民心, 樂和民聲, 政以行之, 刑以防之. 禮樂刑政四達而不悖, 則王道備矣.


〈2.「樂論」篇〉

1.

樂者爲同, 禮者爲異. 同則相親, 異則相敬. 樂勝則流, 禮勝則離. 合情飾貌者, 禮樂之事也. 禮義立, 則貴賤等矣；樂文同, 則上下和矣；好惡著, 則賢不肖別矣；刑禁暴, 爵舉賢, 則政均矣. 仁以愛之, 義以正之, 如此則民治行矣.

2.

樂由中出, 禮自外作. 樂由中出, 故靜；禮自外作, 故文. 大樂必易, 大禮必簡. 樂至則無怨, 禮至則不爭. 揖讓而治天下者, 禮樂之謂也. 暴民不作, 諸侯賓服, 兵革不試, 五刑不用, 百姓無患, 天子不怒, 如此則樂達矣. 合父子之親, 明長幼之序, 以敬四海之內. 天子如此, 則禮行矣.

3.

大樂與天地同和, 大禮與天地同節. 和, 故百物不失；節, 故祀天祭地. 明則有禮樂, 幽則有鬼神, 如此則四海之內合敬同愛矣. 禮者, 殊事合敬者也；樂者, 異文合愛者也. 禮樂之情同, 故明王以相沿也. 故事與時並, 名與功偕. 故鍾鼓管磬羽籥干戚, 樂之器也；(詘信/屈伸)俯仰(級/綴)兆舒疾, 樂之文也. 簠簋俎豆制度文章, 禮之器也；升降上下周(旋/還)褐襲, 禮之文也. 故知禮樂之情者能作, 識禮樂之文者能術. 作者之謂聖, 術者之謂明. 明聖者, 術作之謂也.

4.

樂者, 天地之和也 ; 禮者, 天地之序也. 和, 故百物皆化 ; 序, 故(群/羣)物皆別.
樂由天作, 禮以地制. 過制則亂, 過作則暴. 明於天地, 然後能興禮樂也. 論倫無
患, 樂之情也 ; 欣喜(驩/歡)愛, 樂之(官/容)也. 中正無邪, 禮之質也 ; 莊敬恭順,
禮之制也. 若夫禮樂之施於金石, 越於聲音, 用於宗廟社稷, 事(于/乎)山川鬼神,
則此所以與民同也.


〈3. 「樂禮」篇〉

1.

王者功成作樂, 治定制禮. 其功大者其樂備, 其治(辨/辯)者其禮具. 干戚之舞, 非
備樂也 ; (亨孰/孰亨)而祀, 非達禮也. 五帝殊時, 不相沿樂. 三王異世, 不相襲
禮. 樂極則憂, 禮粗則偏矣. 及夫敦樂而無憂, 禮備而不偏者, 其唯大聖乎. 天高
地下, 萬物散殊, 而禮制行(也/矣) ; 流而不息, 合同而化, 而樂興(也/焉). 春作夏
長, 仁也 ; 秋斂冬藏, 義也. 仁近於樂, 義近於禮. 樂者敦和, 率神而從天 ; 禮者
(辨/別)宜, 居鬼而從地. 故聖人作樂以應天, (作/制)禮以配地. 禮樂明備, 天地官
矣.


2.

天尊地卑, 君臣定矣. 高卑已陳, 貴賤位矣. 動靜有常, 小大殊矣. 方以類聚, 物以
(群/羣)分, 則性命不同矣. 在天成象, 在地成形, 如此則禮者天地之別也. 地氣上
(隮/齊), 天氣下降, 陰陽相摩, 天地相蕩, 鼓之以雷霆, 奮之以風雨, 動之以四時,
煖之以日月, 而百化興焉, 如此則樂者天地之和也.


3.

化不時則不生, 男女無(別/辨)則亂(登/升), [此]天地之情也. 及夫禮樂之極乎天
而蟠乎地, 行乎陰陽而通乎鬼神, 窮高極遠而測深厚, 樂著太始而禮居成物. 著不
息者天也, 著不動者地也. 一動一靜者, 天地之(閒/間)也. 故聖人曰"禮[云]樂云".

<4.「樂施」篇>

1.

昔者舜作五弦之琴, 以歌南風；夔始(作/制)樂, 以賞諸侯. 故天子之爲樂也, 以賞諸侯之有德者也. 德盛而教尊, 五穀時孰, 然後賞之以樂. 故其治民勞者, 其舞行(級/綴)遠；其治民(佚/逸)者, 其舞行(級/綴)短. 故觀其舞[而]知其德, 聞其諡[而]知其行(×/也). 大章, 章之也；咸池, 備(也/矣)；韶, 繼也；夏, 大也；殷·周之樂盡(也/矣)

2.                                        —

天地之道, 寒暑不時則疾, 風雨不節則饑. 教者, 民之寒暑也, 教不時則傷世. 事者, 民之風雨也, 事不節則無功. 然則先王之爲樂也, 以法治也, 善則行象德矣. 夫豢豕爲酒, 非以爲禍也；而獄訟益(煩/繁), 則酒之流生禍也. 是故先王因爲酒禮, (一/壹)獻之禮, 賓主百拜, 終日飮酒而不得醉焉, 此先王之所以備酒禍也. 故酒食者, 所以合歡也.

3.

樂者, 所以象德也；禮者, 所以(閉/綴)淫也. 是故先王有大事, 必有禮以哀之；有大福, 必有禮以樂之：哀樂之分, 皆以禮終.

4.

【樂也者 施也；禮也者, 報也. 樂, 樂其所自生；而禮, 反其所自始. 樂章德, 禮報情反始也. 所謂大路者, 天子之輿也；龍旂九旒, 天子之旌也；靑黑緣者, 天子之葆龜也；從之以牛羊之群, 則所以贈諸侯也】

<註釋> 여기에 삽입된 이 부분은 「樂象情」篇의 마지막 부분이다.

392

〈5.「樂情」篇〉

1.
【樂也者, 情之不可變者也；禮也者, 理之不可易者也. 樂統同, 禮(別/辨)異, 禮樂之說(貫/管)乎人情矣. 窮本知變, 樂之情也；著誠去僞, 禮之經也. 禮樂(順/偵)天地之誠, 達神明之德, 降興上下之神, 而凝是精粗之體, 領父子君臣之節.

2.
是故大人舉禮樂, 則天地將爲昭焉. 天地(欣/訢)合, 陰陽相得, 煦嫗覆育萬物, 然(后/後)草木茂, 區萌達, 羽(翮/翼)奮, 角觡生, 蟄蟲昭(穌/蘇), 羽者嫗伏, 毛者孕鬻, 胎生者不殰而卵生者不殈, 則樂之道歸焉耳.

3.
樂者, 非謂黃鍾大呂弦歌干揚也, 樂之末節也, 故童者舞之；(布/鋪)筵席, 陳樽俎, 列籩豆, 以升降爲禮者, 禮之末節也, 故有司掌之. 樂師(辯/辨)乎聲詩, 故北面而弦；宗祝(辯/辨)乎宗廟之禮, 故後尸；商祝(辯/辨)乎喪禮, 故後主人. 是故德成而上, 蓺成而下；行成而先, 事成而後. 是故先王有上有下, 有先有後, 然(后/後)可以有制於天下也.】

〈註釋〉 여기에 삽입된 부분은 「樂情」篇의 전체이다.

4.
樂(×/也)者, 聖人之所樂也, 而可以善民心. 其感人深, 其(風移俗易/移風易俗), 故先王著其敎焉.

〈6.「樂言」篇〉

1.
夫(人/民)有血氣心知之性, 而無哀樂喜怒之常, 應感起物而動, 然(后/後)心術形焉. 是故志微(焦衰/噍殺)之音作, 而民思憂；嘽(綏/諧)慢易繁文簡節之音作, 而民

康樂;粗厲猛起奮末廣賁之音作, 而民剛毅;廉直(經/勁)正莊誠之音作, 而民肅敬;寬裕肉好順成和動之音作, 而民慈愛;流辟邪散狄成滌濫之音作, 而民淫亂.

2.

是故先王本之情性, 稽之度數, 制之禮義, 合生氣之和, 道五常之行, 使之陽而不散, 陰而不密, 剛氣不怒, 柔氣不懾, 四暢交於中而發作於外, 皆安其位而不相奪也. 然后立之學等, 廣其節奏, 省其文采, 以繩德厚(也/×). (類/律)小大之稱, 比終始之序, 以象事行, 使親疏貴賤長幼男女之理皆形見於樂:故曰"樂觀其深矣".

3.

土敝則草木不長, 水煩則魚鱉不大, 氣衰則生物不(育/遂), 世亂則禮(廢/慝)而樂淫. 是故其聲哀而不莊, 樂而不安, 慢易以犯節, 流湎以忘本. 廣則容姦. 狹則思欲, 感(滌/條)蕩之氣而滅平和之德, 是以君子賤之也.


〈7.「樂象」篇〉

1.

凡姦聲感人而逆氣應之, 逆氣成象而淫樂興焉. 正聲感人而順氣應之, 順氣成象而和樂興焉. 倡和有應, 回邪曲直各歸其分, 而萬物之理(×/各)以類相動也.

2.

是故君子反情以和其志, 比類以成其行. 姦聲亂色不留聰明, 淫樂(廢/慝)禮不接(於/×)心術, 惰慢邪辟之氣不設於身體, 使耳目鼻口心知百體皆由順正, 以行其義. 然(后/後)發以聲音, (×/而)文以琴瑟, 動以干戚, 飾以羽旄, 從以簫管, 奮至德之光, 動四氣之和, 以著萬物之理. 是故清明象天, 廣大象地, 終始象四時, 周(旋/還)象風雨;五色成文而不亂, 八風從律而不姦, 百度得數而有常;小大相成, 終始相生, 倡和清濁, (代/迭)相爲經. 故樂行而倫清, 耳目聰明, 血氣和平, 移風易俗, 天下皆寧. 故曰"樂者樂也". 君子樂得其道, 小人樂得其欲. 以道制欲, 則樂而不亂;以欲忘道, 則惑而不樂. 是故君子反情以和其志, 廣樂以成其教, 樂行而民鄉方, 可以觀德矣.

3.

德者, 性之端也 ; 樂者, 德之華也 ; 金石絲竹, 樂之器也. 詩, 言其志也 ; 歌, 詠其
聲也 ; 舞, 動其容也 : 三者本(乎/於)心, 然(后/後)樂(氣/器)從之. 是故情深而文
明, 氣盛而化神, 和順積中而英華發外, 唯樂不可以爲僞.

4.

樂者, 心之動也 ; 聲者, 樂之象也 ; 文采節奏, 聲之飾也. 君子動其本, 樂其象, 然
(×/後)治其飾. 是故先鼓以警戒, 三步以見方, 再始以著往, 復亂以飭歸, 奮疾而
不拔, 極幽而不隱. 獨樂其志, 不厭其道 ; 備擧其道, 不私其欲. 是以情見而義立,
樂終而德尊 ; 君子以好善, 小人以(息/聽)過 : 故曰 "生民之道, 樂爲大焉".


〈8. 「樂化」篇〉

1.

君子曰 : 禮樂不可以斯須去身. 致樂以治心, 則易直子諒之心油然生矣. 易直子
諒之心生則樂, 樂則安, 安則久, 久則天, 天則神. 天則不言而信, 神則不怒而威.
致樂, 以治心者也 ; 致禮, 以治躬(者也 治躬/×)則莊敬, 莊敬則嚴威. 心中斯須不
和不樂, 而鄙詐之心入之矣 ; 外貌斯須不莊不敬, 而(慢易/易慢)之心入之矣. 故
樂也者, 動於內者也 ; 禮也者, 動於外者也. 樂極和, 禮極順. 內和而外順, 則民瞻
其顏色而弗與爭也, 望其容貌而民不生易慢焉. (×/故)德煇動乎內而民莫不承聽,
理發(乎/諸)外而民莫不承順, 故曰 "(知/致)禮樂之道, 擧而錯之天下無難矣".

2.

樂也者, 動於內者也 ; 禮也者, 動於外者也. 故禮主其(謙/減), 樂主其盈. 禮(謙/
減)而進, 以進爲文 ; 樂盈而反, 以反爲文. 禮(謙/減)而不進, 則銷 ; 樂盈而不反,
則放. 故禮有報而樂有反. 禮得其報則樂, 樂得其反則安. 禮之報, 樂之反, 其義
一也.

3.

夫樂者樂也, 人情之所不能免也. 樂必發諸聲音, 形於動靜, 人(×/之)道也. 聲音

動靜, 性術之變, 盡於此矣. 故人不(能/耐)無樂, 樂不(能/耐)無形. 形而不爲道, 不(能/耐)無亂.

4.

先王(惡/恥)其亂, 故制雅頌之聲以道之, 使其聲足(以/×)樂而不流, 使其文足(以/×)綸而不息, 使其曲直繁(省/瘠)廉肉節奏, 足以感動人之善心而已矣, 不使放心邪氣得接焉, 是先王立樂之方也.

5.

是故樂在宗廟之中, 君臣上下同聽之, 則莫不和敬；在族長鄉里之中, 長幼同聽之, 則莫不和順；在閨門之內, 父子兄弟同聽之, 則莫不和親. 故樂者, 審一以定和, 比物以飾節, 節奏合以成文, 所以合和父子君臣, 附親萬民也, 是先王立樂之方也. 故聽其雅頌之聲, 志意得廣焉；執其干戚, 習其俯仰詘(信/伸), 容貌得莊焉；行其綴兆, 要其節奏, 行列得正焉, 進退得齊焉. 故樂者天地之(齊/命), 中和之紀, 人情之所不能免也.

6.

夫樂者, 先王之所以飾喜也；軍旅鈇鉞者, 先王之所以飾怒也. 故先王之喜怒皆得其(齊/儕)矣. 喜則天下和之, 怒則暴亂者畏之. 先王之道禮樂可謂盛矣.


〈9. 「魏文侯」篇〉

1.

魏文侯問於子夏曰："吾端冕而聽古樂 則唯恐臥, 聽鄭‧衛之音 則不知倦. 敢問古樂之如彼 何也 新樂之如此 何也"

子夏(答/對)曰："今夫古樂, 進旅(而/×)退旅, 和正以廣, 弦匏笙簧 (合/會)守拊鼓, 始奏以文, (止/復)亂以武, 治亂以相, 訊疾以雅. 君子於是語, 於是道古, 修身及家, 平均天下：此古樂之發也. 今夫新樂, 進俯退俯, 姦聲以淫, 溺而不止, 及優侏儒, 獶雜子女, 不知父子. 樂終不可以語, 不可以道古：此新樂之發也. 今君之所問者 樂也, 所好者 音也. 夫樂(之/者)與音, 相近而不同."


396

## 2.

文侯曰："敢問如何?"

子夏(答/對)曰："夫古者天地順而四時當, 民有德而五穀昌, 疾疢不作而無妖祥, 此之謂大當. 然(后/後)聖人作爲父子君臣以爲之紀綱, 紀綱旣正, 天下大定, 天下大定, 然(后/後)正六律, 和五聲, 弦歌詩頌, 此之謂德音, 德音之謂樂. 詩(曰/云):'莫其德音, 其德克明, 克明克類, 克長克君. 王此大邦, 克順克俾. 俾於文王, 其德靡悔. 旣受帝祉, 施于孫子.'此之謂也. 今君之所好者, 其溺音(與/乎)?"

## 3.

文侯曰："敢問溺音(者/×)何從出也?"

子夏(答/對)曰:"鄭音好濫淫志, 宋音燕女溺志, 衛音趣數煩志, 齊音(驚/敖)辟(驕/喬)志, (×/此)四者 皆淫於色而害於德, 是以祭祀(不/弗)用也. 詩(曰/云):'肅雍和鳴, 先祖是聽.'夫肅肅, 敬也; 雍雍, 和也. 夫敬以和, 何事不行? 爲人君者, 謹其所好惡而已矣. 君好之則臣爲之, 上行之則民從之. 詩(曰/云):'誘民孔易', 此之謂也. 然(后/後)聖人作爲鞉鼓椌楬塤箎, 此六者, 德音之音也. 然(后/後)鐘磬竽瑟以和之, 干戚旄狄以舞之. 此所以祭先王之廟也, 所以獻酬酳酢也, 所以官序貴賤各得其宜也, (此/×)所以示後世有尊卑長幼(×/之)序也. 鐘聲鏗, 鏗以立號, 號以立橫, 橫以立武. 君子聽鐘聲 則思武臣. 石聲(硜/磬), (硜/磬)以立(別/辨), 別以致死. 君子聽磬聲 則思死封疆之臣. 絲聲哀, 哀以立廉, 廉以立志. 君子聽琴瑟之聲 則思志義之臣. 竹聲濫, 濫以立會, 會以聚衆. 君子聽竽笙簫管之聲 則思畜聚之臣. 鼓鼙之聲讙, 讙以立動, 動以進衆. 君子聽鼓鼙之聲 則思將帥之臣. 君子之聽音, 非聽其鏗鎗而已也, 彼亦有所合之也."


## 〈10.「賓牟賈」篇〉

### 1.

賓牟賈侍坐於孔子, 孔子與之言, 及樂, 曰:"夫武之備戒之已久, 何也?"

(答/對)曰:"病不得其衆也."

2.

“(永/咏)歎之, 淫液之, 何也?”

(答/對)曰:“恐不逮事也.”


3.

“發揚蹈厲之已蚤, 何也?”

(答/對)曰:“及時事也.”


4.

“武坐, 致右憲左, 何也?”

(答/對)曰:“非武坐也.”


5.

“聲淫及商, 何也?”

(答/對)曰:“非武音也.”


6.

子曰:“若非武音, 則何音也?”

(答/對)曰:“有司失其傳也. 如非有司失其傳, 則武王之志荒矣.”


7.

子曰:“唯丘之聞諸萇弘, 亦若吾子之言是也.”

賓牟賈起, 免席而請, 曰:“夫武之備戒之已久, 則既聞命矣. 敢問遲之遲而又久, 何也?”


8.

子曰:“居, 吾語汝. 夫樂者, 象成者也. 總干而山立, 武王之事也;發揚蹈厲, 太公之志也;武亂皆坐, 周召之治也. 且夫武, 始而北出, 再成而滅商, 三成而南, 四成而南國是疆, 五成而分, 周公左, 召公右, 六成復綴, 以崇天子, 夾振之而(四/駟)伐, 盛威於中國也. 分夾而進, 事蚤濟也. 久立於綴, 以待諸侯之至也. 且(夫/×)女獨未聞牧野之語乎? 武王克殷反商, 未及下車, 而封黃帝之後於薊, 封帝堯

398

之後於祝, 封帝舜之後於陳；下車而封夏后氏之後於杞, (封/投)殷之後於宋, 封王子比干之墓, 釋箕子之囚, 使之行商容而復其位. 庶民弛政, 庶士倍祿. 濟河而西, 馬散(×/之)華山之陽而弗復乘；牛散(×/之)桃林之野而(不/弗)復服；車甲衅而藏之府庫而弗復用；倒載干戈, (苞/包)之以虎皮；將率之士, 使爲諸侯, 名之曰'建櫜'：然(后/後)天下知武王之不復用兵也. 散軍而郊射, 左射貍首, 右射騶虞, 而貫革之射息也；裨冕搢笏, 而虎賁之士(稅/說)劍也；祀乎明堂, 而民知孝；朝覲, 然(后/後)諸侯知所以臣；耕藉, 然(后/後)諸侯知所以敬：五者, 天下之大教也. 食三老五更於太學, 天子袒而割牲, 執醬而饋, 執爵而酳, 冕而總干, 所以教諸侯之(悌/弟)也. 若此, 則周道四達, 禮樂交通, 則夫武之遲久, 不亦宜乎?"

## 〈11.「師乙」篇〉

子(貢/贛)見師乙而問焉, 曰:"賜聞聲歌各有宜也, 如賜者宜何歌也?"
師乙曰:"乙賤工也, 何足以問所宜. 請誦其所聞, 而吾子自執焉. (A寬而靜 柔而正者 宜歌頌 廣大而靜 疏達而信者 宜歌大雅 恭儉而好禮者宜歌小雅 正直淸 廉而謙者 宜歌風 肆直而/×)愛者宜歌商 溫良而能斷者宜歌齊. 夫歌者, 直己而陳德(×/也)；動己而天地應焉, 四時和焉, 星辰理焉, 萬物育焉. 故商者, 五帝之遺聲也, (B×/寬而靜 柔而正者 宜歌頌 廣大而靜 疏達而信者 宜歌大雅 恭儉而好禮者 宜歌小雅 正直[淸/而靜] 廉而謙者 宜歌風 肆直而慈[×/愛 商之遺聲也]) 商人(志/識)之, 故謂之商；齊者, 三代之遺聲也, 齊人(志/識)之, 故謂之齊. 明乎商之(詩/音)者, 臨事而屢斷；明乎齊之(詩/音)者, 見利而讓(也/×). 臨事而屢斷, 勇也；見利而讓, 義也. 有勇有義, 非歌孰能保此? 故歌者, 上如抗, 下如隊, 曲如折, 止如槀木, (居/倨)中矩, 句中鉤, (累累/纍纍)乎(殷/端)如貫珠. 故歌之爲言也, 長言之也. 說之, 故言之；言之不足, 故長言之；長言之不足, 故嗟歎之；嗟歎之不足, 故不知手之舞之 足之蹈之(×/也)." 子貢問樂.

〈註釋〉 A의 이 대목이『史記』「樂書」에는 있으나『禮記』「樂記」에는 없는 부분인데, 곧 뒤의 B에 보이듯이『禮記』「樂記」에는 있으나『史記』「樂書」에는 없다. 말하자면 이 대목의 위치가『史記』「樂書」와『禮記』「樂記」가 다를 뿐만이 아니라 그 내용에 있어서도 약간의 차이가 있음에 유의해야 한다.

## 〈後記〉

### 1.

凡音由於人心, 天之與人有以相通, 如景之象形, 響之應聲. 故爲善者天報之以福, 爲惡者天與之以殃, 其自然者也.

故舜彈五弦之琴, 歌南風之詩而天下治；紂爲朝歌北鄙之音, 身死國亡. 舜之道何弘也? 紂之道何隘也? 夫南風之詩者生長之音也, 舜樂好之, 樂與天地同意, 得萬國之驩心, 故天下治也. 夫朝歌者不時也, 北者敗也, 鄙者陋也, 紂樂好之, 與萬國殊心, 諸侯不附, 百姓不親, 天下畔之, 故身死國亡.

而衛靈公之時, 將之晉, 至於濮水之上舍. 夜半時聞鼓琴聲, 問左右, 皆對曰"不聞". 乃召師涓曰："吾聞鼓琴音, 問左右, 皆不聞. 其狀似鬼神, 爲我聽而寫之." 師涓曰："諾." 因端坐援琴, 聽而寫之. 明日, 曰："臣得之矣, 然未習也, 請宿習之." 靈公曰："可." 因復宿. 明日, 報曰："習矣." 卽去之晉, 見晉平公. 平公置酒於施惠之臺. 酒酣, 靈公曰："今者來, 聞新聲, 請奏之." 平公曰："可." 卽令師涓坐師曠旁, 援琴鼓之. 未終, 師曠撫而止之曰："此亡國之聲也, 不可遂." 平公曰："何道出?" 師曠曰："師延所作也. 與紂爲靡靡之樂, 武王伐紂, 師延東走, 自投濮水之中, 故聞此聲必於濮水之上, 先聞此聲者國削." 平公曰："寡人所好者音也, 願遂聞之." 師涓鼓而終之.

### 2.

平公曰："音無此最悲乎?" 師曠曰："有." 平公曰："可得聞乎?" 師曠曰："君德義薄, 不可以聽之." 平公曰："寡人所好者音也, 願聞之." 師曠不得已, 援琴而鼓之. 一奏之, 有玄鶴二八集乎廊門；再奏之, 延頸而鳴, 舒翼而舞.

平公大喜, 起而爲師曠壽. 反坐, 問曰："音無此最悲乎?" 師曠曰："有. 昔者黃帝以大合鬼神, 今君德義薄, 不足以聽之, 聽之將敗." 平公曰："寡人老矣, 所好者音也, 願遂聞之." 師曠不得已, 援琴而鼓之. 一奏之, 有白雲從西北起；再奏之, 大風至而雨隨之, 飛廊瓦, 左右皆奔走. 平公恐懼, 伏於廊屋之間. 晉國大旱, 赤地三年.

聽者或吉或凶. 夫樂不可妄興也.

3.

<u>太史公</u>曰：夫上古明王擧樂者, 非以娛心自樂, 快意恣欲, 將欲爲治也. 正教者皆始於音, 音正而行正. 故音樂者, 所以動盪血脈, 通流精神而和正心也. 故宮動脾而和正聖, 商動肺而和正義, 角動肝而和正仁, 徵動心而和正禮, 羽動腎而和正智. 故樂所以內輔正心而外異貴賤也；上以事宗廟, 下以變化黎庶也. 琴長八尺一寸, 正度也. 弦大者爲宮, 而居中央, 君也. 商張右傍, 其餘大小相次, 不失其次序, 則君臣之位正矣. 故聞宮音, 使人溫舒而廣大；聞商音, 使人方正而好義；聞角音, 使人惻隱而愛人；聞徵音, 使人樂善而好施；聞羽音, 使人整齊而好禮. 夫禮由外入, 樂自內出. 故君子不可須臾離禮, 須臾離禮則暴慢之行窮外；不可須臾離樂, 須臾離樂則姦邪之行窮內. 故樂音者, 君子之所養義也. 夫古者, 天子諸侯聽鐘磬未嘗離於庭, 卿大夫聽琴瑟之音未嘗離於前, 所以養行義而防淫佚也. 夫淫佚生於無禮, 故聖王使人耳聞雅頌之音, 目視威儀之禮, 足行恭敬之容, 口言仁義之道. 故君子終日言而邪辟無由入也.

# 19. 『文心雕龍』의 內容 構成 分析에 대한 中國學界의 學說 對照表

| 구분 | | | 척이뒤廠良德의 분석 | 내용·구성 분석에 대한 기왕의 여러 학설 | | | 둥가평董家平·안해민安海民의 분석 |
|---|---|---|---|---|---|---|---|
| 구수 卷數 | 편수 篇數 | 편명 篇名 | | 가금북實錦福의 분석 | | | |
| 1 | 1 | 원도原道 | 樞紐論 | 總論 | | | 總論 |
|  | 2 | 미성徵聖 | | | | | |
|  | 3 | 종경宗經 | | | | | |
|  | 4 | 정위正緯 | | | | | |
|  | 5 | 변소辨騷 | | | | | |
| 2 | 6 | 명시明詩 | 文體論 | 文體論 | 論文 | | 文體論 |
|  | 7 | 악부樂府 | | | | | |
|  | 8 | 전부詮賦 | | | | | |
|  | 9 | 송찬頌讚 | | | | | |
|  | 10 | 축맹祝盟 | | | | | |
| 3 | 11 | 명잠銘箴 | | | | | |
|  | 12 | 뇌비誄碑 | | | | | |
|  | 13 | 애조哀弔 | | | | | |
|  | 14 | 잡문雜文 | | | | | |
|  | 15 | 해은諧讔 | | | | | |
| 4 | 16 | 사전史傳 | | | | | |
|  | 17 | 제자諸子 | | | | | |
|  | 18 | 논설論說 | | | | | |
|  | 19 | 조책詔策 | | | 敍筆 | | |
|  | 20 | 격이檄移 | | | | | |
| 5 | 21 | 봉선封禪 | | | | | |
|  | 22 | 장표章表 | | | | | |
|  | 23 | 진계奏啓 | | | | | |

| | No | 篇名 | | | |
|---|---|---|---|---|---|
| 6 | 24 | 의대議對 | | | |
| | 25 | 서기書記 | | | |
| | 26 | 신사神思 | 創作論 | 創作論 | 創作論 |
| | 27 | 체성體性 | | | |
| | 28 | 풍골風骨 | | | |
| | 29 | 통변通變 | | | |
| | 30 | 정세定勢 | | | |
| 7 | 31 | 정채情采 | | | |
| | 32 | 용재鎔裁 | | | |
| | 33 | 성률聲律 | | | |
| | 34 | 장구章句 | | | |
| 8 | 35 | 여사麗辭 | | 創作論 | '剖情析采' |
| | 36 | 비흥比興 | | | |
| | 37 | 과식夸飾 | | | |
| | 38 | 사류事類 | | | |
| | 39 | 연자練字 | | | |
| | 40 | 은수隱秀 | | | |
| 9 | 41 | 지하指瑕 | 批評論 | 創作論과 批評論 中間 | 創作論 |
| | 42 | 양기養氣 | | | |
| | 43 | 부회附會 | | | |
| | 44 | 총술總術 | | | |
| 10 | 45 | 시서時序 | | 批評論 | 批評論 | '以馭群篇' |
| | 46 | 물색物色 | | | 創作論 | '剖情析采' |
| | 47 | 재략才略 | | | 批評論 | '以馭群篇' |
| | 48 | 지음知音 | | | | |
| | 49 | 정기程器 | | | | |
| | 50 | 서지序志 | | 全書 總序 | | |

〈參考文獻〉

戚良德 編, 『文心雕龍學分類索引』, 上海：上海古籍出版社, 2005.
賈錦福 主編, 『文心雕龍辭典』, 增訂本, 濟南：濟南出版社, 2010.
董家平·安海民, 『≪文心雕龍≫理論體系研究』, 北京：華齡出版社, 2012.

20. 『文心雕龍』의 內容 構成 分析에 대한 韓國學界의 學說 對照表

| 권수<br>卷數 | 편수<br>篇數 | 편명<br>篇名 | 내용 구성 분석에 대한 기왕의 여러 학설 | | | |
|---|---|---|---|---|---|---|
| | | | 최신호崔信浩의 분석 | 최동호崔東鎬의 분석 | 김민나金民那의 분석 | |
| 1 | 1 | 원도<br>原道 | 문학文學의 원리原理 | 문학의 원천으로서의 도道 | 문학예술의 기원과 탄생을 밝힘 | 해심론 |
| | 2 | 미성<br>徵聖 | 최고最高의 규범規範 | 성인聖人으로부터 규범을 구함 | 최조의 저자라고 할 수 있는 성인의 창작방식에서 최고의 창작규범을 구함 | |
| | 3 | 종경<br>宗經 | 경서經書의 원류源流 | 경서를 존중하고 이에 의존함 | 최고의 창작규범을 실현시킨 저자이자 모든 문학 장르의 원류인 경서를 존중함 | |
| | 4 | 정위<br>正緯 | 위서緯書의 시비是非 | 위서의 의의를 바르게 이해함 | 경서의 보조 역할을 자임하고 있으나 미신적인 세계가 강한 위서의 문학적인 효용을 긍정함 | 총론<br>總論 |
| | 5 | 변소<br>辨騷 | 초사楚辭의 변론辯論 | 『초사楚辭』를 분석하고 평가함 | 굴원의 작품인 「이소雕騷」를 통해 문예활동의 창조적인 변화와 발전의 | |

장르론

| 구분 | 번호 | 명칭 | 편명 풀이 | 시의 구명 | 내용을 논함 |
|---|---|---|---|---|---|
| | 6 | 명시 明詩 | 시詩의 구명究明 | 시詩의 구명 | 시에 대한 논의 |
| 2 | 7 | 악부 樂府 | 시가론詩歌論 | 시가와 음악音樂의 관계 | 가사歌詞에 대한 논의 |
| | 8 | 전부 詮賦 | 부賦의 특색 | 부賦에 대해 명확히 밝힘 | 화려한 표현으로 부연하고 설명하는 형식의 글이 부賦에 대한 논의 |
| | 9 | 송찬 頌贊 | 송찬頌贊의 문체文體 | 송찬과 찬贊 | 찬미하고 칭송하는 글과 논평하는 글에 대한 논의 |
| | 10 | 축맹 祝盟 | 제사祭禮文과 서약문誓約文 | 축문祝文과 서약문誓約文 | 제사문과 서약문에 대한 논의 |
| | 11 | 명잠 銘箴 | 교계문教戒文과 요령要領 | 스스로를 삼가고 경계하기 위한 문장의 양식 | 가르치고 경계하는 글에 대한 논의 |
| 3 | 12 | 뇌비 誄碑 | 주모문追慕文 비문碑文 | 주모문追慕文과 비문碑文 | 죽은 사람 생전의 덕행을 칭송하거나 추도하는 글에 대한 논의 |
| | 13 | 애조 哀弔 | 애도문哀悼文과 조문弔文 | 애도문哀悼文과 조문弔文 | 요절한 사람을 애도하는 글에 대한 논의 |
| | 14 | 잡문 雜文 | 잡다한 양식의 문체론文體論 | 잡다한 문장 양식들을 함께 모아서 설명함 | 소읽기리로 쓴 소품문들에 대한 논의 |
| | 15 | 해은 諧讔 | 해이諧謔諿과 은어隱語의 함정陷穽 | 해학諧謔諿과 은어隱語를 함께 | 해학적인 글과 참뜻 이면을 감춘 수수께끼와 같은 글에 대한 논의 |
| | 16 | 사전 史傳 | 사서史書의 체제體裁와 문장文章 | 역사 기록물들의 체제와 문장 | 역사서에 대한 논의 |
| 4 | 17 | 제자 諸子 | 철학서哲學書의 문장文章 | 제자백가諸子百家의 사상과 문장 | 사상서에 대한 논의 |
| | 18 | 논설 論說 | 논문論文과 설득 | 논설문論說文 | 논설문에 대한 논의 |
| | 19 | 조책 詔策 | 조칙詔勅·포고布告 등의 문장 | 조서詔書와 포고문布告文 | 황제가 신하에게 내리는 글에 대한 논의 |
| | 20 | 격이 | 격문檄文의 양식樣式과 | 격문檄文과 종류와 특성 | 선전포고문과 공계적인 공문서에의 |

문체론 文體論

| 구분 | 번호 | 편명 (微旨) | 기교技巧 | 내용 | 대한 논의 | 분류 |
|---|---|---|---|---|---|---|
| 5 | 21 | 봉선 封禪 | 천자天子의 제신察神文 | 천지신명에게 드리는 제사와 그 기도문 | 천지신명에게 감사하는 황제의 제사문에 대한 논의 | |
| | 22 | 장표 章表 | 상주문上奏文 | 천자天子에게 올리는 청원문請願文 (1) | 신하가 황제에게 올리는 글에 대한 논의 | |
| | 23 | 진계 奏啓 | 상소문上疏文 | 천자에게 올리는 청원문 (2) | 상소문에 대한 논의 | |
| | 24 | 의대 議對 | 의논議論과 대책문對策文 | 의논議論과 대책문對策文 | 국정에 대한 문제를 심의하고 검토해서 조정에 의견을 제시하는 글과 관리를 등용하기 위해 황제가 내는 시험 문제에 대한 답을 밝히는 글에 대한 논의 | |
| | 25 | 서기 書記 | 서간문書簡文과 실용문實用文의 양식樣式 | 서간문書簡文과 실용문實用文의 유형과 특성 | 서간문을 비롯한 여러 실용문에 대한 논의 | |
| 6 | 26 | 신사 神思 | 상상력想像力이 도야陶冶 | 작품 창작과 상상력 | 문예구상과 상상력 | 창작론創作論 |
| | 27 | 체성 體性 | 개성個性 있는 작풍作風 | 문체 작품의 형태와 작가의 개성 | 작가의 개성적인 작풍作風 | |
| | 28 | 풍골 風骨 | 문체文體와 정기精氣 | 작품의 생기와 골격 | 이상적인 작품이 갖추어야 할 요건 | |
| | 29 | 통변 通變 | 전통傳統과 창작創作 | 전통의 계승과 새로움의 창조 | 문학의 생명력이 지속되기 위해 지켜져야 할 전통의 계승과 변혁이 있다 | |
| | 30 | 정세 定勢 | 문장의 취향趣向 | 작품의 양식에 상응하는 기세氣勢의 성립 | 장르 스타일(풍격風格) | |
| 7 | 31 | 정채 情采 | 내용과 수사修辭 | 내용과 수사修辭의 조화 | 문형식에 대한 본질적인 고찰 | |
| | 32 | 용재 鎔裁 | 구상構想과 표현의 정리 | 작신의 사상과 감정에 형식을 부여하고 다듬기 | 작품의 전체적인 구상과 표현의 정리 | |

문예원론

창작론

| | | | | | | |
|---|---|---|---|---|---|---|
| 8 | 33 | 성률 聲律 | 문장의 가락과 율조律調 | 문장과 그 운율韻律 | | 청각적인 리듬을 고려한 운율(리듬)의 조화 |
| | 34 | 장구 章句 | 장章과 구句의 짜임 | 글의 구성 단위로서 장과 구 | | 구절과 단락의 짜임새 |
| | 35 | 여사 麗辭 | 대우對偶와 기교技巧 | 문장과 대우對偶 | | 이상적인 대구의 방식 |
| | 36 | 비흥 比興 | 직유直喩와 은유隱喩 | 문학의 대표적 표현수법-〈비〉와 〈흥〉 | | 비유법(직유와 은유) |
| | 37 | 과식 夸飾 | 효效능적인 과장誇張 | 과장의 표현 수법과 그 효과 | | 과장법 |
| | 38 | 사류 事類 | 전고典故의 인용援用 | 역사적 사례들의 인용援用 | | 고전 자료(전고典故)의 시의적절한 활용 |
| | 39 | 연자 練字 | 문자의 선택 | 문자의 선택 | | 시각적인 리듬을 고려한 적절한 어휘 선택 |
| | 40 | 은수 隱秀 | 함축含蓄과 수구秀句 | 문장의 함축성과 빼어난 구절 | 문학 文學 평론 評論 | 강조의 기법과 함축의 기법 |
| 9 | 41 | 지하 指瑕 | 문장의 결함缺陷과 수정修訂 | 문장의 결함에 대하여 | | 작품의 결함에 대한 수정 |
| | 42 | 양기 養氣 | 필력筆力의 함양涵養 | 문학적 재능과 기력氣力 | | 작가 수양론 |
| | 43 | 부회 附會 | 문장의 조직組織 | 작품의 조직화 | | 작품의 전체적인 윤곽과 짜임새 |
| | 44 | 총술 總術 | 창작創作의 기본원리 | 작품 창작의 원리 | | 창작의 기본 원리 |
| 10 | 45 | 시서 時序 | 시대변천과 문학풍조風潮 | 시대의 변천에 따른 작품의 행식과 주제의 변화 | | 시대의 흐름에 따른 문학의 변천 / 문학사 |
| | 46 | 물색 物色 | 자연풍물과 사실寫實 | 자연의 경물景物과 그 표현 | | 자연환경과 문학구상의 관계 / 창작론 |
| | 47 | 재략 才略 | 역대작가와 작품론作品論 | 작가와 재능과 기량에 대한 평가 | | 상고시대부터 남조의 송대에 이르기까지의 작가론 / 작가론 |

| | | | | | 문학<br>감상<br>비평론 |
|---|---|---|---|---|---|
| 48 | 지음<br>知音 | 감상鑑賞과 비평批評 | 작품에 대한 올바른 감상과 비평 | 감상비평론<br>작가의 품성과 사회적인 역할 | |
| 49 | 정기<br>程器 | 작가의 인간성 | 작가 이전의 인간으로서<br>품덕品德의 도야 | | |
| 50 | 서지<br>序志 | 『문심조룡』의 취지趣旨 | 『문심조룡』의 집필 목적과<br>태도 등에 관한 개론적 설명 | 요약<br>要約<br>『문심조룡』의 서문 | |

〈參考文獻〉
劉勰 著, 崔信浩 譯註, 『文心雕龍』, 玄岩社, 1975, pp.4-7.
牛郁 지음, 최동호 역편, 『문심조룡』, 민음사, 1994, pp.8-9.
김민나, 『문심조룡 : 동양 문예학의 집대성』, 살림, 2005, pp.318-362.

21. 『文心雕龍』 39 「鍊字篇 敍述 內容의 重點 및 細部 項目 構成 分析表」

| 區分 | 重點 項目 | 細部 項目 |
|---|---|---|
| 1 | 文字의 創制와 書體의 統一 | (1)秦·漢代<br>(2)魏晉南北朝 |
| 2 | 文字學의 時期別 效用性 | |
| 3 | 문자의 假借와 形體 | (1)文字學 서적 분석<br>(2)문자의 形體와 音樂性 |
| 4 | 문자 활용의 원칙 : 選擇과 忌避 | |
| 5 | 문자의 轉寫와 訛變 | |

## 22. 『文心雕龍』 11 「銘箴」篇 敍述 內容의 重點 및 細部 項目 構成 分析表

| 區分 | 重點 項目 | 細部 項目 |
|---|---|---|
| 1 | 銘의 기원·의미 및 역사적 전개 | (1)銘의 기원<br>(2)銘의 의미<br>(3)銘의 여러 유형<br>　①미덕을 찬양한 사례<br>　②업무 공적을 찬양한 사례<br>　③정벌 업적을 찬양한 사례<br>　④특이한 사례<br>(4)秦 및 漢의 銘 |
| 2 | 箴의 의미·기원 및 역사적 전개 | (1)箴의 의미<br>(2)역사적 전개<br>　①夏·商·周時代<br>　②春秋戰國時代<br>　③漢代·三國時代 |
| 3 | 銘과 箴의 차이점·공통점과 규범 | (1)차이점<br>(2)공통점<br>(3)규범 |

## 23. 『文心雕龍』 12 「誄碑」篇 敍述 內容의 重點 및 細部 項目 構成 分析表

| 區分 | 重點 項目 | 細部 項目 |
|---|---|---|
| 1 | 誄의 의미·기원 및 역사적 전개 | (1)誄의 의미<br>(2)誄의 기원<br>(3)誄의 역사적 전개 |

| 區分 | 重點 項目 | 細部 項目 |
|---|---|---|
| 2 | 誄의 體裁와 規範 | ①漢代<br>②이후의 활용 |
| 3 | 碑의 의미 및 역사적 전개 | (1)碑의 의미<br>(2)碑의 기원<br>(3)碑의 역사적 전개 : 東漢 이래의 성행 |
| 4 | 碑의 體裁 및 誄・銘・碑의 전개 | |

24 『文心雕龍』 18 「論說」篇 敍述 內容의 重點 및 細部 項目 構成 分析表

| 區分 | 重點 項目 | 細部 項目 |
|---|---|---|
| 1 | '論'의 의미와 用例 | |
| 2 | '論'의 體裁 구분 | |
| 3 | '論'의 역사적 전개 | (1)春秋戰國時代<br>(2)漢代<br>(3)魏晉南北朝時代 |
| 4 | '論'의 體裁 要點 | |
| 5 | '論'의 개념 정의와 시대적 전개 | (1)개념 정의<br>(2)역사적 전개<br>　①殷・周時代<br>　②魏晉南北朝時代<br>　③漢代-三國時代 |
| 6 | '說'의 성격 규정과 유형 | |
| 7 | '說'의 要點 | |

25. 『文心雕龍』 16 「史傳」篇 敍述 內容의 重點 및 細部 項目 構成 分析表

| 區分 | 重點 項目 | 細部 項目 |
|---|---|---|
| 1 | 史傳의 의미·기원 및 春秋時代까지의 史學史 | (1)『禮記』의 夏·商·周의 역사<br>(2)『春秋』의 史學史 및 傳 體裁의 등장과 그 의미<br>(3)戰國-漢時代의 史學史<br>(4)西漢의 史學史<br>(5)後漢의 史學史<br>(6)晉의 史學史 |
| 2 | 역사 서술의 목적과 史官의 역할 그리고 體裁의 성장 | (1)역사 서술의 목적과 史官의 역할<br>(2)體裁의 성장 |
| 3 | 역사 서술의 태도와 史官의 소임 | (1)역사 서술의 태도<br>(2)史官의 소임 |

26. 『文心雕龍』 38 「事類」篇 敍述 內容의 重點 및 細部 項目 構成 分析表

| 區分 | 重點 項目 | 細部 項目 |
|---|---|---|
| 1 | '事類'의 槪念 : 典故의 援用 | (1)事例① : 史蹟을 거론하여 증명<br>(2)事例② : 成辭를 인용하여 밝힘<br>(3)事例③ : 經史를 제시하여 입증 |
| 2 | 才能과 學識의 관계 | |
| 3 | 典故 활용의 요령과 효과 | |
| 4 | 典故의 誤用과 改惡 | |
| 5 | 餘言 : 思慮 깊은 典故의 활용 당부 | |

27. 『文心雕龍』 45 「時序」篇 敍述 內容의 重點 構成 分析表

| 區分 | 重點 項目 |
|---|---|
| 1 | 序論：文學의 時代史 設定 可能性 |
| 2 | 上古時代의 散文史 |
| 3 | 春秋時代부터 戰國時代까지의 散文史 |
| 4 | 前漢時代의 散文史 |
| 5 | 後漢時代의 散文史 |
| 6 | 三國時代 특히 魏의 散文史 |
| 7 | 西晉時代의 散文史 |
| 8 | 東晉時代의 散文史 |
| 9 | 南朝 末時代의 散文史 |
| 10 | 南齊時代의 散文史 |

28. 『文心雕龍』 26 「神思」篇 敍述 內容의 重點 項目 및 細部 項目 構成 分析表

| 區分 | 重點 項目 | 細部 項目 |
|---|---|---|
| 1 | 문장의 構想과 想像力의 作用 | |
| 2 | 創作의 3要素：構想・思考・言語 | (1)長篇：綏慢의 事例 分析<br>(2)短篇：敏捷의 事例 分析 |
| 3 | 작품 완성의 기본 바도：博識과 修練 | |
| 4 | 心性의 陶冶와 審美眼・洞察力의 具備 | |

29. 『文心雕龍』 3 「宗經」篇 敍述 內容의 重點 및 細部 項目 構成 分析表

| 區分 | 重點 項目 | 細部 項目 |
|---|---|---|
| 1 | '經'의 개념 | |
| 2 | 上古時代의 經 | (1)5경의 종류<br>(2)5경의 핵심 내용·종합<br>(3)5경의 개별 내용·서술<br>(4)5경의 공통점 |
| 3 | 孔子 이후의 5經 | |
| 4 | 5經의 영향 | (1)『文心雕龍』의 구성에 끼친 5경의 영향<br>(2)文體에 끼친 5경의 영향 : 6가지 의미 |
| 5 | 結論 : '宗經' 설정의 의미 | |

30. 『文心雕龍』 17 「諸子」篇 敍述 內容의 重點 및 細部 項目 構成 分析表

| 區分 | 重點 項目 | 細部 項目 |
|---|---|---|
| 1 | 諸子의 의미·기원 및 經·子의 차이점 | (1)諸子의 의미<br>(2)諸子의 기원<br>(3)經·子의 차이점 |
| 2 | 諸子의 역사적 전개 | (1)戰國時代<br>(2)秦·漢·魏晉南北朝時代 |
| 3 | 諸子와 五經·『史記』의 比較 | (1)五經과 諸子의 비교<br>(2)『史記』와 諸子의 비교 |
| 4 | 先秦 諸子書의 내용과 특징 | |
| 5 | 漢 이후 諸子書의 流派와 그 성격 | (1)漢 이후 諸子書의 流派<br>(2)漢 이후 諸子書의 성격 |

31. 『文心雕龍』 1 「原道」篇 敍述 內容의 重點 項目 및 細部 項目 構成 分析表

| 區分 | 重點 項目 | 細部 項目 |
|---|---|---|
| 1 | '文'과 '心'의 의미 | (1)'文'의 역할<br>(2)天·地·人 3要素와 '心'<br>(3)自然의 '文'<br>(4)인간의 '心'과 '文'의 관계 |
| 2 | '人文'의 淵源과 歷史 | (1)言·'文'과 '天地의 心'<br>(2)文字 및 經典의 역사<br>①上古時代 문자의 역사<br>②夏·殷·周時代 문자의 역사<br>③孔子의 「六經」集大成 |
| 3 | 經典의 創始와 效用性 | (1)經典 創始의 역사<br>②孔子의 역할 : 경전의 敍述과 傳播<br>③경전의 핵심 내용<br>(2)經典의 효용성 : '天文'과 '人文'의 파악 |
| 4 | 結論 : '文' — 宇宙 原理의 體現 | |

32. 『文心雕龍』 4 「正緯」篇 敍述 內容의 重點 項目 및 細部 項目 構成 分析表

| 區分 | 重點 項目 | 細部 項目 |
|---|---|---|
| 1 | '神道'와 '天命'의 개념 | |
| 2 | 經書와 비교를 통한 4가지 虛僞 檢證 | (1)經書는 바른데 緯書는 정상이 못되어 서로 어긋남<br>(2)經書보다 緯書가 많고 그 원리가 변함 |

| 區分 | | 細部 項目 |
|---|---|---|
| 3 | 緯書의 여사 : 淵源과 流行 樣相<br>時期別 | (3)緯書 모두가 孔子에 의탁하여 사실이 어긋남<br>(4)緯書를 먼저로 하고 經書를 나중으로 하여 순서가 바르지 못함<br>(1)上古時代의 緯書 유행<br>(2)漢代의 緯書 유행 |
| 4 | 緯書의 學問的 貢獻 評價 | |
| | | (1)詩의 의미<br>(2)持와 詩의 차이 |

33. 『文心雕龍』 6 「明詩」篇 敍述 內容의 重點 및 細部 項目 構成 分析表

| 區分 | 重點 項目 | 細部 項目 |
|---|---|---|
| 1 | 詩의 개념 | |
| 2 | 上古時代의 詩史 | |
| 3 | 漢代의 詩史 | |
| 4 | 魏晉南北朝時代의 詩史 | |
| 5 | 劉宋代의 詩史 | |
| 6 | 詩型의 要諦와 그 時代的 變遷 | |

34. 『文心雕龍』 29 「通變」篇 敍述 內容의 重點 項目 構成 分析表

| 區分 | 重點 項目 |
|---|---|
| 1 | 文學 體裁 時期別 推移 과今의 두 기준 : 傳統과 創作 |
| 2 | 上古時代의 창작 기법과 그 발전 |

| | |
|---|---|
| 3 | 漢代의 추이 : 踏襲과 惰性의 함정 |
| 4 | 타개 방안의 제시 : 比較 검토와 계토의 계승 · 개혁 결정 |
| 5 | 결론 : 창작의 主體性 중시 강조 |

35. 〈附錄表 34〉『文心雕龍』 47「才略篇」敍述 內容의 重點 構成 分析表

| 區分 | 重點 項目 |
|---|---|
| 1 | 序論：時代別 文學史의 總評 |
| 2 | 上古時代의 作家와 作品 論評 |
| 3 | 春秋時代의 作家와 作品 論評 |
| 4 | 戰國時代의 作家와 作品 論評 |
| 5 | 前漢時代의 作家와 作品 論評 |
| 6 | 後漢時代의 作家와 作品 論評 |
| 7 | 三國時代 특히 魏의 作家와 作品 論評 |
| 8 | 西晉時代의 作家와 作品 論評 |
| 9 | 東晉時代의 作家와 作品 論評 |
| 10 | 南朝 末時代의 作家와 作品 論評 |
| 11 | 結論：時代別 作家와 作品 總評 |

# 참고문헌

## 서론 : 통섭인문학의 지향과 비교사적 연구 방법의 준용

[梁]劉勰,『文心雕龍』;「元至正刊本≪文心雕龍≫」및「元至正刊本≪文心雕龍≫集校」, 林其
　　鋈·陳鳳金 撰,『增訂文心雕龍集校合編』, 上海:華東師範大學出版社, 2010.

「元至正刊本≪文心雕龍≫」, 中國文心雕龍學會·全國高校古籍整理委員會 編輯,『≪文心
　　雕龍≫資料叢書』上, 北京:學苑出版社, 2004; 제2판, 2005.

「明楊升庵批點曹學佺評≪文心雕龍≫」,『≪文心雕龍≫資料叢書』下, 2005.


『高麗大藏經』, 海印寺:高麗大藏經印刊社, 1963;『한글대장경』완역, 동국대학교 동국역경
　　원, 2000; 고려대장경 전산화본 CD, 고려대장경연구소, 2000.

[魏]法藏,『華嚴經探玄記』; CBETA 漢文大藏經, 臺北:中華電子佛典協會; 노혜남 번역,『화
　　엄경탐현기華嚴經探玄記』1, 동국대학교 역경원, 2013.

義湘,「華嚴一乘法界圖」;『韓國佛教全書』2 新羅時代篇, 東國大學校出版部, 1989; 동국대
　　학교 전자불전문화콘텐츠연구소, 2003.

李箕永,「華嚴一乘法界圖의 根本精神」,『新羅伽倻文化』4, 1972;『韓國佛教研究』, 韓國佛
　　教研究院, 1982.

金雲學,「元曉의 和諍思想」,『佛教學報』15, 1975.

李基白,「統一新羅와 渤海의 文化」,『韓國史講座』1 古代篇, 一潮閣, 1982.


Edward O. Wilson, *Consilience:The Unity of Knowledge*, Alfred A. Knopf, Inc., New York,
　　1998.

山下篤子 譯,『知の挑戰:科學的知性と文化的知性の統合』, 東京:角川書店, 2002.

최재천 · 장대익 옮김,『통섭:지식의 대통합』, 사이언스북스, 2005.

梁錦鋆 譯,『知識大融通:21世紀的科學與人文』, 北京:中信出版社, 2015; 重印, 2016.


梁秉祐,「블로크의 比較史學」,『歷史論抄』, 지식산업사, 1987.

마르크 블로흐,「유럽사회의 비교사를 위하여」, 김택현 · 이진일 외,『역사의 비교, 차이의
   역사』, 선인, 2008.


全海宗,『東亞文化의 比較史的 研究』, 一潮閣, 1976.

全海宗,『東夷傳의 文獻的 研究—魏略 · 三國志 · 後漢書 東夷關係 記事의 檢討—』, 一潮閣,
   1980.

全海宗,「≪魏略≫과 ≪典略≫—그 내용과 年代에 대한 비교 검토—」,『歷史學報』99 · 100
   합집, 1983;『동아시아사의 비교와 교류』, 지식산업사, 2000.

全海宗,「歷史研究 · 比較 · 比較史學」,『東亞史의 比較研究』, 一潮閣, 1987;『韓國史 市民
   講座』4, 1989;『동아시아사의 비교와 교류』, 지식산업사, 2000.


李基白,〈普遍性과 特殊性〉,「韓國史의 體系的 認識」,『韓國史新論』改正版, 一潮閣, 1976;
   新修版, 1990; 한글판, 1999.

李基白,「現代의 韓國史學」,『韓國學報』41, 1985;『韓國史像의 再構成』, 一潮閣, 1991.

金翰奎,「이기백사학과 동아시아사」,『李基白韓國史學의 影響』, 韓國史學, 2015.

노용필,「이기백한국사학 사론집 삼부작의 출간 의도」,『이기백한국사학기초연구』, 일조
   각, 2016.


車河淳,「比較史의 起源:피렌느와 블로크를 중심으로」,『美國史의 省察』, 소나무, 1989;
   『현대의 역사사상』, 探求堂, 1994.

車河淳,「比較史의 方法」,『西洋史論』31, 1989; 改題「比較史는 왜 필요한가」,『韓國史 市
   民講座』4, 1989;『현대의 역사사상』, 探求堂, 1994.

# 제1부 제1장

〈引用 擧論〉

[魏]楊承慶 撰,『字統』;[淸]黃奭 輯,「楊承慶字統」,『黃氏逸書考』3;『續修四庫全書』1208 子

部 雜家類, 上海古籍出版社, 1998.

[魏]楊承慶 撰,『字統』; [淸]黃奭 輯,『黃氏逸書考』4;『百部叢書集成三編』16-9, 臺北:藝文印
　書館, 1972.

[北齊]顔之推,「勉學」8,『顔氏家訓』卷3; 王利器,『顔氏家訓集解』增補本, 北京:中華書局,
　1993, 重印, 2007; 김종완 옮김,『안씨가훈』, 푸른역사, 2007.

[唐]封演 撰,『封氏見聞記』卷2「文字」; 王雲五 主編,『叢書集成』初編, 商務印書館, 1936;
　『(景印)文淵閣四庫全書』867, 臺灣商務印書館, 2002.

[唐]玄度 撰,『九經字樣』; 中華漢語工具書書庫編輯委員會 李學勤 主編,『中華漢語工具書書
　庫』12, 合肥:安徽敎育出版社, 2002.

[宋]李昉 (等) 纂,『太平御覽』卷349;『太平御覽』4, 上海:上海古籍出版社, 1994.

[宋]陸佃 撰,『埤雅』; 李學勤 主編,『中華漢語工具書書庫』47, 合肥:安徽敎育出版社, 2002.

[遼]行均 撰,『龍龕手鑒』; 李學勤 主編,『中華漢語工具書書庫』1, 合肥:安徽敎育出版社,
　2002.

[遼]釋行均 編,『龍龕手鏡』高麗本, 中華書局, 1985.

[淸]朱彛尊,≪經義考·爾雅≫; 朱祖延 主編,『爾雅詁林敍錄』, 武漢:湖北敎育出版社, 1998.


이충구 (외)역주,『이아주소』1, 소명출판, 2004.

崔亨柱·李俊寧 편저,『이아주소』, 자유문고, 2001.


『魏書』72 및 91 術藝 79 江式傳

『隋書』32 志 27「經籍一經」

『北史』47

『舊唐書』199 高麗傳.

『中國正史 朝鮮傳』, 國史編纂委員會, 1988.

姜維東 (외),『正史高句麗傳校注』, 長春:吉林人民出版社, 2006.

정구복 (외),『譯註 三國史記』2 번역편, 한국정신문화연구원, 초판, 1997; 수정 3판, 2002.

姜仁求 (외),『譯註 三國遺事』IV, 以會文化社, 2003.


鄭寅承,「吏讀起源의 再考察」,『李熙昇先生頌壽記念論叢』, 一潮閣, 1957.

梁光錫,「≪爾雅≫考」,『동양철학연구』4, 동양철학연구회, 1983.

孫民政,「目錄을 통해 본≪爾雅≫의 多重性 연구—十三經과 小學書의 사이에서—」,『中國
　語文學』36, 영남중국어문학회, 2000.

金愛英,「原本≪玉篇≫殘卷 古文 硏究」,『語文中文學』27, 한국중어중문학회, 2000.

金始衍,「≪玉篇≫ 殘卷 難字 考釋」,『중국어문학지』 12, 중국어문학회, 2002.

金始衍,『原本 ≪玉篇≫ 殘卷 異字體 硏究』, 연세대학교 박사학위논문, 2002.

徐元南,「中國 字書 편찬사에 대한 고찰」,『東洋學』 34, 2003.

金始衍,「≪玉篇≫ 殘卷 古文 字形의 유래 고찰」,『중국어문학지』 13, 중국어문학회, 2003.

李景達,「原本 · 宋本 ≪玉篇≫ 言部 異字體의 來源 및 等級 屬性의 變化에 대한 비교 연구
　―≪玉篇≫ 두 판본의 特徵 · 價値 · 校勘의 得失을 겸하여 논함―」,『중국언어연구』 16,
　한국중국언어학회, 2003.

盧鏞弼,「新羅時代 ≪孝經≫의 受容과 그 社會的 意義」,『李基白先生古稀紀念 韓國史學論
　叢』(上), 一潮閣, 1994;『韓國古代社會思想史探究』, 韓國史學, 2007.


濮之珍,『中國語言學史』, 臺灣:書林出版有限公司, 1990; 上海:上海古籍出版社, 2002; 김현
　철 (외) 공역,『중국언어학사』, 신아사, 1997.

오시마 쇼지 지음, 장원철 옮김,「≪옥편≫―새로운 형태의 자서」,『한자에 도전한 중국-갑
　골문에서 간체자까지 한자 형성 공간의 탐색』, 산처럼, 2003.

王力,『中國語言學史』, 太原:山西人民出版社, 1981; 上海:復旦大學出版社, 2006; 李鍾振 ·
　李鴻鑛 共譯,『中國言語學史』, 啓明大學校出版部, 1983.

周大璞 主編,『訓詁學初稿』, 武昌:武漢大學出版社, 1987; 6刷本, 1993; 정명수 · 장동우 옮
　김,『훈고학의 이해』, 동과서, 1997.

朱大璞 主編,『訓詁學初稿』, 武昌:武漢大學出版社, 1987; 정명수 · 장동우 옮김,『훈고학의
　이해』, 동과서, 1997.

胡奇光,「小學的發展」,『中國小學史』, 上海:上海人民出版社, 2005; 李宰碩 譯,『中國小學
　史』, 東文選, 1997.

黃德寬 · 陳秉新,『漢語文字學史』, 合肥:安徽教育出版社, 1990; 增訂本, 2006; 하영삼 옮김,
　『漢語文字學史』, 동문선, 2000.


岡井愼吾,「玉篇の體貌」,『玉篇の研究』, 東京:東洋文庫, 初版, 1933; 再版, 1969.

顧野王 編撰,『原本玉篇殘卷』, 北京:中華書局, 1985; 重印, 2004.

管錫華,『爾雅研究』, 合肥:安徽大學出版社, 1996.

羅君愓,「漢朝的字書」,『漢文字學要籍概述』, 北京:中華書局, 1984.

羅君愓,『漢文字學要籍概述』, 北京:中華書局, 1984.

徐前師,『唐寫本玉篇校段注本說文』, 上海:上海古籍出版社, 2008.

劉叶秋,「第一部値得重視的≪爾雅≫式詞典―≪廣雅≫」,『中國字典史略』, 北京:中華書局,
　2003.

趙振鐸,「我國字典編寫的傳統」,『字典論』, 上海:上海辭書出版社, 2001; 第2版, 2012.

朱葆華,『原本玉篇文字研究』, 濟南:齊魯書社, 2004.

倉修良,『漢書辭典』, 濟南:山東敎育出版社, 1996.

胡樸安,『中國文字學史』, 北京:北京書店, 1937; 民國叢書編輯委員會 編,『民國叢書』第3編 第47册, 上海書店, 1989;『中國文字學史』上册, 北京:商務印書館, 1998.

興膳 宏·川合康三,『隋書經籍志詳攷』, 東京:汲古書院, 1995.


〈所藏 參照〉

鄧文彬 編著,『中國古代語言學史』, 成都:巴蜀書社, 2002.

楊薇·張志雲,「以'爾雅'爲主體的訓詁文獻」(上·下),『中國傳統語言文獻學』, 武漢:崇文書局, 2006.

吳辛醜,「爾雅」,『先秦兩漢語文學史略』, 廣州:廣東敎育出版社, 2005.

王力,『古代漢語』1-4, 北京:中華書局, 第1版, 1962; 第3版 重印, 2007.

王力,『王力漢語散論』, 北京:商務印書館, 2002.

李恕豪,「中國第一部辭書'爾雅'」,『中國古代語言學簡史』, 成都:巴蜀書社, 2003.

張明華,『中國字典詞典史話』增訂版, 北京:商務印書館, 1998.

何九盈,『中國古代語言學史』3版, 廣州:廣東敎育出版社, 2005; 新增訂本, 北京:北京大學出版社, 2006.

# 제1부 제2장

〈引用 擧論〉

[後漢]班固,『漢書』卷30「藝文志」10; 北京:中華書局, 1960.

[北宋] 王欽若 等編,『册府元龜』第12册, 北京:中華書局, 1960; 제2차 인쇄, 1982.

『舊唐書』199 高麗傳


[前漢]劉歆 지음, 葛洪 엮음, 김장환 옮김,『서경잡기』, 예문서원, 1998.

[後漢]王粲,『荊州文學記官志』; [淸]嚴可均 輯,『全後漢文』下, 北京:商務印書館, 1999.

[唐] 李林甫 等撰, 陳仲夫 點校,『唐六典』, 北京:中華書局, 1992; 重印, 2008.

김택민 주편,『역주 당육전』하, 신서원, 2008.


『국역 中國正史 朝鮮傳』, 國史編纂委員會, 1986.

정구복 (외),『譯註 三國史記』2 번역편, 한국정신문화연구원, 초판, 1997; 수정 3판, 2002 및 『개정증보 역주 삼국사기』2 번역편, 한국학중앙연구원 출판부, 2012.

崔英成,『譯註 崔致遠全集』1 · 2, 아세아문화사, 1999.

『국역 동문선』6, 민족문화추진회, 1968.

『한글번역 孤雲崔致遠先生文集』, 孤雲崔致遠先生文集重刊委員會, 1982.

이상현 옮김,『고운집』, 한국고전번역원, 2009,


崔亨柱 (외) 편저,『이아주소』, 자유문고, 2001.

이충구 · 임재완 (외) 역주,『이아주소』2 · 4, 소명출판, 2004.

李世烈 解釋,『한서예문지(漢書藝文志)』, 자유문고, 1995; 3쇄, 2005.

崔信浩 譯註,『文心雕龍』, 玄岩社, 1975.

성기옥 옮김,『문심조룡』, 지식을만드는지식, 2012.


金鉉哲,「고훈(古訓)의 집성(集成)―≪이아(爾雅)≫」, 李炳官 · 金鉉哲 (外) 共著,『中國語言學史』(上), 圖書出版 寶盛, 1999.

방학봉,「정혜공주묘지와 정효공주묘지에 대한 비교 연구」,『발해문화연구』, 이론과 실천, 1991.

盧鏞弼,「磨雲嶺碑文 紀事部分의 註釋」,『新羅眞興王巡狩碑硏究』, 一潮閣, 1996.

盧鏞弼,「韓國 古代 文字學과 訓詁學의 發達」,『震檀學報』110, 2010; 이 책 제1부 제1장.


鈴木由次郎,『漢書 藝文志』, 東京:明德出版社, 1983.

오만종 · 양회석 (외),『중국 고대 학술의 길잡이―≪漢書 · 藝文志≫ 註釋―』, 전남대학교 출판부, 2005.


濮之珍,『中國語言學史』, 上海:上海古籍出版社, 2002; 重印, 2005; 김현철 (외) 共譯,『중국 언어학사』, 신아사, 1997; 제2판, 2006.

王力,『中國語言學史』, 上海:復旦大學出版社, 2006; 李鍾振 · 李鴻鎭 共譯,『中國言語學史』, 啓明大學校出版部, 1983.

周大璞 主編,『訓詁學初稿』, 武昌:武漢大學出版社, 1987; 6刷本, 1993; 정명수 · 장동우 옮김,『훈고학의 이해』, 동과서, 1997.

胡奇光,「小學的發展―六朝隋唐時代」,『中國小學史』, 上海:上海人民出版社, 2005; 李宰碩 譯,『中國小學史』, 東文選, 1997.

胡奇光,「小學的創立―兩漢時代」,『中國小學史』, 2005; 李宰碩 譯,『中國小學史』, 1997.

內藤虎次郎,「爾雅新研究」,『支那學』2-1 · 2, 1921;『內藤胡南全集』, 東京:筑摩書院, 1970.

鄧文彬 編著,「訓詁學的興起與中國古代第一部訓詁學專著─≪爾雅≫」,『中國古代語言學史』, 成都:巴蜀書社, 2002.

徐剛,「唐代小篆碑中的古文」,『古文源流考』, 北京:北京大學出版社, 2008.

劉心明 · 鄭杰文,「≪爾雅≫概說」, 鄭杰文 傅永軍 主編,『經學十二講』, 北京:中華書局, 2007.

李丹,「緒論」,『唐代前古文運動研究』, 北京:中國社會科學出版社, 2012.

蔡聲鏞,「爾雅與百科全書」;朱祖延 主編,『爾雅詁林敍錄』, 武漢:湖北教育出版社, 1995.

許可,「韓愈的古文」/「柳宗元的山水游記,寓言與其他古文作品」, 吳庚舜 · 董乃斌 主編,『唐代文學史』下, 北京:人民文學出版社, 1995; 重印, 2006.


魏國忠,「儒學與教育」, 魏國忠 朱國忱 郝慶雲 著,『渤海國史』, 北京:中國社會科學出版社, 2006.

欒貴明 田奕 主編,『十三經索引』第一冊/第四冊, 北京:中國社會科學出版社, 2003.

金毓黻,『渤海國志長篇』, 遼陽, 1935; 趙鐵寒 主編,『渤海國志』宋遼金元四史資料叢刊 (一), 臺北:文海出版社有限公社, 1978.


『景刊唐開成石經』第4冊, 北京:中華書局, 1997.

徐自强 · 吳梦麟,「石經」,『古代石刻通論』, 北京:紫禁城出版社, 2003.

劉元春「字樣學研究論著簡述」,『隋唐石刻與唐代字樣』, 廣州:南方日報出版社, 2010.


〈所藏 參照〉

[宋]羅 願 撰, 石雲孫 校點,『爾雅翼』, 合肥:黃山書社, 2013.

[清]郝懿行 撰,『爾雅郭注義疏』, 濟南:山東友誼書社, 1992.

[清]胡承珙 撰, 石雲孫 校點,『小爾雅義證』, 合肥:黃山書社, 2011.

郭郛 注證,『爾雅注證:中國科學技術文化的歷史紀錄』(上 · 下), 北京:商務印書館, 2013.

郭鵬飛,『爾雅義訓研究』, 上海:上海古籍出版社, 2012.

馬一浮,『爾雅台答問』, 南京:江蘇教育出版社, 2005.

徐莉莉 · 詹鄞鑫,『爾雅:文詞的淵海』, 北京:中華書局, 1996.

王建莉,『≪爾雅≫同義詞考論』, 北京:中華書局, 2012.

林寒生,『爾雅新探』, 南昌:百花洲文藝出版社, 2006.

鄭傑文 傅永軍 主編,「爾雅概說」,『經學十二講』, 北京:中華書局, 2007.

周祖謨 撰 ,『爾雅校箋』, 昆明:雲南人民出版社, 2004.

遲文浚 · 王玉華 編著, 樊景山 繪圖,『揷圖本 爾雅音義通檢』, 沈陽:遼寧大學出版社, 1997.

胡奇光 · 方環海 撰,『爾雅譯注』, 上海:上海古籍出版社, 2004.

黃侃,『爾雅音訓』黃侃文集, 北京:中華書局, 2007.

## 제1부 제3장

〈引用 擧論〉

歷史卷編委會,『中國學術名著提要』歷史卷, 上海:復旦大學出版社, 1994.

劉洪仁,『古代文史名著提要』, 成都:巴蜀書社, 2008.

孫欽善『中國古文獻學史簡編』, 北京:北京大學出版社, 2008.

何忠禮,『中國古代史史料學』增訂本, 上海:上海古籍出版社, 2012.

姜書閣,『騈文史論』, 北京:人民文學出版社, 2009.


崔致遠 撰, 崔英成 註解,『註解 四山碑銘』, 亞細亞文化社, 1987.

崔英成,『譯註 崔致遠全集』1-四山碑銘一, 아세아문화사, 1998.

곽승훈,『최치원의 중국사 탐구와 사산비명 찬술』, 韓國史學, 2005.


김영문,「새롭고 아름다운 '문(文)'의 향연—≪문선(文選)≫해제(解題)」,『문선 역주』1, 소명출판, 2010.

David R. Knechtges, Introduction, *Wen Xuan Or Selections of Refined Literature*, Volume One:Rhapsodies on Metropolises and Capitals, Princeton University Press, 1982; 臺灣:有限公司, 1990; 李鴻鑌 譯,「英譯本≪文選≫緒論（Ⅰ）」,『中國語文學』8, 1984;「英譯本≪文選≫緒論（Ⅱ）」,『中國語文學』14, 1988;「英譯本≪文選≫緒論（完）」,『中國語文學』15, 1988.

高明士,「東北諸國古代的學校教育—韓國古代的學校教育」,『唐代東亞教育圈的形成—東亞世界形成史的一側面一』下篇, 國立編譯館, 1984; 吳富尹 譯,「古代의 學校 教育」,『韓國教育史研究』, 大明出版社, 1995.

이충양,「장효표, 신라로 돌아가는 김가기를 배웅하며」/「김가기, 시구」,『고대 한 · 중 교유시』, 고려대학교출판부, 2010.


李基白,「여러 전기물」,『韓國史學史論』, 一潮閣, 2011.

盧鏞弼,「新羅時代『孝經』의 受容과 그 社會的 意義」,『李基白先生古稀紀念 韓國史學論叢』

(上), 一潮閣, 1994;『韓國古代社會思想史探究』, 韓國史學, 2007.

盧鏞弼,「고대의 교육과 인재 양성」,『한국사시민강좌』18, 1996;『韓國古代社會思想史探究』, 韓國史學, 2007.

盧鏞弼,「新羅 移住 高句麗人의 歷史 編纂」,『韓國史學史學報』25, 2012; 이 책의 제2부 제2장.

盧鏞弼,「高句麗의 孫盛『晉春秋』의 수용과 그 歷史的 意義」,『韓國史學史學報』27, 2013.

이정빈,「고구려의 교육 기관과 인재양성」,『2014 신라국학 대제전(1332주년 기념) 논문집』, 경주시 · 신라문화유산조사단, 2014.

노용필,「신라 국학의 교육 내용과『문선』」,『2013 新羅學國際學術大會 論文集』, 경주시 · 신라문화유산연구원, 2013; 주보돈 외 지음,『신라 국학과 인재 양성』, 민속원, 2015.


羅國威,『敦煌本≪昭明文選≫硏究』, 哈爾濱:黑龍江敎育出版社, 1999.

羅國威 箋證,『敦煌本≪文選注≫箋證』, 成都:巴蜀書社, 2000.

陳國燦,『敦煌學史事新證』, 蘭州:甘肅敎育出版社, 2002.

項楚,『敦煌變文選注』(增訂本)(上 · 下), 北京:中華書局, 2006.

[日本]斯波六郞 編, 李慶 譯,『文選索引』(1 · 2 · 3), 上海:上海古籍出版社, 1997.


魯迅 校錄, 杜東嬌 譯,「前言」,『唐宋傳奇集全譯』, 上海:上海古籍出版社, 2014.

童岳敏,「唐代≪文選≫學的興盛及其影響」,『唐代的私學與文學』, 上海:上海古籍出版社, 2014.

孟二冬,「論唐代應試詩的命題傾向之一-以李善注本≪文選≫爲重心」,『孟二冬文集』下卷, 高等敎育出版社, 2007.

石建初,「文體分類槪說」,『中國古代序跋史論』, 長沙:湖南人民出版社, 2008.

石玉良 等著,『中國分體文學史, 小說卷』第3版, 上海:上海古籍出版社, 2014,

吳宗國,「科學與唐代社會」, 劉海峰 主編,『科擧學的形成與發展』, 武漢:華中師範大學出版社, 2009.

王運熙,「≪文選≫簡論」,『文選全釋』, 昆明:貴州人民出版社, 1994;『漢魏六朝唐代文學論叢』, 上海:上海古籍出版社, 2014.

王運熙,「≪文選≫選錄作品的範圍和標准」,『復旦學報』1988年 第6期;『漢魏六朝唐代文學論叢』, 2014.

王運熙,「蕭統≪文選≫」,『望海樓筆記』(外2種), 上海:上海古籍出版社, 2014.

王運熙,「蕭統的文學思想和≪文選≫」,『文學遺産』第378期, 光明日報社, 1961;『中國古代文論管窺』, 2014.

王運熙,「應當重視對≪文選≫的研究」,『江海學刊』1988年 第4期;『漢魏六朝唐代文學論叢』, 2014.

王運熙,「從≪文選≫選錄史書的贊論序述談起」,『文學遺産』第610期, 光明日報社, 1983; 『中國古代文論管窺』, 上海:上海古籍出版社, 2014.

王運熙,「從≪文選≫所選碑傳文看駢文的敍事方式」,『上海大學學報』2007年 第3期;『漢魏六朝唐代文學論叢』, 上海:上海古籍出版社, 2014.

王運熙,「中國古代散文鳥瞰」,『談中國古代文學的學習與研究』, 上海:複旦大學出版社, 2010;『望海樓筆記(外2種)』, 上海:上海古籍出版社, 2014.

于景祥,「≪文心雕龍≫與≪文選≫所揭示的賦體駢化軌迹」,『駢文論稿』, 北京:中華書局, 2012.

李兵,「報考」,『千年科擧』, 長沙:嶽麓書社, 2010.

李子廣,「唐代科擧與傳奇小說創作的自覺」,『科擧文學論』, 北京:中國社會科學出版社, 2012.

張伯偉,「≪文選≫與韓國漢文學」,『文史』2003年 第1輯;『域外漢籍研究論集』, 北京:北京大學出版社, 2011.

周嘯天 等著,「五言律詩的成立與七言詩的丕變」,『中國分體文學史, 詩歌卷』第3版, 上海:上海古籍出版社, 2014.

陳秀宏,「科擧制度與唐宋政治體制的演進」,『唐宋科擧制度研究』, 北京:北京師範大學出版社, 2012.

欽善,「≪文選≫注家李善及"五臣"」,『中國古文獻學史簡編』, 北京:北京大學出版社, 2008.


〈所藏 參照〉

[梁]蕭統 編, [唐]呂延濟 等注,『日本足利學校藏宋刊明州本六臣注文選』, 北京:人民文學出版社, 2008; 제2차 인쇄, 2011.

[梁]蕭統 編, [唐]李善 注,『文選』(全6冊), 上海:上海古籍出版社, 1986; 제6차 인쇄, 2005.

[梁]蕭統 編, [唐]李善 注,『文選』, 北京:中華書局, 1977; 북경 제6차 인쇄, 2005.


[日本]岡村 繁,『文選の研究』, 岩波書店, 1999; 陸曉光 譯,『文選之研究』, 上海古籍出版社, 2002.

顧 農,『文選論叢』, 揚州:廣陵書社, 2007.

孔令剛,『奎章閣本≪文選≫研究』, 鄭州:河南大學出版社, 2014. ₩12,880

郭 瓏,『≪文選·賦≫聯綿詞研究』, 成都:巴蜀書社, 2006.

郭寶軍,『宋代文選學研究』, 北京:中國社會科學出版社, 2010.

喬俊傑,『≪文選注≫修辭訓詁研究』, 哈爾濱:黑龍江人民出版社, 2007.

穆克宏,『六朝文學論集』, 北京:中華書局, 2010.

範志新,『文選版本論稿』, 南昌:江西人民出版社, 2003.

傅 剛,『文選版本研究』, 北京:北京大學出版社, 2000.

王立群,『〈文選〉版本注釋綜合研究』, 鄭州:大象出版社, 2014.

王立群,『≪文選≫成書研究』, 北京:商務印書館, 2005.

王立群,『現代≪文選≫學史』, 北京:中國社會科學出版社, 2003.

王書才,『文選評點述略』, 上海:上海古籍出版社, 2012.

王小婷,『淸代≪文選≫學研究』, 上海:上海古籍出版社, 2014.

汪習波,『隋唐文選學研究』, 上海:上海古籍出版社, 2005.

王友懷·魏全瑞 主編,『昭明文選注析』, 西安:三秦出版社, 2000.

林英德,『≪文選≫與唐人詩歌創作』, 北京:知識産權出版社, 2013.

張鵬飛,『〈昭明文選〉應用研究』, 北京:中國社會科學出版社, 2014.

趙福海·劉 琦·吳曉峰 主編,『≪昭明文選≫與中國傳統文化-第四屆(계)文選學國際學術
　　研討會』, 長春:吉林文史出版社, 2001.

趙俊玲,『〈文選〉評點研究』, 上海:上海古籍出版社, 2013.

趙昌智 顧農 主編,『李善文選學研究』, 揚州:廣陵書社, 2009.

周啓成 (外) 注譯, 劉正浩 (外) 校閱,『新譯 昭明文選』(全4册), 臺北:三民書局, 1996.

周唯一,『南朝學術文化與≪文選≫』, 北京:人民出版社, 2015.

中國文選學研究 (外)編,『中國文選學:第六屆文選學國際學術研討會論文集』, 北京:學苑出
　　版社, 2007.

中國文選學研究會·鄭州大學古籍整理研究所 編,『文選學新論』, 鄭州:中州古籍出版社,
　　1997.

馮淑靜,『≪文選≫詮釋研究』, 北京:中國社會科學出版社, 2011.

賀菊玲,『文選李善注語言學研究』, 北京:中國社會科學出版社, 2011.

胡大雷,『≪文選≫詩研究』, 西安:世界圖書出版西安公司, 2014.

饒宗頤,『敦煌吐魯番本 文選』, 北京:中華書局, 2000.

# 제1부 제4장

〈引用 擧論〉

『漢書』卷85 谷永杜鄴傳

[唐]許敬宗 等撰, 『文館詞林』1-8; 『百部叢書集成正編』75-6 古逸叢書 [2], 臺北: 藝文印書館,
　　1965.

[唐]許敬宗 輯, 『文館詞林彙刻』1-6; 『百部叢書集成續編』6-8 適園叢書 [1], 臺北: 藝文印書館,
　　1970.

[唐]許敬宗 等輯, 『文館詞林殘』; 『叢書集成續編』集部 147, 上海: 上海書店, 1994.

[唐]許敬宗, 『文館詞林』; 鍾肇鵬 編, 『古籍叢殘彙編』1·2, 北京: 北京圖書館出版社, 2001.

[唐]許敬宗 編, 羅國威 整理, 『日藏弘仁本文館詞林校證』, 北京: 中華書局, 2001.

[唐]許敬宗, 『文館詞林』; 『續修四庫全書』1582, 上海: 上海古籍出版社, 2002.


[梁]蕭統 編, [唐]李善 注, 『文選』上册, 長沙: 岳麓書社, 2002.

[梁]蕭統 選編, [唐]呂延濟 等注, 『日本足利學校藏宋刊明州本六臣注文選』, 北京: 人民文學出
　　版社, 2008.


[宋]王溥, 『唐會要』卷36 修撰 條; 『唐會要』(中), 北京: 中華書局, 1998.

[宋]王溥 撰, 牛繼淸 校證, 『唐會要校證』(上), 西安: 三秦出版社, 2012.

[北宋]王欽若 等編, 『册府元龜』第12册, 北京: 中華書局, 1982.

曾漫之 主編, 『唐律疏議譯註』, 長春: 吉林人民出版社, 1989.


『(개정증보) 역주 삼국사기』3 주석편(상), 한국학중앙연구원출판부, 2012.


陳英杰, 「記錄古代文獻的書籍」, 踪凡 主編, 『中國古文獻槪論』, 北京: 北京大學出版社,
　　2010.

吳楓, 「文獻積聚」, 『中國古典文獻學』2版, 濟南: 齊魯書社, 2005; 重印, 2008.

張舜徽, 「文獻學槪說」, 『中國文獻學九講』, 北京: 中華書局, 2011.

李福君, 「歷代皇帝文書槪述」, 『明代皇帝文書研究』, 天津: 南開大學出版社, 2015.

中村裕一, '詔と制の混用', 「王言の種類と'制勅'字」, 『隋唐王言の研究』, 東京: 汲古書院,
　　2003.

中村裕一, 「詔旨と詔意」, 『隋唐王言の研究』, 2003.

崔承熙,『韓國古文書研究』, 韓國精神文化研究院, 1981.

吉村茂樹,「古文書の種類」,『古文書學』, 東京:東京大學出版會, 1957; 第2版, 1974.

福尾猛市郎·藤本 篤,「令制にもとつく公文書」,『古文書學入門』, 大阪:創元社, 1974.


黃渭周,「文館詞林의 實體」,『韓國의 哲學』(改題『退溪學과 儒敎文化』) 19, 1991.

朱甫暾,「≪文館詞林≫에 보이는 韓國古代史 관련 外交文書」,『慶北史學』15, 1992.

石見清裕,「唐·太宗期の韓半島三國と中國との外交交涉史料」,『日本研究』22, 2004.


李基白, '專制王權의 確立',「統一新羅의 社會」,『韓國史講座』I 古代篇, 一潮閣, 1982.

李基白,「新羅 專制王權의 成立」,『韓國史 轉換期의 문제들』, 知識産業社, 1993;『韓國古代
    政治社會史研究』, 一潮閣, 1996.

金子修一가네코 슈이치,「중국의 입장에서 본 삼국통일」,『한국고대사연구』23, 2002.

邊太燮,「廟制의 變遷을 通하여 본 新羅社會의 發展 過程」,『歷史敎育』8, 1964.

羅喜羅,「신라의 종묘제 수용과 그 내용」,『韓國史研究』98, 1997;『신라의 국가제사』, 지식
    산업사, 2003.

채미하,「신라의 오묘제 '시정'과 신문왕권」,『백산학보』70, 2004;『신라 국가제사와 왕권』,
    혜안, 2008.

노용필,「신라 국학의 교육 내용과 ≪문선≫」,『신라 국학과 인재 양성』, 민속원, 2015.


尾崎康,「文館詞林目錄注」, 慶應義塾大學 附屬研究所『斯道文庫論集』第4輯, 1965.

羅國威,「≪文館詞林≫刊布源流述略」,『古籍整理研究學刊』1994年 第3期, 1994; (同改題)
    「前言」,『日藏弘仁本文館詞林校證』, 北京:中華書局, 2001.

姜維公,「≪文館詞林≫闕題殘篇考證」,『古籍整理研究學刊』2004年 第1期, 2004.

李建棟,「≪文館詞林≫殘篇二考」,『阜陰師範學院學報』社會科學版, 2006年 第3期, 2006.

許云和,「日藏弘仁本≪文館詞林≫卷次不明之闕題殘篇考辨」,『古籍整理研究學刊』2007年
    第5期, 2007.

伏俊璉·姚軍,「日藏弘仁本≪文館詞林≫中兩漢文的文獻價值」,『古籍整理研究學刊』2010
    年 第1期, 2010.


康震,「隋唐五代書序文」,『中國散文通史』隋唐五代卷, 合肥:安徽敎育出版社, 2012.

曹之,「古代的官方藏書」,『中國古代圖書史』, 武漢:武漢大學出版社, 2015.

丁凌華,「我國古代的'同姓不婚'是怎么回事?」, 陳鵬生 主編,『中國古代法律三百題』, 上海:上
    海古籍出版社, 1991.

冉昭德,「關于晉史的撰述與唐修≪晉書≫撰人問題」,『西北大學學報』1957年 第4期; 周文玖 編,『晉書·‘八書’·‘二史’研究』, 北京:中國大百科全書出版社, 2009.

李培東,「≪晉書≫研究」,『上海師範大學學報』1982年 第2·3期; 周文玖 編,『晉書·‘八書’·‘二史’研究』, 2009.


王吉林,「從黨派鬪爭看唐高宗武后時代宰相制度的演變」,『唐代宰相與政治』, 臺北:文津出版社, 1999.

王洪軍,「朝中‘二聖’」,『武則天評傳』, 濟南:山東大學出版社, 2010.

雷家驥,「太后專權與廢帝親子」,『武則天傳』, 北京:人民出版社, 2008.

原 百代,「二聖」,『武則天』(二), 東京:每日新聞社, 1982.

氣賀澤保規,『絢爛たる世界帝國:隋唐時代』, 東京:講談社, 2005; [日]氣賀澤保規 著, 石曉軍 譯,『絢爛的世界帝國:隋唐時代』, 桂林:廣西師範大學出版社, 2014.

莊練(本名:蘇同炳),「聖母神皇武則天─唯一的女皇帝」,『中國歷史上最具特色的皇帝』, 台北:臺灣商務印書館股份有限公司, 1991; 天津:百花文藝出版社, 2008; 안명자·김문 옮김,「유일한 여성 황제, 성모신황 무측천」,『중국 역사 속의 가장 특색 있는 황제들』, 어진이, 2005.

宮崎市定,「中世史 4 唐」,『中國史』, 東京:岩波書店, 1978;『宮崎市定全集』1 中國史, 岩波書店, 1993; 曹秉漢 編譯,『中國史』, 역민사, 1983;『중국통사』, 서커스출판상회, 2016.

堀敏一,「均田制と古代帝國」,『世界の歷史』6 東アジア世界の變貌, 東京:筑摩書房, 1968; 윤혜영 편역,「균전제와 고대 제국」,『中國史』, 弘盛社, 1986.


〈所藏 參照〉

郭英德·過常寶,『中國古代文學史』(上·下), 北京:中國人民大學出版社, 2011.

羅宗强,『隋唐五代文學思想史』, 北京:中華書局, 2003.

孟二冬,『中唐詩歌之開拓與新變』, 北京:北京大學出版社, 1998.

敏 澤 主編,『中國文學思想史』(上下), 長沙:湖南教育出版社, 2002.

孫學堂,『中國文學精神』唐代卷, 濟南:山東教育出版社, 2003.

吳庚舜·董乃斌 主編,『唐代文學史』(上下), 北京:人民文學出版社, 1995; 重印, 2006.

王小盾,『起源與傳承:中國古代文學與文化論集』, 南京:鳳凰出版社, 2010.

王瑤,『中古文學史論:典藏版』, 北京:北京大學出版社, 第1版, ·986; 第4版, 2014.

趙榮蔚,『晚唐士風與詩風』, 上海:上海古籍出版社, 2004.

肖瑞峰(외),『晚唐政治與文學』, 北京:中國社會科學出版社, 2011.

台靜農,『中國文學史』全2冊, 上海:上海古籍出版社, 2012.

## 제2부 제1장

〈引用 擧論〉

[唐]封演 撰,『封氏見聞記』卷2「典籍」; 王雲五 主編,『叢書集成』初編, 1936.

[淸]嚴可均 輯, 何宛屏等 電訂,『全晉文』(中), 北京:商務印書館, 1999; 제2차 인쇄, 2006.

[淸]湯球 輯, 吳振淸 校注,「附錄三:≪十六國春秋輯補·湯球傳≫王秉恩撰」,『三十國春秋輯本』, 天津:天津古籍出版社, 2009.


權五惇 譯解,『春秋左傳』新譯版, 敎育出版公社, 1985.

신동준 옮김,『춘추좌전』2, 한길사, 2006.

『中國正史 朝鮮傳』, 國史編纂委員會, 1988.

姜維東 (외),『正史高句麗傳校注』, 長春:吉林人民出版社, 2006.


王鳳陽,『漢字學』, 吉林文士出版社, 1989.

胡奇光,「小學的發展—六朝隋唐時代」,『中國小學史』, 2005; 李宰碩 譯,『中國小學史』, 東文選, 1997.

중국사학사 편집위원회 지음, 김동애 옮김,「사회변동기 역사학의 발전」,『중국사학사—선진·한·당 편』, 간디서원, 초판, 1998; 개정판, 2006.

王新華,「避諱史」,『避諱研究』, 濟南:齊魯書社, 2007.

王建,「東晉的皇后之諱」,『中國古代避諱史』, 貴陽:貴州人民出版社, 2002.


李丙燾,『韓國史』古代篇, 乙酉文化社, 1959.

李基白,「高句麗의 扃堂—韓國 古代國家에 있어서의 未成年集團의 一遺制—」,『歷史學報』35·36 합집, 1967;『韓國古代政治社會史研究』, 一潮閣, 1996.

盧鏞弼,「韓國 古代 文字學과 訓詁學의 發達」,『震檀學報』110, 2010; 이 책의 제1부 제1장.

盧鏞弼,「新羅 移住 高句麗人의 歷史 編纂」,『韓國史學史學報』25, 2012; 이 책의 제2부 제2장.

이정빈,「고구려 扃堂의 설립과 의의」,『한국고대사연구』67, 2012.


喬治忠,「孫盛史學發微」,『史學史研究』1995年 第4期;『中國官方史學與私家史學』, 北京:北京圖書館出版社, 2008.

謝祥皓,「≪晉陽秋≫雜考」,『東嶽論叢』1987年 第5期.

吳心怡,「魏晉太原孫氏的家學與家風」, 國立成功大學 中國文學研究所 碩士論文, 2003.

王　素,「吐魯番所出≪晉陽秋≫殘卷史實考證及擬補」,『中華文史論叢』1984年 2期, 上海：上海古籍出版社, 1984;『漢唐歷史與出土文獻』, 北京：故宮出版社, 2011.

王建國,「孫盛若幹生平事跡及著述考辨」,『洛陽師範學院學報』2006年 第3期.

饒宗頤,「敦煌與吐魯番寫本孫盛晉春秋及其'傳之外國'考」,『漢學研究』第4卷 第2期, 1986.

李建華,「孫盛≪晉陽秋≫湯球輯誤收檀道鸞≪續晉陽秋≫考」,『史學史研究』2010年 第4期.

李穎科,「孫盛史學初探」,『西北大學學報』哲學社會科學版 1984年 第4期.

李中華,「孫盛的儒學思想及其對道・玄的批判」,『中國儒學史-魏晉南北朝卷』, 北京：北京大學出版社, 2011.

任振河,「太原・晉陽的來歷與變遷」,『太原理工大學學報』社會科學版 第27卷 第1期, 2009.

朱新華,「關於孫盛陽秋」,『讀書(Reading)』1994年 11期.

陳國燦,「吐魯番出土東晉(?)寫本≪晉陽秋≫殘卷」,『陳國燦吐魯番敦煌出土文獻史事論集』, 上海：上海古籍出版社, 2012.


瞿林東,「史學的多途發展」,『中國史學史綱』, 北京：北京出版社, 1999.

瞿林東,『中國史學史』3 魏晉南北朝隋唐時期・中國古代史學的發展, 上海：上海人民出版社, 2006.

唐長孺,『魏晉南北朝史籍舉要』, 1975; 唐長孺文集『唐書兵志箋正』(外二種), 北京：中華書局, 2011.

謝保成,「新修兩晉南北朝史」, 謝保成 主編,『中國史學史』(1), 北京：商務印書館, 2006.

呂思勉,『呂思勉讀史禮記』, 上海：上海古籍出版社, 2005.

李培棟,「≪晉書≫研究」,『上海師範大學學報』1982年 第2・3期; 周文玖 主編,『≪晉書≫, "八書", "二史"研究』, 北京：中國大百科全書出版社, 2009.

田餘慶,「桓溫的先世和桓溫北伐問題」,『東晉門閥政治』, 北京：北京大學出版社, 初版, 1989; 5版, 2012.

朱大渭,「≪晉書≫的評價與研究」,『史學史研究』2000年 第4期; 周文玖 主編,『≪晉書≫, "八書", "二史"研究』, 2009.

周一良,『魏晉南北朝史禮記』, 北京：中華書局, 1985.


姜建設,「≪尚書≫與中國史學」,『政事綱紀：≪尚書≫與中國文化』, 開封：河南大學出版社, 2001.

郭國慶,『清代輯佚研究』, 北京：民族出版社, 2010.

唐光榮,『唐代類書與文學』, 成都：巴蜀書社, 2008.

馬士遠,「周秦≪尚書≫詮釋現象概說」,『周秦≪尚書≫學研究』, 北京：中華書局, 2008.

喩春龍, 『清代輯佚研究』, 上海:上海古籍出版社, 2010.

周生傑, 『太平御覽研究』, 成都:巴蜀書社, 2008.

戚志芬, 『中國的類書政書和叢書』, 北京:商務印書館, 1991; 增訂版, 1996; 北京 第4次 印刷, 2007.

胡道靜, 『中國古代的類書』, 北京:中華書局, 1982; 新一版, 2005; 重印, 2008.


유협 지음, 최동호 역편, 『문심조룡』, 민음사, 1994.

朱振甫 今譯, 金寬雄·金晶銀 韓譯, 『文心雕龍:漢韓對照』, 延吉:延邊人民出版社, 2007.

崔信浩, 『文心雕龍』, 玄岩社, 1975.

李民樹 譯, 『文心雕龍』, 乙酉文化社, 1984.


〈所藏 參照〉

龐天佑, 『中國史學思想通論』歷史盛衰論卷, 福州:福建人民出版社, 2011.

白雲, 『中國史學思想通論』歷史編纂學思想卷, 福州:福建人民出版社, 2011.

於沛, 『史學思潮和社會思潮-關於史學社會價値的理論思考』, 北京:北京師大學出版社, 2007.

吳懷祺, 『中國史學思想通論』總論卷·歷史思維論卷, 福州:福建人民出版社, 2011.

吳懷祺·林曉平, 『中國史學思想通史』總論·先秦卷, 合肥:黃山書社, 2005.

汪高鑫, 『中國史學思想史散論』, 北京:北京師範大學出版社, 2010.

汪高鑫, 『中國史學思想通史』秦漢卷, 合肥:黃山書社, 2002.

王記錄, 『中國史學思想通論』歷史文獻思想卷, 福州:福建人民出版社, 2011.

汪金鑫, 『中國史學思想通論』經史關系論卷, 福州:福建人民出版社, 2011.

王振紅, 『中國古典史學的求眞精神研究』, 合肥:黃山書社, 2011.

龐天佑, 『中國史學思想通史』魏晉南北朝卷, 合肥:黃山書社, 2003.

牛潤珍 (외), 『中國史學思想通史』隋唐卷, 合肥:黃山書社, 2004.

# 제2부 제2장

〈引用 擧論〉

[淸]湯球 輯, 吳振淸 校注, 「附錄三:≪十六國春秋輯補·湯球傳≫王秉恩撰」, 『三十國春秋輯本』, 天津:天津古籍出版社, 2009.

『中國正史 朝鮮傳』譯註 2, 國史編纂委員會, 1988.

姜維東 (외),『正史高句麗傳校注』, 長春:吉林人民出版社, 2006.

鄭求福 (외),『譯註 三國史記』2 번역편, 韓國精神文化研究院, 1997; 修訂 3판, 2002.

『韓國古代金石文資料集』Ⅰ 高句麗·百濟·樂浪篇, 國史編纂委員會, 1995.


중국사학사 편집위원회 지음, 김동애 옮김,「≪한기≫와 ≪후한기≫등 편년체 단대사」,『중
  국사학사 — 선진·한·당 편』, 간디서원, 초판, 1998; 개정판, 2006.


李弘稙,「高句麗秘記考」,『歷史學報』17·18합집, 1962;『韓國古代史의 研究』, 新丘文化社,
  1971.

李弘稙,「淵蓋蘇文에 대한 若干의 存疑」,『李丙燾博士 華甲紀念論叢』, 一潮閣, 1956;『韓國
  古代史의 研究』, 1971.

李基白,「統一新羅의 社會」,『韓國史講座』Ⅰ 古代篇, 一潮閣, 1982.

김영경,「삼국사기와 삼국유사에 보이는 고기에 대하여」,『력사과학』1984년 2호, 1984.

鄭求福,「삼국시대 유학과 역사편찬」,『한국사』8, 국사편찬위원회, 1998;『韓國古代史學
  史』, 景仁文化社, 2008.

李康來,「三國史記의 舊三國史論」,『三國史記典據論』, 民族社, 1996.

김주성,「보덕전의 검토와 보덕의 고달산이주」,『韓國史研究』121, 2003.

郭丞勳,「신라말기 崔致遠의 僧傳 찬술」,『佛敎研究』22, 2005;『新羅古文獻研究』, 韓國史
  學, 2006.

盧鏞弼,「普德의 思想과 活動」,『韓國上古史學報』2, 1989;『韓國古代社會思想史探究』, 韓
  國史學, 2007.

盧鏞弼,「普德의 佛敎守護運動과 涅槃思想」,『보덕화상과 경복사지』, 신아출판사, 2003;
  『韓國古代社會思想史探究』, 2007.

盧鏞弼,「新羅時代 律令의 擴充과 修撰」,『洪景萬敎授停年紀念 韓國史學論叢』, 2002;『新
  羅高麗初政治史研究』, 韓國史學, 2007.

李基白,「신이적 역사와 그 전통」,『韓國史學史論』, 一潮閣, 2011.


瞿林東,「史學的多途發展」,『中國史學史綱』, 北京:北京出版社, 1999.

喬治忠,「孫盛史學發微」,『史學史研究』1995年 第4期.


葛劍雄·吳松弟·曹樹基,「"移民"一詞現有的解釋」,『中國移民史』第1卷, 福州:福建人民出
  版社, 1997.

韋民,「流民—遊民」,『遊民陰魂』, 北京:華文出版社, 1997.

郝正治 編著,「秦漢時期的移民」,『漢族移民入滇史話-南京柳樹灣高石坎』, 昆明:雲南大學出
　　版社, 1998; 重印, 2003.

池子華·朱琳,「"移民"種種」,『中國歷代流民生活掠影』, 瀋陽:瀋陽出版社, 2004.

池子華,「古代流民掃描」,『中國近代流民』修訂版, 北京:社會科學文獻出版社, 2007.

米咏梅,「古代社會人口流動」,『中國古代的人口思想與人口政策』, 北京:中國社會科學出版
　　社, 2010.

王子今,「漢代"亡人","流民"動向與"南邊"的開發」,『秦漢邊疆與民族問題』, 北京:中國人民大
　　學出版社, 2011.

王學泰,「游民的主要來源—破産的農民」,『中國遊民文化小史』, 北京:學習出版社, 2011.


〈所藏 參照〉

喬治忠,『中國史學史』, 北京:人民大學出版社, 2011.

白壽彝,『中國史學史論集』, 北京:中華書局, 1999; 重印, 2001.

白壽彝,『中國史學史』第1卷 先秦時期·中國古代史學的産生, 上海:上海人民出版社, 2006.

李宗侗,『中國史學史』, 北京:中華書局, 2010.

鄭先興,『漢代史學思想史』, 鄭州:河南大學出版社, 2014.

曹之,『中國古籍編撰史』, 武漢:武漢大學出版社, 2006.

周文玖,『史學史導論』, 北京:學苑出版社, 2006.

周文玖,『中國史學史學科的産生和發展』, 北京:北京師範大學出版社, 2002.

陳垣 著, 陳智超 編,『中國史學名著評論』, 北京:商務印書館, 2014.

倉修良,『中國古代史學史』, 北京:人民出版社, 2009.

向燕南,『從歷史到史學』, 北京:北京師範大學出版社, 2010.

許殿才,『中國史學史』第2卷 秦漢時期·中國古代史學的成長, 上海:上海人民出版社, 2006.

許殿才,『秦漢史學研究』, 北京:北京師範大學出版社, 2012.

胡寶國,『漢唐間史學的發展』, 北京:商務印書館, 2003; 修訂本, 北京:北京大學出版社, 2014.


## 제2부 제3장

〈引用 擧論〉

『史記』24「樂書」

『禮記』19「樂記」「樂本」篇

金烋,『海東文獻總錄』; 學文閣, 1969; 旅軒學研究會, 2009.

蔡仲德,『中國音樂美學史資料注譯』, 北京 : 人民音樂出版社, 1990; 增訂版, 2004; 4重印, 2016.


정구복 (외),『譯註 三國史記』2 번역편, 한국정신문화연구원, 초판, 1997; 수정 3판, 2002, p.590 및『개정증보 역주 삼국사기』2 번역편, 한국학중앙연구원 출판부, 2012.

金承龍 編譯註,『樂記集釋 : 음악으로 보는 고전 문예 미학』1, 계출판사. 2002.

趙南權·金鍾洙 共譯,『동양의 음악사상 樂記』, 민속원, 初版, 2000; 再版, 2001, 三版, 2005.

鄭秉燮 譯,『譯註 禮記集說大全』樂記 1, 學古房, 2014.

池載熙 解譯,『예기(禮記)』중, 자유문고, 2000.

韓興燮 옮김,『예기 · 악기』, 책세상, 2007.

鄭相泓 옮김,「악기」, 丁範鎭 (외) 옮김,『史記』2—表序 · 書, 도서출판 까치, 1996; 5쇄, 2007.

崔致遠,『桂苑筆耕集』卷5 奏狀「奏論天征軍任從海等衣糧狀」; 이상현 옮김,『계원필경집』1, 한국고전번역원, 2009.

崔致遠,『孤雲先生文集』卷1 記「善安住院壁記」; 이상현 옮김,『고운집』, 한국고전번역원, 2009.


李基白,「金大問과 그의 史學」,『歷史學報』77, 1978;『韓國史學의 方向』, 一潮閣, 1978.

李基白,「金大問과 金長淸」,『韓國史 市民講座』1, 1987;『韓國史像의 再構成』, 一潮閣, 1991.

趙仁成,「三國 및 統一新羅時代의 歷史敍述」, 韓國史研究會 編,『韓國史學史의 研究』, 乙酉文化社, 1985.

梁光錫,「韓國漢文學의 定着과 金大問」,『우리文學研究』6 · 7, 1988.

盧鏞弼,「註釋篇 : 磨雲嶺碑文 紀事部分의 註釋」,『新羅眞興王巡狩碑研究』, 一潮閣, 1996.

盧鏞弼,「昌寧碑의 性格」,『新羅眞興王巡狩碑研究』, 1996.


楊燕起,「史記學」, 張岱年 (外) 主編,『中華國學 史學卷』, 北京 : 新世界出版社, 2006.

張新科,『史記學槪論』, 北京 : 商務印書館, 2003.

華友根,「司馬遷的禮樂思想及其歷史地位」,『學術月報』1996年 第8期; 施丁 · 廉敏 編,『≪史記≫研究』(上), 北京 : 中國大百科全書出版社, 2009.

稲葉一郎,「≪史記≫の成立」,『中國史學史の研究』,京都:京都大學學術出版會, 2006.

薛永武,「班固≪漢書≫與≪樂記≫」,『中國文論經典流變:≪禮記・樂記≫的接受史研究』,
　　北京:社會科學文獻出版社, 2012.

孫星群,「≪禮記・樂記≫≪史記・樂書≫注疏本」,『言志・詠聲・治情—≪樂記≫研究與解
　　讀』, 北京:人民出版社, 2012.

修海林,「"樂"的內容與形式」,『中國古代音樂美學』,福州:福建教育出版社, 2004.

王鍔,「≪曲禮≫」,『≪禮記≫成書考』,北京:中華書局, 2007.

劉桂榮,『西漢時期荀子思想接受研究』,合肥:合肥工業大出版社, 2013.


〈所藏 參照〉

[日]藤田勝久,曹峰・〔日〕廣瀬薫雄 譯,『史記戰國史料研究』,上海古籍出版社, 2008.

[清]吳見思・李景星 著, 陸永品 點校整理,『史記論文/史記評議』, 上海:上海古籍出版社,
　　2008.

鄧鴻光,『史家絕唱—≪史記≫與中國文化』, 開封:河南大學出版社, 1998.

楊光熙,『司馬遷的思想與≪史記≫編纂』,濟南:齊魯書社, 2006.

楊海崢,『漢唐≪史記≫研究論稿』,濟南:齊魯書社, 2003.

張大可,『史記研究』,北京:華文出版社, 2002; 北京:商務印書館, 2011; 張大可文集 第2卷
　　『史記研究』, 北京:商務印書館, 2013.

張新科,『史記學概論』,北京:商務印書館, 2003.

趙生群,『≪史記≫文獻學叢稿』,江蘇古籍出版社, 2000.

中國史記研究會 編,『史記教程』,北京:商務印書館, 2011.

倉修良 主編,『史記辭典』,濟南:山東教育出版社, 1991.

黃鑛偉,『歷史的黃鐘大呂≪史記≫』,昆明:雲南人民出版社, 1999.

## 제2부 제4장

〈引用 擧論〉

池載熙 解譯,『예기』중, 자유문고, 2000.

정구복 (외),『(개정증보) 역주 삼국사기』2 번역편, 한국학중앙연구원출판부, 2012.

柳肅,『禮的精神:禮樂文化與中國政治』,吉林教育出版社, 1990; 洪熹 옮김,『예의정신:예
　　악 문화와 정의』, 東文選, 1994.

李基白,「參考書目」18 書誌·書目,『韓國史新論』改正版, 一潮閣, 1976; 新修版, 一潮閣, 1990.

李基白,「金大問과 그의 史學」,『歷史學報』77, 1978;『韓國史學의 方向』一潮閣, 1978.

李基白,「金大問과 金長淸」,『韓國史 市民講座』1, 一潮閣, 1987;『韓國史像의 再構成』, 一潮閣, 1991.


薛永武,『禮記·樂記研究』, 北京:光明日報出版社, 2010; 重印, 2012.

王 鍔,「論述喪葬禮之作」,『≪禮記≫成書考』, 北京:中華書局, 2007.


〈所藏 參照〉

蔡尙思,『中國禮教思想史』, 上海:上海古籍出版社, 2006.

[淸]孫希旦,『禮記集解』(上·中·下), 北京:中華書局, 1989.

龔建平,『意義的生成與實現—≪禮記≫哲學思想』, 北京:商務印書館, 2005.

楊雅麗,『≪禮記≫摭論』, 北京:人民出版社, 2014.

呂友仁,『〈禮記〉研究四題』, 北京:中華書局, 2014.

錢 玄·錢興奇 (外) 注譯,『禮記』(上·下), 長沙:嶽麓書社, 2001.

黃宛峰,『禮樂淵藪—≪禮記≫與中國文化』, 開封:河南大學出版社, 1997.


賈海生,『周代禮樂文明實證』, 北京:中華書局, 2010.

金尙理,『禮宜樂和的文化理想』, 成都:巴蜀書社, 2002.

逄 宏,『周代殷商禮樂接受研究』, 北京:中國社會科學出版社, 2013.

白效咏,『春秋戰國:禮崩樂壞下的大裂變』, 杭州:浙江文藝出版社, 2012.

成守勇,『古典思想世界中的禮樂生活:以≪禮記≫爲中心』, 上海:上海三聯書店, 2013.

沈文倬,『宗周禮樂文明考論』(增補本), 杭州:浙江大學出版社, 2006.

楊 華,『古禮新研』, 北京:商務印書館, 2012. ₩12,180

翁禮明,『禮樂文化與詩學話語』, 成都:巴蜀書社, 2007.

元 震,『周孔之道 禮樂文明』, 北京:文化藝術出版社, 2007.

袁俊杰,『兩周射禮研究』, 北京:科學出版社, 2013.

劉淸河·李銳,『先秦禮樂』, 北京:北京師範大學出版社, 2009.

劉惠恕,『論"禮"的精神』, 上海:上海人民出版社, 2011.

劉懷榮·宋亞莉,『魏晉南北朝樂府制度與歌詩研究』, 北京:商務印書館, 2010.

李宏鋒,『禮崩樂盛:以春秋戰國爲中心的禮樂關系研究』, 北京:文化藝術出版社, 2009.

李榮有 等著,『禮複樂興:兩漢鍾鼓之樂與禮樂文化圖考』, 北京:中國社會科學出版社, 2012.

張造群,『禮治之道-漢代名敎硏究』, 北京:人民出版社, 2011.

張煥君,『制禮作樂─先秦儒家禮學的形成與特征』, 北京:中國社會科學出版社, 2010.

趙小華,『初盛唐禮樂文化與文士·文學關系硏究』, 廣州:廣東人民出版社, 2011.

陳 莉,『禮樂文化與先秦兩漢文藝思想硏究』, 北京:中央民族大學出版社, 2013.

陳望衡,『中國美學史』, 北京:人民出版社, 2005.

彭 林,『禮樂人生:成就你的君子風範』, 北京:中華書局, 2006.

彭林 (외)主編,『禮樂中國-首屆禮學國際學術硏討會論文集』, 上海:上海書店, 2013.

彭林 (외)主編,『禮樂』1 大學之道, 北京:金城出版社, 2013.

夏 靜,『禮樂文化與中國文論早期形態硏究』, 北京:中華書局, 2007.

胡蘭成,『中國的禮樂風景』, 北京:中國長安出版社, 2012.

## 제2부 제5장

〈引用 擧論〉

[宋]范曄 撰, [唐]李賢 等注,『後漢書』; 北京:中華書局, 1994.

[梁]蕭統 編, [唐]李善 注,『文選』, 北京:中華書局, 1977; 北京第6次 印刷, 2005, pp.600-603 특
히 p.602.

[梁]劉勰,「論說」第18,『文心雕龍』卷4;「元至正刊本≪文心雕龍≫」및「元至正刊本≪文心
雕龍≫集校」, 林其錟·陳鳳金 撰,『增訂文心雕龍集校合編』, 上海:華東師範大學出版社,
2010.

「元至正刊本≪文心雕龍≫」, 中國文心雕龍學會·全國高校古籍整理委員會 編輯,『≪文心
雕龍≫資料叢書』上, 北京:學苑出版社, 2004; 제2판, 2005.

「明楊升庵批點曹學佺評≪文心雕龍≫」,『≪文心雕龍≫資料叢書』下, 2005.

方立天 校釋,『華嚴金師子章校釋』, 北京:中華書局, 1983; 제7차인쇄, 2010.

方立天,『法藏與≪金師子章≫』方立天文集 第3卷, 北京:中國人民大學出版社, 2012.

欒貴明·田奕 主編,『十三經索引』第1冊, 北京:中國社會科學出版社, 2003.


崔致遠,「唐大薦福寺故寺主翻經大德法藏和尙傳」,『崔文昌侯全集』, 1972; 崔英成 번역,「唐
나라 大薦福寺 故寺主로 경전을 번역한 大德 法藏和尙의 傳」,『譯註 崔致遠全集』2 ─孤
雲文集─, 亞細亞文化社, 1999.

崔致遠,「善安住院壁記」,『崔文昌侯全集』, 1972; 이상현 옮김,『고운집』, 한국고전번역원,
2009.

池載熙 解譯,『예기禮記』하, 자유문고, 2000.

梁鶴馨·李俊寧 解譯,『주역周易』, 자유문고, 1999; 증보판, 2004.


崔信浩 譯註,『文心雕龍』, 玄岩社, 1975.

李民樹 譯,『文心雕龍』新裝版 世界文學全集 別1, 乙酉文化社, 1984.

최동호 역편,『문심조룡』, 민음사, 1994.

김민나,「≪文心雕龍≫第一〈原道〉譯註」,『中國語文學誌』22, 2006.

周振甫 今釋, 金寬雄·金晶銀 韓譯,『文心雕龍:漢韓對照』Ⅰ, 延吉:延邊人民出版社, 2007; 『문심조룡』, 사단법인 올재, 2016.

성기옥 옮김,『문심조룡』, 지식을만드는지식, 2012.

김민나,『문심조룡:동양 문예학의 집대성』, 살림, 2005.


楊國斌,「解題」, 김관웅·김정은 역,『문심조룡』, 사단법인 올재, 2016.

李平 等,「緒論 ≪文心雕龍≫研究的回顧與反思」,『文心雕龍研究史論』, 合肥:黃山書社, 2009.

劉業超,「≪文心雕龍≫書名的學術意義」,『文心雕龍通論』上篇, 北京:人民出版社, 2012.

周勛初,「≪文心雕龍≫書名辨」,『文學遺産』2008年 第1期, 2008;『文心雕龍解析』(下), 南京:鳳凰出版社, 2015.


崔南善,『朝鮮常識問答續篇』, 東明社, 1947, p.276; 三星文化文庫, 1972.

李基白,「解題」,『崔文昌侯全集』, 成均館大學校 大東文化研究院, 1972; 改題「崔致遠과 그의 著述」,『韓國古代史論』增補版, 一潮閣, 1995.


趙仁成,「崔致遠의 歷史敍述」,『歷史學報』94·95合輯, 1982.

金福順,「崔致遠의〈法藏和尙傳〉검토」,『韓國史研究』57, 1987;『新羅華嚴宗研究:崔致遠의 佛敎關係著述과 관련하여』, 民族社, 1990.

李在云,「≪法藏和尙傳≫을 통해 본 崔致遠의 歷史認識」,『論文集』24-1, 전주대학교, 1999; 改題「고운의 역사인식」,『崔致遠研究』, 백산자료원, 1999.

최영성,「고운의 유교관」,『고운 최치원의 철학사상』, 도서출판 문사철, 2012.

郭丞勳,「최치원의 중국사 탐구와 그의 고민:'대낭혜화상비명'을 중심으로」,『實學思想研究』24, 毋岳實學會, 2002; 改題「〈대낭혜화상비명〉의 찬술에 나타난 최치원의 고민」, 『중국사 탐구와 사산비명 탐구』, 韓國史學, 2005.

郭丞勳,「崔致遠의 中國歷史探究와 그의 마지막 行步:'智證大師碑銘'을 중심으로」,『韓國

思想과 文化』17, 韓國思想文化學會, 2002; 改題「〈지증대사비명〉 찬술에 나타난 최치원의 마지막 행보」,『중국사 탐구와 사산비명 탐구』, 2005.

楊淸之,『≪文心雕龍≫與六朝文化思潮』修訂本, 濟南:齊魯書社, 2014.

王運熙,『文心雕龍探索』, 上海:上海古籍出版社, 2014.

戚良德 主編,『儒學視野中的〈文心雕龍〉』, 上海:上海古籍出版社, 2014.

邵耀成,『文心雕龍這本書-文論及其時代』, 北京:中國社會科學出版社, 2014.

周勛初,『文心雕龍解析』(上·下), 南京:鳳凰出版社, 2015.

杜覺民,「引言」,『隱逸與超越:論逸品意識與莊子美學』, 北京:文化藝術出版社, 2010.

馮祖貽,「以隱逸,淸高相標榜的社會風氣」,『魏晉玄學及一代儒士的價値取向』, 北京:中央民族大學出版社, 2013.

[澳]文靑雲(Aat Vervoorn) 著,「引論」,徐克謙 譯,『岩穴之士:中國早期隱逸傳統』, 濟南:山東畵報出版社, 2009.

蔣波,「秦漢隱逸現象槪述」,『秦漢隱逸問題硏究』, 湘潭:湘潭大學出版社, 2014.

李岫泉,「竹林七賢山陽會時間推斷」,『魏晉名士嵇康』, 北京:中國書籍出版社, 2014.

張 波,『嵇康』, 昆明:雲南教育出版社, 2009.

陳建魁,「竹林七賢的仕與隱」,張海晏·米紀文 主編,『竹林七賢與魏晉精神-雲台山第四屆竹林賢文化國際學術硏討會論文集』, 北京:中國社會科學出版社, 2013.

康中乾,「竹林玄學」,『魏晉玄學』, 北京:人民出版社, 2008, p.129. 및 曾春海,「自序」,『嵇康的精神世界』, 鄭州:中州古籍出版社, 2009.

周淑蘭,『狂與狷:放達與隱逸的中國名士』, 北京:當代中國出版社, 2007.

陳 洪,『高山流水-隱逸人格』, 北京:東方出版社, 2009.

徐淸泉,『中國傳統人文精神論要:從隱逸文化, 文藝實踐及封建政治的互動分析入手』, 上海:上海社會科學院出版社, 2003.

霍建波,「隋唐隱逸詩的全面繁榮」,『宋前隱逸詩硏究』, 北京:人民出版社, 2006.

王小蘭,『晚唐五代江浙隱逸詩人硏究』, 北京:人民文學出版社, 2009 및 王小蘭,『宋代隱逸文人群體硏究』, 北京:中國社會科學出版社, 2013.

梁秉祐,「블로크의 比較史學」,『歷史論抄』, 지식산업사, 1987.

梁秉祐,「종합」,『歷史의 方法』, 民音社, 1988.

J.G. Droysen, Historik; 이상신 옮김,『역사학』, 나남, 2010.

마르크 블로흐, 「유럽사회의 비교사를 위하여」, 김택현 · 이진일 외, 『역사의 비교, 차이의
　역사』, 선인, 2008.
피터 버크, 곽차섭 옮김, 「비교방법」, 『역사학과 사회 이론』, 문학과지성사, 1994.

〈所藏 參照〉

[德]哈特穆特 · 凱博 著, 趙進中 譯, 『歷史比較硏究導論』, 北京：北京大學出版社, 2009.

[美]J.唐納德 · 休斯 著, 梅雪芹 譯, 『什麽是環境史』, 北京：北京大學出版社, 2008.

[美]傑裏 · 本特利 (외)著, 魏鳳蓮 (외)譯, 『新全球史』(第3版)(上下), 北京：北京大學出版社,
　2007; 제4차 인쇄, 2009.

[美]格奧爾格 · 伊格爾斯(Georg G. Iggers), 王晴佳 著, 『全球史學史：從18世紀至當代(A
　Global History of Modern Historiography)』, 北京：北京大學出版社, 2011.

[美]格特魯德 · 希梅爾法布 著, 餘偉 譯, 『新舊歷史學』, 北京：新星出版社, 2007.

[美]魯濱遜 著, 何炳松 譯, 『新史學』, 長沙：嶽麓書社, 2011.

[美]邁克 · 亞達斯 (외)著, 大可 (외)譯, 『喧囂時代-20世經全球史』, 北京：三聯書店, 2005.

[美]阿裏夫 · 德裏克(Arif Dirlik)著, 翁賀凱 譯, 『革命與歷史-中國馬克思主義歷史學的起源
　(1919-1937)』, 南京：江蘇人民出版社, 2005.

[法]弗朗索瓦 · 多斯 著, 馬勝利 譯, 『碎片化的歷史學-從年鑒到新史學』, 北京：北京大學出版
　社, 2008.

[英]G.R.埃爾頓 著, 劉耀輝 譯, 『歷史學的實踐』, 北京：北京大學出版社, 2008.

[英]傑弗裏 · 巴勒克拉夫 著, 楊豫 譯, 『當代史學主要趨勢』, 北京：北京大學出版社, 2006.

[英]彼得 · 伯克 著, 蔡玉輝 譯, 楊豫 校, 『什麽是文化史』, 北京：北京大學出版社, 2009.

[日]穀川道雄 主編, 『魏晉南北朝隋唐史學的基本問題』, 北京：中華書局, 2010.

[日]內藤湖南 著, 馬彪 譯, 『中國史學史』, 上海：上海古籍出版社, 2008.

## 제2부 제6장

〈引用 擧論〉

[梁]유협 지음, 최동호 역편, 『문심조룡』, 민음사, 1994.


中國의 方立天 校釋, 『華嚴金師子章校釋』, 北京：中華書局, 1983; 제7차인쇄, 2010.

方立天, 『法藏與《金師子章》』 方立天文集 第3卷, 北京：中國人民大學出版社, 2012.

崔致遠,「唐大薦福寺故寺主飜經大德法藏和尙傳」,『崔文昌侯全集』, 成均館大學校 大東
　　文化研究院, 1972; 楊相哲 번역,「당나라 대천복사 고사주경전을 번역한 대덕 법상화상
　　전」,『한글번역 孤雲崔致遠先生文集』, 孤雲崔致遠先生文集重刊委員會, 釜山：1982; 再
　　版, 慶州崔氏大同譜編纂委員會, 慶州：2001.

崔英成 번역,「唐나라 大薦福寺 故寺主로 경전을 번역한 大德 法藏和尙의 傳」,『譯註 崔致
　　遠全集』2 ―孤雲文集―, 亞細亞文化社, 1999.

黨銀平 校注,『桂苑筆耕集校注』(上·下), 北京：中華書局, 2007.

方曉偉,『崔致遠思想和作品硏究』, 揚州：廣陵書社, 2007.


최영성,「고운의 유교관」,『고운 최치원의 철학사상』, 도서출판 문사철, 2012.

趙仁成,「崔致遠의 歷史敍述」,『歷史學報』94·95合輯, 1982.

金福順,「崔致遠의〈法藏和尙傳〉검토」,『韓國史硏究』57, 1987;『新羅華嚴宗硏究：崔致遠
　　의 佛敎關係著述과 관련하여』, 民族社, 1990.


루키아노Lucianos of Samosata(120-180),『역사를 어떻게 쓸 것인가?』; 김경현 역,「루키아노
　　스의 '역사를 어떻게 쓸 것인가?'：고대 역사서술과 수사학」,『서양고대사연구』19, 2006.

허승일,「랑케 사론：사학과 철학의 합일로서의 역사」,『다시, 역사란 무엇인가?』, 서울대학
　　교출판문화원, 2009.

[美]格奧爾格·伊格爾斯, 王晴佳 著, *A Global History of Modern Historiography*, Harlow：
　　Pearson Education Limited, 2008; 楊豫 譯,『全球史學史：從18世紀至當代』, 北京：北京大
　　學出版社, 2011.

Georg G. Iggers, *The German Conception of Hiatory*, 1997; [美] 格奧爾格·G·伊格爾斯 著,
　　彭剛·顧杭 譯,『德國的歷史觀』, 南京：譯林出版社, 2006.

Georg G. Iggers, *Historiography in the Twentieth Century：From Scientific Objectivity to the
　　Postmodern Challenge*, Nanover, NH, Wesleyan University Press, 1997; [美] 格奧爾格·G
　　·伊格尔斯 著, 何兆武 譯,『二十世紀的歷史學：從科學的客觀性到后現代的挑戰』, 濟南：
　　山東大學出版社, 2006.

Benedetto Croce, *Logic as Science of the Pure Concept*, trans. from the Italian by Douglas
　　Ainslie, Macmillan, 1917; 吉玄謨,「크로체의 歷史理論」,『西洋史學史論』, 法文社, 1977.


〈所藏 參照〉
吳懷祺,『史學理論與史學史硏究』, 福州：福建人民出版社, 2006.

王旭東,『史學理論與方法』, 合肥：安徽大學出版社, 1998.

劉家和 主編,『中西古代歷史.史學與理論比較研究』, 北京:北京師範大學出版社, 2013.

張艷國,『史學理論-唯物史觀的視域和尺度』, 武漢:華中理工大學出版社, 2009.

侯且岸,『當代中國的"顯學"-中國現代史學理論與思想新論』, 北京:人民出版社, 2000.


[德]德羅伊森(Droysen) 著, 耶爾恩 · 呂森 胡昌智 編述, 胡昌智 譯,『歷史知識理論』, 北京:北京大學出版社, 2006.

[美]孫隆基,『歷史學家的經線:歷史心理文集』, 桂林:廣西師範大學出版社, 2004.

[法]安托万 · 普羅斯特(Antoine Prost) 著, 王春華 譯, [阿根廷] 石保羅(Pable A. Blitstein) 校,『歷史學十二講』, 北京:北京大學出版社, 2012.

[英]瑪麗亞 · 露西婭 · 帕拉蕾絲—伯克 編, 彭剛 譯,『新史學:自白與對話』, 北京:北京大學出版社, 2006.

[英]西蒙 · 岡恩(Simon Gunn) 著, 韓炯 譯,『歷史學與文化理論』, 北京:北京大學出版社, 2012.

[英]亞蘭 · R. H. 貝克(Baker),『地理學與歷史學』, 北京:商務印書館, 2008.

[意]克羅齊(Croce) 著, 傅任敢 譯,『歷史學的理論和實際』, 北京:商務印書館, 1982; 重印, 2014.

[意]克羅齊(Croce)著, 田時綱 譯,『歷史學的理論和歷史』, 北京:中國社會科學出版社, 2005.

Maurice Mandelbaum(1908-1987), *The Problem of Histrical knowledge the Answer to Relativism*, Liveright Publishing Co., 1938; New York:Harper & Row, 1967; [美]莫里斯 · 曼德爾鮑 著, 涂紀亮 譯,『歷史知識問題:對相對主義的答復』, 北京:北京大學出版社, 2012.

Abstract

# Studies on the development of the sciences and Humanities in Ancient Korea

## Vol.1

### Linguistic & Literature, Paleography, History

Noh Yong-pil

# Part 1 Linguistic & Literature, Paleography

## Chapter 1 : The advance level of ancient Korean graphonomy and exegetical studies

It is difficult to find the records which can directly suggest the level of ancient Korean graphonomy. Instead, there are pieces of records in China that Koguryŏ accommodated and utilized Chinese characters dictionaries such as *Yu-pian*(玉篇), *Zi-tong*(字統) and *Zi-lin*(字林). It is also difficult to find the records which can clearly tell the level of ancient Korean exegetical studies. We can only find the record that *Yi-ya*(爾雅) had been used during the Shilla dynasty. Therefore, it was only possible to do the research on this subject based on the research literature from China.

The publications *Yu-pian*(玉篇), *Zi-tong*(字統) and *Zi-lin*(字林) had been always used in China in the accurate understanding of meaning of historical writings, religious writings of Buddhism and Confucianism and literary books. Koguryŏ also did the same. The people of Koguryŏ loved and cherished the *Wen-xuan*(文選, *Literary Selections*). Therefore, such dictionaries were essential references for them to read, understand and enjoy the books. It is not difficult to assume that the level of Chinese Literature Science of Koguryŏ was as high as any Chinese kingdom in any historical time.

Meanwhile, *Yi-ya* focused on the vocabularies used in everyday living of ancient China, more than the words in the scriptures. Therefore, *Yi-ya* was an indispensable book to anybody to understand the ancient Chinese society. The scholar Kangsu(强首) during Shilla dynasty learned and utilized *Yi-ya* in his exploration of Confucianism scriptures such as *Xiao-jing*(孝經) and *Qu-li*(曲禮), in addition to *Wen-xuan*(文選). The level of exegetical studies of Shilla was that much advanced.

*Fang-yan*(方言) was the first comparative language vocabulary book in China, which was acknowledged as an academic literature on exegetical studies. Sŏl Ch'ong(薛聰) of Shilla dynasty actually used *Fang-yan* in his research and teaching the younger scholars. In the history book *History of the Three Kingdoms*(三國史記), it is recorded that "Sŏl Ch'ong completely understood the Nine Scriptures and taught younger scholars. The scholars of today regard Sŏl Ch'ong as the great authority on the subject". Therefore, Sŏl Ch'ong was the person who greatly advanced the level of exegetical studies of Shilla. Together with Kangsu, Sŏl Ch'ong was the representative scholar representing the level of exegetical studies of Shilla.

## Chapter 2 : Silla, Parhae's accommodation of *Yi-ya* & promotion of exegetic studies

Silla adopted 'Zhen(朕)' for the first time as the term expressing the king himself at Maun Pass monument stone(磨雲嶺碑) of King Chinhŭng. As this word 'Zhen' was found only at *Yi-ya*(爾雅) among Chinese dictionaries, there is no doubt that its exact meaning referring to king 'myself' was established through the accommodation of *Yi-ya*. Thereafter, Kangsu(强首) delved into *Yi-ya* so hard as to be able to read and use *Classic of Filial Piety*(孝經), *Book of Rites*(禮記) as well as *Wen-xuan*(文選), building on *Yi-ya*. As a result, we can witness the developed aspects of exegetic studies. Moreover the fact that Ch'oe

Ch'i-wŏn(崔致遠) wrote the books directly quoting from *Yi-ya* may further demonstrate the development of exegetic studies via accommodation of *Yi-ya*.

Meanwhile, Parhae also intent on promoting humanities studies by accommodating the advanced studies of China, poured its efforts to achieve the aspiration. And so, the fact that Parhae was called "flourishing land in the East(海東盛國)" by China's T'ang people, may have reflected not only Parhae's economic development also cultural development as such. In this connection, it's self-evident that Parhae, from the beginning, pursued promotion of exegetic studies basically via accommodation of *Yi-ya* based on this cultural tradition. On this academic ground, name of Parhae's last King Tae In-Sun(大諲譔) was possible to take 'In(諲)' only available at *Yi-ya* among a number of dictionaries. Parhae's such ordinary use of *Yi-ya* by the royals and other governmental bodies may have brought about the development of exegetic studies across the country.

Chapter 3 : The accommodation of *Wen-xuan* in ancient Korea and its historical significance

The *Wen-xuan*(文選, *Literary Selections*) is the oldest compilation of selected literary works existing in China. It is composed of 30 volumes edited by the Crown Prince Zhaoming Taizi(昭明太子) Xiao Tong(蕭統, 501-531), who was the son of Emperor Wudi(武帝) in ancient Chinese kingdom Liang(梁). There are 761 writings by 130 authors from Zhou Period till Liang Period in *Wen-xuan*. Since the writings contain knowledge in various human study fields including literature, historical study and philosophy, *Wen-xuan* can be said a comprehensive collection of human study writings. The *Wen-xuan Xuey*(文選注), which exclusively studied *Wen-xuan*, was extremely advanced in T'ang Period and *Wen-xuan* had big influence in all literary fields as represented by the 'pianti(駢體, unique writing style during ancient China)'. In addition, *Wen-xuan* had absolutely big weight in the government officer recruiting examination including the 'jinshike(進士科)'.

It has been proved that this *Wen-xuan* had been also accommodated and utilized in ancient Korean kingdoms, the Koguryŏ and the Shilla. In Koguryŏ Kingdom, *Wen-xuan* was the most favored and precious literary work of the people; while *Wen-xuan* was utilized in preparing diplomatic documents by Kangsu(强首) in Shilla Kingdom. *Wen-xuan* was also taught at the *Kukhak*(國學, National Confucian College), the higher education institution of Shilla, and the persons who had good knowledge on *Wen-xuan* was recruited as government officers. Among the *toksŏ samp'um*(讀書三品, examination in the reading of texts in three gradations), *Wen-xuan* was the most important work to study. The actual literary work written by utilizing *Wen-xuan* at the time is the *sasan-bimyŏng*(四山碑銘, four mountain inscriltions), which is the representative epigraph written by Ch'oe Ch'i-wŏn(崔致遠) of Shilla Kingdom.

It is possible to find four historical significances in the accommodation of *Wen-xuan* by the ancient Korean kingdoms. First, *Wen-xuan* was an important and big opportunity for the cultural leap by accommodating the new Chinese culture by way of close diplomatic relation with the Nanchiao(南朝) dynasties in China, especially the Liang dynasty. Second, *Wen-xuan* greatly contributed to the advance in overall human studies including literature, historical study and philosophy. *Wen-xuan* promoted the advance in the literature focusing on historical facts and it made the publishing of individual biography or the writing of epigraph popular. Third, when Koreans went to China for study, *Wen-xuan* enabled them to build academic foundation for studying in China. Fourth, *Wen-xuan* greatly contributed to higher education by being taught in education institutions such as the *Kyŏng-dang*(扃堂) of Koguryŏ and the *Kukhak*(國學) of Shilla. In Shilla, *Wen-xuan* greatly contributed to the fostering of talented persons by taking the most important position among the *toksŏ samp'um* of Shilla.


Chapter 4 : Accommodation of *Wenguan Cilin* & development of Chinese literature and palaeography during middle Silla era


Silla got 50 manuscripts of *Wenguan Cilin*(文館詞林) from China's Empress Wu Zetian(武測天) via delegation to the T'ang Dynasty at King Sinmun's 6th year(686) during Silla's middle era. And Silla's accommodation of the book ushered in the kingdom's development of Chinese literature and palaeography. This book contained jo(詔) · chig(勅) · lyeong(令) as emperor's documents of the T'ang Dynasty in particular and also included documents stored at *Hongmun'gwan*(弘文館, the office of Special Advisers) as the royal and diplomatic documents during the China's Emperor T'ai Tsung's era. In light of this fact, it's clear that 50 manuscripts of *Wenguan Cilin* must have contained emperor's documents at the time of Emperor T'ai Tsung.

In a bid to maintain and firmly establish the once-set authoritarian royal power during its transition to T'aejong King Muyŏl and King Munmu, Silla attempted to collect related precedents from the Chinese royal courts by dispatching the delegation to China. As a result of such efforts, Silla accommodated

50 manuscripts of *Wenguan Cilin* through Empress Wu Zetian's order, so accomplishing its purpose. In other words, King Sinmun's accommodation of 50 manuscripts of *Wenguan Cilin* may have critically paved the way for development of Chinese literature and palaeography.

# Part 2 History

## Chapter 1 : Koguryŏ's Adoption of Son Sŏng's *Jin chun-qiu* and its Historic Implications

It is assumed that people of Koguryŏ may have become to know historical studies, system of history compilation as well as methodology of its description by adopting a number of chinese history books including *Shih chi*(史記, *Historical Records*), and may robustly have used these for their history compilation. And thus, according to the *History of the Three Kingdoms*(三國史記), Yi Mun-jin(李文眞), who was the university professor then, refined and republished 100 volumes of *Yugi*(留記, *Extant Records*) into *Sinjip*(新集, *New Compilation*) in the 11th year(600 A.D.) of King Yŏngyang(嬰陽王), showing their preference to method of compiling the old records and adding new facts thereto.

Koguryŏ's such development of historical studies was substantially influenced by China. As far as Chinese historical studies at the time was concerned, a diverse range of history books appeared at the period of Six Dynasties along with development of historical studies of each dynasty, taking up an independent position next to Confucianism studies. Along the way, once a history book was published, it used to be propagated rapidly and was widely read by means of transcription. This trend seems to have prevailed not only in China, also in Koguryŏ. This can be evidenced by the historical records saying that local people read the books and exercised archery day and night at private educational institutions at the time.

Son Sŏng(孫盛) emphasized to restore ancient manners and practices by suggesting Confucian morals in the *chun-qiu history-writing style*(春秋筆法) through his authoring of *Jin chun-qiu*(晉春秋), and strongly advocated historic stance opposing to Taoism. And people of Koguryŏ mainly utilized Son Sŏng's *Jin chun-qiu*. Therefore, it is believed that Koguryŏ's historical studies had the tradition of compiling history using the Confucian way of criticism, based on Confucian historical view.

And *Koryŏ-gogi*(高麗古記, Past history book of Koguryŏ) is believed to be one of the books describing history as it is, based on this Confucian way of criticism in the style of *chun-qiu history-writing style* known through Son Sŏng's *Jin chun-qiu*. And accordingly, this *Koryŏ-gogi* may provide some insight into specific influences of Son Sŏng's *Jin chun-qiu* on historical studies of Koguryŏ as well as that of Unified Silla in connection with process of fall of Koguryŏ and history compilation by people of Koguryŏ emigrated to Unified Silla thereafter.

Chapter 2 : Study on the History Compilation by Immigrants from Koguryŏ in Shilla

 The tradition of history-writing in Koguryŏ dynasty was organizing past records and adding new facts on them. The historians of Koguryŏ dynasty had strong tendency to focus on writing the great achievements of the founding father of the dynasty and the ancestors of families before writing the achievements of individuals. Therefore, when they compiled a biography of certain particular individual such as a biography of a great man, they had tendency to reexamine the past records as the posterity and recompile the records for the new biography. The Koguryŏ historians also compiled history in the *chun-qiu history-writing style*(春秋筆法) based on Confucianism; therefore, they had critical viewpoint on Taoism and their awareness on history was also clear on such viewpoint. Accordingly, among the Koguryŏ history publications, there are biographical history-writing style(紀傳體) history books influenced by *Shih chi*(史記, *Historical Records*) of China and chronological history-writing style history books influenced by the *Jin chun-qiu*(晉春秋) of China. Though the history compilation followed the biographical history-writing style in general, the biography of kings(本紀) was as important as the biographies of great men other than kings(列傳) for Koguryŏ historians.

 *Koryŏ-gogi*(高麗古記, Past history book of Koguryŏ) is a history book which is believed to have been compiled by the immigrants from Koguryŏ in Silla, who succeeded the history-compiling tradition of Koguryŏ dynasty and it has following four characteristics.

 First, Past History of Koryŏ strongly emphasizes series of war during Koguryŏ dynasty against the Sui Dynasty and the T'ang Dynasty in China.

Second, it also highlights the construction of Old Pyŏngyang Fortress(古平壤城) and Long Fortress(長城) in the chapter dedicated to Yŏn Kaesomun(淵蓋蘇文).

Third, it calls attention to the fact that the immigrants from Koguryŏ such as Monk Podŏk(普德) and Ansŭng(安勝) consequently contributed to the unification of three kingdoms by Silla dynasty.

Fourth, it also tries to stress the activities Koguryŏ people after Monk Podŏk, including the monks who had been pupils of Monk Podŏk.

Among the history books compiled by the immigrants from Koguryŏ in Silla, the Biography of Monk Podŏk(普德傳, *Podŏk-chŏn*) must have been compiled by the pupils of Monk Podŏk, such as Kaesim(開心) and Pomyŏng(普明), who had lived through the fall of Koguryŏ dynasty and emigration to Silla with Monk Podŏk. It is also believed that the biographies of Kaesim and Pomyŏng, the *Kaesim-chŏn* and *Pomyŏng-chŏn*, must have been compiled by the direct descendants or the pupils of Kaesim and Pomyŏng.

Therefore, *Koryŏ-gogi* must have been compiled by the immigrants from Koguryŏ in Silla around the time frame of 100 years, or, three generations after the Monk Podŏk; because it has the biographies such as *Podŏk-chŏn*, *Kaesim-chŏn*, Pomyŏng-*chŏn* and *Kaesomun-chŏn*.

Chapter 3 : Silla's accommodation of music part of *Shih chi*, *Li ji* & Kim Tae-Mun's authoring of *Ak pon*

The basic purpose of Kim Tae-Mun's authoring of own *Ak pon*(樂本, Book of Music) after accommodating music part of *Shih chi*(史記, *Historical Records*) and *Li ji*(禮記, *Book of Rites*) was to stress realization of ideal royal politics.

At the same time, the author might have the intention to criticize behaviors of authoritarian royal powers which Silla's kings then actually wielded. His intention to decide his book's title as such after writing his book based on key concepts of manners and music, mastering not only music part of *Shih chi* and *Li ji*, also Rites of the two books, seemed to imply that his book contained his own creative thoughts while suggesting it was an independent book.

His authoring of *Ak pon* itself was accomplished by making most of the two Chinese classical books building on rigid analysis and complete understanding of the relevant contents after accommodating music part of *Shih chi* and *Li ji* as well as by his full employment of imagination. Thus, the historical significance of *Ak pon* could be found in that Kim Tae-Mun, after accommodating the relevant contents of *Shih chi* and *Li ji*, suggested the essence of music might lie in realization of royal politics based on key concepts of manners and music.


Chapter 4 : Trends of Kim Tae-Mun's perspective of history by the book and the characteristics


Kim Tae-Mun(金大問), from *True-bone*(眞骨, *chin'gol*) and *Hwarang*(花郎, "flower of youth"), wrote *Hansan ki*(漢山記, *Record of Hansan*) and *Hwarang segi*(花郎世記, *Chronicles of the Hwarang*) while engaging in governmental posts culminating as the governor of Hansan. This period, lending common letter Records, could be called 'Records authoring period'. During this period, he seemed to have focused on summarization of records.

After leaving the government service, he wrote *Kyerim chapchŏn*(鷄林雜傳, *Tales of Silla*) and *Kosŭng-chŏn*(高僧傳, *Biographies of Eminent Monks*).

This period, lending common letter Tales, could be called 'Tales authoring period'. During this period, he seemed to have focused on manifesting his own historical point of view, after trying to establish his own view and perspective on history.

He was immersed in concepts of manners and music while living a seclusive life, in an effort to realize his own ideal world at his latest years and wrote *Ak pon*. So, this period could be called 'Pon authoring period'. At this reclusive time, he seemed to have focused only on contemplating the life itself.

Chapter 5 : Ch'oe Ch'i-wŏn's accommodation of *The Literary Mind and the Carving of Dragons* & description of history centered on biographies, epitaphs

Ch'oe Ch'i-wŏn(崔致遠)'s specific recognition of history centered on biographies and epitaphs by accommodating *The Literary Mind and the Carving of Dragons*(文心雕龍) sought to stress that its effectiveness lies in proving facts among any other things. It was to such an extent that he thought unless description of history and further historical studies were faithful to this functionality, it would be degenerated into a 'really embarrassing' thing and eventually a laughing stock. His recognition of history centered on facts proving as such was based on rigid examination and meticulous analysis on the Chinese history.

While writing *Monk Pup Chang-chŏn*(法藏和尙傳), he strongly maintained the stance of stressing 'straightforwardness(直書)' above all. That is, he attempted to describe the original behaviors of history based on 'straightforwardness' and so adamantly maintained the describing stance of *chun-qiu history-writing style*(春秋筆法) depicting real historical facts straightforward. Even in doing so, he suggested that biographies of historical figures from old days might have different forms, and he was pursuant of individuality whereby the description form might differ depending on the figures.

The core of methods employed while describing history was comparison; on one hand, he used analogy comparing the similar things each other, and on the other he used contrast comparing the different things. His introduction of this comparing method and actual employment are worth attracting our attention in our research on his recognition and description of history, and may demonstrate themselves the level of his historical studies indeed.

Chapter 6 : Ch'oe Ch'i-wŏn's theory of history seen from *Monk Pup Chang-chŏn*

Historical significance of Ch'oe Ch'i-wŏn(崔致遠)'s theory of historical research contained in *Monk Pup Chang-chŏn*(法藏和尙傳, *Biograph of Monk Pup Chang*) can be summed up with five points as below. First, he stressed 'straightforwardness(直書)' based on facts proving above all. Second, he was not only deeply aware of the importance of how to describe history, but also actually materialized it. He stressed that history could have different describing form depending on the subjects and further pointed out that relations between earlier and later sequences of historical facts should be clearly established. One step further, he stressed that the interpreter, fully understanding the core of the described parts, should discern easy things from difficult ones and explain the content properly so that readers could understand it in a right way. He also practised his own theory in reality.

Third, he extremely emphasized the importance of exact and accurate definition of selected vocabularies, and stood by it himself when writing. Fourth, in terms of forms of history description, he thought, the interpreter should after full consideration divide what to be described widely from what to be done briefly. Moreover, he, equipped with recognition of history centered on biographies and epitaphs, used this method in reality while writing his books. Fifth, confident of progress of history, he sharply criticized the then historical studies and wished for the coming of books excelling his own accomplishments in the future.

# 찾아보기

## 노용필 盧鏞弼

서강대학교 문과대학 사학과 및
동 대학원 석사 · 박사 졸업 (문학박사, 한국사전공)

덕성여자대학교 인문과학연구소 연구전임강사
가톨릭대학교 인간학연구소 연구교수
전북대학교 HK교수
한국사학연구소 소장

## 저서

『한국도작문화연구』(한국연구원, 2012)
『한국고대사회사상사탐구』(한국사학, 2007)
『신라진흥왕순수비연구』(일조각, 1996)
『신라고려초정치사연구』(한국사학, 2007)
『한국천주교회사의 연구』(한국사학, 2008)
『≪동학사≫와 집강소 연구』(국학자료원, 2001)
『한국 근 · 현대 사회와 가톨릭』(한국사학, 2008)
『한국근현대사회사상사탐구』(한국사학, 2010)
『한국현대사담론』(한국사학, 2007)
『이기백한국사학기초연구』(일조각, 2016)

## 역서

『고대 브리튼, 그들은 어떻게 살았을까』(일조각, 2009)
『교요서론-18세기 조선에서 유행한 천주교 교리서-』(한국사학, 2013)

## 편저

『벗은 제2의 나다 : 마테오 리치의 교우론』(어진이, 2017)
『한국중국역대제왕세계연표』(한국사학, 2013)

## 공저

『최승로상서문연구』(일조각, 1993)
『이기백한국사학의 영향』(한국사학, 2015) 외 다수

韓國史學研究叢書 11

한국고대인문학발달사연구 (1) 어문학 · 고문서학 · 역사학 권

초판 1쇄 발행    2017년 11월 29일

지은이 / 노용필
펴낸이 / 곽정희

편집 · 인쇄 / 준프로세스 김병근 이국경

펴낸곳 / 韓國史學
등록번호 / 제300-2004-184호          일 자 / 2004년 11월 24일
주 소 / 서울특별시 종로구 삼일대로 30길 23 (익선동, BIZ WELL) 911호
전 화 / 02-741-4575                    팩 스 / 02-6263-4575
e-mail / people-in-korea@hanmail.net
국민은행 계좌번호 / 324702-04-073289 / 예금주 곽정희(어진이)

   * 저자와의 협의 하에 인지는 생략합니다.
  ** 韓國史學은 한국사학의 발전에 기여할 전문서적을 만드는 곳으로,
     평생 오로지 한국사학의 올바른 기틀을 세우기 위해 사셨던
     李基白 선생님의 학덕을 기리고 이으려고
     펴낸이가 설립하였습니다.

ISBN  979-11-85368-03-0 93910

값 : 30,000원